Am-SE-II-70
versw.   TC-III

SPEKTRUM
Berliner Reihe zu Gesellschaft, Wirtschaft und
Politik in Entwicklungsländern · ISSN 0176-277 X

Herausgegeben von
Prof. Dr. Volker Lühr und Prof. Dr. Manfred Schulz
Freie Universität Berlin · Institut für Soziologie
Babelsberger Straße 14-16 · 1000 Berlin 31
Telefon (0 30) 8 53 70 51 App. 271
Erscheint in unregelmäßiger Folge. Für unverlangt
zugesandte Manuskripte keine Gewähr.

SPEKTRUM

Berliner Reihe zu Gesellschaft, Wirtschaft und Politik in Entwicklungsländern

Herausgegeben von
Prof. Dr. Volker Lühr und Prof. Dr. Manfred Schulz

Band 12

Claudia Maennling

Interne Formen und Folgen außeninduzierter Entwicklung: Goldboom und Goldbaisse in Madre de Dios/Peru

Verlag breitenbach Publishers
Saarbrücken · Fort Lauderdale 1986

CIP-Kurztitelaufnahme der Deutschen Bibliothek

Maennling, Claudia:
Interne Formen und Folgen außeninduzierter Entwicklung: Goldboom und Goldbaisse in Madre de Dios/Peru / Claudia Maennling. – Saarbrücken; Fort Lauderdale: Breitenbach, 1986.

   (Spektrum; Bd. 12)
   ISBN 3-88156-350-4

NE: GT

ISBN 3-88156-350-4

© 1986 by Verlag **breitenbach** Publishers
Memeler Straße 50, D-6600 Saarbrücken, Germany
P.O.B. 16243 Fort Lauderdale, Fla, 33318, USA

Printed by arco-druck, Hallstadt

Vorwort der Herausgeber

Die Urwaldregion von Madre de Dios, im Südosten Perus gelegen, gehört zu jenen halb oder ganz vergessenen Gegenden, die das Ende der Welt zu bezeichnen scheinen. Das Gold indessen hat Madre de Dios der Welt geöffnet, und die Welt wirkt nach ihren Regeln - vor allem durch Boom und Baisse, aber auch durch Bodenspekulation - auf Madre de Dios ein.

Gold ist nicht das einzige Produkt der Region, und aus dem Gesichtspunkt nationaler Entwicklung dürfte es noch nicht einmal das wichtigste sein: Kautschuk-, Paranuß- und Edelholzvorkommen, in Gestalt von Grundbesitz und Grundrente für Investoren in Lima anschaulich genug, sind mindestens ebenso bedeutsam. Aber das Gold und seine Gewinnung sind wichtig für die Binnenökonomie von Madre de Dios - genauer: für den Bestand höchst komplexer naturräumlicher und sozioökonomischer Mikrosysteme, in denen Goldwäscherei und Wanderfeldbau, Goldhandel und Profitraten sowie, nicht zuletzt, Goldanschwemmung und Ökotopzerstörung miteinander in enger Verbindung stehen.

Goldboom und Goldbaisse wirken auf eine Bevölkerung ein, die arm ist: Die Goldwäscher sind zumeist saisonal wandernde agromineros, also zugleich Kleinbauern oder Landarbeiter, und nach der Höhe des Goldpreises - des lokalen, versteht sich - richten sie das Ausmaß ihrer landwirtschaftlichen Aktivitäten aus. Als eine gewissermaßen intervenierende Variable haben sie dabei die Präsenz einer Mehrzahl von Bevölkerungs- und Berufsgruppen zu beachten: Tieflandindianer, Wanderarbeiter, kleine Selbständige und mittlere mineros. Auch sieben Großunternehmen, die sich der Goldgewinnung widmen, sind an Ort und Stelle vertreten; sie beschäftigen jeweils rd. 50 Lohnarbeiter und haben überwiegend ausländische Kapitalgeber.

Claudia Maennling, von Hause aus Geowissenschaftlerin, hat sich des komplexen Themas mit interdisziplinärem Anspruch angenommen und eine Arbeit geschrieben, die den Lebensraum von Menschen nicht nur mit den Methoden der Geographie darstellt, sondern ihn darüber hinaus in seiner wirtschaftlichen, kulturellen und sozialen Dynamik erfaßt. Des weiteren wird sichtbar, wie die in Lima am grünen Tisch geplante nationale und regionale Entwicklungspolitik auf der Grundlage von Großkapitaleinsatz in das Gebiet von Madre de Dios hineinwirkt. Und schließlich wird auch die Technik anschaulich: Beschreibungen und Fotografien im Anhang zeigen, wie die Goldseifen ausgewaschen werden.

Die in Inhalt und Darstellung reiche Arbeit, obendrein in kristallinem Deutsch verfaßt, ist das Ergebnis eines von der Deutschen Gesellschaft für Friedens- und Konfliktforschung geförderten Forschungsprojekts am Lateinamerika-Institut der FU Berlin unter Leitung unseres Kollegen Manfred Nitsch (Wirtschaftswissenschaft). Das Projekt hatte eine Laufzeit von drei Jahren und schloß einen längeren Feldaufenthalt ein, während dessen die deutschen Mitarbeiter - außer Claudia Maennling ein Anthropologe - mit peruanischen Kollegen ein Team bildeten: eine international und interdisziplinär zusammengesetzte Forschergruppe, die - so die Autorin - in der "Abgeschlossenheit des Urwalds" gar nicht anders konnte, als sich, jenseits aller Statistiken und Lagepläne, auf das Leben der Menschen in Madre de Dios wirklich einzulassen: als Mitbewohner jenes vermeintlichen Endes der Welt.

Die Forschungsarbeit von Claudia Maennling ist indessen nicht nur in empirischer, sondern auch theoretischer Hinsicht aufschlußreich und - wie wir meinen - weiterführend. Sie schneidet ein bislang weitgehend vernachlässigtes entwicklungspolitisches Thema an, nämlich die Existenzbedingungen und Funktionsweisen extraktiver Subsistenzökonomien in der Dritten Welt. Die in der einschlägigen Diskussion geläufige Formel von der "Überlebensstrategie der marginalisierten Bevölkerung" verdeckt den Umstand, daß es solche Wirtschaftsformen, den "Variationen der Armut" (Ernest Feder) entsprechend, in vielfältiger Form gibt und daß keine von ihnen derart umstandslos, wie aus europäischer Sicht gehofft werden mag, zu dauerhaft tragfähigen alternativen Mustern der Produktion und Reproduktion führen dürfte. Ein Hauptgrund, aus dem die Annahme als unzulässige Vereinfachung zurückgewiesen werden muß, ist der in fast allen extraktiven Subsistenzökonomien prekäre "Austausch mit der Natur", sei es in Gestalt von Trinkwasser, Brennholz oder Goldseifen - ein Thema, das übrigens Grund genug wäre, Marx neu zu lesen. Der "Austausch mit der Natur", so lehrt uns die Autorin, ist vielfältig und von jeweils lokalen Umständen abhängig; das Soziotop ist wesentlich vom Ökotop mitbestimmt, auch wenn das Rechenwerk der Opportunitäts- und Grenzkosten, Lima nach Madre de Dios transportierend, die Verallgemeinerungsfähigkeit aller Phänomene vorgaukelt. Aus dieser Sicht betrachtet, ist die Untersuchung von Claudia Maennling auch methodologisch ein Gewinn.

Die Untersuchung läßt sich schließlich dem thematischen Rahmen zuordnen, der für die Forschung des Berliner Lateinamerika-Instituts weitgehend prägend geworden ist. Es handelt sich um den Versuch, die Lebensumstände von Menschen - und dazu gehören nicht nur ihre Notlagen, sondern auch die Früchte ihres Erfindungsgeistes - aus dem Blickwinkel mehrerer Disziplinen zu erfassen: mit dem Ziel und vielleicht auch dem Ergebnis, die gläsernen Kunstgebilde des homo oeconomicus und des homo sociologicus mit ein wenig Fleisch und Blut zu versehen. Es versteht sich, daß dieser Versuch, der zumindest analytisch der Graswurzel verhaftet bleibt, weder entwicklungstheoretisch noch entwicklungspolitisch an bekannte Fäden der Diskussion unmittelbar anknüpft.

Die Reihe "Spektrum" veröffentlicht mit dieser Arbeit - nach der Studie von Manfred Nitsch und Mitarbeitern über das brasilianische Biotreibstoffprogramm "Proalcool" - einen weiteren professionellen Forschungsbericht. Ihre Herausgeber bekunden zugleich das Interesse an ähnlichen Arbeiten und an der Einbeziehung anderer Fächer, die sich, unkonventionell im Ansatz und rigoros in der Methode, ebenfalls Problemen der Entwicklungsländer widmen. Veröffentlichungen in "Spektrum", die diesen Anspruch aufgreifen, liegen bereits vor und verweisen auf die Felder der Ökonomie, Publizistik, Pädagogik, Philosophie und Architektur. Die Arbeit von Claudia Maennling zeigt, wie weitgreifend ein Thema der Geographie sein kann.

Volker Lühr/Manfred Schulz

Inhalt   Seite

        Vorwort   11

1.   Einleitung   13
1.1   Problemstellung: Ressourcennutzung peripherer Regionen in Ländern der Dritten Welt   13
1.2   Untersuchungsgegenstand und Untersuchungsziel   16
1.3   Methodik und Vorgehensweise   19

TEIL I   DIE RESSOURCENAUSSTATTUNG DES DEPARTEMENTS MADRE DE DIOS, HISTORISCHE GENESE DER NUTZUNGSFORMEN UND MAKRO-ÖKONOMISCHE BEDINGUNGEN DER REGIONALEN ENTWICKLUNG   31

2.   Die Region Madre de Dios und ihre Entwicklung bis zum Einsetzen des Goldbooms 1976   33
2.1   Geographische Lage   33
2.2   Politische Einbindung   34
2.3   Naturräumliche Ausstattung   35
2.4   Einordnung des Departements Madre de Dios in die peruanische Wirtschaftsstruktur   38
2.5   Historischer Überblick - Zur Genese regionalspezifischer Produktionsformen   40

3.   Charakteristika der Goldextraktion in Madre de Dios   51
3.1   Zur Geschichte der Goldproduktion in Madre de Dios - Die Suche nach dem El Dorado -   51
3.1.1 Präkoloniale Ära (bis 1552)   51
3.1.2 Kolonialzeit (1553 bis 1820)   53
3.1.3 Republikanische Ära (seit 1821)   55
3.2   Die Seifengoldvorkommen in Madre de Dios - Entstehung und Verteilung   62
3.2.1 Entstehung der Goldseifen   63
3.2.2 Verteilung der Lagerstätten alluvialer Goldseifen in Madre de Dios   69
3.3   Techniken der Erschließung und des Abbaus von Lagerstätten alluvialer Goldseifen   72
3.3.1 Die Suche nach Lagerstätten: Prospektion und Exploration   72

Inhalt   Seite

3.3.2	Der Abbau der Lagerstätten - Von der Waschpfanne zum Eimerkettenbagger -	80
3.3.2.1	"Tecnologia artesanal"	81
3.3.2.2	"Tecnologia mediana"	88
3.3.2.3	"Tecnologia grande"	91
4.	Staatliche Politik 1963 bis 1985 und ihre Auswirkung auf das Departement Madre de Dios	101
4.1	1963 bis 1968 - Die erste Regierungszeit von Belaunde Terry	101
4.2	1968 bis 1975: Die Regierungszeit von Velasco Alvarado	107
4.3	1975 bis 1980: Die Regierungszeit von Morales Bermudez	115
4.4	1980 bis 1985: Die zweite Regierungszeit von Belaunde Terry	123
5.	Die Entwicklung des Goldpreises	141
5.1	Angebot und Nachfrage	142
5.2	Wechselkurse, Zinsen und marktpsychologische Faktoren	146
5.3	Auswirkungen der Goldpreisentwicklung auf das Departement Madre de Dios	148
TEIL II	DIE GESELLSCHAFTLICHEN AKTEURE DER GOLDGEWINNUNG UND IHR EINFLUSS AUF REGIONALSPEZIFISCHE PRODUKTIONSFORMEN	153
6.	Kriterien für die deskriptive Analyse der gesellschaftlichen Akteure und ihrer Produktionsformen	155
6.1	Ethnische Zugehörigkeit und soziale Herkunft	157
6.2	Zugang zur Ressource Boden	161
6.3	Kapitalausstattung und Kenntnisse der Produktionstechniken	164
6.4	Organisationsform des Produktionsprozesses	167
6.5	Artikulation der Akteure als gesellschaftliche Interessengruppe	168
6.6	Exkurs: Die Economia Campesina des Hochlandes	169
7.	Tieflandindianer	183
7.1	Ethnische Zugehörigkeit und soziale Herkunft	183

Inhalt   Seite

7.2	Missionierung der Harakmbut-Ethnien durch den spanischen Dominikanerorden	186
7.3	Missionierung durch evangelische Fundamentalisten	192
7.4	Zugang zur Ressource Boden	195
7.5	Kenntnisse der Produktionstechniken	206
7.6	Bedeutung der Geldwirtschaft	217
7.7	Arbeitsorganisation	219
7.8	Artikulation der Tieflandindianer als gesellschaftliche Interessengruppe	230
8.	Wanderarbeiter/Lohnarbeiter	239
8.1	Der regionale Arbeitsmarkt von Madre de Dios und der Arbeitsmarkt des Hochlandes - Arbeitsvermittlung durch enganche	239
8.2	Ethnische Zugehörigkeit und soziale Herkunft	243
8.3	Arbeitsvertrag und Arbeitsorganisation	244
8.4	Artikulation der peones als gesellschaftliche Interessengruppe	258
9.	Selbständig arbeitende saisonale Migranten	267
9.1	Comuneros als selbständig arbeitende saisonale Migranten: Der Fall der comuneros von Cuyo-Cuyo	267
9.1.1	Ethnische und soziale Herkunft	268
9.1.2	Zugang zur Ressource Boden	268
9.1.3	Kapitalausstattung und Kenntnisse der Produktionstechniken	269
9.1.4	Arbeitsorganisation	270
9.1.5	Artikulation der comuneros als gesellschaftliche Interessengruppe	273
9.2	Selbständig arbeitende saisonale Migranten: individualisierte Kleinproduzenten	274
9.2.1	Ethnische und soziale Herkunft	274
9.2.2	Zugang zur Ressource Boden	276
9.2.3	Kapitalausstattung und Kenntnisse der Produktionstechniken	278
9.2.4	Arbeitsorganisation	279

Inhalt   Seite

9.2.5	Artikulation der selbständig arbeitenden Migranten als gesellschaftlicher Interessengruppe	282
10.	Pequenos mineros	286
10.1	Ethnische und soziale Herkunft	287
10.2	Zugang zur Ressource Boden	291
10.3	Kapitalausstattung und Kenntnisse der Produktionstechniken	293
10.4	Arbeitsorganisation	298
10.5	Artikulation der pequenos mineros als gesellschaftliche Interessengruppe	309
11.	Medianos mineros (Mittelunternehmer)	319
11.1	Ethnische und soziale Herkunft	319
11.2	Zugang zur Ressource Boden	321
11.3	Kapitalausstattung und Kenntnisse der Produktionstechniken	323
11.4	Arbeitsorganisation	328
11.5	Organisation der medianos mineros als gesellschaftliche Interessengruppe	338
12.	Großunternehmen	346
12.1	Ethnische und soziale Herkunft der Belegschaften	354
12.2	Zugang zur Ressource Boden	355
12.3	Kapitalausstattung, Explorations- und Produktionstechniken	358
12.4	Arbeitsorganisation	360
12.5	Artikulation der Großunternehmen als gesellschaftliche Interessengruppe	363
13.	Auswirkungen von Goldboom und -baisse auf die regionale Wirtschaftsstruktur des Departements Madre de Dios	368
13.1	1976 bis 1981 - Jahre des Goldbooms	368
13.2	1981 bis 1985 - Goldbaisse und Stagnation	374
13.3	Schlußfolgerungen	379
14.	Die Durchsetzung der Produktionsform des pequeno agro-minero	386

Inhalt   Seite

ANHANG   405

Anhang 1   Abbildungen und Tabellen   405
Anhang 2   Beschreibung von drei Arbeitszonen im
            Untersuchungsgebiet   425
Anhang 3   Beschreibung der "tecnologia artesanal"
            der Goldwäscherei in der Arbeitszone
            Mazuko-Huaypetue-Pukiri   435
Anhang 4   Dokumentation einer Auswahl von Interviews   449
Anhang 5   Sozio-ökonomische Studien von drei
            Comunidades Nativas   499
Anhang 6   Gegenentwurf der pequenos mineros von Madre
            de Dios zum Goldbergbaugesetz von 1978   565
Anhang 7   Comic als Aufklärungsinstrument für die
            Wanderarbeiter des Hochlands   579
Anhang 8   Fotografien des Arbeitsprozesses und der
            Lebensverhältnisse der Goldwäscher   591
Anhang 9   Literaturverzeichnis   601
Anhang 10   Verzeichnis der Karten, Abbildungen,
            Tabellen und Abkürzungen   629

Vorwort

Die Untersuchung über die Auswirkungen von Goldboom und -baisse auf die internen Strukturen des Amazonas-Departements Madre de Dios versuchte, die Bedeutung naturräumlicher und kulturspezifischer Charakteristika für die Herausbildung regionalspezifischer Produktionsformen zwischen Weltmarkt und Subsistenzproduktion herauszuarbeiten.

Die Arbeit basiert auf empirischen Untersuchungen, die während drei längerer Feldforschungsaufenthalte in Südperu durchgeführt wurden. 1978 bis 1979 bot sich mir die Gelegenheit, im Rahmen eines vom Soziologischen Institut der Universität Bern durchgeführten Forschungsprojekts über "Interne Migration im Süden Perus" 13 Monate im Departement Madre de Dios zu arbeiten. Das von Dr. Büchler durchgeführte Projekt wurde vom Schweizerischen Nationalfonds zur Förderung der wissenschaftlichen Forschung finanziert.

Die 14monatige Feldforschung 1982 und 1983 ermöglichte die Deutsche Gesellschaft für Friedens- und Konfliktforschung (DGFK), die das zweijährige Forschungsprojekt am Lateinamerika-Institut der FU Berlin unter Leitung von Professor Nitsch über "Interne Formen und Folgen von außen induzierter Entwicklung im peruanischen Amazonasgebiet: Der Goldboom in Madre de Dios" finanzierte. Der großzügigen Unterstützung der DGFK ist zu verdanken, daß peruanische Wissenschaftler und engagierte Schlüsselpersonen für die Feldforschung gewonnen werden konnten.

Meinen peruanischen Kollegen, der Anthropologin Flica Barclay, dem Soziologen Gustavo Vera und dem nordamerikanischen Anthropologen Thomas Moore bin ich für ihre Mitarbeit und Hilfestellungen herzlich verbunden. Mein ganz besonderer Dank gilt der Familie Jukumoto und den zahlreichen Freunden, durch deren Unterstützung und Gastfreundschaft die Zeit in

Madre de Dios für mich zu einer erfüllten, fröhlichen Lebensphase wurde. Frau Jukumoto hat mich in schwierigen Phasen der Feldforschung bis in entlegenste Goldwäscherzonen begleitet und auch für komplizierte Situationen Lösungen gefunden.

Den Mitgliedern der Menschenrechtskommission (CODEH-PA) aus Sicuani/Cusco danke ich für ihre aktive Zusammenarbeit im Hochland und im Tiefland und für ihre Gastfreundschaft in Sicuani; ihre Unterstützung trug dazu bei, mich den Problemen der Hochlandbevölkerung näherzubringen.

Unterstützung und wissenschaftlicher Austausch mit den Forschungszentren Centro de Estudios Rurales Andinos "Bartolomé de las Casas", Cusco, Centro Amazónico de Antropología y Aplicación Práctica (CAAAP), Lima, und dem Centro de Investigación y Promoción Amazónica, Lima, seien dankend erwähnt. Mein herzlicher Dank gilt auch dem unerschrockenen Projektbetreuer Professor Nitsch, der sich sogar Moskitos und Schlangen in Madre de Dios aussetzte und auch im "Busch" und auf schwankenden Booten den objektiven Blick der Wissenschaft auf die Vielfalt der Phänomene lenkte.

Erfreulich und erfolgreich war auch die Zusammenarbeit mit der Rundfunkreporterin Gabriele Beck, die einen gelungenen Feature über "Madre de Dios - Das neue Eldorado im peruanischen Amazonien" erstellte. WDR, SFB, SWF und ORF übermittelten 1985 in der eineinhalbstündigen Sendung Stimmungen und Probleme aus der entlegenen Amazonasregion.

1. Einleitung

1.1 Problemstellung: Ressourcennutzung peripherer Regionen in Ländern der Dritten Welt

Im Rahmen der entwicklungstheoretischen Diskussion ist die Tatsache der zunehmenden Polarisierung in der Entwicklung von Ländern der Dritten Welt zwischen dem Wachstum weniger Zentren und der Verarmung in den ländlichen Räumen schon früh ins Blickfeld gerückt und auch zum Erkenntnisobjekt der Wissenschaft geworden (Myrdal, 1957; Hirschman, 1958; Friedmann, 1972). Mit verschiedenen regional-ökonomischen Theorien und Theorien der Unterentwicklung wurden Ansätze unterschiedlicher Reichweite entwickelt, welche die strukturellen Bedingungen dieser Phänomene erklären sollen. Auf der Grundlage dieser Erkenntnisse sind vereinzelt Strategien zur Integration peripherer Regionen in die nationale Wirtschaftsentwicklung formuliert worden; soweit sie bisher in konkrete Politiken zur Nutzung der Ressourcen peripherer Regionen umgesetzt worden sind, lassen sie jedoch noch keine Lösung der grundlegenden sozialen und ökologischen Probleme erkennen.

Diese Politiken setzen fast ausschließlich auf die großtechnologische Ausbeutung von Rohstoffen und Primärenergie oder auf kapitalintensive Formen der Land- und Viehwirtschaft. Es entstehen neue Enklavenwirtschaften mit der Folge innerregionaler Polarisierung. Strukturprobleme des nationalen Wirtschaftsraumes werden auf diese Weise im regionalen Rahmen reproduziert; das ökonomische Potential der Enklaven bleibt in der Verfügungsgewalt der nationalen Metropole - wenn nicht des multinationalen Kapitals.[1] Die große Mehrheit der Bevölkerung bleibt von der Verfügung ausgeschlossen; in der Regel verschlechtern sich sogar ihre Lebensbedingungen: durch Vertreibung, höhere Konkurrenz um die Ressource Boden und durch die ökologischen Folgen, die aus der Enklavenwirtschaft resultieren.

In diesem Zusammenhang ist es erforderlich zu definieren, was unter dem Begriff Entwicklung verstanden wird. Für die in dieser Arbeit angeschnittene Fragestellung ist es zweckmäßig, die Definition auf den Begriff 'wirtschaftliche Entwicklung' einzugrenzen. In Anlehnung an Rauch (1981: 16) sind in dem Begriff einerseits Vorstellungen von Effizienz und Leistungsfähigkeit, andererseits Vorstellungen von einer materiellen Besserstellung einer Gesellschaft zu verknüpfen. Danach ist wirtschaftliche Entwicklung zu definieren als

"... eine durch Produktivkraftentwicklung bewirkte Verbesserung der Lebensbedingungen für die in einer Gesellschaft lebenden Menschen, wobei Verbesserung für den Fall unterentwickelter Länder an der Befriedigung der Grundbedürfnisse zu messen ist." (Rauch, 1979: 3, 1981: 17)

Vor dem Hintergrund dieses normativen Entwicklungsbegriffs ist auch der Begriff der Ressourcen weiter zu fassen als nur die naturräumliche und infrastrukturelle Faktorausstattung einer Region umfassend; er bezieht auch die von der Wirtschaftsregion abhängige Bevölkerung mit ein:
- ihr Arbeitskräftepotential,
- ihre Kenntnisse und Erfahrungen, das heißt die gesellschaftlichen Organisationsformen und die Produktionsformen[2],
- und - angesichts der Zielsetzung, ihre Lebensbedingungen langfristig zu verbessern - auch die ökologische Tragfähigkeit der Formen, in denen die natürlichen Ressourcen genutzt werden.

Eine Analyse der Ressourcennutzung in peripheren Regionen von Ländern der Dritten Welt hat daher zunächst von ihrer gesellschaftlichen Organisation auszugehen. Dafür ist ein Begriff hilfreich, der von den Dependenztheoretikern zur Beschreibung eines allgemeinen Strukturmerkmals peripherer Gesellschaften entwickelt wurde: der Begriff der strukturellen Heterogenität, der die Verflechtung kapitalistischer und nicht-kapitalistischer Produktionsweisen bezeichnet,

"... das komplizierte Geflecht von alten und neuen, aufsteigenden und untergehenden, sich überlagernden Produktionsweisen, die zudem fast nie in reiner Form, sondern in Übergangs- und Mischformen auftreten."
(Hurtienne, 1982: 348)

Zunächst als Merkmal nationaler Gesellschaften der Dritten Welt-Länder als ganzes und zur Abgrenzung gegenüber kapitalistischen und sozialistischen Gesellschaftsformationen der "ersten" und "zweiten" Welt formuliert, erweist sich der Begriff auch als brauchbar, um Differenzierungen der Gesellschaften innerhalb der nationalen Einheiten zwischen den Zentren und der Peripherie sichtbar zu machen.

Die Debatte über die konfliktbeladene strukturelle Heterogenität miteinander verflochtener Produktionsweisen gerade in ländlich-peripheren Regionen warf die Frage nach Art und Bedeutung der "kleinbäuerlichen", nicht durchkapitalisierten Produktionsweisen - also der "traditionellen" Produktionsweisen[3] - in dominant kapitalistischen Gesellschaften auf. Gerade die partielle Modernisierung der Landwirtschaft z.B. der lateinamerikanischen Länder in den 50er und 60er Jahren hatte nicht, wie intendiert, zur Auflösung des traditionellen Sektors und mit ihm zum Verschwinden der kleinbäuerlichen Produktion geführt. Die Frage nach Funktionalität oder Dysfunktionalität der kleinbäuerlichen Produktion innerhalb einer dominant kapitalistischen Gesellschaft gewann daher in der entwicklungstheoretischen Debatte zunehmend an Brisanz (Bartra, 1977; Rey, 1976; Bennholdt-Thomsen, 1980 und 1981; Meillassoux, 1983). "Bäuerlich" ist in diesem Zusammenhang nicht mit der europäischen Form des Bauerntums gleichzusetzen; bezogen auf Lateinamerika umfaßt er verschiedene Typen kleinräumlicher Produktionsformen[4] wie die Sammelwirtschaft, indianische Produktionsweisen oder die der Siedler an der Grenze im Amazonasgebiet (Nitsch, 1985: 9).

Die Persistenz kleinbäuerlicher Produktion in peripheren Wirtschaftsregionen warf die Frage nach den spezifischen regionalen und kulturellen Voraussetzungen auf, die dazu führen, daß die Durchkapitalisierung dieses Sektors nicht erfolgt. Wie Hurtienne in der Auseinandersetzung mit der Theorie des peripheren Kapitalismus in der Formulierung von Senghaas konstatiert, waren die Theoretiker dieser Schule

> "... bisher eher von 'identischen Tiefenstrukturen' abhängiger Reproduktion (ausgegangen, die) daher die große Varianz historischer Entwicklungsmechanismen kaum adäquat erfassen konnten." (Hurtienne, 1982:348)

Stagnation und Entwicklung einer Region scheinen jedoch durch interne, regionalspezifische wirtschaftliche und soziale Strukturen und ihre sukzessiven Veränderungen in weit höherem Maße geprägt, als bisher in der Theorie des peripheren Kapitalismus durch die starke Betonung der Außenabhängigkeit angenommen. Die vorliegende Arbeit setzt an der Hypothese der zentralen Bedeutung naturräumlicher, historischer und kultureller Ausgangsbedingungen für die Entwicklung spezifischer Produktionsformen in peripheren Regionen an.

1.2 Untersuchungsgegenstand und Untersuchungsziel

Untersuchungsgegenstand dieser Arbeit ist das Entwicklungspotential peripherer Wirtschaftsregionen im Interesse der dort lebenden Bevölkerung, ausgehend von
- der naturräumlichen und infrastrukturellen Faktorausstattung,
- der gesellschaftlichen Organisation der Produktion und Reproduktion

unter den spezifischen Bedingungen von außeninduzierter Zyklizität von Boom und Baisse.

Der Gegenstand soll am Beispiel der peruanischen Amazonasregion Madre de Dios bearbeitet werden. In der multiethnischen Zusammensetzung ihrer Bevölkerung ist eine Vielfalt von kulturellen Traditionen wirksam, deren Einfluß auf die Herausbildung kultur- und regionalspezifischer Produktionsformen

zu untersuchen ist. Externe Anstöße gehen von der Nachfrage nach Gold aus, die einer starken Zyklizität unterworfen ist. Goldboom und -baisse bewirkten weitreichende Verschiebungen zwischen den Produktionsschwerpunkten Landwirtschaft und Rohstoffextraktion und auf zweifache Weise eine Ausweitung des produktiven Sektors:
- zum einen durch die Zuwanderung der Bevölkerung aus den angrenzenden Hochlandregionen,
- zum anderen durch das beginnende Vordringen des an der Rohstoffextraktion interessierten Kapitals.

In komplexen Wechselwirkungen zwischen den verschiedenen gesellschaftlichen Organisationsformen des Produktionsprozesses, die einerseits in nicht-durchkapitalisierten und andererseits in kapitalistischen Bereichen starke Wurzeln haben, wurde die regionale ökonomische Entwicklung deutlich dynamisiert.

Die Analyse der Auswirkungen von Boom und Baisse auf die Gesellschafts- und Wirtschaftsstruktur in Madre de Dios soll das aus diesen Wechselwirkungen resultierende Entwicklungspotential für die regionale Bevölkerung faßbar machen, das nicht notwendigerweise allein im dominant-kapitalistischen Bereich zu suchen ist.

In Peru wurde bisher ausschließlich der kapitalistische Sektor als entwicklungsfähig angesehen; Folge dieser Prämisse war die Konzentration der Fördermaßnahmen auf die kapitalistischen Sektoren der Küste, die Bergbauenklaven in der Sierra und die kapitalintensive Inwertsetzung ausgewählter Amazonasregionen. Die Wirtschaftskonzepte der peruanischen Regierungen marginalisierten bisher den im Hochland und im Tiefland vorherrschenden kleinbäuerlichen Sektor, obwohl ihm in mehrfacher Hinsicht hohe Bedeutung zukam: bei der Versorgung der Bevölkerung mit Grundnahrungsmitteln in der Subsistenzproduktion und marktorientierten Produktion und durch die Minderung der Abwanderung in die urbanen Zentren durch

die Existenzsicherung der Produzenten auf einem tragfähigen
Niveau der Überlebensökonomie. Die einseitige Ausrichtung
der Wirtschaftspolitik ist mit dafür verantwortlich, daß
diese volkswirtschaftlich zentralen Funktionen der bäuerlichen Ökonomie empfindlich geschwächt und ihr Entwicklungspotential nicht ausgeschöpft wurde.

Ziel der Auseinandersetzung mit dem Untersuchungsgegenstand
ist es, einen Beitrag zur Lösung der in der Entwicklung peripherer Regionen erkennbaren Probleme zu erarbeiten. Die
deskriptive Analyse allein kann hierzu nur ein - allerdings
notwendiger - Schritt sein, indem die Probleme selbst in
möglichst konkreter Form identifiziert werden. Darüber hinaus sollen aber auch Lösungsansätze durch die Ermittlung der
problemverursachenden Faktoren aufgezeigt werden.

Es wird daher der Weg gewählt, zunächst auf der deskriptiven
Ebene die historischen und strukturellen Bedingungen für den
in Madre de Dios erreichten Stand der Produktivkraftentwicklung und seiner Differenzierung zwischen den gesellschaftlichen Akteuren mit einem möglichst hohen Genauigkeitsgrad abzubilden. In den Konflikten zwischen den Akteuren sollen dann
die problemverursachenden Faktoren erkennbar gemacht werden,
welche eine volle Entfaltung der regionalen Produktionsformen
behindern, das heißt einer Ausschöpfung des immanenten Potentials im Interesse der in der Region lebenden Menschen, ihrer
Grundbedürfnisbefriedigung und der ökologischen Verträglichkeit ihres Wirtschaftens entgegenstehen.

Die Analyse der problemverursachenden Faktoren ist Voraussetzung zur Formulierung alternativer Strategien und damit
eines Beitrags zur Lösung der Probleme.

Hier stellt sich die Frage, in welchem institutionellen Rahmen diese Ansätze verarbeitet, das heißt umgesetzt werden
können. Der Hinweis auf die nationalstaatliche Wirtschafts-
und Regionalpolitik als den wichtigsten Adressaten sollte

nicht mit dem Argument zurückgewiesen werden, daß es gerade diese Politik ist, die in ihrer derzeitigen Ausformung selbst einige der problemverursachenden Faktoren geschaffen hat. Lateinamerika bietet durchaus Beispiele für Verschiebungen politischer Konstellationen, bei denen die Handlungsfähigkeit der Entscheidungsträger auch durch den Mangel an alternativen Konzepten entscheidend begrenzt wird.

Aber auch außerhalb offizieller Politikkonzepte sind Verwertungsmöglichkeiten denkbar: etwa in der entwicklungspolitischen Einflußnahme durch nicht-staatliche Organisationen in sogenannten 'Nischen-Projekten' (Stöhr, 1983: 19 ff). Darüber hinaus sind Ergebnisse dieser Art von allgemeiner Bedeutung zur Erweiterung der Kenntnisse über Handlungsmöglichkeiten einer grundbedürfnisorientierten Entwicklungspolitik 'von unten' (Stöhr/Taylor, 1981).

1.3 Methodik und Vorgehensweise

> "Ohne Zweifel stehe ich der Position des mit den Sinnen teilnehmenden und mit den Urteilen distanzierten Dokumentaristen am nächsten. Doch dann empfinde ich die mühselige Arbeit der genauen Beschreibung bisweilen als leer, als Vorarbeit, der das Leben erst noch eingehaucht werden müsse." (Oppitz, 1981: 57)

Der zeitliche Schwerpunkt der Untersuchung liegt auf den Jahren 1976 bis 1985, einer Phase regionaler Entwicklung, die durch Goldboom (1976 bis 1981) und Goldbaisse (1981/82) und anschließender Stagnation (bis 1985) gekennzeichnet war. Vorkenntnisse wurden 1979 in einem Forschungsprojekt erworben, das die Migrationszyklen und -motive der saisonalen Wanderarbeiter in Madre de Dios zum Gegenstand hatte. Die in zwei längeren Feldforschungsaufenthalten 1982 und 1983 in insgesamt 14 Monaten gewonnenen Daten und Aussagen wurden von einer Forschergruppe zusammengetragen, die aus Peruanern und Deutschen bestand und interdisziplinär besetzt war.

Die empirische Arbeit basiert ausschließlich auf qualitativen Untersuchungsmethoden. Weder standen quantitativ zuverlässige Vorarbeiten zur Verfügung, noch waren die bei den staatlichen Behörden verfügbaren Daten geeignet, die sozio-ökonomische Struktur der Region und ihrer Bevölkerung inhaltlich und regional ausreichend differenziert und zuverlässig zu erfassen.[5] Einer repräsentativen Samplebildung fehlte damit die unerläßliche Voraussetzung einer genauen Definition der Grundgesamtheit.

Ebensowenig bestand die Möglichkeit, in einer schlecht erschlossenen, dispers besiedelten Region von der Größe des Departements Madre de Dios durch eigene Bestandsaufnahmen die erforderlichen Grunddaten zu beschaffen.

Im übrigen können die gängigen fragebogenorientierten Erhebungsverfahren der empirischen Sozialforschung bei der ländlichen Bevölkerung der Dritten Welt nur mit großen Einschränkungen angewandt werden. Die kulturanthropologische Feldforschung und Erfahrungen, die bereits 1979 im Untersuchungsgebiet gesammelt werden konnten, zeigen, daß der Einstieg in empirische Arbeiten nur über ein Vertrauensverhältnis hergestellt werden kann. Dem Kommunikationsprozeß, der sich dabei entwickelt, entsprechen die Methoden der teilnehmenden Beobachtung und des strukturierten und des narrativen Gesprächs.

Dies gilt um so mehr in einer Situation wie der in Madre de Dios, wo die Bevölkerung ethnisch-kulturell stark differenziert ist und die gesellschaftlichen Relationen zwischen den Goldwäschern von Mißtrauen, Konkurrenzdruck und Angst vor staatlichen Eingriffen in eine vielfach nicht legalisierte Bodennutzung gekennzeichnet sind.

Für die Untersuchung wurden Arbeitszonen ausgewählt, die nach Beratungen mit Experten sowohl von ihrer naturräumlichen Ausstattung wie von der ethnischen und sozialen Struktur her als repräsentative Einheiten für die Goldwäscherei in Madre de Dios gelten können. Ergebnis dieser Bemühung war die Identifikation der Arbeitszonen Laberinto-Boca del Inambari (1), Río Madre de Dios und Río Colorado (2) und Mazuko-Huaypetue-Pukiri (3) (Anhang 2, Beschreibung der Arbeitszonen).

Die Auswahl der Gruppen, die innerhalb der Arbeitszonen untersucht werden sollten, wurde nach folgenden Kriterien durchgeführt: Die in der Zone arbeitenden Goldwäscherbetriebe wurden nach ethnischen und sozialen Kriterien, Bodenzugang, Verfügung über Kapital und Kenntnis des Produktionsprozesses, Größe des Betriebs sowie Art der Arbeitsorganisation typisiert (Kapitel 6). Die Identifikation der Gruppen erfolgte unter Einbeziehung von Experteninterviews und Gesprächen mit Goldwäschern, um auch deren eigene Kriterien zur Differenzierung der Goldwäscherbevölkerung zu berücksichtigen. Unter den identifizierten sechs Gruppen - Tieflandindianern (Kapitel 7), Wanderarbeitern (Kapitel 8), kleinen Selbständigen (Kapitel 9), pequeños mineros (Kapitel 10), medianos mineros (Kapitel 11) und Großunternehmen (Kapitel 12) - wurde versucht, die zur Verfügung stehende Arbeitszeit und Arbeitskraft so aufzuteilen, daß in jeder Arbeitszone ein Großunternehmen, Tieflandindianergemeinden, einige Mittelunternehmen sowie eine größere Anzahl von pequeños mineros und kleinen Selbständigen besucht wurden. Gleichzeitig war es erklärtes Ziel, längere Zeit bei den Gruppen zu verbringen. Da beide Zielsetzungen im Widerspruch zueinander standen, konnte oft erst vor Ort aufgrund einer Vielzahl von Einflußgrößen wie Aufgeschlossenheit der besuchten Gruppe, Lage, aktuelle Konflikte, Witterungsbedingungen, Transportmöglichkeiten entschieden werden, wieviel Zeit eingesetzt werden konnte.

Für die Untersuchungstechniken, die zum Einsatz kamen, galt das gleiche. Sie mußten je nach Ort und Personengruppe modifiziert werden. Folgende Erhebungstechniken qualitativer Sozialforschung wurden eingesetzt:

- Der teilnehmenden Beobachtung kam als wissenschaftlicher Methode besondere Bedeutung zu. Durch die Anwendung dieser Methode der ethnologischen Feldforschung konnte sich die Forschergruppe einen Überblick über die Sozialstruktur der besuchten Einheit verschaffen. Durch die Teilnahme am Alltag konnten die Verhältnisse einerseits aus der Sicht der Forscher wahrgenommen werden. Andererseits konnten durch die eingehende Beobachtung und Teilnahme am Arbeitsprozeß und den Lebensbedingungen vor Ort Urteile und Selbsteinschätzungen der Betroffenen verstanden beziehungsweise interpretiert werden (Berger/Kavemann 1978). Beobachtungen, Beschreibungen und Gespräche wurden in regelmäßigen Tagebuchaufzeichnungen festgehalten. Besonderes Gewicht wurde dabei auch darauf gelegt, Gesprächssituationen zu charakterisieren, um eine spätere Reflektion über die Wechselwirkung zwischen Forscher und Proband zu ermöglichen (Hopf, 1982).

- Nicht standardisierte Kurz- wie Tiefeninterviews wurden in der Regel erst nach einigen Tagen angewandt, wenn ein Vorverständnis von seiten des Interviewers und ein Vertrauensverhältnis vorhanden war. Unter Einbeziehung der lokalen Mitarbeiter war der noch in Berlin nach Fragekomplexen ausgearbeitete Leitfaden zu Beginn der Feldforschung in Pto. Maldonado ergänzt und nach einmonatigen Pretests situationsgerecht überarbeitet worden. Kurz- und Tiefeninterviews wurden, der jeweiligen Gesprächssituation entsprechend, nebeneinander eingesetzt. Die Befragung richtete sich an einzelne wie auch an Gruppen. Sie war zeitlich nicht begrenzt. Aufgrund der Abgeschlossenheit des Lebens im Urwald bestand in den meisten Fällen die Möglichkeit, die Befragung an den folgenden Tagen wieder aufzunehmen und Personen nach Kurzinterviews auch für ein Tiefeninterview zu gewinnen. Kontroll- und Rückfragen dienten auch dazu, die Zuverlässigkeit und Gültigkeit der Antworten zu überprüfen.

- Die in der Praxis der "Oral History" (Niethammer, 1985) entwickelte Form narrativer Interviews erwies sich mit zunehmender Einfühlung der Forschergruppe in die Situation der Befragten als weiteres adäquates empirisches Arbeitsinstrument: Die Goldwäscher erzählten ihre Erfahrungen mit den Produktions- und Reproduktionsbedingungen in Boom und Baisse in der Regel ebenso strukturiert, wie es den Themenkomplexen des Leitfadens entsprach. Nach Einbruch der Dunkelheit war der Besuch der Forschergruppe auch eine willkommene Abwechslung im monotonen Arbeitsalltag, so daß sich die Befragten bereitwillig die Zeit nahmen, ihre Lebensgeschichte als Goldwäscher, ihre Probleme, Konflikte und Wünsche vorzutragen. Nicht selten war es für sie eine Erleichterung, auf jemanden zu treffen, dem sie ihre Klagen und Unzufriedenheit vortragen konnten ("... a donde nos podemos quejar"[6]). Gelang es, das zu Beginn eines Kontaktes bestehende Mißtrauen sowie beiderseitige Hemmungen abzubauen, war das Verhältnis zwischen Probanden und Forschern oft offen und freundschaftlich, was eindeutig auch aus der abgeschiedenen Lage im Urwald, Einsamkeit und Isolation der dort Lebenden herrührte; daß sich Menschen zu ihnen "verirrten", die mit ihnen sprechen und von ihnen lernen wollten, war noch nie geschehen.

Der Mitschnitt der Interviews erfolgte nur in Ausnahmefällen, jedoch wurde jedes Gespräch oder Interview entweder sofort mitgeschrieben oder als Ergebnisprotokoll festgehalten.

Die Zahl der Interviews richtete sich bei der goldwaschenden Bevölkerung nach der Größe der ausgewählten Siedlungen sowie der Bereitschaft und Offenheit der Befragten; sie variierte von Ort zu Ort.

- Experteninterviews dienten während des gesamten Aufenthaltes zur Vor- und Nachbereitung der Arbeit in den Goldwäscherzentren: Offene und strukturierte Interviews mit Verantwortlichen der staatlichen Behörden in Lima, in Pto. Maldonado, der einschlägigen Ministerien, privater wie staatlicher Universitäten und fachkompetenter Institutionen u.a.m. Bei den Experten fand die Forschergruppe in der Regel eine positive Einstellung zum Untersuchungsgegenstand. Eine Ausnahme stellten die Vertreter des Bergbauministeriums und seiner Filialen sowie einige Funktionäre der Staatlichen Minenbank dar.[7]

Die Qualität der empirischen Untersuchung war in entscheidendem Maße beeinflußt von der Einbeziehung peruanischer Wissenschaftler und sachkundiger Schlüsselinformanten, die die Forschergruppe bei den Probanden einführten.

1982 war die jeweils dreimonatige Mitarbeit der peruanischen Ethnologin Flica Barclay und des Soziologen Gustavo Vera, Leiter des Planungsinstituts der regionalen Entwicklungsbehörde (CORDEMAD) in Madre de Dios, eine große Hilfe. Beide Wissenschaftler verfügten über langjährige empirische Erfahrungen im peruanischen Amazonasgebiet - Barclay arbeitete zwei Jahre mit Comunidades Nativas im Amazonasgebiet von Zentralperu, Vera seit acht Jahren im Departement Madre de Dios - und waren mit der akuten juristischen Problematik (Boden- und Tieflandindianergesetzgebung) in den Goldwäscherzonen vertraut.

1983 gelang es, eine größere Forschergruppe mit unterschiedlichen Qualifikationen zusammenzustellen; sie bestand aus folgenden Personen:
- einem Soziologen, Limeño, mit langjährigen Arbeitserfahrungen über Comunidades Campesinas;
- einem Elektrotechniker, Cusqueño, mit abgebrochenem Wirtschaftsstudium, der bei der Menschenrechtsorganisation CODEH-PA mitarbeitete und von ihr für die Untersuchung im Tiefland entsandt worden war;

- einem 19jährigen Goldwäscher, Puneño, Abiturient, der seit mehreren Jahren in Madre de Dios sowohl als Wanderarbeiter als auch als kleiner Selbständiger gearbeitet hatte und aufgrund seiner Kontakte zur Menschenrechtsorganisation zur Gruppe stieß; er arbeitete einen Monat in der Untersuchungszone Huaypetue-Mazuko-Pukiri mit;
- einer Geburtshelferin, Maldonadense, die aufgrund langjähriger Tätigkeit als Hebammenhelferin in Pto. Maldonado und im ländlichen Umfeld über gute Kontakte zur goldwaschenden Bevölkerung verfügte; sie gehörte einer angesehenen, aber nicht wohlhabenden Familie japanisch-bolivianischer Herkunft an, die seit 15 Jahren in Pto. Maldonado lebte. Sie war eine sachkundige Schlüsselinformantin, durch deren Vermittlung besonders zu mißtrauischen pequenos und medianos mineros wichtige Kontakte erst möglich wurden.

Folgendes arbeitsteiliges Vorgehen stellte sich für die Gruppe als optimal heraus: Mit den patrones nahm der Soziologe oder die deutsche Projektmitarbeiterin Kontakt auf, da sie aufgrund ihres Erscheinungsbildes und Auftretens eher als Funktionäre einer Behörde angesehen wurden, während die beiden Vertreter der Menschenrechtskommission Arbeiter und kleine Selbständige aufsuchten. Für die Projektmitarbeiterinnen eröffneten sich zudem Kontakte über die Frauen in den Untersuchungseinheiten.

Nach längerer Anwesenheit wurde es für alle Projektmitarbeiter leichter, ohne Unterschiede im Geschlecht, Alter und/oder sozialer Stellung zu den Angehörigen eines besuchten Camps oder einer Comunidad Nativa Beziehungen zu knüpfen. Am fruchtbarsten für die Untersuchung waren Aufenthalte in den besuchten Einheiten von drei bis vier Wochen, in denen, von einem festen Standpunkt eines Goldwäschercamps aus, benachbarte Camps und Siedler wiederholt besucht werden konnten. So war es der Forschergruppe auch möglich, am sozialen Leben der Zone teilzunehmen, z.B. an sonntäglichen Fußballspielen zwischen Mannschaften verschiedener Camps und Comunidades Nativas und den seltenen Besuchen zwischen benachbarten Siedlern.

Die Forschergruppe hat sich bemüht, die untersuchten Gruppen von Goldwäschern nicht nur für ihre Zwecke auszunutzen, sondern auch ihre Systemkenntnis und aktuelle Informationen an die Probanden zu vermitteln. Sie konnte ihre Kenntnisse auf zweifache Weise wirksam einsetzen: Sie erwirkte zum einen vom Landwirtschaftsministerium die Anerkennung, für goldwaschende Tieflandindianergemeinden die sozio-ökonomischen Analysen zu erarbeiten, die für die Anerkennung von Bodennutzungstiteln Voraussetzung sind. Zum anderen arbeitete sie mit der Menschenrechtskommission der Provincias Altas von Sicuani/Cusco (CODEH-PA) bei einer Analyse der Lebens- und Arbeitsbedingungen der saisonal in die Goldwäscherei zugewanderten Hochlandindianer zusammen, woraus ein Beratungskonzept für die Migranten zur Verbesserung ihrer arbeitsrechtlichen Position entwickelt wurde.

Im Mittelpunkt der Informationen, die die Forschergruppe an die goldwaschende Bevölkerung weitergeben konnte, standen die Themen Bodenzugang und seine rechtliche Absicherung sowie Arbeitsrecht. Mit Hilfe einer Fotokopie des Katasters, auf dem die Bergbaunutzungsrechte im Departement Madre de Dios verzeichnet waren, wurde versucht, die Position der besuchten Einheit auf dem Plan zu lokalisieren und die Rechtsverhältnisse zu klären. Die Mitglieder der Menschenrechtsorganisation konnten aufgrund ihrer aymara- und quechua-Sprachkenntnisse wie ihrer sozialen Herkunft aus dem Hochland juristische Sachlagen und Verwaltungsvorgänge so erklären, daß sie leichter verständlich wurden. Von kleinen Selbständigen und pequenos mineros kam sogar der Vorschlag, "charlas", Vorträge, abzuhalten, Ausdruck des wachsenden Interesses an dieser Art von Gedankenaustausch. Die Forschergruppe versuchte, sich an das Konzept der Action Anthropologie zu halten,

"... daß sich der Forscher zur Verfügung stellen muß, und wenn er nicht akzeptiert wird und wenn er nicht gebeten wird, aktiv zu sein, dort nicht arbeiten kann." (Schlesier 1979: 19)

Die Situation der weiblichen Mitglieder der Forschergruppe war durch Vorerfahrung der Bevölkerung mit "weißen" Frauen geprägt, die bisher in der Region nur als Ärztinnen, Evangelistinnen oder Lehrerinnen aufgetaucht waren.[8] Die Erfahrungen, die sie mit diesen Personen gemacht hatten, übertrugen sie auf die Forscherinnen, was je nach den Vorbildern positiv oder negativ ausfallen konnte.[9] Erst die eigene Betroffenheit an den Fragen zum Leben der Frauen in der Goldwäschergesellschaft und der Wunsch, etwas verstehen zu wollen, etwas lernen zu wollen, eröffnete direkte menschliche Beziehungen zwischen Forscherinnen und Gesprächspartnerinnen. Die von außen eindringende Beobachterin wurde in der Regel erst "auf die Probe gestellt", indem sie Aufgaben zugewiesen bekam, die sie zu erfüllen hatte. Besonders gut "testeten" Tieflandindianerinnen auf diese Art und Weise ihre Geschlechtsgenossinnen.

"Sie erkannten, daß sie als meine Lehrmeister - und ich war ja gekommen, um von ihnen zu lernen - das unbedingte Recht hatten, so viel wie möglich aus mir herauszuholen." (Lewis, 1981: 209)

Die Hilfe der goldwaschenden Bevölkerung als Kenner des tropischen Regenwaldes, seiner Geheimnisse und Gefahren, war für die Forscher überlebensnotwendig: ohne ihre Unterstützung wäre es den "Wissenschaftlern" und "Experten" sicherlich so ergangen wie dem in Madre de Dios legendären Missionar José Alvarez, "dem Erretter der Wilden", der 1921 auszog, um die Tieflandindianer der Region zu bekehren ("Salvar a estos hijos llevandolos a El."[10]

Als seine Führer über Nacht verschwanden, war er der Hilflose, allein im tiefen Urwald Verlassene:

"Y allí está el Pepe, solito en una balsa de topas, sin saber nadar y con apenas dos libras de fariña. Se vió terminar. El fin de la aventura pareció cuando la balsa, caprichosa, tropezó contra una palizada en medio río y comenzó a sumirse en las crecidas aguas. Se preparó a morir y se agarró fuertemente a un tronco de la palizada con el que llegó a la playa salvandose del entuerto. Adios libras de fariña. Más abajo flotaba su altar portátil muy cerca de la orilla. Gritó todo un rosario de acción de gracias y durmió sobre unas ramas, perdón, se recostó sobre unas ramas para dormir, pero rondaba el tigre con más hambre que el. Podriamos hablar del miedo, verdadero miedo de aquella noche y las siete que le siguieron a través del bosque, que tropezando, cayendo, comiendo raices hasta llegar a San Lorenzo."[11] (Secretariado de Misiones Dominicanas del Perú, 1973: 25)

Anmerkungen zu Kapitel 1

1) Vgl. hierzu das Integrationskonzept der brasilianischen Regierung für das Amazonasgebiet, das auch von der peruanischen Regierung unter Belaúnde (1980 bis 1985) übernommen wurde und in Kapitel 4.4 dargestellt wird.

2) Erkenntnisse und Erfahrungen, die aus ihrer Tradition gewachsen sind, von der Verhaltensforscher Konrad Lorenz sagt: "Tradition ist das geistige Erbgut einer Kultur. Zerstörung gewachsener Traditionen muß sich für eine Kultur ebenso tödlich auswirken wie die Zerstörung des Erbguts für eine Tierart." (Lorenz, zitiert nach Biegert, 1981: 326)

3) Der Begriff "traditionell" wird in der vorliegenden Arbeit nicht im Sinne des Dualismuskonzepts verwendet; er wird synonym zu den Begriffen "kulturspezifisch", "nichtkapitalistisch", "nicht-durchkapitalisiert" gebraucht.

4) Der Begriff der "Produktionsform" wird aus folgendem Grund verwendet: Im Gegensatz zum Terminus "Produktionsweise", einer makrowirtschaftlichen Kategorie, die sich auf klar definierte übergeordnete Produktionsverhältnisse als geschlossene Systeme bezieht (zum Beispiel Feudalismus, Kapitalismus), bezeichnet "Produktionsform" einen gesellschaftlichen Zustand - Produktion wie Reproduktion - ohne allgemeingültigen Anspruch. Er ist ein neutraler, weitgefaßter Begriff, der sich daher eignet, differenzierte bäuerliche Wirtschaftssysteme zu erfassen.

5) Die von den staatlichen Institutionen herausgegebenen Informationen und Statistiken über das Departement Madre de Dios sind äußerst mangelhaft: statistische Erhebungen beschränken sich ausschließlich auf die wenigen urbanen Zentren. Die Situation wird am treffendsten durch ein Beispiel gekennzeichnet: Dem Leiter des Statistischen Amtes und des Planungsinstituts der regionalen Entwicklungsbehörde des Departements (CORDEMAD), der seit acht Jahren als Soziologe diesen Aufgabenbereichen vorsteht, bot sich aus Geld- und Zeitmangel der Behörde noch nie die Gelegenheit, die Goldwäscherzonen kennenzulernen. Von ihm stammt auch die Aussage, daß die Statistiken "vom Schreibtisch aus erhoben werden".

6) "... wo wir uns beschweren können", ein typischer Ausspruch der goldwaschenden Bevölkerung.

7) Funktionäre beider Institutionen waren in Betrugsaffären verwickelt, was dazu führte, daß sie besonders mißtrauisch auf die Forschergruppe reagierten und Informationen zurückhielten.

8) Vgl. hierzu Nadig, die auf die Rolle der "weißen" Frau als Sozialwissenschaftlerin in der Feldforschung eingeht (Nadig, 1980: 53-66).

9) Durch die Zusammenarbeit mit einer Hebammenhelferin, die einer evangelischen Religionsgemeinschaft angehörte, wurden die weiblichen Mitglieder der Forschungsgruppe oft beim ersten Kontakt als Ärztinnen oder Missionarinnen eingeschätzt. In Madre de Dios arbeiteten seit längerem evangelische Missionarinnen schweizerischer Nationalität im Gesundheitsbereich. Da ihre Arbeit von der Bevölkerung in der Regel positiv bewertet wurde, fielen die Übertragungen der Vorbilder zugunsten der Forscherinnen aus.

10) Sein Ziel war, "diese Kinder (Gottes) zu retten und sie Ihm (Gott) zuzuführen." (Secretariado de Misiones Dominicanas del Perú, 1973: 25).

11) "Und da saß nun Pepe (Kurzform von José, C.M.) allein auf einem Floß, ohne schwimmen zu können und gerade noch mit zwei Pfund fariña (Yucamehl, C.M.). Er sah schon seinem Ende entgegen. Sein Abenteuer schien beendet, als das Floß, willkürlich, in der Mitte des Flusses auf Treibholz stieß und langsam im wilden Gewässer zu sinken begann. Er bereitete sich auf seinen Tod vor und klammerte sich so fest er konnte an einen Baumstamm des Treibholzes, mit dem er ans Ufer gespült wurde, gerettet vor dem Schlimmsten. Adios ihr Pfunde fariña. Weiter unten trieb sein tragbarer Altar schon in der Nähe des Ufers. Zum Dank betete er mit lauter Stimme den Rosenkranz und legte sich erschöpft auf einigen Zweigen zum Schlafen nieder, aber ihn umschlich der Tiger, hungriger als er selbst. Wir können von Angst sprechen, Todesangst, in dieser Nacht und den sieben darauffolgenden Nächten und Tagen, in denen er durch den Urwald zog, strauchelnd und stolpernd, immer wieder hinfallend und sich nur von Wurzeln ernährend, bis er in San Lorenzo ankam." (Secretariado de Misiones Dominicanas del Perú, 1973: 25)

TEIL I

DIE RESSOURCENAUSSTATTUNG DES DEPARTEMENTS MADRE DE DIOS, HISTORISCHE GENESE DER NUTZUNGSFORMEN UND MAKRO-ÖKONOMISCHE BEDINGUNGEN DER REGIONALEN ENTWICKLUNG

2. Die Region Madre de Dios und ihre Entwicklung bis zum Einsetzen des Goldbooms 1976

2.1 Geographische Lage

Das Departement Madre de Dios, das 'Land der Gottesmutter'[1], liegt im Südosten des peruanischen Staatsterritoriums und ist mit einer Gesamtfläche von 78.403 qkm die drittgrößte Verwaltungseinheit Perus (6,1 % des nationalen Territoriums).

Das zwischen 9°57' und 13°19' südlicher Breite und 68°39' und 72°31' östlicher Länge gelegene Gebiet grenzt im Norden an das Departement Ucayali und die Republik Brasilien, im Süden an das Departement Puno, im Osten an das Departement Cusco und im Westen an die Republiken von Bolivien und Brasilien.

Karte 1: Das Departement Madre de Dios und das Untersuchungsgebiet; Kartographie: A. Nodal

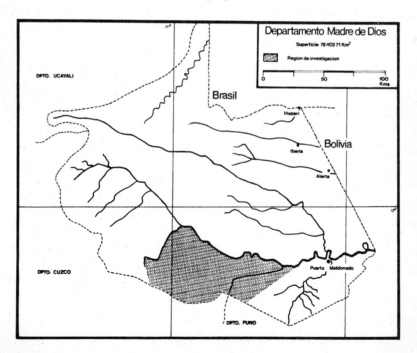

Das Departement Madre de Dios ist dem Amazonasgebiet zuzurechnen und ist zum überwiegenden Teil von Regenwald bedeckt. Aus der Sicht der Metropole Lima erscheint die 1.700 km entfernt liegende Region, Peripherie im ökonomischen und politischen Sinn.

2.2 Politische Einbindung

Erst zu Beginn dieses Jahrhunderts erfolgte die Anbindung dieses Gebietes an peruanisches Staatsterritorium. 1912 wurde es zur Verwaltungseinheit Madre de Dios deklariert mit der Departement-Hauptstadt Pto. Maldonado, die 1902 als Siedlung am Zusammenfluß des Río Madre de Dios und des Tambopata gegründet wurde (Gonzales de Olarte, 1982: 31). Die in der Nähe zu Pto. Maldonado verlaufende Staatsgrenze zu Bolivien (314,5 km) wurde zwischen 1911 und 1913, die zu Brasilien (279,1 km) erst 1942 festgelegt. Die innerdepartementale Untergliederung umfaßt drei Provinzen: Tambopata, Manú und Tahuamanú, die wiederum in neun Distrikte untergliedert sind (Anhang 1, Tabelle 1).

Auch wenn seit der Begründung der Verwaltungseinheit wiederholt Organisation, Zuständigkeit und Bezeichnung der Juntas Departamentales verändert wurden (Gonzales de Olarte, 1982: 30), so wurden doch die grundlegenden Kennzeichen der Verwaltungsstruktur bis 1984 nicht angetastet: Der stark ausgeprägte Zentralismus des peruanischen Staatsapparates gestand den regionalen (Departamentos) und kommunalen (Provincias und Distritos) Institutionen so gut wie keine Entscheidungsbefugnis zu (Anhang 1, Abbildung 1). Sie waren in allen entscheidenden Fragen den zentralen Entscheidungsträgern in Lima untergeordnet und verwalteten nur sehr geringe finanzielle Mittel (IPC, 1983: 6). Daran änderte auch die lokale Wahl der Provinz- und Distriktbürgermeister 1980 und 1984 nichts.

2.3 Naturräumliche Ausstattung

Madre de Dios wird dem Amazonasgebiet zugeordnet, zeichnet sich jedoch im Vergleich zu anderen Amazonas-Departements durch eine abwechslungsreiche Oberflächengestaltung aus. Es erstreckt sich von der Gebirgsformation der Anden zwischen 4.000 m und 5.000 m Höhe bis zu den Niederterrassen des Amazonas von 180 m bis 500 m über Meeresniveau und umfaßt folgende Landschaftstypen:
- den "paisaje montañoso", die Gebirgskette der Cordillera Oriental de Los Andes, das Quellgebiet des Río Madre de Dios und seiner Nebenflüsse,
- die "ceja de selva", auch als "paisaje colinoso" bezeichnet, den hügeligen Höhenurwald, und
- die "selva", den tropischen Feuchtwald des Tieflandes, auch als "paisaje aluvial" bezeichnet, der nur noch geringe Höhenunterschiede aufweist (Plan Departamental de Desarrollo de Madre de Dios: Plan Nacional de Desarrollo, 1983 bis 1984: 4 und Anhang 1, Tabelle 2).

Entsprechend dem differenzierten Relief untergliedert sich das Departement in verschiedene Mikroregionen, die sich nach dem Klima, der Bodenbeschaffenheit und der natürlichen Ressourcenausstattung unterscheiden. Ebenso sind die wirtschaftlich nutzbaren Ressourcen differenziert verteilt; in den Mikroregionen können jeweils Seifengold-, Kautschuk-, Paranuß- und Edelholzvorkommen dominieren (ONERN, 1972). Im folgenden werden die Ausführungen auf die beiden Mikroregionen bezogen, die als Zentren der Goldwäscherei von regional großer Bedeutung sind: die Region der Niederterrassen bis zu 500 m über Meeresniveau im Umkreis der Departement-Hauptstadt Pto. Maldonado und die des Höhenurwaldes von 500 bis zu 1.000 m über Meeresniveau, die sich entlang der Flüsse Colorado, Inambari und Huaypetue erstrecken.

Die Temperaturen werden für beide Mikroregionen mit einem

Karte 2: Die Untersuchungsregion an den Flüssen Madre de Dios, Colorado, Pukiri und Inambari; Kartographie: A. Nodal

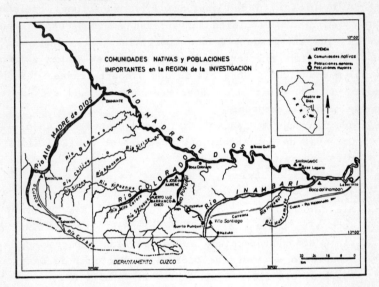

Jahresdurchschnittswert von 26,3 °C angegeben (Temperaturmaximum: 38,0 °C, Temperaturminimum: 11,0 °C), die Niederschläge mit einem Jahresdurchschnittswert von 1.700 mm (Niederschlagsmaximum: 4.000 mm, Niederschlagsminimum: 1.000 mm, nach: Oficina Departamental de Planificación de Madre de Dios, 1983). Die zwei untersuchten Mikroregionen liegen im Bereich des tropisch-feuchten Klimas mit einer Trockenzeit während der Monate Mai bis September, in der die Niederschlagsmenge maximal bis zu 150 mm beträgt. Huaypetue, Inambari und der Oberlauf des Colorado sind in dieser Zeit breite, ausgetrocknete Flußbetten mit einem minimalen Wasseraufkommen. Die Wassermenge nimmt in den Monaten der Trockenzeit in der Regel so stark ab, daß die Goldwäscherei nur noch in geringem Umfang direkt im Flußbett durchgeführt werden kann. Die Regenzeit stellt daher die Hauptarbeitssaison in dieser Mikroregion dar.

Im Unterlauf des Madre de Dios dagegen führt das Wasseraufkommen in der Regenzeit zu Überschwemmungen der goldhaltigen Sandbänke und Ufer; der Grundwasserpegel steigt so stark an, daß auch die Goldwäscherei auf den Niederterrassen eingestellt werden muß. Im Gegensatz zu den Oberläufen reicht auch in der Trockenzeit das Wasseraufkommen der Flüsse für die Goldextraktion aus, so daß hier die Hauptarbeitssaison in die Trockenzeit fällt.

Zur Struktur der Böden liegen nur generelle Angaben vor (Anhang 1, Abbildung 2): Die fruchtbaren alluvialen Schwemmlandböden, in der Regel mit faustgroßem Geröll übersät, finden sich nur im Umfeld der stark mäandrierenden Flüsse. Besonders im Unterlauf des Madre de Dios entstand durch die Verringerung der Fließgeschwindigkeit des Stromes bei Eintritt in die Tiefebene ein breiter Schwemmlandstreifen von ca. 10 km Breite zu beiden Seiten des Flußufers.

Den überwiegenden Anteil der Böden von Madre de Dios stellen jedoch Latosole, das heißt nährstoffarme Roterden, die das Produkt außerordentlich alter Verbindungen sind; ihre Entstehung reicht oft bis ins Tertiär zurück (ONERN, 1972: 51; Müller, 1979: 89). Das Ausgangsgestein ist in hohem Maß verwittert und durch die starken Niederschläge ausgewaschen, so daß die Böden kaum noch Nährstoffe speichern (Weischet, 1977; Sioli, 1983, 1984).

Die Fruchtbarkeit des Regenwaldes liegt daher nicht - wie lange angenommen - an den Nährstoffvorräten der tropischen Böden, sondern hauptsächlich in dem Nährstoffpotential der Biomasse. Durch die günstigen klimatischen Verhältnisse, die die Mineralisierung der abgestorbenen Pflanzenteile fördern, werden die Nährstoffe sofort wieder den Pflanzenwurzeln zugeführt. Da Funktion und Stabilität tropischer Regenwaldbiome Thema zahlreicher Veröffentlichungen sind, sei hier nur auf entsprechende Literatur verwiesen (Weischet, 1977;

Fränzle, 1978; Müller, 1980; Dourojeanni, 1982; Sioli, 1983, 1984).

Flora und Fauna der Untersuchungsregion entsprechen den Vegetationsverhältnissen des tropischen Regenwaldes, der noch weitgehend als Primärwald mit großer Artenmannigfaltigkeit erhalten ist. Nur entlang der Straßen (Anhang 1, Tabelle 3) und im Bereich von Streusiedlungen wurde er zerstört und durch Sekundärwald ersetzt (Fittkau, 1973; Klinge, 1973, 1985). Eine Ausnahme stellt die Mikroregion von Iberia und Iñapari dar, die durch die Ausbeute zu Zeiten des Kautschukbooms nachhaltig beeinflußt worden ist.[2]

Arbeiten über das tropische Ökosystem von Madre de Dios, in denen die verschiedenen Phänomene des tropischen Biotops miteinander korreliert werden und auch der Einfluß des Menschen auf die Natur berücksichtigt wird, liegen bisher nicht vor. Nur Dourojeanni erwähnt beiläufig, daß einer der schwerwiegendsten Eingriffe in Madre de Dios von der Goldwäscherei ausgeht, da durch sie der reiche Baumbestand der Flußufer gefährdet wird, ebenso wie die fruchtbaren alluvialen Böden (Dourojeanni, 1980: 47). Anders als im Amazonasgebiet von Nord- und Zentralperu, wo Abholzung und ökologische Folgeschäden schon ein bedrohliches Ausmaß angenommen haben - von insgesamt 9 Millionen ha Höhenurwald sind allein 5 Millionen ha durch Rodung und unangepaßte Bodennutzung degradiert -, scheint die ökologische Zerstörung in Südperu noch nicht so fortgeschritten (Dourojeanni, 1980: 48; Centro de Investigación y Promoción Amazónica, 1983).

2.4 Einordnung des Departements Madre de Dios in die peruanische Wirtschaftsstruktur

Das Departement Madre de Dios wird zu den peripheren Regionen Perus gezählt und meist als rückständiges, unterentwickeltes, weitgehend ungenutztes Gebiet des Nationalstaates charakterisiert. Die geringe Besiedlungsdichte von 0,5 Einwohner/qkm (Anhang 1, Tabelle 4), das geringe regionale Sozialprodukt (Anhang 1, Tabelle 5), das nur in wenigen begrenzten Zonen des Departements realisiert wird, die unzureichende infrastrukturelle Verbindung zu den Nachbardepartements wie innerhalb des Departements und die schwache staatliche Präsenz, die sich auf die Departement-Hauptstadt Pto. Maldonado beschränkt, weisen dem Departement seine untergeordnete Stellung im peruanischen Staat zu. Nur in den Boomphasen, in denen spezifische Ressourcen der Region, wie zum Beispiel Kautschuk oder Gold, extrahiert wurden, gewann die Region an Interesse für die nationale Gesellschaft.

Die den offiziellen Dokumenten entnommenen Daten über Bevölkerungsentwicklung, Wirtschaftsstruktur, Gesundheits- und Erziehungswesen und öffentliche Dienstleistungen (Elektrifizierung, Wasser- und Abwassersystem, Infrastruktur) zeigen eine geringe Entwicklung der Produktivkräfte dieser Region, soweit sie anhand offizieller Statistiken überhaupt ablesbar ist (Anhang 1, Tabellen 6 bis 16). Die dezentrale Produktionsweise der extraktiven Sammelwirtschaften (Kautschuk, Paranüsse), des Goldschürfens und der Subsistenzproduktion im landwirtschaftlichen Sektor bedingt zudem, daß Untersuchungen und Erhebungen von Daten nur äußerst punktuell durchgeführt wurden. In der Regel beschränken sie sich auf Pto. Maldonado und sein Umland, das heißt auf den Sitz der staatlichen Institutionen, sowie auf die Mikroregion von Iberia (Tahuamanú), die als Grenzprovinz eine Sonderstellung einnimmt.

Die Problematik der stark dezimierten autochthonen Bevölkerung von Madre de Dios, nach Schätzungen von Thomas Moore ca. 4.000 Personen 1983 (Moore, 1983), bleibt in offiziellen Darstellungen der Region weitgehend unerwähnt. Die autochthone Bevölkerung von Madre de Dios gehörte der Sprachfamilie der Harakmbut, Arawak, Tokana und wahrscheinlich der

Pano an, die seit Jahrtausenden dieses Gebiet besiedelten.
Der Kenntnisstand über diese alten Völker ist sehr begrenzt,
da die archäologische Forschung in Madre de Dios noch in den
Anfängen steckt (Rumrrill, 1984; Aikman, 1983).

2.5 Historischer Überblick - Zur Genese regionalspezifischer
Produktionsformen

Die Region Madre de Dios wird von den wenigen Historikern,
die sich mit ihrer Entwicklung beschäftigten, als eine "región lejana y olvidada del Perú"[3] (Documental del Perú,
1982: 18) bezeichnet. Diesen Ruf als rückständiges, vergessenes Departement behielt Madre de Dios bis heute bei als
"fin del mundo" - "Ende der Welt".

Nach dem Zeugnis des Chronisten Garcilaso de la Vega waren
die Gebiete des Flußsystems Amaro-Mayo, heute als Río Madre
de Dios bezeichnet, schon in vorspanischer Zeit besiedelt
und der Hochlandbevölkerung des Altiplano bekannt (Documental del Perú, 1972: 144 ff).

Während der Regierung des Inka Sinchi Roca und seines Nachfolgers Pachacutec (1438 bis ca. 1471) wurden die ersten in
der Geschichtsschreibung belegten Versuche unternommen, in
die als "montaña" bezeichneten Amazonasgebiete vorzudringen
und die dort lebenden Tieflandindianerethnien zu unterwerfen. Genauer beschrieben ist die Expedition des Inka Yupanqui (ca. 1471-1493), dessen Heer - angeblich um 10.000 Mann
stark - bis in die Gegend der heutigen Provinz Manú vordrang.
Das Heer des Inka wurde ebenso wie die vorausgegangenen Expeditionen von den als kriegerisch bezeichneten Tieflandindianern angegriffen. Trotz dieses Widerstandes, trotz des
ungewohnten tropischen Klimas und im Kampf gegen Krankheiten, Insekten, Plagen und wilde Tiere gelang es dem Heer,
seine Exkursion bis in heute bolivianisches Territorium fortzusetzen (Garcilaso de la Vega, 1961, 7. Kapitel). Doch konn-

te es das Tiefland nicht dauerhaft dem Herrschaftsbereich des
Inka einverleiben.

Auch die Kolonisatoren unternahmen im 16. Jahrhundert verschiedene erfolglose Versuche, das Tiefland zu erforschen und zu erobern. 1567 bevollmächtigte der Vizekönig von Peru den in Cusco lebenden gebürtigen Spanier Juan Alvarez Maldonado, das Gebiet östlich der Anden zu unterwerfen, das das gesamte Einzugsgebiet des heutigen Río Madre de Dios umfaßte. Die Expedition scheiterte, und die Spanier verzichteten auf weitere Versuche, in dieses Gebiet vorzudringen. Bis auf vereinzelte Kontakte mit Missionaren, die, aus dem Hochland kommend, einige Nebenflüsse des Madre de Dios erreichten, blieb das Gebiet 300 Jahre lang von äußeren Einflüssen unberührt (Rumrrill, 1984: 288).

Erst im 19. Jahrhundert, unter der Regierung von Ramon Castillo, erwachte das Interesse der kreolischen Gesellschaft an dem Territorium von Madre de Dios. Aufgrund der peruanischen Auslandsverschuldung gegenüber England stellte sich die Notwendigkeit, neue Rohstoffe ausfindig zu machen, durch deren Exporterlöse die Schulden gedeckt werden sollten (Rumrrill, 1984: 289).

Ein Produkt der tropischen Regenwälder, nach dem in Europa und den Vereinigten Staaten von Amerika eine steigende Nachfrage bestand, war die "cascarilla", die Rinde einiger Euphorbiazeen, aus der ein Grundstoff für ein pharmazeutisches Produkt zur Bekämpfung der Malaria gewonnen wurde. Die Suche nach diesem Rohstoff inspirierte die Expedition des nordamerikanischen Offiziers Lardner Gibbon zum Río Madre de Dios wie auch des englischen Naturwissenschaftlers Sir Clements Markham 1860 an die Flüsse Inambari und Tabopata sowie den peruanischen Historiker Antonio Raimondi 1865 (Rummenhöller, 1982: 23).

Die Expeditionen und Ausbeute der cascarilla in nur begrenztem Umfang zogen jedoch keine internen Entwicklungseffekte nach sich.

Kautschukboom
Der erste folgenreiche Eingriff in die Region erfolgte durch den Kautschukboom im Amazonasgebiet (1880 bis 1920), der ausgelöst wurde durch die schnell ansteigende Nachfrage nach Rohkautschuk als Grundstoff der Reifenherstellung in der Automobilindustrie Europas und der USA. Der Nachfrage stand zunächst nur ein geringes Angebot an Kautschuk gegenüber, da die Kautschukbäume nur in einem begrenzten Bereich des Amazonasbeckens natürliche Wachstumsbedingungen vorfinden, und zwar nur in den gut drainierten Zonen zwischen 800 m und 200 m über Meeresniveau. Die Höhe des Weltmarktpreises und die Erschöpfung der Kautschukbestände im peruanischen Norden, in dem aufgrund der leichteren Zugänglichkeit die extraktive Kautschuksammelwirtschaft schon 1880 eingesetzt hatte, verstärkten das Interesse an der entlegenen Region von Madre de Dios. Auf der Suche nach neuen Kautschukbeständen "entdeckte" der peruanische Kautschukbaron Carlos F. Fitzcarrald 1883 von seinem Stützpunkt Iquitos in Nordperu aus die nach ihm benannte Landbrücke "Istmo de Fitzcarraldo", die das Flußsystem des Ucayali von dem des Madre de Dios trennt. Durch die Kontrolle des Isthmus gelang es ihm, von Nordperu aus sein Kautschukimperium auf den Südraum und somit auf die Region von Madre de Dios auszudehnen. Diese Expansion richtete sich auch gegen die bolivianischen Konkurrenten N. Suarez und Vaca Diez, von denen nach dem Tod von Fitzcarrald 1897 Suarez versuchte, seinen Einflußbereich auf das gesamte Territorium von Madre de Dios auszudehnen.

Um der expansionistischen Politik Brasiliens und Boliviens entgegenzutreten und das südöstliche peruanische Amazonasgebiet an den peruanischen Staat anzubinden, nahm die peruanische Regierung 1902 das Angebot der nordamerikanischen Inca Rubber Company an, als Gegenwert für die Überlassung von ausgedehnten Arealen von insgesamt 2.550 km^2 zur Kautschukextraktion auf eine Dauer von 30 Jahren eine 130 km lange Verkehrsverbindung zum Amazonasdepartement, von Santo Domingo/Departement Puno zum Río Tambopata/Departement Madre de Dios, herzustellen und instandzuhalten (Chirif, 1980: 192). Durch die Kontrolle des Landwegs nach Madre de Dios gelang es der Inca Rubber - wie vorher Fitzcarrald -, die Monopolstellung als einziger Handelsunternehmer in Madre de Dios auszubauen. Der Verkauf von importierten Fertigwaren gegen den Aufkauf von Rohkautschuk brachte der Firma hohe Gewinne ein.

Ab diesem Zeitpunkt erfolgte die Vermarktung des Kautschuks über peruanisches Territorium zum Pazifikküstenhafen Mollendo im Departement Arequipa. Arequipa, zweitgrößte Stadt Perus und Sitz einflußreicher Familien ausländischer Provenienz, entwickelte sich zum Versorgungspol von Madre de Dios.

Neben der Inca Rubber nahmen nach 1906 auch neue Unternehmen, finanziert von den Besitzern der größten Handelshäuser Arequipas, die von ausländischem Kapital kontrolliert wurden, die Kautschukgewinnung auf: Enrique W. Gibson, Ricketts & Co, Forges & Sons, Brailland y Cia[4], Namen, die bis heute zu den einflußreichsten Familien der peruanischen Oberschicht zählen (Rumrrill, 1984: 292).

Unter Anleitung der Handelsgesellschaften und Unternehmer durchkämmten zwangsrekrutierte Arbeitskräfte die Wälder von Madre de Dios bis in die entlegensten Winkel, um den wertvollen Latex, das 'weiße Gold'[5], zu sammeln. Fitzcarrald importierte indianische Arbeitskräfte aus Nord- und Zentralperu, deren Nachfahren bis 1985 noch verstreut in Madre de Dios anzutreffen waren (Shipibo und Campa). Die autochthonen Völker von Madre de Dios, die sich gegen die Invasoren zur

Wehr setzten, wurden in Menschenjagden, den berüchtigten
"correrías", verfolgt und versklavt. Viele starben in diesem
Kampf, begingen kollektiven Selbstmord oder fielen Epidemien
neu eingeführter Krankheiten (Grippe, Pocken) zum Opfer. Die
Massaker unter den Tieflandindianern und ihre Überausbeutung
als Arbeitskräfte in der extensiven Sammelwirtschaft unter
sklavenhälterischen Arbeitsverhältnissen führte zu einem extremen Rückgang der autochthonen Bevölkerung. Nur wenigen
gelang es, sich in entlegene Waldregionen zurückzuziehen,
wie der Gruppe der Amarakaeri (Harakmbut), die erst 1950
Kontakt zu der nationalen Gesellschaft aufnahm und sich an
der 1960 einsetzenden Goldextraktion beteiligte (Moore,
1980: 3; Rumrrill, 1984: 290).

Auf dem Höhepunkt des Kautschukbooms 1912 bis 1915 lebten
ca. 5.000 bis 6.000 Nichtindianer in Madre de Dios, Migranten aus den verschiedenen Landesteilen Perus und des Auslandes. Allein die Gruppe der Japaner umfaßte 800 Personen, die
als Verwaltungs- und Aufsichtspersonal oder als "Pächter" im
Auftrag der Unternehmer arbeiteten, von denen sie seit 1905
aus Japan importiert worden waren.

Pto. Maldonado hatte sich zum zentralen Ort des Departements
mit 500 Einwohnern und zwölf Handelsgeschäften entwickelt.
1915 erreichte die Kautschukproduktion von Madre de Dios ihren Höhepunkt mit 790 t Rohgummi, dessen Wert 23 % des nationalen Produktionswertes ausmachte (Rumrrill, 1984: 292).

Trotz dieses hohen Exportwertes zeitigte die monokulturelle
Sammelwirtschaft keine längerfristigen Entwicklungseffekte
(Pennano, 1978), da - wie in Brasilien -
> "... das gesamte Mehrprodukt von den ausländischen
> Handelsgesellschaften über ihre lokalen Vermittler
> angeeignet und kaum produktiv in die Region reinvestiert (wurde)". (Hurtienne, 1984: 361)

Als die Gummipreise nach 1914 aufgrund der Konkurrenz des

Plantagenkautschuks aus Südostasien rapide sanken, brach die Kautschukhausse ab. Die Auswirkungen auf die regionale Ökonomie von Madre de Dios waren zwar nicht so gravierend wie für das nördliche Amazonasgebiet Perus oder die brasilianischen Kautschukgewinnungsgebiete, da Madre de Dios über eine besonders wertvolle Gummiart verfügte, den sogenannten "Acre Fino", der sich auch weiterhin - wenn auch mit geringeren Gewinnen - vermarkten ließ, jedoch verließen die meisten Handelshäuser die Region, die in weiten Gebieten schwere Schäden am Waldbestand erlitten hatte. Die Verkehrsverbindung zwischen dem Tiefland und dem peruanischen Hochland wurde von der Inca Rubber aufgegeben und verfiel, so daß das Departement bis zum Ausbau der Trasse Cusco-Pto. Maldonado, die erst 1965 fertiggestellt wurde, auf dem Landweg vom peruanischen Territorium abgeschnitten wurde. Riesige Areale, aus denen sich die Kautschukunternehmer zurückgezogen hatten, blieben entvölkert und menschenleer. Nur eine Minderheit von kleineren Unternehmern, die schon während der Jahre des Kautschukbooms landwirtschaftlichen Aktivitäten nachgegangen waren, überwanden die Krise, indem sie sich auf die Land- und Forstwirtschaft konzentrierten. Die Kautschukgewinnung spielte in diesen Betrieben nur noch eine untergeordnete Rolle und wurde ergänzt durch die Vermarktung von Paranüssen und Tierhäuten. Ehemalige Kautschuksammler, Verwaltungs- und Dienstpersonal der Kautschukbarone, das heißt diejenigen Personen, die die Region nicht verlassen hatten, gründeten kleine Siedlungen im Umfeld von Pto. Maldonado und betrieben im Rahmen der familiären Subsistenzwirtschaft Acker- und Gartenbau.[6] Der Handel der Region richtete sich wieder - wie vor Beginn des Kautschukbooms - nach Bolivien und Brasilien hin aus (Rumrrill, 1984: 292).

Der Zeitraum nach Abbruch des Kautschukbooms bis zu Beginn der Goldhausse im Jahre 1976, in dem die vorliegende Untersuchung ansetzt, war mit verschiedenen wirtschaftlichen Aktivitäten ausgefüllt. Ein hoher Anteil an Subsistenzproduk-

tion, kombiniert mit extraktiver Sammeltätigkeit, entwickelte sich zur vorherrschenden Produktionsform der regionalen Ökonomie von Madre de Dios. Je nach Weltmarktnachfrage und internen Arbeitsmarktkonditionen änderten sich die miteinander kombinierten extraktiven wirtschaftlichen Tätigkeiten:
- Nach der großen Depression von 1929 gewannen die Seifengoldressourcen am Oberlauf des Inambari und Caichive - Grundlage für eine saisonale Zusatzaktivität - an Interesse für die regionale Bevölkerung wie für Zuwanderer aus den angrenzenden Hochlanddepartements Cusco und Puno.
- 1940 erfuhr die Kautschukextraktion einen schwachen Impuls durch die verstärkte Nachfrage aufgrund des Zweiten Weltkrieges; in bedeutend geringerem Umfang als in den Jahren 1885 bis 1917 belebte sich die Sammelwirtschaft von Naturkautschuk in der Zone von Iberia und Iñapari.
- Seit 1950 intensivierte sich die Paranußextraktion durch die Einführung neuer Techniken in der Verarbeitung.

1953 setzte ein längerfristiges Engagement der nordamerikanischen Firma Asher & Kates in Madre de Dios ein, die bis 1985 unter der Bezeichnung "Exportadora el Sol S.A." die Kommerzialisierung von Paranüssen betrieb und auch über eine Anlage zum Schälen der Nüsse in Pto. Maldonado verfügte. Bis 1970 waren Paranüsse das wichtigste Exportprodukt von Madre de Dios. In diesem Sektor arbeiteten saisonal in den Monaten Dezember bis Mai 60 bis 70 % der ökonomisch aktiven ländlichen Bevölkerung (Rumrrill, 1984: 318).

Seit den 60er Jahren gewann die Goldsuche an den Flüssen Karene und Colorado an regionaler Bedeutung und mit Fertigstellung der Straßenverbindung zum Hochland 1965 die Holzwirtschaft, da der Transport von Edelhölzern und Baumaterialien auf dem Landweg die Vermarktung der Produkte auf den Absatzmärkten von Cusco und Arequipa rentabel erscheinen ließ.

Abbildung 1: Migrationsströme in das peruanische Amazonasgebiet 1961

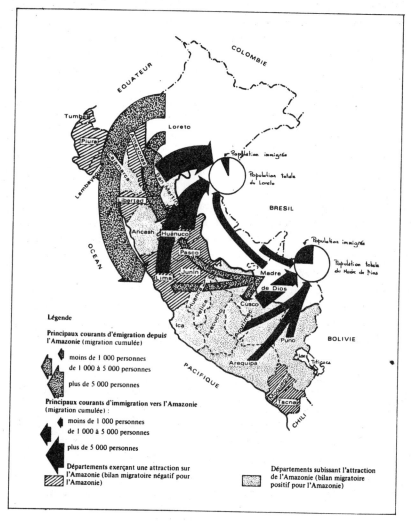

Quelle: Guitart, 1977: 173

Mit der Öffnung der Straßenverbindung Cusco-Pto. Maldonado und der Einführung eines geregelten Flugverkehrs - 1960 wurde die nicht asphaltierte Flugpiste von Pto. Maldonado befestigt, 1975 eine tägliche Flugverbindung eingerichtet, 1981 eine Betonpiste angelegt - zeichnete sich eine Veränderung in der Bevölkerungsstruktur des Departements ab: In Abhängigkeit von der wirtschaftlichen Situation des Hochlandes migrierten in erster Linie verarmte Hochlandindianer temporär oder saisonal nach Madre de Dios, um in der Goldwäscherei und im Handel zu arbeiten (Baca T., 1983: 25 ff).

1967 bis 1968 führte die nordamerikanische Firma International Petroleum Company, eine Tochtergesellschaft der Standard Oil, Probebohrungen für die Erdölgewinnung durch, gefolgt von dem japanischen Unternehmen Andes Petroleum Company und der nordamerikanischen Firma Cities Service in den Jahren 1973 bis 1978. Keine der Firmen begann mit der Produktion, weil die hohen Erschließungskosten bei einem relativ niedrigen Qualitätsgrad des Erdöls den Abbau nicht rentabel erscheinen ließen. Wichtigste Folge der Erdölexploration in Madre de Dios war das Ansteigen der Preise in Pto. Maldonado als Folge der hohen Löhne der Erdölarbeiter. Jedoch zeichneten sich keine weiteren Impulse für die regionale Wirtschafts- oder Sozialstruktur ab.

Zusammenfassung
Die Wirtschafts- und Sozialstruktur des Departements Madre de Dios war bis zum Einsetzen des Goldbooms 1976 geprägt durch eine nach dem Kautschukboom einsetzende lange Stagnationsphase. Diese war gekennzeichnet durch:
- fehlende infrastrukturelle Anbindung an das peruanische Nationalterritorium, wenige innerregionale Straßenverbindungen,
- geringe Bevölkerungsdichte, was zu einem chronischen Arbeitskräftemangel führte,
- extensive Produktionsformen der wenigen Großgrundbesitzer, ehemaliger Kautschukunternehmer, die mit rudimentä-

rem Produktionswissen große Areale auf niedrigem Produktivitätsniveau bewirtschafteten,
- selbständige Siedler und Tieflandindianer, die nomadisch an der Agrargrenze einen extensiven Wanderfeldbau, Jagd und Fischfang zur Selbstversorgung betrieben und durch die saisonale Sammelwirtschaft von Kautschuk, Paranüssen oder in der Goldwäscherei oder Forstwirtschaft ein geringes monetäres Einkommen realisierten,
- geringe Binnenmarktdynamik aufgrund der hohen Transportkosten und der geringen Nachfrage einer Agrargesellschaft mit hohem Subsistenzanteil,
- Abschöpfung des niedrigen Mehrprodukts durch die Handelsgesellschaften (Kautschuk, Gold, Paranüsse), die von ausländischem Kapital kontrolliert wurden. Ihre lokalen Vermittler, in vielen Fällen identisch mit den Großgrundbesitzern, schöpften durch ungleichen Tausch der regionalen Produkte gegen importierte industrielle Konsumgüter aus Brasilien, Bolivien oder Arequipa/Peru das Mehrprodukt ab, das kaum in der Region reinvestiert wurde,
- Konservierung lokaler, autoritärer oligarchischer Herrschaftsstrukturen in den abgelegenen Gebieten, wo die Grundbesitzer die Arbeitskraft durch anachronistische Pacht- und Schuldknechtschaftsverhältnisse an sich zu binden versuchten.

Als Bilanz der Entwicklung des Departements Madre de Dios zwischen der Abschwungphase des Kautschuks bis zum Beginn des Goldbooms kann ein hoher Grad regionaler, wirtschaftlicher, sozialer und politischer Autarkie mit nur geringer Anbindung an den peruanischen Staat und die peruanische Wirtschaft konstatiert werden.

Anmerkungen zu Kapitel 2

1) Die Bezeichnung "Madre de Dios", zu deutsch "Gottesmutter", bürgerte sich für diese Region laut Aussagen des Paters Bovo de Rebello, der in Marcapata missionierte, zwischen 1825 und 1848 ein. Nach einer Legende erschien die Gottesmutter auf dem Fluß Amaru-Mayo den "Wilden", um sie auf die bevorstehende Missionierung vorzubereiten, wonach der Fluß umbenannt wurde in "Gottesmutterfluß".

2) Das Vorgehen während der Kautschukextraktion 1889 bis 1921 ist ein glänzendes Beispiel: Zu Beginn des Booms wurden, um höhere Latexbeträge zu erhalten, die Bäume (goma) von den Sammlern gefällt. Bis 1900 war der Baumbestand um 200 Millionen Bäume reduziert. Die Unternehmer erließen daraufhin ein radikales Verbot dieser Praxis und kontrollierten fortan die Techniken des Anritzens und Einsammelns, für die ein Katalog von Regeln erlassen wurde (Boletín del Ministerio de Fomento, 1972).

3) "Abgelegene und vergessene Region Perus."

4) Seit 1830 stieg die englische Nachfrage nach peruanischer Wolle; Arequipa entwickelte sich aufgrund der Nähe zu den Häfen von Arica und Islay zum Vermarktungszentrum des neuen peruanischen Exportproduktes. Den Export der Rohstoffe und Import der Fertigwaren übernahmen ausländische Handelshäuser: die französische Firma Braillard und die englische Gibbs und Söhne, die sich als erste in Arequipa niederließen (Mörner, M., 1979: 15).

5) In den Aufzeichnungen über Kautschukboom und Erdölsuche im Amazonas wird der Latex als 'weißes Gold', das Erdöl als 'schwarzes Gold' bezeichnet.

6) In Gesprächen mit alteingesessenen Familien im ländlichen Umkreis von Pto. Maldonado, der zu Beginn des Jahrhunderts schon landwirtschaftlich genutzt wurde, erinnerten sich die Alten gerne an diese Zeit; sie beschrieben sie als Jahre, in denen es Nahrungsmittel im Überfluß gab und für ein Päckchen Streichhölzer ein 60 kg-Sack voll Reis getauscht wurde.

3. Charakteristika der Goldextraktion in Madre de Dios

Die Goldausbeute im Amazonas ist für die regionale Entwicklung des Departements Madre de Dios und die Bevölkerung von Südperu seit altersher in unterschiedlichem Maße und in vielfacher Hinsicht von Bedeutung gewesen: Unter der Herrschaft der Inka besaß Gold einen hohen Symbolwert und mystische Anziehungskraft für die einfache Bevölkerung; in der Entdeckungs- und Eroberungsgeschichte Perus war die Suche nach dem Goldland, El Dorado, ein wichtiger Ansporn für die "Erschließung[1]" des Landesinneren (Kapitel 3.1.1). Der Charakter der Goldlagerstätten im Amazonas als alluviale Seifen (Kapitel 3.2) bedingte spezifische Techniken der Exploration und der Goldextraktion (Kapitel 3.3). Die Betrachtung der historischen Komponenten der Goldgewinnung wird an den Anfang der Analyse gestellt, um die kulturelle Dimension des Goldes in Peru anzudeuten; die geologischen Ausführungen unterstreichen die spezifische Faktorausstattung des Wirtschaftsraums Madre de Dios, an der sich Abbauverfahren und Techniken orientieren.

3.1 Zur Geschichte der Goldproduktion in Madre de Dios
- Die Suche nach dem El Dorado -

3.1.1 Präkoloniale Ära (bis 1552)

Im Gebiet der heutigen Departements Cusco und Puno, zu denen bis 1912 Madre de Dios als Provinz gehörte, wurde schon seit altersher Gold in Form von Seifengold aus dem Oberlauf der Flüsse, die zum Amazonas hin entwässern, gewonnen. Bereits 2.000 Jahre vor Christus wurde, wie aus Gräberfunden ersichtlich, Gold in Peru verarbeitet. Die Inka, denen sämtliche Gold- und Silbervorkommen unterstanden, übernahmen die Abbaumethoden vorangegangener Kulturen (Mochicas, Chavín und Chimú) mit geringen technischen Verbesserungen, was aus Funden von Arbeitsgeräten geschlossen wurde.

"Das Auswaschen der Goldkörner war die gebräuchlichste Gewinnungsmethode. Außerdem durchzog man die Flußläufe mit Sperriegeln, in denen sich nach großen Regenfällen goldhaltige Steine fingen. Die Holzkohleöfen zum Schmelzen des Goldes befanden sich auf den Kämmen luftiger Hügel und erreichten, nach Osten gewandt, mit Hilfe der Passatwinde die erforderlichen Schmelztemperaturen." (Hagen, 1974: 294).

Als Goldwaschzonen im Süden Perus galten unter anderem die Provinzen Carabaya und Sandía östlich des Titicacasees im Departement Puno, Quellgebiet des Río Inambari, und das Tal von Paucartambo in den Provinzen Paucartambo, Marcapata und Quispicanchis des Departements Cusco, Einzugsgebiet des Flußsystems des Río Madre de Dios.

Die Goldwäscherei wurde saisonal während der wärmsten vier Sommermonate von den Bewohnern des Inkareiches als Teil der Arbeitsrente, in quechua "mita" genannt, geleistet. Die Goldproduktion nahm in der Wirtschaft des Inkareichs nur eine untergeordnete Rolle ein.

Gold hatte einen hohen Symbolwert. Es galt als "göttliches Metall", die Sonne, der höchste Gott der Inka, dem das Metall in seiner Farbe und seinem Glanz glich, als sein Schöpfer. Zu Gold wurden "die Tränen, die die Sonne fallen ließ, als sie weinte." (Rostotskaia, 1975: 205) Besitz und Gebrauch des Goldes waren ausschließlich dem Inka vorbehalten. Es stand im Mittelpunkt religiöser Riten für den Sonnengott. In der Heilkunst und der Totenverehrung hatte das Gold eine mystische Funktion: Goldpartikel wurden in Wunden eingeführt, um Blutvergiftung zu verhindern, Toten wurde es zwischen die Zähne eingeführt, um sie vor Verwesung zu schützen (Rostotskaia, 1975: 207).

Cieza de Leon, Chronist bei der Eroberung Perus, schätzt die jährliche Produktion in der Inkazeit auf 172.000 kg Gold (Fuchs, 1944/45: 11).[2)]

Diese Einschätzung hat sicherlich keine reale Grundlage: Sie ist als ein Ausdruck des Goldrausches der Spanier zu verstehen, welche die bei der Eroberung vorgefundenen Goldgegenstände der Inka als Ausdruck unbegrenzter Goldvorkommen der neuen Welt interpretierten (Baumann, 1969). Nach den heute bekannten Goldlagerstätten, dem Typ der verwendeten Arbeitsgeräte und der Beschränkung der Goldnutzung auf die Inka muß die tatsächliche jährliche Goldförderung als bedeutend geringer vermutet werden.[3]

3.1.2 Kolonialzeit (1553 bis 1820)

Die Conquista des Inkareichs durch die Spanier erlangte durch die Suche nach dem sagenumwobenen "El Dorado", das jenseits der Cordillera im Amazonas vermutet wurde, neue Hoffnungen und Impulse. In Nordperu unternahmen Gonzales Pizarro und sein Hauptmann Orellano 1541 bis 1542 die erste Expedition in den Amazonas. Jenseits der Anden suchten sie, angespornt durch Aussagen von Indianern, "la Laguna del Dorado" - den See des Vergoldeten, in dessen Tiefen ein unermeßlicher Goldschatz verborgen sei, da ein

> "... sagenhaft reicher Priesterkönig, ... sich zu bestimmten Jahresfesten oder bei der Krönung mit Gold einpudert und dieses durch Baden in einem klaren Bergsee wieder abwäscht." (Engel, 1979: 253)

Aus gleichem Grund versuchte 1538 Pedro de Candia, in Südperu von Cusco aus mit 300 Mann in das Gebiet von Madre de Dios vorzudringen, scheiterte aber schon im Oberlauf des Madre de Dios an dem Widerstand des Tieflandindianervolkes der Harakmbut (Rumrrill, 1984: 287).

Erfolgreich hingegen war die Suche von einer Gruppe befreiter Negersklaven, die 1558 am Oberlauf des Río Tambopata reiche Goldlagerstätten mit angeblich faustgroßen Goldnuggets antrafen. Es handelte sich um die schon von den Inka ausgebeuteten Schürfgebiete von Carabaya und San Gaban im Höhenurwald des Departements Puno. Sie entwickelten sich zu den berühmtesten Seifenlagerstätten während der Kolonialzeit (Rumrrill, 1984: 310).

Die Goldgewinnung verlor während der Kolonialzeit an wirtschaftlicher Bedeutung, da die spanische Krone die Silberproduktion zum Angelpunkt ihrer Wirtschaftspolitik entwickelte:

"... la producción de plata para la exportación se convierte en el eje alrededor del cual gira la política colonial española en el virreinato peruano."[4]
(Varon, 1978: 145)

Spanien entwickelte sich in kürzester Zeit, 1545 bis 1565, zum größten Silberexporteur der Welt und verursachte durch die schnelle Steigerung des Silberangebots auf dem Weltmarkt einen Abfall des Silberpreises. Für die Goldgewinnung bedeutete der Preisverfall des Silbers eine Aufwertung, da der Goldpreis stabil blieb (Anhang 1, Tabelle 18).

Differenzierte Angaben über die Goldausbeute während der Kolonialzeit lagen jedoch nach Aussagen Raimondis nicht vor.

"Bajo el Gobierno Español, si debemos juzgar por los numerosas bocaminas, socavones, ruinas de casas, ingenios y quimbaletes para moler el mineral aurífero, la explotación del oro fué bastante activa; pero admira la falta casi absoluta de datos sobre la producción de dicho material."[5] (Raimondi, 1932: 2)

Raimondi erwähnt, daß sich die angewandten Techniken der Seifengoldgewinnung nicht wesentlich im Vergleich zur Inkazeit veränderten

"... por medio de corrientes de agua, provenientes, en los más importantes, de las aguas reunidos en estanques (cochas), y de empedrado o empajonado para que se detengan las partículas de oro; y para terminar batea y amalgamación."[6] (Raimondi, 1932: IX)

Neu war die Verwendung von Quecksilber seit 1580 (Varon, 1978: 147), das im letzten Arbeitsgang zum Binden der Goldpartikel eingesetzt wurde (Kapitel 3.3.2.1) und aus den 1560 entdeckten Quecksilberminen des Departements Huancavelica stammte (Dollfus, 1981: 104).

Über Arbeitsorganisation und Verwendung der Gewinne sowie die regionalen Auswirkungen der Seifengoldgewinnung während der Kolonialzeit waren leider neuere Unterlagen nicht zugänglich.[7]

Über die Höhe der Goldproduktion sind verschiedene Schätzungen, unter anderen von Humboldt, vorgelegt worden. Ohne dies bewerten zu können, sei hier die Angabe von Raimondi (1932: 8) zitiert, nach der in der Kolonialzeit insgesamt 140.500 kg Gold (Quarz- und Seifengold) produziert wurden.

3.1.3 Republikanische Ära (seit 1821)

In der republikanischen Ära sank die Produktion in den Jahren von 1820 bis 1875 auf insgesamt 23.050 kg (Raimondi, 1932: VIII[8]). Mit Beginn des Krieges 1879 gegen Chile erfolgte ein nochmaliger Produktionsrückgang auf durchschnittlich 150 kg pro Jahr. Gründe für den steten Rückgang der Goldförderung waren die Erschöpfung der bisher bearbeiteten Seifen, die topographisch ungünstigen Lagen der noch nicht bearbeiteten Lagerstätten, Kapitalmangel für Suche und Neuerschließung und die defizitäre Infrastruktur sowie politische Umstände: Befreiungskriege (1819 bis 1824), der Krieg gegen Chile (1879 bis 1884) und interne Unruhen aufgrund politisch-sozialer Transformationen (Raimondi, 1932; Macera, 1978: 193-218).

Nach Villamonte (1980: 45) begann die Goldausbeute im Untersuchungsgebiet Madre de Dios und im Einzugsgebiet seiner Flüsse am Andenabhang, das zum Departement Cusco gehört, erst wieder 1902. Die Lagerstätten, die von Chronisten schon

1595 erwähnt wurden (Garcilaso de la Vega, 1609) wurden wiederentdeckt. Cusco und die Provinz Carabaya am Titicacasee waren die Ausgangspunkte verschiedener Expeditionen von Goldsuchern, die es wagten, die 6.000 m hohen Andenpässe zu überwinden und in das feuchtheiße Klima des Amazonasbeckens vorzustoßen.

Aus dem Jahre 1905 berichtet Fuchs (1944/45: 21) von einem englischen Unternehmen mit Sitz in London, das mit 100.000 Pfund Initialkapital unter Einsatz eines Baggers am Río Inambari zu arbeiten begann. Ziel war, einen Materialumsatz von 1.500 Kubikyards[9] pro Tag zu erreichen. Jedoch verlief das kostspielige Experiment erfolglos: Nachdem die schweren, aus England stammenden Maschinenteile über den Pazifikhafen Mollendo nach Arequipa und von dort weiter zu Fuß von Indios über die Cordillera bis zum Río Inambari transportiert und die Maschine im Flußlauf installiert worden war, sank der Schwimmbagger. Ein zweiter Versuch, den die Firma schon im darauffolgenden Jahr unternahm, scheiterte ebenso, und das Unternehmen zog sich aus Peru zurück.

1915 wurde zum ersten Mal vom Einsetzen eines "Goldfiebers" in den Provinzen Marcapata, Paucartambo und Quincemil berichtet. Die Oberläufe des Madre de Dios wie die Flüsse Palccamayo, Huacyumbi und Marcapata, auch Río Araza genannt, wurden von Goldsuchern exploriert. Zugewanderte Ausländer, Japaner, Jugoslawen, Russen, Engländer, Deutsche und Amerikaner, waren die Pioniere dieser 'Eroberungsphase' des Urwaldes (Villamonte, 1980).

Marcapata, Quincemil und der Oberlauf des Inambari bis Mazuko erlebten eine Blütezeit der Goldausbeute in den 30er und 40er Jahren. 1935 zählte Villamonte 1.700 unabhängige Goldwäscher (Villamonte, 1980: 34).

Die Produktionstechniken und das Anwerben von Arbeitskräften aus dem Hochland unterschieden sich nur geringfügig von den heute praktizierten Techniken (Raimondi, 1932: 61). Der Goldgehalt wurde zu dieser Zeit in Quincemil und Marcapata mit 2,5 g/m^3 (1,3 g/t) angegeben, für alluviale Goldseifen ein sehr hoher Wert. Das Gold wurde in Nuggetform gefunden.

In Madre de Dios dagegen ist der Goldgehalt in den Ablagerungsstätten sehr viel niedriger (1983 werden Durchschnittswerte von 0,25 g/m^3 angegeben); das Gold hat die Form feiner Flitter und ist damit technisch schwieriger zu gewinnen. Die Goldwäscher mußten von Cusco aus versorgt werden, in wochenlangen Märschen mit Eseln und Mulis.[10] Diese Bedingungen ließen es nicht rentabel erscheinen, weiter in den Urwald vorzudringen, und so hatte Madre de Dios in dieser Phase der Goldausbeute nur eine geringe Bedeutung.

In dieser Periode bildete sich in Madre de Dios eine Produktionsform aus, die bis in die 80er Jahre vorherrschend geblieben ist: Die mineros kombinierten die Goldwäscherei mit Landwirtschaft, Jagd und Fischfang, um durch ein möglichst hohes Selbstversorgungsniveau ihre Abhängigkeit von den Händlern zu reduzieren. Durchschnittlich bewirtschafteten sie 0,5 bis 4 ha, die durch Brandrodung gewonnen wurden. Zusammen mit Fischfang und Jagd konnten sie so auch im Urwald eine ausgewogene Ernährung sicherstellen und waren in den vier bis fünf Monaten Regenzeit, in denen sie die Goldwäscherei nicht ausüben konnten, nicht mit hohen Kosten belastet.

Die größten Gewinne aus der Goldextraktion brachten nämlich die Händler ein, von denen nicht wenige selbst Goldwaschunternehmen betrieben. Sie forderten für die Konsumgüter exzessive Preise, die in Gold bezahlt wurden, und kauften das Gold der Kleinunternehmer und selbständigen Goldwäscher zu niedrigen Preisen auf. Die Aufkäufer zahlten Preise, die weit unter dem Marktwert in Cusco lagen, und erhöhten oft noch ihren Gewinn durch gefälschte Gewichte.

Die Waren, die in Madre de Dios gegen Gold verkauft wurden, kamen aus Arequipa, das in Madre de Dios aufgekaufte Gold wurde hingegen in Cusco weitervermarktet. In einem Abkommen mit Peru sicherte sich die japanische Regierung das Goldaufkaufmonopol in Südperu[11]; in den Regionen Puno, Cusco und Madre de Dios kaufte das japanische Handelsunternehmen Saiki das Gold, in Quincemil war es der Japaner Kamamura.

Die Migranten stammten vor allem aus den Departements Cusco und Arequipa; aber auch die Einwanderer aus Europa und Japan hatten einen bedeutenden Anteil. Die Kombination von Landwirtschaft und Bergbau entspricht einer alten Tradition der andinen Bevölkerung. Aus betriebswirtschaftlichem Kalkül übernahmen viele Europäer und Japaner die Produktionsform.

Den Europäern und Japanern[12] wird in den wenigen schriftlichen und mündlichen Berichten eine Pionierfunktion zugeschrieben; sie führten wichtige Innovationen in der Goldwaschtechnik und in der Landwirtschaft - besonders im Gemüseanbau - ein. Zum Teil schlossen sie sich in Kolonien zusammen. So wurde zum Beispiel 1929 eine russische Kolonie von Agro-minero-Unternehmen gegründet, die jedoch schon 1935 wegen der ungünstigen, abgeschiedenen Lage wieder aufgegeben wurde (Villamonte, 1980).

Zusammenfassend betrachtet, spielt die Berg- wie Seifengoldgewinnung in der republikanischen Ära nur eine untergeordnete Rolle. Nach der Rezession im 19. Jahrhundert, in der die Goldproduktion in Gesamtperu auf nur 150 kg pro Jahr fiel, erholte sich die Goldförderung nur langsam. Impulse zu einer Revitalisierung dieses Minensektors gingen unter anderem aus von:
- der Gründung des peruanischen Ingenieurverbands 1876, der die Wiederbelebung der Goldexploration forderte, erste Evaluierungen durchführte und neue Lagerstätten explorierte;
- der Veröffentlichung neuer Vorschriften für den Gold-

bergbau unter der Regierung von Mariano Prado 1877;
- dem Erlaß der ersten Minengesetzgebung, "Código de Minería", 1901;
- dem Ausbau der Infrastruktur durch den Bau der Eisenbahnstrecke "Ferrocarril Central" in Zentralperu bis Cerro de Pasco im Departement Pasco;
- und der Goldgewinnung als Subprodukt der Eisenerz-, Silber- und Bleigewinnung ab 1920 und der Einführung neuer Raffinerie- und Schmelztechniken (Biesinger, 1981: 22).

Die Goldproduktion stieg durch die Exploration neuer Minen, Installation neuer Anlagen und technischer Neuerungen langsam an, wobei der Anteil der Seifengoldwäscherei nur 3 % der Produktion ausmachte (Hoyle, 1974: 106). Der geringe Umfang der Seifengoldwäscherei wird darauf zurückgeführt:

> "Desde entonces no se detectaron nuevos yacimientos de origen aluvial, y más bien después de 1950 entraron en franca decadencia de abandono debido a las bajas cotizaciones del oro, a los elevados costos de los suministros y a la dificultad de acceso, originando la paralización casi total hasta el año 1970."[13] (El Muki, 1975: 4)

Tabelle 1: Die Extraktion von Gold in Peru 1896 bis 1969

Zeitraum	Goldproduktion (Durchschnittswerte) kg/Jahr
1896 bis 1903	350
1903 bis 1924	1.600
1925 bis 1927	2.500
1928 bis 1932	3.000
1935 bis 1949	6.025
1950 bis 1969	5.403

Quelle: Raimondi, 1932; Hoyle, 1974

Die nationale Goldproduktion reichte nicht aus, die interne Nachfrage, die seit der Machtübernahme der Militärs 1968 sprunghaft gestiegen war, zu decken. Ausgelöst wurde die steigende Goldnachfrage durch die Einführung der Wechselkurskontrolle 1967 noch unter der ersten Belaúnde-Regierung und den Folgen der Agrarreform seit 1968 unter General Velasco. Enteignete Großgrundbesitzer konnten die vom Staat bezogenen Entschädigungssummen nicht außer Landes deponieren, da die Kontrolle des Devisenmarktes die Kapitalflucht von Geld unterband. Da Gold in Form von Schmuck leichter ins Ausland transferiert werden konnte - unter Umgehung der gesetzlichen Bestimmungen -, legte die Agraroligarchie ihr Kapital in Goldreserven an, was den sprunghaften Anstieg der internen Goldnachfrage hervorrief. 1969 und 1970 importierte Peru Gold im Werte von 8,5 Millionen US-Dollar (6.292 kg) und 15,6 Millionen US-Dollar (13.207 kg) (Zorrilla, 1970).

Tabelle 2: Goldproduktion aus Goldseifen und Goldquarz in Peru 1970 bis 1977

Jahr	Produktion aus Goldseifen kg	Produktion aus Goldquarz kg	Importe kg
1970	0	1.746	13.207
1971	2	689	11.621
1972	118	1.339	2.194
1973	625	1.306	100
1974	1.027	1.211	50*
1975	915	1.457	-
1976	829	1.468	-
1977	750	2.299	

* 1974 exportierte Peru 646 kg Gold

Quelle: Zorrilla, 1970: 10/11; Banco Minero del Perú, 1982: 2

Im Sinne der von der Velasco-Regierung 1968 proklamierten Politik der nationalen Unabhängigkeit (Kapitel 4.2) und aufgrund der Steigerung des Weltmarktpreises für Gold (Kapitel 5) arbeitete die Regierung ein Förderungsprogramm für

den Goldbergbau aus, um durch die Steigerung der nationalen
Goldproduktion von Importen unabhängig zu werden und Devisen
einzusparen. Die Ergebnisse dieser Politik, die ab Juni 1972
in Madre de Dios implementiert wurde und auf die noch ausführlich in den folgenden Kapiteln eingegangen wird, verdeutlicht die offizielle Produktionsstatistik (Tabelle 2).

Abbildung 2: Produktionsentwicklung des Seifengoldbergbaus
in Peru 1972 bis 1982 und im Departement Madre
de Dios 1975 bis 1984

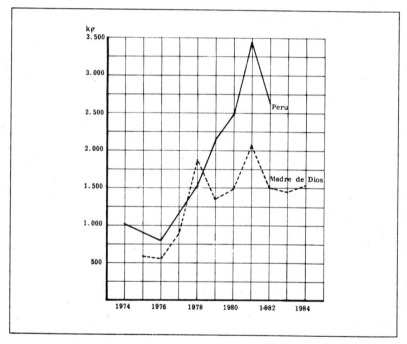

Quelle: Banco Minero del Perú, 1982: 22; ORDEMAD, 1981: 51;
BOLPEBRA, 1985, No 9: 21

Für die Entwicklung der Goldwäscherei in Peru wurden die
70er Jahre zum entscheidenden Wendepunkt: Der Anstieg des
internationalen Goldpreises, die gezielte Förderpolitik der

Militärregierung unter Velasco und der sich verengende Arbeitsmarkt im Hochland führten zu einem neuen "Goldrausch" in Peru, speziell in der Region von Madre de Dios.

Auf Probleme wie Landtitelvergabe, Bodenstreitigkeiten, hohe Fluktuation der Migranten und Überausbeutung der Arbeitskräfte wird in den späteren Kapiteln ausführlich eingegangen. Diese für die erste Goldrauschphase geltenden Zustände veränderten sich nur unwesentlich bis zur Feldforschungsphase 1979 bis 1983. Zunächst sollen jedoch die geologischen und technischen Aspekte der Goldwäscherei in Madre de Dios dargestellt werden.

3.2 Die Seifengoldvorkommen in Madre de Dios - Entstehung und Verteilung

Die regionale Entwicklung von Madre de Dios ist in hohem Maße abhängig von den geologischen Bedingungen der Goldablagerung und den technischen Voraussetzungen für ihre Ausbeute, die im folgenden Kapitel im Überblick behandelt werden. Sie stellen den Rahmen dar, der die Verbindung von Goldwäscherei und Eigenversorgung der Betriebe durch Landwirtschaft, Jagd und Fischfang und die daraus resultierende dezentrale Siedlungsweise erklärt.

Die Art der Goldvorkommen ermöglicht auch erst die saisonale Wanderarbeit von Hochlandindianern, die für die Dauer von drei bis sechs Monaten ihre Dorfgemeinschaften in der Sierra verlassen, um monetäres Einkommen als Ergänzung zu ihrer bäuerlichen Subsistenzproduktion zu erwirtschaften.

Die Anwendung traditioneller Produktionsformen auch in der Goldwäscherei ist ebenfalls durch die geologischen Spezifika des Seifengoldes bedingt.

Die technischen Aspekte der Goldgewinnung erklären eine weitere Besonderheit dieser Rohstoffressource: Suche und Abbau sind äußerst arbeitsintensiv; der benötigte Kapitaleinsatz ist bei handwerklichen Techniken, die sehr effektiv sind, minimal.

3.2.1 Entstehung der Goldseifen

"Wo die Sonne die Tränen fallen ließ"

Das Element Gold kommt in der Natur vorwiegend in gediegener Form vor. Die primären Lagerstätten sind in der Regel Quarzgänge; die Gänge, aus denen das Gold der Untersuchungsregion stammt, treten in der Nordostflanke der Cordillera Oriental auf. Diese primären Lagerstätten sind Teil einer Lagerstättenprovinz, die sich von Marcapata entlang der Anden bis in die nördliche Cordillera Real in Bolivien erstreckt. Diese Goldquarzgänge stecken in ordovizischem Sedimentgestein und wurden höchstwahrscheinlich im Zuge einer varistischen Gebirgsbildung angelegt (ONERN, 1972: 58). Durch die starke Heraushebung des Andenblockes[14] kam es zur intensiven Abtragung des Gebirges, in die auch die ordovizischen Gesteine und die darin eingeschalteten Goldquarzgänge einbezogen wurden.

Durch mechanische und chemische Zersetzung des Gesteins werden die primären Goldpartikel aus dem Gestein herausgelöst. Wenn diese Herauslösung des Goldes an Ort und Stelle geschieht, entstehen sogenannte eluviale Seifen. Werden die Goldpartikel vom Wasser transportiert und kommen weiter entfernt von ihrer primären Lagerstätte zur Ablagerung, bezeichnet man sie als alluviale Seifen. Unter einer Seife versteht man eine Konzentration von Schwermineralien. Neben Gold werden in den Seifen der Flußsysteme des peruanischen Andenabhanges vor allem größere Mengen von Ilmenit, Magnetit, Granat, Zirkon, Apatit und anderen, in kleineren Mengen vorhandenen Schwerminerale abgelagert (Fyfe/Kerrich, 1984: 99-129).

Karte 3: Geologische Gliederung der Anden

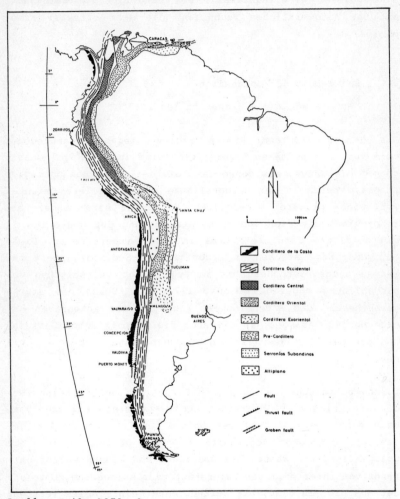

Quelle: Zeil, 1979: 2

Mengen vorhandenen Schwerminerale abgelagert (Fyfe/Kerrich, 1984: 99-129). Bei den Transportprozessen lagern sich die Schwermetalle vorwiegend an Stellen ab, an denen die Flüsse niedrige Transportenergie aufweisen. Ein schematisches Modell dieses Transportprozesses zeigt Abbildung 3.

Abbildung 3: Bildung von Seifenlagerstätten in fluviatilen Sedimenten

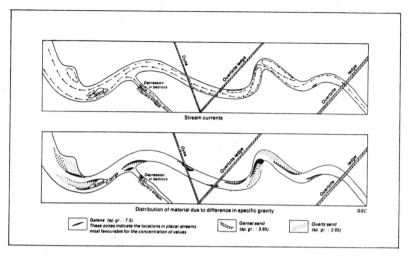

Quelle: Medina, 1982: Fig. 8

Durch die rasche rückschreitende Erosion der Entwässerungssysteme können bereits abgelagerte Flußschotter von neuen Flußläufen angeschnitten werden, wobei sich auch die darin befindlichen Schwerminerale umlagern und sich neue Seifen bilden können. Während die goldführenden Flußschotter in den Oberläufen der Flüsse oft bis zu hausgroße Gesteinsbrocken aufweisen, verfeinern sich die Schotter mit zunehmender Entfernung vom Herkunftsgebiet (Seward, 1984: 165-183). Durch die starke Wasserführung der Flüsse im Andenabhang während der Regenzeit können aber auch gröbere Gerölle von 30 bis zu 50 cm Durchmesser bis in die Vorlandregionen transportiert werden, wodurch die dortigen Ablagerungen einen inhomogenen Charakter aufweisen.

Vielfach ist es möglich, die fluvialen Seifen dort zu gewinnen, wo sie gerade im Entstehen begriffen sind, nämlich im Flußlauf selbst. Solche "lebendige Seifen" haben den Vorteil, daß sie sich nach jeder großen Überschwemmungsflut neu

Abbildung 4: Schwermineralanreicherung in Flüssen

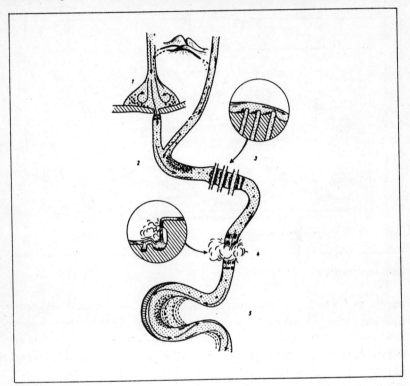

Quelle: Petrascheck, 1982: 41, nach Zenschke

bilden, auch wenn die Ablagerungen schon vielfach bearbeitet wurden.

Durch die unterschiedliche Strömungsgeschwindigkeit des Flusses, entsprechend seinem Gefälle, ergibt sich eine unterschiedliche Schwermineralanreicherung innerhalb der Sandbänke. Die schweren Metalle lagern sich vorzugsweise bei der an der Innenseite einer Flußkrümmung gebildeten Sandbank, vor allem im stromaufwärtigen Teil ab, dort wo die Strömungsgeschwindigkeit weniger gebremst ist und nur die schwersten Körper absinken.

Karte 4:   Terrassen der   Goldablagerungen   im   Departement
            Madre de Dios

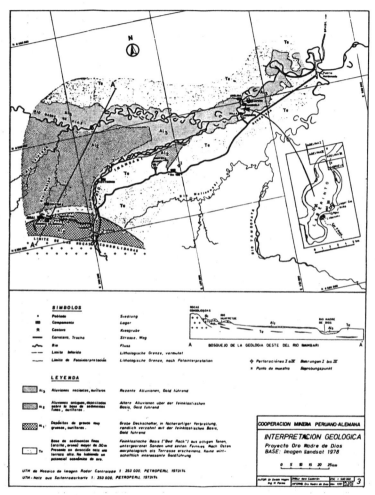

Quelle: BGR, 1982

Schwermineralien wie Gold lagern sich in fluviatilen Sedimenten vorwiegend an Hindernissen (Abbildung 4 (1, 3)), an Stromschnellen (4), am Gleithang (5), an Zusammenflüssen und an Einmündungen von Flüssen (2) ab.

Die jüngste tektonische Entwicklung der Anden und Einflüsse der quartären Vereisung bedingten im Gebiet des Flußsystems des Madre de Dios eine Sedimentabfolge, die drei Ablagerungszyklen zugeordnet werden kann (BGR, 1982: 41-46). Die Ablagerungen des ersten Zyklus werden einer AL1-Terrasse zugerechnet, über die sich eine AL2-Terrasse legt. Die Ablagerungen des jüngsten Zyklus sind der Terrasse AL3 zuzuordnen.

Häufig schnitten sich die Flußsysteme der AL2- oder AL3-Terrasse in vorher abgelagerte Flußschotter ein und arbeiteten diese auf. Dabei kann die Lage des heutigen Flußsystems tiefer als AL1 oder AL2 liegen. Die Goldpartikel werden mit zunehmender Entfernung von ihrem Ursprung kleiner, so daß in den Oberläufen der Flüsse bis zu faustgroße Nuggets vorkommen, in den Niederungen die Goldpartikel nur noch Körngrö-

Abbildung 5: Schema der Korngrößenveränderung der Goldpartikel in Abhängigkeit von der Transportstrecke

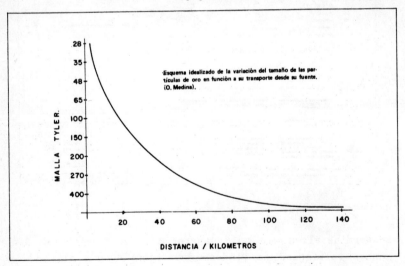

Quelle: Medina, 1982

ßen zwischen 0,05 und 0,08 mm aufweisen mit einem Durchschnittsgewicht von ca. 0,013 mg/Flitter (BGR, 1982: 31). Die sekundären Goldlagerstätten liegen in der Untersuchungsregion bis zu maximal 300 km von den primären entfernt.

3.2.2 Verteilung der Lagerstätten alluvialer Goldseifen in Madre de Dios

"Der Fluß schwemmt das Gold an"

Die Lagerstätten des alluvialen Seifengoldes beschränken sich im Departement Madre de Dios auf die Zu- und Nebenflüsse des Río Madre de Dios (Río Colorade, Río Inambari, Río Pukiri, Río Huaypetue, Río Huasoroco; Karte 4).

Die goldführenden Alluvionen weisen nicht nur lokal, sondern auch großräumig unterschiedliche Konzentrationswerte an Goldpartikeln auf. Dies hängt mit der Hangneigung und der dementsprechenden Fließgeschwindigkeit der Flüsse zusammen; je geringer die Fließgeschwindigkeit, umso stärker die Sedimentation der im Wasser mitgeführten Partikel. Die goldführenden Schichten im Madre de Dios sind unterlagert von einer Serie feinklastischer Sedimente (Te), die im Südwesten der Untersuchungsregion von vorwiegend grobklastischen Flußsedimenten (Terrassen AL1 bis AL3) überlagert werden.

Im Osten tritt diese Abfolge als Hochterrasse hervor, die von den Flüssen Río Pukiri und dem Oberlauf des Río Inambari durchschnitten wird, die hier durch abnehmendes Gefälle am Fuße des Andenabhanges ihren Lauf verlangsamen. Die Terrasse setzt sich zusammen aus siltigen Tonen, Sanden, Feinkiesen und groben Schottern, die zum Andenrand (bei Mazuko und Huaypetue) hin grober werden. Die gut gerundeten Gerölle der Schotter können Durchmesser bis über 60 cm erreichen. Diese Schotter führen Gold in höheren Anreicherungen, zum Beispiel wurden in der Zone Huaypetue bei Probebohrungen der Firmen

SAPI und AUSORSA auf Goldgehalte bis über 300 mg/m^3 ermittelt (BGR, 1982: 42). Daher gilt die Zone von Huaypetue als das größte Goldpotential im Departement Madre de Dios. Bisher wurden diese Ablagerungen von kleinen und mittleren Goldwäschern im rezenten Flußlauf des Río Huaypetue und Río Pukiri aufgearbeitet. Ihre monatliche Produktion belief sich auf ca. 50 kg Gold mit einfachen Technologien (BGR, 1982: 43).

An die Zone von Huaypetue schließt sich eine Mittelterrasse, (AL2) an, die zwischen den Flüssen Madre de Dios und dem Mittellauf des Río Inambari die Zone des Río Colorado und des unteren Río Pukiri mit einschließt. Nach vorläufigen Prospektionsarbeiten liegen in dieser Zone die Goldgehalte unter 200 mg/m^3 bei einer Schottermächtigkeit von 4 bis 6 m (BGR, 1982: 22).

Die jüngsten Alluvionen (Niederterrassen AL3) sind am weitesten verbreitet im Unterlauf des Inambari und am Madre de Dios, wo die feinklastische Unterlage Te soweit abgetragen ist, daß die Terrassenfläche oft 40 bis 50 m über dem heutigen Flußlauf liegt. Im Tal, das bis zu 20 km breit wird, sind die Goldseifen aus der rezenten Sedimentfracht der Ober- und Mittelläufe des Madre de Dios und Inambari abgelagert.

"Alle diese Flüsse führen noch heute Gold und arbeiten zudem die goldführenden AL1- und AL2-Vorkommen auf, deren Goldinhalt in AL1 nunmehr als tertiäre Seifenkomponente auftritt." (BGR, 1982: 43)

Die Niederterrassen wurden seit 1976 als goldführendes Terrain entdeckt. Sie sind von dichter Vegetation bewachsen und stehen während der Regenzeit unter Wasser. Unter einer Schicht von 1 bis 5 m goldfreien Materials von Feinsanden stießen Goldsucher auf Kiese und Flußschotter, die in den obersten 0,5 bis 5 m Gold in wirtschaftlich gewinnbaren Konzentrationen aufweisen, wobei lokal sehr hohe Goldgehalte auftreten können.

Die Angaben über die Goldseifenvorräte in der gesamten Untersuchungszone sind extrem widersprüchlich, da sie ausschließlich auf Schätzungen beruhen. Die staatliche Minenbank, Banco Minero del Perú, veröffentlichte Mitte der 70er Jahre nach ersten Prospektionen mit moderner Technologie allein für das Tal des Río Madre de Dios Angaben über Vorräte von 720 Millionen bis zu 2.000 Millionen m^3 mit durchschnittlichen Goldgehalten von 0,5 g/m^3, was einem Goldpotential von bis zu 100 t entsprechen würde. In einer Publikation von 1979 weist die Minenbank Seifengoldvorkommen von 2.600 Millionen m^3 mit einem Goldgehalt von 650 t aus (Banco Minero del Perú o.J.; Anhang 1, Tabelle 17). Andere Autoren sprechen von 35.000 t Seifengoldvorräten in Gesamt-Peru (Evangelista, 1980). Die kühnsten Annahmen gehen davon aus, daß Peru durch einen gezielten Abbau seiner Seifengoldlagerstätten zum Goldproduzenten Nummer Eins auf dem Weltmarkt avancieren könnte und somit vor Südafrika, der Sowjetunion, Nordamerika und Canada wie auch Brasilien rangieren könnte (Evangelista, 1980). Bei einer allgemein anerkannten Abschätzung der Verteilung der Weltreserven an Gold rangiert Peru zum gegenwärtigen Stand jedoch an unbedeutender Stelle (Sames, 1974).

Einig sind sich die Autoren nur über den sehr hohen Reinheitsgrad des Seifengoldes in Madre de Dios: Nach einheitlichen Aussagen entspricht es 23 bis 24 Karat, das heißt auf 900 bis 950 Promille Gold entfällt ein Kupfer- und Silberanteil von 30 bis 40 Promille.

Zusammenfassend kann festgestellt werden, daß
- die Seifengoldvorkommen großräumig über eine Fläche von 9.000 km^2 dezentral verteilt sind in der schwer zugänglichen Region des Andenabhangs der östlichen Cordillera bis zu den Niederungen des Amazonasgebietes auf ca. 250 m über dem Meeresspiegel;
- der Goldkonzentrationsgrad großräumig bedeutende Unter-

schiede aufweist und auch kleinräumig sehr starken Schwankungen unterliegt;
- aufgrund der fortlaufenden Auswaschung von Quarzgold aus den Anden eine kontinuierliche Ablagerung von Goldpartikeln an den Flußufern des Madre de Dios stattfindet, das heißt durch einen fortlaufenden Regenerationsprozeß goldhaltiges Material aus den Anden angeschwemmt wird.

3.3 Techniken der Erschließung und des Abbaus von Lagerstätten alluvialer Goldseifen

Die Goldsuche erfuhr seit ihren Ursprüngen in der präinkaischen Phase erst im 20. Jahrhundert durch technische Innovationen neue Impulse. Über Jahrhunderte wurden Goldseifen mit einfachen handwerklichen Techniken exploriert und bearbeitet. Im folgenden sollen die verschiedenen technischen Verfahren von Exploration wie Explotation vorgestellt werden, sofern sie für den aktuellen Stand der Goldwäscherei in Madre de Dios relevant sind oder in Zukunft die Extraktion des Edelmetalls einschneidend beeinflussen können.

3.3.1 Die Suche nach Lagerstätten: Prospektion und Exploration

"El Perú es un ciego que está sentado en un banco de oro."[15] Antonio Raimondi, 1878

Die Erkundung der Goldvorkommen im Andenabhang und Amazonasgebiet knüpft an eine lange Geschichte des Abenteurertums und der Pioniermentalität an. Durch alle Jahrhunderte geisterte die Hoffnung der Goldwäscher auf das "schnelle Glück". Die Rede vom "Goldfieber", "Goldrausch" drückt auch am ehesten die Mentalität aus, die dazu führte, daß trotz der ungünstigen, schwer erreichbaren Lage der Goldvorkommen, der schwierigen klimatischen Bedingungen des Urwaldes und der Abgeschiedenheit Goldsucher in die "grüne Hölle" mit dem

Ziel aufbrachen, Lagerstätten zu erkunden. Die große Mehrheit der Goldwäscher wendet sehr einfache Methoden der Exploration an, die über Jahrhunderte weitergegeben wurden.

Die Suche nach der Seifengoldlagerstätte erfordert mehrere Schritte, die im folgenden skizziert werden sollen. Zuerst werden vorhandene Unterlagen (Literatur, Karten, Kataster, falls vorhanden, mündliche Überlieferungen, Zeitungs- und Radiomeldungen) zu dem in Aussicht genommenen Gebiet gesichtet. Dann erfolgt die "Prospektion", was soviel wie "Übersichtsbeprobung" bedeutet. Unter Exploration wird die systematische Beprobung verstanden. Die Proben werden gewaschen und auf ihren Goldgehalt geprüft. Handwerklich arbeitende Goldwäscher beschränken sich dabei in der Regel darauf, die an der Oberfläche liegenden Schotter am Rande der Flüsse zu prüfen; erst in jüngerer Zeit werden auf den Uferterrassen auch tieferliegende Schichten zur Entnahme von Proben freigelegt. Nur größere Unternehmen sind in der Lage, goldhöffige Gebiete durch Vermessungen und systematische Bohrungen zu explorieren. Je dichter die Beprobung, je präzisere Aussagen sich aus der Exploration ableiten lassen, desto leichter ist eine Entscheidung über die Wirtschaftlichkeit der Ausbeute zu treffen. Eine genaue Lokalisierung der Seifengoldlagerstätten ist nur mit regionalen Kenntnissen und geologischem Erfahrungswissen aussichtsreich. Wegen der stark dezentralisierten Ablagerung und des örtlich extrem schwankenden Goldgehalts sind Glück und Zufall wichtige und unerläßliche Hilfen.

Die Kenntnis über Seifengoldlagerstätten beschränkte sich bis in die 70er Jahre auf die Flußläufe und -ufer. Vorkommen in den Niederterrassen, die von dichter Vegetation bedeckt sind, waren nicht bekannt und wurden nach mündlicher Überlieferung erst 1976 in Fortuna von dem Goldwäscher Pacheres durch Zufall entdeckt.

"Bueno, ese asunto del oro, siempre tenía esa idea. Estuve trabajando madera, había un sitio del que siempre sospechaba algo. Claro que pasaba siempre por allí ... la madera costó medio sol el pie. Bueno, pues, yo andaba pues precipitado, sin recursos, sin nada. No tenía ningún medio para trabajar placeres. Bueno, empecé a trabajar, solo con un hijo y empezaba a cazar y lo vendía a los mineros de la playa y con eso compraba mis viveres y comencé a trabajar ya. Bueno, al fín encontré una mancha de cedro, le pusé a tronquear. Vino mi familia y siempre estuve por allí, siempre cuando venía por allí, siempre oía un cierto ruido, a veces me hablaban. Que será? estaba pensando. Pero el mismo pensamiento era pues la deuda que yo tenía. Cuándo pagaré ese medio millón? Ahora medio millón no es nada, pero antes medio millón era plata; eso me tenía que preocupar."

"A veces quice escaparme. Despues decía no, a mis hijos no los dejo en la calle sin garantía. Entonces me decidía a trabajar nomas y me paraba siempre en la noche por este camino un rato y soñaba pues. Una viejita me decía que ha sido porque siempre tu te asentabas a un palo en el monte y estas pensando. '?Entonces, qué haces pensando acá?' me dijo. 'Bueno', le dije, 'señora yo estoy aquí, no se como pagar la cuenta.' 'Bueno ... me dijo que la suerte está a un palo volteado por donde andas siempre, allí escavas y ya está pues, suerte!' me dijo. Un día por allí pasando me acordé del sueño y así que había un palo volteado. Me metí la machete y chiquía pues en el cascajo y lo que veía allí, lo veía amarillo. Buen oro había, amarillaba mi mano nomas. Bueno, me dijé, primero voy a pagar mi cuenta, después voy a venir a trabajar, y decidí. Así era. Pedía ayuda del Banco Minero, pero primero estaba yendo haciendo pico por allí y por allá."[16] (Manuel Pacheres, Fortuna)

Der Zusammenhang zwischen Hangneigung, Fließgeschwindigkeit und der Ablagerung der Goldpartikel ist bekannt, und so werden und wurden die Gleithänge, alte Flußläufe und Sandbänke am Zusammenfluß zweier Flüsse sowie Vertiefungen nach Wasserfällen als die bevorzugten goldhaltigen Gebiete gesucht. Eine Seifengoldlagerstätte am Flußufer wird im lokalen Sprachgebrauch wie ein Körper behandelt, der in verschiedene Teile untergliedert ist, je nach Goldgehalt: Kopf, Schulter, Rücken, Schwanz, wobei der Kopf den höchsten Goldgehalt aufweist.

Die Struktur des Schotterkörpers - Größe der Gerölle, Tone oder Kiese und Sand - gibt Goldsuchern Aufschluß über die Höffigkeit. Nach der Begehung eines goldhaltigen Strandes wird mit Hilfe einer Schaufel eine Probe des Materials genommen. Unter geringer Wasserzuführung wird das Material auf der Schaufel ausgewaschen, gröbere Partikel werden entfernt, bis in einem feinen schwarzen Vorkonzentrat die Goldflitter sichtbar werden. Unter Berücksichtigung der gegebenen Umstände (Goldpreis, Zugang zu anderen Claims etc.) entscheidet die Zahl der Flitter, ob der Strand als höffig bezeichnet wird und mit der Arbeit des Goldwaschens begonnen werden kann.

Seit der "Entdeckung" der Goldvorkommen abseits der rezenten Flußläufe wurden die Explorationsmethoden verfeinert; derjenige einer Goldwäschergruppe, der die meisten geographischen Kenntnisse der Zone besitzt, streift oft tagelang durch die Wälder auf der Suche nach ehemaligen, jetzt bewaldeten Flußläufen, die sich zum Teil durch die Vegetation und durch die Oberflächengestaltung abheben. Als Arbeitsinstrumente benutzt er eine Eisenstange, einen Kanister mit Wasser, Spaten und Machete. Die Stange dient zur Sondierung des Schotterkörpers, der durchschnittlich 1 bis 3 m unter der Erdoberfläche beginnt. Das Wasser wird verwendet, um das durch die Eisenstange entstehende "Bohrloch" voranzutreiben. Verläuft die Sondierung positiv, wird ein Versuchsschacht angelegt. Nach der Freilegung eines Gebietes vom Unterholz mit Axt und Macheten wird mit Schaufel und Spitzhacke ein etwa quadratmetergroßer Schacht gegraben.

Nach dem Abtäufen werden Proben genommen und geprüft, ob der Wasserzufluß aus dem Grundwasser, dessen Spiegel meist 2 bis 3 m tief liegt, die angestrebte Schürfarbeit nicht zu stark beeinträchtigt. Der Wasserzufluß bei den Arbeiten im Wald ist einer der Hauptgründe für lange Arbeitsausfallzeiten. Auch muß sichergestellt werden, daß genügend Wasser in der

Abbildung 6: Typen von Versuchsschächten

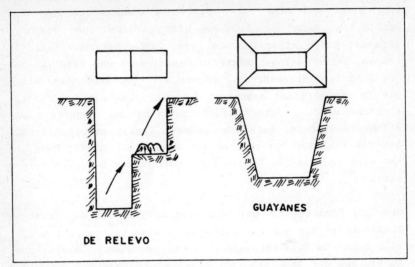

Quelle: Medina, 1982: Fig. 9

Trockenzeit für den Waschvorgang vorhanden ist.

Die beiden angeführten einfachen Prospektionsverfahren kommen in abgewandelter Form in verschiedenen geologischen Zonen vor. Unterschiede bestehen hierbei in erster Linie zwischen den Techniken im Oberlauf der Flüsse und den Niederungen. Hat ein Goldsucher ein reiches, goldhaltiges Terrain ausgekundschaftet, wird er versuchen, die Kenntnisse zu verheimlichen, denn "si hay un buen corrido, se van en marcha!"[17] Dieser Ausspruch, der oft unter Goldwäschern zu hören ist, drückt die harte Konkurrenz unter ihnen aus bei der zeitaufwendigen Suche nach neuen Claims.

Der dritte hier kurz umrissene Explorationstyp ist gekennzeichnet durch den Einsatz moderner Technologien, was den Groß-, einigen wenigen Mittelunternehmen und dem Staat vorbehalten bleibt. Der peruanische Bergbauingenieur Fuchs erwähnte 1931 zum ersten Mal moderne Prospektionstechniken mit Hilfe von Baggern und neuen Erfindungen aus den USA, eingesetzt am Rio Inambari. Da der erhoffte Erfolg ausblieb und die Technologie zu kostenintensiv war, wurden erst wieder in den 70er Jahren durch die staatliche Minenbank, 1978 durch die Deutsche Geologische Bergbau AG und seit 1980 von den Großfirmen Texas Gulf und SAPI, zwei ausländischen Unternehmen, sowie dem Staat moderne Techniken eingesetzt. Der erste Schritt dieser modernen Verfahren ist das Überfliegen der anvisierten Claims, die mit Hilfe von nordamerikanischen

Abbildung 7: Gebräuchlichste Perforationsgeräte in der Exploration von Goldseifen

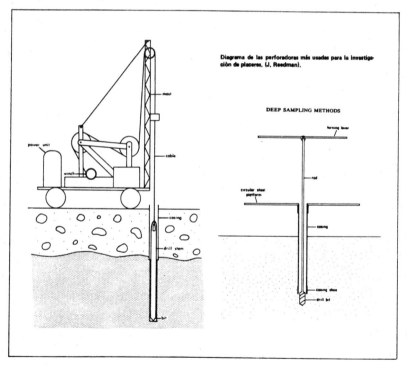

Quelle: Medina, 1982: Fig. 11

Luftbildaufnahmen aus den Jahren 1966 ausgewählt werden. Die Auswertung von Oberflächengestaltung, Ondulationen, Altwassern etc. und das Erscheinungsbild der Vegetation machen erste Aussagen möglich. Nach erfolgter Eingrenzung der goldfündigen Gebiete werden Probebohrungen mit unterschiedlichen Typen von Bohrgeräten vorgenommen. Diese sind zum Beispiel das Banker-Handbohrgerät der englischen Firma Conrad Stork, McCulloch, Waggondrills, Schappen, Schlammbüchsen, Kiespumpen, Kreuzmeißel etc. sowie größere Geräte wie nordamerikanische Perforationsmaschinen der Marke Bucirus Erik 20/W, die Tiefenbohrungen bis zu 100 m ermöglichen (Kosten 1981 40.000 US-Dollar pro Bohrgerät). Die Betriebskosten einer solchen Maschine belaufen sich bei oberflächlichen Bohrungen auf 12 US-Dollar/m, bei Tiefenbohrungen auf 60 US-Dollar/m,

Abbildung 8: Polygone und triangulare Methode für Probebohrungen von Goldseifen

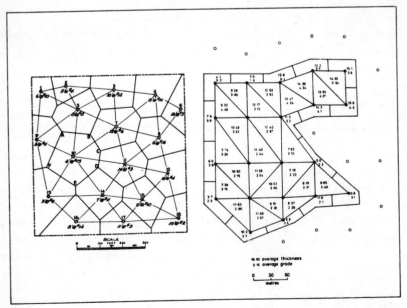

Quelle: Medina, 1982: Fig. 20, 21

Abbildung 9: Schnitt durch eine Goldseifenlagerstätte mit kleinräumlich unterschiedlicher Verteilung des Goldgehalts

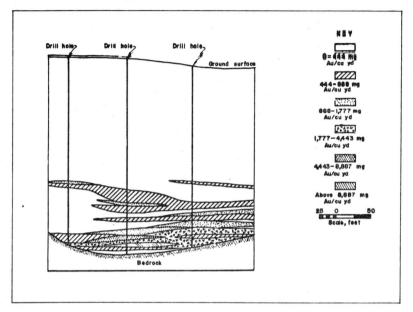

Quelle: Medina, 1982: Fig. 23

um ein Beispiel für die Kostenintensität dieser Technologie zu geben.

Mit Hilfe dieser modernen, aber kostenintensiven Technologie können in relativ kurzen Zeiträumen mit geringem Personalaufwand Probebohrungen durchgeführt werden. Die Bohrungen werden so plaziert (Abbildung 8), daß die auch kleinräumig stark differenzierten Lagerstätten (Abbildung 9) ausreichend genau beurteilt werden können. Die bei den Bohrungen entnommenen Materialproben werden in einem teilmechanisierten Verfahren vorgewaschen. Das dabei gewonnene Vorkonzentrat wird entweder in eigenen Laboratorien vor Ort oder auch im Ausland mit modernen technischen und chemischen Methoden auf seine Höffigkeit geprüft.

Seit 1980 explorieren nur noch ausländische Großunternehmen, jedoch ohne mit dem Abbau des Goldes zu beginnen: Der Weltmarktpreis des Goldes erlaubt keinen wirtschaftlichen Einsatz der dafür vorgesehenen Großtechnologie. Die Firmen erforschen und sichern die Ressourcen, um bei einer Veränderung des Goldpreises für den Abbau der günstigsten Lagerstätten gerüstet zu sein.

Die wenigen Großunternehmen sind damit die einzigen, 'die auf Schätzen thronen'. Die meisten Unternehmer und besonders die zahllosen Kleinmineros sind dagegen weder zu einer systematischen Exploration 'der unbekannten Schätze' in der Lage, noch haben sie das Kapital, eine für sie günstige Entwicklung des Weltmarkpreises abzuwarten. Wo immer sie ein noch so kleines Stück des Schatzes finden, sind sie gezwungen, die Lagerstätte auszubeuten, und können oft mit extremer Arbeitsleistung nur ein geringes Einkommen realisieren.

3.3.2 Der Abbau der Lagerstätten - Von der Waschpfanne zum Eimerkettenbagger -

"El Perú es un mendigo sentado sobre un trono de oro".
A. Humboldt.[18)]

Die gebräuchlichsten Verfahren der Seifengoldgewinnung der kleinen und mittleren Goldwäscherbetriebe in Madre de Dios sind seit Jahrhunderten bekannt. Sie haben nur relativ geringe Modifikationen erfahren.

Aus der Gegend von Carabaya und Sandía beschrieb schon Raimondi 1897 eine Technik der Goldwäscherei, die zum Teil noch heute Anwendung findet: Hochlandindianer wanderten für wenige Wochen in Gruppen geschlossen aus ihren Dorfgemeinschaften - Communidades Campesinas - im Hochland ab, um in der Trockenzeit zwischen Juni und Oktober, bei Niedrigwasser, die ausgetrockneten Flußufer und Flußbetten für die kommende Überschwemmung vorzubereiten; mit Hilfe von Steinen und

Querhölzern wurden Riffeln angelegt - ähnlich einem ziegelgedeckten Dach -, um Wirbel in den Zwischenräumen zu erzeugen, in denen die Goldpartikel bei Überflutung herabsinken. Nach Beendigung der Regenzeit kehrten die Indios, die die Regenzeit über im Hochland Ackerbau und Viehzucht betrieben, zu ihren präparierten Flußufern zurück, um das Gold "zu ernten", das sich in der Zwischenzeit in den Hohlräumen als Goldsand angesammelt hatte. Interessant ist die Übernahme von Begriffen und Denkhaltungen aus der ackerbaulichen Tradition der Indianer in die Goldgewinnung: Sie "säen" die Steine und "ernten" das Gold, das der Fluß "gelegt" hat: "El río pone el oro"[19].

Die im Untersuchungsgebiet vorgefundenen Goldabbauverfahren lassen sich in drei unterschiedliche Verfahrenstypen unterscheiden, die im folgenden erläutert werden:
- "tecnología artesanal", traditionelle handwerkliche Technik;
- "tecnología mediana", teilmechanisierte Technik;
- "tecnología grande", vollmechanisierte Großtechnik.

Alle Verfahren arbeiten zweistufig: In der ersten Stufe wird ein feinkörniges Schwermetallkonzentrat aus dem Geröll- und Sandgemenge ausgewaschen; in der zweiten Stufe werden die Goldflitter aus dem Konzentrat herausgelöst.

3.3.2.1 "Tecnología artesanal"

In der traditionellen handwerklichen Technik werden zwei mechanische Verfahren zum Auswaschen der goldhaltigen Seife verwendet:

- In zum Teil selbstgearbeiteten runden, hölzernen Waschpfannen (batea), die zur Mitte hin vertieft sind, wird der Sand vom Geröll gewaschen und das Geröll mit der

Hand entfernt. In drehenden Bewegungen und mit ständiger Zugabe von Wasser werden die Schwerminerale vom tauben Gestein getrennt; die Schwerminerale setzen sich aufgrund ihres spezifischen Gewichts in der Vertiefung der Waschpfanne ab, während das spezifisch leichtere Gestein (taubes Material) durch die kreisförmige Wasserströmung mitgerissen und über den Rand transportiert wird. Mit dieser Technik wird im Tagesdurchschnitt in 60 bis 100 Arbeitsgängen 0,5 m^3 goldhaltiges Material gewaschen, maximal kann ein Durchsatz von 1 m^3 erreicht werden. Abhängig vom Goldgehalt der Ablagerung wurden 1982 mit dieser Technik 0,3 bis 1,0 g Gold je Arbeitstag gewonnen.[20]

- Im zweiten Verfahren wird der goldhaltige Schotter und das Schlammaterial über hölzerne, vor Ort erstellte Waschrinnen, in Peru 'tolba' genannt, ausgewaschen.[21]

Bei größeren Goldpartikeln werden die Rinnen mit Quer-

Abbildung 10: Tolba mit Kiessieb und Juteauflage

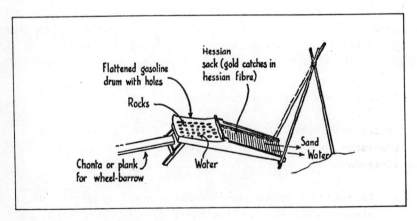

Quelle: Medina: 1982: Fig. 18

Abbildung 11: Tolba mit Schema der Abdeckung aus Plastikfolie und Jute

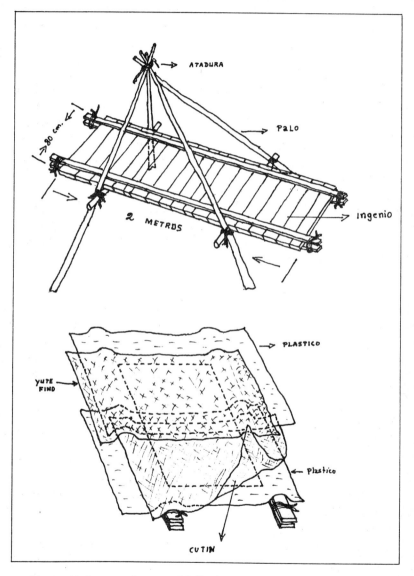

Quelle: Zeichnung eines Goldwäschers

hölzern oder Metallriffeln versehen, bei feineren Flittern werden sie mit Jutegewebe ausgelegt. Am Kopf der Rinne wird ein grobes Blechsieb angebracht, auf dem der Grobkies vom Sand getrennt wird. Unter ständiger Zuführung von Wasser wird der Sand über die leicht geneigte Rinne geschwemmt. Die Länge der Rinnen schwankt zwischen 1,5 m und 10 m. Vereinzelt werden bis zu 20 m lange Rinnen gebaut. Mit den Querhölzern und dem feinen Jutematerial wird die Rinnenströmungsgeschwindigkeit gezielt lokal verändert, Turbulenzen werden erzeugt. Die Rinnenneigungen und -querschnitte, Wassermengen und Rinnenstrukturen sind so ausgelegt, daß das taube Gestein zum großen Teil gerade noch mit der Strömung mittransportiert wird. Da das goldhaltige Material - aufgrund seines höheren spezifischen Gewichtes und seiner Partikelform - nur bei einer höheren Strömungsgeschwindigkeit vom Wasser transportiert wird, setzt es sich am Rinnenboden ab.

Dieses Verfahren benötigt erhebliches Erfahrungswissen, das von den Goldwäschern seit mehreren Generationen entwickelt und weitergereicht worden ist. Die genaue Auslegung der Anlage wird jeweils den konkreten lokalen Verhältnissen angepaßt. So werden zum Beispiel Rinnenneigungen zwischen 9 und $12°$ verwendet. Mit ihr können pro Tag je nach Stärke der Waschmannschaft - in der Regel vier Personen - und der Wasserzufuhr 10 bis 12 m^3 Schotter bearbeitet werden; der Erlös einer Tagesproduktion variiert extrem bei dieser Technik: Je nach Allokation der Seife können Maximalwerte von 160 g pro Tag an Gold erreicht werden. Der Durchschnittswert lag jedoch 1983 bei 10 bis 15 g Gold pro Tag für eine Arbeitsgruppe von fünf Personen.

Das Ausbringen der traditionellen Goldwäsche über Jutegewebe und/oder Riffeln liegt bei mindestens 95 % der im goldhaltigen Material vorhandenen Goldpartikel und wird von peruanischen wie deutschen Fachleuten als äußerst effizientes Verfahren bezeichnet.

Abbildung 12: Mehrstufige tolba mit eingesetzten Riffeln

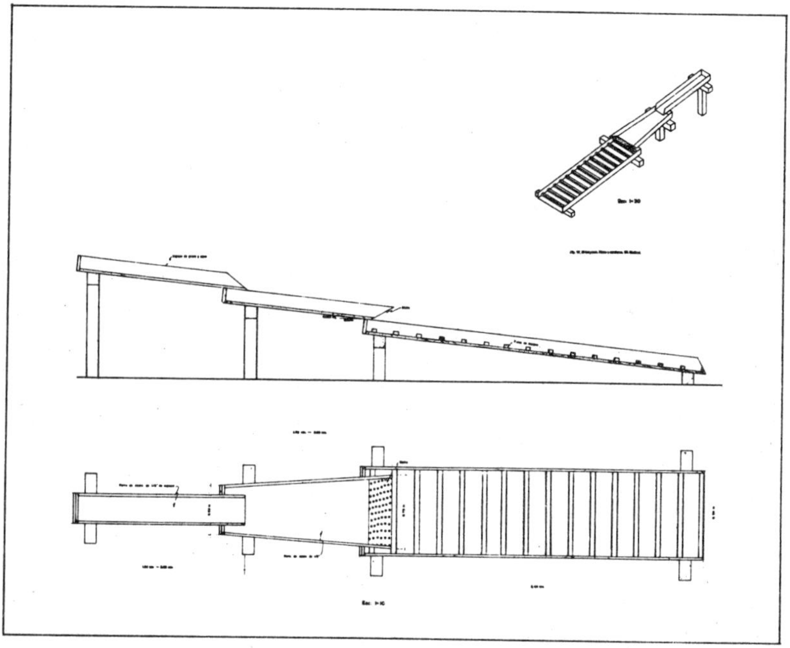

Quelle: Medina, 1982: Fig. 19

Die für die handwerkliche Technik benötigten Hilfsmittel und Materialien werden weitestgehend lokal beschafft und hergestellt. Als Baumaterial werden vor allem vor Ort von den Goldwäschern selbst hergestellte Holzbretter und Holzträger verwendet, die mit Lianen und wenigen Nägeln verbunden werden.

Die Goldwäscher beschaffen sich den überwiegenden Teil ihrer Produktionsmittel aus ihrem unmittelbaren Umfeld ohne Geldeinsatz. Die folgenden einfachen Produktionsmittel werden am

Abbildung 13: Versuchswaschanlage des Unternehmens Ausorsa mit zwei Waschrinnen mit eingesetzten Riffeln

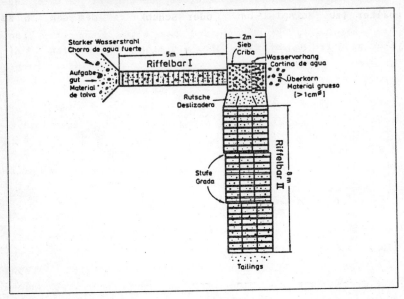

Quelle: BGR, 1982: 38

lokalen Markt erworben: Waschpfanne, Spaten, Axt, Hacken, Machete, Schubkarren, Eimer, Nägel, Jutematten, Blechplatten, Quecksilber und Plastikplanen. Die Waschpfanne wird aus speziellem Holz von darauf spezialisierten Handwerkern in der Region hergestellt; alle übrigen Inputs werden in Arequipa hergestellt und von dort beschafft. Das Verfahren der handwerklichen Produktionstechnik benötigt ausschließlich national gefertigte Materialien und Hilfsmittel, die vor Ort problemlos gewartet und instandgehalten werden können.

Nach der Gewinnung des Gold-Sand-Konzentrates wird in einem weiteren Arbeitsschritt das Gold mit Hilfe von Quecksilber extrahiert. Das Verfahren beruht auf der Amalgamation, bei der das Gold-Sand-Gemisch mit freiem Quecksilber angereichert wird (Lexikon der Technik und exakten Naturwissenschaften, 1969, Stichwort: Amalgamation). Der Goldwäscher mischt bei der Minenbank gekauftes Quecksilber in einem Behälter (zum Beispiel batea oder Schubkarre) dem Gemisch zu und knetet es intensiv durch. Das entstehende spezifisch schwere Goldamalgam wird in der Waschpfanne vorsichtig mit Wasser ausgelöst; dieser Verfahrensschritt ist identisch mit dem weiter oben geschilderten Goldwaschprinzip.

Das Quecksilber verdampft bei ca. 357 $^\circ$C und wird über einem Holzfeuer aus dem Goldamalgam destilliert. In der Regel wird das Quecksilber nicht rückgewonnen und verdampft über dem Feuer; das Gold ist dann verkaufsfertig. Die Quecksilberbeschaffung ist billig und kein wesentlicher Kostenfaktor bei der Goldgewinnung.

Die ökologischen Implikationen der Verwendung von Quecksilber werden bisher weder von den Goldwäschern noch von Experten in Madre de Dios problematisiert. Die toxische Wirkung von Quecksilber auf Organismen in Ökosystemen ist jedoch hinreichend aus der Fachliteratur bekannt.

Die Inhalation von Quecksilberdampf führt zu Vergiftungserscheinungen, das Zentralnervensystem wird geschädigt und schwere Nierenschäden werden hervorgerufen (Walter/Moll, 1972: 195). In der Nahrungskette wird Quecksilber ebenfalls angereichert und erreicht in den Fischen eine hohe Konzentration.

> "Aquatische Organismen können durch Quecksilber besonders belastet werden, da sie das Element sowohl direkt aus dem Wasser als auch indirekt mit der Nahrung aufnehmen:" (Rat der Sachverständigen für Umweltfragen, 1978: 57).

Innerhalb der aquatischen Nahrungskette treten erhebliche Akkumulationsraten von Methylquecksilber auf. Methylquecksilberhaltige Industrieabwässer führten in weiten Küstengebieten Japans, der USA und Schwedens zu so hohen Quecksilberbelastungen von Meerestieren, daß das Fischen verboten werden mußte (Walter/Moll, 1972: 196). In Japan hatte die Quecksilberverseuchung des Küstengewässers die "Minamata-Krankheit" ausgelöst, die gekennzeichnet ist durch Störungen der Sehfähigkeit, des Tastempfindens und der Bewegung. Eine erhöhte Häufigkeit von Chromosomenschäden wurde bei den erkrankten Personen festgestellt (Rat der Sachverständigen für Umweltfragen, 1978: 55).

Da bisher keine Untersuchungen über die Auswirkungen des Einsatzes von Quecksilber in der Goldwäscherei auf Funktion und Struktur tropischer Ökosysteme vorliegen, können nur Vermutungen über die Schäden an Mensch und Umwelt in Madre de Dios geäußert werden.[22]

Eine alternative Technik zum Quecksilbereinsatz, die umweltschonend und für die goldwaschende Bevölkerung genauso kostengünstig und leicht handhabbar wäre, ist nicht bekannt.[23]

Abschließend kann festgehalten werden, daß die tecnología artesanal dem Typ einer "angepaßten Technologie" entspricht, angepaßt an die Möglichkeiten und Fähigkeiten der regionalen Bevölkerung (Schumacher, 1977; GATE/GTZ, Einheimische Technologien, 1980).

3.3.2.2 "Tecnología mediana"

Die teilmechanischen Verfahren der tecnología mediana basieren in ihrer Grundstruktur auf dem oben vorgestellten Rinnensystem, das ausgebaut und verfeinert wird (zum Beispiel eine Mehrfachrinnenführung von zehn nebeneinander gelegten Rinnen). Durch den Einsatz von Traktoren mit Frontladern, Baggern, Raupen, Radladern und Fließbändern wird der bisher durch Handarbeit mit Spitzhacke, Schaufel und Schubkarre geleistete Transport des goldhaltigen Materials zur Waschrinne mechanisiert und dadurch der Materialdurchsatz erheblich erhöht.

Die Mechanisierung muß auf jeden Fall über die gesamte Transportstrecke durchgängig erfolgen, um Transportengpässe zu vermeiden. Je nach Standort und Mechanisierungsausstattung können bis zu mehreren tausend m^3 Material pro Tag durchgesetzt werden.

Der Transport der schweren Maschinen ist technisch riskant und mit hohen Kosten belastet. Auf dem Land- oder Luftweg werden die Maschinen zu Hafenorten und von dort mit Schiffen oder Flößen zum Einsatzort gebracht. Der Transport auf dem Wasserweg ist nur bei günstigen Bedingungen möglich: zwischen Hoch- und Niedrigwasser und wenn die Flüsse nur wenig Treibholz führen. Nicht selten vergehen monatelange Wartezeiten, ehe die Geräte ihren Bestimmungsort erreichen.

Die landgestützten Maschinen sind schwer und in der Regel mit reparaturanfälligen und teuren Raupenfahrwerken ausgestattet. Trotz dieser speziellen Fahrwerke können die Maschinen oft auch während der Trockenzeit schon nach mittleren Regenfällen nicht eingesetzt werden, da sie im weichen tonigen Boden einsinken und den Boden in seiner Struktur zerstören.

Wegen der hohen Luftfeuchtigkeit und der beschriebenen extremen Bodenverhältnisse sind die Maschinen stark belastet und verschleißen schnell. Dieser Effekt wird zusätzlich durch unsachgemäße Bedienung und Wartung verschärft; die Maschinen fallen daher sehr häufig aus. Aufgrund der mangelhaften und zeitaufwendigen Ersatzteilversorgung kommt es zu langen Ausfallzeiten.[24] Kapitalstarke Unternehmen können durch redundante Maschinenausstattung, große Ersatzteillager und technische Spezialisten diese Probleme reduzieren; die geschilderten Probleme bleiben jedoch bestehen. Nach Aussagen der interviewten Mittelunternehmer müssen teilmechanische Unternehmen damit rechnen, wegen ungünstiger Witterung und Maschinenausfällen nur 75 bis 85 % der Goldwaschsaison, in der mit handwerklichen Techniken gearbeitet werden kann, ausnutzen zu können.

Beobachtungen und Gesprächen mit Mittelunternehmern zufolge kommt es auch aufgrund der häufigen Treibstoffknappheit zu Betriebsausfällen. Die während der sechsmonatigen Regenzeit aufgrund der Stillstandskorrosion eintretenden Schäden werden regelmäßig als sehr hoch und belastend dargestellt.

Nach anfänglicher Expansion Ende der 70er Jahre wird die tecnología mediana seit 1982 aufgrund der beschriebenen Mängel deutlich weniger eingesetzt. Offensichtlich wurde die stündlich höhere Förderleistung durch die reduzierte Jahreseinsatzdauer und die hohen Betriebskosten überkompensiert.

Andere medianos mineros experimentierten mit andersgearteten Abbaugeräten, zum Beispiel Monitoren oder auf Flößen installierten mechanisierten Saughebern. Das Monitorverfahren wird zumeist in alten Ablagerungen abseits des Flusses angewendet. Dabei werden mit Hochdruckpumpen Abraum wie goldhaltiges Material aus den Terrassen ausgespült und mit Saugpumpen zum Rinnensystem transportiert. Mit den auf Flößen installierten Saughebern kann in strömungsarmen Uferbereichen oder in Altwasserarmen vom Flußgrund Material aufgearbeitet werden. Beide Verfahren befanden sich im Experimentierstadium, beruhen auf brasilianischen Verfahren und sind noch keinesfalls betriebssicher; sie müssen auf die geologischen Verhältnisse in Madre de Dios (zum Beispiel Geröllpartikelgröße) angepaßt werden.

Nach Aussagen von Experten ist der Einsatz dieser Technologie nur wirtschaftlich bei einem Goldgehalt ab 1 g/m^3 oder ab einem Goldpreis von 600 US-Dollar je Unze Feingold.[25]

Die Goldgewinnung aus dem Gold-Sand-Konzentrat erfolgt analog dem schon beschriebenen Amalgamisierungsverfahren.

3.3.2.3 "Tecnología grande"

Wie in Kapitel 3.3.1 geschildert, wird im Gebiet von Madre de Dios seit etwa 1980 intensiv mit moderner Explorationstechnologie nach großflächigen goldhaltigen Ablagerungen gesucht. Die zum Abbau von Seifengoldlagerstätten in anderen Ländern (Bolivien, Brasilien, Mali) verwendete vollmechanisierte Großtechnologie ist zur Zeit in Madre de Dios noch nicht im Einsatz. Aufgrund von Gesprächen mit Vertretern von Großfirmen und geologischen Forschungsinstitutionen ist erkennbar, daß der Einsatz der Großtechnik geplant und vorbereitet ist, falls die politischen und wirtschaftlichen Bedingungen einen Abbau für die Großunternehmen rentabel erscheinen lassen.[26] Für die Abschätzung der zu erwartenden sozioökonomischen Konsequenzen ist die Skizzierung dieser "tecnología grande" notwendig.

Da bei der Goldgewinnung aus Seifenlagerstätten die Umsetzung von möglichst viel Ausgangsmaterial entscheidend ist, werden Technologien eingesetzt, die diesen Aufwand minimieren. Bei Abbauraten von mehr als 100.000 m^3 pro Monat haben sich auf Schwimmkörpern (Pontons) montierte Bagger- und Aufbereitungsanlagen (dredge) durchgesetzt. Diese Technologie wurde seit den 50er Jahren intensiv im Zinnabbau verwendet und wird zunehmend für die Seifengoldgewinnung adaptiert.

Der Vorteil dieser Technik liegt darin, daß die Schwimmkörper mit den Aufbereitungsanlagen einfach, ohne großen Kosten- und Zeitaufwand direkt über die großflächigen Lagerstätten gebracht werden können. Der Transportweg für den Materialfluß kann mit dieser Anordnung minimiert werden.

Abbildung 14: Modell eines Eimerkettenbaggers PP 100 der Firma Payne & Son, England

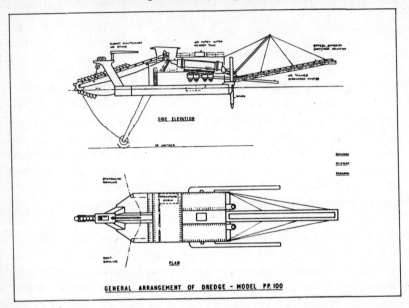

Quelle: Mining Journal, Feb. 10, 1984: 91

Neben der Minimierung des Transportaufwandes fallen auch die bei der "tecnología mediana" geschilderten fahrtechnischen und Verschleißprobleme auf dem feuchten Untergrund weg. Auf den Pontons kann auf mobile und kostenaufwendige Technologien verzichtet werden, und da sie sehr tragfähig sind, können großzügig dimensionierte schwere Baugruppen installiert werden. Die Einheiten können sorgfältig geschützt und wesentlich betriebssicherer ausgelegt werden.

Kleinere Modelle setzen ca. 20.000 m^3 monatlich um, größere bringen es bis auf 800.000 m^3 monatlich. Laut den interviewten Technologieexperten liegt die optimale, rentable Größenordnung bei dem Schwimm- wie Eimerkettenbagger bei 500.000 bis 600.000 m^3 monatlich bei einem Goldpreis von

ca. 600 US-Dollar pro Unze und einem Goldgehalt von minimal
0,2 g/m^3.

Der Neuwert eines solchen Typs, der zum Beispiel von dem deutschen Unternehmen Weserhütte hergestellt wird, beläuft sich auf 10 bis 15 Millionen US-Dollar. Kleinere Modelle, zum Beispiel der Pilot Prospecting Dredge PP 100, werden zu 1,5 Millionen Dollar auf dem Weltmarkt gehandelt (Mining Journal, Feb. 10, 1984: 91), der vorwiegend von nordamerikanischen Firmen dominiert wird. Ein für diesen Einsatz verwendbarer Eimerkettenbagger der englischen Firma Charter kostete 1982 15 Millionen US-Dollar bei einer Kapazität von 367.000 m^3 monatlichem Durchsatz. Genaue Aussagen über den Investitionsbedarf kompletter Anlagen, deren Kosten und Ertragssituation konnten für das Gebiet Madre de Dios nicht beschafft werden.

Bei den vollmechanisierten Anlagen werden nur noch wenige hochqualifizierte, meistens ausländische Fachkräfte eingesetzt. Die gesamte Versorgung erfolgt abgekoppelt von der Region und entspricht dem in Kapitel 12 beschriebenen Typ der Enklavenwirtschaft der Großbetriebe.

Mit dieser Technik können funktionsbedingt keine Trockenterrassen abgebaut werden. Der Einsatz von pontongestützten Abbauanlagen ist nur im Bereich realtiv niedriger Strömungsgeschwindigkeiten möglich, da bei schneller Strömung das Absichern und Umsetzen der Anlagen zu aufwendig und riskant ist.

Der extrem hohe Materialdurchsatz führt zu erheblichen nachteiligen ökologischen Effekten, insbesondere im Uferbereich. Es werden große Schlammmassen umgesetzt, und die für die Fruchtbarkeit der Uferzonen wichtige Anschwemmung von alluvialem Schwemmlandboden wird gestört. Die Struktur der Schlämme mit ihren spezifischen Kleinlebewesen wird vernichtet; es entstehen unbelebte Geröll- und Sandhalden. Der Sedimenttransport der Flüsse wird erheblich verändert und gestört (Dourojeanni, 1980: 47).

Mit der vollmechanisierten tecnología grande werden die langfristig aufgebauten, in ihrer Menge begrenzten Seifengoldlagerstätten in kurzer Zeit erheblich reduziert werden, da die Abbaurate wesentlich höher, als die natürliche Regeneration ist. Das Ausbringen mit vollmechanisierten Anlagen ist geringer als das der handwerklichen Methode. In dem schon ausgewaschenen Material verbleiben nach Aussage von Experten der Bundesanstalt für Geowissenschaften und Rohstoffe (BGR) noch ca. 20 % des Goldes, die handwerkliche Technik ist dagegen im Abscheidegrad deutlich besser; die Ressourcen werden intensiver ausgenutzt.

Zusammenfassung

Die im vorangegangenen Kapitel beschriebenen technischen Verfahren unterscheiden sich grundlegend in ihrer Auswirkung auf die ökonomische und ökologische Struktur des Departements Madre de Dios. Aufgrund der guten Auswertung des Ausgangsmaterials und der Abstützung auf den lokalen Ressourcen bietet die tecnología artesanal aus gesamtgesellschaftlicher Sicht eindeutige Vorteile, auch wenn unter rohstoffwirtschaftlichen Gesichtspunkten andere Bewertungen für die Ressourcennutzung gelten. Die stark saisonale Arbeit in der Goldwäscherei läßt sich mit den zeitlich versetzten Arbeitsschwerpunkten der Forst- und Agrarwirtschaft kombinieren. Für die Region ist von Bedeutung, daß die Goldwäscherei als Quelle monetären Zusatzeinkommens nicht die landwirtschaftliche Eigenversorgung verdrängt.

Die tecnología mediana und tecnología grande basieren beide stark bis ausschließlich auf ausländischen Inputs, sind in ihrem Ertrag aufgrund der peripheren Lage der Region laufend gefährdet und belasten die Außenhandelsbilanz Perus. Als weiterer Nachteil kommt die bei beiden Verfahren hohe Belastung der Ökologie des Regenwaldes hinzu.

Die tecnología artesanal ermöglicht auch der arbeitssuchenden Hochlandbevölkerung, ein monetäres Einkommen zu erzielen. Hierdurch kann die gespannte Arbeitsmarktlage im peruanischen Hochland entlastet und ein wichtiger innerperuanischer Ausgleich geleistet werden.

Der intensive Abbau mit mechanisierter Technik führt zudem zum schnellen Verbrauch der nationalen Ressource Seifengold, da die beschränkte Regeneration der Vorräte dabei nicht mehr möglich ist.

Bei der vorgenommenen technischen Beurteilung der Seifengoldwäscherei in Madre de Dios wurden die Implikationen für die regionale Gesellschaft nur kurz gestreift. Die Problematisierung des Verhältnisses von Technik zu Kultur, das heißt dem regionalen Ökologieverständnis und seinen Notwendigkeiten, den volkswirtschaftlichen und sozialen Implikationen der komplexen in Madre de Dios anzutreffenden Gesellschaftsformation, wird in den Kapiteln 7 bis 12 der Untersuchung angesprochen werden.

Anmerkungen zu Kapitel 3

1) Der Begriff der "Erschließung" geht davon aus, daß sich ein Gebiet in einem vom Menschen noch weitgehend unberührten Zustand befindet. Die Existenz der Tieflandindianervölker, die aus ihrer Sichtweise Amazonien "erschlossen" hatten, wird in dem Begriff nicht berücksichtigt.

2) Fuchs übernimmt die Angabe Cieza de Leons, ohne auf den Zeitraum hinzuweisen, in dem diese Goldmenge gefördert wurde.

3) Zahlenangaben zur Goldproduktion sind weder für die Vergangenheit noch für die Gegenwart präzise, oft stellen sie nicht einmal Annäherungswerte dar. Die Faszination des Goldes führte dazu, daß Chronisten und Goldsucher überzogene Angaben machten; die Angaben fallen dagegen bedeutend niedriger aus, wenn Angst vor der Konkurrenz besteht oder wenn - wie seit 1972 - das Gold auf illegalen Vermarktungskanälen abfließt. Auch die Statistiken über die Goldproduktion in Peru, die von verschiedenen Ämtern erstellt wurden - 1903 wird die erste Produktionsstatistik über den peruanischen Bergbau erstellt -, besitzen keinen Aussagewert über die realen Abbauvolumen, sondern sind vor allem als Ausdruck der unterschiedlichen Einstellungen zur Goldförderung zu verstehen. Aufgrund der Ungenauigkeit der historischen Quellen und der Produktionsstatistiken seit 1903 konnte die Produktionsentwicklung nicht durchgängig nach Seifengold- und Quarzgoldproduktion differenziert werden (Anhang 1, Tabelle 17).

4) "... die exportorientierte Produktion von Silber entwikkelte sich zur Achse, um die sich die spanische Kolonialpolitik im Vizekönigreich Peru drehte." (Varon, 1978: 145)

5) "Unter der spanischen Regierung war die Goldproduktion recht aktiv, wenn wir von den zahllosen verlassenen Schächten, Stollen, Häuserruinen, Arbeitsgeräten zum Zerkleinern des goldhaltigen Materials ausgehen; aber es fehlen generell Zahlenangaben über die Produktion dieses Materials." (Raimondi, 1932: 2)

6) "... durch fließendes Wasser, das in den größten Minen aus gestauten Wassern kleiner Sperren oder Seen stammt, und mit Steinen oder Strohgeflecht ausgelegte Riffeln, in denen sich die Goldpartikel verfangen; beendet wird der Arbeitsprozeß mit der Waschpfanne und der Amalgamierung." (Raimondi, 1932: IX)

7) Dollfus erwähnt die unveröffentlichte Diplomarbeit eines

Franzosen Berthelot, J., Les mines d'or à la fin de l'époque incaique et au début de l'époque coloniale à Carabaya, Thése, Paris 1974, ms., die detailliert auf die regionalen Implikationen der kolonialen Goldausbeute seit der Inkazeit eingeht (Dollfus, 1981: 104).

8) Fuchs gibt für den gleichen Zeitraum 26.650 kg an; Anhang 1, Tabelle 17)

9) 1.500 Kubikyards entsprechen 1.140 Kubikmeter Materialumsatz.

10) Nach Erzählungen von Zeitgenossen dauerte die Reise drei bis fünf Wochen je nach Witterungsbedingungen.

11) Die Angaben über das Goldaufkaufmonopol der japanischen Regierung in Südperu wiederholten sich bei allen interviewten Zeitgenossen. Schriftliche Dokumente lagen zu diesem Thema nicht vor.

12) Um den an der peruanischen Küste bestehenden Arbeitskräftemangel in den Zuckerrohr- und Baumwollplantagen zu beheben, wurden 1860 bis 1890 ca. 100.000 aus China importierte Arbeitskräfte unter sklavenähnlichen Bedingungen in Peru eingesetzt. Nach Verbot der chinesischen Sklavenimporte 1890 wurden Freiwillige aus Japan in Vierjahresverträgen angeworben. Die harten Arbeitsbedingungen in den Plantagen der Küste veranlaßten viele Japaner, ihre Arbeit dort aufzugeben und in den Amazonas zu ziehen, wo der Kautschukboom einen chronischen Arbeitskräftemangel ausgelöst hatte. Japaner wurden - aufgrund ihrer Fähigkeiten - von den Kautschukbaronen bevorzugt als Verwalter eingesetzt (Macera, 1978: 217).

Seit dem Kautschukboom bis zum Ende des Zweiten Weltkrieges lebten ca. 1.000 Japaner in Madre de Dios; da Japan im Zweiten Weltkrieg auf seiten des Deutschen Reiches, Peru aber auf seiten der Alliierten stand, wies Peru alle im Lande lebenden Japaner aus und konfiszierte ihren Besitz.

Mit den wenigen, die der Ausweisung entgehen konnten und heute noch in Madre de Dios leben, wurden narrative Interviews durchgeführt.

13) "Seit jener Zeit wurden keine neuen Goldseifenlagerstätten entdeckt, und seit 1950 wurden sie (die alten Lagerstätten, C.M.) aufgegeben aufgrund des niedrigen Goldpreises, erhöhter Produktionskosten und der schwierigen Zugänglichkeit; sie paralysierten (den Sektor, C.M.) bis zum Jahr 1970." (El Muki, 1975: 4)

14) Die Anden sind morphologisch betrachtet sehr jung mit der Hauptentwicklung während des Mesozoikums und des

Tertiärs. Neueren Untersuchungen zufolge gibt es keine
einheitliche Andengeosynkline, sondern eine Reihe in
sich geschlossener Entwicklungsteile, die während der
geodynamischen Stadien zusammengeschweißt wurden.
"There is no such thing as a uniform Andean geosyncline,
but instead there are several separate fully developed
sections which were welded together during different
geodynamic phases." (Zeil, 1979: 1)

15) "Peru ist ein Blinder, der auf einer Goldbank sitzt."
(Raimondi, 1878)

16) "Also, diese Geschichte mit dem Gold, ich hatte schon
immer so eine Idee. Damals arbeitete ich als Holzfäller,
und ich kam immer an einer Stelle vorbei, an der ich irgendetwas Eigenartiges vermutete. Klar, ich ging da oft
entlang... In der Zeit verdiente ich nur sehr wenig,
denn für das Holz zahlte man mir pro Fuß nur einen halben Sol. Also gut, ich stürzte mich so von einer Arbeit
in die andere, ohne Geld zu haben. Ich hatte nicht die
ausreichenden Mittel, um im Gold zu arbeiten. Trotzdem
begann ich als Goldwäscher zu arbeiten, aber nur mit einem Sohn, und gleichzeitig ging ich auf die Jagd und
verkaufte die Beute an andere Goldwäscher. Und von diesem Geld kaufte ich andere Lebensmittel und einige Arbeitsgeräte. Ja, und dann fand ich im Wald eine Stelle,
wo verschiedene Zedern standen. Ich fing an, sie zu fällen. Ich holte meine Familie nach und immer wenn ich an
dieser Stelle vorbeikam, fühlte ich etwas Eigenartiges,
ich hörte sonderbare Geräusche, manchmal sprachen auch
Stimmen zu mir. Was konnte das nur sein? dachte ich mir.
Aber ich war mir so unsicher, ich hatte Zweifel. Wie
sollte ich die halbe Million Soles zusammenbringen, die
ich brauchte? Jetzt ist eine halbe Million überhaupt
nichts, aber damals war eine halbe Million viel Geld;
das hat mich sehr beschäftigt.

"Manchmal versuchte ich, vor mir selbst zu fliehen. Aber
dann sagte ich mir, meine Kinder und meine Frau kann ich
nicht alleine lassen, ohne jegliche Sicherheit. Also
machte ich mich daran, zu arbeiten, mit den wenigen Mitteln, die ich hatte. Und manchmal nachts schlich ich
mich an diese Stelle und begann, ein Weilchen zu träumen. Und eine alte weise Frau sagte mir: 'Warum gehst du
da immer in den Wald und setzt dich auf einen Baumstamm
und denkst nach? Warum denkst du so viel?' Ich sagte,
'Señora, ich bin hier, weil ich nicht weiß, wie ich meine Schulden bezahlen kann.' Sie antwortete mir, 'dein
Glück liegt unter einem Baumstamm, den der Wind gefällt
hat, und um den du immer herumschleichst. Grabe dort und
du wirst etwas finden. Viel Glück!' Tage danach strich
ich wieder um diese Gegend und ich erinnerte mich an die
Alte. Und tatsächlich fand ich einen umgestürzten Baum.
Ich nahm meine Machete und stocherte ein bißchen an der

Stelle des Bodens herum, die von dem umgestürzten Baum, wo früher die Wurzeln waren, freigelegt worden war. Etwas Gelbes blitzte mir entgegen. Tatsächlich, es war Gold. In solcher Fülle, daß es meine Hände gelb färbte. Gut, sagte ich mir, zuerst werde ich meine Schulen bezahlen, danach werde ich hier anfangen zu arbeiten. So war das damals. Ich ging zur Banco Minero, um dort um Hilfe zu bitten. Dann versuchte ich, das Terrain, das ich gefunden hatte, durch Probebohrungen zu erkunden." (Manuel Pacheres, Fortuna)

17) "... gibt es eine goldführende Schicht, kommen sie zu Hauf!"

18) "Peru ist ein Bettler, der auf einem Thron aus Gold sitzt." (Humboldt)

19) "Der Fluß legt das Gold."

20) Diese Angaben sind Durchschnittswerte, die im Untersuchungszeitraum 1982 bis 1983 aus Interviews ermittelt wurden; sie wurden in Expertengesprächen mit Ingenieuren der Banco Minero del Perú bestätigt.

21) Nach Aussagen von Goldwäschern, die schon in Quincemil Gold extrahierten, wurde das System der Rinnen, im Englischen 'sluices' genannt, von den amerikanischen Einwanderern Guests und Silover aus Alaska 1915 in Madre de Dios eingeführt. Vgl. hierzu Finzsch (1982), der die handwerklichen Techniken des kalifornischen "Goldrauschs" beschreibt, die den in Madre de Dios eingesetzten entsprechen.

22) Bisher warnte nur Dourojeanni, Professor an der nationalen Agraruniversität "La Molina" in Lima, auf Vorträgen und in Tageszeitungen vor den Folgen einer "ökologischen Katastrophe" in den Goldwäscherzentren von Madre de Dios.

23) Ein weiteres Goldaufbereitungsverfahren ist der Einsatz von Zyanidlaugen, eine für das Ökosystem im höchsten Maße belastende Verbindung. Sie wird in Madre de Dios nur von dem Großunternehmen South American Plazers, S.A. (SAPI) angewandt (vgl. zur Aufbereitungsmethode mit Zyanid: Pryor, 1965: 410-446; Thomas, 1977: 234, 741-763).

24) Ersatzteile müssen aus dem Ausland oder aus Lima beschafft werden.

25) Diese Angaben wurden einem Gespräch mit Seifengoldspezialisten der Bundesanstalt für Geowissenschaften und Rohstoffe in Hannover entnommen, Dr. Lahner und Dipl.-Ing. Gerd Köhler, die in der Region von Madre de Dios Probebohrungen durchgeführt haben und die Betriebskosten in einer ähnlichen Zone in Bolivien kalkulierten.

26) Für das Großunternehmen South American Plazers, S.A. (SAPI), das den Explotationsbeginn 1986 plant, waren politische Gründe Ursache des Engagements in Madre de Dios: die Verstaatlichung der Goldlagerstätten im bolivianischen Amazonasgebiet 1983 führte dazu, daß sich die dort seit Jahren arbeitende Firma aus Bolivien zurückzog und ihre schon abgeschriebenen Maschinen ins angrenzende peruanische Departement Madre de Dios verlegte.

4. Staatliche Politik 1963 bis 1985 und ihre Auswirkung auf das Departement Madre de Dios

Zum Verständnis der staatlichen Rahmenbedingungen regionaler Entwicklung des Amazonasdepartements Madre de Dios ist ein Überblick über die Politik des peruanischen Staates der letzten 20 Jahre angebracht, da Peru in dieser Phase wichtige Transformationsprozesse durchlief. Die Komplexität des Strukturwandels der peruanischen Gesellschaft seit 1960 soll in dieser Untersuchung nur insoweit angesprochen werden, als sie Auswirkungen auf die Entwicklung in Madre de Dios impliziert. Trotz dieser Eingrenzung ist die Problematik immer noch so umfassend, daß die wichtigsten Problemfelder nur sehr knapp skizziert werden können und auf entsprechende Fachliteratur zu verweisen ist. Dieses Vorgehen erscheint unter anderem auch deswegen sinnvoll, da zu Peru eine außergewöhnlich breite und in die Tiefe gehende Fachdiskussion seit den 70er Jahren geführt wurde, die sich in vielfältigen Veröffentlichungen niederschlug.

Die Zeitspanne von 1963 bis zum gegenwärtigen Zeitpunkt läßt sich grob in vier Abschnitte untergliedern:
(1) 1963 bis 1968, die erste Regierungsphase von Fernando Belaúnde Terry
(2) 1968 bis 1975, die erste Phase der Militärregierung unter General Velasco Alvarado
(3) 1975 bis 1980, die zweite Phase der Militärregierung unter General Morales Bermúdez
(4) 1980 bis 1985, die zweite Regierungsphase von Fernando Belaúnde Terry.

4.1 1963 bis 1968 - Die erste Regierungszeit von Belaúnde Terry

Die erste Regierungsphase des Architekten Fernando Belaúnde Terry war gekennzeichnet durch das Festhalten an einem exportorientierten Wachstumsmodell, das verstärkt seit dem Machtantritt von Odrías (1948) die Grundlagen der peruanischen Wirtschaftspolitik bestimmte. Dieses Entwicklungsmodell implizierte die liberalistische Vorstellung, daß nur durch den Export der für das jeweilige Entwicklungsland charakteristischen Rohstoffe die jeweils spezifischen Vorteile des Entwicklungslandes genutzt werden könnten (Theorie der komparativen Kostenvorteile). Diese nach außen gerichtete Entwicklungsstrategie, in Lateinamerika "desarrollo hacia afuera" genannt, setzte zudem voraus, daß mit Hilfe ausländischer Investitionen eine jeweils standortadäquate Ausbeutung der Rohstoffe des jeweiligen Entwicklungslandes möglich sei.

Vor diesem Hintergrund ist die peruanische Bergbau- und Landwirtschaftspolitik zu verstehen. Für den Bergbausektor galt bis 1971 ein Gesetz von 1877, wonach Ausländer unbeschränkte Abbaurechte erwerben konnten und nur einen minimalen jährlichen Steuersatz entrichten mußten. Es wurde ergänzt (1960) durch das Gesetz D.L. 15 600, welches die Steuerfreiheit für jegliche im Amazonas vorgenommenen ökonomischen Aktivitäten einführte. Die derart günstigen Investitionsbedingungen für ausländisches Kapital erzielten genau die vom Gesetzgeber beabsichtigten Effekte: Investition ausländischer Konzerne im peruanischen Bergbau (Kupfer, Zink, Blei, Eisen) (Biesinger, 1981; Thorp/Bertram, 1978; Sanchez, A., 1981) und Ausweitung ökonomischer Aktivitäten im Amazonasgebiet (Rumrrill 1982: 159).

Die Wirtschaftskrise der Jahre 1962 bis 1968 (Biesinger, 1981: 46 ff.) führte zu einer Zunahme der absoluten Armut, Ausweitung der Arbeitslosigkeit und Verschärfung der regionalen Disparitäten in Peru, die ihren Ausdruck in sozialen Spannungen in den schnell wachsenden Agglomerationszentren, allen voran der Metropole Lima, sowie in den dicht besiedelten ruralen Regionen des Hochlandes fanden.

Der innenpolitische Druck auf die Belaúnde-Regierung fand auch auf außenpolitischer Ebene ein Pendant: Die Ziele und Richtlinien der 1961 von den USA initiierten "Allianz für den Fortschritt" forderten von der peruanischen Regierung eine Befriedung der schwelenden innenpolitischen Konflikte durch gezielte Wirtschaftsmaßnahmen als Voraussetzung für die Auszahlung von Krediten. Einen Schwerpunkt legten die Entwicklungsstrategen der Allianz auf eine grundlegende Umstrukturierung des Agrarsektors (Maennling, 1977: 39 ff).

Dieser Forderung versuchte die Belaúnde-Regierung nachzukommen durch die Ausarbeitung des ersten peruanischen Nationalplanes für den Zeitraum 1962 bis 1971. Ein Programm für öffentliche Investitionen für den Zeitraum 1964 bis 1965 und ein Investitionsprogramm 1964 bis 1970 folgten (Sandt, 1969: 222). Die Agrarreform war - wie vorgeschrieben - ein wesentlicher Punkt dieses Programms.

"Die sozialen Konflikte und Versorgungsprobleme sowie die im Rahmen der Allianz für den Fortschritt propagierte Forderung nach Agrarreformen bilden den Hintergrund der 1964 von der Regierung Belaunde verkündeten und von der Militärschule CAEM ausgearbeiteten Agrarreform." (Janssen/Rademacher, 1974: 394)

Die herrschende Agrarbourgeoisie, die sich zu einer wichtigen Pressure-group der Belaúnde-Regierung entwickelte, blockierte jedoch die Durchführung der Reform. Bis 1969 wurden nur ca. 8 % der gesamten Betriebsfläche enteignet (von ca. 1,5 Millionen ha; nach Chaney, 1970: 10). Der politische Druck der bäuerlichen Bevölkerung verstärkte sich und fand Ausdruck in Landbesetzungen und der Guerillabewegung unter Hugo Blanco in Südperu (Figueroa, 1984).

Ein scheinbares Lösungskonzept für die dringenden innenpolitischen Probleme entwickelte Belaunde in seinem umfassenden Konzept der Kolonisation des Amazonasgebietes (Rumrrill, 1982). Unter Losungen wie "die Eroberung Perus durch die Peruaner", "Land ohne Menschen für Menschen ohne Land" rief

Belaúnde zur Inbesitznahme von 60 % der nationalen Landesoberfläche auf, die das peruanische Amazonasgebiet ausmacht. Diese interne Kolonialisierungspolitik ging davon aus, daß es sich bei den Böden des Amazonas um fruchtbare, für die landwirtschaftliche Nutzung geeignete Böden handelte. Die klimatischen Verhältnisse der "Kornkammer der Nation" seien äußerst günstig für eine produktive landwirtschaftliche Erschließung und das Amazonasgebiet sei bisher nicht besiedelt (Rumrrill, 1982). Daß diese Annahmen nicht der Realität entsprachen, stellte sich bald als entscheidendes Hindernis für die Umsetzung der Kolonisation im Amazonasgebiet heraus.

Instrument dieser Politik war der sogenannte "Plan Colonización Vial" 1966 bis 1976, ein infrastruktureller Plan, der davon ausging, daß die Erschließung landwirtschaftlicher Nutzungsflächen durch die infrastrukturelle Zugänglichkeit als hinreichender Ansatz für die Inwertsetzung der tropischen Naturreserven ausreicht. Der Plan Vial umfaßte 85 Straßenbauprojekte, die insgesamt den Neubau von 3.450 km Straße vorsahen und die Verbesserung von 8.184 km einschlossen. Die zentrale Trassenführung im Rahmen dieses Straßenbauprojektes war die sogenannte "Marginal de la Selva", eine 2.490 km lange Infrastrukturachse entlang der Grenze zwischen oberer und unterer Selva, die die östlichen Andentäler durchschnitt. Sie wurde als Teilstück einer geplanten transkontinentalen Straße von Venezuela über Kolumbien, Peru bis nach Bolivien durch die Regenwaldgebiete der Andenländer geplant. Der veranschlagte Kostenaufwand betrug 250 Millionen Dollar (Faust, 1982: 36 ff). Allein durch die Straßenführung erhoffte man sich die Realisation folgender zentraler Punkte:
- Abschwächung des politischen Drucks in den Hochlandregionen durch Abwanderung in das Amazonasgebiet,
- Steigerung der Rohstoff- und Nahrungsmittelproduktion,
- politische und wirtschaftliche Integration der isolierten Landesteile und Sicherung der nationalen Grenzen.

Angestrebtes Ziel war die Erschließung von 600.000 ha landwirtschaftlicher Nutzfläche in fünf Jahren (1963 bis 1968) durch gelenkte und spontane Kolonisation. Realisiert wurde dagegen in diesem Zeitraum nur eine Neulanderschließung von 100.000 ha ursprünglichen Waldlandes.

Weitere Fördermaßnahmen für dieses überzogene Programm wurden in dem Gesetz D.L. 15 037 festgeschrieben, das die juristische Grundlage bildete für die Stimulierung der Kolonisation durch Steuer- und Zollerleichterungen. Das Gesetz D.L. 15 600 sollte die Handelsaktivitäten durch die Einrichtung von Freihandelszonen fördern (Maas, 1969: 82; Rumrrill, 1974; Ocampo, 1983).

Die Kosten der gelenkten Kolonisation beliefen sich pro Siedlerfamilie auf 120 Dollar als flankierende Unterstützungsmaßnahme - für die hohen Investitionen der Neulanderschließung im Regenwaldgebiet eine völlig unzureichende Summe. Für Straßenbaumaßnahmen wurde dagegen die drei- bis vierfache Geldmenge ausgegeben. Eine weitere Schwierigkeit bestand darin, daß nur die in den gelenkten Kolonisierungsprojekten lebenden Siedlerfamilien staatliche Unterstützung erhielten, sie aber nur 10 % der Neusiedler ausmachten. Das heißt, 90 % der colonos wurden nicht von staatlichen Maßnahmen berücksichtigt.

Die wichtigsten Kolonisationsprojekte im Rahmen dieser Planung erfolgten in Nord- und Zentralperu. Im Untersuchungsgebiet von Madre de Dios wurde nur eine Studie zur Ressourcenevaluierung vorgeschlagen, aber nicht ausgeführt ("estudios de precolonización").

Die einzige Auswirkung der ehrgeizigen Belaunde-Amazonaspolitik im Departement Madre de Dios war die Verbesserung der Infrastrukturachse Pto. Maldonado-Cusco, die 1965 fertiggestellt wurde (Baca, 1983: 26). Im produktiven Bereich wurden keine Aktivitäten initiiert.

Von einer erhöhten Zuwanderung von Hochlandindianern in den 60er Jahren wird auch für das Amazonasdepartement Madre de Dios ausgegangen (Verdera, 1982; Ung/Redel, 1974 und Kapitel 2, Abbildung 1). Niederlassungen der Zuwanderer erfolgten als spontane Kolonisation entlang der fertiggestellten Verkehrsachse Cusco-Pto. Maldonado, wo den Siedlern jeweils 20 km zu beiden Seiten der Straße als "freie Reserve" zugestanden wurden. Ohne die Sicherheit eines Besitztitels, die nur sehr schleppend vergeben wurden, ohne staatliche Kredite und agrartechnische Unterrichtsprogramme war es für die Migranten aus dem Hochland äußerst schwierig, die ersten Jahre der Neuansiedlung zu überbrücken.

Abschließend kann hinsichtlich der ersten Regierungszeit Belaundes festgestellt werden, daß es ihm nicht gelungen ist, einen wirkungsvollen Maßnahmenkatalog zur Förderung des Amazonasgebiets zu entwickeln und ihn zu realisieren. Die öffentliche Auslandsverschuldung stieg weiter an. Der Anteil des Schuldendienstes an den Exporteinnahmen lag 1967 bei 18 % (Biesinger, 1981: 47). Der groß angelegte Plan der conquista des Urwaldes entpuppte sich als propagandistische Maßnahme, den landlosen, verarmten Bevölkerungsmassen des Hochlandes eine 'Perspektive' zu eröffnen, um so eine strukturelle Reform des Agrarsektors zu umgehen (Rumrrill, 1982: 159). Das Departement Madre de Dios, da es nicht zu den Schwerpunktregionen der Regierung zählte, wurde als das "Ende der Welt" von der Staatspolitik kaum tangiert.

> "Belaúnde y su clase media fracasaron. Creyeron que era suficiente emprender grandes obras públicas, sin advertir el alto costo económico del endeudamiento exterior y la inflación interna. Sin reparar, tampoco, en que los sectores populares exigían medidas mucho más radicales."[1] (Macera, 1978: 255)

4.2 1968 bis 1975: Die Regierungszeit von Velasco Alvarado

"Promover a superiores niveles de vida, compatibles con la dignidad de la persona humana, a los sectores menos favorecidos de la población, realizando la transformación de las estructuras económicas, sociales y culturales del pais."[2] (Estatuto del Gobierno Revolucionario de la Fuerza Armada (D.L. 17 063), zitiert nach: Schydlowsky/Wicht, 1978: 25)

Einschneidende Veränderungen der Wirtschafts- und Sozialstruktur kündigte die Regierung der reformistischen Militärregierung unter General Velasco an. Die Velasco-Regierung arbeitete das sogenannte "Modelo Peruano - El Plan Inka" aus, ein Wirtschaftskonzept des postulierten "Dritten Weges" zwischen Kapitalismus und Sozialismus, eine Summierung einzelner sektoraler, regionaler, sozialer und politischer Reformmaßnahmen (Sonntag, 1971; Schydlowsky/Wicht, 1979: 25). Zwar strebten die Militärs - mit der von ihnen propagierten "Revolution von oben" - strukturelle Transformationen der peruanischen Gesellschaft an, um sie von "imperialistischer Abhängigkeit" und Unterentwicklung zu befreien, jedoch hielten sie grundsätzlich an einem exportorientierten Wachstumsmodell fest (Plan del Perú 1971-75). Folgerichtig lag der Schwerpunkt ihres Wirtschaftskonzepts auf einer Förderung der Rohstoffindustrie, um durch die Steigerung der Exporte die Stabilisierung des exportorientierten Modells zu realisieren. Für den Agrarsektor implizierte dieser Modernisierungsansatz, gegen die traditionelle Rentierhaltung der Agraroligarchie vorzugehen und unter Kontrolle des Staates neue Unternehmensformen zu entwickeln (Kooperativen, Agrargenossenschaften), von denen sie sich Ausbreitungseffekte auf die traditionellen Sektoren und somit ein Multiplikatoreffekt erhofften (Valderrama, 1976: 51 ff).

Im Bergbausektor versuchte der Staat, einerseits Anreize für die Erhöhung der Investitionen nationaler wie ausländischer Unternehmen zu erzielen, teils durch gemischte Betriebsfor-

men (joint ventures), andererseits übernahm der Staat auch
selbst als Unternehmer zentrale Branchen (zum Beispiel Erdöl). Da die angestrebte private Investitionstätigkeit aufgrund der abwartenden skeptischen Haltung der in- wie ausländischen Unternehmer ausblieb, verstärkte der Staat seinen
Einfluß in allen Wirtschaftssektoren und trat als Unternehmer auf (Thorp/Bertram, 1978: 253).

Das unter Belaúnde propagierte Problemlösungskonzept der Kolonisation des Amazonas verlor in der ersten Phase der Reformregierung zunächst an Bedeutung. Die Militärs konzentrierten sich gemäß ihrem Anspruch, die peruanische Gesellschaft zu modernisieren, auf die Beseitigung derjenigen Faktoren im Primär- und Sekundärsektor, die die niedrige Produktivität bedingten (Aramburu, 1982: 4).

Für die Entwicklung der Region Madre de Dios drückte sich
die Zunahme des staatlichen Einflusses im Bergbausektor aus,
der durch gezielte Förderungsmaßnahmen und durch einen steten Anstieg des Goldpreises seit 1971 an Bedeutung für die
regionale Wirtschaft zugenommen hatte: Durch die Vergabe von
Nutzungskonzessionen, Krediten, Warenhilfe und technischen
Unterrichtsprogrammen sowie die Übernahme der Vermarktung
wurde die Seifengoldgewinnung zum ersten Mal in der Entwicklung des Departements Madre de Dios durch staatliches Einlenken gefördert und mit dem Ziel kontrolliert, die natürlichen Ressourcen primär zum Vorteil Perus zu nutzen,

"... promocionará y fomentará la minería aurífera
teniendo como objetivos el incremento de la producción, la creación de fuentes de trabajo y la mejora
de las condiciones de vida de los pobladores de las
zonas respectivas."[3] (Banco Minero del Perú,
o.J.: 5)

Instrument dieser Politik wurde die Banco Minero del Perú
(BMP), die staatliche Minenbank, die 1972 ihre erste Zweigstelle in Madre de Dios eröffnete mit Filialen in den bedeutendsten Goldwaschzonen. Den gesetzlichen Rahmen für diese

Maßnahme bildete das Ley General de Minería D.L. 18 880 von 1971, das Allgemeine Bergbaugesetz, in dem die Grobziele der Bergbaupolitik formuliert wurden (Sanchez, 1981: 26 ff.), und das D.L. 18 882 von 1971, das der Banco Minero del Perú das Aufkaufmonopol zusprach. Ausführendes oberstes Organ war das 1969 gegründete Ministerio de Energía y Minas (MEM), Ministerium für Bergbau und Energie, dem es oblag, die gesamte Politik für den Bereich Bergbau und Energie zu formulieren, das heißt, das Allgemeine Bergbaugesetz zu interpretieren und die Ausführungsbestimmungen festzulegen. Wichtigste Artikel des Allgemeinen Bergbaugesetzes, das auch für die Seifengoldgewinnung galt, waren:

- Art. 119   Befreiung von allen Steuern mit Ausnahme der Gewinnsteuer,
              Importerleichterung für Kapitalgüter,
- Art. 32, 34 Staatliche Kontrolle bei der Vermarktung der Produktion und Festlegung der Abnahmepreise der Minerale in Peru durch den Staat, Monopol der Veredlung der Konzentrate,
- Art. 78   Festlegung von Mindestinvestitionen für die Explorationsphase pro Hektar,
- Art. 84   Festlegung der Ausführungsphase auf maximal fünf Jahre und der jährlichen Mindestinvestitionssumme,
- Art. 86   Festlegung von Mindestanforderungen an den Abbau in der Produktionsphase.

Dieses Globalgesetz berücksichtigte nicht die Spezifika der Seifengoldgewinnung und bis zur Ausarbeitung des Ley de Promoción Aurífera D.L. 22 178, 1978, dem Gesetz zur Förderung der Goldvorkommen, übernahm die Minenbank den Versuch, eine adäquate staatliche Förderungspolitik für die Seifengoldzonen in Madre de Dios zu entwickeln. Sie arbeitete ein Pre-Kataster D.S. 010-74-EM/DGM, Region Selva Sur Este, für diejenigen Gebiete aus, in denen Gold in größerem Umfang gewonnen wurde und vergab im Auftrag des Ministeriums an die

Goldwäscher Arbeitsparzellen. Für dieses Vorgehen lagen keine staatlich definierten Kriterien vor. Daher richtete sich die Größe der zugewiesenen Parzellen nach dem in der Zone üblichen Landanspruch der kleinen Goldwäscherbetriebe, der zwischen 15 und 150 ha lag. Der Nutzungsvertrag pro Parzelle mußte jährlich erneuert werden. Er war an eine tatsächliche Bearbeitung gebunden, um eine spekulative Konzessionshaltung zu verhindern.

Die Bank verfügte zudem über:
- eine gute infrastrukturelle Ausstattung mit Booten und Kraftfahrzeugen zur Kontrolle und Inspektion der Arbeitszonen,
- ein günstiges Kreditfinanzierungssystem für Parzellenbesitzer,
- eigene Warenlager zur Versorgung der Bergleute mit verbilligten Lebensmitteln und Arbeitsgeräten,
- technische Ausbildungs- und Hilfsprogramme (asesoría técnica),
- ein mobiles medizinisches Versorgungssystem für die Goldwäscher.

Da aus dieser Zeit nur unzureichendes Datenmaterial über die sozio-ökonomische Entwicklung - insbesondere des Goldbergbaus - im Departement Madre de Dios vorliegt, beschränken wir uns auf eine qualitative Beurteilung der Maßnahmen und ihrer Umsetzung in der ersten Phase der Reformregierung.

Aus heutiger Sicht erscheint das Vorgehen des Reformstaates zwar durch Unkenntnis der spezifischen naturräumlichen und kulturellen Gegebenheiten der Seifengoldgewinnung gekennzeichnet, jedoch wird ihre Politik von den betroffenen Goldwäschern - soweit wir es durch empirische Untersuchungen erfassen konnten - als das "kleinere Übel" der verschiedenen von ihnen durchlebten Phasen staatlicher Politik beurteilt. Sie bewerten die Parzellierungspolitik der Bank positiv, da sie sich in den meisten Fällen nach den Landbedürfnissen der kleinen Goldwäscherbetriebe ausrichtete. Auch hatte der Druck auf die Ressource Boden bei weitem nicht solche Ausmaße angenommen wie in den späteren 70er Jahren. Die Parzellierung erfolgte nach recht pragmatischen Kriterien, die den Kenntnissen und technischen Möglichkeiten der pequeños mineros sowie den Angestellten der Minenbank entsprachen (Befolgung des Gewohnheitsrechts, ungenaue Abmessung der Parzellen). Auch die meisten Tieflandindianergemeinschaften erhielten Parzellen zugesprochen.[4]

Als Vorteil erwies sich die relative Nähe der Bankfilialen zu den jeweiligen Arbeitszentren. Ihre Serviceleistungen waren von großer Hilfe für die goldwaschende Bevölkerung. Kreditvergabe und Warenhilfe wurden freigiebig gehandhabt, wenn auch die Bank aufgrund von Kapitalmangel der Nachfrage nicht in vollem Umfang gerecht werden konnte.

Als mangelhaft stellten sich die technischen Hilfs- und Unterstützungsprogramme der Bank heraus, was sowohl an der unzureichenden Ausbildung der Techniker und Ingenieure wie an den geringen Kenntnissen über den spezifischen Charakter der Goldseifen im Amazonasgebiet und ihrer Abbaumöglichkeiten lag. Zur Realisierung des von der Regierung hochgesteckten Ziels, eine adäquate, nationale Technologieentwicklung voranzutreiben, fehlte sowohl Know-how wie Kapital, und so war diese Aufgabe die erste, die aus dem Dienstleistungsangebot der Bank gestrichen wurde.

Die Preispolitik des Staates, das heißt das uneingeschränkte Goldaufkaufmonopol der Banco Minero del Perú, wurde von den Betroffenen widersprüchlich beurteilt. Grundlage für die Formulierung des Artikels 32 und 34 des Allgemeinen Bergbaugesetzes war die Erfahrung, daß der freie Handel wie auch Großkonzerne hohe Gewinne durch einen günstigen Aufkauf der Produkte in Peru und dem Verkauf des Rohstoffes auf dem

Weltmarkt erzielten. In einer abgelegenen Region wie Madre de Dios nutzte der parasitäre Zwischenhandel die Abgeschiedenheit der Produktionszentren von den zentralen Orten des Verkaufs aus, um die Aufkaufpreise auf ein Minimum zu drükken, oder erwarb das Gold in direktem Tausch zu den überhöhten Preisen der angebotenen Waren. Mit dem Ziel, diese weitverbreitete Praktik zu unterbinden, gab der Staat vor, "gerechte Preise" für den Produzenten zu garantieren. Die Goldpreisgestaltung sollte an dem Weltmarktpreis für Gold ausgerichtet und den jeweiligen Schwankungen möglichst schnell angepaßt werden (Sanchez, 1981: 181 ff).

Als Konzept ist diese Vorgabe positiv zu werten, ihre Umsetzung wurde aber in vielen Fällen unterlaufen durch die unkorrekte Aufkaufpraxis der Bankfunktionäre, die das Abwiegen oder Auszahlen oft zu ihren Gunsten "korrigierten". Zudem wurden von der Bank für ihre Verwaltungsaufgaben verschiedenste Abzüge vorgenommen, so daß letztlich zwischen Weltmarktpreis und Aufkaufpreis des Staates in der Region eine 20 %ige Differenz entstand.[5]

Verallgemeinernd läßt sich feststellen, daß die interventionistische Politik der Velasco-Regierung ausgerichtet war auf die Förderung der nationalen Bergbauunternehmen sowohl von Klein- wie Mittelbetrieben und sich gegen die exzessive liberalistische Bergbaupolitik ihrer Vorgänger wandte, die sie als Ausverkauf nationaler Ressourcen brandmarkte (Sanchez, 1981: 35).
Die staatliche Monopolisierung der Vermarktung und Weiterverarbeitung der Metalle sollte verhindern, daß ausländische Großunternehmen und von ihnen vorfinanzierte Zwischenhändler die Hauptprofite einstrichen, was von Sanchez sogar als "columna vertebral del negocio minero"[6] (Sanchez, 1981: 235) bezeichnet wird. Obwohl die peruanische Regierung grundsätzlich die Zusammenarbeit mit ausländischen Unternehmen anstrebte, waren die von ihr geschaffenen Bedingungen für die

Transnationalen so wenig lukrativ, daß die Großunternehmen - mit Ausnahme des Cuajone-Projekts (Southern Peru Copper Corporation)[7] - keine einzige bedeutende Investition im Bergbau vornahmen. An ihre Stelle trat der Staat, der die Bergbauproduktion dynamisierte und eine Weiterverarbeitung der Rohstoffe stimulierte. Für die progressive Fraktion der Militärs stellte es sich nur als eine Frage der Zeit, auch die letzten ausländischen Unternehmen im peruanischen Bergbau zu enteignen und den Staatseinfluß auszubauen.

Die nationalen Bergbauunternehmer erkannten nicht die Notwendigkeit der Stärkung des Staates zum Abbau der asymmetrischen internationalen Wirtschaftsbeziehungen, die sich im Bergbausektor manifestierten. Sie fürchteten vielmehr den Staat als Konkurrenten, der, durch die privaten Bereicherungsinteressen des herrschenden Militärs motiviert, nur zu ihren Ungunsten handeln könne. Die staatliche Vermarktung und Weiterverarbeitung der Metalle wurde von ihnen nicht als positive Dienstleistung bewertet, sondern als Einschränkung ihrer Gewinnmöglichkeiten.

> "Los mineros nacionales, acostumbrados a ver por los ojos de las empresas transnacionales, pensaron que el fortalecimiento del Estado tenía por objeto cuestionar la acumulación privada."[8] (Sanchez, 1981: 236)

Sie vergaben eine günstige Gelegenheit, sich durch die Unterstützung der velasquistischen Politik aus der Abhängigkeit der ausländischen Großunternehmen zu befreien.

Das Reformprogramm der Velasco-Regierung hatte in den sieben Jahren seiner Ausarbeitung und versuchten Umsetzung nicht die erhofften kurzfristigen Erfolge gezeigt, was zum Teil an strukturellen konzeptionellen Fehlern, aber auch auf die Auswirkungen externer Faktoren auf die peruanische Entwicklung zurückzuführen ist, wie auch auf die Stärkung der traditionellen konservativen Kräfte im Lande. Ausführlich wird zu den Faktoren, die zum Scheitern des propagierten "Dritten

Weges" - besonders im Agrarsektor - führten, in folgenden
Arbeiten Stellung genommen: Valderrama, 1976; Schydlows-
ky/Wicht, 1979; Pease et al., 1977; Amat y Leon et al.,
1980; Caballero, 1980; Matos Mar/Mejia, 1980; Pennano, 1981;
Iquiniz, 1981; Sanchez, 1983.

Ein wesentlicher Aspekt, der in den meisten Beurteilungen
des peruanischen Reformmodells zu wenig berücksichtigt wurde, liegt in dem Timelag zwischen Ausarbeitung eines Kon-
zepts, seiner Umsetzung und ersten Erfolgen, was von Fachleuten in der Regel mit zehn Jahren angegeben wird (Portocarrero, 1982). Die Vielschichtigkeit der Veränderungen, die
in einem staatsreformistischen Konzept in der Planung "von
oben" bis auf die unterste Ebene der Verwaltung wie der Betroffenen und bis in den letzten Winkel des nationalen Territoriums getragen werden muß, erfordern Zeit, ausreichende
Finanzmittel, Abstimmung der verschiedenen Maßnahmen aufeinander, exzellente regionale Kenntnisse und eine flexible
Handhabung des Maßnahmenkatalogs durch eine funktionierende
Verwaltung. Die Militärs orientierten sich jedoch eher an
einem zentralistischen, von der Metropole Lima ausgehenden
und nur in geringem Umfang auf die Regionalismen eingehenden
Konzept. Zudem fehlten neben den notwendigen Finanzmitteln
ausreichend qualifizierte und engagierte Fachleute, die auch
bereit waren, sich in den marginalsten Regionen des Landes
für die nationale Veränderung einzusetzen.

Die finanzielle Krise hatte seit Amtsantritt von General
Velasco durch die Reformmaßnahmen nicht eingedämmt werden
können - eine zwangsläufige Implikation des angestrebten
kostspieligen Reformmodells, wenn man die zeitlichen Dimen-
sionen berücksichtigt. Von drei Milliarden Soles im Jahre
1968 (69,1 Millionen US-Dollar) erhöhte sich das Defizit des
Staatshaushaltes im Jahre 1975 auf 48,8 Milliarden Soles
(121,1 Millionen US-Dollar), das heißt, "die laufenden
Staatseinnahmen reichten immer weniger zur Deckung der lau-

fenden Ausgaben, geschweige denn zur Deckung der steigenden Investitionsausgaben" (Biesinger, 1981: 67), die ja aufgrund der Verdopplung der Einflußnahme des Staates als nationaler Unternehmer gewaltig zugenommen hatten. Aus politischen Gründen erfolgten keine Steuererhöhungen, so daß sich die Velasco-Regierung gezwungen sah, verstärkt auf externe Finanzierungsquellen zurückzugreifen (Auslandsverschuldung 1974: 2.182 Millionen US-Dollar, 1975: 3.066 Millionen US-Dollar). 1974 erreichte die externe Finanzierung am Defizit des Staatshaushalts einen Höhepunkt von 76,2 % des Gesamtbetrags. 1975 wies die Handelsbilanz ein Defizit von 1,1 Milliarden Soles (25,1 Millionen US-Dollar) aus (Biesinger, 1981: 67). Durch ein starkes Absinken der Weltmarktpreise für peruanische Exportprodukte 1975 "tenía Perú en su cuenta corriente el más grande défizit externo jamás registrado."[9] (Schydlowsky/Wicht, 1979: 29)

Die Krise verstärkte den politischen Druck auf den herrschenden linken Militärflügel unter Velasco von seiten seiner Gegner, die die Reformen verhindern und ihre tradierten Machtpositionen wiedergewinnen wollten. 1975 löste General Morales Bermúdez in einer unblutigen Palastrevolution den bisherigen Regierungspräsidenten Velasco ab.

4.3 1975 bis 1980: Die Regierungszeit von Morales Bermúdez

Die neue Regierung unter General Morales Bermúdez versuchte, durch radikale Sparmaßnahmen, die die Forderungen des Internationalen Weltwährungsfonds reflektierten, die Staatsausgaben zu kürzen, um weitere ausländische Kredite zu mobilisieren. Diese Politik richtete sich gegen breite Bevölkerungsschichten durch Einfrieren der Löhne, Eliminierung staatlicher Zuschüsse für Grundnahrungsmittel und Brennstoffe und alle in der Velasco-Ära implementierten Sozialprogramme im Gesundheits- und Erziehungsbereich (Schydlowsky/Wicht, 1979: 38). Mit dem Verkauf staatlicher Firmen an den Privatsektor und der Begünstigung privater nationaler wie ausländischer Investitionen und der Abwertung der nationalen Währung wurden weitere Maßnahmen eingeleitet mit dem Ziel, die internationale Kreditwürdigkeit Perus zurückzugewinnen. Für Peru bedeutete dieser Schritt aber auch die "Rückkehr zu einer abhängigen kapitalistischen Ökonomie, ... (in der C.M.) die Armen der ländlichen und städtischen Sektoren den Preis zahlen mußten." (Chase/Smith, 1983: 17)

Mit einer Auslandsverschuldung von über 8 Milliarden US-Dollar (Schydlowsky/Wicht, 1979: 44) im Dezember 1977, wurde das Jahr 1978 zum "Año de Austeridad", dem "Jahr des Sparprogramms", deklariert; der Schuldendienst betrug verschlang mehr als die Hälfte der Exporterlöse. Gemäß den Richtlinien des klassischen exportorientierten Wachstumsmodells legte die Regierung unter Wirtschaftsminister Silva Ruete im "Plan Económico 1978 - 1980" eine absolute Priorität auf die modernen, exportorientierten Sektoren Bergbau, Agroindustrie und Fischerei. Durch ausländische Direktinvestitionen sollte die Finanzierungslücke geschlossen werden, um so einer zunehmenden öffentlichen Auslandsverschuldung zu entgehen. Neu an dieser Politik des abhängigen kapitalistischen Weges war die gestärkte Position des internationalen Weltwährungsfonds und der Weltbank in Peru, die in zunehmendem Maße an Stelle der transnationalen und multinationalen Konzerne als Kreditgeber auftraten.

Die Rücknahme der strukturellen Reformmaßnahmen im Agrar- und Industriesektor und der Erlaß des Austeritätsprogramms durch die Bermúdez-Regierung beschleunigten die absolute Verarmung breiter Bevölkerungsschichten in einem solchen Ausmaß, daß neben der Verschärfung der Repression gegen die sich ausbreitenden sozialen Unruhen, staatliche Kolonisationsprogramme des Amazonastieflandes als Scheinlösung aktualisiert wurden.

Zudem forcierten geopolitische Erwägungen konservativer Militärs die Entwicklung von Grenzprojekten, um durch sogenannte "fronteras vivas", das heißt "lebende Grenzen", das nationale Territorium zu sichern, so zum Beispiel in der Region von Inapari des Departements Madre de Dios, die als "zona de frontera política" zu Brasilien und Bolivien deklariert wurde (Kapitel 4.4).

Ausschlaggebend für die Aktualisierung der Kolonisationsvorhaben waren wirtschaftliche Überlegungen: Ähnlich der Belaúnde-Politik der 60er Jahre brachte die Bermúdez-Regierung die Behauptung in Umlauf, daß im Amazonasgebiet unerschöpfliche natürliche Reichtümer verborgen seien und die Regierung diese nationalen Reserven im Rahmen der orthodoxen Wirtschaftspolitik nur zu erschließen brauche. Offenbar aus finanziellen Gründen trat die Regierung nicht als direkter Finanzier von Siedlungsprojekten auf, sondern beschränkte sich bis 1979 in erster Linie auf die Propagierung der Migration in die Selva (unter anderen Huallaga Central, Selva Central, Alto Marañon) (Faust, 1982; Heuer/Oberreit, 1981).

In dieser Zeitspanne von 1975 bis 1980 verzeichnete das Departement Madre de Dios die höchsten Zuwanderungsraten (Anhang 1, Tabelle 7), hervorgerufen durch die Steigerung des Goldpreises und die Dürre im südlichen Hochland, die die dortige Bevölkerung zur Arbeitsmigration in die angrenzenden Regionen zwang. Eine staatliche effiziente Unterstützung unterblieb für die ärmeren Bevölkerungsschichten in diesem spontanen Kolonisationsprozeß. Vielmehr verdeutlicht sich in der zweiten Hälfte der 70er Jahre der Trend, durch staatliche Maßnahmen im Infrastrukturbereich und in der Besteuerungs- und Kreditpolitik eine eindeutige Präferenz für mittlere und Großunternehmen ausländischer Herkunft zu schaffen.

Im folgenden soll die staatliche Politik in der Phase 1975 bis 1980 gegenüber dem Bergbausektor - der Seifengoldgewin-

nung - als wichtigstem Wirtschaftssektor im Departement
Madre de Dios seit 1976 beschrieben werden. Abgesehen von
den staatlichen Verwaltungseinrichtungen im Departement
Madre de Dios (Anhang 1, Abbildung 1) artikulierte sich die
Regierungspolitik über das Ministerium für Energie und Bergbau und die Minenbank. 1975/76 investierte der Staat über
die Banco Minero 29 Millionen Soles (ca. 600.000 US-Dollar)
zur Prospektion der Seifengoldlagerstätten im Amazonas, mit
dem Ziel, die Seifengoldressourcen zu erfassen und gezielte
Maßnahmen zur Förderung der Investitionsaktivitäten zu ergreifen. Den gesetzlichen Rahmen bildete das am 9. Mai 1978
erlassene Sondergesetz für die Goldförderung: La Ley de Promoción Aurífera y Reglamento, D.L. No. 22 178[10], auf welches wegen seiner Bedeutung für die Seifengoldwäscherei und
die Bodenrechte im Departement Madre de Dios ausführlich
eingegangen wird.

Das Dekret mit Gesetzeskraft änderte grundlegend die Zuständigkeiten der Minenbank und die rechtlichen Bedingungen beim
Erwerb von Nutzungsrechten in der Goldgewinnung und förderte
das Eindringen neuer Interessengruppen in die Region.

Zum Verständnis der Bodenrechtsgesetzgebung im Departement
Madre de Dios, die zu massiven Konflikten in den Jahren seit
1978 führte, muß an dieser Stelle noch erwähnt werden, daß
verschiedene Gesetzeserlasse die Bodennutzungsrechte regeln:
- das Bergbaugesetz, Ley de Promoción Aurífera y Reglamento, D.L. No. 22 178 von 1978 die Schürfrechte,
- das Forstgesetz, Ley Forestal y de Fauna Silvestre, D.L.
  No. 21 124 von 1975 die Nutzungsrechte für die Holz-,
  Paranuß- und Kautschukextraktion,
- das Agrarreformgesetz, Ley de Reforma Agraria, D.L. No.
  17 716, das sich auf Costa, Sierra und die Selva bis zu
  700 m Höhe bezog, die Landnutzung für land- und viehwirtschaftliche Aktivitäten,
- das Tieflandindianergesetz, Ley de Comunidades Nativas y

de Desarrollo Agropecuario en la Región de Selva y Ceja de Selva, D.L. No. 20 652 von 1974, modifiziert 1978 im Dekret mit Gesetzeskraft D.L. No. 22 175, die Landrechte der eingeborenen Waldlandbevölkerung und der Tieflandindianergemeinden mit Sonderstatus.

Alle angeführten Gesetzestexte unterlagen bis 1983 Modifikationen, auf die - ebenso wie auf die Inhalte der ursprünglichen Gesetzesvorlagen mit Ausnahme des Bergbaurechts - in den entsprechenden Kapiteln 7-12 der Untersuchung eingegangen wird. An dieser Stelle sei darauf hingewiesen, daß die gesetzlichen Bestimmungen für die verschiedenen Sektoren beziehungsweise Bevölkerungsgruppen sich alle auf ein Territorium beziehen können. Das heißt, die Überlappung unterschiedlicher Interessen wurde durch die Gesetzgebung unzureichend reglementiert, so daß für ein und dieselbe Bodenparzelle Schürfrechte, landwirtschaftliche oder forstwirtschaftliche Nutzungsrechte und die Sonderrechte der Tieflandindianer von den verschiedenen Interessenvertretern geltend gemacht werden konnten: Die Landkonflikte waren so "gesetzlich" vorprogrammiert.

Das Bergbaugesetz D.L. No. 22 178 legte als erste Maßnahme in Artikel 25 den Verfall der bisherigen Nutzungstitel innerhalb von 30 Tagen nach Inkrafttreten des Gesetzes am 9. Mai 1978 fest. Zudem wurde die Zuständigkeit für die Vergabe von Nutzungsrechten von der staatlichen Minenbank auf das Ministerium für Energie und Bergbau und seine regionalen Filialen übertragen. Eine entsprechende Einrichtung wurde jedoch in der Departement-Hauptstadt von Madre de Dios, Pto. Maldonado, erst drei Monate später, im August 1978, eröffnet, so daß nur diejenigen, die ausreichende Finanzmittel und Informationen besaßen, zu den Filialen des Bergbauministeriums nach Lima/Cusco reisen konnten, um dort ihre Anträge auf Erneuerung ihrer bisherigen Rechtstitel im vorgegebenen Zeitraum einzureichen.

Abgesehen von diesem im Gesetz verankerten theoretischen "Vorrecht" (derecho preferencial) derjenigen, die schon als Goldwäscher in den Goldzonen gearbeitet hatten (Artikel 25), verlor in der Praxis die Mehrheit der kleinen Goldwäscherbetriebe ihre Rechtsansprüche auf die von ihnen bearbeiteten Parzellen.[11] Hingegen erhielten Privatpersonen und Unternehmen, die über politische Beziehungen und Kapital verfügten, Konzessionen, die die im Gesetz verankerten Höchstgrenze von 5.000 ha Nutzungsfläche (Artikel 7) bei weitem übertrafen und bis zu 100.000 ha umfaßten (Kapitel 12).

Ähnlich der liberalistischen Bergbaugesetzgebung von 1951 erhielten die Unternehmen, die Konzessionen im Goldbergbau vorweisen konnten, eine Reihe von Vergünstigungen wie:
- Steuerbefreiung für den Import von Ausrüstungsgütern für den Bergbau (Artikel 21),
- eine 50 %ige Steuerbefreiung von der Einkommenssteuer für jeden Steuerpflichtigen, der mindestens 75 % seines Einkommens aus dem Goldbergbau bezieht (Artikel 20),
- eine 75 %ige Steuerbefreiung für die Gewinne der Goldabbauunternehmen (Artikel 17),
- die Befreiung von der Exportsteuer und eine Steuerbefreiung bei der Reinvestition der Gewinne, egal in welchem Sektor sie vorgenommen werden (Artikel 22).

Diese Vergünstigungen und die niedrigen Zinssätze (47 %) der für den Bergbau bereitgestellten Kredite, die unter der jährlichen Inflationsrate lagen (1978 62 %; Sanchez, 1983: 65), aktivierten eine rege Spekulation mit Nutzungsrechten, förderten aber nicht den Abbau der Seifengoldressourcen im größeren Umfang. Dagegen trug die neue Struktur der Inbesitznahme der Bergbauressourcen zur deutlichen Verstärkung der Konflikte in den Goldwäscherzonen bei, da jene Goldwäscher, die direkt in der Goldausbeute beschäftigt waren, ohne legale Grundlage ihre Tätigkeit ausübten und jederzeit von den Nutzungsrechtinhabern vertrieben werden konnten. Dies betraf in verstärktem Maße denjenigen Teil der ökonomisch aktiven Bevölkerung, die die Goldwäscherei nur als Nebenerwerb oder Zusatzverdienst ausübten. Ohne den Besitz von Nutzungstiteln war dieser Gruppe auch jeglicher Zugang zu offiziellen, weichen Krediten verschlossen, eine Praktik, die sowohl für die Minen- wie für die Agrarbank bis heute gilt (Kapitel 7, 9, 10).

Die gesetzlichen Bestimmungen, die als "Promoción Aurífera" (Förderungsmaßnahmen) bis auf das Jahr 1993 ausgedehnt wurden, definieren in Kapitel 1, Artikel 5, als "Pequeña mineria metálica aurífera" (kleiner Goldbergbau) jene Unternehmen, die jährlich bis zu maximal 200 kg Feingold produzieren und ein Minimum von 100 g Feingold pro Jahr/ha ab dem dritten Jahr der Nutzungsrechtsbeantragung abbauen. Diese Vorgaben, die entsprechenden Gesetzen für die Quarzgoldgewinnung in anderen Ländern entnommen wurden, sind vollkommen unangepaßt an die regionalen Gegebenheiten der Seifengoldgewinnung:
- erstens lag die jährliche Goldausbeute der Mehrzahl der kleinen Goldwäscher weit unter den vorgeschriebenen Angaben,
- zweitens liegen die Goldgehalte pro ha bedeutend niedriger als die im Gesetzestext zugrunde gelegten Annahmen,
- drittens ist die Kontrolle der vorgegebenen Werte äußerst schwierig unter den gegebenen Bedingungen in Madre de Dios.

Der letzte Punkt betrifft in erster Linie die Umsetzungsmöglichkeiten des Gesetzes, die durch die extremen Ausmaße der Korruption - einer gesellschaftlich in Madre de Dios "sanktionierten" Handlung - stark beschränkt sind. Die hohe Korruptionsanfälligkeit der Funktionäre erklärt sich aus dem Umstand, daß für sie die Versetzung in die Peripherie, dem Ende der Welt, einer "Strafversetzung" gleichkommt und ihr Hauptinteresse während ihrer Dienstzeit in Madre de Dios in der möglichst schnellen persönlichen Bereicherung liegt. Mit

Bestechungssummen bis zu 100 g Gold für den Leiter der Filiale des Bergbauministeriums in Pto. Maldonado oder durch politische Beziehungen in Lima eröffnen sich unbeschränkte Möglichkeiten, die gesetzlichen Vorschriften zu umgehen:
- Erwerb von Nutzungsrechten, ohne die vorgegebenen Bestimmungen einzuhalten,
- Umgehung der jährlichen Minimalinvestitionsanforderungen während der Prospektionstätigkeit, die in Artikel 14 mit 500 Soles pro Jahr/ha (ca. 3,30 US-Dollar 1978) festgelegt werden, wobei die Prospektion drei Jahre nicht überschreiten darf,
- die in Artikel 9-11 vorgeschriebene Umwandlung der Nutzungsrechtskonzessionen nach dreijähriger Prospektion in einen Abbauvertrag, für den ein kompliziertes Vermessungs- und Abgrenzungsverfahren vorgeschrieben wird, was bis 1980 nicht ein Konzessionsinhaber realisierte[12],
- die Umgehung der geforderten Operations- und Zeitpläne, die auch eine technische und betriebswirtschaftliche Evaluation des Unternehmens beinhalten müssen (Artikel 14/35),
- die Umgehung des Artikels 30, der besagt, daß die gesamte Goldproduktion an die Minenbank verkauft werden muß; nach inoffiziellen Schätzungen von lokalen Sachkennern fließt jedoch bis zu 80 % der peruanischen Goldproduktion direkt oder über den Umweg über Brasilien auf den Weltmarkt, um günstigere Verkaufspreise zu erzielen.

Zusammenfassend kann festgestellt werden, daß das Gesetz das Ausmaß der Spekulation mit Bodenrechten und die Korruption in der Region von Madre de Dios in einem bisher nicht bekannten Umfang intensivierte. Eine Erhöhung der Goldproduktion durch die legalen Nutzungsrechtsinhaber wurde mit diesen Maßnahmen nicht erzielt. Es begünstigte in erster Linie ausländische Unternehmen und ihre nationalen Strohmänner, die über die angeblichen Aktivitäten im Bergbau Steuer- und Kreditvergünstigungen für ihre Unternehmungen in anderen Landesteilen beanspruchten (Kapitel 12).

Diese Entwicklung, angebliche Investitionen in marginalen
Regionen wie dem Amazonasgebiet als günstige Abschreibungs-
möglichkeiten zu nutzen, stellt eine weit verbreitete Praxis
nationaler wie transnationaler Unternehmen auch im brasilianischen Amazonasgebiet dar und führt, wie auch in Madre de
Dios, zu massiven Konflikten mit der eingeborenen und zugewanderten Bevölkerung.

Der im Gesetz verankerte Anspruch der Bermudez-Regierung
> "La explotación de oro representa no sólo un benefi-
> cio económico a corto plazo, por el necesario ingre-
> so de divisas que permitirá hacer frente a la crisis
> actual, sino un beneficio social indispensable, al
> incorporar por su búsqueda y exploración, en aparta-
> das zonas aun no integradas al desarrollo socio-eco-
> nómico del país."[13] (Ministerio de Energía y Mi-
> nas, 1978: 5)

wird in den Kapiteln 7-12, die sich mit den gesellschaftlichen Akteuren der Goldgewinnung beschäftigen, überprüft.

4.4 1980 bis 1985: Die zweite Regierungszeit von Belaúnde
    Terry

> "Belaúnde lo tuvo todo (pueblo, ejército, iglesia,
> préstamos, simpatía internacional) a todo lo des-
> aprovechó."[14] (Macera, 1978: 255)

Die vernichtende Einschätzung der ersten Regierung Belaúndes
durch den peruanischen Historiker Macera drückt die Stimmung
breiter Teile der peruanischen Bevölkerung nach der Machtübernahme der Militärs im Jahre 1968 aus. Nach zwölfjähriger
Militärregierung änderte sich das Bild grundlegend. Im Mai
1980 trugen Belaúnde und die von ihm geführte Mitte-Rechts-
Partei Acción Popular (AP) bei den Parlamentswahlen einen
überwältigenden Sieg davon. Das Parteiprogramm der Acción
Popular war unklar und eher eine Zusammenstellung von verschiedenen Versprechungen an das Volk, "die soziale Gerechtigkeit heranzuführen" (AP, 1980). Die Partei verstand sich
als Vertreter der Massen:

"ACCION POPULAR es un nuevo estado de conciencia colectiva del pueblo peruano; es una fuerza viviente que traduce la inquietud de nuestra época y una permanente posibilidad de renovarse y adaptarse a lo que la colectividad demanda. Como articulación de una nueva generación peruana, es un partido definitivamente democrático, nacionalista y revolucionario."[15] (AP, 1980, Einleitung)

Die conquista de la Amazonia tauchte als Leitgedanke der Planungspolitik wieder auf:

"... realizar en el más breve plazo la CONQUISTA DE LA AMAZONIA, y ofrecer, a las actuales y futuras generaciones, millones de hectáreas de tierras productivas, de recursos forestales, de riquezas minerales, y energéticas, y otras más, que esperan la presencia y el esfuerzo tesorero y creador de todos aquellos peruanos dispuestos a labrarse un porvenir y a servir positivamente a la Patria."[16] (AP, 1980: 2.23)

In seiner Antrittsrede vom 28. Juli 1980 konkretisiert Belaúnde erstmals, daß er die 1962 begonnenen Infrastrukturpläne der Carretera Marginal de la Selva und die daran gekoppelten Programme zur Expansion der Agrargrenze und Produktivitätssteigerung im Amazonasgebiet ohne Abänderung wieder aufzunehmen gedenkt.

Die Amazonasregion wurde dazu bestimmt, auch in der zweiten Regierungsphase eine ökonomische und soziale Schlüsselposition einzunehmen (Aramburú, 1982: 5; Chase, 1982: 19). Konkrete Pläne legte Belaúnde nur für Projekte im Zentrum des peruanischen Amazonasgebietes vor: Bau eines Großstaudamms am Río Ene, Departement San Martín, zur Elektrizitätsgewinnung und Kolonisations- und agroindustrielle Projekte entlang des bis 300 km langen, neu zu errichtenden Straßenteilabschnitts der Carretera Marginal. Als Ziel benannte er die Verbesserung der Lebensmittelversorgung der Metropole Lima und die Schaffung von einer Million neuer Arbeitsplätze (Chase, 1982: 19). Weltbank und internationale Entwicklungsagentur (AID) hatten der Belaúnde-Regierung die Finanzierung

- 125 -

Karte 5: Expansion der Agrargrenze durch die Carretera
          Bolivariana Marginal de la Selva

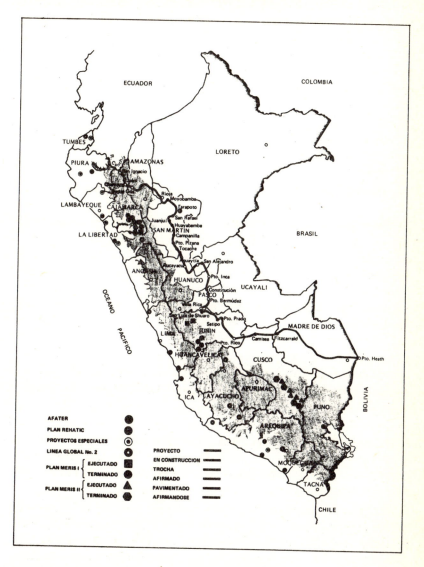

Quelle: Presidencia de la República, 1984

dieser reaktivierten Kolonisationsprojekte zugesichert, von
der sie als Gegenleistung die Vernichtung des peruanischen
Kokaanbaus forderten (Aramburú, 1982: 6).

Die Politik des belaúndistischen Entwicklungsmodells setzte
sich über die erstarkten Interessen der Tieflandindianer und
colonos hinweg und behandelte das Amazonasgebiet - wie schon
1962 bis 1968 - als einen menschenleeren Raum, den es wirtschaftlich und sozial zu entwickeln galt, um die stetig zunehmenden sozio-ökonomischen Probleme Perus zu lösen (AP,
1980: 2.23-2.27; Rumrrill, 1982: 11).

Die schnell anwachsende nationale und internationale Kritik
sowie der Druck internationaler Organisationen wie Survival
International, Russell Tribunal, Amnesty International und
der International Work Group for Indigenous Affairs auf die
internationalen Finanzierungsorganisationen brachten die
Belaúnde-Politik in Schwierigkeiten. Das weltweit erstarkte
ökologische Bewußtsein über die Bedeutung der tropischen Regenwälder für das Makroklima und die drohende Gefahr der Degradierung des Amazonas durch unangepaßte Nutzungsformen
führte mit den Protesten der Tieflandindianerorganisationen
zu einer breiten Widerstandsbewegung. Weltbank und AID forderten Belaúnde auf, die Kolonisationsprojekte zu überarbeiten und Siedler und Tieflandindianer als existente Amazonasbevölkerung zu berücksichtigen.

Belaúnde spielte die Kritiken als internationale Verleumdungskampagne herab, die Ausdruck einer "coyuntura contra la
utilización de los recursos naturales" seien und von einer
"total ignorancia de la realidad amazónica"[17] zeugten
(Rumrrill, 1982: 49). Um seine Kritiker Lügen zu strafen,
vergab er in einem feierlichen Staatsakt mit großem publizistischen Aufwand an zwei Tieflandindianergemeinschaften im
umstrittenen Pichis Palcazu-Projekt kollektive Landbesitztitel. Für seine Regierungszeit gilt jedoch, daß an keine wei-

teren Comunidades Nativas – von der einen Ausnahme abgesehen – Landbesitztitel vergeben wurden.

Im November 1980 erließ die Belaunde-Regierung das Dekret Nr. 02, Gesetz zur Förderung der Agrarentwicklung, das die Liberalisierung der Bodenvergabe in vollem Umfang einführte: Forstwirtschaft und Agroindustrie wurden unbegrenzte Konzessionsvergaben zugesichert; Steuerbegünstigungen wurden eingeführt (Ley Orgánica y Estatuto del Banco Agrario del Peru; apendice: Ley de Promoción y Desarrollo Agrario y Reglamento D.L. No. 02, Lima 1980).

Einen Monat später erfolgte die Verabschiedung des Dekretes Nr. 23 231, das ebenso großzügige Rahmenbedingungen für Erdölfirmen festlegte, die mehrheitlich im Amazonasgebiet operierten. Freihandelszonen wurden um die größten zentralen Orte im Amazonasgebiet eingerichtet (Pto. Maldonado seit 1982 D.L. 23 489; vgl. BfAI/NfA 12.01.1983).

"Coherente en su concepción y en sus pasiones, Belaúnde tenía así diagramado el esquema de su 'modelo de desarrollo amazónico', ajustado pieza a pieza a su esquema de desarrollo nacional: generosa entrega de los recursos naturales al gran capital nacional y extranjero, porque sólo através de la inversión extranjera se puede lograr el desarrollo del país."[18] (Rumrrill, 1982: 51)

Konsequenzen für die Untersuchungsregion von Madre de Dios waren:
- Ausweitung der Konzessionsgebiete für die Goldwäscherei in Händen weniger Großbetriebe (Kapitel 12),
- Vergabe von 1.600.000 ha für die Dauer von 30 Jahren an das multinationale Unternehmen Shell zur Erdölexploration (Flugblatt der Izquierda Unida zu den Wahlen im März 1985),
- Vergabe von 10.000 ha an eine peruanisch-italienische Firma zum Zwecke landwirtschaftlicher Nutzung am unteren Madre de Dios/Palma Real (Registro Público de Pto. Maldonado vom 7. Juni 1982, modifiziert am 16. Oktober 1982), und

- Evaluierungsstudien in der Mikroregion Iñapari/Iberia zur Abschätzung des natürlichen Ressourcenpotentials für agroindustrielle Zwecke (Presencia del Consejo de Ministros, Projecto Especial Madre de Dios 1982).

Ein politisch wichtiges Ereignis für die 80er Jahre war die Verabschiedung des Amazonaspaktes 1980 in Belém/Brasilien, unterzeichnet von acht lateinamerikanischen Ländern, deren Staatsgebiete Teile des Amazonasgebietes umfassen (Brasilien, Bolivien, Kolumbien, Ekuador, Guayana, Peru, Surinam und Venezuela). Dem Abkommen waren lange Verhandlungen vorausgegangen, die 1976 auf Initiative der brasilianischen Regierung einsetzten. Brasilien strebte ein "sistema de cooperación multilateral en la Amazonía"[19] an, das die physische Integration des brasilianischen Amazonasgebietes zum Ziel hatte (Scherfenberg, 1979: 8).

Die Militärregierung unter Bermúdez stand dem Pakt noch eher verhalten gegenüber, da eine Fraktion des Militärs befürchtete, Brasilien verfolge mit diesem Vertrag Hegemoniebestrebungen gegenüber den kleineren Nachbarländern. Erst nach einer Reihe von Modifikationen wurde der Vertrag 1978 unter der Regierung von General Geisel von den Außenministern der acht Amazonasanrainerstaaten unterzeichnet, in Peru aber erst unter Belaúnde 1980 ratifiziert.

Die wesentlichen Inhalte des "Pacto Amazónico" stehen unter dem Zeichen des brasilianischen Entwicklungsmodells der 70er Jahre, der übersteigerten Wachstumspolitik, und beziehen sich auf eine schnelle, wirtschaftliche, soziale und politische Integration des Amazonas in die jeweiligen Nationalstaaten in Koordination mit den Amazonasanrainerstaaten. Auf folgenden Gebieten wird die Zusammenarbeit der Mitglieder des Amazonaspaktes angestrebt:
- allgemeine, umfassende Wirtschaftentwicklung,
- Erhaltung der Umwelt,

- rationale Nutzung des natürlichen Ressourcenpotentials,
- Ausbau der Flußschiffahrt,
- rationelle Nutzung des Wasserkraftpotentials,
- Gesundheitswesen,
- wissenschaftliche Forschung über das Amazonasgebiet,
- Ausbau und freizügige Nutzung der Verkehrswege,
- Transportwesen zu Wasser und in der Luft,
- Telekommunikationswesen,
- Handel im Grenzgebiet,
- Tourismus,
- Erhaltung des ethnologischen und archäologischen Erbes (Medina, 1982: 22).

Die heftige Kritik, die von verschiedenen Seiten an den Inhalten des Abkommens laut wurde, zielte auf folgende Punkte:
- Hegemoniebestrebungen Brasiliens in Südamerika,
- Gefahr verstärkter brasilianischer Penetration im peruanischen Amazonasgebiet,
- Integration der Tieflandindianerethnien in die Nationalgesellschaften,
- Auslieferung des Amazonasgebietes an multinationale Konzerne.

Der erste Kritikpunkt, auf den in dieser Arbeit nicht weiter eingegangen werden soll, bezieht sich auf das Interesse Brasiliens, sein außenpolitisches Gewicht als Repräsentant eines lateinamerikanischen Bündnisses zu erhöhen und durch den Pacto Amazónico den Andenpakt abzulösen (Scherfenberg, 1979: 12).

Der zweite Ansatzpunkt der Kritiker ist die Expansionspolitik Brasiliens in das Amazonasgebiet der Nachbarländer. Die Angst vor einer brasilianischen Ausdehnung besteht in unterschiedlicher Stärke schon seit Festlegung der politischen Grenzen im Amazonasgebiet. Sie gründet zum einen auf historischen Erfahrungen und der wirtschaftlichen Überlegenheit des Nachbarlandes, zum anderen auf dem seit 1964 offiziell von Brasilien vertretenen geopolitischen Konzept der "círculos concéntricos" (Scherfenberg, 1979: 13).

Die intensive infrastrukturelle Verbindung der brasilianischen Herzländer Amazonien und Mato Grosso und die wirtschaftliche Inwertsetzung ihrer Ressourcen soll eine Zentrifugalkraft auslösen, die auch auf die angrenzenden Länder übergreift und eine Öffnung Brasiliens zum Pazifik ermöglicht.

Abbildung 15: Geopolitische Vorstellungen Brasiliens zur Ausdehnung seines Einflußbereichs

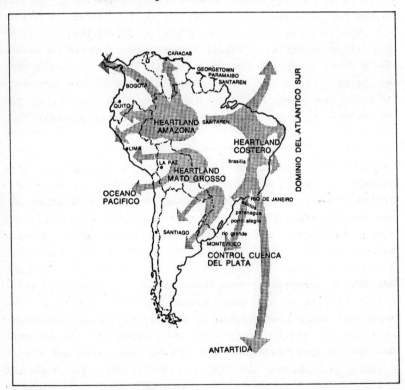

Quelle: Scherfenberg, 1979: 16

Neben einer beschleunigten sozioökonomischen Entwicklung soll dieses Konzept der Sicherung der nationalen Grenzen dienen, da durch Siedelung und wirtschaftliche Erschließung "fronteiras vivas", lebende Grenzen, entstehen. Das Konzept der "fronteiras vivas y fronteiras mortas" basiert auf der Grundidee, durch Besiedelung politische Grenzen zu schaffen oder zu stabilisieren (Scherfenberg, 1979: 15). "

> "Lo que importa es consolidar la frontera política (solución absolutamente justificable, si se limita a eso), y siempre que sea posible, ampliar en el sentido práctico, utilizando todos los medios pacíficos: humanos, económicos, financieros, culturales, etc.
> Es lo que los geopolíticos denominan 'frontera móvil' 'viva', 'dinámica'; la frontera en expansión."[20]
> (Schilling, 1978: 176, zitiert nach ORDEMAD, 1981: o.S.)

Bis 1980 versuchte die Militärregierung Perus, die brasilianische Penetration dadurch zu verhindern, daß sie die geplante Verbindung der amazonischen Straßensysteme blockierte. Madre de Dios galt als besonders gefährdetes Grenzdepartement (ORDEMAD, 1981) aufgrund seiner "remotas y frágiles fronteras amazónicas" und dem "desborde brasileño"[21] (Rumrrill, 1982: 46). Die schlechte infrastrukturelle Anbindung der peruanischen Grenzgebiete, ihre defizitäre Ausstattung im Gesundheits- und Erziehungsbereich und die geringe wirtschaftliche Entwicklung verursachten gerade, daß die peruanische Bevölkerung dieser Grenzregionen sich nach Brasilien hin orientierte. Produkte waren billiger und qualitativ besser aus Brasilien zu beziehen. Im Krankheitsfall oder zur Erlangung einer höheren Schulbildung war der Weg nach Río Branco (Acre, Brasilien) näher, kostengünstiger und die gebotenen Leistungen auf einem höheren Niveau (Baca, 1983: 60).

Belaúndes Entwicklungskonzept, bestärkt durch den Amazonaspakt, führte zu einer Wende in der peruanischen Grenzpolitik. Die bisher nicht fertiggestellte Verbindungsachse Brasilien-Peru als Teil der Transamazonica sollte kurzfristig

in Peru fertiggestellt werden (es fehlten ca. 20 km). Von
brasilianischer Seite her war der Ausbau der Transamazonica
schon seit längerem bis an die peruanische Grenze erfolgt.
Die peruanische Regierung verpflichtete sich, auf peruanischem Staatsterritorium eine weitere Trasse über Cusco-Pto.
Maldonado-Iberia/Iñapari bis an die brasilianische Grenze zu
führen. Auf brasilianischem Territorium war das Anschlußteilstück der Transamazonica ebenfalls schon fertiggestellt.
Die Baumaßnahmen gingen jedoch bis 1984 langsamer voran als
geplant, trotz hoher Finanzierungssummen. Korruption und
Vetternwirtschaft absorbierten den größten Teil der Finanzmittel. Bis 1985 war die Straßentrasse zwar fertiggestellt,
aber nicht befestigt und nur in den trockenen Sommermonaten
befahrbar.

Langfristig beurteilen die Kritiker aus geopolitischer Sicht
den Amazonaspakt als "Caballo de Troya del Brasil", als Trojanisches Pferd Brasiliens (Rumrrill, 1982: 39). Sie verstehen den Pacto Amazónico als die Legalisierung der brasilianischen Expansionspolitik.

Indianerverbände und Anthropologen kritisierten das Konzept
des Amazonaspaktes:

> "... porque está redactado como si el Amazonas fuese
> una región totalmente deshabitada, en espera del
> desarrollo económico."[22] (Medina, 1982: 30)

Nur an zwei Stellen (Artikel 13 und 14) wird die autochthone
Bevölkerung Amazoniens im Abkommen erwähnt: bei der Förderung des Tourismus und dem Erhalt der ethnischen und archäologischen Reichtümer. Straßenbau, Wasserkraftprojekte, Abbau
der Bodenschätze, die im Rahmen einer "harmonischen", "integralen", ökonomisch und sozialen Entwicklung angestrebt werden, berücksichtigen nicht die Interessen der autochthonen
Völker des Amazonas. Einig sind sich die Kritiker, daß es

> "... bis heute keinen einzigen Fall eines Indianerstammes in Lateinamerika gibt, der sich in die nationale Entwicklung 'integriert' hat und der von

dieser Integration Vorteile gehabt hätte." (Varese, 1981: 21 nach Süss, 1983: 74)

Die Erfahrungen der brasilianischen Tieflandindianer mit der Erschließungspolitik ihrer Heimatgebiete durch den Zentralstaat waren bisher für sie ausschließlich negativ. "Die Zeitbombe des Integrationsmordes tickt überall in Panamazonien." (Süss, 1983: 79) Dies befürchten Kritiker des Pacto Amazónico auch für die peruanischen Tieflandindianerethnien und besonders für diejenigen Tieflandvölker, durch deren Heimatgebiete die Straßentrasse gelegt wird, wie zum Beispiel in der Provinz Manú, Departement Madre de Dios.

Zum letzten Kritikpunkt ist zu sagen, daß die Erschließung und wirtschaftliche Inwertsetzung der weiten Areale Panamazoniens in dem von den Unterzeichnern projektierten Umfang von keinem der Anrainerstaaten ohne ausländische Finanzierungshilfe durchgeführt werden kann. Wie im Falle Brasiliens deutlich wurde, führte das exportorientierte, kapitalintensive Entwicklungskonzept dazu, daß weltmarktbeherrschende Konzerne im Amazonas investierten und die wirtschaftliche und politische Macht übernahmen. Kleinbauern und Indianer wurden verdrängt (Kohlhepp, 1976).

"... Amazonien fest in internationaler Hand", schreibt der Brasilianer Pauolo Süss (1983: 83) und spricht damit eine Tatsache aus, die auch für Peru und das Untersuchungsgebiet Madre de Dios zutrifft (Rumrrill, 1982); in Madre de Dios wurden 1980 bis 1985 riesige Landareale an ausländische Großfirmen für die Gold- und Erdölextraktion vergeben. "Amazonía, el nuevo botín de las transnacionales."[23] (Rumrrill, 1982: 76)

Die wichtigsten Auswirkungen der Belaúnde-Politik auf das Departement Madre de Dios sind kurz erwähnt worden:
- Weiterführung und Intensivierung des Straßenbaus,
- Liberalisierung der Konzessionsvergabe an ausländische

Großkonzerne zur wirtschaftlichen Nutzung der Gold- und Erdölressourcen,
- Verzögerung der Anerkennung der Comunidades Nativas,
- Liberalisierung des Handels (Pto. Maldonado als Freihandelszone),
- Evaluierungsprojekte in der grenznahen Mikroregion Iberia/Iñapari.

Alle Maßnahmen stehen im Kontext der Amazonaspakt-Politik. Seit 1983 bemüht sich zudem die peruanische Regierung, durch ein spezielles Grenzabkommen mit den Nachbarländern Brasilien und Bolivien, das heißt zwischen den Bundesstaaten Acre und Beni sowie dem Departement Madre de Dios, auf regionalpolitischer Ebene die Integration voranzutreiben. Ergebnisse dieser Bemühungen sind bis 1985 Verhandlungen, halbjährliche repräsentative Zusammentreffen, die Errichtung eines für regionale Verhältnisse luxuriösen Tagungsgebäudes sowie die Veröffentlichung einer zweisprachigen Monatszeitschrift für die Region. Im wirtschaftlichen und sozialen Bereich waren die Auswirkungen jedoch gering, was unter anderem auch an dem Niedergang der Weltmarktpreise für amazonische Rohstoffe, insbesondere Gold, liegt.

Die zentrale Bedeutung der Amazonasregion in der Innen- wie Außenpolitik während der Regierungszeit Belaúndes 1980 bis 1985 ist als Ablenkungsmanöver von den stetig zunehmenden sozio-ökonomischen und innenpolitischen Problemen des Landes zu verstehen. Nachdem das Pro-Kopf-Einkommen 1981 bis 1982 um 8,3 % gesunken, Inflationsrate (72,9 %) und Außenverschuldung (10,5 Milliarden US-Dollar) weiter angestiegen waren (Wirtschaftswoche, Nr. 13, 23.3.1984), erlebte das Land 1983 "die schlimmste Rezession dieses Jahrhunderts" (Handelsblatt vom 4.8.1983). Der wirtschaftliche Einbruch - Rückgang des Bruttoinlandsprodukts um 12 %, Inflationsrate von 125 %, Auslandsschuld von 12,5 Milliarden US-Dollar (Bundesstelle für Außenhandelsinformationen/NfA, 1985: 6) - wurde durch externe Faktoren wie Naturkatastrophen und Stagnation der Weltmarktpreise für Rohstoffe, die Folgen der Austeritätspolitik nach den Auflagen des Weltwährungsfonds und die monetaristische Öffnung der peruanischen Wirtschaft erklärt. "Mit der Entwicklung 1983 hatte das Bruttoinlandsprodukt in realen Werten in etwa den Stand von 1976 erreicht, das Pro-Kopf-Einkommen ungefähr den von 1965." (Mitteilungen der Bundesstelle für Außenhandelsinformationen/NfA, Febr. 1984: 2). Zwar konnte der tiefe Wirtschaftseinbruch 1984 geringfügig gebremst werden - Steigerung des Bruttoinlandsprodukts um 3,5 %, Inflationsrate 112 %, Auslandsschuld 13,5 Milliarden US-Dollar (Deutsch-Südamerikanische Bank, 1985: 107) -, jedoch stieg die Arbeitslosenquote weiter an, und aufgrund des hohen Bevölkerungswachstums (2,6 % pro Jahr) blieb das Pro-Kopf-Einkommen auf dem Niveau von 1965. Berücksichtigt man noch die zunehmende ungleiche Verteilung des Volkseinkommens - 1984/85 verdienten die oberen 10 % der Einkommenspyramide 50 % des Volkseinkommens -, wird deutlich, daß das Reallohneinkommen für die unteren und mittleren Einkommensschichten drastisch gefallen war (von 1983 bis 1985 um 50 %).

Die Verarmung der Unter- und Mittelschicht äußerte sich in politischen Unruhen (Arbeitsniederlegungen, Generalstreiks, Landbesetzungen) und der Unterstützung der maoistischen Guerilla-Bewegung "Sendero Luminoso" ("Leuchtender Pfad"), deren Aktivitäten sich im wesentlichen auf die südliche zentrale Sierra konzentrierten. Übergriffe auf die Landeshauptstadt - generelle Stromausfälle, Sprengstoffanschläge, Angriffe auf öffentliche Einrichtungen - nahmen jedoch seit 1982 drastisch zu. Trotz der Verhängung des Ausnahmezustandes über die am stärksten politisierten Landesteile, die zum Kriegsgebiet erklärt wurden, gelang es der Regierung nicht, unter Einsatz des Militärs und verschärfter Repression die Guerilla aufzureiben (Latin America Weekly Report, 7. Januar 1983: 9).

Von der innenpolitischen Entwicklung Perus, Kenner vergleichen sie mit der Entwicklung Argentiniens unter der Militärdiktatur oder Chiles, versuchte Belaúnde, durch seine grandiosen Amazonaspläne "zur Rettung der Nation" abzulenken: Erfolg seiner Politik war die vernichtende Niederlage seiner Partei mit nur knapp 6 % der Wählerstimmen bei den Präsidentschaftswahlen im April 1985. Gewinner der Wahlen waren die Parteien links der Mitte mit zusammen fast 70 % der Stimmen. Belaúndes Versprechungen im Verlauf seines Mandats, die Produktivität der Wirtschaft zu steigern und eine Million neue Arbeitsplätze durch die Eroberung Amazoniens zu schaffen, um das erdrückende Problem einer fast 50 %igen Arbeitslosigkeit und Unterbeschäftigung zu mildern, waren nicht eingelöst worden.[24] Die Beurteilung Maceras: "Belaúnde hatte alles (Volk, Heer, Kirche, Kredite, internationale Sympathie) und verspielte alles." (Macera, 1978: 255) Über die erste Amtsphase Belaúndes bezeichnet ebenso treffend seine zweite Regierungsperiode.

Anmerkungen zu Kapitel 4

1) "Belaúnde und die ihn stützende Mittelklasse scheiterten. Sie vertrauten darauf, daß es ausreichte, Großprojekte in Angriff zu nehmen, ohne die damit verbundenen hohen ökonomischen Kosten der Auslandsverschuldung und die interne Inflation zu berücksichtigen. Sie beachteten auch nicht, daß die einfache Bevölkerung bedeutend radikalere Maßnahmen forderte." (Macera, 1978: 255)

2) "Erhöhung des Lebensstandards, so daß er mit der Würde des Menschen vereinbar ist, besonders jener Bevölkerungssektoren, die bisher am wenigsten begünstigt worden sind, um so die Transformation der ökonomischen, sozialen und kulturellen Strukturen des Landes zu realisieren." (Statut der Revolutionären Regierung der Streitkräfte (D.L. 17 063), zitiert nach Schydlowsky/Wicht, 1979: 25)

3) "... den Goldbergbau zu unterstützen und zu fördern mit dem Ziel, die Produktion zu steigern, Arbeitsplätze zu schaffen und die Lebensbedingungen der Bevölkerung dieser Zonen zu verbessern." (Banco Minero del Perú, o.J.: 5)

4) Zur Regelung des Landanspruchs der Tieflandindianer wurde 1974 das Gesetz der "Tieflandindianergemeinden und landwirtschaftlichen Entwicklung in der Region des Urwaldes und Höhenurwaldes" D.L. 20 653 erlassen, auf das ausführlich in Kapitel 7, Tieflandindianer, eingegangen wird, da es sich nur auf die autochthonen Ethnien des Amazonasgebietes bezieht.

5) Die Festlegung des internen Goldpreises erfolgt laut Aussage des Leiters der Seifengoldabteilung der Banco Minero del Perú (BMP) in Lima nach folgendem Schema:
   - die Zentrale der BMP in Lima erhält täglich den internationalen Goldpreis der Londoner Börse. Die Anpassung des internen an den internationalen Wert erfolgt im allgemeinen wöchentlich, oft mit Verzögerungen zugunsten der Bank beim Anstieg des internationalen Preises. "Wir ändern den Preis gemäß den Gegebenheiten; es gibt keine exakten Richtlinien." (Ing. Oscar Medina)
   - Abzüge werden erhoben für folgende Bankleistung:
     o Qualitätsabzüge $ 7,00 pro Unze
     o Versicherung und
       Transport $ 1,38 pro Unze
     o Vermarktungskosten   1,5% des Preises
     o Bankgebühr   5,0% des Preises
     o Exportkosten $ 0,10 pro Unze
     o canon del oro
       ("Goldsteuer")   3,0 % des Preises

6) "Das Rückgrat des Bergbaugeschäfts." (Sanchez, 1981: 235)

7) Das Cuajone-Projekt gehört zu den gigantischen Großprojekten der Kupfergewinnung Südamerikas; der Vertrag zwischen dem multinationalen Großunternehmen und dem peruanischen Staat wurde jedoch noch unter der alten Gesetzgebung vor 1950 ausgehandelt.

8) "Die nationalen Bergbauunternehmer, gewöhnt, die Welt durch die Augen der transnationalen Unternehmen zu sehen, dachten, daß die Stärkung des Staates zum Ziel haben müsse, die private Akkumulation in Frage zu stellen." (Sanchez, 1981: 236)

9) "... verzeichnete Peru auf seinem Konto die größte Außenverschuldung, die es jemals registriert hatte." (Schydlowsky/Wicht, 1979: 29)

10) "Gesetz zur Förderung des Goldbergbaus" D.L. No 22 178 (Dekret mit Gesetzeskraft) und Decreto Supremo 003-79-EM/DGM

11) Die komplizierten, zeitaufwendigen und dadurch auch kostspieligen bürokratischen Schritte, die das Gesetz vorschrieb, um von dem derecho preferencial Gebrauch zu machen, überforderten die Fähigkeiten der goldwaschenden Bevölkerung. Zudem war der Zeitraum von 30 Tagen zur Legalisierung der bisher gültigen Nutzungsrechte zu kurz anberaumt. Vgl. hierzu auch das Interview mit dem Tieflandindianer Angel Noriega im Anhang 4, der die Hilflosigkeit im Umgang mit der Bürokratie zum Ausdruck bringt.

12) Das vorgeschriebene Vermessungs- und Abgrenzungsverfahren, das eine gut sichtbare Markierung des Konzessionsgebiets durch Grenzsteine oder -stangen vorschreibt, paßt sich nicht an die Charakteristika des tropischen Regenwaldes und seiner Flußsysteme an: permanente Verlagerungen der Goldclaims im Uferbereich, Veränderungen der Flußläufe, Überwuchern der Markierungspunkte durch die Vegetation. Die permanente Verlagerung der fruchtbaren landwirtschaftlichen und goldhaltigen Böden im Bereich der Flüsse "unterläuft" die nicht an die ökologischen Bedingungen des Amazonas angepaßten Rechtsvorstellungen von festen Besitztiteln.

13) "Die Goldförderung repräsentiere nicht nur eine wirtschaftliche, kurzfristige Hilfe zur Steigerung der dringend benötigten Deviseneinnahmen, um der aktuellen Krisensituation die Stirn zu bieten, sondern eine unerläßliche soziale Wohltat, indem durch die Goldsuche und -ausbeute entlegene Regionen, die bisher nicht in die sozioökonomische Entwicklung des Landes integriert waren, einverleibt werden." (Ministerio de Energía y Minas, 1978: 5)

14) "Belaúnde hatte alles (Volk, Heer, Kirche, Kredite, in-

ternationale Sympathie) und verspielte alles." (Macera, 1978: 255)

15) "ACCION POPULAR ist ein neuer, kollektiver Bewußtseinsstand des peruanischen Volkes; sie ist eine lebendige Kraft, die die Unruhe unserer Epoche ausdrückt sowie die permanente Möglichkeit, sich zu erneuern und sich dem anzupassen, was die Gemeinschaft fordert. Als Artikulation einer neuen peruanischen Generation stellt sie eine Partei dar, die endlich demokratisch, nationalistisch und revolutionär ist." (AP, 1980, Einleitung)

16) "... in möglichst kurzer Zeit Realisierung der EROBERUNG AMAZONIENS, um jetzigen und zukünftigen Generationen Millionen von Hektar produktiver Böden, forstwirtschaftlicher Ressourcen, Bodenschätze, Energiequellen und noch einiges mehr zu bieten, die auf die Präsenz und die kostbaren und schöpferischen Kräfte all jener Peruaner warten, die bereit sind, sich eine Zukunft zu eröffnen und im positiven Sinne dem Vaterland zu dienen." (AP, 1980: 2.23)

17) ... die Ausdruck einer "Konjunktur gegen die Nutzung natürlicher Ressourcen" ... und "totalen Ignoranz der amazonischen Realität seien." (Rumrrill, 1982: 49)

18) "Kohärent in seiner Konzeption und seinen Leidenschaften, hatte Belaunde das Schema seines 'Entwicklungsmodells des Amazonas' schon skizziert und paßte es Teil um Teil an sein Schema der nationalen Entwicklung an: großzügige Übergabe der natürlichen Ressourcen an das nationale und ausländische Großkapital, denn nur durch ausländische Investitionen kann die Entwicklung des Landes erreicht werden." (Rumrrill, 1982: 51)

19) "Multilaterales Kooperationssystem in Amazonien"

20) "Was wichtig ist, ist die Konsolidierung der politischen Grenze (eine absolut zu rechtfertigende Lösung, wenn sie sich darauf beschränkt); und sie immer, wenn möglich, auszudehnen im praktischen Sinne unter Verwendung aller friedlichen Mittel: menschlich, wirtschaftlich, finanziell, kulturell etc. Dies bezeichnen die Geopolitiker als 'bewegliche Grenze', 'lebende', 'dynamische': Expansionsgrenze." (Schilling, 1978: 178, zitiert nach ORDEMAD, 1971: o.S.)

21) "entlegenen und schwachen Grenzen im Amazonas", "brasilianischen Überschreiten" (Rumrrill, 1982: 46)

22) "... da es so abgefaßt ist, als wäre Amazonien eine vollkommen unbewohnte Region, die auf die wirtschaftliche Entwicklung hofft." (Medina, 1982: 30)

23) "Amazonien, die neue Beute der Transnationalen."
    (Rumrrill, 1982: 76)

24) 1980 bis 1985 wurden hingegen 70.000 produktive Stellen
    abgebaut (Frankfurter Rundschau vom 18.4.1985).

5. Die Entwicklung des Goldpreises

Nachdem die Dollar-Gold-Bindung 1971 durch Nixon aufgehoben wurde, entwickelte sich im Zeitraum bis 1985 eine schnelle, teilweise hektische Goldpreisveränderung. Die Einschätzung der weiteren Goldpreisentwicklung ist stark spekulativ und

Abbildung 16: Fieberkurven der Spekulation: Gold- und Dollarpreis 1970 bis 1985

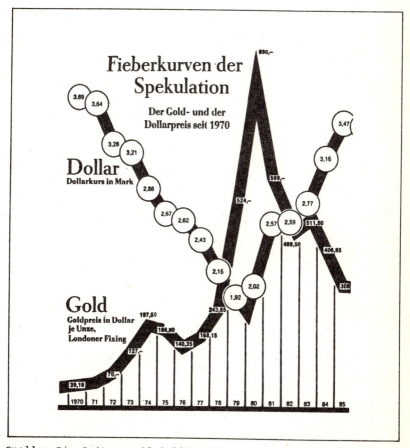

Quelle: Die Zeit vom 29.3.1985: 17

uneinheitlich. Von Hiobsbotschaften, die von der "Gefahr einer völligen Golddesillusionierung" (Wirtschaftswoche 52, 21.12.1984) sprechen, bis hin zu überschwenglichen Zukunftsvisionen vom "neuen Goldmythos" bewegten sich die in großer Menge erscheinenden Zeitungsartikel über die mutmaßliche Entwicklung des Weltmarktpreises für Gold zwischen der Hausse 1980/81 und der Baisse der darauffolgenden Jahre. Die "Fieberkurven der Spekulation" zeigen den dynamischen Lauf der Goldpreisentwicklung in Korrelation zur Dollarentwicklung im Zeitraum 1970 bis 1985.

Im allgemeinen werden drei Ursachen für die Goldpreisentwicklung genannt:
- Angebot und Nachfrage,
- Entwicklung der Wechselkurse und der Zinssätze sowie
- marktpsychologische Faktoren,

die in unterschiedlichem Maße die Preisentwicklung bestimmen.

5.1 Angebot und Nachfrage

Das Angebot von Gold auf dem Weltmarkt setzt sich aus dem Primärangebot, das heißt der neu in den Markt gebrachten Weltbergwerksproduktion, und dem Sekundärangebot, worunter man Verkäufe offizieller wie privater Stellen aus Beständen versteht, zusammen. Die Gesamtmenge des in den letzten 100 Jahren aus Bergwerksproduktion weltweit geförderten Goldes beläuft sich nach Schätzungen auf ca. 81.200 t (Deutsches Institut für Wirtschaftsforschung (DIW) 9, 1984: 106); die jährliche Produktion der Länder der westlichen Welt dagegen beträgt schätzungsweise 1.000 t pro Jahr (1979 bis 1984).

Primär- und Sekundärangebot von Gold auf dem freien Weltmarkt betragen jährlich ca. 1.400 bis 1.700 t (Weiller, 1981: 42). Allein die Republik Südafrika als größter Goldproduzent

Tabelle 3: Bergbauförderung von Gold in Ländern der westlichen Welt während der Jahre 1979 bis 1984 (in t)

	1979	1980	1981	1982	1983	1984*
Republik Südafrika	703	673	657	663	680	690
Kanada	51	49	52	63	64	65
USA	30	30	43	45	56	59
Brasilien	25	35	37	35	40	40
Australien	19	17	18	27	31	34
Philippinen	18	21	24	25	27	27
Papua Neu Guinea	20	14	17	18	19	19
Chile	3	7	12	18	17	17
Kolumbien	9	16	16	16	17	17
Zimbabwe	12	11	12	13	13	13
Dominikanische Repuplik	11	12	13	12	11	12
Ghana	11	12	10	9	9	9
Peru	4	5	7	7	7	6
Mexiko	6	6	6	6	5	6
andere Länder	31	31	27	25	30	30
Westl. Welt insgesamt	955	938	952	982	1.026	1.120

* Geschätzt; Summenabweichungen durch Rundung

Quelle: DIW 9, 1984: 105

stellte im Zeitraum von 1979 bis 1984 ca. 50 % des Gesamtangebots (DIW 9, 1984: 105).

Das Primärangebot der westlichen Welt veränderte sich im Zeitraum 1979 bis 1984 nur geringfügig, wie Tabelle 3 zeigt. Die dominierende Stellung der Republik Südafrika dürfte sich nicht abschwächen, da ihr Lagerstättenpotential etwa die Hälfte des geschätzten Weltlagerstättenpotentials von ca. 40.000 t (DIW 9, 1984: 105) ausmacht. Für die 80er Jahre wird mit einer Steigerung der Weltbergwerksproduktion gerechnet, da sowohl Südafrika als auch Brasilien[1] und weitere Entwicklungsländer ihre Goldproduktion ausbauen.

Vom Primärangebot geht weder ein preissenkender Einfluß auf die Goldpreisentwicklung aus, noch beeinflußt der Goldpreis die Entwicklung des Primärangebots.

Abbildung 17: Goldbestand der Welt - aufgeschlüsselt nach Besitzer, Menge (in Millionen Unzen) und prozentualem Anteil (Stand 1980)

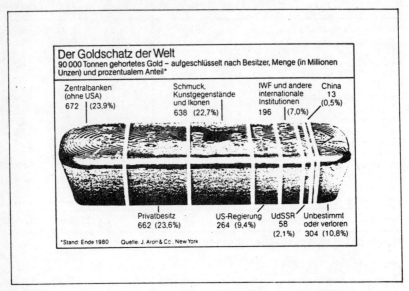

Quelle: J. Aron & Co. New York; entnommen aus "Wirtschaftswoche", Nr. 12, 1982: 77

Tabelle 4: Angebot und Nachfrage von Gold im Jahre 1983

	t	v.H.
Angebot:		
Bergwerksförderung	1.026	70
Sekundärmaterial	311	21
Importe aus Staatshandelsländern (netto)	72	5
Abgaben der Finanzinstitute	50	4
Insgesamt	1.459	100
Nachfrage:		
Industrie	884	61
Wertsicherung	575	39
Insgesamt	1.459	100

Quelle: DIW 9, 1984: 107 nach Schätzungen von Goldman Sachs Economics

Abbildung 18: Goldpreis und Angebot von Sekundärmaterial 1977 bis 1983

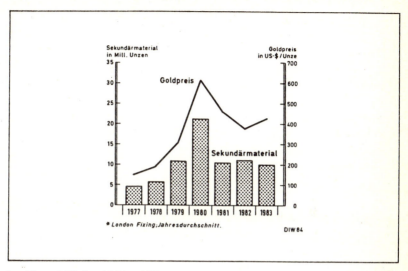

Quelle: DIW 9, 1984: 107

Das Sekundärangebot entstammte in den Jahren zwischen 1963 und 1978 zum großen Teil Verkäufen der UdSSR und anderer sozialistischer Länder (insgesamt ca. 450 t Gold). Die Verkäufe der sozialistischen Länder gingen nach Schätzungen seit Anfang der 80er Jahre zurück, 1983 wurden aus Staatshandelsländern 72 t verkauft. In den 80er Jahren verkauften dann verschiedene Entwicklungsländer wie Brasilien und Portugal Gold aus ihren Reserven, um ihren Schuldverpflichtungen nachzukommen (Spiegel, 7.11.1983: 148).

Das bei den Notenbanken und Währungsinstitutionen eingelagerte Gold wird auf 35.600 t im Jahre 1982 geschätzt von insgesamt 81.200 t Gold der Weltvorräte. Die verbleibenden 45.600 t setzen sich aus 21.300 t der weltweiten Goldhortung und 24.300 t Goldaltmaterial zusammen. Der Anteil des Sekundärangebots schwankt nach Schätzungen zwischen 10 und 40 % am Gesamtangebot auf dem Weltmarkt und ist in starkem Maße

von der Entwicklung des Goldpreises abhängig, das heißt, er
ist sehr spekulationsanfällig.

Gold als Währungsmetall bestimmte bis 1971 Nachfrage und
Preisstruktur. Die Einführung des Goldstandards der entwikkelten Länder der westlichen Welt 1816 bis 1933 fixierte die
Währungsrelationen in bezug auf den Goldpreis; die US-Regierung legte den Goldpreis in den Jahren 1944 bis 1971 auf
35 US-Dollar/Unze[2]) fest (Abkommen von Bretton Woods). Dadurch sank der Goldpreis real, was seit 1968 zu einem gespaltenen Goldmarkt und 1971 die Regierung Nixon zur Aufgabe
der Goldkonvertibilität des US-Dollars zwang.

Nach der Aufhebung der Goldpreisbindung nahm die industrielle Nachfrage (unter anderem Schmuckindustrie, Elektronik,
Dentalgold) durch das Anziehen des Goldpreises ab, da einige
industrielle Anwendungen durch andere Materialien substituiert wurden. Neben der Funktion als staatliche Währungsrücklage und Rohstoff für industrielle Anwendungen wird Gold
in großem Umfang im privaten Bereich als Hortungs- beziehungsweise Spekulationsgut und Risikorücklage für Krisenzeiten verwendet; insbesondere in Frankreich ist diese Wertanlage weit verbreitet. Aufgrund der sehr starken Schwankungen
des Goldpreises und des hohen Zinsniveaus in den USA wurde
jedoch verstärkt in andere Anlageformen wie Aktien, Dollaranleihen etc. investiert.

5.2 Wechselkurse, Zinsen und marktpsychologische Faktoren

Der Zusammenhang zwischen der Entwicklung des Kurses des
US-Dollars als westlicher Leitwährung und des Goldpreises
ist unübersehbar (Abbildung 16). Schwache Dollarkurse (1 Dollar = 1,71 DM) und starke spekulative Anlagen in Gold führten Anfang des Jahres 1980 zur bisher höchsten Notierung des
Goldpreises auf 850 US-Dollar pro Feinunze (31,1 g Gold).

Der Ölpreisschock im Jahre 1979 hatte die Inflationsrate in den Industrieländern ansteigen lassen. Zusätzlich verursachte ein verlangsamtes Wirtschaftswachstum der westlichen Industrieländer eine Schwächung ihrer Währungen. Die Afghanistankrise, ebenfalls 1979, und die Gefahr einer kriegerischen Auseinandersetzung zwischen den Supermächten erhöhten die Krisenstimmung. Dies führte dazu, daß Kapitalanleger ihre Dollarguthaben zugunsten der Anlage von Golddepots verkauften, was den sprunghaften Anstieg des Goldpreises nach sich zog (Goldpreis als Krisenbarometer, Wirtschaftswoche 52, 1984).

Der seit dem Amtsantritt Reagens in den USA einsetzende Wirtschaftsaufschwung, die Aufblähung des kreditfinanzierten Staatshaushalts, die daraus folgende Hochzinspolitik der amerikanischen Regierung und die Erfolge vieler Länder bei der Inflationsbekämpfung stärkten die westlichen Währungen (Höhenflug des Dollars bis zu Notierungen von 3,50 DM im Februar 1985). Hinzu kam ein psychologischer Stimmungsumschwung: Durch den Glauben an die Stärke Amerikas wurden den politischen Krisen und der weltweiten Verschuldung der Entwicklungsländer als auslösendes Moment einer Weltwirtschaftskrise zeitweise weniger Bedeutung beigemessen. Der hohe Dollarkurs mit Zinssätzen bis zu 14 % und die fehlende Angstkomponete, sonst "Hauptquelle für den Glanz des Goldes" (Wirtschaftswoche 52, 1984: 99), veranlaßten Anleger in Ost und West, ihr Kapital in die USA in Dollaranleihen abfließen zu lassen. Neben den hier erzielbaren hohen Zinserträgen ersparten sie sich noch obendrein die Lagerhaltungskosten von Goldbarren, die Goldanlage wurde wenig attraktiv. "Solange der Dollar international hoch im Kurs bleibt, hat Gold wenig Chancen, an seine Glanzzeiten in den Jahren 1979 und 1980 heranzukommen." (Wirtschaftswoche 52, 1984: 99).

Wie sich der Goldpreis in Zukunft entwickeln wird, ist nach Auswertung der widersprüchlichen Prognosen der Fachleute nicht vorauszusehen.

Bei der abschließenden Bewertung der Ursachen der Preisentwicklung des Goldes wird deutlich, daß weder dem Primär- noch dem Sekundärangebot im Verhältnis zu anderen Edelmetallen große Bedeutung zukommt. Wirtschaftliche und politische Ursachen und die Art und Weise, wie sie psychologisch verarbeitet werden, bestimmen das Verhalten von Käufern wie Verkäufern und wirken in entscheidendem Maße auf die Preisentwicklung des gelben Metalls ein. Der Goldpreis wird auch in Zukunft die Entwicklung der Weltwirtschaft und der politischen Situation reflektieren.

Wie stark die Einschätzung der zukünftigen politischen Lage den Goldpreis beeinflußt, soll das abschließende Zitat illustrieren:

> "Überall wittern die Goldfans neue Morgenluft. Die eingefleischten Anhänger des gelben Metalls werden durch steigende Kurse wieder aus ihren Winterquartieren hervorgelockt. Diesseits und jenseits des Atlantik preisen Gurus Gold als einzige Sicherheit gegen Inflation und Krisen an und sehen phantastische Preissteigerungen voraus. Sogar James Dines, der Urvater aller Goldkäfer, der im Juni letzten Jahres unmittelbar vor der großen Wende das Handtuch warf, hat sich inzwischen bekehrt und sagt plötzlich wieder Goldpreise von 960 bis 980 Dollar pro Unze voraus. Andere Goldanbeter setzen weniger auf die Inflation als Initialzündung, befürchten vielmehr einen Zusammenbruch des Weltbankensystems als Folge der überbordenden Verschuldung in Südamerika oder bei Ostblockstaaten." (Frankfurter Börsenbrief International, 1983).

Seither ist jedoch der Preis des Goldes von 510 US-Dollar pro Feinunze 1983 unter die 300 US-Dollar-Marke im März 1985 gefallen. Bis Juli 1985 pendelte sich der Preis für das Edelmetall auf etwas über 300 US-Dollar ein.

5.3 Auswirkungen der Goldpreisentwicklung auf das Departement Madre de Dios

Die Aufhebung der Goldpreisbindung 1971 und die langsam steigenden Goldnotierungen auf dem Weltmarkt führten in Zusammenhang mit der innenpolitisch bedingten Steigerung der peruanischen Nachfrage nach Gold unter der Regierung von General Velasco zu einem Katalog von Fördermaßnahmen für den Seifengoldbergbau (Kapitel 4.2).

Die staatlichen Rahmenmaßnahmen, die seit 1972 auch in Madre de Dios implementiert wurden, unterstützten die Goldwäscherei derart wirksam, daß auch bei einem Goldpreis unter 200 US-Dollar (1972 bis Mitte 1978) die Goldextraktion expandierte. Die zuwandernde Hochlandbevölkerung, die unter anderem auch durch die Propaganda der Massenmedien seit 1976 über das "neuentdeckte El Dorado" in Madre de Dios motiviert wurde[3], konnte durch den freien Zugang zu den Ressourcen, Rechtssicherheit, Kapital- und technische Hilfe die Goldproduktion von wenigen Kilos 1971 auf 1,5 t 1978 steigern (Banco Minero del Perú, o.J.: 16).[4]

Der sprunghafte Anstieg des Goldpreises 1978 von 240 US-Dollar auf 520 US-Dollar 1979 und 850 US-Dollar im April 1980 bewirkte nicht unverzüglich eine Steigerung der Produktion in Madre de Dios. Die Konflikte, die durch das Dekret "Zur Förderung des Goldbergbaus D.L. No 22 178" (Kapitel 4.3) geschaffen wurden und die Einschränkung der staatlichen Fördermaßnahmen durch die Banco Minero del Perú führten sogar zu einem Absinken der Goldproduktion 1979.

Aufgrund der Intensivierung der Produktion von Mittelunternehmen und zwei Großunternehmen (Kapitel 11, 12) nahm die Produktion aber 1981 um 25 % zu und erreichte 2 t.[5]

Der Abbruch der Goldpreishausse Mitte 1981 bedingte eine sofortige Abnahme der Produktion um 25 %. In den Folgejahren bis 1984 pendelte sich die Produktion trotz sinkendem Goldpreis auf 1,5 t ein. Dies war - wie noch in den Kapiteln 7-12 gezeigt wird - nicht Groß- und Mittelunternehmen in Madre de Dios geschuldet, sondern den "kleinen" Goldwäschern: Tieflandindianern, kleinen Selbständigen und pequeños mineros, die trotz sinkender Goldpreise, trotz Bodendrucks, Rechtsunsicherheit und fehlender staatlicher Kredit- und Warenhilfe weiter produzierten.

Anmerkungen zu Kapitel 5

1) Brasilien verpflichtete sich im Rahmen des Schuldendienstes, im Zeitraum 1983 bis 1984 jeweils 500 Millionen US-Dollar in Gold zurückzuzahlen.

2) 1 Feinunze = 31,1035 g

3) Die wesentlichen Migrationsmotive der Hochlandbevölkerung nach Madre de Dios - sozio-ökonomische Faktoren der Hochlandregion - werden ausführlich in Kapitel 6.6 behandelt.

4) Aufgrund des Aufkaufmonopols der Minenbank setzt die Banco Minero del Perú die von ihr aufgekaufte Goldmenge gleich mit der Goldproduktion der Region. Auf dem Schwarzmarkt verkauftes Gold entgeht also den statistischen Erhebungen zur Goldproduktion; die Schätzungen über den Umfang des Schwarzmarktes im Departement differieren extrem je nach Quelle.

5) Leider waren keine monatlichen Goldaufkaufstatistiken der Banco Minero del Perú zugänglich; so konnte nicht ermittelt werden, in welchen Monaten, ob vor oder nach dem Fall des Goldpreises, der Goldaufkauf anstieg.

- 152 -

TEIL II

DIE GESELLSCHAFTLICHEN AKTEURE DER GOLDGEWINNUNG UND IHR EINFLUSS AUF REGIONALSPEZIFISCHE PRODUKTIONSFORMEN

6. Kriterien für die deskriptive Analyse der gesellschaftlichen Akteure und ihrer Produktionsformen

Der historische Überblick hat gezeigt, daß die Chancen binnen- wie weltmarktorientierter Extraktion der natürlichen Ressourcen bereits vor Beginn des Goldbooms Zuwanderer verschiedenartiger ethnischer Herkunft nach Madre de Dios gebracht hat, was die Dezimierung und Verdrängung der autochthonen Bevölkerung der Tieflandindianer zur Folge hatte. Nicht wenige der Zuwanderer blieben in der Region; absorbierte die marktorientierte Extraktion von hochwertigen Rohstoffen und die Produktion landwirtschaftlicher Güter in der Baisse weniger Arbeitskraft, wandten sie sich verstärkt der Subsistenzproduktion zu oder wanderten wieder ab.

Vor Beginn des Goldbooms war die Subsistenzwirtschaft die Existenzgrundlage des größten Teils der Gesamtbevölkerung. Abhängig von der ethnischen Herkunft, den Siedlungsstandorten und den die Subsistenzproduktion überschreitenden wirtschaftlichen Aktivitäten bildete sich eine deutliche soziale Differenzierung heraus.

Mit dem Beginn des Goldbooms erfuhr die Region eine neue Zuwanderungswelle, von Kleinbauern aus dem Hochland, die als selbständige Goldwäscher oder als Lohnarbeiter, peones, das zu ihrer Subsistenzproduktion notwendige monetäre Einkommen zu realisieren hofften, von Abenteurern aus den Städten, die als Selbständige oder Kleinunternehmer, pequeños mineros, im Gold ihr Glück versuchen wollten oder mit einigem Startkapital Unternehmen mittlerer Größe zur Goldextraktion aufbauten. Gleichzeitig wuchs die Zahl der Händler, der Kleinunternehmer im Dienstleistungsbereich und der in der rudimentären öffentlichen Verwaltung Beschäftigten.

Mit der Zuwanderung erweiterte sich die ethnische und soziale Differenzierung der Bevölkerung in Madre de Dios, trafen kulturelle Traditionen aufeinander, die nicht nur unterschiedliche Klassen, sondern auch verschiedene historische Entwicklungsstufen der peruanischen Gesellschaft kennzeichnen. Die Gegensätze sind am stärksten polarisiert zwischen den einwandernden Vertretern der städtischen Mittelschicht, welche die Prinzipien kapitalistischer Organisation von Wirtschaftsprozessen und ökonomisch-rationalen Beziehungen zwischen Wirtschaftssubjekten vertraten, und der autochthonen Bevölkerung, deren Lebensform noch stark durch kollektive Elemente der sozialen Organisation charakterisiert war und in deren Wirtschaftsform monetäre Beziehungen nur marginale Bedeutung hatten. Auch die kleinbäuerlichen Migranten aus dem Hochland kamen aus einer Tradition, in der sich kollektive Formen des Grundbesitzes, der Gesellschafts- und Arbeitsorganisation und nicht-monetäre Tauschbeziehungen erhalten hatten.

Die Struktur der Goldausbeute in Madre de Dios spiegelt die Unterschiede der ethnischen und sozialen Herkunft und der kulturellen Tradition der Akteure in vielfältiger Weise wider. Offensichtlich ist der Zusammenhang bei einer Reihe von Merkmalen, die im allgemeinen direkt mit der Größe der goldwaschenden Betriebe korrespondieren, wie technische Standards der Goldgewinnung, Arbeitsorganisation, Kapitalausstattung, Zugang zu Bodennutzungsrechten etc. Kulturspezifische Merkmale tradierter Wirtschaftsformen begründen darüber hinaus aber auch unterschiedliche ökonomische Zielsetzungen, welche die Akteure mit der Goldextraktion verbinden, und besondere Formen der Kombination der Goldausbeute mit anderen ökonomischen Aktivitäten.

Der deskriptiven Analyse der gesellschaftlichen Akteure ist die Aufgabe gestellt, ihre spezifische Organisation der Goldausbeute und die Integration dieser Tätigkeit in die Gesamtheit ihrer ökonomischen Aktivität abzubilden, den Zusammenhang mit ihrer Tradition und ihre Aktions- und Reaktionsmöglichkeiten im Wirtschaftsverlauf im Übergang vom Goldboom zur Goldbaisse aufzuzeigen.

Zur Identifikation der Akteure wurden folgende Merkmale ausgewählt:
- ethnische Zugehörigkeit und soziale Herkunft;
- Zugang zur Ressource Boden;
- Kapitalausstattung und Kenntnisse über Produktionstechniken;
- Organisationsform des Produktionsprozesses der Goldausbeute und Kombination mit anderen Aktivitäten, in die die Akteure einbezogen sind, und ihre Stellung in diesen Produktionsprozessen;
- Artikulation der Akteure als gesellschaftliche Interessengruppe.

Im folgenden sollen im Überblick die wichtigsten Ausprägungen dieser Merkmale gezeigt und die entsprechenden Gruppierungen der Akteure gekennzeichnet werden.

6.1 Ethnische Zugehörigkeit und soziale Herkunft

Die Kategorie "ethnische Zugehörigkeit" spielt zur Bestimmung der verschiedenen gesellschaftlichen Gruppierungen in Madre de Dios auch deshalb eine wichtige Rolle, weil sich in dieser marginalen Region eine "peruanische Identität" noch weniger herausgebildet hat als in anderen Landesteilen Perus. Ethnische Herkunft und soziale Zugehörigkeit stehen in engem Zusammenhang; der Sachverhalt aber, der der Bevölkerung "im eigenen Bewußtsein eine abgrenzende Identität als Gruppe verleiht" (Oppitz, 1981: 40), ist in erster Linie die regionale Verortung, in welcher die Merkmale ethnisch-kultureller Tradition subsumiert werden. Die Hochlandindianer bezeichnen sich als 'serranos' oder als 'cusqueños', 'puneños'[1], um die Herkunftsregion genauer zu bezeichnen; die im Amazonastiefland Geborenen nennen sich 'charapas' - 'Schildkröten' -, soweit sie nicht den Tieflandindianern, den 'nativos', angehören. Angehörige städtischer Mittelschichten nennen sich unabhängig von ihrer ethnischen Zugehörigkeit nach der Stadt ihrer Herkunft, um sich einer Gruppe zuzuordnen.

In der multiethnischen Gesellschaft Perus (Varese, 1982) werden die Begriffe 'indio', 'mestizo' oder 'criollo' nicht zur Eigenbezeichnung, sondern zur Einordnung Dritter gebraucht, doch gelten für die Begriffswahl keine verbindlichen Unterscheidungsmerkmale. Die Einordnung hängt vom Standpunkt des Betrachters ab, der neben dem Erscheinungsbild auch den gegenwärtigen soziokulturellen Status berücksichtigt. "Cuanto más elevado en la escala social, más blanco parece; cuanto más abajo, más oscuro."[2] (Fuenzalida, 1975: 21). Mit dem sozialen und ökonomischen Status kann sich die subjektive Zuordnung zu den großen ethnischen Gruppen verändern; überspitzt wird das von Fuenzalida (a.a.O.: 20) dargestellt: "Comenzando como indios recorrieron toda la escala del color hasta llegar a blancos."[3]

Einer groben Untergliederung der in Madre de Dios ökonomisch aktiven Bevölkerung nach ethnischen Kriterien entsprechen folgende Gruppen:

- Tieflandindianer: Die autochthone Bevölkerung des Amazonasgebiets; zusammengesetzt aus Mitgliedern verschiedener Tieflandethnien, die zum Teil erst im Verlauf des Kautschukbooms durch zwangsweise Umsiedlung in die Region von Madre de Dios kamen.

- Hochlandindianer: Aymara und Quechua, die beiden großen autochthonen Bevölkerungsgruppen des Hochlandes, die im Laufe verschiedener Migrationsprozesse nach Madre de Dios gelangten; ihre Mitglieder differenzieren sich wiederum in ihrer Zugehörigkeit zu verschiedenen Großräumen in Süd- und Mittelperu, die, durch unterschiedliche historische Entwicklungen geprägt, auch das Verhalten der Gruppen in Madre de Dios mitbestimmen.

- Ausländer beziehungsweise Peruaner ausländischer Abstammung: In erster Linie Europäer, Japaner und Libanesen, die seit Beginn des Jahrhunderts nach Madre de Dios einwanderten. Ihre Gruppenidentität wurde im Laufe der Jahrzehnte in Madre de Dios durch Vermischung mit anderen Bevölkerungsgruppen abgeschwächt.

- Kreolen: Sie identifizieren sich in erster Linie über ihre Herkunftsregion (Lima, Arequipa, Madre de Dios). Sie stellen eine Bevölkerungsgruppe, die in ihren ethnischen Merkmalen eine Mischung aus Hochland- und Tieflandindianern, Peruanern europäischer Abstammung und Japanern sein kann.

Die soziale Segmentierung der regionalen Gesellschaft begann mit der weltmarktorientierten Kautschukausbeute in Madre de Dios Ende des 19. Jahrhunderts. Die in den Grundzügen durch den Kautschukboom angelegte politisch-ökonomische Desintegration verstärkte sich unter dem Einfluß der Zuwanderung in der ersten Hälfte des 20. Jahrhunderts. Die Goldextraktion seit Beginn der 30er Jahre verursachte eine starke Fluktuation der Bevölkerung von Madre de Dios durch inter- wie intraregionale Zu- und Abwanderung. Die Migration festigte nicht soziale Strukturen, sondern bedingte eine 'offene' Gesellschaft im Vergleich zu anderen peruanischen Wirtschaftsregionen mit ungünstigerer Ressourcenausstattung.

Soziale Schranken waren leichter zu durchbrechen in einer Gesellschaft, die in Anspielung auf den Goldrausch in Kalifornien als "sociedad del far oeste", "Wildwestgesellschaft", bezeichnet wurde. Der Durchlässigkeit der Sozialstruktur waren jedoch Grenzen gesetzt, die im Kontext multiethnischer sozialer Beziehungen auch im Selbstverständnis der Mitglieder der verschiedenen gesellschaftlichen Gruppen fest verankert waren, da
> "... sich das reale Bewußtsein (das Bewußtsein der eigenen ethnischen Zugehörigkeit, das Bewußtsein für

sich) als eine soziale Wahrnehmung vergrößert, die aus der offensichtlichen Gegensätzlichkeit von Interessen im weitesten Sinne resultiert; Interessen, die die ethnische Gruppe als solche von der sie umgebenden Gesellschaft trennt." (Varese, 1982: 34).

Als grobe soziale Differenzierung läßt sich folgende Einteilung treffen:
- "clases populares"[4]: zu ihnen zählen all jene, die nur über ein geringes monetäres Einkommen verfügen; sie arbeiten als Kleinbauern, Lohnarbeiter (Wanderarbeiter) oder Tagelöhner im land- und forstwirtschaftlichen Sektor und in der Goldextraktion; als Gelegenheitsarbeiter verdingen sie sich in den urbanen Zentren oder arbeiten als Kleinhändler oder unterste kleine Angestellte in der staatlichen Verwaltung. Sie stellen die Mehrheit der regionalen Bevölkerung.

- "clase media": sie setzt sich zusammen aus Mittelunternehmern in der Goldwäscherei, medianos mineros, und den wenigen Besitzern von größeren land- und fortwirtschaftlichen Betrieben. Mittlere Angestellte, Staatsfunktionäre, Militärangehörige und Händler sind eine starke Fraktion. Sie bilden die regionale und lokale Elite des Departements, wobei sie sowohl das Wertsystem der städtischen Mittelschicht wie Traditionen ihrer ländlichen Herkunftsregionen vertreten.

- "clase dominante": sie ist in Madre de Dios kaum anzutreffen, mit Ausnahme der Vertreter ausländischer Großunternehmen, die meist der nationalen Bourgeoisie aus Lima angehören und eine Satellitenposition für die multinationalen Konzerne in Madre de Dios einnehmen, sowie wenigen staatlichen Spitzenfunktionären.

6.2 Zugang zur Ressource Boden

Die Zugangsbedingungen zu den Goldlagerstätten, die faktische Absicherung gegen Konkurrenten und die Möglichkeiten, die Goldausbeute durch Nutzungstitel zu legalisieren, sind für die verschiedenen Gruppen gesellschaftlicher Akteure sehr unterschiedlich: Je niedriger der soziale Status, je kleiner die agierende Einheit, je geringer die Fähigkeit, Koalitionen zu bilden, desto prekärer sind die Zugangsbedingungen zur Ressource Boden.

Die Tieflandindianer betrachten sich als die genuinen Eigentümer des Landes, das sie für die Ausübung ihrer traditionellen Lebensweise benötigen und das von ihren Vorfahren besiedelt wurde. Ihr Lebensraum, der nicht von festen Grenzen umgeben war, orientierte und orientiert sich an den Erfordernissen ihrer wirtschaftlichen Aktivitäten, dem Jagen, Fischen, Sammeln und dem Anlegen von Feldern. Jahreszeitlich unterschiedliche Siedlungsräume entsprechend den ökologischen Erfordernissen des Urwaldes und die niedrige Tragfähigkeit tropischer Böden führen dazu, daß die Areale, auf die sie Anspruch erheben, sehr weitläufig sind. Ihr tradierter Rechtsanspruch steht im krassen Widerspruch zum modernen peruanischen Rechtsverständnis, das eine Verbriefung von Nutzungsrechten verlangt. Nach dem Gesetz D.L. No 22 175 steht den Tieflandindianern das Recht zu, den Bestand ihres Lebensraumes durch einen für eine comunidad geltenden kollektiven Rechtstitel abzusichern (Kapitel 7). In Madre de Dios haben alle comunidades entsprechende Anträge gestellt, wobei die hohen formalen Anforderungen an solche Anträge nur durch die Hilfe engagierter Anthropologen und Sozialwissenschaftler erfüllt werden konnten. Die Behörden haben allerdings die Realisierung dieses Rechts bisher durch gezielte Verzögerungen weitgehend verhindert.

Zudem legt das Bergbaugesetz von 1978 fest, daß die Ausbeutung von Bodenschätzen gegenüber der Oberflächennutzung Priorität genießt (Kapitel 4.3); Nutzungstitel werden hierfür aber nur individuell vergeben, was von Tieflandindianern bisher nur in drei Fällen erreicht werden konnte. So sind die Tieflandindianer nicht nur von landlosen Invasoren bedroht, sondern auch dadurch, daß in ihren Siedlungsgebieten jederzeit Nutzungstitel zur Ausbeutung des Goldes oder anderer Bodenschätze an Dritte vergeben werden können.

Bestimmte Areale ohne Nutzungstitel in Besitz zu nehmen und gegen die Ansprüche von Konkurrenten Gewohnheitsrecht geltend zu machen, ist die am weitesten verbreitete Form einer prekären Sicherung der Bodenressourcen. Unter der Reformregierung Velascos war es legalisiert worden, Boden durch Bewirtschaftung in Besitz zu nehmen. Die Gesetzgebung nach 1978 hat diesen Grundsatz wieder aufgehoben. Seither ist es eine Frage der Zugänglichkeit eines Geländes, des mikroregionalen Drucks auf die Bodenressourcen und vor allem der realen Macht, welche die Akteure besitzen oder kurzzeitig durch Koalitionen mobilisieren können, ob sie in der Lage sind, die in Anspruch genommenen Gewohnheitsrechte auch zu verteidigen.

Alle, die als Selbständige oder Kleinunternehmer in der Goldausbeute tätig sind, kennen faktisch nur diese Form der Sicherung der Bodennutzung. Auf die wenigen Ausnahmen, etwa von Zusammenschlüssen von Kleinunternehmern, die sich Nutzungsrechte verbriefen lassen konnten, wird an anderer Stelle noch eingegangen.

Selbst für mittelgroße Goldwäscher, "medianos mineros", ist der legale Zugang zur Ressource Boden nicht selbstverständlich. Gewohnheitsrechte sind auch in ihrem Bewußtsein von "Besitz" vorherrschend, und trotz finanzieller Möglichkeiten gelang es nur denjenigen mit höherem Bildungsgrad, sich Nutzungstitel zu erwerben und zu erhalten. Den traditionellen medianos mineros gelingt es über ihre Machtposition, die sie als Goldwäscher mit bis zu 150 Arbeitern und häufig noch zusätzlich als Händler, als Laden- und Barbesitzer oder Transportunternehmer gewonnen haben, die von ihnen bearbeiteten Gebiete für sich zu sichern. Verteidigen sie ihre Landansprüche nicht direkt durch Waffengewalt, so verfügen sie über die notwendigen Beziehungen, um ihre Ansprüche durchzusetzen.

Die Legalisierung der Goldausbeute in Madre de Dios durch die Eintragung von Nutzungstiteln ist seit der Modifikation des Bergbaugesetzes 1978 faktisch zum Instrument der Monopolisierung des Zugangs zu den Bodenressourcen geworden. Dieses Monopol teilen sich einige wenige Vertreter der städtischen Mittel- und Oberschicht, insbesondere aus Lima, Personengruppen, die mit dem Staatsapparat verbunden sind oder sich durch Korruption Vorteile verschaffen können. Sie konnten sich flächenmäßig nahezu unbegrenzte Nutzungsrechte aneignen, als Zwischenhändler oder als Strohmänner für internationale Unternehmen, die daran interessiert sind, die Nutzungstitel in peruanischer Hand zu lassen, um dem Risiko einer Nationalisierung vorzubeugen (Kapitel 12).

Mit Recht herrscht daher in Madre de Dios die Auffassung: "Hecha la ley, hecha la trampa"[5].

Die wenigen Fälle, in denen es Zusammenschlüssen von Kleinunternehmern und einzelnen Goldwaschbetrieben mittlerer Größe gelang, Nutzungstitel zu erwerben, sind als die Ausnahmen zu werten, welche die Regel der Monopolisierung bestätigen. Ihr Anteil an den Flächen, für die Konzessionen eingetragen sind, ist marginal.

Als vierte Form, mit der die Akteure den Zugang zu goldhöffigen Arealen abzusichern versuchen, ist ein System von Pacht- und Unterpachtverträgen zu nennen, auf das bei der Beschreibung der Mittelunternehmer und der Economía Campesina (Kapitel 6.6 und 11)näher eingegangen wird. Als Pachtzins werden Dienstleistungen vereinbart oder Anteile an der Goldausbeute, die bis zu 50 % ausmachen können. Pachtverträge werden dabei nicht nur von 'rechtmäßigen' Inhabern von Nutzungstiteln abgeschlossen, sondern auch von Personen, denen die gewohnheitsmäßige Nutzung ihrer Areale noch nicht streitig gemacht worden ist. Es sind vor allem Kleinunternehmer, die den Bodenzugang über Pachtverträge suchen.

6.3 Kapitalausstattung und Kenntnisse der Produktionstechniken

Kapitalausstattung und Kenntnisse über Produktionstechniken bestimmen die Wahl der Produktionsmittel und der Betriebsgröße in der Goldextraktion.

Vorherrschend ist eine sehr geringe Kapitalausstattung, verbunden mit guten Kenntnissen der handwerklichen Technik der Goldgewinnung und einfacher Techniken der Exploration von Goldlagerstätten. Sie kennzeichnen die Produktionsvoraussetzungen selbständiger Goldwäscher und der meisten Kleinunternehmer. Ihr Betriebskapital sind persönliche Ersparnisse, der Verkaufserlös von Vieh oder Land oder Kredite von Verwandten und Freunden. Das Startkapital dient der Finanzierung
- der Anreise in die Arbeitszone,
- der Verpflegung für die ersten Wochen,
- dem Kauf von Machete, Spitzhacke, Schaufel, Plastik- und Leinentüchern und einer hölzernen Waschpfanne, was als minimale Arbeitsausstattung gilt; in günstigen Fällen können sie zusätzlich Eimer und Schubkarren erwerben.

Die Arbeitsgeräte müssen in jeder Waschsaison neu angeschafft werden, da sie sich aufgrund schlechter Qualität, der hohen Belastung und der klimabedingten Erosion schnell abnutzen. Um als Selbständiger in der Goldwäscherei arbeiten zu können, muß ein Minimum von 200 US-Dollar Startkapital (bei Preisen von 1983) eingebracht werden. Eine Finanzierungsmöglichkeit durch Bankkredite besteht für die Selbständigen und Kleinunternehmer nicht, da die staatliche Minenbank nur Kredite an diejenigen Personen vergibt, die über Nutzungstitel verfügen. Die einzige Möglichkeit, trotz Geldmangel im Gold als Selbständiger zu arbeiten, ist das Ausleihen von Arbeitsmitteln gegen eine geringe Vergütung von Verwandten und Freunden.

Die technischen Kenntnisse der Goldwäscherei auf diesem Niveau werden durch Erfahrung gewonnen und sind im Durchschnitt erstaunlich hoch. Entweder werden die Kenntnisse von Generation zu Generation weitergegeben, wie im Fall der comunidades von Cuyo Cuyo, die durch ihre jahrelange Praxis ausgeklügelte handwerkliche Verfahren entwickelt haben (Kapitel 3 und 9), oder sie werden durch die Arbeit als Lohnarbeiter erworben.

Steht mehr Startkapital zur Verfügung, werden die Produktionsmittel um eine Motorpumpe mit entsprechendem Zubehör (Schläuche, Ersatzteile, Werkzeug) und ein Boot, möglichst mit einem einfachen Motor, erweitert. Nicht selten schließen sich Selbständige und Kleinunternehmer zusammen, um solche Geräte gemeinsam anzuschaffen und zu nutzen. Können die Arbeitsgeräte in ausreichendem Umfang erworben werden, werden auch einige Lohnarbeiter eingestellt.

Häufig ist der Umgang mit den Motoren problematisch; die technischen Kenntnisse reichen dafür meist nicht aus. Falsche Handhabung, fehlende Wartung und mangelnde Reparaturmöglichkeiten führen dazu, daß sie oft nur eine kurze Lebensdauer aufweisen.

Bei den Betrieben mittlerer Größe sind solche zu unterscheiden, die ausschließlich handwerkliche Techniken einsetzen, und solche, die in kapitalintensive Abbaumethoden investieren.

Mittelunternehmer, die traditionelle Waschmethoden anwenden, verfügen über ausreichend Kapital, um zwischen 20 und 150 Lohnarbeiter zu beschäftigen. Auch bei den Mittelunternehmern werden nur Besitzer von Nutzungstiteln von der Minenbank als kreditwürdig akzeptiert, dann können sie günstige staatliche Kredite aufnehmen. Sie verfügen über adäquate technische Kenntnisse der handwerklichen Technologien und stellen "Facharbeiter" für spezielle Aufgaben ein, zum Beispiel für die Wartung der Maschinen, die Kontrolle des Arbeitspersonals, die Versorgung der Arbeiter, aber auch für die Exploration neuer Lagerstätten.

Unternehmen dieser Größenordnung, die maschinelle Verfahren insbesondere für den Materialtransport einsetzen, klagten ohne Ausnahme über finanzielle Schwierigkeiten. Für sie ist nicht nur die Kreditfinanzierung der Investitionen schwer abzusichern: in der Regel fehlen auch die notwendigen betriebswirtschaftlichen Kenntnisse für einen erfolgreichen Faktoreinsatz und die technischen Fähigkeiten, um die Maschinen in einem ausreichenden Nutzungszeitraum funktionsfähig zu erhalten. Betriebe dieses Typs sind bisher durchweg gescheitert.

Keinen Beschränkungen im Zugang zu Kapital und Produktionstechniken unterliegen lediglich die wenigen in Madre de Dios tätigen Großunternehmen, welche die erforderlichen Spezialisten unabhängig vom regionalen und nationalen Arbeitsmarkt rekrutieren können.

Kapitalausstattung und Kenntnisse landwirtschaftlicher Produktionstechniken sind ferner ausschlaggebend dafür, in welchem Maße die gesellschaftlichen Akteure das tropische Ökotop zur Selbstversorgung nutzen und sich damit teilweise vom regionalen Konsumgütermarkt unabhängig machen können. Dieser Aspekt ist bei den einzelnen Gruppen sehr unterschiedlich entwickelt; er wird in den die Gruppen analysierenden Kapiteln ausführlich behandelt werden.

6.4 Organisationsform des Produktionsprozesses

Die Organisationsform des Produktionsprozesses ist die wichtigste Kategorie zur Differenzierung der in der Goldausbeute tätigen Akteure; in ihr finden auch kulturspezifische Merkmale, die der ethnischen und sozialen Herkunft zuzuordnen sind, ihren deutlichsten Ausdruck.

Entscheidend dabei ist, in welcher Weise die Goldextraktion mit anderen wirtschaftlichen Aktivitäten verbunden wird. Dies gilt sowohl innerhalb der betrieblichen Einheit während der Waschsaison wie außerhalb der Goldsaison, da der weitaus größte Teil der Akteure landwirtschaftliche (Subsistenz-) Produktion im Tiefland beziehungsweise im Hochland betreibt und nur saisonal Gold wäscht.

Wichtig sind ferner betriebliche Merkmale der Arbeitsorganisation, die aus traditionellen Formen kommunaler Arbeit abgeleitet sind, hier aber nicht der dörflichen Gemeinschaft, sondern dem Unternehmen als Arbeitsrente zugute kommen.

Außerdem sollen in diesem Kriterium Art und Umfang der Kapitalakkumulation und die Verwendung der erwirtschafteten Überschüsse berücksichtigt werden.

Betriebsformen, die ausschließlich auf Goldextraktion gerichtet und in denen die Arbeitskräfte nur zur Lohnarbeit verpflichtet sind, finden sich lediglich bei den Großunternehmen und bei einigen "modernen" Mittelunternehmen in der Hand von Vertretern der städtischen Mittelschichten. Schon die "traditionellen" Mittelunternehmer, die handwerkliche Techniken einsetzen, führen innerhalb des Betriebes zur Senkung der Inputkosten landwirtschaftliche Produktion, Jagd und Fischfang ein, von den Lohnarbeitern häufig als Arbeitsrente zu leisten. Die Unternehmer selbst betätigen sich auch häufig als Händler und führen für Dritte Last- und Passagiertransporte durch. Jagd und Fischfang zur Versorgung des eigenen Betriebes sind auch bei einem großen Teil der Kleinunternehmer und Selbständigen üblich, wenn sie ihre Areale der Goldausbeute längerfristig genügend gesichert haben.

Kleinunternehmer und Selbständige, insbesondere aber auch die Wanderarbeiter aus dem Hochland, kombinieren die Goldwäscherei mit Subsistenzproduktion, die weiterhin ihre wichtigste Existenzgrundlage darstellt. Bei den Tieflandindianern ist diese Kombination kontinuierlich und am gleichen Standort; die migrierenden Hochlandindianer arbeiten im Gold vornehmlich in den landwirtschaftlichen Totzeiten und erweitern dadurch das monetäre Einkommen, das zur Sicherung ihrer kleinbäuerlichen Existenz in zunehmendem Maße erforderlich ist.

6.5 Artikulation der Akteure als gesellschaftliche Interessengruppe

Die Artikulierung der Akteure als gesellschaftliche Interessengruppe findet in Konfliktsituationen statt, die bewirken, daß sich die einzelnen Gruppierungen in unterschiedlichen Organisationsformen mit verschiedenen Organisationsgraden kurz- oder mittelfristig zur Verteidigung gemeinsamer Interessen zusammenschließen. Dies erfolgt in der Regel unabhängig von Parteien und Gewerkschaften.

Die zur Beurteilung und Differenzierung der goldwaschenden Bevölkerung von Madre de Dios herangezogenen fünf Kriterien werden im folgenden zur deskriptiven Analyse der gesellschaftlichen Akteure angewandt, die in nennenswertem Maße in die Goldextraktion involviert sind.

Nach den dargestellten Kriterien lassen sich sieben Gruppen bilden, die sich in Kombination und Ausprägung der Merkmale deutlich unterscheiden. Sie werden in folgender Tabelle mit einer quantitativen Schätzung dargestellt, um eine Vorstellung vom demographischen Gewicht der Gruppen und ihrer Entwicklung seit 1980 zu vermitteln. Die Schätzung bezieht sich nur auf die direkt in der Goldausbeute ökonomisch aktive Bevölkerung.

Tabelle 5: Goldwäschereinheiten und -betriebe im Departement Madre de Dios 1975 bis 1983 in der Goldausbeute, untergliedert nach sieben Hauptgruppen

	1975	1980	1982	1983
Tieflandindianer	250	250	250	250
Lohnarbeiter/Wanderarbeiter	5.000	15.000	10.000	10.000
Selbständige/saisonale Migranten	1.000	3.000	1.500	1.500
Kleinunternehmen (pequeños mineros)	500	3.000	1.000	1.000
Mittelunternehmen (medianos mineros)	-	600*	100	60
Großunternehmer (grandes mineros)	-	3	4	5

* Schätzungen weichen extrem voneinander ab: die untere Grenze liegt bei 100 Mittelunternehmen

Quelle: Eigenerhebung aufgrund von Expertengesprächen und Bereisung der Goldwäscherzentren

Die Schätzwerte stellen eine Synthese aus verschiedenen Expertengesprächen dar, die insbesondere mit den regionalen Vertretern der Minenbank in den drei Hauptarbeitszonen Laberinto, Colordo und Huaypetue geführt wurden.

6.6 Exkurs: Die Economía Campesina des Hochlandes

Die große Zahl der saisonalen Migranten aus dem Hochland, die als Wanderarbeiter, selbständige Goldwäscher oder Klein-

Madre de Dios eine Funktion als Ergänzungsregion zum andinen Hochland erfüllt: Der Arbeitsmarkt und die Gelegenheit zur selbständigen Goldextraktion stellt eine wichtige Alternative zu dem eng begrenzten Potential des Hochlandes dar, den kleinbäuerlichen Subsistenzproduzenten monetäres Einkommen zu ermöglichen.

Ein kurzer Exkurs über den gegenwärtigen Entwicklungsstand der Economía Campesina soll einerseits den hohen Migrationsdruck und damit die ökonomische Bedeutung der Ergänzungsregion erklären und andererseits kulturelle Traditionen vermitteln, die sich in der Ausprägung bestimmter Produktionsformen im Tiefland niederschlagen.

"La economía campesina ha sido tipificada como una explotación en pequeña escala, diversificada, con bajo nivel tecnológico, uso preponderante del trabajo familiar y articulada a los mercados de productos y/o de trabajo de acuerdo a su nivel de recursos y tipo de desarrollo del mercado interno."[6] (Aramburu, 1983: 243)

Der Anteil der bäuerlichen Bevölkerung an der Gesamtbevölkerung wird in Peru auf ca. 30 % geschätzt (ca. fünf Millionen Menschen). 87 % der Familien beziehungsweise wirtschaftenden Einheiten bearbeiten landwirtschaftliche Nutzflächen unter 5 ha (Caballero, 1984: 18; Aramburú, 1983: 243). Die Mehrheit der bäuerlichen Bevölkerung (über 80 %) lebt im andinen Hochland, besonders im südlichen Teil in Comunidades Campesinas, bäuerlichen Dorfgemeinschaften.

Konstitutives Merkmal der Economía Campesina stellt auch noch heute die Comunidad Campesina dar, die in ihrer heutigen Organisationsform als historisches Produkt eines in präkolumbischer Zeit beginnenden Entwicklungsprozesses zu verstehen ist (Orlando Plaza/Francke, 1981; Figueroa, 1983, 1984; Gonzales de Olarte, 1984).

Für 1980 gibt das peruanische Agrarministerium die Zahl anerkannter Comunidades Campesinas mit 3.230 an, was etwa 650.000 Familien und der Hälfte der bäuerlichen Bevölkerung entspricht. Sie bewirtschaften 29 % des kultivierbaren Landes und natürlicher Weiden zwischen 2.000 und 4.000 m Höhe. Im Durchschnitt besitzt jede Familie drei Rinder, zwölf Schafe und drei Lamas oder Alpakas. Zum Bruttoinlandsprodukt tragen sie ca. 3 bis 4 % bei, was ca. 27 % des landwirtschaftlichen Bruttoproduktes entspricht; dies verdeutlicht die niedrige Produktivität der comunidades, die comuneros partizipieren mit nur ca. 3 % am nationalen Einkommen und stehen somit am unteren Ende der Einkommenspyramide (Figueroa, 1984: 48 ff).

Die comunidad als gesellschaftliche Organisationsform des wirtschaftlichen wie sozialen Lebens der bäuerlichen Bevölkerung Perus geht in ihren Ursprüngen zurück auf die ayllu, Einheiten, die von Familienwirtschaft, Gemeinschaftseigentum an Boden, reziprokem Tausch von Arbeitskraft und dem rotativen Charakter kommunaler Pflichten geprägt waren. Im Verlauf der kolonialen und postkolonialen Ära vollzogen sich in den Dorfgemeinschaften grundlegende Strukturveränderungen, die in erster Linie den kollektiven Charakter der comunidad tangierten und zu einer Differenzierung der Sozialstruktur führten (Villasante, 1979).

In den 50er und 60er Jahren des 20. Jahrhunderts verstärkte die Ausdehnung des internen Marktes die Unterordnung der dörflichen Wirtschaft unter die dominant kapitalistische Gesellschaft (Orlando, 1981: 35). Im Lauf dieser Entwicklung differenzierte sich die früher eher egalitäre soziale und ökonomische Struktur der Dorfgemeinschaft. Individualistische Tendenzen nahmen zu, was in einigen Regionen bis zur Auflösung der Kommunalstruktur führte (Casaverde, 1979; Caballero, 1984: 22).

Die Comunidad Campesina stellt in den 80er Jahren eine staatlich anerkannte, privatrechtliche, nicht-kapitalistische Organisation innerhalb einer dominant kapitalistischen Gesellschaft dar. Trotz regionaler Differenzierung der comunidades in der internen Organisation und wirtschaftlichen Integration in lokale und regionale Märkte entwickelt Gonzales de Olarte eine Typologie der heutigen Comunidad Campesina, derzufolge

> "... existe 'economía comunal', dentro de una comunidad campesina, cuando la organización de la producción y trabajo se efectua mediante un sistema de interrelaciones entre las familias comuneras, teniendo como resultado, para estas familias un 'efecto comunidad', es decir, un conjunto de beneficios económicos (productivos, ingresos y bienestar) superiores al de las familias campesinas individuales."[7] (Gonzales de Olarte, 1984: 19)

In diesem Zusammenhang bezeichnet Gonzales de Olarte die Comunidad Campesina auch als einen Zusammenschluß von ländlichen Armen, die nur sehr begrenzte Ressourcen an Land und Vieh besitzen und verschiedenen ökonomischen Aktivitäten nachgehen, um zu überleben.

> "Es decir, la 'economía comunal' y el 'efecto comunidad' hace que sean menos pobres o por lo menos alcancen mejores niveles de bienestar."[8] (Gonzales de Olarte, 1984: 20)

Einige Elemente, die die Ökonomie der Comunidad Campesina und der Migranten auch im Tiefland in der Goldwäscherei bestimmen, werden im folgenden kurz skizziert:

- Mangel an landwirtschaftlicher Nutzfläche; die einer Familie zur ackerbaulichen Nutzung zur Verfügung stehende Fläche beträgt im Durchschnitt nur 1,2 ha (Gonzales de Olarte, 1984: 85). Der beschränkte Bodenzugang zwingt den comunero, die knappe Ressource mit den wenigen ihm zur Verfügung stehenden Produktionsmitteln optimal zu nutzen. Um ein gewisses stabiles Niveau der Autosubsistenz sicherzustellen, muß er Nutzungssysteme anwenden - wie Rotation und Brache -, die das Produktionsrisiko auf ein Minimum reduzieren. Dies erklärt auch, daß eine Familie durchschnittlich 20 bis 40 Felder an diversen Orten auf verschiedenen Höhenstufen anlegt, um witterungsbedingte oder durch Schädlingsbefall hervorgerufene Ernteausfälle zu mindern. Die Diversifizierung der Produktion ist ein wichtiges Mittel der Risikominimierung (Figueroa, 1984: 17/58 ff).

- Produktion auf gepachtetem Land; die ungleiche Verteilung der knappen Ressourcen innerhalb der comunidad zwischen comuneros mit 'Landbesitz' und solchen, die über kein Land oder nur sehr kleine Anteile verfügen, hat zu Pachtsystemen geführt: der "arriendo" und die "aparcería". "El arriendo" ist ein Mechanismus, bei dem ein comunero mit Landbesitz, der in der Regel nicht mehr in der comunidad lebt, sein Land gegen einen jährlich im voraus zu zahlenden Zins an einen anderen comunero verpachtet. "Aparcería" ist ein System, in dem ein Landbesitzer Teile seines Bodens an einen comunero verpachtet, der Arbeitskraft, Arbeitsgeräte und Inputs stellt. Bei der aparcería werden die Produktionserträge zwischen Bodenbesitzer und Pächter geteilt, das heißt, daß auch das Produktionsrisiko geteilt wird. Die aparcería ist das bedeutendere Pachtsystem, das auch in der Goldwäscherei angewandt wird. Für den Pächter hat es den Vorteil einer Risikominimierung, für den Verpächter den Vorteil, daß er keine Verluste aus Inflation und Preisschwankungen hat. Im allgemeinen beruht das Pachtsystem auf Verwandtschafts- und Wahlverwandtschaftsbeziehungen (Gonzales de Olarte, 1984: 105).

- Kreditsysteme; innerhalb der comunidades bestehen zwei Kreditsysteme nebeneinander: das staatliche Kreditsystem der Banco Agrario del Perú, der Landwirtschaftsbank, das reichen comuneros offensteht, die Garantien geben können, und ein vorkapitalistisches Kreditsystem zwischen comuneros oder Händler und comuneros. Letzteres ermöglicht armen comuneros, die keine Garantien vorzuweisen haben, Kredite aufzunehmen, jedoch in der Regel mit der Folge hoher Kreditkosten. Eine Art des traditionellen Kredits, die auch in Madre de Dios unter Hochlandindianern praktiziert wird, ist das System der "habilitación". Der "habilitador", in der Regel ein Händler, rüstet den Kreditempfänger mit Arbeitsgeräten und Saatgut aus und erhält dafür als Gegenleistung zu einem vereinbarten Zeitpunkt einen Teil der Produktion. Im Rahmen der habilitación werden auch Geldkredite gegen Produktionserträge und gegen Geldleistungen gegeben. Viele der habilitadores nutzen die Tatsache, daß die mittellosen comuneros keinen Zugang zum Kreditsystem der Agrarbank haben, um höhere Zinsen zu verlangen, was vor allem beim Warenaustausch den Kreditnehmern oft verborgen bleibt. Da die Produktion der armen comuneros ihren Subsistenzbedarf sowieso nur auf einem sehr prekären Niveau deckt, sind viele nicht in der Lage, die geforderten Leistungen zu erbringen. Dies bringt sie in eine langfristige Abhängigkeit, welche die Familien zu Arbeitsleistungen für den habilitador verpflichtet. Das System wird unter Verwandten und Wahlverwandten angewandt und

"... permite consolidar las relaciones de producción-explotación internas en la comunidad, basadas en el trabajo no asalariado."[9] (Gonzales de Olarte, 1984: 98)

- Ausgleich des Arbeitskräftepotentials; zur Deckung wechselnden Arbeitskräftebedarfs bestehen neben der Lohnarbeit verschiedene nicht geldwirtschaftlich geregelte Organisationsformen:

  o "ayni", ein reziproker Austausch von Arbeitskräften zwischen zwei Familien. Die Symmetrie des Austauschs wird durch die verstärkte Nachfrage der reichen comuneros, denen die armen nachkommen, ohne entspre-

chende Gegennachfrage anzumelden, teilweise aufgehoben. Vielfach handelt es sich bei der ayni heute nur noch um eine nicht vergoltene (oder besser unbezahlte) Arbeitsleistung gegen Verpflegung an den Arbeitstagen. Neben dem Tausch von Arbeitskraft bestehen weitere Tauschverhältnisse, die heute auch als ayni bezeichnet werden, wie der Tausch von Arbeitskraft gegen ein Zugtier oder ein Arbeitsgerät.
"De esta manera la reciprocidad se convierte, más bien, en una 'relación de explotación' de los comuneros 'pobres' por los comuneros 'ricos' ..."[10] (Gonzales de Olarte, 1984: 112)

o "minka", eine freiwillige, unentgeltliche Arbeit zwischen Familien, die die Empfängerfamilie nicht zurückleisten muß (zum Beispiel Decken eines Daches, Bau eines Stalles). Die minka schließt eine bessere Verpflegung mit Essen und Getränken als die ayni ein und endet meist mit einem Fest. Die minka konsolidiert die kommunalen und auch die Verwandtschaftsbeziehungen (Gonzales de Olarte, 1984: 113).

o "faena" ist eine obligatorische Arbeitsleistung aller comuneros zu einem gleichen Zeitpunkt für kommunale Zwecke, zum Beispiel die Instandhaltung der Bewässerungskanäle, Schul- und Wegebau sowie die Bestellung kommunalen Landes (Gonzales de Olarte, 1984: 114).

Die ayni ist unter den skizzierten Arbeitssystemen am weitesten verbreitet und wird auch im Tiefland unter Verwandten und Wahlverwandten praktiziert. Die faena ist Bestandteil der Arbeitsverträge der Lohnarbeiter im Tiefland; als "faena dominical" wird sie von den patrones benutzt, um den Arbeitern weitere Dienste in Form von Arbeitsrente abzuverlangen (Brennholzsammeln, Transport der Lebensmittel, Bau der Arbeitercamps).

Für die ökonomisch schlecht gestellten comuneros wie für die individualisierten Kleinbauern impliziert die sozio-ökonomische Entwicklung im Hochland eine Verschlechterung ihrer Lebenssituation (Pauperisierung der Landbevölkerung, vgl. SUR, verschiedene Nummern). Die Familien können sich nicht mehr allein aus ihrer landwirtschaftlichen Tätigkeit reproduzieren. Die Überschußprodukte einer in erster Linie auf Selbstversorgung der häuslichen Gemeinschaft ausgerichteten Subsistenzproduktion reichen nicht mehr aus, bei stetem Preisverfall für landwirtschaftliche Produkte und steigenden Preisen für Produktions- und Konsumgüter das benötigte monetäre Einkommen zu erwirtschaften. Der Monetarisierungsgrad der Economía Campesina nimmt durch veränderte Konsumstrukturen (Erziehung, Gesundheit, Erwerb von einfachen, aber auch Luxuskonsumgütern) stetig zu. Um die Reproduktion zu sichern, müssen comuneros und Kleinbauern entweder ihre Arbeitskraft saisonal verkaufen (Kapitel 8) oder aber temporär außerhalb der Landwirtschaft selbständige Tätigkeiten ausüben, die ihnen wenigstens ein Minimum an monetärem Einkommen gewährleisten (Moncloa, 1980: 14). Diese Strategie des Überlebens (Plaza/Francke, 1981: 91) führt zu einer Ausweitung des Territoriums wirtschaftlicher Aktivität dieser bäuerlichen Bevölkerung über die Grenzen ihrer comunidad und ihrer Heimatregion hinaus, da die regionalen Arbeitsmärkte saturiert sind (Maletta, 1980: 34). Die Migration in urbane Zentren wie Cusco, Puno, Arequipa, Lima oder in sogenannte Kolonisationsgebiete wie Madre de Dios stellten zunächst einen Ausweg dar. Die Freisetzung von Arbeitskraft auf dem Land ohne Schaffung von Arbeitsplätzen in den Städten reduzierte jedoch die Arbeitsplatzangebote in den Zentren. Eine ländliche Region wie Madre de Dios, in der durch die Goldwäscherei Arbeitsmöglichkeiten geschaffen worden sind, entwickelte sich so zu dem peruanischen Departement mit der höchsten Zuwanderungsquote seit 1975 (Aznar/Luna Ballon, 1979).

Die Migration von Lohnarbeitern und Selbständigen nach Madre de Dios ist zum gegenwärtigen Zeitpunkt nicht als ein permanenter Abzug der Arbeitskraft aus der Economía Campesina zu verstehen[11], "sino como una parte inherente de la lógica de reproducción de la economía campesina."[12] (Plaza/ Francke, 1981: 91) Die Formen der saisonalen Arbeitsmigration als konstitutives Element der bäuerlichen Wirtschaft in der Hochlandregion hängen von zwei Faktoren ab: dem landwirtschaftlichen Zyklus, der zu bestimmten Jahreszeiten mit weniger Arbeitskraft auskommt, und der Familiengröße der bäuerlichen Produktionseinheit, das heißt der Anzahl der arbeitsfähigen Familienmitglieder.

Im peruanischen Hochland liegen die landwirtschaftlichen Totzeiten (Plaza/Francke, 1981: 92) zwischen der Ernte und der Aussaat von Juli bis September und während der Brache in den Monaten Januar bis März.

Abbildung 19: Zyklen des Arbeitskräftebedarfs in der Economía Campesina

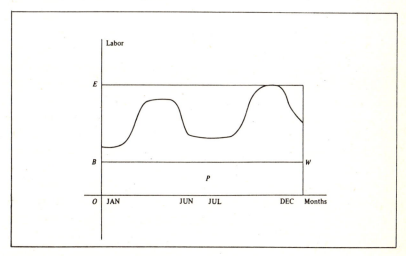

Quelle: Figueroa, 1984: 62

In diese Zeit reduzierter landwirtschaftlicher Tätigkeit in der Sierra fallen auch die günstigen Jahreszeiten für das Goldwaschen in Madre de Dios, nämlich während der Monate Juli bis September in den Niederterrassen und der Monate Januar bis März am Andenabhang. Während die arbeitsfähigen Männer und Jugendlichen nach Madre de Dios abwandern, bewirtschaften die zurückgebliebenen Frauen, Alten und Kinder das Anwesen im Hochland. Dieser Typ der Migration erfolgt im allgemeinen alljährlich an denselben Ort über mehrere Jahre hinweg.

Wie in den Kapiteln über die Wanderarbeiter und die selbständig arbeitenden Migranten noch zu zeigen sein wird, besteht nicht nur eine einseitige Abhängigkeit der Subsistenzproduktion der Migranten vom monetären Zusatzeinkommen, das in der Goldwäscherei erwirtschaftet wird. Die Abhängigkeit gilt auch reziprok: Das im Tiefland erzielbare Einkommen garantiert bei der hohen gesundheitlichen Belastung in vielen Fällen nicht einmal die einfache Reproduktion der Arbeitskraft; die Kosten der erweiterten Reproduktion, Aufzucht der Kinder, Versorgung bei Krankheit und im Alter lastet in aller Regel voll auf der Economia Campesina. Ihren Beitrag zum Fortbestand prekärer Sektoren der Subsistenzwirtschaft leistet die Ergänzungsregion daher nicht durch die Menge der Güter, die transferiert werden, sondern dadurch, daß es gerade monetäre Güter sind, die zum Ausgleich der Defizite verwendet werden können, die jeweils am schwersten wiegen (zum Beispiel Kauf von Saatgut nach Mißernten etc.). Für die Wanderarbeiter ländlicher Herkunft hat der Lohn, den sie in saisonalen Tätigkeiten erzielen können, zwei Vorteile: Er ermöglicht ihnen

> "1. Zugang zum Bargeld, das im häuslichen Sektor selten und 'teuer' ist, und dank diesem Bargeld Zugang zu den Objekten, welche die handwerkliche Produktion ersetzen; 2. ein Einkommen, das im Vergleich zu demjenigen relativ hoch ist, das ihm die Anwendung derselben Arbeitskraft auf die häuslichen Produktionsmittel verschafft hätte." (Meillassoux, 1983: 146)

Für die häusliche Produktionsgemeinschaft ist der Anreiz, monetäres Einkommen außerhalb der comunidad zu erwirtschaften, so hoch, daß ihre Mitglieder sich auch dann noch als Lohnarbeiter oder kleine Selbständige auf marktorientierte wirtschaftliche Aktivitäten einlassen, wenn die verausgabte Arbeitskraft allein durch das erzielte monetäre Einkommen nicht mehr reproduziert werden kann. Dies fordert von der häuslichen Produktionsgemeinschaft eine hohe Flexibilität, um Produktionsausfälle ausgleichen zu können. Die Flexibilität basiert ausschließlich auf der Arbeitskraft der Familienmitglieder, da die Produktionsmittel begrenzt sind und keinen Spielraum zulassen. Die Arbeitskraft der häuslichen Produktionsgemeinschaft kann jedoch je nach Bedürfnislage intensiver genutzt werden.

Auch für die Economía Campesina gilt also die Feststellung Tschajanows:
> "Dank der Art, wie die Familienwirtschaft rechnet, ergibt ihre Wirtschaftsrechnung positive Größen noch unter Verhältnissen, wo eine kapitalistische Wirtschaft schon negative Ergebnisse (Verluste) errechnen müßte. Hieraus erklärt sich die außerordentliche Zähigkeit und Widerstandskraft der bäuerlichen Wirtschaften." (Tschajanow, 1923: 40)

Für den Unternehmer in der Goldwäscherei, der sich mit saisonalen Arbeitskräften aus der Economía Campesina versorgt, bietet sich der Migrant als billige Arbeitskraft an, da er auch noch zu einem Lohn arbeitet, der kaum seine einfachen Reproduktionskosten[13] deckt. Der patrón zahlt dem Wanderarbeiter bei Unbeständigkeit des Arbeitsplatzes einen Lohn ohne Beiträge zur Sozialversicherung. Dieser Typ der Arbeitsmigration bei Niedriglohnniveau ist nur möglich durch die Aufrechterhaltung der häuslichen Ökonomie im Hochland, die die erweiterte Reproduktion des comunero gewährleistet.

> "Die häusliche Gemeinschaft darf also während seiner Abwesenheit keine Unterbrechung erfahren. Sie muß groß und ausgeglichen genug bleiben, um ihre Kräfte zwischen den beiden Produktionssektoren, dem häuslichen und dem kapitalistischen, aufteilen zu können

und den Produktionsausfall des einen durch den anderen oder umgekehrt, je nach Konjunktur, ausgleichen zu können." (Meillassoux, 1983: 147)

Diese strukturelle Verbindung zwischen Subsistenz- und Warenproduktion[14] begründet, daß

"... diese nahrungsmittelproduzierende Wirtschaft also zur Zirkulationssphäre des Kapitalismus gehört, insofern sie ihn mit Arbeitskraft und Lebensmitteln versorgt, während sie gleichzeitig außerhalb der kapitalistischen Produktionssphäre bleibt, da das Kapital nicht in sie investiert und die Produktionsverhältnisse hier häuslich und nicht kapitalistischer Art sind." (Meillassoux, 1983: 113)

Da sich die Arbeit der Verfasserin auf Madre de Dios beschränkte, konnten die oben angesprochenen Zusammenhänge zwischen Subsistenz- und Warenproduktion im überregionalen Kontext zwischen Tiefland und Hochland nur unzureichend erfaßt werden. Wünschenswert wäre eine weitergehende Untersuchung, die die Mitglieder der Familienwirtschaften in beiden Regionen erfaßt.

Anmerkungen zu Kapitel 6

1) "Serrano" bezeichnet den, der aus der Sierra, dem andinen Hochland, kommt; "cusqueño", "puneño" sind Bezeichnungen, die von Städtenamen abgeleitet werden (Cusco, Puno).

2) "Je höher sie sozial eingestuft werden, um so weißer erscheinen sie; je tiefer, um so dunkler." (Fuenzalida, 1975: 21)

3) "Als indios beginnend, durchlaufen sie die Skala der Hautfarben, bis sie Weiße werden." (Fuenzalida, 1975: 20)

4) Der Begriff "clases populares" wurde von Mariátegui eingeführt und schließt die indianische Hochland- und Tieflandbevölkerung mit ein (Mariátegui, 1928, 1976).

5) "Gesetz gemacht, Falle gestellt" oder "Jedes Gesetz hat seine Lücken."

6) "Die Economía Campesina ist durch landwirtschaftliche Nutzung in kleinem Umfang, Diverzifizierung der Produktion, niedriges technologisches Niveau der Produktionsmittel, überwiegenden Einsatz familiärer Arbeitskraft und Einbeziehung in den Produkte- und/oder Arbeitsmarkt entsprechend dem Grad der verfügbaren Ressourcen und der Art der Entwicklung eines internen Marktes gekennzeichnet." (Aramburú, 1983: 243)

7) "... es besteht 'kommunale Wirtschaft' innerhalb einer Comunidad Campesina, wenn sich die Organisation der Produktion und der Arbeit durch ein Beziehungsgefüge zwischen den Familien einer comunidad realisiert, mit dem Ergebnis, daß diesen Familien ein 'kommunaler Effekt' zukommt, durch den sie wirtschaftliche Vorteile genießen (in Produktivität, Einkommen und Wohlbefinden), die diejenigen der individuell wirtschaftenden bäuerlichen Familien übersteigen." (Gonzales de Olarte, 1984: 19)

8) "Das heißt, die 'kommunale Wirtschaft' und der 'kommunale Effekt' führen dazu, daß sie weniger arm sind oder zumindest einen höheren Grad an Wohlbefinden realisieren." (Gonzales de Olarte, 1984: 20)

9) "... sie führt zur Konsolidierung der internen Produktions-Ausbeutungs-Beziehungen einer comunidad, die auf der nicht-entgoltenen Arbeit gründen." (Gonzales de Olarte, 1984: 98)

10) "Auf diese Art und Weise wandelt sich die Reziprozität in eine 'Beziehung der Ausbeutung' von 'armen' durch 'reiche' comuneros." (Gonzales de Olarte, 1984: 112)

11) Vgl. hierzu die zahlreichen Studien über Migration und verschiedene Migrationsformen in Peru sowie die strukturellen Beziehungen zwischen Herkunfts- und Zielregion (Aramburú, 1982/1983; Martínez, 1980/1983; Ortíz, 1982).

12) "..., sondern als ein inhärenter Teil der Reproduktionslogik der Economia Campesina." (Plaza/Francke, 1981: 91)

13) "Einfache Reproduktion" definiert als Reproduktion der nur unmittelbar verausgabten Arbeitskraft eines einzigen Vertreters der häuslichen Gemeinschaft, während die "erweiterte Reproduktion" mehr als einen Vertreter reproduziert, das heißt das menschliche Leben auf familiärer Ebene herstellt und erhält (Jacobi/Nieß, 1980: 15). Reproduktion umfaßt die Wiederherstellung verausgabter Arbeitskraft, Absicherung im Krankheitsfall, im Alter und bei Arbeitslosigkeit sowie die Aufzucht der Nachkommen (Meillassoux, 1983: 66 ff)

14) Vgl. zu diesem Thema die Arbeiten der Bielefelder Schule, die diesen Ansatz weiterentwickeln und auch auf die Hausarbeit in Industrieländern beziehen (Krogbäumker, 1980; Jacobi/Nieß, 1980; Arbeitsgruppe Bielefelder Entwicklungssoziologen (Hrsg.), 1979).

7. Tieflandindianer

Die in Madre de Dios siedelnden ca. 4.200 Tieflandindianer sind Mitglieder verschiedener Völker, die sieben linguistischen Familien angehören und 17 Ethnien repräsentieren (Rumrrill, 1984: 304).

Seit Vorrücken des Kapitalismus mit Beginn der Kautschukextraktion im 19. Jahrhundert (Kapitel 2.5) wurden die Ethnien von Madre de Dios stark dezimiert und in geographische Randgebiete des Departements abgedrängt. Mit Einsetzen der Goldwäscherei gewannen die Randzonen im Oberlauf des Flußsystems des Rio Madre de Dios und des Inambari aufgrund ihrer goldhöffigen Böden an wirtschaftlicher Bedeutung; gerade diese Zone bildete das Rückzugsgebiet der Völker der Sprachfamilie der Harakmbut. Da in erster Linie Mitglieder der Ethnie der Amarakaeri - neben tradierten wirtschaftlichen Tätigkeiten - die Goldausbeute betreiben, konzentrierte sich die Feldforschung auf sie.[1]

7.1 Ethnische Zugehörigkeit und soziale Herkunft

Harakmbut ist die Eigenbezeichnung einer ethnolinguistischen größeren Gruppe der in Madre de Dios siedelnden Tieflandvölker und bedeutet soviel wie "Volk", "Menschen" (spanisch "gente") (Moore, 1980: 285; Gray, 1984: 48). Die Sprache der Harakmbut wird nach neueren Studien als eigenständig klassifiziert; sie wurde 1984 von sieben verschiedenen Ethnien gesprochen, die etwa 1.000 Personen umfassen (D'Ans, 1973: 14). Das heutige Siedlungsgebiet der Harakmbut liegt am Oberlauf von Río Alto Madre de Dios, Río Madre de Dios und Río Inambari und ist mit den Goldwäscherzonen identisch.

Die ethnolinguistischen Gruppen der Ethnien der Harakmbut besiedelten in präkolonialer Zeit bedeutend größere Territo-

Tabelle 6: Harakmbut-Ethnien und ihre Gliederung in Untergruppen und Clans

Ethnien	Untergruppen	Clans (in allen oder einigen Untergruppen vertreten)
Amarakaeri n = ca. 700	Kareneri Kotsimberi Huindtajperi Huakitaneri Kipodniridneri Jinpapoeri Sitapoeri	Yaromba Idnsikambo Huandigpana Singperi Masenahua Embieri Sahueron
Arasaeri n = 55 Kisambaeri n = 35 Pukirieri n = 35 Sapiteri n = 25 Toyoeri n = 20 Huachipaeri n = 40	Die kleineren Ethnien untergliedern sich traditionell ebenfalls in Untergruppen und Clans; diese Organisation ist für die wenigen Überlebenden jedoch bedeutungslos.	

Quelle: Zusammengestellt nach Moore, 1983: Interview; Gray, 1984, und Rumrrill, 1984

rien und bildeten autonome Gesellschaften von Fischern, Jägern, Sammlern und Wanderfeldbauern. Jede Ethnie war in politischer und sozialer Hinsicht unabhängig, und ihre Mitglieder sprachen einen eigenen Dialekt. Im Falle einer von außen drohenden Gefahr - wie zum Beispiel zur Zeit des Kautschukbooms - schlossen sie sich zusammen, um gemeinsam den Kampf gegen den äußeren Feind zu koordinieren (Rummenhöller, 1982: 80). Sie entwickelten keine gemeinsame zentrale Verwaltungsstruktur. Ihre interne Struktur beruhte auf Gemeinsamkeit und Gleichheit und formte ein kollektives Sozialgebilde, wie es für die Mehrzahl der im Amazonas siedelnden autochthonen Völker charakteristisch ist (Clastres, 1976).

Karte 6: Tieflandindianer-Ethnien in Madre de Dios

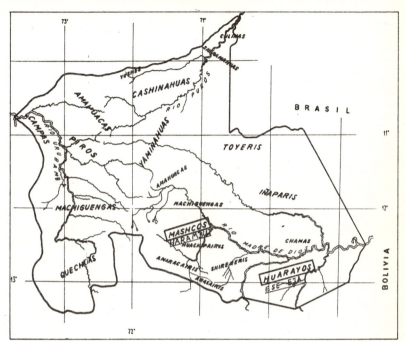

Quelle: Secretariado de Misiones Dominicanas del Perú, o.J.[2])

Ihre materielle Kultur war auch für den Stand der Amazonasvölker ungewöhnlich einfach. "... sie benutzten keine Wasserkraft, keine Fallen, weder beim Fischen noch beim Jagen, ihre Töpferei war sehr primitiv." (Carneiro, 1962: 61, in: Moore, 1980: 286) Ihre wirtschaftlichen Nutzungsformen waren - worauf noch ausführlich eingegangen werden wird - dem natürlichen Umfeld ausreichend und harmonisch angepaßt. Ihre reiche Tradition erklärte die natürliche und übernatürliche Welt und entsprach einem geschlossenen Weltbild, in das der einzelne fest eingebunden war.

Jede der Harakmbut-Ethnien organisierte sich in Clans, von denen sich heute noch sieben feststellen lassen, die zum größeren Teil in allen Ethnien vertreten waren. Der Clan stellte traditionell die Einheit dar, in der alle Produktionsbeziehungen abliefen. Sie waren exogam und patrilineal strukturiert.

"El clan constituye tradicionalmente la entidad en que funcionan todas las relaciones de producción. Uno para coordinar trabajo, para cultivar, para cazar, para hacer su canoa, para hacer su casa, lo que hace es en función de un determinado número de personas dentro de su clan de acuerdo al grado de parentesco."[3] (Interview mit Moore, 1983)

Um die Situation der Harakmbut als Minorität in ihrem autochthonen Lebensraum während der Jahre 1976 bis 1984 zu erfassen, wird im folgenden die historische Entwicklung dieser Ethnien seit Ende des 19. Jahrhunderts skizziert. Die Auseinandersetzung mit der historisch-genetischen Entwicklung der Harakmbut konzentriert sich auf die Erfassung der extern bedingten Veränderungen der gesellschaftlichen Strukturen, die dazu führten, daß die Harakmbut als Sprachfamilie, wenn nicht sogar als Menschengruppe, vom Aussterben bedroht sind.

7.2 Missionierung der Harakmbut-Ethnien durch den spanischen Dominikanerorden

Mit Beginn der Kautschukausbeute in Madre de Dios setzte ein Prozeß der Kulturzerstörung ein, der bis heute andauert. Wie schon erwähnt, führte die Politik der Kautschukunternehmer durch Zwangsrekrutierung, Kriege, Vertreibung und Einführung neuer Krankheiten zu einem starken demographischen Rückgang der Indianerpopulationen um schätzungsweise 95 % in Madre de Dios. Die Harakmbut reagierten auf die externe Bedrohung mit aktivem Widerstand aller ihnen zugehörigen Gruppierungen. "La Guerra Mundial de los Harakmbut"[4] (Gray, 1984: 49) löste zudem noch einen Krieg mit den Taka aus, einer Ethnie, die weiter flußabwärts lebte und auf der Flucht vor den Caucheros in den Lebensraum der Harakmbut eindrang. Die Harakmbut schlossen sich zusammen, um die Invasoren zu bekämpfen und ihren Lebensraum zu schützen. In den blutigen Auseinandersetzungen gelang es nicht, die Harakmbut, obwohl ihnen große Verluste zugefügt wurden, zu unterwerfen. Sie griffen an, zogen sich aber immer wieder in entlegene Regionen zurück. Dieses Verhalten begründete über lange Jahre ihren Ruf "als unbekannte, kriegerische Wilde, die noch in der Steinzeit leben." (Bello, 1956, in: Moore, 1980: 285; Secretariado de Misiones Dominicanas del Perú, 1973: 49).

Die gravierendste Auswirkung des Kautschukbooms auf die Harakmbut-Ethnien war die Verdrängung aus ihrem tradierten Siedlungsraum und die Dezimierung ihrer Bevölkerung, jedoch wurden sie - soweit bekannt - nicht in die Kautschukökonomie integriert. Sie konnten die traditionelle Produktionsstruktur beibehalten, jedoch wurden sie demographisch erheblich geschwächt.

Eine andere, nicht weniger weitreichende Form der Intervention auf die Lebensbedingungen der Harakmbut setzte mit Beginn der Missionsarbeit in Madre de Dios ein. Schon 1900 hatte Papst Leo XIII. auf Anfrage des peruanischen Präsidenten Nicolás de Pierola, der die Interessen einflußreicher Familien der peruanischen Oberschicht aus Arequipa vertrat, die an Handelsunternehmen in Madre de Dios beteiligt waren (Kapitel 2.4), den spanischen Dominikanerorden beauftragt, das südliche Amazonasgebiet zu missionieren. Ziel der 1912 beginnenden Missionsarbeit in Madre de Dios war die Befriedung der Tieflandindianer und ihre Integration in die Nationalgesellschaft. Die von den Missionaren deklarierte "Eroberung der Wilden" basierte auf dem eurozentristischen Konzept, die "Unzivilisierten" an die westliche Zivilisation, das heißt an das europäische Wirtschafts- und Sozialsystem und seine Politikformen sowie an den christlichen Glauben heranzuführen (vgl. Elias, 1980; Clastres, 1976: 7-28; Secretariado de Misiones Dominicanas del Perú, 1973).

Die Missionsarbeit setzte nur zögernd mit der Errichtung vereinzelter Missionsstationen ein und intensivierte sich erst 1940, als die Wenner-Gren-Expedition den ersten gut organisierten Vorstoß zu den Harakmbut-Ethnien unternahm. Ziel der Expedition war es, geologische und topographische Untersuchungen in Madre de Dios durchzuführen, die Harakmbut-Ethnien zu erforschen und zu unterwerfen.

"Un total de sesenta y nueve personas formaban el ejército a la conquista del inexplorado territorio. En la mente de todos estaba borrar de la región la angustia y abrirla a la explotación y el progreso. Era voz común que la zona del Colorado era poco menos que un emporio de oro. Otro Dorado. Los Mashcos constituían el único obstáculo para conseguir tanta riqueza."5) (Secretariado de Misiones Dominicanas del Perú, 1973: 49)

Dieser langsame Beginn der Missionsarbeit war unter anderem darauf zurückzuführen, daß nach Eintreffen der spanischen Dominikaner in Peru der Kautschukboom abbrach. Die nationale Oberschicht verlor das Interesse an der Befriedung der Tieflandindianer und entzog den Missionen ihre Unterstützung. Erst in den 40er Jahren, stimuliert durch die Goldsucher im Amazonasgebiet, wurde die Missionsarbeit wieder gefördert, wie durch die oben erwähnte Expedition, die von nordamerikanischen Geldgebern finanziert und vom peruanischen Präsidenten Benavides persönlich unterstützt wurde.

Mit der Errichtung der Missionsstation Shintuya im Lebensraum der Harakmbut (1943 im Río Caichive, 1954 verlegt an den Río Palotoa; Secretariado de Misiones Dominicanas del Perú, 1973: 57-63) und dem Vordringen von Goldsuchern und Holzfällern verstärkte sich der kulturzerstörende Druck auf die Harakmbut-Ethnien. Von der demographischen Dezimierung während des Kautschukbooms hatten sie sich noch nicht regeneriert. Bisher unbekannte Krankheiten, wie zum Beispiel Gelbfieber und Pocken, die in ihren Lebensraum eingeschleppt wurden, verbreiteten sich epidemisch. Dies führte zu einer weiteren Abnahme der Harakmbut, so daß einzelne Clans die patrilineale Endogamie bei gleichzeitigem Inzestverbot nicht mehr aufrechterhalten konnten. Um zu überleben, waren die Harakmbut gezwungen, ihr tradiertes soziales System zu erweitern; sie mußten sich heiratsfähige Frauen außerhalb ihres Clans suchen. Diese Neuerung zog eine Kette interner Konflikte nach sich: Da die tradierten Regeln der Paarung durchbrochen waren und sie nicht durch neue, von allen Harakmbut-Ethnien anerkannte Mechanismen ersetzt wurden, entwickelten sich heftige Konflikte um den Besitz von Frauen zwischen den Ethnien, die zum Teil gewaltsam ausgetragen wurden. Die Schwächung der internen Strukturen und der Bevölkerungsrückgang erleichterten den Missionaren den Zugang zu den Harakmbut und ermöglichten es, daß Gruppen von ihnen in die Missionsstationen übersiedelten.

Die Missionsstationen Shintuya und die später gegründete Station El Pilar am Río Madre de Dios, in unmittelbarer Nähe von Pto. Maldonado gelegen, entsprachen von Aufbau und Struktur her dem Typ der traditionellen hacienda: Sie bewirtschafteten extensiv große Areale mit landwirtschaftlichen Produkten (Yuca, Bananen, Reis, Zitrusfrüchte, Kaffee), führten die Viehwirtschaft ein, installierten ein Sägewerk, unterhielten einen Sanitätsposten, Geschäfte und Schulen. Die Produkte wurden in Cusco vermarktet. Als Arbeitskräfte wurden Tieflandindianer eingestellt; sie wurden zwar nur mit einem geringen Entgelt entlohnt, das erlaubte ihnen aber den Erwerb von begehrten Waren wie Äxten, Macheten, Messern, Taschenlampen, Decken, Medikamenten etc. (Interview mit Moore, 1983; Varese, 1973: 11).

Die Epidemien und die innere Zersetzung der tradierten Sozialsysteme hatten die Tieflandindianer anfällig gemacht für die neuen Werte der Missionare, die durch die Verbreitung der christlichen Lehre und die Diskriminierung der Harakmbut-Kultur den internen Prozeß der Destabilisierung verstärkten. Die Missionare setzten missionierte Tieflandindianer zur Verbreitung ihrer Konzepte ein:

> "Entonces (los misioneros C.M.) mandaron a los nativos; cultivaron amistad a unos pocos nativos y los mandaron a traer a sus paisanos desde los sitios más remotos. Y así poblaron a las misiones. Y allí organizaron labores productivas dentro de la economía nacional."[6] (Interview mit Moore, 1983).

Erst Mitte der 60er Jahre stießen die Dominikaner mit ihrem Konzept auf erhebliche Probleme. Zum einen erschöpften sich die ökologischen Ressourcen im näheren Umkreis der Missionsstationen durch die für das tropische Ökosystem zu dichte Besiedlung; dies führte zu Streitigkeiten unter den Tieflandindianern um Jagd- und Fischgründe (Moore, 1980: 301). Zum anderen verschärften sich die interethnischen Spannungen unter den verschiedenen Harakmbut-Ethnien und den Machiguenga, Mitgliedern einer anderen ethnolinguistischen Tieflandindianergruppierung, die, obwohl sie als traditionelle Feinde der Harakmbut galten, ebenfalls in der Missionsstation Shintuya lebten (Moore, 1980: 302).

Die Missionare hatten sich durch Unkenntnis über die kulturellen Unterschiede zwischen den verschiedenen Tieflandindianervölkern hinweggesetzt und mißachteten überdies tradierte Verwandtschaftsstrukturen innerhalb der Harakmbut-Ethnien. Hinzu kam, daß die Tieflandindianer mit den Arbeitsbedingungen und niedrigen Löhnen der Dominikaner unzufrieden wurden.[7]

Dies führte nach 20jähriger Missionsarbeit zur Verweigerung und Ablehnung der Missionare und zu einem Exodus verschiedener Harakmbut-Ethnien aus der Missionsstation Shintuya. 1969 wanderten die ersten aus der Mission ab und gründeten die Siedlung San José de Karene, die sich später als Communidad Nativa konstituierte. Der Exodus hält bis in die 80er Jahre an.

Vier der Comunidades Nativas, Dorfgemeinschaften der Tieflandindianer, die heute im Departement Madre de Dios existieren, wurden von Abwanderern aus der Mission Shintuya gegründet: San José, Pto. Luz, Boca del Inambari und Barranco Chico (Kapitel 2.1, Karte 2).

Seit dem Mißerfolg der 70er Jahre unterhalten die Missionare zwar weiterhin Kontakte zu den Harakmbut-Ethnien, jedoch in stark reduziertem Umfang. Die Bevölkerung der Missionsstation Shintuya ging von 300 Einwohnern 1960 auf 162 Einwohner 1976 zurück (García, 1979: 105). Die Missionsstation El Pilar wurde geschlossen.

Nichtsdestotrotz konnten die Dominikaner in Pto. Maldonado, dem Bischofssitz des Departements Madre de Dios, ihre wirtschaftliche und politische Macht weiter ausbauen. Der Orden besitzt das größte Kino, bis 1982 den einzigen lokalen Radiosender sowie Grund- und Oberschulen und führt Landwirtschafts- und Viehzuchtbetriebe.

Die Dominikaner haben nach den Mißerfolgen zum Teil ein kritisches Verständnis ihrer Missionstätigkeit entwickelt, vermögen es aber nicht, ein neues Konzept aufzubauen: Einerseits begreifen sie, daß eine Neukonzipierung des Missionsgedankens notwendig wäre, der auf der Akzeptanz der kulturellen Andersartigkeit der Tieflandindianer basiert, andererseits scheinen sie nicht in der Lage zu sein, sich von ihrem paternalistischen Verständnis ihrer Aufgaben zu lösen ("los nativos son nuestros hijos de la Selva")[8]; (Secretariado de Misiones Dominicanos del Perú, 1973: 3). Sie behandeln die Tieflandindianer auch weiterhin als unmündige Kinder.

7.3 Missionierung durch evangelische Fundamentalisten

Die Evangelisten übten einen bedeutend geringeren Einfluß auf die Harakmbut-Ethnien aus, da ihre Tätigkeit in Madre de Dios später als die der Dominikaner einsetzte und auf wenige Siedlungen begrenzt war.

Die nordamerikanischen Wycliffe Bible Translators/Summer Institute of Linguistics (SIL)[9] arbeiteten seit 1957 in einer Gemeinde von Amarakaeri-Indianern, eine der sieben Harakmbut-Ethnien, am oberen Río Colorado. Die Sekte der pentecostales (Pfingstgemeinde) begann erst in den 60er Jahren mit der Entsendung von Schweizer Missionaren nach Madre de Dios. Sie beschränkten sich aber auf die medizinische Versorgung der im näheren Umkreis von Pto. Maldonado lebenden Bevölkerung, unter anderem auch der Tieflandindianer der Dorfgemeinschaft von Boca del Inambari.

Die kulturzerstörende Wirkung dieser evangelischen Fundamentalisten auf die Harakmbut-Ethnien ähnelt von ihren Grundzügen her der der dominikanischen Missionsstrategie: Einführung der Geldwirtschaft, da Heilmittel und Impfstoffe von den Tieflandindianern bezahlt werden mußten, Einführung bisher unbekannter Gebrauchsgüter, ungleicher Tausch sind Ausdruck der Ideologie eurozentristischer paternalistischer Beziehungen, in denen die europäischen oder nordamerikanischen Missionare als kulturell und sozial Höhergestellte und die Tieflandindianer als Unmündige gelten, deren Weltbild durch die christliche Lehre überformt werden sollte (Moore, 1980).

Zudem wurde vermutet, daß das Summer Institute of Linguistics in den Jahren 1974 bis 1975 mit dem ausländischen Unternehmen Peru-Cities-Service und Andes-Petroleum Co. kollaboriert hat. Die Firmen führten in dieser Zeit im gesamten Heimatgebiet der Amarakaeris seismographische Untersuchungen durch. Die Erdölgesellschaften benutzten die Landepiste, die

die Amarakaeri für die Flugzeuge der Evangelisten angelegt hatten, und richteten in der Dorfgemeinschaft der Amarakaeri ein Nachschubdepot ein. Der Kontakt zu den Erdölarbeitern (neue Waren, Prostitution, Raub, Schlägereien etc.) schuf innerhalb der Dorfgemeinschaften schwere Konflikte. Der Individualisierungsprozeß der ehemals kollektiven Harakmbut-Ethnien wurde beschleunigt.

> "Einzelne Amarakaeri begannen darüber zu streiten, wer für die anderen Nahrung produzieren sollte, wer weniger materielle Güter besaß und deshalb weniger wert war. Handelswaren wurden von ihrem Eigentümer eifersüchtig gehütet; die Häuser wurden (was den Harakmbut bisher fremd war) verschlossen. Die traditionelle Sitte, Lebensmittel zu teilen und Werkzeug gemeinsam zu benutzen, wurde immer mehr eingeschränkt, oft wurde sie nur noch unter den Familien von Brüdern geübt. Innerhalb der Clans brachen Kämpfe aus."
> (Moore, 1980: 305-306)

In den 70er Jahren sahen sich die Harakmbut-Ethnien folgenden Problemen gegenüber:

- Ihr Lebensraum wurde durch die zunehmende Migration bedroht; zum Teil waren sie gezwungen, aus ihren traditionellen Heimatgebieten umzusiedeln;
- ihre geringe Bevölkerungszahl zwang sie, zu ihrer Reproduktion die traditionellen Sozialverbände zu überschreiten; in den Missionsstationen sahen sie sich multi-ethnischen sozialen Beziehungen gegenüber;
- die Integration in die Geldwirtschaft führte zur Individualisierung ehemals kollektiver Strukturen und zu beschleunigten Veränderungen der sozialen Organisation.

Einen Überblick über die Bevölkerungszusammensetzung der sieben Harakmbut-Ethnien, ihre Siedlungsorte und wirtschaftlichen Tätigkeiten in den 70er Jahren gibt Tabelle 7.

Tabelle 7: Tieflandindianergemeinden im Untersuchungsgebiet 1983 nach Moore 1983 u. Rumrrill 1984

Sprachfamilie, Ethnie	Mitglieder	Name der Comunidad Nativa (CN) und Siedlungsgebiet	Lage	Marktproduktion
Sprach-Harakmbut familie Insgesamt	1.030 (914)**			
Ethnie Amarakaeri	700 (564)	CN Pto. Luz	Río Colorado*	Goldwäscherei
		CN San José del Karene	Río Colorado*	Goldwäscherei
		CN Boca del Colorado	Río Colorado*	Goldwäscherei
		CN Barranco Chico	Río Pukiri	Goldwäscherei
		CN Boca del Inambari	Río Inambari,	Goldwäscherei
			Río Madre de Dios	
		CN Shintuya (Missions- station)	Río Madre de Dios	Holz
Ethnie Arasaeri	55 (28)	CN Villa Santiago	Río Inambari	Goldwäscherei
Ethnie Kisambaeri	35 (21)	CN Shiringayoc	Río Madre de Dios	Holz
		CN Barranco Chico	Río Pukiri	Goldwäscherei
Ethnie Pukirieri	35 (38)	Weiler Santa Rosa	Río Caichihue	Goldwäscherei
		Weiler Dos de Mayo	Río Pukiri	
Ethnie Sapiteri	25 (29)	CN Barranco Chico	Río Pukiri	Goldwäscherei
		CN Pto. Luz	Río Colorado	Goldwäscherei
		CN San José del Karene	Río Colorado	Goldwäscherei
Ethnie Toyoeri	20 (39)	CN Shiringayoc	Río Madre de Dios	Goldwäscherei
		Missionsstation El Pilar	Río Madre de Dios	Viehzucht, Holz Goldwäscherei
Ethnie Huachipaeri	40 (195) im Departement MdD 120 im Departement Cusco	CN Shintuya (Missions-station)	Río Madre de Dios	Goldwäscherei
		CN Boca del Inambari	Río Inambari, Río Madre de Dios	Goldwäscherei

* Der Río Colorado wird auch Río Karene genannt
** Schätzung nach Moore

7.4 Zugang zur Ressource Boden

"Cuando murieron mis viejos nosotros nos hemos quedado como tres hermanos, Angel Noriega, Carlos Noriega y Jesus Quemirojas que es hermano de parte de mi madre."

"Entonces CENTROMIN vino a desalojarnos a nosotros, como los hombres de Lima tenían instruido. Entonces ellos dicen o mejor dicho, el Ing. Darling Montoya, quien es jefe de CENTROMIN, creyendo como nosotros nativos ingenuos que nosotros no nos podemos quejar - a donde? Entonces de esta manera Darling Montoya nos despojó de nuestro sitio. Actualmente CENTROMIN está en nuestro sítio, nuestra zona. Entonces Darling Montoya me dijo en mi sítio en que mis viejos han vivido de años, a donde yo trabajaba para no abandonar ese sítio. Porque mi madre ha luchado por mi y ha botado sangre por mi. Entonces ese terreno debe ser para mi y mis hermanos y mis hermanas y todos los hijos que nuestro padre ha dejado y nuestra madre ha dejado. Entonces nosotros queremos gobernar ese sitio del que se ha apoderado CENTROMIN Peru."

"Entonces Darling Montoya vino de Pto. Maldonado con un oficial, con el Teniente Aberrado Morales, militar de la Guardia Civil. Trayendo al centro de mi trabajo gente, armado, con armas, en las piernas otras armas y atras un militar de la Marina de Guerra del Perú. Me amenazó y se han lanzado contra mi diciendo, obligándome a que retire mi posición y me metió dos maletazos y me tumbó al suelo. Entonces de esa manera yo respondí: "CENTROMIN no es el dueño. Yo soy el dueño como vivo cuarenta años de vida y mis viejos han vivido en este sitio. Es mi tierra.""

"Pasó un mes después del atropello, Darling Montoya de Lima ordenó a su encargado Villegas como capatáz gerente de CENTROMIN para que quemaran cuatro casas que teníamos nosotros y que han construido mis viejos. Las han quemado. Para mi es injusticia peruana que hacen contra los nativos. No puede ser, no debe ser así. Porque todos somos peruanos nosotros sentimos orgullo ser peruano." -

"?Porqué van a atropellar a los nativos?" "Los nativos también tienen carne y hueso y saben sentir. No sólamente los blancos lo sienten, sino también sentimos nosotros, como bien silvicolas."

"Después de atropello CENTROMIN nos desalojó. Ahora es el dueño CENTROMIN. Entonces nosotros bajamos río más abajo, localizé Lagarto, me posesioné allí. Vino

una Companía extranjera: Companía Andes, Japoneses.
Cuando la Companía japonesa se retiró, se apoderaron
los militares de la Marina del Perú. Entonces yo me
transladé al frente a donde actualmente estoy viviendo. Entonces vino la Marina, seis años me han
tenido como esclavo, quitando como padre de familia
pan de mis hijos. ?Quienes han sido? Son conocidos:
Tentiente Frías, Teniente Bacson, el último Comandante Odrilla. He respetado tres commandantes. Fuí a
quejarme contra la Marina pero siguen molestándome.
Para poder vivir un nativo necesita un montón de papeles, cochineras, no comprende que es papeleo, que
es firmar, nosotros no comprendemos. Pero las autoridades me hacen abuso junto con los militares de la
Marina ..."

"Ahora el alferes pidió de mis trabajadores quince
gramos de oro, 30 gramos, 40 gramos de oro. Yo estuve en Pto. Maldonado. Y como mi gente oberera,
humilde, más humilde que yo, dieron 15 gra- mos, 30
gramos y 40 gramos ... Me pasaron la voz que la
Marina hizo así. He gestionado en Energía y Mi- nas,
donde el Prefecto en Pto. Maldonado. 'Los Militares a los cuarteles, no es para los militares', me
dijo el Prefecto."

"Pero sigue así. El teniente Frías me pedió 35 % de-
lo que yo produzco. Pero yo no produzco para
Frías ..."10)
(Angel Noriega, Shiringayoc 1983)

Die autochthone Bevölkerung von Madre de Dios kämpfte seit
Beginn des Kautschukbooms gegen die Verdrängung aus ihren
angestammten Territorien. Während der vergangenen 100 Jahre
wurden sie nie als gleichwertige Menschen anderer Kulturen
von den Eindringlingen akzeptiert, sondern als "Wilde" oder
"Unzivilisierte" diskriminiert. Die Abwertung der Tieflandindianerkulturen lieferte bis in die 80er Jahre den Vorwand,
sich die Ressourcen der Urwaldvölker anzueignen, ohne ihre
genuinen Rechte zu berücksichtigen. (Jaulin, 1973)

Die Tieflandindianer der Harakmbut-Ethnien betrachten als
ihr Heimatgebiet ein weites Territorium, das von der "ceja
de selva", dem Höhenurwald des östlichen Andenabhangs, des
heutigen Departements Cusco, bis in die Niederungen des tropischen Regenwaldes im Departement Madre de Dios reicht. Das
Gebiet war durch ein Netz von Pfaden erschlossen.

Die weiten Areale wurden in extensiven Nutzungsformen bewirtschaftet, die nach aktuellem Kenntnisstand der Naturwissenschaften optimal an die Bedingungen des tropischen Ökosystems angepaßt waren. Sie ermöglichten den Tieflandindianerpopulationen, auch auf Böden mit geringer Fruchtbarkeit, die - wie schon erwähnt - den größten Anteil im Amazonasgebiet stellen, eine ausgewogene Ernährung sicherzustellen (Chirif, 1978; Varese, 1973; Meggers, 1974).

Die Subsistenzwirtschaft der Harakmbut-Ethnien verband Jagen, Fischen, Sammeln und Wanderfeldbau. Umfassende Kenntnisse der Flora und Fauna befähigten sie, je nach Jahreszeit und Besonderheiten der Natur (Überschwemmungen, lang anhaltende Regenzeiten etc.) ihre Siedlungsweise den jeweiligen Wirtschaftsstandorten anzupassen. Sie führten ein seminomadisches Leben[11], das eine die Natur des Regenwaldes erhaltende Wirtschaftsweise ermöglichte (Gross, 1981).

"Finalmente, su sistema de subsistencia, resulta de una experiencia milenaria de ensayo - error, revela una estrategia conservacionista, caracterizada por un uso racional y no depredatorio de los recursos naturales, una verdadera lección para el mundo industrial contemporáneo, cuya voracidad amenaza su propia existencia."[12] (Camino, 1981: 8).

Die spezifischen Charakteristika der extensiven Nutzung des tropischen Regenwaldes durch die Tieflandindianer, das heißt die hohe Hektarzahl pro Kopf der siedelnden Bevölkerung, wurden bei der Bodenzuteilung im Amazonasgebiet, mit Ausnahme des 1974 erlassenen Gesetzes, von den gesetzgebenden Instanzen nicht berücksichtigt.

Erst seit 1957 wurde überhaupt die Existenz der Tieflandethnien bei der Formulierung von Gesetzen, die die Regelung der Landverteilung im peruanischen Amazonasgebiet zum Ziel hatten, einbezogen. Laut Decreto Supremo No. 3 vom 1. März 1957, das die Schaffung von "Reservas Nativas" vorsah, wurden ei-

nem Tieflandindianer nur zehn Hektar Land über fünf Jahre
zugesprochen. Diese Fläche ist völlig unzureichend für die
angepaßten Nutzungsformen der Tieflandethnien. Ebenso berücksichtigte das Gesetz nicht die kollektive Struktur der
Tieflandindianerwirtschaft, da es eine individuelle Landvergabe vorsah (Varese, 1973: 18/19). In Madre de Dios wurde
das Gesetz jedoch nie angewandt.

Im Juni 1974 erließ die Reformregierung unter General Velasco das Gesetz der "Tieflandindianergemeinden und landwirtschaftlichen Entwicklung in der Region des Urwaldes und Höhenurwaldes", Ley de Comunidades Nativas y Desarrollo Agropecuario en la Región de Selva y Ceja de Selva (DL 20 653).
Dieses Gesetz, das als eines der fortschrittlichsten Dokumente der Tieflandindianergesetzgebung in Südamerika gilt
(Varese, 1982: 32; Chase, 1982: 16), wurde von namhaften Anthropologen ausgearbeitet. Zum ersten Mal in der Geschichte
der Tieflandindianer seit der Conquista wurden ihnen ihre
genuinen Rechte auf Erhalt ihres traditionellen kulturellen
und kollektiven Lebensstils in ihren angestammten Lebensräu-
men garantiert. Ohne sie zu Opfern oder Instrumenten einer
ökonomischen Entwicklung im Amazonas zu machen, sollten sie
von den Vorteilen der Entwicklung profitieren. Letzteres war
ein Zugeständnis an jene konservative Fraktion im Militär,
die auch weiterhin an einer Variante des brasilianischen
Entwicklungswegs der Erschließung des Amazonas und der Integration der Tieflandindianerethnien festhielt (Chase, 1982:
16). Sie setzten sich zudem für die Schaffung von 'fronteras
vivas', lebenden Grenzen, ein, um einer angeblichen brasilianischen Expansionspolitik entgegenzuwirken (Aramburú,
1982: 4; Kapitel 4.4).

Die wichtigsten Artikel des Gesetzes definieren die neuge-
schaffene soziale Einheit "Comunidad Nativa" als eine Einheit, bestehend aus Mitgliedern von Tieflandindianerethnien,
die durch Verwandtschaftsbeziehungen, Sprache, Dialekte und

gemeinsame Nutzung eines Territoriums nach traditionellen Nutzungsformen in Streusiedlungen leben (Artikel 1-3). Nach Artikel 3 bis 6 garantierte der Staat die Integrität des gemeinsamen Territoriums einer Comunidad Nativa und die Vergabe von kollektiven Bodenbesitztiteln. Die Comunidad Nativa wurde als juristische Körperschaft anerkannt.

Die weiteren Artikel regelten das Verhältnis der Comunidades Nativas mit der regionalen und nationalen Gesellschaft. Besitztitel, die innerhalb des Territoriums einer Comunidad Nativa an colonos vergeben worden waren, verloren gegen eine Entschädigung ihre Gültigkeit. Das Konzept der "colonización" wurde durch das des "asentamiento rural" ersetzt (ländliche Siedlung), die nur noch in unbesiedelten Arealen geplant werden sollten. Der Comunidad Nativa wurde dabei in Landfragen Priorität eingeräumt.

Das 1975 verabschiedete Gesetz "Decreto Ley 21 147, Ley Forestal y de la Fauna Silvestre", reflektierte ebenfalls progressive, ökologische Grundgedanken, die den Tieflandindianerethnien zugute kommen sollten. Auch bei der Nutzung der Holzreserven und der Fauna wurde den Comunidades Nativas Priorität eingeräumt (Artikel 35 und 55). Zusätzlich wurden Schutzzonen errichtet, die ausschließlich den Tieflandindianern als Nahrungsquelle vorbehalten werden sollten (Artikel 60). Nur für die kommerzielle Nutzung des Holzpotentials des tropischen Regenwaldes wurde den Indianern vorgeschrieben, Nutzungstitel im Agrarministerium zu erwerben.

SINAMOS, eine staatliche Organisation, der die Durchführung der Agrarreform oblag, wurde mit der Umsetzung der Gesetze beauftragt. Die Vergabe der kollektiven Besitztitel und der Anerkennung der juristischen Körperschaft als Comunidad Nativa erfolgte zügig bei jenen Tieflandindianern, wie zum Beispiel den Amuesha, Campa, einigen Aguaruna und Shipibo, bei denen die benötigten Unterlagen schon vor Verabschiedung des Gesetzes erarbeitet worden waren. In der Regel, und dies trifft auch auf das Departement Madre de Dios zu, verzögerte sich jedoch aufgrund des bürokratischen, zeitaufwendigen Verwaltungsmechanismus und der langwierigen Landvermessungen vor Ort die Titulierung der Comunidades Nativas.

Die Ablösung General Velascos durch General Bermúdez 1975 stärkte die konservativen Kräfte in der Regierung und führte dazu, daß im Verwaltungsapparat die Umsetzung der Gesetze blockiert wurde. Bis 1977 waren nur ca. 40 % der Tieflandindianersiedlungen offiziell anerkannt worden, und nur 30 % hatten Landtitel erhalten (Chase, 1982: 17).

1978 ersetzte die Bermúdez-Regierung das Dekret Nr. 20 653 durch das Dekret Nr. 21 175, das bis 1985 Gültigkeit besitzt. Die Definition der Comunidades Nativas und ihrer Rechte wurde übernommen. Verändert wurden jene Passagen, die die Landvergabe an Nichtindianer betrafen. Handelte es sich um Forst-, Agrar- oder agroindustrielle Projekte von "nationaler Priorität", wurden staatlichen oder privaten Firmen die für die Durchführung der Projekte benötigten Areale zugesprochen (Artikel 70, 85). An land- und viehwirtschaftliche Projekte konnte die Landvergabe unbeschränkt erfolgen; bei Forstprojekten durfte sie ein Minimum von 20.000 ha nicht unter- und ein Maximum von 200.000 ha nicht überschreiten. Diese gesetzlichen Neuerungen waren ein klares Zugeständnis an Großunternehmer nationaler wie ausländischer Provenienz und zur Stärkung eines modernistischen Entwicklungskonzepts bestimmt.[13)] (Chirif, 1980: 190)

Die Umsetzung des Gesetzes verdeutlicht seine Intention: Bis 1985 wurden trotz wachsendem Druck der Tieflandindianerorganisationen keine weiteren Landtitel an Comunidades Nativas vergeben. Im Departement Madre de Dios erfolgte bis auf drei Landtitel an Comunidades Nativas (die schon vor 1978 vergeben wurden), keine weitere juristische Anerkennung und kollektive Besitztitelvergabe. Die Mitglieder der Harakmbut-Ethnien hatten unter Anleitung des Anthropologen Thomas Moore für sieben Comunidades Nativas Anträge auf juristische Anerkennung und Landtitelvergabe gestellt, doch wurden sie nicht weiter von der Bürokratie des für Indianerfragen zuständigen Agrarministeriums in Pto. Maldonado, Cusco und Lima bearbeitet. Die Regierung äußerte sich nie offen zur Blockierung des Gesetzes, sondern verhinderte durch bürokratische, langwierige Prozeduren, angeblichen Finanzmangel und zeitliche Verschleppung, daß den Indianern ihr Recht zugesprochen wurde. Die in den Jahreshaushalten des Agrarministeriums und der regionalen Entwicklungbehörde CORDEMAD für Comunidades Nativas ausgewiesenen Mittel waren jeweils so begrenzt, daß sie gerade die Ausgaben der Verwaltungsangestellten deckten. 1983 wurden z.B. von CORDEMAD von 240 Mio. Soles (155.000 US-Dollar) nur 80 Mio. Soles (52.000 US-Dollar) für Comunidades Nativas ausgegeben, der Rest floß in andere Haushaltstöpfe.

Die Zuteilung von Landkonzessionen an Großkonzerne erfolgte hingegen in kürzester Zeit: Noch 1978 - also im Jahr der Gesetzausarbeitung - erhielt das Unternehmen Central American Services, im Familienbesitz des nicaraguanischen Exdiktators Somoza, 300.000 ha Land zur viehwirtschaftlichen Nutzung zugesprochen (Chase, 1982: 18).

Der Erlaß des Bergbaugesetzes 1978 (Kapitel 4.3) und die Belaunde-Politik seit 1980 (Kapitel 4.4) verschärften den Druck auf den Lebensraum der Harakmbut-Ethnien. Wie schon erwähnt, beschränkte sich das Tieflandindianergesetz auf die Oberflächennutzung, die Nutzung der Bodenschätze mußte gesondert beantragt werden, wofür nur individuelle, keine kommunalen Schürfrechte vergeben werden konnten.

Bis 1985 verschlechterte sich die politische Situation der Harakmbut weiter. Die nationale Politik der Belaunde-Regie-

Tabelle 8: Übersicht über die rechtliche Situation der in den Goldwäscherzonen von Madre de Dios siedelnden Comunidades Nativas; Stand: November 1983

Name der Comunidad Nativa (CN)	Antrag auf gesetzliche Anerkennung, eingereicht im Jahr	Jahr der Ausstellung des Demarkationsplans mit Flächenangabe (in ha)	Gesetzliche Anerkennung als CN (Jahr)	Vergabe des Landtitels (Jahr/ha)
Boca del Inambari	1978	1980: 6.731		
Shiringayoc*	1981	fehlt		
Boca del Karene*	1982	1982: 3.600 (vorläufige Planskizze)		
San José del Karene	1982	unbekannt	noch nicht erfolgt	noch nicht erfolgt
Pto. Luz	1982	unbekannt		
Barranco Chico*	1981	1983: 5.000 (vorläufige Planskizze)		
Villa Santiago	1975	1977: 6.890	1978	1978: 6.890

* Für diese drei Comunidades Nativas wurden die sozio-ökonomischen Analysen von den Mitarbeitern der Forschergruppe ausgearbeitet (vgl. Anhang 5)

Quelle: Eigenangaben von Mitgliedern der Comunidades Nativas und Angaben des Ministerio de Agricultura, Región Agraria XXIV, Madre de Dios

rung richtete sich gegen die Interessen und juristisch verbrieften Rechte der Tieflandindianer, indem sie den Großunternehmen im traditionellen Siedlungsraum für die Goldgewinnung weiträumige Areale zusprach. Im Frühjahr 1985 schloß sie mit dem multinationalen Unternehmen Shell einen Vertrag über 1.600.000 ha Land, der bis zum Jahre 2014 für die Erdölsuche dem Ölmulti die Explorationsrechte in Madre de Dios überträgt.

Unabhängig von der Vergabe von Nutzungstiteln nach 1976 führte der Goldboom zu einer Einwanderungswelle in die Gebiete der Harakmbut und zu einer Besiedlungsdichte, gerade im Bereich der Flußläufe, wie sie die Tieflandindianer noch nie erlebt hatten. "Cuando descubrieron el oro vinieron como hormigas."[14] Das Bild einer Ameisenstraße, das der Tieflandindianer zum Vergleich für die Migration heranzieht, verdeutlicht am klarsten das Ausmaß der Bedrohung, der sich die Harakmbut ausgesetzt sahen. Die Zuwanderer okkupierten nicht nur ihren angestammten Lebensraum, sondern zerstörten durch ihre wenig angepaßten Nutzungsformen die Ressourcen des Regenwaldes.

"Nosotros no somos como los que vienen de afuera y quieren rozar todo, destruir el bosque con todos sus riquezas y dejar la selva malograda para siempre. Nosotros respetamos el bosque y lo hacemos producir."[15] (Ezequiel Moqui Mio, Ponencia ante el Primer Simposium de Comunidades Nativas, Lima 26. bis 30.01.1982)

Die Verteidigung ihres Lebensraums und Sicherung ihrer Ressourcen war daher auch das wichtigste Thema, das auf dem II. Kongreß der Vereinigung der Tieflandindianer von Madre de Dios (II. Asamblea de los Nativos de Madre de Dios vom 26.08.1982 bis 29.08.1982 in der Comunidad Nativa Boca del Inambari) behandelt wurde.

Die Teilnehmer besprachen folgende Strategie, um ihr Land vor dem Zugriff der Fremden zu schützen:

Karte 7:   Die Comunidad Nativa San José del Karene und die
           campamentos von Invasoren in ihrem Lebensraum

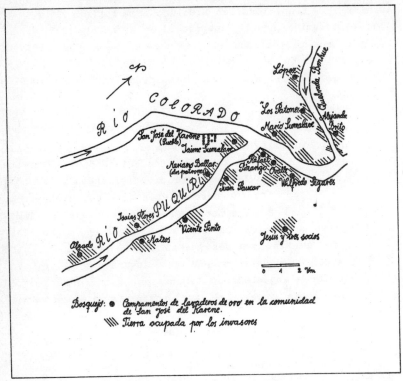

Quelle: Erhebung Rummenhöller, 1983; Kartographie: A. Nodal

- ständige Kontrolle des Terrains, auf dem die Comunidades Nativas leben, durch Kontrollreisen;
- Ausarbeitung eines Katasters und Markierung des besiedelten Gebietes durch Pfähle oder Stangen als Territorium einer Comunidad Nativa;
- Durchführung eines Zensus;
- Anlage von Feldern, verstreut über das gesamte Gebiet der Dorfgemeinschaft, mit pflegeextensiven Produkten wie Bananenstauden;
- im Falle einer Invasion sofortige Anlage von Feldern, um

zu demonstrieren, daß es sich um genutztes Land der Tieflandindianer handelt;
- Fortführung der Formalitäten, die laut Tieflandindianergesetz benötigt werden, um als Comunidad Nativa anerkannt zu werden und einen Landtitel zu erhalten;
- Stärkung der Organisation der Tieflandindianerethnien.

Die beschlossenen Maßnahmen, die meiner Beobachtung zufolge in den Jahren 1982 und 1983 auch durchgeführt wurden, stellen eine Mischung dar aus Anpassung an die staatlichen Forderungen und Vertrauen auf die eigene Kraft, die Invasoren zu vertreiben. Das folgende Beispiel beleuchtet ihr Verhalten: Die Eröffnungsrede des II. Kongresses der Tieflandindianer von Madre de Dios wurde von dem "watone", einem alten, angesehenen Mann, der Comunidad Boca del Inambari, mit Namen "Tarzan" beendet, der eine Amarakaerigruppierung, als sie die Missionsstation verließ, anführte, mit den Worten: "Un puñete de un Amarakaeri a uno de afuera y lo cancelan."[16] Wie ein Schattenboxer vollzog er mit drohenden Gebärden und vibrierender Stimme einen Faustschlag in Richtung auf die anwesenden Autoritäten aus den Ministerien. Die Amarakaeri als stärkste Harakmbut-Ethnie erinnern sich gerne an ihren Ruf als Krieger und demonstrieren Kampfesstärke und Überlegenheit gegen Invasoren auch als Mittel der Abschreckung. Andererseits ist ihnen bewußt, daß sie als diskriminierte Randgruppe der peruanischen Gesellschaft - von einigen Anthropologen abgesehen - keine Interessenvertreter in der regionalen und nationalen Regierung finden.

"Nosotros somos nativos, ingenuos. No sabemos a dónde nos podemos quejar - a dónde? Hay autoridades, pero no sabemos quejarnos, a dónde vamos ir? A Lima, a Cusco, a Pto. Maldonado. No sabemos como es, como se hace, como se queja ..."[17] (Angel Noriega, Shiringayoc)

Neben den Bemühungen, als Tieflandindianergruppe ihren Lebensraum kollektiv zu sichern, bemühten sich einzelne Tieflandindianer, individuell Nutzungsrechte zu beantragen. Bisher erhielten jedoch nur drei Personen der Comunidad Nativa Boca del Inambari Schürfrechte.

Die Folgen der Nutzungsrechtvergabe auf die internen Strukturen der Comunidades Nativas der Harakmbut-Ethnien werden im weiteren Verlauf der Arbeit dargestellt.

7.5 Kenntnisse der Produktionstechniken

"Antes de la conquista de los padres Dominicos, nosotros, mis viejos han vivido acá. Han trabajado miles de cosas. Plantaciones como yuca, plátano, concucha silvestre; para dibujar el cuerpo han hecho de una corteza de un árbol, 'yanchams', se llama ... los viejos se iban al monte a cazar venado, macizapa, tojore, monocoto y luego así mentenían a sus hijos y familiares. Mis viejos en aquellos tiempos también hacían tejido de hilo de algodon, hacían una especie de una tela ..."[18] (Angel Noriega, Shiringayoc 1983)

Die Mitglieder der Harakmbut-Ethnien verfügen - wie schon erwähnt - über einfache, aber äußerst angepaßte Nutzungsformen ihres natürlichen Umfelds. Die Kenntnisse übertrugen sich durch mündliche Überlieferung der Alten und wurden Veränderungen - zum Beispiel nach Überschwemmungskatastrophen - angepaßt.

Mit Beginn der Missionierung durch Dominikaner und Evangelisten und durch die verstärkte Zuwanderung von Hochlandindianern wurde die Kontinuität der Überlieferung tradierter Kenntnisse unterbrochen: Schulbildung, Militärdienst, Radio und die Kontakte zu Menschen anderer Kulturen führten neue Werte ein und veränderten Kenntnisse und Fähigkeiten der Harakmbut.

Der Bereich, in dem die Kenntnisse tradierter Nutzungsformen noch am vollkommensten erhalten sind, ist die Subsistenzproduktion von Nahrungsmitteln. Die Techniken zur Herstellung von Kleidung und Keramik sind am stärksten durch die Einführung industriell gefertigter Produkte in Vergessenheit geraten. Der traditionelle Hausbau, Fertigung von Produktionsmitteln wie Steinäxten, Messern, Nadeln aus Horn sterben mit der jetzigen Generation der Alten aus. Das Wissen über die reichhaltige Fülle tradierter Medizin nimmt ebenfalls mit dem Fortschreiten des kulturzerstörenden und -abwertenden Prozesses ab.

Die Nahrungsmittelproduktion umfaßt die Anlage von Feldern, Jagen, Fischen und Sammeln. Die Feldarbeit nimmt die meiste Zeit in Anspruch und steht im Mittelpunkt der wirtschaftlichen Aktivitäten der Harakmbut. Das angewandte Verfahren ist der Wanderfeldbau (shifting cultivation) mit Waldbrandrodung (slash-and-burn-agriculture).

Gegen Ende der Trockenzeit wird von den Männern ein Areal von durchschnittlich einem Hektar Primärwald, je nach Größe der zu versorgenden Familieneinheit, gerodet. Traditionell geschah diese Tätigkeit mit Steinäxten und wird seit Beginn der Missionierung mit Macheten und Metalläxten, zum Teil auch schon mit Motorsägen durchgeführt. Größere Bäume und bestimmte Palmensorten werden nicht gefällt. Nach einer ca. 30 Tage andauernden Wartezeit, die dem Abtrocknen der Rodung dient, wird die Fläche in einem drei bis vier Tage andauernden Schwelbrand abgebrannt. Die mineralhaltige Asche dient dem Boden als biologischer Dünger. Das auf dem Feld verbleibende, verkohlte Gehölz und halbverbrannte Baumstämme werden nicht entfernt und bedecken den Boden. Dadurch wird direkte Besonnung, Wassertropfenerosion, intensivierte Evaporation und als Folge die Verkrustung der Erdoberfläche verhindert (Reggers, 1971; Rehm, 1973; Knirsch, 1983).

Die Felder werden zumeist von Frauen bestellt. Sie setzen Stecklinge (Bananen, Yuca) oder Samen in ca. 5 cm tiefe Erdvertiefungen, die mit dem Grabstock bzw. der Machete ausgehoben und nach Einsetzen des Stecklings leicht mit Erde bedeckt werden. Die Varietät der angebauten Feldfrüchte ist sehr hoch: der Anthropologe Thomas Moore unterschied 1975 zwischen 51 verschiedenen Pflanzenarten. Hauptanbauprodukte sind verschiedene Sorten von Yuca und Bananen, Mais, Reis, Bohnen, Zuckerrohr, Ananas, Kürbis, Süßkartoffeln, Cocona, Mango, Papaya, Melone, Avocados, Zitrusfrüchte, Erdnüsse, Baumwolle, Barbasco (Lonchocarpus sp. Leg.) etc.

Die Anordnung der verschiedenen Pflanzenarten geschieht im Mischanbau, wobei Faktoren wie Bodenqualität, Wasserangebot, Kombination zu anderen Spezien und Entfernung zur Siedlung neben rituellen Vorstellungen die Auswahl des Standortes bestimmen. Ananas- und Barbascofelder werden zum Beispiel in größerer Entfernung zum Siedlungsort angelegt, da sie nicht täglich benutzt werden. Bananen- und Yucafelder sind oft an verschiedenen Standorten anzutreffen: in der Nähe der Siedlung, um den Transport der Grundnahrungsmittel, die in der Regel täglich frisch zum Verbrauch geerntet werden, zu minimieren, und auch in weiter entfernten Standorten, die in der Nähe zur Arbeitsstelle der Goldextraktion liegen. Sie erleichtern denjenigen Tieflandindianern, bei denen Wohnort und Goldclaims nicht in unmittelbarer Nähe liegen, während der Tätigkeit als Goldwäscher die Versorgung mit Lebensmitteln. Bohnen, Erdnüsse, Melonen und Kürbisse, Pflanzen mit hohem Wasserbedarf, können direkt am Flußufer im Schwemmland angepflanzt werden, aufgrund der kurzen Vegetationsperiode, die mit dem Ansteigen der Flüsse endet. Zitrusfrüchte, die von den Spaniern eingeführt wurden, werden hingegen auf den höher gelegenen Terrains, in der Regel unmittelbar im Siedlungsort, angepflanzt und dienen gleichzeitig als Schattenbäume. Das gleiche trifft für eine Palmensorte zu, die 'piguaya', aus deren Stamm das Holz für die Bogen gewonnen wird.

Der Mischanbau bietet eine Reihe von Vorteilen:
- reduzierten Schädlingsbefall,
- optimalere Ausnutzung des Nährstoffpotentials der Böden, der Sonnenenergie und der Bodenfeuchtigkeit, als es eine Reinkultur könnte,

Karte 8: Comunidad Nativa Boca del Inambari, Felder und
Goldwaschclaims der comunidad; Camps und Claims
von Invasoren

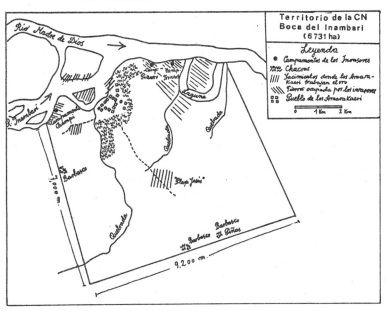

Quelle: Erhebung Rummenhöller, 1983; Kartographie: A. Nodal

- verringerte Nährstoffauswaschung und Erosion,
und stellt die Grundlage einer ausgewogenen Ernährung der
Tieflandindianer sicher (Chirif, 1978; Guallart, 1981;
Ruthenberg, 1982).

Je nach Anbauprodukten und Bodenqualität wird das Feld nach
zweieinhalb bis maximal zehn Jahren (zum Beispiel bei Bananen) aufgegeben[19], da die Fruchtbarkeit nach dieser Zeitspanne merklich sinkt. Zur natürlichen Regeneration benötigen die tropischen Böden des peruanischen Amazonasgebietes
im Durchschnitt 28 Jahre (Guallart, 1981: 31; Sioli, 1984:
677). Während der langen Bracheperiode wird die Bodenertragsfähigkeit wieder aufgebaut, das Feld von Wildvegetation

erobert. Diese Urform kultivierender Bodennutzung ermöglicht
die Bewirtschaftung nährstoffarmer Böden ohne Düngung.

Diese ackerbauliche Nutzungsform ermöglicht somit eine dem
komplizierten Ökosystem des tropischen Regenwaldes angepaßte
Bewirtschaftung, verhindert die Degradation, setzt aber große Flächenareale voraus.

Die Jagd ist nach dem Ackerbau die vom Zeiteinsatz her
zweitwichtigste ökonomische Tätigkeit, die einen hohen Anteil des Proteinbedarfs der Harakmbut deckt. Wie schon in
Kapitel 1 erwähnt, zeichnet sich der tropische Regenwald
durch eine Artenfülle der Tierwelt aus, die ohnegleichen
ist. Die Harakmbut-Ethnien jagen über 40 verschiedene eßbare
Tiere. Die Jagd wird ausschließlich von Männern und Jungen
ausgeführt, die traditionell mit Pfeil und Bogen oft mehrere
Tage lang in den Wald ziehen. Seit der Missionierung ist der
Gebrauch von 16 mm-Gewehren den nativos vertraut, jedoch beherrschen sie auch weiterhin die Technik des Bogenschießens.
Die traditionellen Produktionsmittel werden in der Regel
verwendet, wenn keine Munition vorrätig ist. Pfeil und Bogen
werden von den Männern aus lokalem Material gefertigt und
mit bunten Federn geschmückt. Technische Kenntnisse und das
Wissen über die Lokalisierung des Wildes werden vom Vater
auf die Söhne überliefert. Die Jagdzüge können in kleinen
Gruppen oder individuell durchgeführt werden. Bei reichlicher Beute, die nicht sofort von den Mitgliedern der Comunidad Nativa verzehrt werden kann, wird ein Teil des Fleisches
durch Einsalzen, Lufttrocknen und Räuchern konserviert. Aufgrund des feuchtheißen Klimas ist die Haltbarkeit jedoch begrenzt.

Die Jagd stellt einen hohen Lustgewinn für alle Beteiligten
dar; erfolgreiche Jäger gewinnen hohes Ansehen.

Der Fischfang vervollständigt den Proteinbedarf der nativos.

Aufgrund ihrer einfachen Produktionsmittel, Pfeil und Bogen, Pflanzengift und in neuerer Zeit metallene Angelhaken mit Perlonschnüren, ist die Trockenzeit die Hauptsaison für die Fischerei. In seichten Gewässern werden vorwiegend Pflanzengift und Pfeil und Bogen eingesetzt, wohingegen mit Angelhaken auch an den Flußufern mit stärkerer Strömung gefischt werden kann. Fischen ist ebenfalls Tätigkeit der Männer und Jungen. Beim Einsatz von Pflanzengift beteiligen sich jedoch auch Frauen und Mädchen. Je nach Jahreszeit, das heißt Wasserstand und Größe des Beuteobjekts, sowie Anzahl der Fischer variiert der Einsatz der Techniken.

Der Einsatz von Pflanzengift, Barbasco (Lonchocarpus sp. Leg.), das aus den Wurzeln eines von den Tieflandindianern kultivierten ca. 1,50 m hohen Strauches gewonnen wird, ist die sozial interessanteste Fischtechnik und soll daher kurz beschrieben werden.

Die Comunidad Nativa legt den Tag fest, an dem mit der Barbasco-Fischerei, die mehrere Tage in Anspruch nimmt, begonnen wird. Zuerst graben Frauen und Männer gemeinsam die Wurzeln aus, auf den 'barbascales', den Feldern, die in der Regel weitab von der Siedlung liegen und speziell für die Produktion von Barbasco angelegt werden. Die Sträucher, deren Wurzeln nach einer ca. acht- bis neunmonatigen Wachstumsperiode geerntet werden können, müssen zu dem Zweck gefällt werden. Die feingliedrigen, langen, breitgefächerten Wurzelwerke werden im nächsten Arbeitsschritt von den Frauen mit Hilfe von Steinen so lange gewalzt und geklopft, bis eine milchige Flüssigkeit austritt und die Wurzeln zerfasern. Die so präparierten Wurzeln werden in feinmaschigen, handgewebten 'Setico-Netzen' von den Männern durch vorher ausgewählte seichte Gewässer gezogen. Kleine Bäche, Nebenarme eines Stroms und Tümpel sind bevorzugte Fischgründe. Die geringe Strömung verteilt das im Wasser lösliche Gift und verleiht dem Gewässer ein milchiges, trübes Aussehen. Je nach Größe,

Fischtyp und Lebensort der Fische im Gewässer beginnt das Gift nach wenigen Minuten zu wirken: kleinere Fische werden in der Regel schneller betäubt; der Tod der Fische tritt durch Lähmung der Lungentätigkeit ein; noch lebend werden sie von Frauen und Kindern mit der Hand gefangen.

Das Fischsterben dauert mehrere Tage an, bis auch größere und in Höhlen lebende Tiere betäubt und tot auf der Wasseroberfläche treiben. Mitglieder der comunidad wandern in dieser Zeit zweimal täglich den vergifteten Wasserarm ab, um die Fischbeute einzusammeln. Die Ausbeute ist in der Regel beachtlich. Ebenso wie der Spaß, den die nativos mit diesem Ereignis verbinden. Ähnlich wie beim Fleisch wird der Fisch durch Salzen und Lufttrocknen konserviert.

Nachteile dieser Nutzungsform des Fischens ist das Abtöten der Lebewesen, in den befischten Gewässern[20]. Jahre werden benötigt - Minimum ist eine Regenzeit -, um den Fischbestand zu regenerieren. Bei großen, bewirtschafteten Arealen konnten die Tieflandethnien verhindern, daß es zu einer langfristigen Reduzierung der Fischbestände kam.

Sammeln spielt eine untergeordnete Rolle im Rahmen der Subsistenzproduktion der Harakmbut. Die ausgezeichneten Kenntnisse ihrer natürlichen Umwelt helfen ihnen, bei jeglicher Art von Aktivitäten im Walde oder an den Flüssen eßbare Kleinlebewesen wie Schnecken und Larven, Wildfrüchte, Nüsse, Wildhonig, Tiereier und Heilpflanzen aufzuspüren. Frauen und kleine Kinder scheinen für diese Tätigkeit, die in der Regel unsystematisch durchgeführt wird, besonders geeignet. Werden bestimmte Heilpflanzen benötigt, sind die Kenntnisse der Standortbedingungen und jahreszeitlicher Verfügbarkeit der gesuchten Pflanze vollkommen ausreichend, um in kurzer Zeit das benötigte Produkt herbeizuschaffen. Die wichtigsten Heilpflanzen werden im Hausgarten angebaut.

Fertigkeiten der Harakmbut, die starke Veränderungen seit der Missionierung erfahren haben, sind folgende:

- Töpferei; im Untersuchungszeitraum stellte keine Comunidad Nativa mehr Keramik her, alle Haushaltsgegenstände wurden auf dem Markt erworben.

- Weberei; schon mit Beginn der Missionsarbeit wurde bei den Harakmbut-Ethnien westliche Kleidung mit nachhaltiger Wirkung eingeführt. Mit Ausnahme der Fertigung von Setico-Netzen und Bastkörben zum Fischen und Transportieren der Feldfrüchte ist das Handwerk ausgestorben.

- Hausbau; der traditionelle Typ des großen, ovalen, kommunalen Hauses, 'maloca' genannt, in dem zwischen 30 und 60 Mitglieder eines Clans lebten (Chirif/Mora, 1976: 67), wurde durch das Haus der Kleinfamilie abgelöst. Haustyp und Bautechnik unterscheiden sich nicht wesentlich von den in der gesamten peruanischen Selva üblichen: des auf einem Sockel errichteten rechteckigen Holzhauses, dessen Satteldach mit Palmblättern gedeckt wird (Abbildung ..). Die zum Hausbau benötigten Materialien sind Bestandteile des Regenwaldes. Nur die Produktionsmittel wie Äxte, Sägen, Macheten werden auf dem Markt erworben.

- Waffenherstellung; die Fertigkeit, mit Pfeil und Bogen umzugehen und sie aus lokalen Materialien herzustellen, beherrschen die Nativos noch durchgängig. Gewehre werden jedoch hoch geschätzt. Durch die Einziehung der jungen Tieflandindianer zum Wehrdienst wird der Umgang mit Waffen intensiviert.

- Bootsbau; der Bau von Einbaum-Kanus ist eine ihrer Spezialitäten und wird von Männern ausgeführt. Die Arbeitsgeräte werden auf dem Markt erworben.

Abbildung 20: Haustypen der Harakmbut

A: Wohnhaus mit einem Raum
B: Küche
C: Wohnhaus mit einem Raum, Küche
D: Wohnhaus mit zwei Räumen

Quelle: Ministerio de Agricultura, o.J.: 15

Die handwerklichen Techniken des Goldwaschens erlernten die Harakmbut-Ethnien erst mit dem Vordringen der Migranten. Die in den Oberläufen siedelnden Tieflandindianer wurden schon in den 30er Jahren, als die Goldausbeute am Rio Inambari einsetzte, mit der Goldextraktion konfrontiert. Sie erlernten die Techniken, indem sie sich kurzfristig als Lohnarbeiter bei den colonos verdingten.

Die im Unterlauf von Madre de Dios lebenden nativos wurden erst in den 70er Jahren mit den Goldwaschtechniken vertraut. Sie begannen ebenfalls mit der Goldwäscherei als Lohnarbeiter bei colonos und machten sich bald darauf selbständig.

Die handwerkliche Technik (Kapitel 3.3.2.1) beherrschen sie gleichgut wie die Zuwanderer. Durch ihre exzellente Ortskenntnis entstehen ihnen Vorteile bei der Goldsuche. Setzen sie Motoren bei der Goldwäscherei ein, treten zumeist bei der Wartung der Maschinen Probleme auf. Versuche, die Goldproduktion teilweise zu mechanisieren, unternahmen sie nicht.

Auf die informelle Bildung der Tieflandindianer wurde bereits eingegangen, da ihr ein enormes Gewicht bei der Bewirtschaftung ihres Lebensraums zukommt. Die formelle Bildung, die in relevantem Ausmaß erst in den 50er Jahren einsetzte, entspricht den Bildungsvorstellungen einer den Harakmbut-Ethnien fremden Kultur. Sie kopiert das europäische und nordamerikanische Bildungssystem und wird der Lebensweise der Harakmbut übergestülpt.

Die erste Schule in Madre de Dios wurde von den Dominikanern gegründet und diente zu Anfang allein der Unterrichtung der Kinder der nichtindianischen Kautschuksammler (1913 Gründung des Internats von San Jacinto in Pto. Maldonado). Im Verlauf der Missionierung der Harakmbut wurden jedoch auch Primarschulen in den Dorfgemeinschaften der nativos gegründet, und die dominikanischen Missionsstationen El Pilar, Departement Madre de Dios, sowie die Station der Dominikaner in Quillabamba, Departement Cusco, ließen nativos sogar zur Sekundarschule zu (Rumrrill, 1984). Die Erziehung war einsprachig spanisch und richtete sich nach städtischem Bildungsideal aus.

1973 wurde die erste zweisprachige Schule in Pto. Alegre, Departement Madre de Dios, von den evangelischen Missionaren gegründet. Sie versuchten, auch Eingeborene als Lehrer auszubilden. Da die Lehrerausbildung in Pucalepa, in einer zentralen Ausbildungsstätte der Evangelisten in Zentralperu stattfand, wurden die auszubildenden nativos aus ihrem kulturellen Kontext herausgerissen. Kehrten sie in die Harakmbutgemeinden in Madre de Dios zurück, "waren sie bei den traditionsbewußteren Familien nicht sehr beliebt, da sie eher an die Gewohnheiten der Mestizen angepaßt waren." (Moore, 1980: 292) Sie brachten den Kindern die Grundbegriffe von Rechnen, Lesen und Schreiben bei. Der Unterricht reduzierte jedoch die Zeit der Kinder und Jugendlichen, die sie mit ihren Familien zusammen waren und in denen sie die traditionellen Fähigkeiten lernen konnten (Moore, 1980: 293). Die zweisprachige Erziehung der Evangelisten dauerte jedoch nur kurze Zeit an und beschränkte sich auf eine Dorfgemeinschaft.

1978 übernahmen die Dominikaner die Schule der Evangelisten und integrierten sie in die Red de Educación de la Selva Sur Oriental Peruana (RESSOP), eine Schulkette, die sie während der Jahre ihrer Tätigkeit als Missionare in Madre de Dios und Cusco aufgebaut hatten.

Die Ausbildung ist bis 1985 einsprachig, obwohl man, nach dem Vorbild der evangelischen Missionstätigkeit versucht hat, Eingeborene als Lehrer einzusetzen. Die Inhalte sind an den europäischen Lernzielen orientiert und beziehen in keiner Weise die Fähigkeiten und Fertigkeiten der Tieflandindianer von Madre de Dios ein. Die Ausbildung negiert die Harakmbut-Kultur und ist nicht an die Erfordernisse der Umwelt von Madre de Dios angepaßt. Dies führt dazu, daß die Harakmbut zwar in der Regel einige Jahre Schulbildung absolviert haben und in einigen Fällen sogar die Sekundarschule besuchten, jedoch mit der Art der Ausbildung unzufrieden sind. Sie fordern ein zweisprachiges Erziehungssystem, das auf ihre Bedürfnisse eingeht und nicht kulturzerstörend wirkt (Forderung der II. Asamblea de los Nativos de Madre de Dios vom 26.-28.07.1982).

7.6 Bedeutung der Geldwirtschaft

Die Geldwirtschaft wurde in den verschiedenen Harakmbut-Ethnien durch Missionare und Siedler in unterschiedlichem Ausmaß eingeführt. Je nach Abgeschiedenheit der Gruppierung variiert die Datierung der ersten Geldbeziehungen.

Dominikanische und evangelische Missionare vergaben Medikamente, Kleidung und sonstige Gebrauchsgegenstände nur zu Beginn ihrer Arbeit kostenlos; bald verlangten sie Gegenwerte für ihre Gaben. Um die Heilmittel und Waren zu bezahlen, lieferten die Tieflandindianer Häute, traditionelle Handwerkserzeugnisse wie Pfeile, Bogen, Netze, Korbwaren und in einigen Gegenden Gold an die Missionare ab. Waren es nicht die Missionare, die als Zwischenhändler auftraten, nahmen Migranten diese Funktion ein. Die Warenbeziehungen liefen zum Teil ohne Bargeld ab, es entwickelte sich ein ungleicher Tausch zwischen Eingeborenen und Fremden. Aber auch in den Fällen, in denen die Waren der Tieflandindianer mit Geld bezahlt wurden, entsprach die Geldmenge nicht dem Wert der Produkte.

Das Geld, das die Harakmbut besitzen, wird fast ausschließlich für Luxuswaren, neu eingeführte Produktionsmittel und Erziehung ausgegeben, da sie ihren Lebensunterhalt auch weiterhin aus dem Urwald bestreiten. Seit der Intensivierung der Goldwäscherei im Untersuchungsgebiet verstärkten die Mitglieder aller Harakmbut-Ethnien ihr Engagement in der Goldwäscherei, was den Bargeldverkehr erheblich intensivierte. Um mit einfachen, handwerklichen Technologien ohne Einsatz von Motorpumpen Gold zu waschen, ist ein Geldbetrag von ca. 100 US-Dollar notwendig. Die benötigten Inputs wurden

ihnen in einigen Fällen von den Missionaren geschenkt, in
der Regel erwarben sie sie jedoch bei lokalen Händlern gegen
Bargeld, das sie sich als Lohnarbeiter und durch den Verkauf
von Fellen oder von Überschußprodukten der Subsistenzproduktion erworben hatten.

Die Errichtung von Filialen der staatlichen Minenbank im Lebensraum der Tieflandindianer seit 1972 erleichterte es ihnen, ihre Goldproduktion zu den staatlich festgelegten Preisen zu verkaufen, wodurch sich der Erlös aus der Goldwäscherei bedeutend erhöhte. Die Erleichterung des Zugangs zu Bargeld durch die Ausschaltung des ungleichen Tauschs mit den lokalen Händlern und der Wunsch, ihre Goldproduktion zu intensivieren, wie sie es bei den Zuwanderern, die Motorpumpen einsetzten, miterlebten, beschleunigte ihre Einbeziehung in die Geldwirtschaft. Eine ihnen bisher fremde Verhaltensweise, das Ansparen von Geld zum Kauf einer Motorpumpe oder eines Außenbordmotors, also von Gütern, für deren Kauf größere Geldsummen benötigt werden (1983: ca. 800 US-Dollar für eine Pumpe mittlerer Größe/10 HP), fand Eingang in die Harakmbut-Kultur. Das Bestreben, sich diese Güter anzuschaffen, wurde zum Teil von den Missionaren unterstützt.

Bis 1983 wurden von Mitgliedern der Harakmbut-Ethnien ca. 45 Motorpumpen angeschafft, deren Ausfallquote aufgrund mangelnder Wartung und Kenntnisse im Umgang mit dieser Technik hoch war und deren Besitz daher nicht immer zur Steigerung der Goldproduktion führte.

Der Umgang mit Geld ist den Tieflandindianern in unterschiedlichem Maße vertraut und hängt von verschiedenen Faktoren ab, die den Prozeß der Einbeziehung in den Geldverkehr hemmen oder fördern: Dauer der Kontakte zu den Fremden und die Art und Weise, wie diese mit Geld umgehen, Schulbildung, Militärdienst, räumliche Nähe zu Warenumschlagplätzen und nicht zuletzt der Stärke der traditionellen internen Struk-

und Frauen mit stärkeren Außenkontakten (zum Beispiel Oberschulausbildung im Departement Cusco) den Umgang mit Geld beherrschen, während die ältere Generation ein eher problematisches Verhältnis zum Geld hat.

Für die traditionelle interne Struktur von autochthonen Gesellschaften ist die Zirkulation von Lebensmitteln und Frauen eine grundlegende Tatsache, die "sie von allen Formen der Warenzirkulation unterscheidet: Es sind identische Güter, die untereinander getauscht werden; Lebensmittel gegen Lebensmittel im Zyklus der Vorschüsse und Rückzahlungen des landwirtschaftlichen Produkts; Gattin gegen Gattin im matrimonialen Zyklus." (Meillassoux, 1983: 81) Diese Dialektik der Gleichheit wird durch die Geldwirtschaft gefährdet. Bestimmte Güter, die mit Geld erworben werden, werden nur noch im engsten Familienkreis getauscht. Der zeitlich verschobene Austausch identischer Güter innerhalb des eigenen und zwischen verschiedenen Clans gerät ins Stokken. Die Pflicht des Gebens und des Nehmens sowie die Regeln der Großzügigkeit, die fundamentaler Bestandteil der Amazonas-Kulturen und auch der Harakmbut-Kultur sind (Mauss,1984; Clastys, 1976), werden durch die individuelle Kontrolle des Geldes zurückgedrängt. Geld kann vor der Gemeinschaft verborgen gehalten werden und entzieht sich somit, anders als das Lager von Produkten, der Kontrolle der Gemeinschaft. In einigen Communidades Nativas greift die Gewohnheit um sich, die Häuser mit Vorhängeschlössern zu verriegeln - zum Teil gegen Übergriffe von Zuwanderern, zum Teil aber auch aus wachsendem Mißtrauen gegen Mitglieder der Gemeinschaft. Das egalitäre Ideal, das innerhalb und zwischen Gemmeinschaften herrscht(e), wird durch Werte des Geldverkehrs verdrängt.

7.7 Arbeitsorganisation

"El clan constituye tradicionalmente la entidad en que funcionan todas las relaciones de producción. ...

El oro también se trabaja en esta forma pero el proceso ha sido, sobre todo con la entrada de la economía monetaria de la compra y venta con dinero de las cosas - el oro se vende por dinero -; lo que pasa es, que hay mucho mas competencia entre los individuos y los familiares nucleares de acuerdo al ingreso de dinero que cada uno tiene. Ya no comparten el dinero. Comparten únicamente las cosas tradicionales como la carne de la caza, a veces productos de la chacra, pero nada que cuesta dinero es compartible."21) (Interview mit Moore, 1980)

Mitglieder der bevölkerungsstärksten Harakmbut-Ethnie, der Amarakaeri, stellen die einzige Ethnie in Madre de Dios, bei der bis in die 80er Jahre traditionelle Strukturen Produktion und Reproduktion mitbestimmen.

Zum Verständnis der Arbeitsorganisation ihrer Goldwäscherei, die - wie schon erwähnt - von den Amarakaeri neben ihrer Subsistenzproduktion betrieben wird, ist es notwendig, die tradierte Produktionsform dieser Ethnie näher kennenzulernen. Die folgenden Aussagen stützen sich unter anderem auf Gespräche mit und Aufzeichnungen von den Anthropologen Thomas Moore und Andrew Gray, die jahrelang unter den Amarakaeri in Madre de Dios lebten und ihre Sprache beherrschen. Eigene Beobachtungen und Untersuchungen im Zusammenleben mit Amarakaeri verschiedener Comunidades Nativas in den Jahren 1982 und 1983 konnten zwar das Alltagsleben mit seinen anfallenden Arbeitsaufgaben, der Subsistenz- und Goldproduktion erfassen, für eine intensivere Auseinandersetzung mit der Harakmbut-Kultur fehlten jedoch Zeit und Sprachkenntnisse.

Die traditionelle Produktionsstruktur der Amarakaeri ist kommunitär organisiert. Die Produktionseinheit stellt der Clan dar.

Im Verlauf der vergangenen 40 Jahre wandelte sich jedoch die traditionelle Grundstruktur, was dazu führte, daß auch nativos auf individueller Basis produzieren. Zwischen den extremen Polen, der traditionellen, kommunitären Strukturen und der durch externe Anstöße vermittelten, individualistisch-kapitalistischen Strukturen, entfalten sich vielfältige Mischformen, die kommunitäre wie individuelle Elemente miteinander verbinden. Durch die Impulse, die der Goldboom auf die Wirtschafts- und Sozialstruktur der Region Madre de Dios auslöste, befand sich die zu untersuchende Struktur der Tieflandindianer in einem sehr dynamischen Wandel. In den verschiedenen Comunidades Nativas im Untersuchungsgebiet verlief der Prozeß der Produktionsformenverflechtung, durch differenzierte externe wie interne Faktoren bedingt, in unterschiedlicher Art und Weise und auch zeitlich verschoben ab.

Die Analyse der äußerst differenzierten Formen der Arbeitsorganisation zwang zur Vereinfachung, da im Rahmen dieser Arbeit nicht ethnographisch detailliert vorgegangen werden konnte: Jede Comunidad und ihr zugehörige Produktionseinheiten auf den Grad der Verflechtung hin zu untersuchen und die tieferliegenden Ursachen zu erfassen, sollte Ziel einer eigenständigen Untersuchung sein.[22]. Soziologisch betrachtet, wird die Struktur, nach der sich die Produktionsbeziehungen ausrichten, durch vier Kriterien bestimmt: Geschlecht, Alter, Wohnort und Verwandtschaftsbeziehungen. Die geschlechtsspezifische Trennung von Männern und Frauen spielt dabei eine wichtige Rolle. Im folgenden wird versucht, die Grundzüge der traditionellen Produktionsform der Amarakaeri im produktiven Bereich darzustellen und die Bruchstellen, an denen Veränderungen ansetzen, aufzuzeigen.

Geschlecht
Die Arbeitsteilung ist geschlechtsspezifisch streng organisiert: Aufgabenbereiche des Mannes sind Jagd und Fischfang mit Pfeil und Bogen, Rodung des Waldes zur Eröffnung eines Feldes sowie Goldwäscherei. Die Frauen sind für die Kindererziehung zuständig, bestellen das Feld, pflegen es und ern-

ten die Feldfrüchte, partizipieren am Fischfang mit Barbasco, sammeln eßbare Produkte des tropischen Regenwaldes und sind für die Arbeiten im Haus zuständig (Kochen, Netz- und Korbfertigung, Waschen etc.). In der Goldwäscherei helfen sie mit aus, wenn Arbeitskräfte fehlen, und arbeiten auch auf eigene Rechnung.

Aus der geschlechtsspezifischen Arbeitsteilung resultiert die Trennung in eine männliche und eine weibliche Welt auf spiritueller Ebene: der Mann wird der Natur des Waldes und der Jagd zugeordnet, die Frauen zu der der Felder und des Flusses.

Die geschlechtsspezifische Arbeitsteilung wird aufgebrochen, wenn Männer unverheiratet oder Frauen alleinstehend sind beziehungsweise ihre entsprechenden Partner aus verschiedenen Gründen nicht am gleichen Ort leben, was häufig vorkommt.

Alter
Die Arbeitsorganisation wird mitbestimmt durch altersspezifische Kriterien. Die Kinder (huasipo) bis zum Alter von 14 Jahren besuchen in der Regel die Schule und beteiligten sich nur sporadisch an den Aktivitäten der Erwachsenen mit Ausnahme des Sammelns und des kollektiven Fischfangs. Ab dem 15. Lebensjahr beginnt für die Jungen eine Vorbereitungsphase auf die Aufgaben des Mannes. Der Jugendliche (huambo) übt sich im Jagen, Fischen, Roden und im Goldwaschen und strebt danach, diese Fähigkeiten zu perfektionieren. Als Erwachsener (huamboberek), der heiratsfähig ist, partizipiert er in vollem Umfang an der Arbeit.

Für die weiblichen Mitglieder der Amarakaeri gibt es nur zwei klar abgegrenzte Lebensabschnitte: Kindheit, in der sich die produktive Arbeit auf Hilfeleistungen an die Mutter, Betreuung der kleineren Geschwister und Sammeln beschränkt, und die erwachsene Frau ab Eintritt in das pubertäre, also heiratsfähige Alter.

Wohnort

Wie schon erwähnt, wohnten die Amarakaeri früher in großen Rundhäusern (malocas), die einer Großfamilie Wohnraum boten, und in Räume für je eine Familie untergliedert waren. Der Einfluß der Missionare bewirkte, daß der traditionelle Wohntyp durch das kleinere Haus für eine Familie ersetzt wurde. Jedoch besteht die Gewohnheit weiter, daß Verwandte des Mannes innerhalb eines Dorfes nahe beieinander wohnen und die ersten sind, die sich für gemeinsame Arbeiten zusammenschließen.

Verwandtschaft

Die verwandschaftlichen Beziehungen sind eng mit dem spirituellen Weltbild gekoppelt. Die kleinste Einheit auf Verwandtschaftsebene wird 'huambet' genannt und umfaßt drei Generationen: Großeltern, Vater und Mutter und ihre Kinder. Aus der Sicht des Mannes gehören seine Frau und ihre Brüder zu einer anderen huambet; die Kinder gehören zur huambet des Mannes (patrilineale Verwandtschaftsfolge).

Der Clan umfaßt verschiedene huambet, die in patrilinealer Erbfolge miteinander verbunden sind. Der Clan ist die übergeordnete soziale Einheit und auch die Basiseinheit für wirtschaftliche Aktivitäten. Die sieben Clans der Harakmbut weisen nicht nur in der Anzahl ihrer Mitglieder Unterschiede auf, sondern differenzieren sich auch in ihrer Zuordnung zum Weltbild: die einen gehören zu der Natur der Flüsse, die anderen zu der des Waldes. Durch die Zuordnung zu Teilen der Natur grenzen sich die Clans in ihren Aktivitäten voneinander ab (Gray, 1984: 54).

Die Natur wird von Geistern belebt, die sich in zwei Gruppen unterscheiden: Jene, die vom Fluß abstammen, huamavere, und jene, die sowohl im Wald wie im Fluß leben und den Harakmbut wohlgesonnen sind. Sie sind die Seelen verstorbener Harakmbut, die verstreut leben und über wenig Macht verfügen. In

Gestalt von Tieren können sie in Verbindung zu lebenden Harakmbut treten. Die 'toto' dagegen sind die Seelen von noch lebenden Fremden, die den Harakmbut Böses antun.

Die guten Geister beraten und regeln für die Harakmbut die Welt. Sie sagen den Harakmbut an, wann und wo gejagt oder gefischt wird und wie die Felder angelegt werden. Ebenso raten sie an, wo reiche Goldablagerungen zu finden sind und wann sie am leichtesten ausgebeutet werden können. Die bösen Geister bringen Unheil und strafen die Harakmbut mit Krankheiten. Sie kontrollieren, daß Jagdtabus eingehalten werden, nicht zu viel im Gold gearbeitet wird und die familiären Beziehungen nach den Verwandtschaftsregeln eingehalten werden.
"Los 'huamavere' y los 'toto' conocen las leyes de la demografía, ecología e historia."[23] (Gray, 1984: 57)

Nach dem mythologischen Verständnis der Tieflandindianer erhält der Mensch ständig Anweisungen aus der unsichtbaren Welt. Er selbst ist aber durch seine Seele, die denkt und spricht, Teil dieser unsichtbaren Welt. Nur sein Körper, das Sichtbare, ist Teil der materiell erfaßbaren Welt.
Die Rolle der Geister ist für alle Bereiche der Produktion besonders auf zwei Ebenen entscheidend:
- Sie informieren die Harakmbut über ihre Umwelt und vermitteln ihnen aktuelle Kenntnisse zur Ressourcennutzung,
- in Gestalt der Seele, die im Körper des Menschen wohnt, beeinflussen sie die Transformationsprozesse: sie wandeln Tiere zu Fleisch, Ackerbauprodukte zu Nahrung, Rohes zu Gekochtem und Sand zu Gold.[24]

In diesem Sinne wird die Produktion von den Geistern kontrolliert.
"La producción no puede operar o funcionar sin los espíritus. Se afirma que la producción es el factor principal que determina todos los demás aspectos de la sociedad y la cultura. ... La producción determina únicamente lo que los espíritus determinan."[25]
(Gray, 1984: 58)

Die Arbeitsorganisation der Goldwäscherei folgt in den Fällen, in denen die Goldextraktion noch eine untergeordnete Rolle im Wirtschaftsleben der Amarakaeri einnimmt, weitgehend den Regeln und Mechanismen der traditionellen Produktionsform. Mitglieder eines Clans organisieren zu viert oder fünft die Auswahl des Terrains. Der Zeitpunkt, an dem mit dem Goldwaschen begonnen wird, hängt in starkem Maße von spirituellen Eingebungen ab. Die in die Goldwäscherei investierten Arbeitsstunden liegen im Durchschnitt weit unter den Leistungen der Zuwanderer. Auch ist das Arbeitstempo der Amarakaeri ruhiger. Im Durchschnitt verarbeitet ein Amarakaeri 50 Schubkarren Material mit handwerklichen Techniken pro Tag, während ein Zuwanderer 100 bis 150 Schubkarren mit der gleichen Technik auswäscht. Die Amarakaeri finden immer Zeit für Arbeitspausen: Baden, Essen und lockere Gespräche unterbrechen die monotone Arbeit.

"Y nosotros somos chambeadores. Sabemos trabajar bien. El serrano que viene trabaja todo el día haciendo la misma cosa, sea lavar oro, sacar troncos u otra cosa. Aburrido, chaccha su coca, come mal y luego se enferma y se va. Los ingenieros que vienen toman su café y miran a los otros que trabajan.
Pero nosotros trabajamos en muchas cosas al mismo tiempo. Combinamos nuestro trabajo para producir más, conservar mejor las tierras y disfrutar más de nuestro trabajo."[26] (SUR, 49 1982: 51)

Das gewonnene Gold wird entweder direkt oder in seinem Verkaufserlös innerhalb der Arbeitsgruppe aufgeteilt. Das aufgeteilte Geld wird in der unmittelbaren Arbeitsgruppe angeeignet und nicht - wie bei der Beute von Jagd oder Fischfang und Ackerbauprodukten üblich - unter allen zusammenwohnenden Clanmitgliedern umverteilt. Von dem Ausmaß an Zeit, die für den Gelderwerb eingesetzt wird und damit zu Lasten der Subsistenzproduktion geht, und dem Umfang des Bargelds hängt ab, in welchem Grad sich die kommunitäre, egalitäre Clanstruktur individualisiert und sozial ausdifferenziert. Die individuelle Aneignung von Bargeld verstärkt sich mit zunehmendem Einsatz von Motorpumpen beim Goldwaschen. Der akute Mangel an Arbeitskräften in allen Comunidades Nativas kann durch diese Techniken zwar abgemildert werden (zwei bis drei Männer bilden eine Arbeitseinheit anstatt bisher fünf bis acht), jedoch werden Individualisierungstendenzen dadurch verstärkt. Der Besitzer der Motorpumpe kann nicht nur in gleicher Zeit eine größere Goldmenge auswaschen und sich mehr Bargeld aneignen, sondern verleiht in der Regel zusätzlich die Pumpe an Clanmitglieder gegen Arbeitsleistung. Dies führt zu einer weiteren Bereicherung des Besitzers.

Folgen dieser Mechanismen sind Konkurrenz unter den Clanmitgliedern und eine weitere Aufsplittung des Clans in Subgruppen, verengt sich der Nucleus innerhalb des Clans, der ökonomische und soziale Verpflichtungen untereinander praktiziert. Der traditionelle egalitäre Charakter der Sozialstrukturen verschwindet, eine soziale Schichtung entsteht, und neue interne Konflikte treten auf.

Ein Beispiel ist die altersspezfische Rollenveränderung innerhalb einer Comunidad Nativa: Die Alten waren bislang die besonders hoch angesehenen Mitglieder (wairi) einer comunidad. Aufgrund ihres Wissens, ihrer Freigebigkeit und den besonderen Fähigkeiten als Jäger und Fischer nahmen sie eine Vorrangstellung ein (Moore, 1984: 294; vgl. hierzu auch Mauss, 1984). Durch den Besitz von Geld und industriell gefertigten Gütern und durch die Fähigkeiten, die sie in der Goldwäscherei erworben haben, gelingt es zunehmend auch jüngeren Männern, die Position der geachteten wairi einzunehmen (Moore, 1980: 299).

Die Einführung und Ausdehnung der Geldwirtschaft impliziert auch grundlegende Veränderungen der geschlechtsspezifischen Arbeitsteilung, die in erster Linie zuungunsten der Frauen ausfallen. Die Männer widmen weniger Zeit ihren bisherigen geschlechtsspezifischen Aufgaben innnerhalb der Subsistenzproduktion, die auf die Frauen abgewälzt werden. Die Frauen sind verantwortlich für die Nahrungszubereitung und benötigen dazu die Früchte des Feldes, der Jagd und des Fischfangs. Da die Männer allein über das durch die Goldwäscherei erworbene Geld verfügen, können die Frauen nur mit Einwilligung des Mannes Nahrungsmittel kaufen, um dadurch die Ernährung der Familie zu sichern. Die Männer geben das Geld aber bevorzugt für alkoholische Getränke aus. Diese Konstellation führt zu häufigen familieninternen Konflikten.

Die Transformation der traditionellen Gesellschaft der Amarakaeri war bis 1983 aber nur in Ausnahmefällen an dem Punkt angelangt, an dem die Tieflandindianer wie zugewanderte Goldwäscher als pequeños oder medianos mineros mit Lohnarbeitern arbeiteten und die Subsistenzproduktion derart reduziert hatten, daß durchweg Nahrungsmittel auf dem Markt erworben werden mußten. Einige nativos versuchten zwar, Lohnarbeiter einzustellen, um das System des Arbeitskräfteaustausches zu umgehen, jedoch traten in der Regel vielfältige Schwierigkeiten auf. Die zugewanderten Lohnarbeiter, in erster Linie Hochlandindianer, merkten bald, daß die nativos Probleme hatten mit der Abrechnung der Arbeitsstunden und Auszahlung der Löhne am Ende der Vertragszeit. Dem eingeborenen patron fiel es schwer, das traditionelle Tauschsystem von Arbeitskraft und Produkten, das er unter seinesgleichen in der Comunidad Nativa weiter praktizierte, von dem Verhalten gegenüber den Lohnarbeitern klar zu trennen. Die peones nutzten diese Schwäche, indem sie versuchten, zum gleichgestellten Partner des nativo zu avancieren oder auf dem Gelände der Comunidad Nativa ein selbständiges Goldwäscherunternehmen zu betreiben. Zudem waren sie Fremdkörper in der Gemeinschaft der Amarakaeri, die den sozialen Frieden, der durch die Entwicklung während des Goldbooms sowieso schon gefährdet war, zusätzlich destabilisierten. Sie belästigten Frauen und Mädchen der Amarakaeri, stahlen Feldfrüchte, da sie selbst keine Felder anlegten, und die nativos aufgrund tradierter Strukturen sie oft nicht ausreichend verpflegten. Die Amarakaeri erkannten die Gefahr, die von den Zuwanderern ausging, wenn sie innerhalb der Comunidad Nativa lebten. Die Mehrzahl der comunidades beschloß aufgrund der negativen Erfahrungen, die Einstellung von peones innerhalb der Comunidad Nativa zu verbieten. Auffällig war, daß gerade junge Amarakaeri mit stärkeren Außenkontakten, durch eine längere Schulbildung außerhalb von Madre de Dios und Ableistung des Wehrdienstes, für die Einstellung von Lohnarbeitern eintraten. Ihnen gelang es auch am ehesten, einen Betrieb - in einem Fall mit bis zu 30 peones - zu führen.

Die bisherigen Ausführungen über die Arbeitsorganisation der Harakmbut-Ethnie der Amarakaeri befaßten sich mit der traditionellen Produktionsform und der durch die Einbeziehung in die Goldwäscherei verursachten Stärkung der Geldwirtschaft.

Die Ausweitung der Geldwirtschaft durch die Einkünfte der Goldwäscherei führte zu einer Intensivierung der Marktintegration über den Konsum - besonders in den Boomjahren -, wirkte sich aber nicht auf das Angebot der von Tieflandindianern erstellten Produkte aus, obwohl in Madre de Dios im gesamten Zeitraum von 1976 bis 1983 ein Mangel an landwirtschaftlichen Produkten herrschte.

Ein großer Teil des zur Verfügung stehenden Geldes wurde, neben dem Erwerb von Produktionsmitteln für die Goldwäscherei, für den Konsum von Luxusgütern ausgegeben.

Nur in wenigen Familien fehlten Radio, Kassettenrekorder samt Zubehör, Schallplattenspieler sowie Uhren und Sonnenbrillen. Männer und Jungen legten großen Wert auf farbenfrohe Fußballtrikots und Fußballschuhe. Kleidung und Haushaltsgegenstände (Töpfe, Eimer, Schüsseln, Teller, Gläser, Besteck) wurden schon seit Jahren nicht mehr selbst angefertigt, sondern auf dem Markt erworben. Industriell gefertigte

Genußmittel (Alkohol, Limonadengetränke, Tabak, Zigaretten, Streichhölzer, Süßigkeiten) waren sehr begehrt, während für die Ernährung durchschnittlich nur selektiv wenig Produkte gekauft wurden (Salz, Zucker, Tee, Kaffee, Nudeln, Öl, Thunfischkonserven, Dosenmilch).

Die Konsumstruktur sowie der Umfang des Konsums der Amakaeri richtete sich deutlich nach Boom und Baisse aus. Einfache Produktionsmittel, die zum handwerklichen Goldwaschen benötigt werden, gehören zur Grundausstattung einer häuslichen Produktionseinheit und waren unverzichtbar auch in Zeiten der Baisse. Auf Außenbordmotoren und Motorpumpen, die in großem Umfang in den Boomjahren angeschafft wurden, sowie die dazu benötigten Ersatzteile und Reparaturwerkzeuge konnte eher verzichtet werden in Phasen, in denen der Goldpreis stark abgesunken war, die Bank - wie 1983 - den Aufkauf einstellte, oder durch witterungs- oder konfliktbedingte Produktionsausfälle nur wenig Bargeld zur Verfügung stand. Die vorhandenen Motoren wurden nicht in Betrieb genommen, Reparaturen wurden nicht ausgeführt. Das gleiche traf auf den Konsum von Luxusgütern zu: während der Boomjahre stiegen die Ausgaben für Alkohol und batteriebetriebene Musikwiedergabegeräte enorm an, während sie in den Jahren der Baisse und Stagnation sehr reduziert wurden.

Die Konsumstrukturen mit dem Überhang an Luxusgütern hatte bis 1983 nicht zu einer existentiellen Abhängigkeit vom Markt geführt, da die Tieflandindianer mit Ausnahmen von wenigen Produktionsmitteln, Kleidung und Küchengeräten ihre Grundbedürfnisse weitgehend über die Subsistenzproduktion abdecken konnten.

Dem Verkauf von Produkten aus der Subsistenzwirtschaft kam nur wenig Bedeutung zu. Überschüsse aus Ackerbau, Jagd und Fischfang, die regelmäßig anfielen, wurden nur in Ausnahmefällen an umliegende Siedler verkauft, da die Preise, die ihnen bezahlt wurden, unter dem Niveau der für die Region gängigen Marktpreise lagen. Grund war die Diskriminierung der Tieflandindianer durch die Siedler, die versuchten, bei Eingeborenen die Preise zu drücken und sie zu betrügen. Da die Harakmbut nicht auf die Einnahmen aus Verkäufen von Agrarprodukten angewiesen waren, distanzierten sie sich von den Siedlern und integrierten sich nicht in den Binnenmarkt als Anbieter von Waren.

7.8 Artikulation der Tieflandindianer als gesellschaftliche Interessengruppe

Verdrängung aus ihren angestammten Territorien, Diskriminierung ihrer Kultur durch Migranten und Vertreter der nationalen Gesellschaft und die Bedrohung ihrer Lebensgrundlagen aufgrund des zunehmenden Bodendrucks zwangen die Harakmbut seit Beginn der Conquista de la Amazonía de Madre de Dios zur Verteidigung ihres Lebensraums und ihrer Kultur. Gerade die Harakmbut-Ethnie der Amarakaeri galt als kriegerisch und kompromißlos gegen die Eindringlinge, und nur ihr ist es gelungen, unter Beibehaltung ihrer traditionellen Strukturen bis in die 80er Jahre zu überleben.

Zur Abwehr der Probleme, mit denen sich die Amarakaeri seit den 70er Jahren in Madre de Dios konfrontiert sahen, waren die traditionellen Organisationsformen nur bedingt geeignet. Die Strategie von Angriff und Rückzug in geographische Randgebiete war aufgrund der zahlenmäßigen Überlegenheit der Invasoren (Migranten und Großbetriebe), ihrer juristischen Absicherung und technischen Ausstattung schon lange kein wirksamer Abwehrmechanismus mehr.

Auf nationaler Ebene verstärkte sich seit den 70er Jahren ein Bewußtsein unter Tieflandindianern und Anthropologen, daß der wirtschaftlichen, politischen, sprachlichen und kulturellen Diskriminierung der Tieflandindianerethnien nur durch politische Aktionen zu begegnen sei (Varese, 1982). Verschiedene Tieflandindianerethnien, wie zum Beispiel die Aguaruna und Amuesha, hatten sich schon in den 60er Jahren zu Organisationen zusammengeschlossen mit dem Ziel, die Widersprüche innerhalb des eigenen Volkes zu überwinden und ihre Interessen vor der Nationalgesellschaft adäquater zu vertreten. 1977 entstand zum ersten Mal in der Geschichte der peruanischen Tieflandindianer ein überregionales, nationales Komitee, "Comité de Coordinación de la Selva Peruana", aus dem 1979 die Asociacion Interétnica de Desarrollo de la Selva Peruana (AIDESEP) hervorging.

Die Organisation AIDESEP versteht sich als interethnische Interessenvertetung der Tieflandindianer von Perú, ist staatlich anerkannt und verfügt über ein Büro in Lima. Aufgaben von AIDESEP sind:
- Vertretung der Interessen der Tieflandindianer vor der nationalen Gesellschaft in Lima, unabhängig von politischen Parteien oder Gewerkschaften,
- Abbau der Feindschaften zwischen Tieflandindianerethnien, die sich infolge eines jahrhundertealten historischen Prozesses feindlich gesinnt waren,
- Austausch von Erfahrungen über interne wie externe Probleme in den verschiedenen Regionen zwischen den Ethnien,
- Suche nach Ansätzen einer gemeinsamen Verteidigungsstrategie,
- Öffentlichkeitsarbeit über die Situation der Tieflandethnien im In- und Ausland,
- Herstellung von Kontakten zu Indianerorganisationen des panamazonischen Raums (Comisión Coordinadora de Asuntos Indígenas de la Region Amazónica),
- Internationalisierung des peruanischen Indianerproblems, zum Beispiel auf Kongressen und Tagungen wie dem Russell Tribunal.

Seit ihrem Bestehen versucht AIDESEP, weitere Tieflandindianerethnien in Peru zu motivieren, sich der Organisation anzuschließen.

In das Departement Madre de Dios wurde die Idee einer interethnischen Organisation von Vertretern anderer Tieflandindianerethnien, Funktionären von AIDESEP, und Anthropologen hineingetragen. Sie bereisten die comunidades der Amarakaeri und fanden speziell unter den jüngeren nativos Gehör. Vertreter der comunidades wurden zudem zu nationalen Kongressen nach Lima eingeladen, um sie mit der Arbeit von AIDESEP vertraut zu machen. Die Verschlechterung der Überlebenschancen der Amarakaeri von Madre de Dios seit Einsetzen des Goldbooms begünstigte zusätzlich ihren Entschluß, sich - entgegen ihren traditionellen Organisationsformen - zu einem interethnischen Indianerverband in Madre de Dios zusammenzuschließen. Vom 17.01. bis 19.01.1982 trafen sich Vertreter von acht Comunidades Nativas in der Comunidad Nativa Boca del Karene und gründeten die Federación de los Nativos de Madre de Dios (FENAMAD).

> "Por eso, hemos sentido la necesidad de organizarnos y de encontrar las mejores formas para defendernos, es decir, defender nuestras tierras y recursos naturales, y por tanto, nuestras culturas, nuestra historia, y nuestros idiomas, con ellos defender nuestras posibilidades de trabajo, ahora y en el futuro. ... Nuestra Federación luchará por la defensa de nuestras tierras y recursos naturales contra quienes pretendan quitárnoslos. Somos muy nuevos en las cuestiones de organización entre todos, pero estamos determinados a seguir adelante y proteger nuestras tierras y nuestro trabajo."[27] (Ezequiel Moqui Mio, Federación Nativa de Madre de Dios, Ponencia ante el Primer Simposium de Comunidades Nativas, Lima 1982)

Um den "letzten Kampf für das Überleben" ("la última batalla por la sobrevivencia", Rumrrill, 1982: 79) gegen die im Rahmen der Belaúnde-Politik angelegte zweite Eroberung Amazoniens zu bestehen, sind auch die Harakmbut-Ethnien von Madre de Dios gezwungen, alle möglichen Wege der Verteidigung zu begehen. Inwieweit dieses Konzept des interethnischen Zusammenschlusses sich als tragfähig auch in Madre de Dios erweist, bleibt abzuwarten. Bis 1983 waren die Meinungen über die FEDEMAD der Mitglieder der besuchten Comunidades Nativas noch gespalten: die Alten mißtrauten dieser modernen Organisationsform, die Jungen sahen in ihr eine Möglichkeit, sie als adäquate Interessenvertretung vor der modernen Nationalgesellschaft zu nutzen.

Anmerkungen zu Kapitel 7

1) Das Bewußtsein der eigenen ethnischen Zugehörigkeit, das heißt der Eigendefinition als 'nativo', 'Harakmbut', 'Amarakaeri' war das ausschlaggebende Kriterium der Zuordnung.

2) Die Bezeichnung 'Mashco' wurde von Dominikanern und Zuwanderern für die Harakmbut eingeführt und hat einen abfälligen Beigeschmack. Ich ziehe ihre Eigenbezeichnung 'Harakmbut' zur Bezeichnung vor, in ihrer Sprache das Wort für 'Volle'.

3) "Der Clan stellt traditionell die Einheit dar, in der alle Produktionsbereiche funktionieren. Zum einen, um die Arbeit zu koordinieren; beim Ackerbau, bei der Jagd, um ein Boot zu bauen, um sein Haus zu richten, alles was er tut, geschieht im Rahmen einer bestimmten Anzahl von Personen seines Clans entsprechend dem Verwandtschaftsgrad." (Interview mit Moore, 1983)

4) "Der Große Weltkrieg der Harakmbut" (Gray, 1984: 49)

5) "Insgesamt 69 Personen stellten das Heer zur Eroberung des unerforschten Territoriums. Alle hatten im Kopf, die Angst vor dieser Region auszulöschen und sie für eine wirtschaftliche Nutzung und den Fortschritt zu öffnen. Es war in aller Munde, daß die Zone vom Colorado nichts weniger als ein großes Goldlager sei. Ein neues Eldorado. Die Mashcos stellten das einzige Hindernis, diese Reichtümer zu besitzen." (Secretariado de Misiones Dominicanas del Perú, 1973: 49)

6) "Alsdann sandten (die Missionare C.M.) Tieflandindianer aus; sie pflegten freundschaftliche Beziehungen zu einigen Eingeborenen, die sie aussandten, ihre Landsleute aus den entlegensten Winkeln herbeizuholen. Und so bevölkerten sie die Missionsstationen. Dort organisierten sie wirtschaftliche Tätigkeiten im Rahmen der nationalen Wirtschaft." (Interview mit Moore, 1983)

7) Mißerfolge nach jahrzehntelanger Missionsarbeit verzeichneten auch andere Orden, die in Zentralperu bei den Tieflandethnien der Amueshy, Cashibo, Aguaruna, Campa wirkten, aus den gleichen Gründen, die in Madre de Dios zutreffen (Varese, 1973: 12).

8) "Die Eingeborenen sind unsere 'Urwaldkinder'" (Secretariado de Misiones Dominicanas del Perú, 1973: 3)

9) Die 'Wycliffe Bible Translators' (WBT) und das Summer Institute of Linguistics" (SIL) ist die größte protestantische Missionsgesellschaft, was die Zahl der ins

Ausland entsandten Missionare - 3.700 Personen in 29 Ländern - betrifft. Neben der Missionierung ist es seine vorrangige Aufgabe, die Bibel in alle Sprachen der Welt zu übersetzen. "Die Übersetzung des Neuen Testaments soll Vorrang haben vor sozio-ökonomischen und Entwicklungsprojekten" (SIL, Doc. 3.:2; in: Havalkof/Aaby, 1980: 15). Das zitierte Buch von Havalkof/Aaby beschäftigt sich in verschiedenen Artikeln ausführlich mit der Arbeit des WBT/SIL und seinen Folgen auf Stammes- und ländliche Bevölkerungsgruppen in Lateinamerika.

10) "Als meine Alten starben, sind wir drei Brüder gewesen: Angel Noriega, Carlos Noriega und Jesus Quemirojas. Und da kam CENTROMIN, ein großes peruanisches Goldunternehmen, und sein Patron Darling Montoya. Er verjagte uns von unserem Land, von unserer Erde, auf der meine Vorfahren gelebt und gearbeitet haben, die meine Mutter mit ihrem Blut getränkt hat, um mich zu gebären und meine Geschwister. Und als wir uns wehrten, kam Darling Montoya mit Soldaten aus Pto. Maldonado und dem Kommandanten Aberrado Morales. Die waren bewaffnet von oben bis unten. Sie bedrohten mich mit ihren Gewehren, sie verpaßten mir Fausthiebe, sie warfen mich zu Boden. Und ich antwortete: CENTROMIN ist nicht der Eigentümer meiner Erde. Ich bin ihr Eigentümer, weil ich schon vierzig Jahre hier lebe und weil meine Vorfahren hier gelebt haben. Es ist meine Erde.

Später haben sie vier Hütten niedergebrannt, die meine Alten gebaut haben. Wir hielten sie heilig wie unsere Mutter, aber diese Herren brannten sie nieder. Das ist Ungerechtigkeit des peruanischen Staates gegen die Eingeborenen. Auch wir sind Peruaner und sind stolz, es zu sein. Auch wir haben Fleisch und Knochen und können empfinden, nicht nur die Weißen.

Nachdem CENTROMIN unsere Hütten zerstört und unser Land uns genommen hatte, haben wir uns flußabwärts angesiedelt, in Lagarto. Aber da kam eine ausländische Firma, ein japanisches Erdölunternehmen, und danach kam die perunanische Kriegsmarine. Die ließ sich uns gegenüber nieder, sie auf dem linken Flußufer und wir auf dem rechten. Sechs Jahre haben sie uns wie Sklaven gehalten und meinen Kindern das Brot weggenommen. Oberst Frías, Oberst Bacson, Kommandant Odrilla. Mit ihren Maschinengewehren sind sie an den Strand gekommen und haben mich bei meiner Arbeit bedroht. In meine Hütte sind sie eingedrungen und haben die Gewehre auf meine Kinder gerichtet. Geschrien haben sie und mich gefragt, ob sie feuern sollen. Sie haben mich erpreßt. Sie haben erst zehn und dann zwanzig und dreißig und schließlich vierzig Prozent meiner Golderträge verlangt. Aber ich wasche kein Gold für den Oberst Frías und den Kommandanten Odrilla. Ich wasche es für mich und meine Familie. Und es ist mein Recht und es gehört mir." (Angel Noriega, Shiringayoc 1983)

11) Unter dem Begriff "semi-nomadisch" wird hier die Verlegung der Siedlung nach ca. fünf Jahren verstanden, um neue Jagd- und Fischgründe zu erschließen. Siedlungsdichte, -struktur und Verlegung des Siedlungsortes sind kulturelle Anpassungen an die ökologischen Bedingungen des tropischen Regenwaldes (Reggers, 1984: 627-645).

12) "Schließlich ist die Nutzungsform der Subsistenzwirtschaft das Ergebnis einer Kette von empirischen Erfahrungen nach der trial-and-error-Methode; so entwickelte sich eine die Ressourcen erhaltende Nutzungsform, die gekennzeichnet ist durch eine rationale Nutzung und kein Ausplündern natürlicher Ressourcen, eine wahrhaftige Belehrung für die industrialisierte Welt von heute., die in ihrer Gefräßigkeit die eigene Existenz bedroht." (Camino, 1981: 8)

13) Ziel war, der politischen Krise der Militärregierung entgegenzuwirken, indem man zwei starken Interessengruppen entgegenkam: den Unternehmern, die an der Edelholzextraktion, und jenen, die an Viehzucht und Agrobuisiness interessiert waren. Schon vier Monate nach der Gesetzesverabschiedung waren 50 % der Fläche der zwei größten nationalen Waldreservate (Humboldt und Biavo-Cordillera Azul) an Privatpersonen vergeben (Chirif, 1980: 190).

14) "Als hier Gold entdeckt wurde, kamen sie wie Ameisen."

15) "Wir, wir sind nicht wie die Fremden, die von woanders hier herkommen und alles abholzen wollen, sie zerstören den Wald mit seinen Reichtümern und lassen den Urwald für immer zerstört zurück. Wir respektieren den Wald und lassen ihn produzieren." (Ezequiel Moqui Mio, Vortrag auf dem Ersten Kongreß der Tieflandindianer-Gemeinschaften in Lima vom 26.-30.1.1982)

16) "Ein Faustschlag eines Amarakaeri gegen einen, der zugewandert ist, bringt ihn sofort um die Ecke".

17) "Wir, wir sind Tieflandindianer, durch und durch. Wir wissen nicht, bei welcher Stelle wir uns beschweren können - wo? Es gibt genug Autoritäten, aber wir wissen nicht, wie wir unsere Beschwerden vortragen sollen, wo wir uns hinwenden sollen? Nach Lima, nach Cusco, nach Pto. Maldonado, wir wissen nicht, wie man das macht, wie das ist, wenn man sich beklagen will..." (Interviewausschnitt eines Gesprächs über Landkonflikte, Angel Noriega, 1983)

18) "Vor der Conquista durch die Dominikaner lebten wir, das heißt meine Alten, hier. Sie arbeiteten in tausend verschiedenen Sachen. Pflanzten Yuca, Bananen, concucha ("Kartoffel des Urwalds"); um die Körper zu bemalen, machten sie einen Saft aus einer Baumrinde, 'yanchama' wird sie genannt ...

Die Alten gingen in den Wald, um Rehe, Affen, tojone, Brüllaffen zu jagen, und so unterhielten sie ihre Kinder und Familien. In jenen Zeiten stellten meine Alten Gewebe her aus Baumwollfäden, sie machten so eine Art Stoff ..." (Angel Noriega, Shiringayoc 1983)

19) Die Bepflanzung des Feldes verändert sich im Lauf der Jahre: wenn 10 bis 24 Monaten nach der Anlage alle Yucawurzeln geerntet sind, wird das Feld mit weniger nährstoffaufbrauchenden Nutzpflanzen bestellt. Im dritten oder vierten Nutzungsjahr kommt es spätestens zur Herausbildung eines 'Platanal' (Bananenhains) (Frank, 1983: 100-113)

20) Aus empirischen Beobachtungen geht hervor, daß Kleinlebewesen am Flußufer und im Sand des Flußbodens nicht absterben. Das Pflanzengift wirkt auf sie nur in sehr geringem Ausmaß, da die Wasserströmung die Ablagerung der Giftstoffe vermindert.

21) "Traditionell stellt der Clan die Einheit, in der alle Produktionsbeziehungen ablaufen ...
Gold wird auch in dieser Form gewaschen, aber es setzte einen Prozeß in Gang, der mit der Einbeziehung in die Geldwirtschaft begann, Kauf und Verkauf von Sachen mit Geld - und Gold wird für Geld verkauft -; was geschieht, ist die Zunahme von Konkurrenz zwischen den Individuen und den Familien entsprechend den Geldeinnahmen, die jeder für sich hat. Sie teilen nämlich das Geld nicht untereinander. Sie teilen nur die traditionellen Dinge, wie die Jagdbeute, manchmal Feldprodukte und ähnliches, aber nichts, was Geld kostet, ist teilbar." (Interview mit Moore, 1983)

22) Im Rahmen des DGFK-Forschungsprojekts war ein Ethnologe angestellt, der für diesen Arbeitsbereich zuständig war. Leider standen mir bis zur Fertigstellung der vorliegenden Arbeit keine Ergebnisse zur Verfügung, die einen Beitrag zur Vertiefung der Fragestellung geliefert hätten. Sein Abschlußbericht steht aus.

23) "Die 'huamavese' und die 'toto' kennen die Gesetze der Bevölkerungsentwicklung, der Ökologie und der Geschichte." (Gray, 1984: 57)

24) Die Einstellung zur Produktion müßte unter dem Gesichtspunkt der internen Logik der Harakmbut weiter verfolgt werden. Begreifen sie ihre Umwelt als von Urbeginn Gewesenes, für sie Bestimmtes, das sie sich als Volk nur anzueignen brauchen - eine Weltsicht, zu der Sammler und Jäger tendieren -, oder neigen sie zu einer Auffassung, nach der erst durch die Verausgabung von Arbeitskraft, das heißt durch die Investition von Energie in das Produktionsmittel Erde, Produkte geschaffen werden. Letzte-

res entspricht eher der Weltsicht von Ackerbauern. Zur Analyse der spezifischen Verflechtungen von kulturspezifischer und dominanter Produktionsform stellt die Kenntnis über die Art, wie sie Wirtschaften begreifen, ein wichtiges Kriterium dar. Dieser Frage nachzugehen, sprengte jedoch den Rahmen des Forschungsprojekts für die Nicht-Ethnologen. Inwiefern der im Projekt beschäftigte Ethnologe Aussagen zu dieser Frage erarbeiten konnte, ist nicht bekannt.

25) "Die Produktion funktioniert nicht ohne die Geister. Sie bestätigen, daß die Produktion der wichtigste Faktor ist, der alle übrigen Aspekte der Gesellschaft und Kultur bestimmt. Die Produktion ist durch das bestimmt, was die Geister bestimmen." (Gray, 1984: 58)

26) "Und wir, wir können gut anpacken. Wir können gute Arbeit leisten. Der, der aus dem Hochland kommt, schuftet den ganzen Tag ohne Unterbrechung immer die gleiche Sache, egal, ob er Gold wäscht, Bäume fällt oder andere Dinge tut. Gelangweilt kaut er seine Coca, ernährt sich schlecht, erkrankt und geht wieder. Und die Ingenieure, die mal auf Besuch kommen, trinken einen Kaffee und schauen zu, wie die andern schuften."

"Wir dagegen arbeiten in verschiedenen Dingen zur gleichen Zeit. Wir kombinieren unsere Tätigkeiten so, daß wir mehr produzieren, unseren Boden erhalten und mehr Spaß an unserer Arbeit haben." (SUR, 49 1982: 1)

27) "Aus diesen Gründen haben wir es für notwendig empfunden, uns zu organisieren und die günstigen Formen zu unserer Verteidigung herauszufinden; ich meine damit, unser Land, unsere natürlichen Ressourcen und dadurch unsere Kulturen, unsere Geschichte und unsere Sprachen zu verteidigen. Dadurch verteidigen wir unsere Arbeitsmöglichkeiten, für jetzt und in Zukunft ...
Unsere Föderation wird für die Verteidigung unseres Lebensraumes und seiner natürlichen Reichtümer kämpfen gegen jene, die sie uns nehmen wollen. Wir sind noch ganz neu in diesen Fragen von Organisierung zwischen uns allen, aber wir sind fest entschlossen, Fortschritte zu machen, um unseren Lebensraum und unsere Arbeit zu schützen." (Ezequiel Moqui Mio, Federación Nativa de Madre de Dios, Vortrag auf dem Ersten Kongreß der Tieflandindianer-Gemeinden, Lima 1982).

8. Wanderarbeiter/Lohnarbeiter

Die Wanderarbeit ist die im Departement Madre de Dios am weitesten verbreitete Form der Lohnarbeit. 95 % der Lohnarbeiter verdingen sich in Dreimonatsverträgen (una noventa) unter schwierigsten Lebens- und Arbeitsbedingungen.

Die Gruppe der Wanderarbeiter steht, ähnlich wie die Gruppen der selbständigen comuneros und Kleinbauern, in engem Zusammenhang mit der Economía Campesina des Hochlandes. Für die verarmte bäuerliche Bevölkerung, comuneros wie individualisierte Kleinbauern, die zum größten Teil im Subsistenzsektor wirtschaften und im Hochland keine Zusatzarbeit finden[1], bedeutet die Goldwäscherei in Madre de Dios oft die einzige Möglichkeit, ihre Arbeitskraft zur Erwirtschaftung eines monetären Einkommens einzusetzen.

"Madre de Dios, en los últimos años, se viene convirtiendo en el principal mercado de trabajo estacional de los campesinos andinos."[2] (Shupihui, 1983: 534).

8.1 Der regionale Arbeitsmarkt von Madre de Dios und der Arbeitsmarkt des Hochlandes - Arbeitsvermittlung durch enganche

"Caminando por la estación de San Pedro se me acercó una señora flaquita y me dijo: '¿Quieres trabajar?', y yo le dije: 'Sí señora.' '1.500,-- Soles te voy ha pagar, tengo casa, mi esposo es médico, si te enfermas nosotros te vamos a curar, y poco a poco te voy a aumentar.' Yo así lo creí. Me llevó al hotel, donde me hizo domir y también me dió comida."

"El 2 de enero junto con 14 personas que trajeron de Abancay y de otros lugares, subimos a un camión grande, y yo le pregunté '¿A dónde vamos a ir señora?' Me dijo: 'Sube nomas al camión.' En el camión había bastantes herramientas, cerveza, comida. Yo sabía que venía a Pto. Maldonado. Después de tres días y tres noches llegamos a Laberinto y yo le dije: '¿Aquí nomas vamos a trabajar?' - 'No', me dijo la señora, 'sino mas arriba, a una hora'. Así lo creímos todos."

"Cuando comenzamos a viajar en canoa, las personas reclamaron fuertemente a la señora diciendo: '?A dónde nos llevas?'. Casi le pegan pero la señora tenía tres ayudantes que la defendieron y lograron dominar a todos."

"Viajando por el río, todo era monte, el río era colorado, la canoa se iba de un lado para otro, pero más ibamos por los cantos (orillas). Yo estaba asustado, a dónde me estaban llevando me decía."

"La señora hizo bajar primero a 4 hermanos y después más arriba, a nosotros donde Constantino Huaman; este sitio se llamaba Pana Cocha (Río Colorado). Aquí trabajé dos semanas rociando monte para sacar oro."

"Me enfermé fuertemente con paludismo que había sido un sacudimiento, me curé con Aralén; Constantino (patrón) había sido mala gente; yo no me acostumbré, la comida era mala, fideos con plátanos fritos, el desayuno puro té, no había mote ni pan, por eso me vine a Laberinto. Cuando uno quiere irse lo dejan nomás pero no pagan."3) (Juan, 15 Jahre alt, 1983)

Die Arbeitskräfte werden in die Goldwaschzonen über einen zweifachen Arbeitsmarkt vermittelt. Regionale Arbeitsmärkte bestehen hauptsächlich in Pto. Maldonado, in Laberinto und Huaypetue, wobei die Nachfrage das Angebot an Arbeitskräften bei weitem übersteigt. Hier werden insbesondere Lohnarbeiter angeheuert, die schon über Kenntnisse der Goldwaschtechnik, des tropischen Biotops, der Flüsse und ihrer Wasserführung verfügen. Man könnte sie als die Facharbeiter der Zone bezeichnen, die je nach ihrem Erfahrungsschatz auch als Goldsucher, als Fischer, Jäger oder Bootsführer eingesetzt werden können.

Über den regionalen Arbeitsmarkt, auf dem vergleichsweise hohe Löhne gezahlt werden müssen, kann nur ein sehr geringer Teil der Arbeitskräfte angeworben werden. Der Hauptarbeitsmarkt für Madre de Dios liegt im Hochland, bei den Kleinbauern der Departements Cusco und Puno mit Ausstrahlungen in die Nachbardepartements. Es handelt sich jedoch nicht um einen entwickelten, transparenten Arbeitsmarkt, der den Arbeitsuchenden frei zugänglich ist.

Ein Teil der Arbeitskräfte wird von den Klein- und Mittelunternehmern, die selbst aus dem Hochland stammen, über Verwandtschafts- und Klientelbeziehungen direkt angeworben. Der größte Teil jedoch wird über das System der "enganche" nach Madre de Dios vermittelt.[4]

"Enganche"[5] ist eine traditionelle Form der Arbeitskraftrekrutierung aus der Zeit des "latifundismo", der sich an der Küste entwickelt hat[6] und durch die den Großgrundbesitzern billige Arbeitskräfte zugeführt wurden. Nach den 50er Jahren überlebte die enganche nur noch in abgelegenen Regionen der Sierra, ausschließlich in der Funktion, Klein- und Mittelunternehmer in der Selva mit billigen Arbeitskräften zu versorgen. Dabei kontrahiert der enganchador auf eigene Rechnung Arbeitskräfte und vermittelt sie gegen Honorar an die Unternehmer. Diese archaische Form der Arbeitskräftevermittlung konnte - bei völliger Abstinenz des Staates - nur deshalb wieder aufleben, weil einerseits bei den pauperisierten Kleinbauern des Hochlandes eine außerordentlich hohe Nachfrage nach saisonalen Arbeitsmöglichkeiten besteht, andererseits für sie der Arbeitsmarkt von Madre de Dios wegen des Mangels an Informationen und wegen der hohen Reisekosten nicht direkt zugänglich ist.

"Sobrevive el enganche en la medida en que el Estado no es capaz de crear las condiciones para una racionalización del empleo, y en la medida en que el mercado de trabajo es poco desarrollado y muy concentrado, de modo que los costos para incorporarse a él como trabajador son muy altos y el campesino no puede cubrirlos."[7] (SUR, 1980, No 31: 26)

Das Geschäft eines "enganchador", eines Händlers mit Arbeitskräften, besteht darin, in Madre de Dios unter den Unternehmern Abnehmer zu suchen, im Hochland Kleinbauern für Drei-Monats-Verträge (una noventa) zu verpflichten und für den Transport zum Abnehmer zu sorgen.

Die meisten Kleinbauern kennen die Lebens- und Arbeitsbedingungen im Urwald nicht; und sind die - gemessen an ihren sonstigen monetären Einünften - relativ hohen nominellen Löhne (2.000 bis 3.000 Soles je Arbeitstag 1983) für sie schon ein hoher Anreiz, so wird er vom enganchador durch den Mythos der Suche nach Gold ("Busca tu suerte en el oro")[8] noch einmal wirksam verstärkt.

Der Arbeitsvertrag wird in der Regel nur mündlich für 90 Tage abgeschlossen. Neben dem Lohn je Arbeitstag (Kapitel 8.2) hat der Arbeitnehmer nach den Regeln, die sich in der Region herausgebildet haben, Anspruch auf freie Unterkunft und Verpflegung, auf den Transport zur Arbeitsstelle im Tiefland und zurück zum Heimatort sowie auf medizinische Versorgung.

Dafür verpflichtet sich der Arbeitnehmer, an einem bestimmten Ort, bei einem ihm unbekannten Dienstherrn als Goldwäscher für die Dauer von drei Monaten zu arbeiten. Dieses System ist für den Arbeitssuchenden im Hochland von Interesse, da er keine Mittel und keine spezifischen Kenntnisse besitzen muß, um Arbeit zu finden. Für den Unternehmer in der Selva besteht der Vorteil der enganche darin, daß er seine Arbeitskräfte billiger und zu günstigeren Bedingungen als auf dem regionalen Arbeitsmarkt erhält. "Trabajan más, no son tan vivo, ni flojo"[9]: Die Arbeitskräfte haben zwar keine Erfahrungen mit der Arbeit in der Selva, sie kennen aber auch die Überausbeutungsmechanismen der Mehrzahl der Dienstherren in der Goldwäscherei nicht und können sich ihnen nicht entgegenstellen. Auch Minderjährige werden über enganche vermittelt, für sie wird etwa der halbe Tageslohn eines Erwachsenen angesetzt.

Der enganchador erhält nach Übergabe der Arbeitskräfte an den patron in der Selva ein Vermittlungshonorar, das je Arbeitskraft zwei bis drei Tagelöhnen entspricht (SUR, 1980, No 9: 27) sowie die verausgabten Transportkosten. In Interviews wurden von Kleinunternehmern auch wesentlich höhere

Vermittlungshonorare genannt, die bis zum zwölffachen Tageslohn gingen. Es ist davon auszugehen, daß die Vermittlungshonorare jeweils ausgehandelt werden und entsprechend der Verhandlungsmacht der Unternehmer, dem Nachfragedruck und der Entfernung der Arbeitsstelle von den regionalen Zentren variieren. In den Jahren hoher Nachfrage nach Arbeitskräften wurden enganche-Büros in den größten urbanen Zentren wie Cusco und Sicuani errichtet und per Radio- und Zeitungsannoncen Arbeitskräfte gesucht. Eines der berüchtigtsten Unternehmen dieser Art wurde in Cusco von einer Frau geleitet, "la reina de los trapos" ("der Königin der Lumpen"), wie sie im Volksmund genannt wird, die in wenigen Jahren von den Gewinnen dieses Geschäfts mehrere Häuser in Cusco errichtete.

8.2 Ethnische Zugehörigkeit und soziale Herkunft

98 % der Wanderarbeiter stammen aus den Departements Südperus - Cusco, Puno, Apurimac und Arequipa - und gehören in ihrer Mehrheit zur ethnischen Familie der Quechua. Aymara. stellen eine Minderheit. Zweisprachigkeit ist vorherrschend. Im Rahmen der Economía Campesina des Hochlandes fällt die Migration in die Goldwäscherei zusammen mit der Zeit der geringsten Arbeitskraftnachfrage der bäuerlichen Ökonomie (Kapitel 6.6). Nach Untersuchungen des Centro Bartolomé de las Casas, Cusco, waren die ärmsten peripheren Regionen, wie die Provincias Altas von Sicuani, und die ärmsten Comunidades Campesinas am stärksten von der Abwanderung nach Madre de Dios betroffen (Abwanderung von 39 % der arbeitsfähigen Männer, vgl. SUR, 1980, No 31: 25)[10]. 1983 und 1984, bedingt durch Dürre und Überschwemmungen, hat sich die Anzahl der Migranten aus diesen Regionen trotz des Rückgangs der Nachfrage in Madre de Dios sprunghaft erhöht. Diese Entwicklung läßt darauf schließen, daß durch die Verschlechterung der Überlebensbedingungen im Rahmen der bäuerlichen Ökonomie des Hochlandes nicht nur diejenigen Arbeitskräfte

abwandern, für die während der Zeit geringer landwirtschaftlicher Tätigkeiten im Hochland keine Nachfrage besteht, sondern auch Arbeitskräfte, die gerade zur Behebung der Dürre- und Überschwemmungsschäden im Hochland dringend benötigt würden. Die Nutzung der sogenannten landwirtschaftlichen Ferien zur saisonalen Migration über ein bestimmtes, mit der Dorfgemeinschaft abgestimmtes Maß hinaus kann zu massiven Einbrüchen in die traditionellen Strukturen der Economia Campesina führen, da gerade die Gemeinschaftsarbeiten, wie zum Beispiel Bau und Pflege der Bewässerungsanlagen, am stärksten durch den Abzug der Arbeitskraft nach Madre de Dios betroffen werden (SUR, 1980, No 31: 25).

8.3 Arbeitsvertrag und Arbeitsorganisation

"Yo trabajé donde un minero Huaman lo que trataba mal a la gente. Yo trabajé un mes. Ví la forma cómo escapar porque - ofrecimiento no más, los 250,-- Soles. Entonces, al finales no pagaba la gente; a los antiguos que habían, que estaban allí, no pagaba. Entonces he visto que para escapar a un sitio y estaba trabajando donde un paisano que estaba trabajando mas abajo de San Juan. Entonces me fuí por el monte sin que me hayan visto por alli, me hubiesen matado a mi también. Entonces cuando estuve con un pariente ya tenía algien para defenderme, algien que me ha visto. Entonces el Huaman ya no podía hacer nada para llevarme donde Zanahoria. Entonces allí tuve líos con lo que me había ido. No quería pagarme los 250,-- Soles, que me había ofrecido de dos meses. Entonces hay otras personas que escapan con balsas, se hacen balseros con palo y se vienen por río y cualquier persona sea Zanahoria o sea Alfonso Perez, a cualquier persona le matan más para que no vayan más abajo y se quejen de su salario."

"Bueno, y en invierno prácticamente se trabaja diez días o cinco días y de los días de lluvia no pagan. La mayoría trabaja para su comida no más, los demás días que uno no está, no pagan. Son 150 días que uno puede trabajar para cumplir 90 días."

"Bueno, nosotros, cuando no trabajamos durante un mes o cuando no cumplimos 90 días, nos descuentan el gasto de surceda por canoa hasta su casa, dos días, "tres días. Entonces durante eso gastamos pués víveres y nos descuentan pués una cantidad de dinero. Lo que resta un mes, 2 meses de trabajo a uno cuando quiere irse. Entonces prácticamente uno queda con 10.000,-- Soles, 15.000,-- Soles de sueldo nomás porque eso es lo que nos pagaban; 250,-- Soles. Los días que trabajamos nos pagan, los 250,-- Soles. Nada más."

"Hay menores que trabajan también párticularmente que uno no cumplen el mísmo de su trabajo que pagan a otros personas porque la verdad es que tienen esperar la voluntad del patrón mismo para recibir unos pocos centavos. Es mejor de trabajar cerca de un pueblo para poder defenderse así de salud, contra paludismo, o una enfermedad de uta que es incurable; ahora mismo no. Las enfermedades que existen así en las minerías no es para defender uta, ni infecciones, - médicos, veterinarios, no hay. Uno puede morir con una enfermedad que hay, paludismo, uta, lo más grave que hay para la salud es que le dejan así en campamento no más. Hasta que se van, está peor y le entierran así por la monte no más, por las orillas del río. Así que hasta que uno que puede estar lejos de su familia que puede enterrar en un sitio ..."

"No avisan a las familias, no communican. Mejor es enterrarlo callao y no hacer un otro gasto. Ya, después que uno avisaría la gente o sus familiares vendrían y harían lío y por ese motivo evitan estos líos."[11] (Mario, 24 Jahre alt)

Die Arbeitsverträge der Wanderarbeiter werden in der Regel mündlich geschlossen; aber auch schriftliche Verträge bieten den Arbeitnehmern keine höhere Sicherheit, da sie nur dann justiziabel sind, wenn sie von der Inspección Regional de Trabajo gegengezeichnet sind.

Die Verträge werden durchweg für 90 Tage abgeschlossen, da bis zu dieser Grenze keine Sozialversicherungspflicht besteht. Nominell gelten der 8-Stunden-Tag und die 6-Tage-Woche. Ausfalltage wegen schlechter Witterung oder Krankheit werden nicht bezahlt. Ferner besteht Anspruch auf die Erstattung der Transportkosten zum Arbeitsort und zurück sowie auf Sachleistungen für Verpflegung, Unterkunft und medizinische Versorgung.

Die vertraglich vereinbarten Tageslöhne weisen eine gleichbleibende Spannweite auf: Als Obergrenze gilt ein Wert, der etwa um 50 % höher liegt als die Untergrenze. Das Lohnniveau war von 1979 bis 1983 deutlichen Veränderungen unterworfen: Im Boom stiegen die Tageslöhne der Goldwäscher deutlich über den gesetzlichen Mindestlohn an; 1980 konnte ein Goldwäscher im günstigsten Fall mehr als das Doppelte des Mindestlohns vereinbaren (Tabelle 9). In der Baisse dagegen wurden die Mindestlöhne unterschritten: 1983 konnte der Mindestlohn nur noch im günstigsten Fall, das heißt als Obergrenze des tatsächlichen Lohnniveaus, vereinbart werden.

Tabelle 9: Tageslöhne im Departement Madre de Dios nominell und real 1979 bis 1983

Tageslohn	1979	1980	1981	1982	1983
Lohn der Goldwäscher Untergrenze	400	1.000	1.200	1.200	2.000
Obergrenze	700	1.500	1.600	2.000	3.000
Mittlerer Goldwäscherlohn als Reallohn zur Basis 1979	550	732	433	292	227
Mindestlohn Pto. Maldonado	358	715	1.063	1.616	3.332
Mindestlohn als Reallohn zur Basis 1979	358	419	329	295	303

Quelle: Goldwäscherlohn: eigene Befragungsergebnisse;
Mindestlohn und Deflationsrate: Presidencia de la República 1984: 683 f

Abbildung 21 zeigt eine Gegenüberstellung der Nominal- und Reallöhne in den Jahren 1979 bis 1983; sie macht den dramatischen Reallohnverfall von Boom zu Baisse deutlich: 1983 hat der Lohn der Goldwäscher nur noch ein Drittel der Kaufkraft des 1980 erreichten Niveaus.[12]

Abbildung 21: Tageslöhne im Departement Madre de Dios 1979 bis 1983: Entwicklung des gesetzlich festgelegten Mindestlohns, des Nominallohns und des Reallohns der Goldwäscher

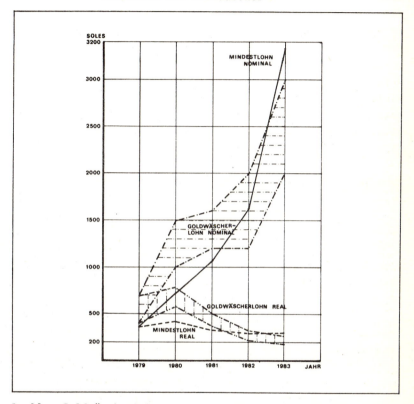

Quelle: Goldwäscherlohn: eigene Befragungsergebnisse; Mindestlohn und Deflationsrate: Presidencia de la República, 1984: 638 f

Arbeitsverträge werden auch mit Minderjährigen abgeschlossen, legal ab einem Alter von 13 Jahren, wobei besondere Arbeitsschutzmaßnahmen zu beachten sind; sie betreffen vor allem die Arbeitszeit. Bis zu 14 Jahren darf sie täglich sechs Stunden, bis zu 18 Jahren acht Stunden nicht überschreiten. Die für Minderjährige vereinbarten Löhne sind wesentlich niedriger, sie können bis auf die Hälfte des Lohnes der Erwachsenen gedrückt werden.

Die Lebens- und Arbeitsbedingungen der Goldwäscher sind außergewöhnlich hart für eine aus dem Hochland stammende bäuerliche Bevölkerung. Der erste Eindruck des ihnen völlig unbekannten tropischen Regenwaldes, der im krassen Gegensatz zur kargen, kalten Hochlandregion steht, ist für viele ein Schock: "Nos sentímos como en el infierno".[13] Das heiße und feuchte Klima, die Insektenplage, unbekannte Krankheiten und eine ihnen fremde Ernährung wirken sich auf die Wanderarbeiter äußerst belastend aus.

Der 8-Stunden-Arbeitstag, der in der Regel die vertragliche Grundlage ist, wird in der überwiegenden Zahl der Fälle überschritten[14], zum Teil wird bis zu zwölf Stunden, nur von einer halben Stunde Mittagspause unterbrochen, gearbeitet. Auch die 6-Tage-Woche wird häufig von den patrones nicht eingehalten, fast immer findet der Dienstherr einen Grund, seine Arbeiter auch an Sonn- und Feiertagen und in Vollmondnächten arbeiten zu lassen. Da Stunden und Tage, an denen aufgrund starker Regenfälle nicht gearbeitet wird, den "peones", wie die Arbeitskräfte genannt werden, als Arbeitszeit abgezogen werden und nur der patron Tage- und Arbeitsbücher führt, behält der peon in den seltensten Fällen den Überblick über seine tatsächlichen Arbeitsleistungen.

> "Es un engaño eso de 90 días, cuando uno ha cumplido los 90 días, el patrón nos dice, no hay plata. Sin querer nos tenemos que quedar hasta su gusto del patrón. Allá trabajamos de 6 a 6 de la tarde. No hay feria siquiera. Tenemos que hacer faenas los domingos trayendo leña. Después de eso podemos lavar nuestras ropas. Allá no hay donde quejarse, se puede quejar en Pto. Maldonado, pero allá no se puede, la plata se termina y no hay para pagar al abogado."[15]
> (Pablo, 28 Jahre alt, 1983)

Der Arbeitstag wird kontrolliert von Aufsehern (dem capataz

oder dem encargado), die in der Regel die Arbeitsbücher führen und das Arbeitstempo überwachen. Die verschiedenen Arbeitshandlungen werden rotierend ausgeführt. In einigen Unternehmen trafen wir ein System von Leistungsvorgaben an; meist waren die Maßstäbe so hoch gesetzt, daß die Arbeit kaum in acht Stunden geleistet werden kann und so der einzelne zur Nacharbeit verpflichtet wurde.

Auch die Arbeitsschutzmaßnahmen, die für minderjährige Arbeitskräfte gesetzlich vorgeschrieben sind, werden in der Regel nicht eingehalten.

Neben der Arbeitsleistung in der Goldwäscherei ist es in den meisten Klein- und Mittelbetrieben, die von patrones aus dem Hochland geführt werden, üblich, weitere Dienstleistungen in Form der Arbeitsrente zu fordern. Die in der Comunidad Campesina der Sierra praktizierte Form kommunaler Arbeit, faena genannt, nutzen die traditionellen patrones, um die Wanderarbeiter zusätzlich zur Tagesarbeit zum Brennholzsammeln, Hüttenbau, Transport der Lebensmittel und Produktionsmittel zum jeweiligen Arbeitsstandort, in der Baisse auch zunehmend für Arbeitsleistungen im Feldbau zu verpflichten. Die Dienstherren der Wanderarbeiter im Urwald nutzen die dorfgemeinschaftlichen Solidaritätsmechanismen des Hochlandes zur Reduzierung ihrer Inputkosten. Dieses Phänomen, kapitalistische Interessen durch traditionelle Solidaritäts- und Kontrollmechanismen der Economia Campesina durchzusetzen (Bennhold-Thomsen, 1982: 27, 97 ff), wird noch deutlicher in jenen Fällen, in denen der patron aus der gleichen Herkunftsregion wie seine peones stammt, was häufig der Fall ist. Er nutzt die Unterwerfung der comuneros und Kleinbauern unter dörfliche Klientel- oder Gefolgschaftsmechanismen in seinem Interesse und funktionalisiert somit alte genuine Strukturen, die der Erhaltung der Dorfgemeinschaft dienten - und auch noch dienen - und der Gemeinschaft zugute kamen, zu Mechanismen der individuellen Bereicherung um. Tradierte Gefolgschaftsmechanismen der Economia Campesina des Hochlandes, die übertragen werden in die Goldwäscherei des Tieflandes, führen dazu, daß der patron die peones als seine Kinder bezeichnet ("los trato como mis hijos")[16] und sie ihn "papito", Väterchen, nennen.

"La alimentación allá en la montaña es a base de chaquepa, a la hora del almuerzo y de la comida nos dan pura chaquepa, hasta tres platos nos dan, nos llenamos pero no nos alimenta. Los domingos a veces nos dan arroz con poroto. En Huaypetue los patrones hacen trabajar duro. La comida es como para chancho. En cambio ellos tienen hasta tres o cuatros carros y hacen trabajar con 40 y 50 peones. Hacen trabajar como a animales, todos los días nos dan chaquepa y fariña. La fariña es de yuca, lo convierten en harina y nos dan en el desayuno, es como el áco (harina elaborado de trigo)."[17] (Franzisco, 21 Jahre alt, 1983)

Die Ernährung der Wanderarbeiter ist - als Teil des Lohnes - laut Vertrag vom Unternehmer zu finanzieren. Während in der Baisse ein Verfall der Reallöhne durchgesetzt werden konnte, ist gleichzeitig der Anteil der Verpflegungskosten an den Gesamtlohnkosten drastisch gestiegen: 1983 waren die Kosten einer quantitativ und qualitativ mittelmäßigen Verpflegung gleich hoch wie die Obergrenze des Tageslohns, während sie 1980 lediglich etwa ein Drittel des höchsten Tageslohns ausgemacht hat. Die Strategie zur Verringerung der Kosten von Sachleistungen als Lohnbestandteil kann nur entweder in der Verschlechterung der Verpflegung bestehen oder in einer für den Unternehmer kostenfreien Nahrungsmittelbeschaffung durch Feldbau, Jagd und Fischfang, die von den Arbeitern als unbezahlte Nebentätigkeit ausgeführt werden. In fast allen von uns besuchten Arbeitercamps war die Verpflegung schlecht ("como para chanchos")[18], bestehend aus Kohlehydraten, die am billigsten sind: Reis, Nudeln, Juca, Bananen, chaquepa (zerstampfter Weizen). Bei den schweren körperlichen Arbeitsleistungen ist diese Diät wegen des Proteinmangels vollkommen unzureichend, führt zu Veränderungen des Blutbildes (Anämie) und damit zu einer Schwächung des Immunsystems und zu hoher Krankheitsanfälligkeit. Die hygienischen Bedingungen sind ebenfalls in der Regel äußerst mangelhaft: das Trinkwasser wird an Wasserstellen entnommen, die gleichzeitig als Bade- und Waschstelle genutzt werden und auch Tieren, besonders Schweinen, die in vielen Camps gehalten werden, zugänglich sind. Das Trinkwasser wird in aller Regel nicht abgekocht.

Die vom patron laut Vertrag zu stellenden Unterkünfte sind in der Regel provisorische offene Hütten (Pfähle und Plastikplanen) mit Holzpritschen. Decken, Moskitonetze und die Beleuchtung muß der Arbeiter oft aus eigenen Mitteln bezahlen.

Die Vertragserfüllung durch den patron ist bei den Sachleistungen also vielfach fragwürdig. Aber auch bei den monetären Leistungen bestehen für den patron Möglichkeiten, sich vertraglichen Verpflichtungen zu entziehen, insbesondere, da die finanzielle Abrechnung erst am Ende eines Vertragszeitraums von drei Monaten erfolgt. Das gilt einmal für die Abrechnung der Arbeits- und Ausfalltage: Da nur der patron Arbeitsbücher führt, sind seine Abrechnungen für den Lohnarbeiter nicht nachprüfbar. Das gilt zum anderen für Abzüge vom Lohn, die den vertraglichen Bedingungen widersprechen, von den Unternehmern zum Teil aber gleichwohl durchgesetzt werden: Abzüge werden zum Beispiel einbehalten für die vom enganchador vorgestreckten Reisekosten, für die Anschaffung von Moskitonetz und Wolldecke, für in Anspruch genommene Medikamente und Verbandstoffe, ja sogar für die Abnutzung der Arbeitsgeräte.

Außerdem beziehen die Lohnarbeiter aus den Beständen des Unternehmers - die mittleren Unternehmer halten regelrechte Ladengeschäfte vor - eine Reihe von lebensnotwendigen Waren wie Seife, Waschpulver, Kerzen, auch Lebensmittel zur Ergänzung der kargen Verpflegung und Getränke, die angeschrieben und bei Vertragsende abgerechnet werden. Die Vorhaltung der Waren durch die Unternehmer hat neben der Versorgung auch die Funktion, durch überhöhte Preise die Lohnkosten zu senken.[19] Eine wichtige Rolle spielt dabei besonders der Alkohol.[20]

Gerade auch beim Warenbezug vom Unternehmer oder von ambulanten Händlern wirkt sich der Verfall des Reallohns für die Goldwäscher besonders drastisch aus. Was sie am Ende einer Noventa ausgezahlt erhalten, ist im günstigsten Fall nicht mehr als 70 % der vertraglich vereinbarten Summe, häufig sogar auf 50 % reduziert. In Fällen, in denen die peones in höherem Maß Alkohol konsumiert haben, ist es nicht selten, daß ihre Schulden den vom Unternehmer errechneten Lohnanspruch aufgezehrt oder sogar überzogen haben. Die Arbeitnehmer sind in solchen Fällen vielfach gezwungen, sich für einen zweiten Dreimonatszeitraum zu verpflichten.

Führen Krankheit oder ungünstige Witterung zu längeren Arbeitsausfällen, kann der Arbeitgeber eine Verlängerung der Vertragsdauer über drei Monate hinaus verlangen. Entgegen dem Gesetz ist bei den Goldwaschunternehmen üblich, den Vertrag fristlos zu kündigen, wenn die Leistung des Arbeitnehmers den Erwartungen nicht entspricht oder wenn er wegen Krankheit ausfällt. Die Unternehmer sind also nicht gezwungen, ihre Sachleistungen darauf abzustellen, daß die einfache Reproduktion der Arbeitskraft gesichert wird.

Viele Unternehmen arbeiten mehr als einen Dreimonatszeitraum in der Goldausbeute, wobei es von den stark wechselnden Witterungsbedingungen abhängt, ob im zweiten Dreimonatszeitraum voll gearbeitet werden kann. Setzt die Regenzeit ein, werden die Verträge unabhängig von der zurückgelegten Dauer gekündigt.

Die Tatsache, daß sich die Wanderarbeiter bei den für die Hochlandbevölkerung belastenden Lebensbedingungen und dem an sich schon harten Arbeitseinsatz den Forderungen des patrons unterwerfen, liegt vor allem an der Dominanz der Anbieter von Arbeitsplätzen gegenüber der Nachfrage. Eine wichtige Rolle spielt aber auch der Mechanismus der Abrechnung bei Vertragsende: Er bindet den Arbeitnehmer an seinen Arbeitsplatz. Der Bindung könnte er sich nur durch Flucht entziehen, womit er aber seinen Anspruch auf Entlohnung aufgeben müßte.

Außerdem wird durch die späte Abrechnung für die Wanderarbeiter aus dem Hochland, die nur marginal in die Geldwirtschaft eingebunden sind, intransparent, in welchem Maß sie ihren Lohnanspruch durch den Kauf von Konsumgütern belastet haben. Und schließlich wird erst am Ende der Vertragszeit sichtbar, inwieweit der Unternehmer seinen vertraglichen Verpflichtungen nachkommt.

Könnte der Arbeitnehmer im Konfliktfall während der Laufzeit des Vertrags noch mit Leistungsverweigerung, im kollektiven Zusammenschluß mit Streik reagieren, so hat er danach kaum Möglichkeiten, seine berechtigten Forderungen durchzusetzen.

In diesem Zusammenhang ist zu beachten, daß der Staat in den Goldwäscherzonen faktisch nicht präsent ist. Die staatliche Gesetzgebung, die Arbeitsschutzmaßnahmen vorsieht, weicht vielmehr dem "Gesetz des Urwaldes" (ley de la selva), also dem Gesetz des Stärkeren. Für das Gebiet von Madre de Dios, das doppelt so groß wie die Schweiz ist, besteht in Pto. Maldonade eine Filiale des Arbeitsministeriums mit vier Mitarbeitern, die nicht einmal ausreichend über Fahrzeuge und Reisemittel verfügen, um außerhalb der Departementhauptstadt tätig zu werden. Wollten Arbeiter eine Inspektion durch das Arbeitsministerium erreichen, müßten sie deshalb die Reisekosten des staatlichen Angestellten tragen.

"No hay planillas, no hay seguro social, corriendo en cuenta del enganchado el costo que significan enfermedades o accidentes, no hay 'vacaciones', ni indemnización."[21] (SUR, 1980, No 31: 28)

So bleibt es dem patron freigestellt, wie er die Gesetze interpretiert und die mündlich geschlossenen Verträge einhält. "El estado brilla por su ausencia", "der Staat glänzt durch seine Abwesenheit", ist die ironische Aussage der ihrer Rechte bewußten Wanderarbeiter auf die Frage nach staatlichen Schutz- und Rechtsmaßnahmen. Hinzu kommt noch, daß die lokalen Repräsentanten des Staates in den Goldwäscherzonen (Bürgermeister, Polizisten) entweder selbst in der Goldextraktion als patrones tätig sind, daher ein Eigeninteresse an der Aufrechterhaltung der rechtlichen Freiräume haben, oder durch Korruption in der "Rechtsprechung" nach den Wünschen der patrones ihre geringen Gehälter aufbessern und somit auch kein Interesse an der Veränderung der Überausbeutung der Wanderarbeiter in Madre de Dios haben.

Die Dominanz der Unternehmer ist jedoch nicht einfach als Folge von Angebots- und Nachfrage-Relationen zu verstehen; die Unternehmer setzen bewußt Strategien der Arbeitskräfterekrutierung ein, die ihre dominante Stellung sichern. Dabei wird die Funktion der enganche als archaische Form der Arbeitskraftvermittlung sichtbar: Um die Erwartungen der Unternehmer zu erfüllen, über Wanderarbeiter zu verfügen, welche die traditionellen Gefolgschaftsmechanismen auf den Arbeitgeber übertragen und sich seinen Forderungen unterwerfen, bevorzugen die enganchadores die Vermittlung von comuneros und Kleinbauern aus entlegenen Regionen, deren Verwurzelung in traditionellen Produktionsformen der Economia Campesina noch intakt ist und deren Bildungsgrad niedriger ist als bei Arbeitskräften aus der Nähe urbaner Zentren.

Bei den mittleren Unternehmern, besonders in entlegenen Arbeitszonen von Madre de Dios, ist es nicht selten, daß sie zur Aufrechterhaltung der Disziplin und um Fluchtversuche zu verhindern, Wachen, in einigen Fällen mit Waffen und Hunden, einsetzen. Die isolierte abgelegene Lage in der für die Wanderarbeiter fremden und bedrohlichen Umgebung des Urwaldes führt dazu, daß sie sich wie "encarcelado", "como prisoneros" fühlen. "Nos tratan peor que esclavos." "Nos tratan como chanchos en un corral."[22]

Eines der größten Probleme der Wanderarbeiter ist die gesundheitliche Beanspruchung durch die Arbeit und die schlechte Ernährung im Tiefland von Madre de Dios. Die Wanderarbeiter migrieren in der Regel gesund, in guter physischer Verfassung. In den drei oder sechs Monaten ihrer Verdingung als Lohnarbeiter steigt der Krankheitsstand unter ihnen extrem an. Nach Untersuchungen aus dem Hochland scheint in den Comunidades Campesinas mit hohem Anteil an saisonalen Migranten nach Madre de Dios der Prozentsatz der Tuberkulosekranken rapide anzusteigen. Das gleiche gilt für die Verbreitung von parasitären Magen- und Darmerkrankungen und der Lesmaniosis, der weißen Lepra (SUR, 1980, No 31: 25). Zur Heilung dieser Krankheiten versuchen die Migranten in der Regel zunächst, die traditionelle Medizin des Hochlandes einzusetzen, da die moderne Medizin kostspielig ist und häufig auch nur in großer Entfernung vom Heimatdorf in Anspruch genommen werden könnte. Da diese Krankheiten im Hochland jedoch nur zum Teil bekannt sind, stehen in der traditionellen Medizin auch keine angemessenen Heilmethoden zur Verfügung.

Die Verwendung der schließlich erzielten Einkommen folgt einigen wenigen konstanten Mustern. In den meisten Fällen liegt die Verwendung schon vor Beginn der Migration fest; der definierte Bedarf ist das eigentliche Migrationsmotiv. Häufig werden die Mittel in die Subsistenzproduktion investiert: in die Erweiterung des Viehbestandes, der Anbaufläche, in den Kauf einfacher Geräte. Besonders nach den durch Dürre verursachten Ernteausfällen und Verlusten an Vieh in den Jahren 1982 und 1983 wurden die Mittel häufig verwendet, um Kredite der Agrarbank abzudecken, die zum Kauf von Saatgut und Vieh und zur Verbesserung der Bewässerungssysteme aufgenommen werden mußten.

Besteht für die Aufrechterhaltung der Subsistenzproduktion kein dringender Bedarf, werden die Mittel auch in Materialien für Erneuerungsarbeiten an den Häusern (zum Beispiel Wellblechdächer) investiert. Auch Ausgaben für die Ausbildung der Kinder spielen eine wichtige Rolle; das gilt zum Beispiel für Bauern in entlegenen Streusiedlungen, die ihre Kinder bei Familien in der Nähe von Schulstandorten in Pflege geben müssen; und nicht selten werden die Mittel auch zur Rückzahlung privater Kredite genutzt, wenn sich Familien zum Beispiel wegen der Krankheitskosten und der Arbeitsunfähigkeit eines ihrer Mitglieder verschulden mußten.

Ein weiteres wichtiges Migrationsmotiv ist die Ausrichtung von Festen, wozu die Mitglieder einer Comunidad Campesina rotierend verpflichtet werden. Hatte dieser Brauch ursprünglich die Funktion, durch den kollektiven Konsum der relativen Überschüsse ökonomisch besser gestellter Familien die soziale Differenzierung innerhalb der comunidad zu erschweren, so zwingt er heute die comuneros dazu, monetäres Einkommen zu erwirtschaften, was viele nur durch Migration realisieren können.

Selbstverständlich fließen die im Tiefland erzielten Erlöse auch in den direkten Konsum, in die - zeitlich eng begrenzte - Verbesserung der Ernährung der Subsistenzproduzenten, in den Kauf von Kleidung etc. Aber auch technische Konsumartikel wie Uhren, Radios und Kassettenrecorder der schlechtesten Qualität, von denen der Markt überschwemmt ist, halten so ihren Einzug in die kleinbäuerlichen Haushalte.

Die Interviews mit den Wanderarbeitern machten deutlich, daß viele unrealistische Erwartungen über die Höhe ihrer Erlöse und die Reichweite einer entsprechenden Investition hatten. So gaben nicht wenige an, sich als Händler selbständig machen zu wollen, um ein höheres Einkommen als in der Subsistenzwirtschaft zu erzielen. Darin spiegelt sich die unmittelbare Erfahrung aus dem Tiefland, wo der gesamte Kleinhandel von Migranten aus dem Hochland dominiert ist, von denen die Goldwäscher sehr gut wissen, daß sie aus dem in der Goldproduktion geschaffenen Mehrwert mehr abschöpfen als die Produzenten selbst.

Angesichts ihres realen Erlöses, der im günstigen Fall 50 Tagelöhnen entspricht und 1983 einen Wert von ca. 50 US-Dollar darstellte, sind für den weitaus größten Teil der Wanderarbeiter Pläne, ihre Existenz auf eine neue wirtschaftliche Grundlage zu stellen, nicht realisierbar. Die Mittel reichten bisher auch nicht dazu aus, für die Entwicklung der regionalen Märkte im Hochland entscheidende Anstöße zu geben und die Economía Campesina durch Investitionen im produktiven Bereich weiterzuentwickeln.

In ihrer wirtschaftlichen Beziehung zur saisonalen Wanderarbeit in der Goldwäscherei des Tieflandes leistet vielmehr umgekehrt die Economía Campesina des Hochlandes einen Beitrag zur Sicherung der Gewinne der Klein- und Mittelunternehmer im Tiefland, indem sie ihnen billige Arbeitskräfte verfügbar macht.

"Diese nahrungsmittelproduzierende Wirtschaft gehört
also zur Zirkulationssphäre des Kapitalismus, insofern sie ihn mit Arbeitskraft und Lebensmitteln versorgt, während sie gleichzeitig außerhalb der kapitalistischen Produktionssphäre bleibt, da das Kapital nicht in sie investiert und die Produktionsverhältnisse hier häuslicher und nicht kapitalistischer Art sind." (Meillasoux, 1983: 113)

8.4 Artikulation der peones als gesellschaftliche Interessengruppe

Trotz der großen Zahl der saisonalen Wanderarbeiter in Madre de Dios und ihrer Überausbeutung in der Goldwäscherei kam es in Madre de Dios zu keinen lokalen oder regionalen Zusammenschlüssen, in denen diese Personengruppe ihre Interessen gemeinsam vertritt. Der geringe Organisationsgrad ist durch folgende Faktoren zu erklären:

- Die Kürze der Anwesenheit in der Region Madre de Dios: Die Dreimonatsverträge bedingen eine starke Fluktuation der Arbeitskräfte.

- Die disperse Lage der campamentos (Arbeitslager der Goldwäscher): Im Regelfall liegen die campamentos mehrere Stunden Fußmarsch voneinander entfernt oder sind nur per Boot zu erreichen. Die großen Entfernungen stellen ein Hindernis für Verständigung und Zusammenschlüsse dar.

- Der Regionalismus unter den peones: Tradierte Feindschaften zwischen der Hochlandbevölkerung verschiedener Makro- und Mikroregionen führen noch heute zu Auseinandersetzungen zwischen ihnen. Comuneros und Kleinbauern halten trotz objektiv gleicher Interessenlage an traditionellen Gegnerschaften fest. Zum Beispiel ist die Feindschaft zwischen Puneños und Cuzqueños auch heute noch so lebendig, daß Aggressionen und Spannungen, die sich aufgrund der Lebensbedingungen als peones in Madre de Dios entwickeln, am schnellsten in Auseinandersetzungen zwischen Mitgliedern dieser verschiedenen Herkunftsregionen entladen werden.

Der Regionalismus findet seinen stärksten Ausdruck in der Feier regionaler Feste des Hochlandes im Tiefland. Die traditionsreichen Rituale werden von den Migranten der Sierra in die Selva "importiert" und selbst unter erschwerten Bedingungen im Urwald realisiert.[23]

- Die soziale Differenzierung unter den peones: Das von den Unternehmern in der Goldwäscherei angewandte Arbeitssystem umfaßt verschiedene Mechanismen zur Spaltung der Wanderarbeiter. Das System der 'tareas', der Verteilung von Aufgaben, die je nach Fähigkeit des Arbeiters unterschiedlich schnell ausgeführt werden können, schafft Konkurrenz zwischen den Lohnarbeitern und gibt dem patron die Möglichkeit, die Arbeitsnormen sukzessive heraufzusetzen.

Ebenso verstärkt das Angebot der patrones, den Arbeitskräften nach geleisteter Lohnarbeit selbständige Goldwäscherei auf ihrem Gelände zu erlauben, chichiqueo genannt, die Spaltung der Wanderarbeiter. In dieser Arbeit als chichiquero versucht der Wanderarbeiter, individuell für sich die besten Claims in der Freizeit zu bearbeiten und seinen Arbeitskollegen zuvorzukommen und sie auszubooten, um seine geringen Einkünfte zu erhöhen.

Die patrones nutzen das gering entwickelte Bewußtsein der Kleinbauern und comuneros über ihre objektive Klassenzugehörigkeit geschickt zu ihren Gunsten aus (Kapitel 10 und 11).

Die Unzufriedenheit über die Überausbeutung ihrer Arbeitskraft in Madre de Dios äußert sich in vereinzelten Revolten, die in einigen Arbeitslagern wiederholt ausgebrochen sind, und in Organisationszusammenschlüssen in ihrer Herkunftsregion in der Sierra.

Die Revolten im Tiefland sind spontane Arbeiteraufstände, in denen sich die peones zusammenschließen, um ihren verhaßten Dienstherrn zu verjagen oder zu eliminieren. Dies ist in einigen Kleinbetrieben in abgelegenen Arbeitszonen von Madre de Dios geschehen, in denen patrones die Wanderarbeiter unter brutalen Methoden (Prügelstrafen, Bewachung, Essensentzug) ausnutzten und die Gegenwehr der peones einen racheähnlichen Charakter annahm.

Im südlichen Hochland bestehen seit den 60er Jahren Zusammenschlüsse unter der bäuerlichen Bevölkerung, die an eine alte kämpferische Tradition der Hochlandbevölkerung anknüpfen. So stammte zum Beispiel der Führer der letzten großen Revolte der Quechua gegen die Spanier, Tupac Amaru, aus der Provinz Anta des Departements Cusco, einer der heutigen Abwanderungszonen, ebenso wie Hugo Blanco, der 1966 als Guerillaführer im Tal von La Convención y Lares, einer Provinz von Cusco, operierte.

Die heutigen Bauernverbände, die staatliche CNA (Confederación Nacional Agraria) und die CCP (Confederación de Campesinsos Peruanos), verfügen über starke Vertretungen in den Provincias Altas des Departementes Cusco und auch in der Region von Puno. Abwanderer, die im Hochland organisiert sind oder durch Auseinandersetzungen in ihrer Herkunftsregion ein Bewußtsein über ihre Situation entwickelt haben, versuchen nach ihrer Rückkehr aus der Goldwäscherei, auf die Lebens- und Arbeitsbedingungen der peones in Madre de Dios aufmerksam zu machen. Durch Interviews in Radio und Zeitungen und durch ihre Beschwerden, die in erster Linie den kirchlichen Vertretern der Herkunftsregion vorgetragen wurden, ist die Situation der Wanderarbeiter in der Goldwäscherei schon landesweit bekannt geworden. In Sicuani, dem urbanen Zentrum der gleichnamigen Provinz im Departement Cusco, einer stark von der Abwanderung betroffenen Zone, in der die Rückwirkungen der Goldwäscherei auf die Herkunftsregion nicht mehr zu übersehen sind (Vermehrung der Krankheits- und Sterbefälle, Verstärkung der internen sozialen Differenzierung der Dorfgemeinschaften), nahm sich die Menschenrechtsorganistion CODEH-PA unter der Leitung des Stadtpfarrers der Probleme der Wanderarbeiter an. Ihre Aufgabe bestand bisher darin, in Einzelfällen Rechtsbeistand zu leisten, für Notfälle karitative Hilfsleistungen zu vermitteln und den Abwanderungswilligen zu empfehlen, sich zu Gruppen zusammenzuschließen, um sich gemeinsam gegen die Überausbeutung zur Wehr zu setzen.

"Una alternativa parece sin embargo dibujarse entre los campesinos ... lograr ser enganchados juntos varios miembros de una misma comunidad para ir a un mismo lavadero."[24] (SUR, 1980, No. 31: 29)

Durch eine empirische Untersuchung unter den Migranten in Ab- und Zuwanderungszonen sollte versucht werden, weitere Anhaltspunkte zu finden, um die Lebensumstände der Bevölkerung der Economia Campesina im Hochland wie in den Abwanderungsregionen von Madre de Dios zu verbessern (CODEH-PA 1983: La selva y su ley - los lavaderos de oro, versión popular).

Anmerkungen zu Kapitel 8

1) Ausdruck der zunehmenden bäuerlichen Pauperisierung der kleinbäuerlichen andinen Bevölkerung ist, daß sie gegen geringen Lohn, Unterkunft, Verpflegung und Transportkosten schnell bereit ist, jedwede Arbeit anzunehmen (BOLPEBRA, 1984, No 7: 21, vgl. auch Figueroa, 1984: 72).

2) "In den letzten Jahren entwickelte sich Madre de Dios zum bedeutendsten saisonalen Arbeitsmarkt für die andinen Bauern." (Shupihui, 1983: 534)

3) "Als ich so um den Bahnhof von San Pedro herumstrich, näherte sich mir eine Señora und fragte mich: 'Suchst du Arbeit?' Und ich sagte ihr: 'Ja Señora.' 'Ich werde Dir 1.500 Soles pro Tag bezahlen. Ich habe ein Haus und mein Mann ist Arzt, so daß du, wenn du erkrankst, bei uns gut aufgehoben bist. Mit der Zeit werde ich dir auch deinen Lohn erhöhen.' Ja, und ich glaubte ihr. Sie nahm mich mit zu einem Hotel, wo sie mir die Übernachtung und das Essen bezahlte."

"Am 2. Januar bestieg ich zusammen mit 14 weiteren Personen, die sie aus Avancay und anderen Orten herbeigeholt hatten, einen großen Lastwagen, und ich fragte: 'Wohin fahren wir jetzt, Señora?' Sie sagte nur: 'Steig nur ein.' Auf dem Lastwagen gab es eine ganze Menge an Arbeitsgeräten, Bier, Nahrungsmittel. Nun wußte ich, daß wir nach Pto. Maldonado fahren würden. Nach drei Tagen und zwei Nächten kamen wir in Laberinto an, und ich fragte sie: 'Also hier werden wir arbeiten?' 'Nein' antwortete mir die Señora, 'du wirst noch weiter oben arbeiten. Noch eine Stunde.' Und ich glaubte ihr mal wieder."

"Als dann die Reise in einem kleinen Boot flußaufwärts begann, beschwerten sich die Leute heftig bei der Señora und sagten: 'Wohin schleppst du uns denn?' Sie wollten die Señora schlagen, aber sie hatte drei Helfer dabei, die sie verteidigten und uns alle unter ihre Gewalt brachten."

"Wir reisten auf dem Fluß, mitten im Urwald. Der Fluß war lehmbraun gefärbt, und das Boot schwankte von einer zur anderen Seite. Aber meist fuhren wir an den Ufern entlang. Ich hatte eine unheimliche Angst, und dachte mir, wohin nur werden die uns bringen?"

"Die Señora ließ zuerst vier Brüder aussteigen. Wir anderen fuhren noch weiter bis zum Goldwäscherlager vor Constantino Huaman, am Río Colorado. Dort arbeitete ich zwei Wochen lang, den Urwald rodend, um Gold zu waschen."

"Ich wurde sehr krank mit Gelbfieber und hatte wahnsinnige Schüttelfröste. Ich heilte mich mit Aralin. Constantino, der patron, war ein schlechter Mensch. Und ich gewöhnte mich nicht an den Urwald, nicht an die Ernährung, die sehr schlecht war, Bohnen und Bananen, zum Frühstück nur Tee, nie gab es mote, nie Brot. Daher ging ich nach Laberinto. Wenn jemand gehen wollte, ließen sie ihn gehen, aber zahlten ihm nichts." (Juan, 15 Jahre alt, 1983)

4) Für eine genaue Bestimmung des Anteils der enganche an der gesamten Vermittlung von Arbeitskräften liegen keine Daten vor.

5) Enganche heißt wörtlich: Anspannen bei Zugtieren.

6) Das System der enganche wurde 1890 in den Zuckerhacienden der peruanischen Küste eingeführt und nahm seit 1920 merklich ab (Bedoya, 1982: 70).

7) "Die enganche überlebt in dem Maße, wie der Staat unfähig ist, Bedingungen für eine Rationalisierung der Beschäftigung zu schaffen, wie der Arbeitsmarkt nur wenig entwickelt ist und sich auf wenige Regionen konzentriert, so daß die Kosten der Integration in diesen Arbeitsmarkt sehr hoch sind und von dem Bauern nicht gedeckt werden können." (SUR, 1980, No. 31: 26)

8) "Such dein Glück im Gold."

9) "Sie arbeiten hart, sind nicht so gerissen und auch nicht faul." (Interview 1983)

10) Die Abwanderung von Frauen ist begrenzt, da sie nur als Köchinnen in Madre de Dios eingestellt werden. Dementsprechend ist die prozentuale Verteilung von Männern und Frauen im Departement Madre de Dios sehr unausgewogen.

11) "Ich arbeitete im campamento des Sr. Huaman, der seine Leute schlecht behandelt. Da bin ich nur einen Monat gewesen und dann haben mir die anderen gesagt, die schon länger als drei Monate bei ihm waren, daß der patron nach Ablauf des Vertrages nicht bezahlen würde und daß er seine Arbeiter zwänge, länger zu bleiben. Da habe ich versucht, zu fliehen, flußabwärts, zu einem aus meinem Dorf, der in San Juan gearbeitet hat. Über den Fluß konnte ich nicht. Der war bewacht. Ich habe mich dann mehrere Tage durch den Urwald geschlagen. Wenn die mich erwischt hätten, hätten sie mich auch erschossen. Also dann kam ich zu dem Bekannten aus meinem Dorf, der hielt zu mir, und so hatte ich jemand, der mich verteidigen konnte. Also, so konnte der Sr. Huaman mir nichts mehr anhaben und ebensowenig der Sr. Zanahoria, bei dem ich vorher gearbeitet hatte. Aber auch in dem neuen campamento gab's

Streit. Sie wollten mir wieder nicht die 250,-- Soles zahlen, die sie mir am Anfang versprochen hatten. Tja, so ist das. Es gibt sogar Arbeiter, die auf selbstgefertigten Flößen zu fliehen versuchen. Sie binden sich am Floß fest und versuchen so, flußabwärts zu fliehen. Sie wollen sich halt beschweren über die schlechten Löhne, aber die patrones versuchen das zu verhindern."

"Es gibt Unternehmer, die ihre Arbeiter auch in der Regenzeit unter Vertrag nehmen. Aber da können sie höchstens fünf oder zehn Tage in einem Monat Gold waschen. Die übrigen, die Regentage, werden nicht mitgerechnet, die bezahlt der patron nicht. Da kann einer 150 Tage und mehr arbeiten und froh sein, wenn er sich überhaupt sein Essen verdient, bis er die 90 Tage erreicht, die der Vertrag vorschreibt. Ja, und wenn wir mal einen Monat nicht arbeiten können oder wenn wir unseren 90-Tage-Vertrag nicht auf den Tag genau erfüllt haben, ziehen sie uns die Ausgaben für die Anfahrt im Kanu ab. Mit dem Kanu fährt man oft 2-3 Tage und das kostet viel, und während dieser Zeit verbrauchen wir ja auch Lebensmittel. Die patrones rechnen das genau zusammen, und was uns dann am Ende von 90 Tagen Arbeit bleibt, ist oft nicht mehr als 10.000 oder 15.000 Soles. Jeden Tag, den wir nicht arbeiten können, ziehen sie uns halt ab. So ist das."

"Es gibt auch Minderjährige, die als Goldwäscher arbeiten und die noch schlechter dran sind. Man hängt halt immer vom guten Willen des patron ab: zahlt er einem ein paar centavos oder nicht. Es ist schon besser, in der Nähe eines Ortes zu arbeiten, um sich zu verteidigen. Auch um sich gegen Krankheiten zu schützen, ist es besser, in der Nähe eines Ortes zu arbeiten. Krankheiten gibt es nämlich wie Sand am Meer in der Goldwäscherei - Malaria, Gelbfieber, weiße Lepra und eine Reihe von Infektionen. Ärzte gibt es nicht. Impfungen, Medikamente, eine Pflege in Krankheitsfällen, das gibt es alles nicht in den campamentos. Sie lassen die Leute einfach krepieren. An Malaria und weißer Lepra sterben die meisten. Die Toten werden irgendwo im Urwald vergraben. Ihre Familien erfahren das nie. Dafür geben die patrones ihr Geld nicht aus. Und Angst haben sie auch, daß dann die Angehörigen kommen könnten und Streit anfangen. Deshalb verschweigen sie es lieber." (Mario, 24 Jahre alt)

12) Im Trend deckt sich dies mit der nationalen Reallohnentwicklung, in der konkreten Ausformung ist der Reallohnverfall in Madre de Dios jedoch wesentlich drastischer: 1979/1980 stiegen die Reallöhne im nationalen Durchschnitt leicht an, in den Folgejahren fielen sie wieder zurück, von 1982 auf 1983 um ca. 20 % (Bundesstelle für Außenhandelsinformationen (Hrsg.): Marktinformationen: Peru - wirtschaftliche Entwicklung, diverse Jahrgänge).

Bei der Berechnung des Reallohnes sind regional differenzierte Inflationsraten berücksichtigt, im Fall von Madre de Dios wird die Inflationsrate von Iquitos zugrunde gelegt (Presidencia de la República, 1984: 685).

13) "Wir fühlen uns wie in der Hölle." Mit ähnlichen Äußerungen wurde von vielen Migranten 1978 die erste Begegnung mit dem Regenwald bei einer Befragung geschildert, die im Auftrag des Berner Soziologischen Institutes durchgeführt wurde.

14) CODEH-PA befragte 1983 90 Migranten aus Sicuani über die Arbeisbedingungen; nur 30 % gaben an, daß die vertragliche Arbeitszeit von acht Stunden eingehalten wurde (CODEH-PA, 1983: 182)

15) "Im Busch erfüllen sie nicht die Arbeitsverträge, achten nicht die Würde des Arbeiters, und auch von den Autoritäten sind alle durch die patrónes gekauft. Wenn wir keine faenas für den patrón machen, ziehen sie uns Arbeitstage ab, geben uns nichts zu essen. Wenn einer sich beschwert beim Arbeitsministerium in Pto. Maldonado, erfährt er nur Ungerechtigkeiten. Dort geht es noch zu wie in der Sklavenhalterei." (Pablo, 28 Jahre alt, 1983)

16) "Ich behandle sie wie meine Söhne." (Interview 1983)

17) "Die Ernährung im Urwald besteht praktisch nur aus chacepa, zum Mittagessen gibt man uns davon einen Teller voll, oft bis zu dreimal, damit wir uns den Bauch vollschlagen. Nur sonntags bekommen wir manchmal Reis mit Bohnen. In Huaypetue lassen uns die patrónes sehr sehr hart arbeiten und geben uns dabei nur Schweinefraß. Dagegen besitzen sie oft drei bis vier Lastwagen und arbeiten mit 40-50 peones. Sie behandeln uns wie Tiere, alle Tage lang bekommen wir nur chacepa und farina. (chacepa ist ein Nahrungsmittel aus gestampftem Weizen). Die farina wird aus Yuca hergestellt, sie verarbeiten sie wie Mehl und machen uns daraus das Frühstück, es schmeckt wie aco (Mehl, das aus Weizen hergestellt wird)." (Franzisco, 21 Jahre alt, 1983)

18) "wie für Schweine" (Interview 1983)

19) Warenpreise in Kiosken und Läden von pequeños und medianos mineros in den Goldwäscherzentren vgl. Anhang 2, Tabelle 23.

20) Der Bierproduzent - Cervezería Cuzqueña - war das einzige Wirtschaftsunternehmen im Raum Peru-Süd, das bis 1983 erhebliche Zuwachsraten bis zu 12 % (1983) zu verzeichnen hatte. Im Gespräch mit dem Verwalter der Brauerei, einem deutsch-peruanischen Unternehmen mit Produktionsanlagen in Cusco und Arequipa, wurde deutlich, daß die

Wachstumsraten seines Betriebs weitgehend auf den Bierabsatz im Departement Madre de Dios zurückzuführen sind. Die Cervezeria Cuzquena war bis 1983 der größte und - mit Ausnahme des Ortes Pto. Maldonado - einzige Bieranbieter in Madre de Dios (vgl. Tabelle 21)

21) "Es gibt weder Lohnlisten noch Sozialversicherung; die Kosten von Krankheiten oder Arbeitsunfällen gehen zu Lasten des Arbeiters; es gibt keine Ruhezeiten, keine Abfindungen." (SUR, 1980, No. 31: 28)

22) "Eingesperrte", "wie Gefangene"; "Sie behandeln uns schlechter als Sklaven." "Sie behandeln uns wie Schweine in einem Stall." (Interviewausschnitte 1983)

23) So wird zum Beispiel das Fest des '2 de mayo', 'des 2. Mai', in Cusco mit einer Reihe von nächtlichen Umzügen eröffnet: als Schneemenschen verkleidete Tänzer begeben sich vom Fuße des ca. 6.000 m hohen Oxangate, Cuscos Hausberg, bei Temperaturen unter dem Gefrierpunkt bergab zu den ersten Siedlungen. Im Tiefland wird das Fest mit gleicher Kostümierung gefeiert - bei nächtlichen Temperaturen um 35 °C.

24) "Eine Alternative scheint sich jedoch unter den Bauern abzuzeichnen ... Ziel ist, sich in Gemeinschaft mehrerer Männer der gleichen comunidad anwerben zu lassen, um beim gleichen patron zu arbeiten." (SUR, 1980, No. 31: 29)

9. Selbständig arbeitende saisonale Migranten

Die Migranten, die in der Goldwaschsaison als selbständig Arbeitende, meist in Kleingruppen zusammengeschlossen, nach Madre de Dios gehen, setzen sich aus einem breiten Spektrum von Personen zusammen, das von Kleinbauern aus dem Hochland, die seit vielen Jahren regelmäßig Gold waschen, bis zu Schülern und Studenten aus Lima oder Arequipa reicht, die im Abenteuer der Goldextraktion einmal ihr Glück versuchen wollen. Der größte Teil der Gruppe sind Mitglieder von Comunidades Campesinas oder individualisierte Kleinbauern des Hochlandes, die als Lohnarbeiter bereits Erfahrungen mit der Arbeit des Goldwaschens im tropischen Regenwald gewonnen haben und mit der selbständigen Tätigkeit den Ausbeutungsmechanismen der Unternehmer entgehen wollen.

Als besondere Organisationsform selbständiger Tätigkeit gibt es auch Fälle, in denen comunidades einen Teil ihrer Männer ins Tiefland entsenden, welche die Goldextraktion auf der Basis ihrer kommunitären Organisationsstruktur realisieren.

In beiden Fällen sind die Goldwäscher wie die Wanderarbeiter in der Economía Campesina verankert und nutzen das Tiefland als Ergänzung zum Wirtschaftsraum des Hochlandes. Beide Gruppen sollen im folgenden beschrieben werden, wobei die kommunitäre Organisationsform an einem Fallbeispiel dargestellt wird.

9.1 Comuneros als selbständig arbeitende saisonale Migranten: Der Fall der comuneros von Cuyo-Cuyo

In der schwer zugänglichen Arbeitszone von Huaypetue arbeitete in den Flußläufen der Quebrada Cincuenta (Qda. 50) und der Quebrada Puno (Anhang 2, Karte 11) eine Gruppe von Goldwäschern, die seit Jahrzehnten dieser saisonalen Tätigkeit nachgeht: comuneros von Cuyo-Cuyo.[1]

9.1.1 Ethnische und soziale Herkunft

Die comuneros von Cuyo-Cuyo gehören zur Ethnie der Quechua. Sie bezeichnen sich nach ihrer Herkunftsregion, dem Distrikt von Cuyo-Cuyo, Provinz Sandía im Departement Puno, der ein Gebiet von 1.050 qkm umfaßt. Die Bevölkerung, schätzungsweise 5.000 Einwohner, lebt verteilt auf vier comunidades, von denen drei offiziell als solche anerkannt sind (Camino, 1982: 17). Ein großer Teil der comuneros spricht quechua und Spanisch, mit Ausnahme der Frauen, die oft nur quechua beherrschen. Kulturell herrschen die traditionellen Werte der Comunidad Campesina der Hochlandregion vor. Der Wirtschaftsraum von Cuyo-Cuyo umfaßt Gebiete zwischen 2.600 und 4.600 m über Meeresniveau und wird entsprechend der "verticalidad ecológica" bewirtschaftet (Camino, 1983: 18). Jede Familie hat Zugang zu Feldern auf den verschiedenen Höhenstufen und bewirtschaftet zwischen 20 und 40 Parzellen bis zu einer Meereshöhe von 4.000 m, darüber liegt noch Weideland für Lamas und Alpacas.[2] Der traditionelle reziproke Tausch von Boden, Arbeitskraft und landwirtschaftlichen Produkten ist voll erhalten. Die landwirtschaftliche Produktion, die mit traditionellen Techniken betrieben wird, dient ausschließlich zur Selbstversorgung der häuslichen Produktionseinheit. Überschüsse werden kaum erzielt und nur in seltenen Fällen auf dem Markt kommerzialisiert. Monetäres Einkommen wird durch die saisonale Arbeit in Madre de Dios in der Goldwäscherei erwirtschaftet.

9.1.2 Zugang zur Ressource Boden

Die comuneros suchen das Gebiet der Quebrada Puno und Quebrada Cincuenta und ihrer Zuläufe alljährlich in den Monaten November bis März zum Goldwaschen auf, besitzen aber keine offiziellen Nutzungsrechte. Ihr Gewohnheitsrecht wird aber von den in angrenzenden Zonen tätigen Mineros akzeptiert.

Vor Neuzuwanderern schützen sie sich durch eine "guardia",
bewaffnete Posten, die rotativ von comuneros besetzt werden
und denen die Aufgabe zukommt, im Ernstfall mit Gewalt Neu-
eindringlinge abzuhalten. Da es sich um eine abgelegene Zone
handelt und auch im zentralen Ort Huaypetue bekannt ist, daß
der Zugang zu dieser Region durch die Selbstverteidigung der
comuneros erschwert ist, gelang es ihnen, ihre traditionsge-
mäß angestammten Territorien zu behaupten. Ihr Mißtrauen gegen jede Person, die ihr Territorium betritt, ist so stark
entwickelt, daß auch die Forschergruppe große Mühe hatte,
mit ihnen ins Gespräch zu kommen.[3]

Die offiziellen Nutzungsrechte liegen in Händen von zwei in
Lima ansässigen Personen, den Peruanern James Birbeck und
Ramirez S. Alberto, die als Strohmänner für das in dieser
Zone operierende Großunternehmen AUSORSA fungieren (Kapitel
12). Bisher hat das Unternehmen jedoch noch keine Arbeiten
in dieser Zone durchgeführt. Der rechtliche Zustand ist den
comuneros weitgehend unbekannt. Zwar hörten sie von einer
Firma, die in Huaypetue arbeitet, sahen auch vereinzelt Fir-
menflugzeuge über ihrem Territorium, sie sind sich jedoch
über den Umfang des Besitzes und die Möglichkeiten des Unternehmens nicht im klaren. Ihre Skepsis und ihre Abwehr
gelten allem Neuen und sind aus der Erfahrung gewachsen im
Kampf um die Sicherung ihrer Existenz.

9.1.3 Kapitalausstattung und Kenntnisse der Produktionstechniken

Die Kapitalausstattung der Gruppe ist minimal. Die angewandten Goldwaschtechniken sind handwerklich, die Gerätschaften
aus lokalen Materialien zu erstellen. Maschinen kommen nicht
zum Einsatz. Um die Inputkosten möglichst niedrig zu halten,
versorgen sie sich selbst mit Lebensmitteln, die sie aus der
eigenen Produktion des Hochlandes beziehen. Zusätzlich werden in Madre de Dios Bananen und Yucafelder sowie Fruchtbäu-

me kultiviert, um die Ernährung entsprechend den Möglichkeiten des Urwaldes zu ergänzen und den Transport der Lebensmittel aus dem Hochland, den sie zu Fuß bewältigen, zu reduzieren.

Die Technologie des Goldwaschens ist den comuneros schon seit Generationen bekannt, da sie auch auf ihrem Territorium im Hochland eine Goldmine auf 4.600 m Höhe in Gemeinschaftseigentum besitzen. Schon in inkaischer Zeit wurden die landwirtschaftlichen Aktivitäten mit saisonaler Bergbauaktivität verbunden, und in kolonialer und republikanischer Ära wurde diese Gewohnheit fortgesetzt (Bonilla, 1974; Herrera, 1978).

9.1.4 Arbeitsorganisation

Im Regelfall wandert in der Zeit der landwirtschaftlichen Ferien von November bis März ein Teil der arbeitsfähigen Männer und Jugendlichen einer comunidad gemeinsam nach Madre de Dios. Frauen, meistens jüngere unverheiratete Mädchen, sind bei den Migranten nur vereinzelt anzutreffen und arbeiten als Köchinnen. Die Goldwäscherei ist ausschließlich Männerarbeit, während die Frauen, Kinder und Alten die häusliche Produktion im Hochland aufrechterhalten (vgl. hierzu auch Gonzales de Olarte, 1984: 46).

Der Abmarsch zu den Quebradas Puno und Cinquenta wird gemeinsam organisiert und durchgeführt, da für die Versorgung mit Lebensmitteln große Lasten mitgeführt werden. Maultiere und Esel sind die einzigen Transportmittel.

Die in der Goldwäscherei erfahrenen comuneros wählen die zu bearbeitenden Claims aus. Die Aufteilung der Arbeitsparzellen auf dem Claim richtet sich nach Größe der abgewanderten Einheit in Untergruppen von zwei bis drei Personen, die im

Regelfall einer Familieneinheit angehören. Durch Tausch von Arbeitskraft kann eine Familieneinheit, der Arbeitskräfte fehlen, ihre Produktivität erhöhen. Der Tausch von Arbeitskraft und Lebensmitteln erfolgt nach Kriterien, die von der Gruppe festgelegtwerden und denen ihre spezifischen kulturellen Wertmuster zugrunde liegen.[4]

Die landwirtschaftlichen Aktivitäten der comuneros in Madre de Dios, die Anlage von Bananen- und Yucafeldern sowie Fischfang und Jagd, wozu sie durch ihre langen Erfahrungen mit dem tropischen Ökotop in der Lage sind, dienen der Selbstversorgung in den Goldwäscherzonen. Sie absorbieren nur einen geringen Teil der Arbeitskraft und werden gemeinschaftlich durchgeführt. Während der Abwesenheit der comuneros in Madre de Dios in den neun Monaten, in denen sie im Hochland leben, werden die Felder von einer Person bewacht. Diese Aufgabe wird rotativ von den jungen, noch unverheirateten Männern ausgeübt.

Die Arbeitszeit in der Goldwäscherei richtet sich ausschließlich nach den Notwendigkeiten der Landwirtschaft und dem Bedarf an Arbeitskraft im Hochland. Es wird nur so viel Gold gewonnen, wie in den zwei oder drei Monaten der Anwesenheit in Madre de Dios möglich ist. Die gewonnenen Goldmengen pro Arbeitstag und Arbeitsmonat unterliegen starken Schwankungen entsprechend den klimatischen und den kleinräumlich stark variierenden geologischen Bedingungen; sie reichen von 0,5 g bis 4 g pro Tag und Arbeitskraft.

Die Goldproduktion wird nicht kollektiv verteilt, vielmehr wird sie von jeder Familieneinheit individuell entweder bei der Außenstelle der Minenbank in Huaypetue oder in Puno verkauft. Das monetäre Familieneinkommen wird nicht in Madre de Dios ausgegeben; es dient in erster Linie der Sicherung der Subsistenzwirtschaft: Ein großer Teil der comuneros hat im Untersuchungsjahr das Geld zur Abdeckung von Krediten der

Agrarbank verwendet, die nach den durch Dürre verursachten Ernteschäden aufgenommen wurden.[5] Sind die Mittel nicht durch solche Notsituationen gebunden, werden sie auch zur Ausrichtung der traditionellen Feste im Hochland, zum Erwerb einiger weniger industriell gefertigter Güter und in neuerer Zeit zur Erziehung der Kinder in der Herkunftsregion aufgewandt.

"Las innovaciones y cambios generados en la vida social de los comuneros, a raíz de los crecientes ingresos monetarios, no inciden significativamente en las costumbres y prácticas agrícolas."[6] (Camino, 1982: 18)

Eine erwähnenswerte Ausdifferenzierung der Einkommens- und damit Sozialstruktur der Comunidad Campesina scheint sich bis 1979, dem Zeitpunkt der Untersuchung Caminos, nach Aussagen dieses Autors nicht vollzogen zu haben. Für die Zeit bis 1983 liegen leider keine Untersuchungsergebnisse aus dem Hochland vor, so daß die Auswirkungen von Goldboom und -baisse auf die Comunidades Campesinas nicht erfaßt werden können. Die traditionellen Feste erfüllen bis 1979 auch weiterhin die Funktion, relative Überschüsse kollektiv zu verbrauchen. Dadurch daß die Ausrichtung des Festes jedes Jahr von einer anderen Person, dem mayordomo, übernommen wird, der seine Ersparnisse in Naturalien und Geld in die Ausrichtung des mehrtägigen Festes investiert, werden individuell angehäufte Überschüsse abgeschöpft. Diese Tradition ist grundlegender Bestandteil einer traditionellen Comunidad Campesina und dient der Aufrechterhaltung ihres kollektiven Charakters.

Nur in wenigen Ausnahmen wurde das monetäre Einkommen für industriell gefertigte landwirtschaftliche Inputs verwandt, wie zum Beispiel Kunstdünger und Insektizide, jedoch mit dem Ziel, die Selbstversorgung zu verbessern.

Im Fall der comunidades von Cuyo-Cuyo ermöglicht die saiso-

tradierten Produktionsform im Rahmen der Economía Campesina. "El trabajo estacional en la minería aurífera proporciona considerables ingresos monetarios lo que podría explicar la persistencia de patrones tradicionales en la agricultura."[6] (Camino, 1982: 18)

9.1.5 Artikulation der comuneros als gesellschaftliche Interessengruppe

Die comuneros von Cuyo-Cuyo sind beispielhaft für die Gruppe von Goldwäschern in Madre de Dios, die, bestimmt durch tradierte kulturspezifische Merkmale der andinen Hochlandkultur, sich primär über ihre Gemeinschaft realisieren. Produktions- wie Reproduktionsprozesse verlaufen zwar auf Familienebene, jedoch eingebunden in den gemeinschaftlichen Kontext der Comunidad Campesina und ihrer Gesetze (Gonzales de Olarte, 1984: 189 ff). Im Fall von Konflikten mobilisieren sie die comunidad als Verteidigungsorgan bzw. den Zusammenschluß mehrerer Comunidades Campesinas aus der gleichen Herkunftsregion. Über ihr Selbstverständnis als Goldwäscher, das heißt ihre Einstellung zur Arbeit während der landwirtschaftlichen Ferien, ihre mythischen Vorstellungen, die sie aus dem Hochland nach Madre de Dios mitbringen, liegen uns zu wenig Informationen für eine systematische Darstellung vor. Im Laufe der Feldforschung wurde jedoch die Bedeutung dieses Bereiches, der auch entscheidend für ihre Arbeit als Goldwäscher ist, sehr deutlich. Zum Beispiel wird die Goldfündigkeit in Verbindung mit rituellen Handlungen gesehen, die charakteristisch für die Hochlandkultur sind, wie das Kauen der Kokablätter als Steigerung der Arbeitskraft und damit der landwirtschaftlichen Produktion. "Para sacamos más oro hemos coqueado viernes y martes." "Una serpiente en la playa hace que el oro se va."[8] (ein Goldwäscher der comuneros von Cuyo-Cuyo) Da die comuneros auch im Tiefland in kommunitärer Organisation auftreten und damit ihre Gewohnheitsrechte verteidigen können, bestand für sie bisher noch nicht die Notwendigkeit, auch eine nach außen wirkende Interessenvertretung aufzubauen.

9.2 Selbständig arbeitende saisonale Migranten: individualisierte Kleinproduzenten

Die kommunitäre Organisation von Migranten auch im Tiefland, wie dies am Beispiel der comuneros von Cuyo-Cuyo gezeigt wurde, stellt einen Sonderfall dar. Wesentlich weiter verbreitet ist, daß auch Familien, die noch in eine comunidad eingebunden sind, individuell entscheiden, einzelne ihrer Mitglieder nach Madre de Dios zu entsenden. Daneben gibt es zahlreiche aus dem Hochland migrierende Kleinbauern, die aus kommunitären Zusammenhängen ausgeschieden sind oder in deren Dörfern die kommunitäre Struktur insgesamt zerbrochen ist. In jedem Fall treffen Kleingruppen, die sich ohne den Rückhalt größerer organisatorischer Zusammenschlüsse den Lebens- und Arbeitsbedingungen des Tieflandes aussetzen, auf die gleichen Probleme. Sie werden deshalb in der folgenden Darstellung unter der Bezeichnung "individualisierte Kleinproduzenten" zusammengefaßt.

Die demographische Erfassung dieser Gruppe ist äußerst schwierig, da sie zu der mobilsten Bevölkerungsgruppe in Madre de Dios gehören und daher im Spanischen als "población flotante"[9] bezeichnet werden. In einigen Zonen, wie zum Beispiel in der Arbeitszone um Huaypetue, stellen sie ca. die Hälfte der goldwaschenden Bevölkerung, von denen nach Schätzungen des Leiters der dortigen Filiale der staatlichen Minenbank 1983 ca. 40 % alleine, 20 % mit einem Lohnarbeiter und 40 % in Kooperativen[10], das heißt Zusammenschlüssen verschiedener Art, in erster Linie mit Freunden und Familienangehörigen, arbeiten.

9.2.1 Ethnische und soziale Herkunft

Diese aus verschiedenen Departements der peruanischen Sierra stammende Bevölkerung zählt zu der großen ethnischen Familie der Quechua. Aymara, die im Hochland Boliviens und in einzelnen Gebieten Südperus siedeln, stellen eine Minderheit unter ihnen dar. Zweisprachigkeit - Spanisch/Quechua oder Spanisch/Aymara - ist vorherrschend bei den Männern, von denen nur ca. 10 % (Aramburu, 1982: 13) ausschließlich ihre Muttersprache Quechua oder Aymara beherrschen. Bei den Frauen ist der Anteil derer, die sich nur in Quechua oder Aymara verständigen können, erheblich höher - als Folge der geschlechtsspezifischen Nutzung der Bildungseinrichtungen.

Ihr Selbstverständnis über die Zugehörigkeit zu einer gesellschaftlichen Gruppe verläuft ausschließlich über ihre Herkunftsregion ("soy Puñeno", "soy Cuzqueño"[11]) und wird von ihnen spezifiziert nach alten territorialen Gebietseinteilungen: "Soy del valle de ..."[12].

Das soziale Gefüge ihrer Herkunftsregion, ein Netz von Verwandtschafts-, Wahlverwandtschafts-, Gemeinschafts- und Freundschaftsbeziehungen nach tradiertem Muster, ist in den meisten Fällen ausschlaggebend auch für ihre soziale Einordnung in Madre de Dios. Über 85 % der von uns befragten Abwanderer entschlossen sich zur Migration nach Madre de Dios erst, nachdem Verwandte oder Freunde in der Zielregion lebten oder schon einmal dort gearbeitet hatten. Dem Austausch von Erfahrungen und dem Ratschlag dieser Freunde und Verwandten wird große Bedeutung beigemessen, da sie zum nächsten sozialen und kulturellen Umkreis zählen und somit als vertrauenswürdig gelten - bei der Skepsis der Hochlandbevölkerung dem Fremden gegenüber ein äußerst wichtiger Faktor im Entscheidungsprozeß. In vielen Fällen wurde die Abwanderung nach Madre de Dios erst durch die Aufforderung von Freunden oder Verwandten ausgelöst nach dem Motto "Mi amigo me llevaba", "Me fuí con mi hermano"[13], da so eine vertraute Person mit ihm in das Ungewisse der Zielregion zieht. Ferner holen in Madre de Dios lebende "serranos" ihre Verwandten, Freunde und fernen Bekannten nach, bzw. der nach Madre de Dios Ziehende steuert eine Person an, die er aus dem Hochland kennt, und der in Madre de Dios Lebende erhält dadurch eine zuverlässige und billigere Arbeitskraft, als sie auf dem lokalen Markt in Madre de Dios zu beschaffen wäre.

In diesen Beziehungen drücken sich widersprüchliche Elemente der Hochlandkultur aus: zum einen ein aus den Dorfgemeinschaften tradierter Kollektivismus, der sich in gegenseitigen Hilfen bei der Arbeitsplatzbeschaffung und der Eingliederung in das Leben im Tiefland niederschlägt oder der in Notlagen reaktiviert werden kann, zum anderen ein sich verstärkender Individualismus, der sich über Verwandtschafts- und Freundschaftsbeziehungen hinwegsetzt, wenn es um Vorteile bei der Erwirtschaftung von monetärem Einkommen geht, wie er sich zum Beispiel in der geringeren Entlohnung der paisanos zeigt.

Das gesellschaftliche Leben dieser Personengruppen realisiert sich in Madre de Dios, wenn möglich, innerhalb eines Migrantenkreises aus der gleichen Abwanderungszone. Besäufnisse und sonntägliche Fußballspiele als hauptsächliche Freizeitaktivitäten sowie die religiösen und die traditionellen Feste des Hochlandes werden im Kreise der paisanos realisiert.

9.2.2 Zugang zur Ressource Boden

Das Leben der selbständig arbeitenden Migranten zeichnet sich durch hohe Mobilität in Madre de Dios aus: Da sie keine legalen Nutzungsrechte besitzen und auch keine Gewohnheitsrechte für sich in Anspruch nehmen können, ziehen sie die Flußläufe entlang auf der Suche nach zugänglichem Gelände. Das Gelände muß über einen Goldgehalt verfügen, der die Arbeit rentabel erscheinen läßt, was auch von der Höhe des Goldpreises abhängt. Ausschlaggebend ist jedoch, daß ihnen die Nutzung des Geländes nicht streitig gemacht wird durch Personen, die entweder über Nutzungstitel oder über die

Machtposition verfügen, gewohnheitsmäßige Nutzung zu verteidigen. Diese Bedingung, die Abwesenheit des Besitzers, ist in erster Linie in der Arbeitszone um Huaypetue gegeben, da die offiziellen Besitzer bisher nicht in der Zone tätig geworden sind und das Gebiet auch noch weniger erschlossen ist, so daß der Druck auf goldführendes Gelände noch nicht so groß ist wie zum Beispiel in der Arbeitszone um Laberinto.

In einigen Fällen versuchen die selbständig arbeitenden Migranten, sich eine Genehmigung für die Bearbeitung einer "playa" zu verschaffen, wenn der Besitzer selbst aus dem Hochland stammt und sie über Verwandte und paisanos in das klientelistische Beziehungsnetz einzudringen vermögen. Im günstigsten Fall überläßt der Besitzer ohne Gegenleistung ein bestimmtes Gebiet mit niedrigen Goldwerten dem Neuankömmling, das er in der gleichen Saison schon einmal bearbeitet hatte. Oft müssen aber auch Gegenleistungen für die Zurverfügungstellung des Bodens geleistet werden in Form von Arbeits- und/oder Naturalienrente. Dabei kann bis zu 50 % des gewonnenen Goldes verlangt werden.

Die üblichste Form, sich Zugang zur Ressource Boden zu verschaffen, ist es jedoch, die Flußufer abzuwandern und freie Strände zu okkupieren. Diese Art der "Piraterie" führt zwangsläufig zu Konflikten, in denen den saisonalen Migranten in ihrer schwächeren Position nur der Rückzug bleibt, um einer Vertreibung durch Waffengewalt zuvorzukommen. Auch auf Gebieten, die von Tieflandindianern beansprucht werden, müssen sie in der Regel mit sofortiger Vertreibung rechnen.

"Victor Leynes es el proprietario de un denuncio de "último minuto". El señor pués llevaba policía: a un teniente más tres policías para sacar la gente de su denuncio y esos invasores que trabajaban en sitio del "último minuto" y uno pues no quiere salir. El terreno han encontrado los invasores y no el dueño. El dueño va pués con manos limpias a trabajar sin hacer ningún sacrificio. Y entonces el Señor lleva policías y saca pues su denuncio y entonces el otro

se defiende con machete, con escopeta. Así que se
hace sólo con la fuerza armada, de espaldas a los
policías, más que no hacen nada al denunciante y dan
un plazo de tres días, o dos días o menos. Dan plaza
para que puedan salir esos invasores. Después se
entra el dueño a trabajar así. Pagar 1.500.000 al
teniente. El se encarga a pagar a los demás policías
porque como el ha hecho servicios de defensa."14)
(Mario, 24 Jahre alt, 1983)

9.2.3 Kapitalausstattung und Kenntnisse der Produktionstechniken

Die Kapitalausstattung dieser Bevölkerungsgruppe ist minimal; für die Beschaffung der einfachen Produktionsmittel (ohne Motorpumpe) und die Finanzierung der Anreise und des Unterhalts in den ersten 20 bis 30 Tagen, bis zum ersten Mal Goldausbeute bei der Minenbank eingelöst werden kann, sind je Person etwa 100 US-Dollar erforderlich. Das Startkapital wird in den meisten Fällen durch die Tätigkeit als Lohnarbeiter gewonnen, seltener aus dem Verkauf von Gütern aus den kleinbäuerlichen Betrieben des Hochlandes. Durch Naturkatastrophen 1983 (Dürre) und 1984 (Überschwemmungen) im Süden Perus, die zur Zerstörung der Ernten und Abmagerung und Tod der Rinder führten, sahen sich allerdings viele Kleinbauern gezwungen, ihren Tierbestand zu verkaufen, um saisonal zu migrieren (SUR, No. 65, 1984: 17). In einigen Fällen wird das Startkapital auch von Verwandten oder Freunden vorgestreckt und muß am Ende einer Waschsaison zurückgezahlt werden. Händler weigern sich im Regelfall, diesen Personen Geld zu leihen, da sie aufgrund ihrer ständig wechselnden Standorte nicht kontrollierbar sind (población flotante).

Zur Grundausstattung einer Person dieser Gruppe zählen Machete, Spaten, Waschpfanne und ein "ingenio", Waschbrett (Anhang 3, Arbeitstechniken), ein Minimum an Kleidung, wenige Grundnahrungsmittel. Die Behausungen sind Improvisationen aus Bambusstangen mit Plastikplanen als Regenschutz. Oft besitzen sie noch nicht einmal eine Wolldecke und ein Moskitonetz, zwei notwendige Utensilien für die kühlen, insektenreichen Nächte des Tieflandes.

Umfangreichere Ressourcen stehen bei den selbständig arbeitenden Migranten in der Regel nur zur Verfügung, wenn sich größere Gruppen von Familienangehörigen und Freunden zusammenschließen; in solchen Fällen können zum Teil auch Motorpumpen eingesetzt werden.

Die selbständig arbeitenden Migranten setzen ausschließlich handwerkliche Verfahren ein. Sehr gut beherrschen sie in der Regel die Technik des Goldwaschens; Kenntnisse zur Erschließung von Lagerstätten beschränken sich meist auf die Flußufer, nur selten dringen sie auf die Niederterrassen vor. Die Kenntnisse haben die meisten Personen der Gruppe als abhängige Wanderarbeiter erworben.

Die Kenntnis des tropischen Ökotops ist meist nur wenig entwickelt, auf Überlebenstechniken ausgerichtet, nicht jedoch darauf, seine Ressourcen für die Selbstversorgung systematisch zu nutzen.

9.2.4 Arbeitsorganisation

Obwohl die selbständig arbeitenden Migranten im Hochland Subsistenzproduzenten sind, beschränken sie in Madre de Dios ihre Aktivitäten auf die Goldwäscherei; die hohe Fluktuation dieser Personengruppe macht die Anlage von Garten- oder Feldkulturen zur Selbstversorgung unmöglich. Besitzen die Migranten Kenntnisse der Jagd und des Fischfangs im tropischen Regenwald, tragen diese Aktivitäten zur Aufbesserung der Ernährung bei.

Die Goldwäscherei wird in der Regel auf drei bis vier Monate beschränkt. Migration und Arbeit werden meist in Gruppen von drei bis vier Personen organisiert; in den Oberläufen der Flüsse (Arbeitszone um Huaypetue), wo es möglich ist, mit bestimmten Techniken der Wasserführung im Flußbett alleine zu arbeiten, gibt es auch nicht wenige Einzelgänger. Ausnahmen sind Gruppen von 15 bis 20 Mitgliedern, zu denen sich Verwandte, Freunde und Bekannte für die Zeit, die sie im Gold zu arbeiten gedenken, zu einer Arbeitseinheit zusammenschließen. Ein Arbeitstag umfaßt acht bis zwölf Stunden, gearbeitet wird an sechs Wochentagen. Der Sonntag gilt als arbeitsfreier Tag, jedoch wird nach wetterbedingtem Arbeitsausfall während der Woche oder bei geringen Goldgewinnen auch am Sonntag gearbeitet.

Die Arbeit wird je nach Notwendigkeiten der geologischen Bedingungen in der Gruppe aufgeteilt, wobei der Gruppenälteste bzw. die Person mit den meisten Kenntnissen die Arbeitsaufteilung übernimmt. In einer größeren Gruppe rotieren die verschiedenen Tätigkeiten des Goldwaschvorganges, die letzten Arbeitsabschnitte der Goldgewinnung in der Waschpfanne werden dagegen oft nur von der erfahrensten Person ausgeübt. Jugendliche übernehmen dabei gleich schwere körperliche Tätigkeiten wie die erwachsenen Männer. Die gemeinschaftliche Organisation erstreckt sich auch auf die Versorgung (Einkäufe, Brennholz sammeln, Hüttenbau, Kochen). Das extrahierte Gold wird von der vertrauenswürdigsten Person über ein bis zwei Wochen angesammelt und - meist an einem Sonntag - an die nächste Filiale der staatlichen Minenbank verkauft. Der Erlös wird aufgeteilt, wobei neben dem Einsatz der Arbeitskraft auch der individuelle Beitrag zur Finanzierung des Starts berücksichtigt wird.

Die Person, die den Verkauf übernimmt, ist ebenfalls für den Einkauf der Lebensmittel und Arbeitsgegenstände zuständig. Diese Versorgungsunternehmung, oft zusammen mit einem jüngeren Mitglied der Gruppe, kann bei ungünstiger Lage zwei bis drei Tage in Anspruch nehmen. In dieser Zeit sondieren die übrigen Mitglieder der Gruppe die Lage neuer zu bearbeitender Goldclaims und übernehmen notwendige Reparaturarbeiten.

Viele der selbständig arbeitenden Migranten unterwerfen sich einer harten Selbstausbeutung, um ihr Ziel zu erreichen, einen ausreichenden Betrag zur Sicherung ihrer Subsistenzproduktion zu erwirtschaften. Die Verschlechterung der ökonomischen Bedingungen im Südraum Perus gerade für diese Bevölkerungsgruppe hat dazu geführt, daß trotz sinkender Goldpreise und steigender Inputkosten die Zahl der selbständig arbeitenden Migranten auch in der Baisse relativ hoch blieb.

Die durchschnittliche Goldausbeute wird mit einer Spannweite von 0,5 g bis 4,0 g je Manntag angegeben, wobei 0,5 bis 1,0 g realer Durchschnitt sein dürften und die Obergrenze von 4 g die 'Traumgrenze' eines selten erreichten Werts ist. Die Goldwäscher berücksichtigen bei solchen Angaben nicht die Zeiten, die zum Beispiel für die Anreise, die Versorgungsmärsche, die Suche freier Strände, die Exploration der Lagerstätten und die Freilegung von goldhaltigen Schichten von Abraum erforderlich sind, was auch die Mängel ihrer betriebswirtschaftlichen Kalkulation zeigt.

Bei Gold- und Warenpreisen von 1983 war zur Deckung der Investitions- und der laufenden Kosten je Arbeitskraft für eine dreimonatige Waschsaison eine durchschnittliche Goldausbeute von 0,3 bis 0,4 g je Manntag erforderlich. Mit weiteren 0,2 g je Manntag wurde ein Lohn verfügbar, der dem oberen Lohnniveau der Wanderarbeiter entsprach. Erst ab einer Grenze von 0,5 bis 0,6 g je Manntag entstanden den selbständig Arbeitenden also deutliche Vorteile gegenüber den Wanderarbeitern.

Die Chance, diesen je nach Goldpreis variierenden Punkt zu überschreiten, wird jedoch in jedem Fall gefährdet, in dem fährdet, in dem den selbständig arbeitenden Migranten nur wenig goldhöffiger Boden verfügbar ist, in dem ihnen durch die Vertreibung von okkupiertem Gelände mehrere Arbeitstage verloren gehen oder sie durch ungünstige Witterung am Goldwaschen gehindert werden.[15]

9.2.5 Artikulation der selbständig arbeitenden Migranten als gesellschaftliche Interessengruppe

Der ungesicherte Zugang zur Ressource Boden und die daraus resultierende hohe Fluktuation dieser Personengruppe ist ein Hindernis und gleichzeitig der zwingendste Grund zu einem Zusammenschluß der saisonal selbständigen Migranten. Bisher existiert keine Organisation in Madre de Dios, die die Interessen dieser Gruppe vertritt. In Gesprächen forderten selbständige Migranten zwar wiederholt eine Organisation, bei der sie sich beschweren könnten ("a dónde nos podemos quejar"[16]), die ihre Interessen vertritt, jedoch bezog sich das auf eine von oben eingesetzte Institution. Ein Zusammenschluß "von unten", aus eigener Initiative, erschien jedoch den meisten Gesprächspartnern unmöglich aufgrund starker individualistischer Tendenzen ihrer paisanos: "Cada uno baila con su pañuelo." - "Cada uno tira por su lado." - "No hay confianza."[17]

Mißtrauen gegenüber ihren paisanos wird in Madre de Dios durch die Bedingungen der Goldausbeute, den "Goldrausch", das "Goldfieber", wie sie es nennen, noch erhöht. Eine 1983 durchgeführte Untersuchung der Menschenrechtsorganisation unter Abwanderern nach Madre de Dios im Hochland, in den Provinzen, von dem Departement Cusco, Provinz de Sicuani, ergab, daß ein grundsätzliches Mißtrauen gegenüber denjenigen Personen, die nicht zum nächsten Verwandtschaftskreis gehören, schon im Hochland angelegt ist. Unserer Untersuchung im Tiefland zufolge verstärkt sich das Mißtrauen in der neuen Arbeitssituation unter den Bedingungen der Goldausbeute (ständige Konkurrenz um Boden, Diebstahl an Gold, aggressives Verhalten aufgrund der schwierigen Lebensumstände in einem unbekannten Umfeld). Dieses Verhalten steht im Widerspruch zu ihrem Selbstverständnis, demzufolge die paisanos ihrer Herkunftsregion auch weiterhin die höherbewerteten "guten Menschen" sind. Dieser Widerspruch ist Teil des Transformationsprozesses, den die bäuerliche Bevölkerung im Süden Perus durchläuft (Gonzales de Olarte, 1984: 194 ff).

Anmerkungen zu Kapitel 9

1) Die Informationen über die Comunidades Campesinas von Cuyo-Cuyo stammen zum Teil aus Gesprächen mit dem Anthropologen Alejandro Camino, Professor an der Universidad Católica del Perú, Lima, und Leiter der Forschungsabteilung des Centro Amazónico de Antropología y Aplicación Practica (CAAAP), der mehrere Jahre in Cuyo-Cuyo Forschungsarbeiten durchgeführt hat.

2) Durch die Anlage von mehreren kleinen Parzellen auf verschiedenen Höhenstufen, die oft sogar mit dem gleichen Produkt bestellt werden, versuchen die campesinos, Verluste zu minimieren. Witterungsbedingte Ernteausfälle treffen - aufgrund ihrer mikroregionalen Begrenzung - nicht die gesamte Produktion einer Feldfrucht, sondern nur den Teil der Produktion einer Höhenstufe. Mit Ausnahme einiger weniger Anbauprodukte können alle angebauten Feldfrüchte zwischen 2.000 und 4.000 m Höhe gedeihen, wobei die Produktivität mit zunehmender Höhe abnimmt. Dadurch hervorgerufene Produktionseinbußen werden jedoch für die realisierte Risikominimierung hingenommen (Gonzales de Olarte, 1984: 45, 101, 181).

3) Von Vorteil für die Arbeit der Forschergruppe war die Mitarbeit eines jungen Puneños, der selbst als Goldwäscher gearbeitet hatte, und eines Cuzqueños, der Erfahrungen aus kirchlicher Gemeindearbeit im Hochland mitbrachte. Beide stammten aus kleinbäuerlichen Familien und beherrschten quechua als ihre Muttersprache.

4) Es war in der Feldforschung nicht möglich, diese Tauschstruktur daraufhin zu untersuchen, inwiefern die Bewertung der Äquivalente an kapitalistischen Marktbedingungen orientiert wird oder ob eigene kulturspezifische, von den Marktbedingungen noch unbeeinflußte Gesetzmäßigkeiten vorherrschen.

5) Mitteilung des Leiters der Filiale der Minenbank in Huaypetue, bei der Überweisungen an die Agrarbank in Auftrag gegeben werden.

6) Die Neuerungen und Veränderungen im sozialen Leben der comuneros, die auf die wachsenden monetären Einkommen zurückgehen, haben auf die bäuerlichen Bräuche und Praktiken keine signifikante Auswirkung (Camino, 1982: 18)

7) "Die saisonale Arbeit in der Goldwäscherei ermöglicht beachtliche monetäre Einkommen, was den Fortbestand traditioneller Strukturen in der Landwirtschaft erklärt." (Camino, 1982: 18)

8) "Um mehr Gold zu gewinnen, haben wir Freitag und Diens-

tag Coca gekaut." "Eine Schlange auf dem Goldclaim verursacht, daß das Gold verschwindet." (Ein Goldwäscher der comuneros von Cuyo-Cuyo)

9) Bevölkerung ohne festen Siedlungsstandort

10) Die mineros bezeichnen den Zusammenschluß als "asociados".

11) "Ich bin Puneño." "Ich bin Cuzqueño."

12) "Ich bin aus dem Tal von ..."

13) "Mein Freund nahm mich mit." "Ich ging mit meinem Bruder mit."

14) "Victor Leynes ist Besitzer eines Nutzungstitels, das "Letzte Minute" genannt wird. Dieser Herr holte sogar schon die Polizei: einen Einsatzleiter und drei Polizisten, um die Leute von seinem Gelände zu vertreiben. Aber diese Leute hatten schon seit langer Zeit auf dem Gelände der "Letzten Minute" gearbeitet. Sie wollten nicht gehen. Sie hatten den Claim entdeckt, hatten ihn vom Urwald gereinigt, und nicht der Besitzer der Konzession. Aber so ist das halt. Der Besitzer des Schürfrechts kommt dann mit sauberen Händen, um dort zu arbeiten, wo andere die Vorarbeit geleistet haben. Er holt die Polizei, um die Leute von seinem Claim zu vertreiben. Klar doch, die anderen verteidigen sich, mit Macheten, mit Flinten. Und daher muß er ja auch zusammen mit Polizisten anrücken, damit sie ihm nichts tun. Und dann gibt er den Leuten zwei oder drei Tage, oder oft sogar noch weniger, um den Claim zu verlassen. Und dann kommt der Besitzer des Schürfrechts, um dort mit der Arbeit zu beginnen. Er bezahlt dem Einsatzleiter 1.500.000,-- Soles und die Sache ist geregelt. Er beauftragt diesen, auch die anderen Polizisten zu bezahlen, denn sie haben ihm ja Dienste erwiesen in der Verteidigung seines Terrains." (Mario, 24 Jahre alt, 1983)

15) 1983 stellte zudem die Minenbank wegen Liquiditätsproblemen wiederholt den Aufkauf von Gold ein. An ihre Stelle traten private Händler, die den Zwang der Produzenten zum Verkauf ausnutzten und einen um ein Drittel niedrigeren Goldpreis zahlten.

16) "Wo können wir uns beschweren?"

17) "Jeder tanzt mit seinem Taschentuch." "Jeder zieht auf seiner Seite." "Es gibt kein Vertrauen."

10. Pequeños mineros

Als pequeños mineros werden Inhaber von Kleinunternehmen bezeichnet, in denen ein wesentlicher Teil der Produktion durch Lohnarbeiter geleistet wird. Häufig arbeiten Familienangehörige im Betrieb mit, so daß traditionelle familienwirtschaftliche und moderne geldwirtschaftliche Formen der Betriebsorganistion nebeneinander bestehen.

Neben der Organisation des Betriebs, der Beschaffung der Produktionsmittel und der Prospektion abbaufähiger Goldlagerstätten setzen die Kleinunternehmer ihre Arbeitskraft auch im Produktionsprozeß selbst ein.

Familienwirtschaftliche Elemente sind ausschließlich Kennzeichen der pequeños mineros, bei medianos mineros treten sie grundsätzlich nicht auf; im übrigen wird die Zuordnung durch die Betriebsgröße, das heißt durch die Zahl der Lohnarbeiter, bestimmt, wobei allerdings keine starren Grenzen gelten: im Boom kann die Grenze - auch nach der Selbsteinschätzung der Unternehmer - bei etwa 40, in der Baisse bei 20 Lohnarbeitern angesetzt werden.[1] Der größte Teil der pequeños mineros arbeitet mit drei bis sechs Lohnarbeitern.

Folgende Gruppen arbeiten als Kleinunternehmer in der Goldwäscherei:
- "Ribereños" werden die Siedler an den Flußufern genannt; da die Besiedlung des Amazonastieflands von den Flüssen ausging, stellen sie die Gruppe mit der längsten Siedlungstradition dar.
- "Charapas", wörtlich 'Schildkröten', ist die Bezeichnung für Siedler, die seit mindestens einer Generation in der Departementhauptstadt und deren Umkreis leben (Tres Islas, Rompeola, Otilia, Tupac Amaru).
- "Colonos" ist die Bezeichnung für Zuwanderer aus dem Hochland, die schon vor Beginn der Goldextraktion nach

Madre de Dios migrierten und entlang der Straßen (Cusco-Pto. Maldonado/Pto. Maldonado-Iberia) und in kleineren Ortschaften wie Iberia und Malvila siedeln.
- "Serranos" werden Migranten aus dem Hochland genannt, die seit Beginn der Intensivierung der Goldausbeute 1975 nach Madre de Dios wanderten, sich zum Teil ganzjährig in Madre de Dios niedergelassen haben, zum Teil aber auch nur temporal oder saisonal in der Untersuchungsregion leben.

Die Gruppen unterscheiden sich in ihrer ethnischen und sozialen Zuordnung, vor allem aber auch in der Anpassung an das tropische Ökotop, was sich in unterschiedlichen Formen der Ressourcennutzung und der Integration der Goldwäscherei in ihre sonstigen wirtschaftlichen Aktivitäten niederschlägt.

10.1 Ethnische und soziale Herkunft

Ribereños:
Die Uferbevölkerung lebt in Streusiedlungen entlang der Flüsse Madre de Dios und Tambopata und seiner Zuflüsse, die schon seit Beginn dieses Jahrhunderts besiedelt wurden. Die Siedler sind Zuwanderer aus anderen Landesteilen, die sich als Mestizen definieren und sich sowohl von den Hochland- wie den Tieflandindianern abgrenzen. Zum größten Teil wanderten sie im Verlauf des Kautschukbooms in die Untersuchungsregion ein und gaben das Bewußtsein und die Traditionen ihrer Herkunft als peruanische oder bolivianische Hochlandindianer, als Brasilianer, Spanier oder Japaner im Lauf der Jahrzehnte auf.

Ihre Hauptaktivitäten liegen im landwirtschaftlichen Bereich (Ackerbau, Viehzucht, Jagd und Fischfang). Je nach den Möglichkeiten einer überregionalen Vermarktung kombinierten sie die Landwirtschaft mit der Extraktion von Kautschuk, Paranüssen und Edelhölzern. Die geringe infrastrukturelle Erschließung, die wenig Möglichkeiten für die Vermarktung landwirtschaftlicher Produkte bot, sowie die extremen Preisschwankungen in der weltmarktabhängigen Rohstoffextraktion führten dazu, daß die Selbstversorgungswirtschaft auf Familienbasis zur dominanten Produktionsform der riberenos wurde. Die marktorientierte Produktion und Rohstoffextraktion war nach dem Kautschukboom nur eine Zusatztätigkeit.

Vor dem "Ausbrechen" des Goldbooms in Madre de Dios wußten die ribereños zwar von dem Vorhandensein von Goldpartikeln im Ufersand, jedoch war der Goldpreis für eine systematische Extraktion zu niedrig. Sporadisch, von der Erwartung nach einer besonders günstigen Lagerstätte motiviert, versuchten aber auch damals schon vereinzelte riberenos in den Oberläufen des Flußsystems von Madre de Dios ihr Glück. Mit dem Ansteigen des Goldpreises Ende der 70er Jahre nahmen viele der riberenos die Goldwäscherei als Nebenerwerb auf.

In der sozialen Hierarchie der Gesellschaftsordnung in Madre de Dios zählen die ribereños zur Mittelschicht. Sie sprechen spanisch und verfügen für die Verhältnisse von Madre de Dios über ein hohes Bildungsniveau (häufig mit Oberschulabschluß). Sie selbst stellen sich über Tiefland- und Hochlandindianer, die von ihnen als "salvajes" und "serranos sucios"[2] diskriminiert werden, zählen sich aber auch nicht zur lokalen Oberschicht, da sie nur über geringe finanzielle Ressourcen verfügen. Ihr Ansehen in der Bevölkerung von Madre de Dios ist hoch, da viele von ihnen zu den "Pionieren" der "Urbarmachung Amazoniens" gehören. Dies erklärt sich aus dem Verständnis der Mestizo-Gesellschaft über ihre Rolle in der Siedlungsgeschichte des Tieflandes: Für sie ist es ein Leben an der "frontera", der "Nutzungsgrenze" zur "Wildnis", was nicht für die Tieflandindianer zutrifft, die sich seit Jahrhunderten an dieses Ökosystem angepaßt haben.

"... éste (la amazonía) será también para nosotros los mestizos de afuera, un país de fronteras, aunque no lo sea para los grupos étnicas que lo habitan por siglos y que han estructurado aquí una forma de vida, producto de un viejo y largo diálogo con la naturaleza."³⁾ (Yepes, 1983: 439)

Charapas:

Die mit dem Spitznamen Schildkröten bezeichneten Siedler, die auch madrediocenses genannt werden, sind Mestizen und ebenso wie die Gruppe der riberenos seit Jahrzehnten in Madre de Dios einheimisch. Spanisch sprechend und mit einem für Madre de Dios hohen Bildungsgrad (Oberschule und Zusatzausbildung), stellen sie die städtische Mittelschicht. Ihre Hauptaktivitäten liegen in der regionalen Verwaltung, dem Dienstleistungsgewerbe und im Handel. Während des Goldbooms versuchten viele von ihnen, ein Zusatzeinkommen in der Goldwäscherei zu realisieren oder auch schlechtbezahlte Verwaltungstätigkeiten zugunsten der Goldwäscherei aufzugeben.

Colonos:

Colonos, wie die Siedler im peruanischen Amazonasgebiet im allgemeinen bezeichnet werden, gehören in erster Linie zu der ethnischen Familie der Quechua. Sie wanderten seit den 50er Jahren nach Fertigstellung der Straßenverbindung Cusco-Pto. Maldonado aus dem Hochland nach Madre de Dios ein. Als verarmte Kleinbauern, die von Boden- und Ressourcenknappheit in der Sierra betroffen waren, versuchten sie, in der Selva Neuland für die Landwirtschaft zu erschließen. Da die fruchtbaren Uferstreifen durch Tieflandindianer und riberenos besiedelt waren, ließen sie sich am Straßenverlauf Cusco-Pto. Maldonado und anderen Straßen nieder. Als Nebentätigkeit gingen sie der Extraktion von Kautschuk, Paranüssen und Holz nach. Vorherrschende Produktionsform war und ist die häusliche Produktion zur Selbstversorgung in Kombination mit marktorientierter Zusatztätigkeit. Die Betätigung in der Goldwäscherei seit Beginn des Goldbooms 1976 stellte für sie - ähnlich wie für die ribereños - eine Erweiterung der monetären Einkommensmöglichkeiten in Madre de Dios dar.

Durch die soziale Herkunft als arme Hochlandbauern und ihre in der Regel geringen Einkünfte im Tiefland zählen sie in Madre de Dios zur Unter- und unteren Mittelschicht. Zweisprachigkeit, Spanisch-quechua, ist vorherrschend. Die Schulbildung umfaßt bei den meisten Personen nur die Grundstufe. Auch wenn diese Migranten schon seit mehreren Jahren oder Jahrzehnten in Madre de Dios leben und ihre Beziehung zur Herkunftsregion im Hochland weitgehend gelöst haben, werden sie von den Mestizen als serranos oder cholos bezeichnet und diskriminiert. Nach ihrem Selbstverständnis sind sie Mitglieder der Gesellschaft des Tieflandes und leisten einen wichtigen Beitrag zur Erschließung der peruanischen Selva, während die länger ansässigen Siedler und Tieflandindianer sie als nicht integrierte Migranten sehen, die ins Hochland zurückkehren. Von den Behörden wird diese Bevölkerungsgruppe auch heute noch als "población flotante"[4] bezeichnet.

Serranos:
Diese Gruppe von Hochlandindianern, die in ihrer Mehrheit der Ethnie der Quechua angehört, hält die Verbindung zu ihrer Herkunftsregion aufrecht. Zum Teil verbringen sie die Regenmonate in der Sierra und wandern nur in der Arbeitssaison ins Tiefland, zum Teil leben sie ganzjährig in Madre de Dios. Diese pequeños mineros arbeiten mit der Perspektive im Urwald, durch die Gewinne aus der Goldwäscherei ihre Lebensbedingungen im Hochland zu verbessern und dort wieder permanent leben zu können. Die Zeit in Madre de Dios begreifen sie als ein Übergangsstadium. Daher erklärt sich ihr Desinteresse, sich auf die neuen Lebensumstände einzulassen. Sie halten an der Kultur des Hochlandes fest, gebrauchen quechua als Umgangssprache, feiern die traditionellen Feste der Sierra im Tiefland und transferieren ihre Gewinne ins Hochland. Ihr Bildungsniveau entspricht der Grundschulausbildung; meist beherrschen sie neben quechua auch Spanisch.

scher oder durch Handel haben sie Ersparnisse angesammelt, die sie zum Betrieb eines Kleinunternehmens befähigen. Da sie Hochlandindianer sind, werden sie aber im Tiefland genauso sozial eingestuft wie ihre mittellosen paisanos: als serranos, cholos, Angehörige der untersten gesellschaftlichen Schicht.

10.2 Zugang zur Ressource Boden

Die pequenos mineros besitzen seit Inkrafttreten des neuen Bergbaugesetzes 1978 in 90 % aller Fälle keine legalen Nutzungsrechte, da der Erwerb und die dauerhafte Sicherung der Rechte kostspielig und zeitaufwendig sind und bestimmte Kenntnisse der Gesetzgebung und Verwaltung voraussetzen (vgl. dazu Moncada, 1979, die die gleiche Situation für die Goldwäscher des kolumbianischen Urwaldgebietes in der pazifischen Küstenregion beschreibt).

Allein die Uferbevölkerung, die in heutigen Goldwäscherzonen schon vor Beginn des Goldbooms lebte, macht Gewohnheitsrechte geltend. Sie erwarb in einigen Fällen schon vor 1976 landwirtschaftliche und forstwirtschaftliche Nutzungsrechte auf Böden, die seit 1976 für die Seifengoldgewinnung entdeckt wurden. Durch die Überlagerung verschiedener Nutzungsrechtsansprüche steht sie aber vielfach auch in schwierigen Konfliktsituationen.

Pequeños mineros ohne Nutzungstitel, das heißt der weitaus größte Teil von ihnen, bevorzugen die Goldwäscherei an den Flußufern, da sie keine Vorarbeit leisten müssen. Die Nutzung der Niederterrassen des Urwaldes, wo die goldführenden Schichten zwar meist einen höheren Goldgehalt aufweisen, diese aber durch Abholzung und das Abtragen des Abraumes zunächst freigelegt werden müssen, birgt für sie die Gefahr, vom rechtmäßigen Besitzer des Nutzungstitels vertrieben zu werden, nachdem sie die Erschließungsarbeit geleistet haben. Die pequeños mineros dringen daher auf die Niederterrassen nur vor, wenn sie sich auf freiem Gelände glauben oder gegen schwächere Konkurrenten - wie selbständig arbeitende Migranten - verteidigen können.

Eine Möglichkeit, sich den Zugang zur Ressource Boden auch ohne Nutzungstitel zu sichern, besteht im Abschluß eines Pachtvertrages mit einem Besitzer, sei es, daß er legal über Nutzungsrechte verfügt, sei es, daß er sie sich aufgrund seiner Vormachtstellung sichern kann. In Kapitel 6.6 wurden bereits die aus dem Hochland stammenden Pachtsysteme erläutert, wonach die als "contratistas" oder auch als "socios" bezeichneten Pächter 50 % der von ihnen erwaschenen Goldausbeute abzugeben haben. Sind die Pächter "invitados" oder "compadres", liegen die Abgaben niedriger, zum Beispiel bei einer Tagesproduktion pro Woche. Der socio kann wiederum anderen pequeños mineros erlauben, auf einer bestimmten Parzelle seines gepachteten Geländes zu arbeiten, so daß eine Kette von Unterpachtverträgen entsteht, die informell ausgehandelt werden, oft ohne Kenntnis des Besitzers des Nutzungstitels.

Das Pacht- und Unterpachtsystem kann sich nur entwickeln, wenn das Potential an goldhöffigen Flächen größer ist als die Abbaukapazität des Verpächters und wenn für den Pächter den Abgaben geldwerte Vorteile gegenüberstehen. Die konkreten Interessen, die zu dieser Kette von Pachtverträgen führen, sind sowohl materieller wie politischer Art. Neben Abgaben in Form von Gold oder Geld spielen Werte wie das Ausleihen einer Motorpumpe, eines Bootes, eines Bootsmotors als Gegenwert für die Bearbeitung der Parzelle eine Rolle. Besitzt der Pächter bestimmte Fähigkeiten, wie zum Beispiel Kenntnisse in der Goldsuche, verpflichtet er sich, als Gegenwert für die Nutzung einer Parzelle seine Kenntnisse zur Disposition des Verpächters zu stellen. Von politischer Bedeutung ist diese Art der Pachtregelung dadurch, daß der Besitzer durch die Anhäufung von pequenos mineros auf seinem Gelände eine Stärke demonstriert, die er im Streitfall um Bodenrechte einsetzen kann: Die vereinigten Pächter und Unterpächter eines Geländes stehen auf seiten des Besitzers. "Algunos patrones tambien recolectan gente invitados para tener su proprio ejército."[5] (Teobaldo Flores, playa Inambarillo)

10.3 Kapitalausstattung und Kenntnisse der Produktionstechniken

"Bueno, cuando estuve trabajando en primera etapa (1976-1978), había playas donde sacaban hasta un kilo por semana haciendo pozo; en este tiempo trabajan cargando en latas, haciendo en la tolba. Así sacaban un kilo por semana. Ahora que se trabajaban en carretillas y todo, daba más. Pero se ha terminado porque de ahí venía todo el mundo. El Banco Minero estaba saliendo porque no había movimiento de negocio."

"?Y cuánto ha sacado usted, cuando ha empezado a trabajar en Fortuna?"

"Daba 200-250 gramos por la lavada diaria."

"?Con cuánta gente ha lavado?"

"Con 6 hombres. En este tiempo el oro estaba barato, estaba valiendo 80 soles el gramo... La vida estaba costando ... 6-7 gramos, ya no era suficiente para mantenerse, muy poco la producción; el descargar es que quita el tiempo. Haciendo un presupuesto ... justo para comer y para la gente. Cuando era para pagar no hay... y de ahí empezaron a entrar los grandes de Lima en helicóptero a sacar fotos del aire de la selva."[6] (Manuel Pacheres, Fortuna)

Als Startkapital eines Kleinunternehmers mit fünf Arbeitskräften, davon drei Lohnarbeitern, eine Einheit, mit der die Verarbeitungskapazität einer tolba (Waschrinne) gut genutzt werden kann, sind ohne Einsatz einer Motorpumpe 1980 ca.

350.000 Soles, 1983 1,4 Millionen Soles anzusetzen (Tabelle 10). Dies entspricht einer Goldproduktion von 84 g in 1980 und von 89 g in 1983. Für Kauf und Betrieb einer Motorpumpe sind 1980 zusätzlich 300.000 Soles (70 g Gold) und 1983 2 Millionen Soles (125 g Gold) aufzuwenden.

Diese Mittel stehen vielen Goldwäschern nicht als Eigenkapital zur Verfügung und können nur aufgebracht werden, wenn sie Zugang zum staatlichen und privaten Kreditsystem haben.

Laut Gesetz zur Goldförderung, Ley de la Promoción Aurífera von 1978, wurde die staatliche Minenbank mit der Aufgabe betraut, die pequeña minería schwerpunktmäßig zu fördern, da die pequeños mineros zum Zeitpunkt der Verfassung des Gesetzes diejenige Gruppe waren, die den größten Anteil der Goldproduktion in Madre de Dios extrahierten. Als Fördermaßnahmen war neben dem Verkauf von Gütern und Lebensmitteln zu marktgünstigen Preisen ein speziell auf die Bedürfnisse der Kleinmineros zugeschnittenes Kreditsystem vorgesehen: Los créditos de avio.[7] Diese Darlehen verteilte die staatliche Minenbank ohne Garantien irgendwelcher Art in Form von Grundbesitz, Immobilien oder Nutzungstiteln, wie sie im peruanischen Bankgeschäft üblich sind, in Geld und Arbeitsmaterialien (Schaufeln, Spaten, Schubkarren etc.) mit einer Laufzeit von drei Monaten und Zinssätzen unterhalb der Inflationsrate.

1978 und 1979 verhalf diese günstige Kreditförderung noch einer großen Zahl von pequeños mineros zum Startkapital. Da die Rückzahlung der Kredite nur in den seltensten Fällen erfolgte[8] und die Bank ihre Förderrichtlinien aufgrund von Geldmangel und den neuen politischen Richtlinien der Belaunderegierung 1980 änderte, verschlechterten sich die Kreditaufnahmebedingungen. Seitdem gelten für die Minenbankkredite die landesüblichen Konditionen. Als Folge dieser Bankpolitik erhielten nur noch wenige pequeños mineros staatliche Kredi-

Tabelle 10: Modellrechnung des Startkapitalbedarfs für einen pequeño minero mit fünf Arbeitskräften, davon drei Lohnarbeitern, für die Jahre 1980 und 1982

Kostenart	1980		1983	
	Kosten je Einheit	Kosten gesamt	Kosten je Einheit	Kosten gesamt
a) Basisinvestitionen				
3 Schubkarren	10.000	30.000	35.000	105.000
5 Spaten	3.000	15.000	10.000	30.000
5 Schaufeln	3.000	15.000	10.000	30.000
2 Macheten	1.500	3.000	6.000	12.000
1 Axt		2.500		8.000
3 Spitzhacken	3.000	9.000	9.000	27.000
2 Eimer	2.500	5.000	8.000	16.000
1 Tolba		25.000		80.000
1 Kiessieb		5.000		18.000
1 Batea		20.000		60.000
80 m Plastikfolie	100	8.000	1.000	80.000
30 m Jute	150	4.500	1.500	45.000
Summe a)		142.000		511.000
b) Zusatzinvestitionen				
1 Motorpumpe 10 PS Buggs & Stratton		130.000		1.300.000
6 m Ansaugschlauch	6.000	36.000	20.000	120.000
50 m Transportschlauch	2.000	100.000	7.000	350.000
Summe b)		266.000		1.770.000
c) Betriebskosten Motorpumpe*				
Ersatzteile/Reparaturen**		5.500		55.000
50 Gallonen Benzin	220	11.000	2.000	100.000
5 Gallonen Öl	3.500	17.500	8.000	40.000
Summe c)		34.000		195.000
d) Transferkosten				
5mal Cusco-Maldonado	6.000	30.000	26.000	130.000
5mal Maldonado-Río Colorado mit Materialtransport	8.000	40.000	30.000	150.000
Summe d)		70.000		270.000

Fortsetzung Tabelle 10

Kostenart	1980 Kosten je Einheit	1980 Kosten gesamt	1983 Kosten je Einheit	1983 Kosten gesamt
e) Personalkosten* 5 Mannmonate Verpflegung*** 3 Monatslöhne	15.000 31.300	75.000 64.000	90.000 62.500	450.000 188.000
Summe e)		139.000		638.000
Summe ohne Motorpumpe		351.000		1.419.000
Summe mit Motorpumpe		651.000		3.384.000
Mittlerer Goldpreis der Minenbank (pro g)		4.200		16.000
Zur Deckung des Startkapitals erforderliche Goldproduktion ohne Motorpumpe mit Motorpumpe		84 g 155 g		89 g 214 g

* Kalkulation für einen Monat, in den Folgemonaten aus Goldverkäufen finanziert
** Je Waschsaison von sechs Monaten werden 25 % der Investitionskosten angesetzt
*** In den Verpflegungskosten sind die Kosten für Versorgungsreisen enthalten

Quelle: Eigene Erhebungen

te, die in erster Linie seitdem an Mittelunternehmen verteilt werden.

"La mayoría de nosotros no trabaja ni sabe trabajar con el Banco Minero. No tienen ninguna idea de 'tazas de interés', 'inflación'. No saben trabajar con plata."[9] (Teobaldo Flores, playa Inambarillo)

Außer den Bankforderungen nach Garantien besteht für die pequenos mineros ein weiteres Hindernis in der kurzen Laufzeit der Kredite (drei Monate). Ungünstige, wechselhafte Klima-

und somit Arbeitsbedingungen verhindern eine regelmäßig kalkulierbare Goldproduktion, so daß die Rückzahlung der Kredite durch den Erlös des ausgewaschenen Goldes in drei Monaten äußerst unsicher ist.

Das am häufigsten anzutreffende private Finanzierungssystem in Madre de Dios wird von sogenannten "habilitadores[10]" betrieben: Mitglieder der lokalen Mittel- und Oberschicht - "gente que tiene plata"[11] - verleihen ihr Geld an pequeños mineros, die Garantien geben können (Haus, Grundstück, Lastwagen). Die erhobenen Zinssätze richten sich nach dem Index des Boletín del Banco Central de Reserva, das monatlich erscheint, bei einer Laufzeit von drei Monaten. Da die Mehrheit der pequeños mineros in diesem kurzen Zeitraum die geliehene Summe mit den Zinsen nicht aufbringen kann, werden in Verlängerungsverträgen zusätzliche Sonderzinsen erhoben, worin das eigentliche Geschäft für den habilitador besteht.

Besitzer von Handelshäusern in den Zentren Laberinto, Huaypetue und Pto. Maldonado praktizieren ein ähnliches Kreditsystem; sie verleihen in der Regel kein Bargeld, sondern kreditieren Produktionsmittel aus den eigenen Beständen, für die häufig überhöhte Preise angesetzt werden.[12]

Das private Kreditsystem führt in vielen Fällen zu einer längerfristigen Verschuldung der pequeños mineros und damit zur Abhängigkeit vom habilitador: Bei dem hohen Risiko der Goldwäscherei (Schlechtwetter, Landkonflikte, niedrige Goldfündigkeit, Goldpreisschwankungen) können viele mineros, besonders in der Anfangsphase, in denen ihnen noch Erfahrungen fehlen, die erhöhten Fixkosten nicht durch die Goldproduktion decken. Nicht selten werden die als Garantie gegebenen Güter von den habilitadores eingezogen.

Am vorteilhaftesten für einen pequeño minero bleibt immer

noch ein Familien- oder Freundeskredit, in dem die Bedingungen der Geldvergabe von Fall zu Fall variieren. "Preferimos trabajar con amigos. Los vivos lo hacen con emociones para sacar plata que nunca repagan."[13] (Teobaldo Flores, playa Inambarillo)

Die Kenntnisse über die Techniken der Goldwäscherei erwerben sich die pequeños mineros, indem sie sich bei Freunden oder Verwandten oder in einem Dreimonatsvertrag als peon verdingen. Da sie an den herkömmlichen Techniken festhalten, scheinen ihre Kenntnisse zunächst ausreichend, um sich selbständig zu machen. Defizite der pequeños mineros liegen dagegen in den Erfahrungen mit der Exploration von Goldlagerstätten und vor allem in den geringen betriebswirtschaftlichen Kenntnissen: kaum einer der pequeños mineros überblickt seine Ausgaben für Arbeitsmittel und Arbeitskräfte, Reparatur- und Wartungskosten. Wirtschaftsbücher führte nicht eines der von uns besuchten Kleinunternehmen. Die Inflation der peruanischen Währung und die weltmarktabhängige Goldpreisentwicklung sind für sie unbekannte Größen. Die Mehrheit der interviewten Goldwäscher ging davon aus, daß der Goldpreis stieg, da nach 1980 der nominelle Wert des Goldes in der peruanischen Währung kräftig angezogen hat. Daß die Preissteigerung inflationsbedingt war, der reale Goldpreis hingegen gefallen ist, blieb der Mehrheit der pequeños mineros verborgen. Für sie zeigte sich erst in der Praxis, daß die gestiegenen nominellen Erlöse von ihren Ausgaben aufgezehrt wurden und daß ihr Einkommen (Profit und Rente) mehr und mehr schwand.

10.4 Arbeitsorganisation

Die pequeños mineros arbeiten, wie erwähnt, sowohl mit Familienangehörigen wie mit Lohnarbeitern. Die Betriebsgröße variiert in erster Linie abhängig vom verfügbaren Startkapital und vom Zugang zum Boden. Jeder Unternehmer ist bestrebt, Betriebsgröße und -organisation auch den wechselnden Rahmenbedingungen von Goldpreis, Goldhöffigkeit seiner Parzellen und Witterung anzupassen. Wegen der geringen betriebswirtschaftlichen Kenntnisse werden aber die Anpassungsstrategien, insbesondere bei einer notwendigen Senkung der Betriebskosten, sehr spät eingeleitet, meist erst dann, wenn die Gewinne bzw. der Unternehmerlohn in existenzgefährdendem Umfang gesunken sind.

In einer Modellrechnung (Tabelle 11) wurden die Produktionskosten eines Unternehmens, das mit fünf Arbeitskräften, davon drei Lohnarbeitern, ohne maschinelle Hilfen arbeitet, in einer sechsmonatigen Waschsaison ermittelt; dabei wurden für den Unternehmer und den mitarbeitenden Familienangehörigen die gleichen Lohnkosten wie für die Wanderarbeiter als Unternehmerlohn, zur Reproduktion des eingesetzten Kapitals reale Abschreibungssätze sowie für die Gesamtinvestitionen die für Madre de Dios geltenden Inflationsraten angesetzt.

Dabei ergaben sich für 1980 Produktionskosten von 1,8 Millionen Soles und für 1983 6,4 Millionen Soles, was 1980 dem Wert einer Goldproduktion von 430 g, 1983 dem Wert von 400 g Gold entspricht. In der Gegenüberstellung schlägt sich der Reallohnverlust der Lohnarbeiter (Kapitel 8.3) nieder, der den Wertverlust des Goldes noch deutlich übersteigt.

Beim Einsatz einer Motorpumpe entstehen zusätzliche Kosten von 0,6 Millionen Soles (150 g Gold) in 1980 bzw. von 4,7 Millionen Soles (300 g Gold) in 1983. Bei 25 Arbeitstagen je Monat müßten also im Durchschnitt je Manntag 1980 0,8 g, 1983 0,9 g Gold produziert werden, um die Selbstkosten zu decken. Im gleichen Zeitraum sank der Anteil der variablen Personalkosten (inklusive dem kalkulatorisch angesetzten Unternehmerlohn) beim Einsatz einer Motorpumpe von knapp 60 % auf 40 % der Gesamtkosten.

Die durchschnittliche Goldproduktion wurde 1982/1983 von den meisten pequeños mineros mit 1 g je Manntag angegeben, wenn am Flußufer gewaschen wurde, und mit 2 g je Manntag, wenn der goldhaltige Kies aus den Niederterrassen bearbeitet wurde. Bei diesen Angaben berücksichtigen die Goldwäscher in der Regel nicht die Arbeitstage, die zur Exploration neuer Gelände und zur Freilegung der goldhaltigen Schichten auf den Niederterrassen erforderlich sind, die nach unseren Untersuchungen etwa die Hälfte der effektiven Arbeitstage beanspruchen.

Der nach Angaben der Goldwäscher durchschnittlich erzielbare Ertrag näherte sich bis 1983 dem in der Modellrechnung ermittelten Selbstkostendeckungsbetrag und ließ nur wenig Spielraum für eine Gewinnmarge. Unter diesen Bedingungen können schon wenige, häufig auftretende Zwischenfälle den pequeño minero zum Scheitern bringen: Ausfälle durch starke Regenfälle, die Vertreibung durch die Besitzer von Nutzungstiteln oder überlegene illegale Invasoren, Goldextraktion auf ungünstigem Gelände. Daher waren vor allem in den letzten Jahren die Fälle nicht selten, in denen die Kleinunternehmer die Lohnarbeiter nicht auszahlen konnten. Häufiger noch waren aber die Fälle, in denen die mineros die Reproduktion des eingesetzten Kapitals nicht sicherstellen konnten, aus Unkenntnis der Inflationsmechanismen auch nicht darauf achteten, und daher in den Folgejahren den Betrieb aufgeben mußten oder nur mit deutlich weniger Produktionsmitteln und Lohnarbeitern weiterführen konnten.

Die einzige Strategie, die von den pequeños mineros zur Sicherung der Wirtschaftlichkeit bei sinkendem Reinertrag konsequent betrieben wurde, war die Senkung der Inputkosten und die Intensivierung der Arbeit, die hier nicht nur als verstärkte Ausbeutung der Lohnarbeiter, sondern auch als Selbstausbeutung zu qualifizieren ist.

Tabelle 11: Modellrechnung der Produktionskosten eines pequeño minero mit fünf Arbeitskräften, davon drei Lohnarbeiter in einem Sechsmonatszeitraum

Kostenart	AfA v.H.	1980	1983
a) Basisinvestition	100	142.000	511.000
b) Zusatzinvestition			
Motorpumpe	33	43.000	430.000
Schläuche	100	136.000	470.000
c) Verzinsung der Investitionskosten in Höhe der Inflationsrate*			
(1980=90%; 1983=150%) a)		128.000	766.000
b)		240.000	2.655.000
d) Betrieb Motorpumpe		204.000	1.170.000
e) Transferkosten		140.000	560.000
f) Personalkosten			
30 Mannmonate Verpflegung		450.000	2.700.000
18 Monatslöhne		562.000	1.125.000
g) Unternehmerlohn			
12 Monatslöhne		375.000	750.000
Summe ohne Motorpumpe		1.797.000	6.412.000
Summe mit Motorpumpe		2.420.000	11.137.000
Mittlerer Goldpreis der Minenbank		4.200	16.000
Zur Selbstkostendeckung erforderliche Goldproduktion			
ohne Motorpumpe		429 g	401 g
mit Motorpumpe		576 g	696 g

* Inflationsrate in Peru 1983 125 % (Dt.-Südamerikanische Bank 2/1985: 7); für Madre de Dios, insbesondere für die Inputs der Goldwäscher, wurden Inflationsraten von 150 bis 190 % angegeben; hier wurde der untere Ansatz gewählt.

Quelle: Eigene Ermittlungen, vgl. hierzu auch Tabelle 10

Landwirtschaft, Fischfang und Jagd sind daher grundlegende wirtschaftliche Aktivitäten eines jedes pequeño minero, wenn er über einen gezielten Zugang zu den Ressourcen, lokale Bindungen, entsprechende Kenntnisse und Fähigkeiten verfügt. Große Unterschiede bestehen jedoch in dem Umfang dieser Aktivitäten sowie ihrer Subsistenz- bzw. Marktorientierung.

Bei steigenden Goldpreisen reduzierten die im Tiefland siedelnden pequeños mineros die landwirtschaftlichen Aktivitäten, da die gesamte zur Verfügung stehende Arbeitskraft in der Goldwäscherei investiert wurde, während sie versuchten, beim Sinken der Goldpreise und ansteigender Preise für landwirtschaftliche Produkte die Subsistenzwirtschaft auszuweiten und Überschüsse auf dem Markt zu veräußern. In der Baisse begannen auch die saisonalen Migranten unter den pequeños mineros, im Tiefland Felder anzulegen, zu fischen und zu jagen, um die Versorgung ihres Betriebs teilweise vom Markt unabhängig zu machen.

Weitere wirtschaftliche Aktivitäten, die mit der Goldwäscherei von den pequeños mineros kombiniert wurden, lagen im Handel und Transportwesen. Die Abhängigkeit dieser Tätigkeiten von der Entwicklung der Goldwäscherei ist eindeutig: Mit dem Versorgungsbedarf der Goldwäscher mußten Handel und Transport ausgeweitet werden; die in der Goldhausse relativ hohe Kaufkraft der Goldwäscher ermöglichte die Durchsetzung hoher Handelsspannen.

> "No, en el boom se vivía sin chacras, sin nada. Todo del almacén, todo del almacén. Hay que entregar la plata al comerciante. Negocios, ... panaderos se iban al monte para hacer pan. Nada faltaba en el monte. Ropas, bebidas... Bueno, bebidas comisaban ya, entonces no llevaban bebidas, llevaban galletas, queso, mantequilla. Todo llevaban al campamento."[14] (Manuel Pacheres, Fortuna)

Während durch die Tätigkeit in der Landwirtschaft die Senkung der Inputkosten durch Selbstversorgung angestrebt wird, sind Handel und Transport gewinnbringende Aktivitäten, die von vielen in Kombination mit der Goldwäscherei zur Streuung des Risikos und zur Erhöhung des Unternehmensgewinns betrieben werden.

Entsprechend der variierenden Zusammensetzung von Haupt- und Nebenaktivitäten setzen sich die im Kleinunternehmen beschäftigten Arbeitskräfte zusammen. Bei landwirtschaftlichen Aktivitäten zur Selbstversorgung, im Handel und Transportwesen stellt die Familie die benötigten Arbeitskräfte. In der Goldwäscherei werden bevorzugt Lohnarbeiter eingesetzt.

Die altersmäßige und geschlechtsspezifische Zusammensetzung der Arbeitskräfte in kleineren Goldwaschbetrieben stellt sich wie folgt dar:
- landwirtschaftliche Aktivitäten zur Selbstversorgung übernehmen die weiblichen Mitglieder der Familie (Frauen und junge Mädchen); nur die gröberen Arbeiten wie Roden werden von den Männern ausgeführt;
- Handel mit Lebensmitteln, Kleidern und Haushaltswaren sowie die Herstellung und der Verkauf von Essen werden von den Frauen organisiert;
- Jagen, Fischfang stellen Tätigkeitsbereiche der Männer aller Altersgruppen dar; je nach Fähigkeiten wird diese Zusatztätigkeit sowohl von Familienmitgliedern wie von Lohnarbeitern im Auftrag des patrón ausgeführt;
- Transporte, in erster Linie mit Booten durchzuführen, sind Aufgabe der erwachsenen Männer; häufig wird sie vom patrón selbst übernommen, der auf Reisen zu den Versorgungszentren der Zone den Verkauf seiner Goldproduktion und den Einkauf von Lebensmitteln und Gütern des täglichen Bedarfs für seinen Betrieb mit dem Transport von Personen und Waren verbindet;
- in der Goldwäscherei sind außer für die Küchentätigkeiten zur Versorgung der Waschmannschaft, die von Frauen ausgeführt werden, die Arbeitskräfte männlichen Geschlechts und gehören allen Altersstufen an.

Saisonale Lohnarbeiter werden entweder auf den Arbeitsmärkten der Region in Laberinto, Pto. Maldonado oder Huaypetue, in der Herkunftsregion unter Verwandten und Bekannten, oder durch enganche (Kapitel 8.1) angeworben. Die Fälle, in denen Wanderarbeiter einen pequeño minero als Arbeitgeber aus Eigeninitiative aufsuchen, um bei ihm um Arbeit nachzufragen, sind Ausnahmen.

Lohnniveau und Arbeitsbedingungen, die der pequeño minero dem Wanderarbeiter offeriert, bestimmen den Ort der Anwerbung. Auf den lokalen Arbeitsmärkten, auf denen weit mehr Arbeitskräfte als verfügbar nachgefragt werden, liegt das Lohnniveau der peones um ca. 30 % höher als auf den Arbeitsmärkten des Hochlandes. Entsprechend verfügen diese Arbeitskräfte im Tiefland über Kenntnisse der Goldwäscherei und des tropischen Biotops und können Aufgaben der Exploration goldhöffiger Gebiete, des Jagens und Fischens übernehmen; sie sind sozusagen die Facharbeiter des Urwaldes. Der patron hat nur dann Chancen, auf dem regionalen Arbeitsmarkt seine Nachfrage nach qualifizierten Lohnarbeitern zu decken, wenn er höhere Löhne zahlt, den Arbeitsvertrag einhält und ausreichende Verpflegung zur Verfügung stellt, wenn er also als 'guter patrón' bekannt ist.

Für die Arbeitskräfte, die im Hochland vom pequeño minero in seiner Herkunftsregion oder über enganche angeworben werden, können niedrigere Löhne bezahlt werden. Forderungen nach Leistungssteigerung und unbezahlten Zusatztätigkeiten können vom patrón bei ihnen, die die Arbeitsverhältnisse im Tiefland nicht kennen, zur Senkung der Produktionskosten leichter durchgesetzt werden.

Nicht selten versuchten die pequeños mineros, durch Einsparungen an Verpflegung und Unterkunft, Ausdehnung der Arbeitszeit und Lohnsenkung auch die Vermittlungskosten der enganche und die Reisekosten der Arbeitskräfte zurückzugewinnen. Bei niedrigem Goldpreisniveau und hohen konstanten Kapitalkosten ist die Begrenzung der Personalkosten durch Lohndruck und Ausdehnung der Subsistenzwirtschaft oft die einzige Strategie, das Kleinunternehmen vor dem Ruin zu bewahren.

Die Arbeitsorganisation im Betrieb eines pequeño minero ist gekennzeichnet durch eine strenge, von dem patrón oder seiner Ehefrau durchgeführte Kontrolle des Arbeitstages. Gearbeitet wird von Sonnenauf- bis Sonnenuntergang. Unbezahlte Sonderschichten an Sonn- und Feiertagen und ein System von "tareas", Aufgaben, die die peones pro Arbeitstag erfüllen sollen, variieren von Betrieb zu Betrieb. Das Fordern von unbezahlten Leistungen wie Holzsammeln, Hüttenbau, Fischen und Feldarbeit an Regentagen oder in Mondscheinnächten, am "Feierabend" ist üblich. In der Mehrzahl der von uns untersuchten Arbeitseinheiten beobachteten wir, daß - je kleiner das Unternehmen ist - der patrón und seine Familie sich ebenso harten Arbeitsbedingungen unterwerfen, wie sie es von den peones fordern.

Arbeiten die pequeños mineros in einem Verbund von Besitzer-Pächter und Unterpächtern - eine Struktur, wie sie bei Hochlandmigranten häufig auftritt (Kapitel 6.6) -, erstellt je nach Strukturierung der Besitzer, sein Stellvertreter oder die Gemeinschaft einen Arbeitsplan für eine Waschsaison, in dem festgelegt wird, in welcher Reihenfolge bestimmte Tätigkeiten ausgeführt werden. Als Gemeinschaftsarbeiten gelten:
- die Suche nach goldfündigen Uferstreifen,
- die Exploration neuer Arbeitsstellen in den bewaldeten Nieder- und Hochterrassen,
- die Rodung und Säuberung des ausgewählten Geländes von der Vegetation,
- das Abtragen des Abraums.

Das freigelegte goldhaltige Terrain wird in Parzellen von 10 zu 20 m aufgeteilt und von den pequenos mineros individuell bearbeitet. Da die Goldgehalte in der Regel auch kleinräumig große Unterschiede aufweisen - vom "Kopf" zum "Schwanz" mit abnehmender Tendenz -, wird die Parzellierung differenziert vorgenommen.

Abbildung 22: Schema eines Goldclaims und seiner Parzellierung

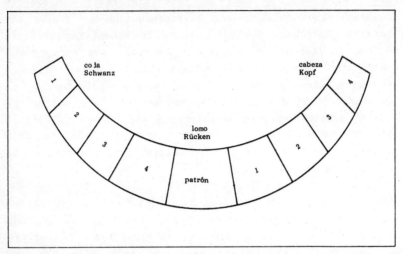

Je nach Vertragslage, die zwischen Besitzer und Pächter mündlich ausgehandelt wird, können die Parzellen auch rotativ bearbeitet werden

"... para que cada uno que están en el grupo de trabajo participen de las partes del queque."[15] (Enrique Quispe, playa Rosita)

Abbildung 22 zeigt den häufigsten Fall, in dem der Besitzer des Nutzungsrechts sich den besten Teil des Claims - die Mitte des "Rückens" - für seinen eigenen Betrieb reserviert. Abbildung 23 zeigt das Beispiel eines Goldwäscherverbands, der das Terrain rotativ bearbeitet, so daß jedem Beteiligten gleiche Chancen bei der Goldausbeute eingeräumt werden.

Die Arbeitsorganisation einer solchen Gemeinschaft von pequeños mineros kann starke Ähnlichkeiten mit im Hochland praktizierten Organisationsformen der bäuerlichen Gesellschaft aufweisen. Kollektiv durchgeführte Arbeiten, die der Gemeinschaft zugute kommen - im Hochland Bau und Wartung von Wegen, Terrassen, Bewässerungskanälen und Gemeinschaftseinrichtungen -, werden im Tiefland bei den Vorbereitungsarbei-

Abbildung 23: Schema eines Goldclaims mit rotierender Parzellierung

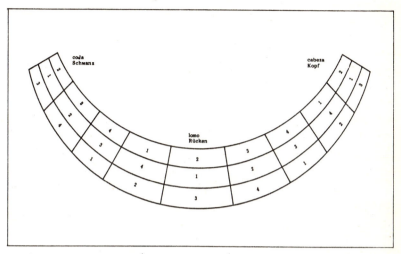

ten des Terrains angewandt. Austausch von Arbeitsgeräten und Arbeitskräften - Lohnarbeitern wie Familienmitgliedern - sind im Tiefland wie im Hochland üblich. Allein die Arbeit an der Waschrinne - im Hochland die Bearbeitung der Ackerflur - wird individuell ausgeführt.

Der Vorteil der Übertragung dieser spezifischen Charakteristika der bäuerlichen Wirtschaft der Hochlandkultur auf die Goldwäscherei im Tiefland zeigte sich verstärkt in Krisenzeiten wie den Jahren 1982 und 1983. Durch die kollektiven Maßnahmen, bei denen jedes Gruppenmitglied seine spezifischen Fähigkeiten und Arbeitsgegenstände einbrachte, konnte die komplexe Arbeit der Goldsuche, die Abstimmung des Arbeitskräfteeinsatzes mit der Kalkulation des Arbeitsaufwandes pro Arbeitsphase unter Berücksichtigung der witterungsbedingten Arbeitsausfälle, effizienter durchgeführt werden.

> "En grupo se aprende la relación (zwischen Vorbereitung und effektiver Goldwäscherei) con el tiempo, porque muchos fracasan por eso porque no se dan cuenta si pierden o ganan."[16] (Teobaldo Flores, playa Inambarillo)

Pequeños mineros, die in Gruppen kollektiv zusammenarbeiten, scheitern seltener als ihre Kollegen aus Goldwäschercamps, in denen starke individualistische Tendenzen dominieren.

Die pequeños mineros verstehen sich als die Unternehmer, die das Risiko der unsicheren Goldwäscherei - im Gegensatz zum peon - tragen: hohe Ausgaben, hoher Arbeitseinsatz, geringe Gewinne oder gar Verluste. Die Goldpreisschwankungen können vom pequeño minero durch ein Hinauszögern des Verkaufs zu Zeiten der Goldpreisbaisse anders als bei Mittel- und Großunternehmern nicht abgefangen werden. Da sie im Durchschnitt nicht über Finanzressourcen verfügen, sind sie gezwungen, ihre Goldproduktion zu jedem gebotenen Preis sofort zu verkaufen. Einen schwerwiegenden Einbruch stellte für die pequeños mineros die Politik der Minenbank in den Jahren 1983 und 1984 dar, als sie nicht durchgängig liquide war und den Goldaufkauf begrenzte oder gar einstellte. Die pequeños mineros waren gezwungen, ihre Goldproduktion auch an Schwarzmarktaufkäufer zu veräußern, die mit Abschlägen bis zu 40 % gegenüber dem fixierten staatlichen Aufkaufpreis operierten.

> "Todos confían en que el Banco Minero siga proporcionando liquidez, ya que de otro modo los únicos que salen ganando son los traficantes que lo compran a precios escandalosamente bajos ..."[17]
> (Bolpebra, 1984, 7: 30)

In Zeiten der Hausse des Goldpreises 1978 bis 1980 und der Bodenpolitik bis 1979 bestand für die pequeños mineros in der Goldwäscherei noch die Möglichkeit, Gewinne zu realisieren, die sie in diesem Umfang in keiner anderen wirtschaftlichen Aktivität erzielen konnten. Diese Zeit nutzten nicht wenige pequeños mineros, um die im Gold erwirtschafteten Gewinne im Tiefland oder in ihrer Herkunftsregion in andere Sektoren zu investieren: in Immobilien, Handelsunternehmen, Restaurants, Transportwesen oder in den Ausbau der Subsistenzwirtschaft zur marktorientierten Produktion, doch war diese Tendenz bei den Mestizen der Region nicht so ausgeprägt wie bei den Hochlandindianern.

Viele hatten so die Möglichkeit, in den Jahren der Baisse die Goldwäscherei aufzugeben und in anderen Bereichen zu arbeiten. Pequeños mineros, die ihre Gewinne in Zeiten der Hausse nicht produktiv anlegten und ihre ursprünglichen wirtschaftlichen Aktivitäten aufgaben oder vernachlässigten, erfuhren in den Zeiten der Baisse große Schwierigkeiten, ihre ehemaligen Tätigkeiten wieder aufzunehmen.

Die Entwicklung in der Baisse, der Wertverlust des Goldes bei steigenden Inputkosten, die bei den hohen Inflationsraten dramatisch zunehmenden Aufwendungen für die Reproduktion des eingesetzten Kapitals, der wachsende Bodendruck und nicht zuletzt ungünstige Witterungsverhältnisse, welche die Zeit der effektiven Goldausbeute reduzierten, brachte die meisten pequeños mineros in große Schwierigkeiten. "Gastar como gringo y ganar como cholo"[18] beschrieb ein Goldwäscher die Situation. Viele hatten sich in günstigeren Zeiten keine Alternativen geschaffen und mußten mit erhöhter Ausbeutung der eigenen Arbeitskraft und der ihrer Lohnarbeiter weitermachen.

"Ahora no hay ganancia para ahorrar, no es suficiente para investir en algo. Sacamos oro para vivir."[19] (Sr. Mendoza, playa Los Orientales).

Viele mußten aber auch ihren Betrieb aufgeben. Die Zahl der Kleinunternehmen ist von 1980 bis 1983 von etwa 3.000 auf 1.000 gesunken.

10.5 Artikulation der pequeños mineros als gesellschaftliche Interessengruppe

Die pequeños mineros verstehen sich als diejenige Gruppe, die im Verlauf des Goldbooms die Devise "vom Glück des kleinen Mannes im Gold" verwirklichen konnte, seit dem Niedergang des Goldpreises aber mit ungeheuren Schwierigkeiten um ihr Überleben zu kämpfen hat. Sie sehen ihre Interessen von

der Regierung in Lima und den regionalen Behörden in Madre
de Dios nicht berücksichtigt, obwohl sie nach ihrem Selbstverständnis und offiziellen Aussagen der Staatsangestellten
den größten Anteil der in Madre de Dios geförderten Goldproduktion extrahieren. Die pequeños mineros versuchten wiederholt, sich in Zusammenschlüssen zu vereinen, um ihre gesellschaftlichen Interessen besser vertreten zu können. Zusammenschlüsse kamen auf regionaler Ebene zustande, der Asociación de Pequeños Mineros Auríferos del Departamento de Madre
de Dios, aber auch auf lokaler Ebene in Huaypetue, Guacamayo, Fortuna, Tres Islas, Otilia, Rompeola. Die schwierige
Struktur und Entwicklung dieser Zusammenschlüsse sollen am
Beispiel des bedeutendsten Falles beschrieben werden: dem
asentamiento minero Fortuna.

Fortuna, zwischen Laberinto und Boca del Inambari gelegen,
entwickelte sich seit 1974 zu einem Zentrum der pequeños mineros, nachdem Goldsucher in Madre de Dios zum ersten Mal
Goldhöffigkeit in den Niederterrassen entdeckten (vgl. die
Legende von der Entdeckung des Goldes in Fortuna, Kapitel 3.3.1). Angezogen von Gerüchten über immense Goldvorkommen dieser Zone, zogen Tausende von pequeños mineros, einem
wahren Goldrausch folgend, in dieses Gebiet. Die Bodenrechte
wurden von der staatlichen Minenbank verwaltet und an die
pequeños mineros in Parzellen verteilt. Nach Inkrafttreten
der neuen Gesetzgebung von 1978 bemächtigten sich einige
Mittelunternehmer dieser Zone. Die neuen Besitzer der Nutzungsrechtstitel versuchten, die Arbeit der pequeños mineros
zu ihren Gunsten zu kontrollieren oder sie zu vertreiben.
Als Reaktion auf dieses Vorgehen gründeten die pequeños mineros 1978 die Asociación de los Pequeños Mineros Auríferos
de Fortuna y Milagritos mit mehr als 200 Mitgliedern, um
sich gegen die "Illegalität des Gesetzes" zu wehren. Die
Asociación wählte ein Direktorium, engagierte einen Rechtsberater und arbeitete einen Gegengesetzentwurf aus, der 1980
als "Anteproyecto de Ley de Minería Aurífera del Departa-

mento de Madre de Dios y la Region Sur Oriente" veröffentlicht wurde. Der erarbeitete Text (Anhang, 6) umfaßte eine Regelung der Nutzungsrechte für Goldclaims nach dem Prinzip "Das Land dem, der es bearbeitet", das Zusammenleben der Goldwäscher sowie die Versorgung der goldwaschenden Bevölkerung mit Lebensmitteln und Dienstleistungen.

Wichtigste Punkte sind die Artikel 13 und 14, die besagen, daß die obersten Schichten einer Seifengoldlagerstätte bis zum Grundwasserspiegel den kleinen Goldwäscherbetrieben vorbehalten werden sollen, während die Ausbeute der darunterliegenden Schichten privaten und staatlichen Firmen eingeräumt wird. Die Konzessionsvergabe soll für private und staatliche Unternehmen auf 3.000 ha begrenzt werden (Artikel 25). Die kleinen Betriebe der pequeños mineros sollen, in Komitees zusammengefaßt, kollektive Nutzungstitel erhalten (Artikel 25). Das gleiche gilt für Comunidades Nativas. Zur individuellen Bearbeitung sollen nur noch maximal 1.000 m im Bereich der Uferstreifen vergeben werden (Artikel 42).

Als erste und dringendste Aufgabe der Asociación stellte sich die Legalisierung der bestehenden Bodennutzung. 1979 reichte das Direktorium der Asociación in der Außenstelle des Ministeriums für Energie und Bergbau in Pto. Maldonado die Unterlagen zur Erlangung der Nutzungsrechte ein. Unter dem Druck der pequeños mineros, die als demographisch stärkste Bevölkerungsgruppe in der Zeit des Booms auch über finanzielle Ressourcen verfügten, die offiziell oder inoffiziell durch Bestechung zur Erlangung der Nutzungsrechtstitel eingesetzt wurden, erhielten sie noch im gleichen Jahr die Nutzungstitel - ausgestellt auf die Namen der elf Direktoriumsmitglieder. Sechs Monate nach diesem Erfolg im Kampf um ihre Bodenrechte versuchte das Direktorium, die Mitglieder der Asociación, die die gesamten Kosten des Verfahrens bisher getragen hatten, durch Polizeigewalt zu vertreiben: Die elf Mitglieder des Direktoriums hatten sich die ca. 9.000 ha untereinander aufgeteilt.

Zur Wiedererlangung ihrer Nutzungstitel schlossen sich ca. 60 pequeños mineros 1980 zur Asociación de Pequeños Mineros Auríferos del Departamento de Madre de Dios zusammen, das sich aus verschiedenen lokalen Komitees zusammensetzte. Durch ihre ökonomische und politische Macht auf dem Höhepunkt des Goldbooms 1980 gelang es ihnen, unter hohen finanziellen Abgaben an die Filiale des Bergbauministeriums, die elf Betrüger zu vertreiben. Die Bodenrechte von Fortuna wurden aber erst 1983 offiziell zur freien Verfügung erklärt (libre disponibilidad), ein formaler Schritt, der Voraussetzung ist, um einen neuen Antrag auf Übertragung der Bodennutzungsrechte zu stellen. Aber auch der zweite Versuch, die pequeños mineros in einer Asociación als Interessengruppe zu vereinen, mißlang. 1982 zerbrach diese Organisation durch den Betrug ihrer Führer, die sich mit den Vereinsgeldern absetzten.

Bis Ende 1983 gelang es den pequeños mineros nicht, die Nutzungsrechte für ihre Parzellen zu erwerben. Ebensowenig erfüllten sich die im Anteproyecto aufgestellten Forderungen zur Verbesserung ihrer Lebenssituation als Goldwäscher. Durch den Goldpreisverfall seit 1981 dezimierten sich die Einwohnerzahlen von Fortuna und Milagritos enorm, da die Kleinunternehmen bankrott machten (1980: 6.000, 1982: 2.000, 1983: 300 Personen, die in Fortuna und Milagritos im Gold tätig waren).

In den zehn Jahren seit der Gründung von Fortuna gelang es den Goldwäschern nicht, ihre rechtliche wie sozio-ökonomische Situation zu stabilisieren. Die unsichere juristische Lage "Nunca uno sabe cuando te van a botar"[20], der hohe Fluktuationsgrad der goldwaschenden Bevölkerung "De diez mineros del año pasado solo cuatro regresan"[21] und die konjunkturell bedingte Verschlechterung der Lebensbedingungen "Todos trabajamos solamente para vivir, no hay ganancia"[22], verschärften den Konkurrenzkampf unter den pequeños mineros und verhinderten die Konsolidierung als Gruppe.

Die Verstärkung individualistischer Tendenzen wird von der Mehrheit der pequeños mineros als Ursache ihrer desolaten Lage gesehen; eine typische Entwicklung, die für Selbständige in der Baisse zutrifft (vgl. Bertl, 1980).

"La situación es desesperante - no hay unión. Son puro oportunistas. Acá todos son oportunistas. No es como en mi tierra." "Cada uno baila con su pañuelo." "Cada uno tira por su lado." "Somos individualistas."[23]

1983 versuchten linksliberale Politiker aus Lima mit Hilfe personeller wie finanzieller Unterstützung, die Asociación der pequeños mineros unter Leitung neuer Direktoren zu beleben, was bisher ohne Erfolg blieb.

Da die Konsolidierung als Gruppe den pequeños mineros mißlang, versuchten sie, in verschiedenen Mikroregionen sich zu comunidades zusammenzuschließen, um als Dorfgemeinschaften Nutzungstitel zu erwerben. So geschehen im Falle von Tres Islas, Tupac Amaru, Otilia, Rompeola und Fortuna. Die Uferbevölkerung von Tres Islas und Tupac Amaru versuchte zum Beispiel, über die Legalisierung als comunidad ihre landwirtschaftlichen Nutzungsrechte auch für die Bodenrechte in der Goldwäscherei geltend zu machen. Fortuna unternahm 1982 durch die Gründung der Comunidad de Fortuna mit 70 eingeschriebenen Mitgliedern, die sich seitdem als comuneros bezeichneten, den gleichen Versuch, jedoch bisher ohne Erfolg. Die wöchentlichen Versammlungen wurden nur sporadisch besucht:

"Se pierde mucho tiempo en los caminos." "A veces no vienen a los reuniones, no hay participación, no hay continuación."[24] (Julio Morlon, Fortuna)

Laut Statut strebte die comunidad die kollektive Organisation der Goldsuche und Ausbeute an. Aber die Praxis beschrieb der Präsident der comunidad, Julio Morlon, wie folgt:

"No hay ninguna organización de la exploración. Si uno ha encontrado un corrido todos se quieren meter por ser comunero. Y así salen parcelas demasiado pequeñas. Cada uno cosecha por su cuenta y después se va. Todos vienen solamente para aprovechar, nada de estabilidad ..."[25]

Unter Berücksichtigung der objektiven Schwierigkeiten, disperser Lage, Fluktuation etc., die sich einer Organisierung der pequenos mineros entgegenstellen, und andererseits der objektiven Notwendigkeit des Zusammenschlusses, um sich kollektiv den Zugang zur Ressource Boden zu verschaffen, fällt eine Beurteilung des geringen Organisationsgrades schwer. Aus den vorliegenden Erkenntnissen läßt sich eine Hypothese formulieren, die in einer Untersuchung in den Herkunftsregionen der pequenos mineros verifiziert werden müßte: Je stärker der Goldwäscher in seiner Herkunftsregion individualistischen Tendenzen ausgesetzt war, umso anfälliger ist er für das Goldfieber, die Botschaft des unbegrenzten Reichtums aus der Goldwäscherei. Aussagen der pequenos mineros sprechen von der Arbeit im Gold wie von einer Krankheit, dem Goldfieber. "El oro a uno lo marea." "Ya está antojado del oro." "El oro vuelve a uno asocial."[26]

Mit der Arbeit in der Goldwäscherei, wo alle Arbeits-, Markt- und Rechtsbeziehungen über Geld geregelt werden - ein in der Kultur des Hochlandes weithin unbekanntes Phänomen -, werden die im Hochland geltenden Gemeinschaftsverpflichtungen obsolet. Die kulturspezifischen, moralischen Prinzipien, welche die gesellschaftliche Organisation im Hochland noch durchgehend kontrollieren, können von den Migranten in die ausschließlich von Geldbeziehungen beherrschte gesellschaftliche Organisation der Goldwäscher nicht übertragen werden.

Dieser Prozeß stellt hohe Anforderungen an die Fähigkeit der

Hochlandkultur, die zurückgekehrten Migranten zu 'reassimilieren', das heißt sie wieder in das traditionelle Wertesystem einzubinden. Gelingt diese Einbindung nicht, geht von der Goldwäschergesellschaft ein destruktiver Einfluß aus, der ebenso als kulturzerstörend zu werten ist wie die Folgen des Kautschukbooms oder der Missionierung für die Kultur der Tieflandindianer.

Anmerkungen zu Kapitel 10

1) Nach dem Gesetz zur Goldförderung von 1978 sind Betriebe bis zu einer Jahresförderung von 200 kg Gold zur pequeña mineria zu rechnen. Diese Definition hat im Sprachgebrauch von Madre de Dios jedoch keinerlei Bedeutung.

2) "Wilde" und "schmutzige Hochlandindianer".

3) ".. dieses Amazonien ist auch für uns, die Mestizen von außerhalb, ein Land der Grenzen, auch wenn es dies nicht für die ethnischen Gruppen ist, die es seit Jahrhunderten bewohnen und die hier eine Lebensform entwickelt haben, die das Resultat eines alten und langen Dialogs mit der Natur ist." (Yepes, 1983: 439)

4) Bevölkerung ohne festen Siedlungsstandort.

5) "Einige patrones sammeln Pächter, um ihr eigenes Heer aufzustellen." (Teobaldo Flores, playa Inambarillo)

6) "Damals (1976-1978) gab es noch Goldstrände, an denen man bis zu 1 Kilo Gold pro Woche erarbeiten konnte. In jenen Zeiten arbeiteten wir mit Blechdosen, einfachen Rinnen. So konnten wir pro Woche ein Kilo Gold erwaschen. Jetzt arbeitet man ja mit Schubkarren und Motorpumpen, was mehr bringt, aber das Gold ist ausgegangen, denn es kam ja alle Welt, um hier zu arbeiten. Auch die Banco Minero ist von Fortuna weggegangen, weil es kein Geschäft mehr war."

"Und wieviel Gold haben Sie dort herausgeholt, als Sie mit der Arbeit in Fortuna begannen?"

"Pro Tag konnten wir oft 200-250 Gramm Gold erwaschen."

"Und wieviel Leute hatten Sie damals angestellt?"

"6 Männer. Damals war das Gold noch sehr billig. Man bekam 80 Soles für 1 Gramm Gold. Als dann die Goldproduktion sank, reichte sie nicht mehr aus, um davon zu leben. Im Wald ist die Goldwäscherei nämlich kostspieliger. Das taube Material wegzuräumen, kostet Zeit. Man muß einen Kostenvoranschlag machen, um zu wissen, wieviel Geld man braucht, um den Arbeitern genügend Nahrungsmittel für die Zeit zu kaufen. Oft hat man sowieso nicht genug Geld, um die Arbeiter zu bezahlen. Naja, aber für mich war die Arbeit in Fortuna beendet, als es nicht mehr so viel Gold gab. Dann kamen nämlich die Großunternehmer aus Lima. Im Hubschrauber überflogen Sie das Gebiet, machten Fotos aus der Luft, fotografierten den ganzen Urwald." (Manuel Pacheres, Fortuna)

7) Kredite in Geld und Naturalien.

8) Allein bei der Außenstelle der Banco Minero del Perú in Huaypetue wurden 1979 nach Angaben des Filialleiters von ca. 300 Krediten im Werte von insgesamt 13,9 Millionen Soles nur 180.000 Soles zurückgezahlt. Die Bank verlor 13,7 Millionen Soles. 1982 wurden daraufhin nur noch drei Kredite dieser Art vergeben.

9) "Die Mehrheit von uns arbeitet nicht mit der Banco Minero und weiß auch nicht, wie das geht. Die haben überhaupt gar keine Idee, was 'Zinssatz' oder 'Inflation' bedeutet. Sie können nicht mit Geld arbeiten." (Teobaldo Flores, playa Inambarillo)

10) Wörtlich übersetzt bedeutet 'habilitador' 'Ausrüster', 'Ausstatter'.

11) "Leute mit Geld."

12) In Brasilien ist dieses System unter der Bezeichnung 'aviamento' ebenfalls weit verbreitet.

13) "Wir ziehen vor, mit Freunden zu arbeiten. Die Gerissenen machen es nur aus dem Beweggrund, Geld rauszuholen, ohne es jemals zurückzuzahlen." (Teobaldo Flores, playa Inambarillo)

14) "Nein, während des Booms gab es keine Felder, es gab überhaupt nichts. Alles wurde im Laden gekauft. Alles. Das Geld wurde den Händlern in den Rachen geworfen. Mit allem wurde ein Geschäft gemacht. Bäcker zogen in den Wald, um Brot zu backen. Es fehlte an nichts. Kleidung, Getränke. Als Getränke beschlagnahmt wurden, begannen sie andere Produkte im Wald zu verkaufen: Plätzchen, Käse, Butter. Sie zogen von Arbeitslager zu Arbeitslager." (Manuel Pacheres, Fortuna)

15) "... damit jeder von denen, die an einer Arbeitsgruppe teilnehmen, etwas vom Kuchen abbekommt." (Enrique Quispe, playa Rosita)

16) "In einer Gruppe erlernt man die Relation (zwischen Vorbereitung und effektiver Goldwäscherei) mit der Zeit, denn viele machen Bankrott, weil sie sich nicht rechtzeitig darüber klar werden, ob sie gewinnen oder verlieren." (Teobaldo Flores, playa Inambarillo)

17) "Alle vertrauen darauf, daß die Minenbank bald wieder liquide ist, denn im anderen Fall sind die einzigen, die hier noch Gewinne machen, die Händler, die zu skandalös niedrigen Preisen das Gold aufkaufen ..." (Bolpebra, 1984, No 7: 30)

18) "Ausgaben wie ein Gringo und Einnahmen wie ein cholo."

19) "Jetzt gibt es keine Gewinne zum Ansparen, es reicht nicht, um in etwas zu investieren. Wir waschen Gold, um zu überleben." (Sr. Mendoza, playa Los Orientales)

20) "Nie weiß man, wann sie dich vertreiben werden."

21) "Von zehn mineros, die im vergangenen Jahr hier gearbeitet haben, sind nur vier zurückgekehrt."

22) "Wir alle arbeiten hier nur noch, um zu überleben, Gewinne machen wir keine mehr."

23) "Die Sitation ist zum Verzweifeln - es gibt keine Einheit unter uns. Es sind reine Opportunisten. Hier gibt's nur Opportunisten. Das ist ganz anders als in meiner Heimat." - "Jeder tanzt hier mit seinem Taschentuch" (bezieht sich auf einen Volkstanz, der mit Tüchern getanzt wird). "Jeder zieht (am Strang) in seine eigene Richtung." - "Wir sind hier Individualisten." (Ausschnitte aus verschiedenen Gesprächen mit pequeños mineros aus Fortuna)

24) "Man verliert soviel Zeit für die Wegstrecken." "Häufig kommen sie nicht zu den Versammlungen; es gibt keine kontinuierliche Beteiligung." (Julio Morlon, Fortuna)

25) "Es gibt keine organisierte Exploration. Wenn einer eine goldhöffige Stelle gefunden hat, wollen alle comuneros sein. Und dann werden durch die Aufteilung die Parzellen viel zu klein. Jeder erntet auf eigene Rechnung und dann verschwindet er wieder. Alle kommen nur, wenn's was abzustauben gibt, nichts von wegen Stabilität ..." (Julio Morlon, Fortuna)

26) "Gold macht einen schwindelig." "Jetzt ist auch er vom Gold angesteckt." "Gold macht einen unsozial."

T 0024q   D 07.07.1985/1

11. Medianos mineros (Mittelunternehmer)

In Madre de Dios existierten 1983 ca. 60 mittlere Unternehmen in der Goldwäscherei. Für die Boomjahre 1979/80 konnten nur widersprüchliche Schätzwerte ermittelt werden; eine Zahl von 100 Unternehmen als untere Grenze erscheint plausibel. Während der Dauer unserer Feldforschung in Madre de Dios war es uns möglich, einen großen Teil der medianos mineros an ihren Arbeitsstätten zu besuchen oder mit ihnen in Pto. Maldonado Kontakt aufzunehmen.

Die medianos mineros unterscheiden sich in zwei klar abgrenzbare Gruppen:
- "moderne" Mittelunternehmer, die in der Nähe zur Departement-Hauptstadt Pto. Maldonado, der Arbeitszone von Laberinto bis zur Boca des Inambari, anzutreffen waren, und
- "traditionelle" Unternehmertypen, die in den abgelegenen Arbeitszonen von Huaypetue und Colorado im Wirtschaftsleben dominierten.

Im Hinblick auf die von ihnen adaptierten Produktionsformen und ihrer Entwicklungsdynamik für die Region von Madre de Dios stellen die Mittelunternehmen die in sich am stärksten polarisierte gesellschaftliche Gruppe dar. Die unterentwikkelte innerregionale Verkehrsstruktur ist einer der wichtigsten Gründe für die unterschiedlichen Entwicklungen der medianos mineros.

11.1 Ethnische und soziale Herkunft

Den modernen Typ des Mittelunternehmers stellen Mestizen, Abkommen europäischer und japanischer Einwanderer und Ausländer, vor allem Brasilianer; 60 % der medianos mineros geben als ersten Wohnsitz Lima, 20 % Pto. Maldonado und 20 %

Orte im Ausland und in anderen Landesteilen Perus an. Als Mitglieder der peruanischen Mittelschicht, die in Pto. Maldonado die Elite stellt, verfügen sie über ein hohes Bildungsniveau. Abgeschlossene Sekundarschul- und Zusatzausbildungen - auch Hochschulstudium - sind die Regel unter diesen "modernen" Unternehmertypen. In der Regel waren sie vor ihrem Einstieg in die Goldwäscherei im gehobenen öffentlichen Dienst tätig, besaßen Handelshäuser, Restaurants oder arbeiteten in der Land- oder Forstwirtschaft.

Die traditionellen Mittelunternehmer stammen ausschließlich aus dem peruanischen Hochland. Zum Teil migrierten sie schon in den 30er Jahren als arme Hochlandindianer in die Untersuchungsregion. Trotz ihres wirtschaftlichen Aufstiegs in Madre de Dios werden sie von der lokalen Elite in Pto. Maldonado weiter abfällig als "cholos" bezeichnet. "Ellos venieron con ojotas"[1]. Diese typische Bemerkung der departamentalen Oberschicht über die traditionellen medianos mineros kennzeichnet ihr distanziertes, herabsetzendes Verhältnis gegenüber den wirtschaftlichen Konkurrenten, die sie vom gesellschaftlichen und politischen Leben der Hauptstadt Pto. Maldonado ausschließen und auch nach jahrzehntelanger Anwesenheit in Madre de Dios als Hochlandindianer diskriminieren.

Den traditionellen medianos mineros gelang es, ihre soziale Position in den abgelegenen Zonen des Departements auszubauen, wo sie nach dem Vorbild der traditionellen Agraroligarchie ihrer Herkunftsregion an anachronistischen Produktions- und Politikformen festhielten und sie im Amazonasgebiet reproduzierten. Ihr Bildungsniveau beschränkt sich auf eine Volksschulausbildung, die in vielen Fällen nicht abgeschlossen wurde. Als Umgangssprache bevorzugten sie quechua, da ihre Spanischkenntnisse nicht weit entwickelt sind und sich ihr Leben fast ausschließlich im Kreise von Hochlandmigranten abspielt.

Aus der ruralen Gesellschaft des Hochlandes als mittellose Landarbeiter, Lastenträger, Söhne von Kleinbauern oder Comuneros ohne Land abgewandert, arbeiteten sie sich in Madre de Dios vom einfachen Arbeiter (peón) über verschiedene Tätigkeiten in Handel, Transport, der extraktiven Sammelwirtschaft und der Forst- und Landwirtschaft hoch. Der wirtschaftliche und lokal begrenzte soziale Aufstieg gelang ihnen in der Regel während der Zeit des ersten Goldbooms in den dreißiger Jahren in der Region des Inambari durch Handelsaktivitäten.

11.2 Zugang zur Ressource Boden

Die modernen Mittelunternehmer besaßen durchweg Nutzungstitel für die von ihnen bearbeiteten Terrains. Bildungsstand und Klientelbeziehungen zur Staatsbürokratie verhalfen ihnen sofort nach Inkrafttreten des Bergbaugesetzes von 1978 dazu, für die von ihnen anvisierten goldfündigen Gebiete Konzessionen zu erwerben. Da die Kosten für den Erwerb eines Nutzungstitels 1978 relativ niedrig angesetzt waren (ca. 300 US-Dollar für 1.000 ha), erwarben einige Mittelunternehmer bis zu 50 Nutzungstiteln mit dem Ziel, die Bodenrechte im Falle einer Goldpreishausse zu weit höheren Preisen zu verkaufen oder zu verpachten. Das Anziehen des Goldpreises bestärkte die Spekulanten in ihrem Kalkül, Nutzungstitel anzuhäufen. Als 1980/81 der Druck in den Goldwäscherzonen auf die Ressource Boden zunahm, versuchten sie, schon vergebene Nutzungstitel in bekannten goldfündigen Terrains ihren Besitzern - meist pequeños mineros - streitig zu machen bzw. Titel zu erwerben, die frei wurden, weil sie von den Besitzern nicht verlängert wurden oder diese die gesetzlichen Auflagen dafür nicht erfüllten. Beziehungen zum Bergbauministerium in Lima wie zur Filiale in Pto. Maldonado und hohe Bestechungssummen für die Funktionäre waren vielfach die Voraussetzung dafür, daß sie sich Zugang zu Informationen si-

chern konnten und in der Konkurrenz zu anderen Bewerbern die
Oberhand behielten. "Hay traficantes de denuncios mineros,
de cuello y corbata, que mueven los hilos desde Lima ..."[2]
(Bolpebra, No. 7: 30).

1983, fünf Jahre nach Erlaß des Bergbaugesetzes, standen
253 Nutzungsrechte[3] zum freien Erwerb an, die von den Besitzern aufgegeben worden waren oder dadurch, daß die Besitzer es unterließen, den eingetragenen Nutzungszweck nach
fünf Jahren von Exploration auf Explotation umschreiben zu
lassen, erloschen waren. (Kapitel 4.3). Der Direktor der Filiale des Bergbauministeriums in Pto. Maldonado versteigerte
diese freien Nutzungstitel unter Spekulanten weit über ihrem
gesetzlich festgelegten Wert von ca. 750 US-Dollar 1983 zu
Summen zwischen 3.000 und 6.000 US-Dollar. In diesen illegalen Transaktionen traten Mittelunternehmer auch als Strohmänner für ausländische Großunternehmen auf (Kapitel 12).

Neben dem Handel mit Nutzungsrechten verpachtete die Mehrheit der medianos mineros Teile ihres Terrains an Klein- und/
oder Großunternehmer. Die von ihnen selbst bearbeiteten Areale machten nur einen geringen Prozentsatz ihrer Konzessionsgebiete aus.

Die traditionellen medianos mineros kontrollierten den Zugang zur Ressource Boden durch Gewohnheitsrechte und ihre
unangefochtene Machtposition in den entlegenen Arbeitszonen.
Nutzungstitel besaßen sie nur in Ausnahmefällen für kleine
Areale, die sie in der Regel noch nicht einmal bearbeiteten.
Vor 1978, als der Zugang zu Nutzungstiteln über die lokale
Vertretung der Minenbank noch wenig kompliziert war, hatten
die meisten der damals schon arbeitenden medianos mineros
Schürfrechte eintragen lassen. Die Auswirkungen des Bergbaugesetzes von 1978 nahmen sie in der Regel nicht zur Kenntnis. Sie stützten sich zu diesem Zeitpunkt schon auf eine
unangefochtene lokale Machtposition, und da der Staat in

diesen entlegenen Arbeitszonen faktisch nicht präsent war, hielten sie Änderungen in der gesetzlichen Regelung des Bodenzugangs nicht für relevant. Neben ihrer realen Dominanz in den peripheren Gebieten der Goldgewinnung ist es sicher auch ihrem niedrigen Bildungsstand zuzuschreiben, daß sie die Rolle, die dem Staat für eine langfristige Ressourcensicherung zukommt, unterschätzten. Sie kannten daher weder die Wege, noch erachteten sie es als notwendig, die üblichen klientelistischen Beziehungen zu den staatlichen Bürokratien herzustellen, um beim Erwerb von Nutzungstiteln nach dem neuen Gesetz Unterstützung zu finden.

So konnte es geschehen, daß bis 1981 die in ihrem Einflußbereich liegenden goldhöffigen Areale von Huaypete und Inambari von Mittelsmännern für Großunternehmen konzessioniert worden waren. Die traditionellen medianos mineros hielten aber an ihren Gewohnheitsrechten fest und behandelten die Gebiete im Flußtal des Huaypetue und des Inambari auch weiterhin als die ihrigen: "Yo soy el dueño de este terreno".[4] Im Untersuchungszeitraum sind den medianos mineros die Schürfgebiete noch nicht streitig gemacht worden, da die Großunternehmen zunächst nur eine Politik der Bodenbevorratung betrieben, ohne mit der Exploration und dem Goldabbau in großem Maßstab zu beginnen (Kapitel 12).

11.3 Kapitalausstattung und Kenntnisse der Produktionstechniken

Die Kapitalausstattung der Mittelunternehmer variiert je nach der Größe des Unternehmens und dem Grad der Mechanisierung in hohem Umfang.

Der Typ des modernen Mittelunternehmers war Neuerungen gegenüber aufgeschlossen; einige von ihnen experimentierten mit Goldgewinnungsverfahren, die teilmechanisiert waren (Kapitel 3.3.2.2). Entsprechend dem jeweiligen Mechanisie-

rungsgrad sanken die variablen Kosten für den Einsatz von
Arbeitskraft und stiegen die Fixkosten. Als minimale Anfangsinvestition für einen halbmechanisierten Betrieb (Einsatz eines Frontladers) mußte 1983 mit 50.000 bis 60.000 US-Dollar gerechnet werden.

Eine von der Mehrheit der modernen Mittelunternehmer anvisierte umfassendere Betriebsmechanisierung lag bei weitem über ihren technologischen und betriebswirtschaftlichen Fähigkeiten und war mit ihren finanziellen Ressourcen auch nicht ernsthaft anzustreben. (Bolpebra, No. 7, 1984: 22). Sie erhofften sich eine großzügige Fremdfinanzierung von ausländischen Spekulanten, denen sie den Status als Teilhaber (socius) ihrer Firma anbieten wollten. Durch Annoncen in nordamerikanischen Fachzeitschriften und an ausländischen Botschaften versuchten sie, mit enormen Versprechungen über phantastische Goldvorkommen im peruanischen Urwald ausländische Anleger zu motivieren. Nicht einer der medianos mineros war sich dabei der Gefahr bewußt, daß der peruanische Mittelunternehmer im besten Fall zum Verwalter einer von ausländischem Kapital dominierten Firma herabsinken würde, wenn Investoren dieser Größenordnung ins Geschäft einsteigen würden (Kapitel 12).

Das vorherrschende Kreditprogramm der staatlichen Minenbank in nationaler Währung mit Laufzeiten von drei Monaten und einem knapp unter der Inflationsrate liegendem Zinssatz, stand mineros, die Nutzungsrechte besaßen und Garantien geben konnten, zur Verfügung. Nach der Größenordnung der Kredite und wegen der kurzen Laufzeit war das Programm aber nur geeignet, Startkapital für die Ausweitung eines handwerklich arbeitenden Betriebes zu beschaffen oder Investitionen in übliche Produktionsmittel wie Motorpumpen, Motorsägen und Boote zu ermöglichen.

Ab 1980 bot die Minenbank aber auch Spezialkredite für Mechanisierungsvorhaben an: "... con el fin de formentar las actividades de la Pequeña y Mediana Minería en el Perú."[5] (Banco Minero del Perú, o.J.: 1) Im Rahmen einer BID-Anleihe (BID = Banco Interamericano de Desarrollo) erhielt die Banco Minero del Perú 25 Millionen Dollar mit der Auflage, Bergbauprojekte im Goldabbau mit höherem Technologieeinsatz "... que sean viables técnica-, económica- y financieramente"[6] zu fördern (Banco Minero del Perú, o.J.: 1). Die Eigenfinanzierung des Kreditnehmers sollte mindestens 10 % der Gesamtkosten des Projekts betragen. Garantien und die Ausarbeitung einer Faktibilitätsstudie waren Voraussetzung zur Erlangung eines Dollarkredits, der mit Zinssätzen von 10 bis 14 % und einer Laufzeit von 12 bis 36 Monaten ausgestattet war. Bis Ende 1983 bewilligte die staatliche Minenbank jedoch nur einem mediano minero aus Madre de Dios einen Kredit aus der BID-Anleihe. Gründe für die restriktive Vergabe der BID-Kredite lagen laut Aussagen der Mittelunternehmer in bankinternen Geschäftsinteressen der Banco Minero del Peru; sie konnten im Rahmen der Forschungsarbeiten aber nicht weiter verifiziert werden. Die beschränkten Finanzierungsmöglichkeiten haben im Untersuchungszeitraum nur wenigen 'modernen' medianos mineros ermöglicht, experimentell zu erproben, wie weit durch Mechanisierung von Teilen des Arbeitsprozesses (Kapitel 3.3.2.2) die handwerklichen Techniken effizient weiterentwickelt werden können.

Technische Kenntnisse des Produktionsprozesses und die Fähigkeit zu betriebswirtschaftlich effektiven Unternehmensführung variierten stark mit dem Bildungsgrad und der vorausgehenden Berufserfahrung des jeweiligen Unternehmers. Da sich die medianos mineros keine Beratung, weder durch Geologen noch durch Techniker, leisten konnten, die modernen Abbauverfahren jedoch technisch wie betriebswirtschaftlich umfassende Kenntnisse voraussetzten, entsprachen ihre individuellen Fähigkeiten als Unternehmensführer in den meisten Fällen nicht den Erfordernissen ihres Betriebes. Ein staatliches Beratungsprogramm (promoción técnica) - laut Statut Aufgabe der Minenbank - besteht in der Praxis schon seit mehreren Jahren nicht mehr. Fehler in der technischen und betriebswirtschaftlichen Leitung der mittleren Unternehmen führten in Baisse und Stagnation - aber auch bei einem hohen Goldpreis - zum Konkurs von Betrieben, die sich in der Mechanisierung der Produktion versuchten. Aussagen der Angestellten der Minenbank und Eigenerhebungen zufolge scheiterten über die Hälfte der medianos mineros aus diesen Gründen. Die Ursachen dafür lagen einmal in den zu langen Standzeiten der schweren, auf teuren Transporten herangebrachten Erdbewegungsmaschinen. Die Standzeiten sind grundsätzlich durch die Regenzeit bestimmt, werden aber auch in der Waschsaison verlängert, wenn Regenfälle die lehmigen Böden aufweichen oder die Maschinen bei der hohen Beanspruchung und unsachgemäßer Behandlung ausfallen. Zum anderen führten Kapitalmangel und mangelnde betriebswirtschaftliche Kenntnisse meist dazu, daß die Arbeitsprozesse nur zum Teil mechanisiert wurden und so Engpässen im Produktionsablauf Überkapazitäten an andererer Stelle gegenüberstanden. Unter diesen Umständen konnten bei keinem Unternehmen die hohen Produktionsmengen erzielt werden, die - vor allem auch angesichts der hohen Inflation - zur Reproduktion des eingesetzten Kapitals erforderlich gewesen wären.

Unter den gegebenen Umständen zeigte sich, daß ausschließlich handwerklich produzierende Mittelunternehmen in der Goldwäscherei in Madre de Dios mit bedeutend geringerem Risiko arbeiteten. Es waren vor allem die traditionellen Unternehmertypen in den Arbeitszonen von Huaypetue und Colorado, jedoch nur wenige Unternehmer in der Untersuchungszone zwischen Laberinto und Boca del Inambari, die traditionelle, handwerkliche Goldschürfmethoden bevorzugten. Sie setzten die gleichen archaischen Techniken ein wie die pequeños mineros: Waschrinnen, Waschpfannen und Motorpumpen. Das Festhalten an den traditionellen Goldwaschtechniken begründeten sie mit ihren empirischen Erfahrungen über das Scheitern der Mechanisierungsversuche. "Mejor avanzando en las cuatro patas que arriesgar algo"[7]. (Sra. Vidal, playa 'Los Millionarios', 1983) Das Ziel der Risikominimierung bestimmte ihr Verhalten gegenüber den eingesetzten Produktionsmitteln. Mittelunternehmer, die mit traditionellen Techniken arbeiteten, setzten auf die Arbeitskraft: je nach Goldpreisentwicklung und Witterungsbedingungen stellten sie bis zu 200 Arbeiter ein oder verkleinerten ihren Betrieb.

Pro Waschrinne berechnete ein Mittelunternehmer 1983 einen Investitionsbedarf von 2 bis 2,5 Mio. Soles, wobei ein Unternehmen durchschnittlicher Größe ca. zehn Waschrinnen unterhielt. Für Investitionen und Vorleistungen bei den Personal- und Betriebskosten, jedoch ohne Sicherung des Bodenrechts, mußte ein Betriebskapital von 30 bis 35 Mio. Soles oder 19.000 bis 22.000 US-Dollar zur Verfügung stehen. Fremdfinanzierung wurde von den traditionellen Mittelunternehmern abgelehnt: "Nunca trabajamos con préstamos porque es engaño y robo."[8] (Sra. Vidal, playa 'Los Millionarios', 1983) Die Ablehnung von Fremdfinanzierung, die zum Teil zu sehr günstigen Konditionen von der staatlichen Minenbank in Anspruch genommen werden konnte - die Zinssätze lagen unter der Inflationsrate -, war sowohl Ausdruck der begrenzten betriebs- und geldwirtschaftlichen Kenntnisse des traditionellen Unternehmertyps wie auch des Mißtrauens gegen staatliche Einrichtungen, die eine Bedrohung seiner lokalen Macht darstellten: Bisher waren sie die einzigen Kapitalbesitzer in den entlegenen Zonen, für die der Geldverleih eine einträgliche Gewinnquelle darstellte. Gleichzeitig war die Kontrolle des Leihkapitals - oft in Form des 'habilitación'-Systems (Kapitel 6.6) - ein wichtiges Medium zur Erhaltung der traditionellen Machtstrukturen im Rahmen neuer Regelmechanismen wie Pacht, Verschuldung und Bestechung (Flores-Galindo, 1978: 101; Fischer, 1977).

"A mi particular quiero manifestar, que este pueblito se formó altorno de mi negocio. Yo he sido la única persona que ha rescatado el oro pero no monopolio, no explotaba tan poco. Si no al precio exacto con 20 centavos de diferencias al precio del Cusco. Ya y ese metal lo vendía cuando antes no hubo ningún Decreto de Ley, yo vendía a un Sr. Kaomura, en la segunda etapa al Sr. Flores. Ellos me pagaban por decir 7 Soles por gramo de oro, yo pagaba 6.80 Soles, no... Entonces de allí se instalaron justamente por Decreto Supremo, prohibiendo ya que haya personas particulares de poder rescatar el oro. Pero me nombraron como agente, ya. Posteriormente también me descendieron de este contrato también, entonces la gente que produce no sabe que hacer, como ahorita están viniendo, están haciendo cola. Ya una parte a las personas que me deben a mi, persona que justamente la deuda para llevar sus víveres y producir este metal quieren pagar en metal. Entonces el Banco no tiene plata. Entonces me dicen, Sr., no le pago yo, porque no hay plata, entonces yo le digo, tráeme el oro y cuanto paga el Banco. Te pago el mismo precio, págame y entonces después lo puedo vender al Banco. Eso es que no me permiten ahora. Tampoco ellos tienen dinero lo suficiente para poder comprar toda la producción, entonces quiere decir, es un desmedro del país."[9]
(Sr. Barasorda, Mazuko, Huaypetue 1983)

11.4 Arbeitsorganisation

Die medianos mineros gingen, von einigen Ausnahmen abgesehen, verschiedenen wirtschaftlichen Tätigkeiten nach, die je nach konjunktureller Lage und Jahreszeit als Haupt- oder Nebenaktivitäten ausgeführt wurden.

Die Produktion der modernen Mittelunternehmen war kapitalistisch durchorganisiert. Die Selbstversorgung beschränkte sich auf wenige Grundnahrungsmittel wie Bananen und Juca, die zur Senkung der Verpflegungskosten ihrer Arbeitskräfte angebaut wurden. Jagen, Fischen und die Haltung von Haustieren (in erster Linie Schweine und Hühner) war üblich und für die Deckung des Eigenbedarfes bestimmt. Die landwirtschaftlichen Tätigkeiten wurden von den eingestellten Wanderarbeitern als Zusatzleistungen während der Freizeit oder an Regentagen eingefordert.

Bei traditionellen Mittelunternehmern der Untersuchungsregion von Huaypetue fiel die Vielfältigkeit ihrer wirtschaftlichen Aktivitäten im Tiefland - sie leben ganzjährig in der Selva - auf: Außer der Goldwäscherei besaßen sie die größten Handelshäuser, die wenigen Herbergen, die Bars und Restaurants, Land- und Viehwirtschaft sowie die Transportmittel (Interview mit Sr. Barasorda). Ihre wirtschaftliche Stärke verlieh ihnen eine Monopolstellung, die es ihnen ermöglichte, das sozio-ökonomische und politische Leben ihrer Mikrozone zu beherrschen. Je nach konjunktureller Lage reduzierten sie die weniger profitablen zugunsten von profitträchtigen Aktivitäten. In Trockenzeiten stellten sie die Goldwäscherei ein und betrieben ausschließlich ihre Handels-, Transport- und landwirtschaftlichen Unternehmungen.

Die Analyse von Haupt- und Nebenaktivitäten der modernen medianos mineros wurde dadurch erschwert, daß sie die Regenzeit außerhalb der Arbeitszonen verbrachten und ihre zusätzlichen wirtschaftlichen Aktivitäten in anderen Landesteilen, hauptsächlich in Lima, angesiedelt waren. Mittelunternehmer aus Pto. Maldonado betrieben neben der Goldwäscherei zum Beispiel Viehwirtschaft, ein Straßenbau- und Konstruktionsunternehmen, die Vertretung einer Fluggesellschaft sowie Restaurationsbetriebe. Diejenigen, die ausschließlich in der Goldwäscherei wirtschafteten, verbrachten die witterungsbedingten Arbeitspausen als Urlaubszeit in Lima oder im Ausland.

Nicht alle medianos mineros führten Betriebe zur realen Goldausbeute; einige legten den Schwerpunkt auf die Spekulation mit Nutzungsrechten oder suchten sich aus der Verpachtung ihrer Nutzungsrechte eine Bodenrente zu sichern.

Beispielhaft dafür sind die Aktiengesellschaften (Sociedades Anónimas, S.A.) zu der sich medianos mineros als Gesellschafter (socios, accionistas) zusammenschlossen und in die sie zu unterschiedlichen Teilen Kapital und Nutzungsrechte einbrachten. Die Gesellschaft bestimmte einen Verwalter (administrador) und Verantwortliche (encargados) für verschiedene Arbeitssektoren (zum Beispiel den Erwerb und Unterhalt der Nutzungsrechte, Exploration, Explotation). Anteilig wurden Entscheidungen gefällt und Gewinne ausbezahlt. Der Vorteil der Sociedad Anonima lag in dem Handlungsspielraum einer solchen Gesellschaft bei der Spekulation mit Nutzungstiteln[10] und darin, daß der einzelne Gesellschafter Kredite aufnehmen konnte, ohne selbst in der Goldwäscherei tätig zu werden.

Eine weitere Form, sich Bodenrenten ohne eigenen Goldabbau zu sichern, bietet das Pachtsystem: Als legaler oder faktischer Besitzer von Nutzungsrechten verpachtete der Unternehmer Teile seines Terrains an "contratistas", die selbständig arbeiten (Kapitel 10.2). Der Mittelunternehmer erhielt 50 % der Einnahmen aus der Goldextraktion des contratistas, wobei er in der Regel verpflichtet ist, bestimmte Inputs als Vorleistung für den contratista zu tätigen (zum Beispiel Rodung, Säuberung des Terrains, Abraumbeseitigung, Überlassung von Maschinen; vgl. das aparcería-System, Kapitel 6.6). Wie in Kapitel 10.4 ausgeführt, nutzen vor allem die traditionellen medianos mineros das Pacht- und Nutzpachtsystem, um zur Sicherung ihrer lokalen Vormachtstellung mehr Arbeitskräfte auf ihrem Gelände zusammenzuziehen, als es ihrer eigenen Betriebsgröße entspricht.

Traditionelle wie moderne medianos mineros versuchten, durch eine hierarchische Organisation ihrer Bergbaubetriebe die Arbeitssaison so intensiv wie möglich zu nutzen; außerhalb der Waschsaison wurde nur Wachpersonal in Madre de Dios angestellt. Da die wenigsten die fortlaufenden Explorationssondierungen auf ihrem Konzessionsgebiet mit Fachkräften und modernen Techniken finanzieren konnten, wählten sie folgende Verfahren alternativ oder in Kombination als die kostengünstigsten aus:

- Die Exploration übernahm der patron oder sein Stellvertreter zusammen mit einem qualifizierten Lohnarbeiter, der über Erfahrungen über die Geologie und das tropische Ökotop verfügte. Das Explorationsergebnis wurde je nach Erfolg zusätzlich honoriert.

- Der patron beauftragte einen "Spezialisten", eine Person, die als erfahrener Goldwäscher und -sucher gilt, mit der Exploration. Er finanzierte Anfahrtswege, Lebensmittel und Werkzeuge und stellte zwei Hilfskräfte zur Verfügung. Fand der "Spezialist" ein goldhaltiges Terrain, einen corrido, erhielt er ein Erfolgshonorar.[11] Diese Spezialisten waren in der Regel pequenos mineros, die sich im Laufe ihrer Tätigkeit als Goldwäscher spezielle Fähigkeiten in der Goldsuche angeeignet hatten und über gute regionale Kenntnisse verfügten.

- Der patron gab jedem interessierten Goldsucher die Genehmigung, auf seinem Gelände auf eigene Rechnung Goldlagerstätten zu suchen. Traf einer auf eine goldfündige Stelle, erhielt er das Recht, 20 % des entdeckten corridos selbständig zu bearbeiten. Dieses System bot denjenigen Goldwäschern eine Möglichkeit, sich den Zugang zur Ressource Boden zu sichern, die über keine Nutzungstitel verfügten. Sie trugen das Risiko der Goldsuche, der Mittelunternehmer nutzte die Vorteile einer billigen Exploration.

- Einige medianos mineros waren auch daran interessiert, einen "explorador de fama", das heißt einen in den Arbeitszonen von Madre de Dios berühmten Goldsucher, fest anzustellen. Zum Tageslohn, der etwa dem doppelten Lohn eines normalen Wanderarbeiters entsprach, erhielt er noch Erfolgsprämien.

Die Organisation der Goldausbeute und die Anzahl der eingesetzten Arbeitskräfte fiel je nach Betriebsumfang und Mechanisierungsgrad unterschiedlich aus. Gemeinsam war allen Betriebstypen, daß Verwandte, Freunde und Bekannte, das heißt sogenannte Personen des Vertrauens (personas de confianza), bevorzugt eingestellt wurden. Höher als Fachkenntnisse wurde der Bekanntheitsgrad der Personen bewertet, mit denen man sich auf ein Geschäft einließ. In einer Gesellschaft, in der Betrug und Gewalt faktisch nicht sanktioniert werden und durch die Abwesenheit staatlicher Instanzen auch keine Kontrollorgane des wirtschaftlichen und sozialen Lebens vorhanden waren, stellte die persönliche Loyalität die einzige Garantie für Sicherheit und Ordnung im Betrieb dar. Daher wurde auch Verwaltungs- und Aufsichtspersonal außer der Verbindung durch Verwandtschaft und Freundschaft noch zusätzlich durch Gewinnbeteiligung an der Goldproduktion oder verschiedene Sonderzulagen, wie die Überlassung von Arbeitsparzellen zur selbständigen Bewirtschaftung, an den Betrieb gebunden.

Die Betriebe wurden in einem System hierarchisierter Aufgabenteilung mit entsprechender Lohndifferenzierung organisiert. Folgende Arbeitssysteme waren bei modernen wie traditionellen Betrieben üblich:

- Der patron stand an der Spitze des Unternehmens und war zuständig für Nutzungsrechtsangelegenheiten, Kredite, und, wenn er selbst im Betrieb mitarbeitete, für die Beaufsichtung der letzten Arbeitsphase der Goldextraktion, das sogenannte "azoge y quema del producto"[12], den Goldverkauf und periodische Kontrollen der Arbeitsstätten.

- Der administrador, der Verwalter, erfüllte die Abwicklung der Goldwäscherei vor Ort. Er stellte die Arbeitspläne auf, ordnete die täglichen Arbeitsvorgänge an und kontrollierte die "encargados generales" sowie den Gesamtablauf des Betriebs durch Arbeitsbücher. Die Entlohnung des administradors erfolgte monatlich (1983 500.000 Soles, das heißt 330 US-Dollar) und in der Regel mit der Überlassung einer Parzelle, die er als Selbständiger bewirtschaften konnte, oder einer prozentualen Gewinnbeteiligung. Durchschnittlich konnten die Verwalter monatliche Einkommen bis zu einer Million Soles (660 Dollar im Jahr 1983) realisieren;

- Die encargados generales, sogenannte Generalbeauftragte, auch "capataz", genannt, trugen die Verantwortung für bestimmte Bereiche, zum Beispiel die Produktion, Personalangelegenheiten, Einkäufe. In der Regel arbeiteten sie mehrere Jahre in einem Betrieb; sie erhielten eine deutlich niedrigere Entlohnung als der administrador (1982 zwischen 140.000 und 170.000 Soles, 90 bis 110 US-Dollar). Die Entlohnung variierte hier je nach der ökonomischen Bedeutung des Arbeitsbereichs. Übernahm ein encargado general die Verantwortung für den zentralen Arbeitsbereich des Goldschürfens, lag der Lohn bedeutend höher als bei den Bereichen Personalangelegenheit oder Einkauf von Lebensmitteln und Arbeitsgeräten. Zusätzliche Verdienstmöglichkeiten, wie zum Beispiel die selbständige Bearbeitung einer Parzelle an den arbeitsfreien Tagen, wurden je nach Vertrag ausgehandelt.

- Die encargados de cuadrilla, die Vorarbeiter der Waschmannschaft, standen der cuadrilla vor, die sich aus vier Arbeitern zusammensetzte. Sie spornten die Arbeiter zur Erfüllung der festgelegten Tagesleistung an - zum Beispiel dem Transport von 100 bis 150 Schubkarren pro Arbeiter - und bewachten die Arbeitsstätte, auf daß die Arbeiter keinen Goldstaub entwendeten. Ihr Lohn lag etwa beim Doppelten des normalen Wanderarbeiters.

- Die cocineras, Köchinnen, erhielten für die Verpflegung von je zehn bis 20 Arbeitern ein Monatseinkommen 45.000 bis 60.000 Soles im Jahr 1983. Sie wurden ebenfalls in Dreimonatsverträgen eingestellt und per enganche rekrutiert. Ihr Arbeitstag begann in der Regel um 3.00 Uhr früh und endete um 20.00 Uhr, da dreimal pro Tag warm gegessen wurde und die erste Mahlzeit um 6.00 Uhr in der Frühe an die Arbeiter ausgeteilt werden mußte. Neben der zeitaufwendigen Arbeit der Nahrungszubereitung waren sie als einzige Frauen in einer harten Männergesellschaft oft Gewalt und sexuellem Mißbrauch ausgesetzt. Die Unternehmer benutzten sie oft nicht nur zu ihrem eigenen sexuellen Vergnügen, sondern setzten die Frauen auch als betriebsinternes Beschwichtigungsmittel ein, das heißt, sie tolerierten oder förderten die Prostitution bzw. den sexuellen Mißbrauch der Frauen, um die Arbeiter an den Betrieb zu binden und für eine emotionale Entladung zu sorgen (vgl. Interview mit einem 16jährigen Mädchen im Anhang 4).

- Die peones, die einfachen Arbeiter, auf deren Arbeitssituation schon ausführlich auf in Kapitel 8 eingegangen worden ist, erhielten in der Regel einen Tageslohn von 2.000 bis 3.000 Soles im Jahr 1983 sowie Verpflegung und Unterkunft als Sachleistungen.

Die Hierarchisierung der Betriebsstruktur führte in der Mehrzahl der besuchten Mittelunternehmen zu einem angespannten Arbeitsklima. Die ständige Kontrolle und die Einforderung möglichst hoher Arbeitsleistungen förderte die Spannungen unter den Arbeitern, die von den Bewachern wiederum genutzt wurden, um höhere Arbeitsleistungen zu erreichen.

In mechanisierten Betrieben fiel der Arbeitsdruck oft noch stärker aus als in handwerklich arbeitenden, da die vor allem in den Jahren 1982 und 1983 witterungsbedingte kurze Arbeitszeit in Madre de Dios die Unternehmer veranlaßte, in der regenfreien Zeit die Maschinen bis an das mögliche Maximum zu nutzen. Zum Teil führten sie die Produktion in mehreren Schichten ein und ließen auch nachts arbeiten.

Abbildung 24: Betriebliche Hierarchie eines mediano minero

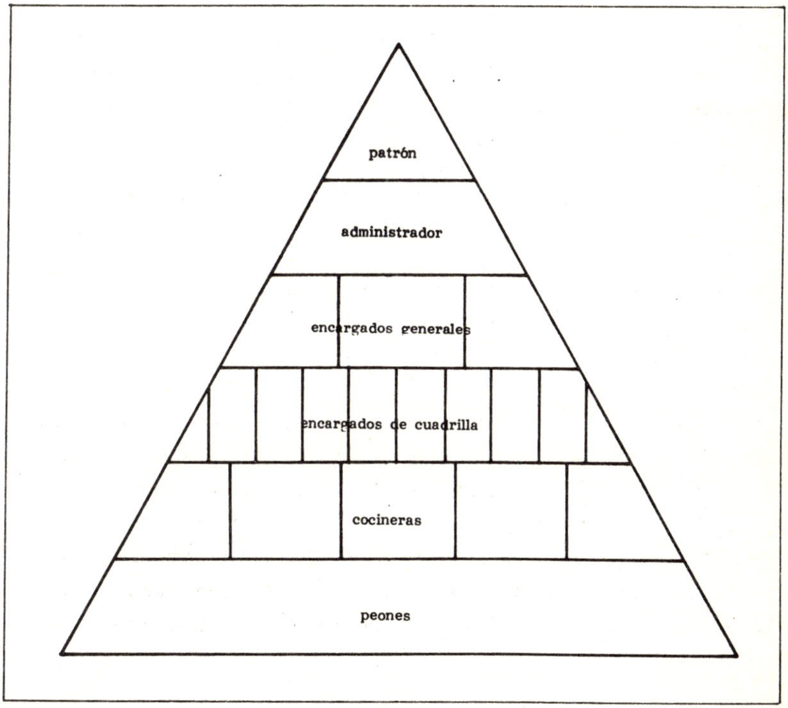

```
                    patrón
                administrador
            encargados generales
          encargados de cuadrilla
                  cocineras
                   peones
```

Um die peones zum schnelleren Arbeiten anzuspornen, experimentierten die Unternehmer auch mit einer Art Prämien- und einem Gleitzeitsystem. Den Arbeitern wurden zu diesem Zweck verschiedene "tareas", Aufgaben, mit definierter Leistungsmenge zugeordnet. Bei der Abraumbeseitigung konnte zum Beispiel als tarea das Entfernen der Erde von einer bestimmten Fläche festgelegt werden. Die Zeit, in der der Arbeiter die vorgeschriebene Aufgabe eines Tages erfüllte, blieb ihm überlassen. Nach den Erfahrungen der Wanderarbeiter wurde durch dieses System zunächst die Leistungsbereitschaft der Arbeiter erhöht, was schließlich zur Erhöhung der Arbeitsnormen genutzt wurde.

Da sich die Unternehmer - wie schon erwähnt - durch die per enganche nach Madre de Dios rekrutierten peones ständig mit billiger, noch unverbrauchter Arbeitskraft aus dem Hochland versorgen konnten, waren der Überausbeutung der Arbeitskraft innerbetrieblich kaum Grenzen gesetzt. Dennoch beklagten die Unternehmer - wie überall - die mangelnde Qualifikation und die Leistung ihrer Arbeiten:

> "Uno es esclavo de la gente." "La gente es ocioso - no trabaja bien, solamente quiere aprovechar -."[13]
> (Sra. Vidal, playa 'Los Millionarios', 1983)

Zusammenfassend kann über die Gruppe der Mittelunternehmer festgehalten werden, daß zwischen modernen und traditionellen Unternehmertypen der Kenntnisstand über den Umgang mit staatlichem Recht, modernen Finanzierungsmöglichkeiten und technischem Know how sehr unterschiedlich war. Während des Booms gelang es einigen modernen Mittelunternehmen teilmechanisierte Verfahren erfolgreich einzusetzen. Mit dem Absinken des Goldpreises gerieten sie in kurzer Zeit an die Rentabilitätsgrenze und mußten ihre Betriebe aufgeben. Traditionell arbeitende Betriebe hingegen konnten durch Diversifizierung die Rentabilität auch in Baisse und Stagnation garantieren.

In der Arbeitsorganisation der goldschürfenden Betriebe wurden in Baisse und Stagnation ähnliche Produktionsformen bei modernen wie traditionellen Betrieben eingesetzt. Auch die modernen Unternehmen bauten auf die Überausbeutung der Arbeitskraft bei Anwendung anachronistischer Arbeitsverhältnisse.

Die dezentrale Produktionsweise des Goldschürfens ermöglichte es den medianos mineros, sich in den entlegenen Arbeitszonen am Colodaro und in Huaypetue aufgrund ihrer wirtschaftlichen Macht als Herrscher über die kleine, abgeschlossene Welt ihrer Produktionseinheit und deren Umfeld zu fühlen. Dieser traditionelle, lokale Autoritarismus des traditionellen patron wurde gestärkt durch den klientelistischen Charakter der sozialen Beziehungen (parentesco, padrinazgo), in dem persönliche Loyalitäten entscheidender als Solidarität entlang von Klassenlinien waren. Durch Pacht und Verschuldung wurden die traditionellen sozialen Beziehungen zusätzlich konserviert. Da der Staat mit Ausnahme der Zweigstellen der Minenbank in den Arbeitszonen der Goldwäscher nicht vertreten war, lag die Rechtsprechung und Sicherung der Ordnung ebenfalls in Händen der medianos mineros.

Derart oligarchische Politikformen konnten sich allerdings nur in den Orten Huaypetue und Mazuko stabilisieren, in denen die Familien Baca und Barasorda das wirtschaftliche, soziale und politische Leben kontrollierten und auch erfolgreich ihren Machtbereich gegen die Zweigstellen der Minenbank verteidigten (vgl. Interview mit Sr. Barasorda). Die Aufrechterhaltung dieser präkapitalistischen Produktions- und Herrschaftsformen, die in ihren Ursprüngen auf die Kolonialzeit zurückgeführt werden können, erklärt sich in erster Linie aus der Abgeschiedenheit der Produktionsstätten im Amazonasgebiet und dem unbegrenzten Angebot an Arbeitskraft aus den entlegenen, verarmten Regionen des peruanischen Hochlandes. In der Sierra und erst recht an der Küste überlebten sich diese Produktions- und Herrschaftsformen im Laufe dieses Jahrhunderts und wurden spätestens durch das Einwirken der Agrarreform von 1968 aufgelöst (Pease, 1977: 22; Montoya, 1978).

11.5 Organisation der medianos mineros als gesellschaftliche Interessengruppe

Die medianos mineros organisierten sich entsprechend der regionalen Machtverhältnisse von Madre de Dios in folgender Weise:
- die modernen Unternehmer in Pto. Maldonado, um ihre Interessen als lokale Elite der Departement-Hauptstadt gegen die Zentralregierung in Lima durchzusetzen, und
- die traditionellen medianos mineros in Huaypetue und Mazuko, um ihre oligarchischen Machtstrukturen in der entlegenen Region gegen externe Einflüsse zu verteidigen.

Ein Vertreter der modernen Unternehmer, Ing. Evangelista, versuchte schon 1979, die medianos mineros in einem Interessenverbund zusammenzuschließen, jedoch gelang es ihm erst 1982, eine "Asociación de los Mineros Auríferos de Madre de Dios" offiziell mit 18 Mitgliedern ins Leben zu rufen. Der Verband sollte zum einen als Interessenvertreter in Lima bei der Zentralregierung, dem Bergbauministerium und der Minenbank fungieren, um als Pressure-group der nationalen Bergbauunternehmer der Seifengoldextraktion mehr Gewicht zu verleihen. Sie forderten:
- vom Bergbauministerium eine klare Politik der freien Konzessionsvergabe zugunsten ihrer Spekulationstätigkeiten, gleichzeitig aber auch den politischen Schutz vor den multinationalen Konzernen,
- von der Minenbank eine großzügigere Kreditvergabe sowie Dollarkredite mit längerer Laufzeit, technische Beratung und Hilfe bei den kostspieligen Explorationsarbeiten in den goldführenden Zonen von Madre de Dios,
- von der Zentralregierung die Abschaffung des staatlichen Goldaufkaufmonopols zugunsten des freien Goldhandels sowie die Abschaffung des "Cañon del Oro", einer Steuer, die 3 % des Aufkaufpreises des in Madre de Dios extrahierten Goldes ausmachte und per Gesetz[14] dem Entwicklungsfonds des Departements zukommen sollte.

Zum anderen versuchten die medianos mineros, über ihre Interessenvertretung den Einfluß auf die regionale Politik der Verwaltungshauptstadt auszudehnen. Unterstützung erhofften sie sich von der regionalen Regierung in Pto. Maldonado gegen die pequeños mineros und kleinen selbständigen Goldwäscher, die ihre Konzessionsgebiete invadierten, sowie Erleichterungen bei der infrastrukturellen Erschließung der im Umfeld von Maldonado gelegenen Goldwaschzonen. Auch nutzten sie ihre saisonale Anwesenheit in Madre de Dios, um dubiose Handels- und Vertragsgeschäfte mit der regionalen Regierung abzuschließen (zum Beispiel im Straßenbau, beim Ausbau des Flughafens).

Der Asociación gelang es jedoch nicht, sich ihren Zielen durch eine starke gemeinsame Interessenvertretung zu nähern. Aufgrund von Konkurrenz und Mißtrauen untereinander konnte sich die Asociación nicht konsolidieren; sie bestand nur auf dem Papier, und außer dem selbsternannten "leitenden Geschäftsführer", der gleichzeitig Gründer und Organisator der Asociación war, kümmerten sich die medianos mineros nur um die Asociacion, wenn sie ihre Mitglieder zu Vereinssitzungen und Trinkgelagen zusammenrief. Dem Geschäftsführer gelang es jedoch, mehrere Artikel über die erwähnten Probleme der medianos mineros in der nationalen Presse zu lancieren (vgl. La República vom 1.4.1984 "No todo lo que brilla es oro"[15]) und der Forderung nach Aufhebung des staatlichen Goldaufkaufmonopols solchen Nachdruck zu verleihen, daß sie sogar im Kongreß in Lima diskutiert wurden und im Wahlkampf 1985 von den Kandidaten der AP (Acción Popular) und PPC (Partido Popular Cristiano) übernommen wurden.

Einige traditionelle medianos mineros gründeten 1979 in Huaypetue eine "Asociación de los Pequeños Mineros de Huaypetue", die jedoch aufgrund unterschiedlicher Interessen keinen Kontakt zu den Mittelunternehmern um Pto. Maldonado und dort entstehenden Organisationen unterhielt. Auch wenn sie als Asociación de los Pequeños Mineros bezeichnet wurde, stand sie in Funktion der Interessen der traditionellen Mittelunternehmer, die erkannten, daß ihre wirtschaftliche und politische Macht durch den Erlaß des Bergbaugesetzes gefährdet werden könnte. Wie schon erwähnt, ermöglichte die neue Regelung der Schürfrechte ausländischen und peruanischen Firmen, in ein Gebiet einzudringen, das bis 1978 noch unter der unbestrittenen Vorherrschaft einer großen Familie und weniger mit ihr Verwandter oder eng befreundeter Unternehmer stand. Die vor 1978 von der Außenstelle der Minenbank in Huaypetue realisierte Bodenpolitik hatte die bestehenden Besitzverhältnisse bestätigt und daher keine Konflikte mit dem Staat oder von außen einbrechenden Unternehmen entstehen lassen.

Die neue, nach 1978 entstehende Situation führte dazu, daß die medianos mineros, die von ihnen abhängigen Arbeiter, Pächter, Teilhaber und kleineren Unternehmen als Pressure-group zur Verteidigung ihrer Interessen einsetzen wollten: "... para que tengamos mas peso."[16] (Antonio Baca, Huaypetue 1983) Zum Präsidenten ihrer Organisation bestimmten sie einen der ihren, einen durchsetzungsfähigen jüngeren mediano minero, "pero no ha hecho nada, no ha reunido a la gente. No teníamos tiempo."[17] (Antonio Baca, Huaypetue 1983) Das Interesse an der Asociacion flaute noch im Laufe des Gründungsjahres ab, als die medianos mineros die neue Situation zu kontrollieren glaubten. Die Filiale der staatlichen Minenbank in Huaypetue und die neuen Konzessionsinhaber lenkten ein und zogen sich vorläufig in konfliktfreie Zonen zurück. Sie versprachen den Bau von Schule, Krankenhaus und Flughafen,

> "... daban regalos para los mineros de la zona, para que se tranquilizen. Los Ingenieros (der Firmen, C.M.) tenían miedo porque Baca ya lo había atacado con escopeta, dando tiros - pero siempre cuando estaban borrachos."[18] (Emilio Zarate, Huaypetue-Choque 1983)

Die externe Gefahr schien ihnen vorläufig gebannt.

Zur Aufrechterhaltung der alten sozialen und politischen Ordnung in Huaypetue, das heißt der internen Strukturen der lokalen Gesellschaft, diente neben der Klientelbeziehungen die cofradía, eine Bruderschaft, die auch die religiösen Feste nach alten überlieferten Traditionen der Sierra in Huaypetue ausrichtete. So wurde zum Beispiel das Fest des "2 de mayo", Fest des 2. Mai, eine der größten Feierlichkeiten im andinen Hochland, mit den gleichen Zeremonien, dem Tanz der Schneemenschen um Mitternacht, von in dicken Wollkleidern und Schafspelzen vermummten Personen in der tropischen Hitze des Urwaldes durchgeführt. Ein zwei bis drei Meter großes Kreuz, das in der Sierra am Ende einer Prozession zu den Bergen, dem Sitze der Götter, getragen und an einer exponierten Stelle in der Nähe des Berggipfels aufgestellt wurde, trugen die Feiernden in Huaypetue zum Wohnsitz des allmächtigen Senor Baca, um es dort in dem Teil des Hauses, der als Kantine und Bar genutzt wurde, aufzustellen. Die anschließende "borrachera"[19], Bestandteil jedes Festes der Hochlandbevölkerung, ging jedoch nicht, wie es Brauch des Hochlandes ist, auf Kosten dessen, der das Fest ausgerichtet hatte, sondern lief auf Rechnung jedes einzelnen Teilnehmers. So füllten sich während des mehrere Tage andauernden Festes nicht nur die Kassen des Senor Baca, sondern auch die Liste der Schuldner, von denen sich nicht wenige zum Abtragen der Schuld bei ihm verdingen mußten.

Ein weiterer Mechanismus, der der Festigung der traditionellen Machtstrukturen in Huaypetue diente, waren die sonntäglichen Fußballspiele. Organisation und Ausstattung der Mannschaften mit den von den mineros hochgeschätzten Utensilien des Profifußballs - Adidas-Turnschuhe, nagelneue farbenprächtige Trikots in unterschiedlichen Farben und mit aufgedruckten Namenszügen der Sponsoren - oblagen ebenfalls dem herrschenden Clan. Nur jene mineros, die sich willfährig verhielten, durften mitspielen[20]; Publikum - das Fußballspiel stellt die einzige Abwechslung für die Minero-Bevölkerung dar - und Spieler beendeten den Sonntag im Anschluß an das Spiel regelmäßig im exzessiven Besäufnis, was wiederum den Kreis der Verschuldung zum Hause Baca schloß. Ebenso wie im Hochland führten sich die medianos mineros auf "como el benefactor."[21] (Pease, 1977: 22); sie erschienen als Wohltäter, die wie in der traditionellen oligarchischen Struktur Herrscher über das Leben der lokalen Bevölkerung waren.

"En una compleja red de relaciones sociales gue parten del aislamento del campesino, ..., el gamonal fue efectivamente 'dueño de vidas y haciendas'."[22] (Pease, 1977: 23).

Anmerkungen zu Kapitel 11

1) "Sie kamen mit Sandalen aus alten Autoreifen". Die "ojotas" sind das typische Schuhwerk der armen Hochlandbevölkerung.

2) "Es gibt Konzessionsschieber in Kragen und Krawatte, die die Fäden von Lima aus ziehen."

3) Die Angaben sind aus Akten der Filiale des Bergbauministeriums in Pto. Maldonado im Juli 1983 entnommen.

4) "Ich bin der Besitzer dieses Terrains!"

5) "... mit dem Ziel, die wirtschaftlichen Aktivitäten von Klein- und Mittelbetrieben zu fördern." (Banco Minero del Peru, o.J.: 1)

6) "... die technisch, betriebswirtschaftlich und finanziell durchführbar sind" (Banco Minero del Peru, o.J.: 1)

7) "Besser auf allen Vieren vorwärts kriechen, als zuviel riskieren." (Sra. Vidal, Playa 'Los Millionarios')

8) "Wir arbeiten nie mit Krediten, da das sowieso nur Betrug und Diebstahl ist." (Sra. Vidal, Playa 'Los Millionarios')

9) "Mazuco ist einfach um mein Geschäft gewachsen. Es war das erste Haus an der Straße nach Cusco in den 60er Jahren. Und dann kamen die Goldwäscher und die Händler und die ersten Hütten, der Sanitätsposten und die Polizeistation, die Schule und schließlich die Bank, die mir den Goldankauf verboten hat, weil sie inzwischen das Monopol besitzt. Aber wenn sie kein Geld hat und den Leuten das Gold nicht abkaufen kann, und die Hunger haben und etwas zu Essen brauchen, dann kommen sie zu mir und ich kaufe ihr Gold und sie meine Waren. In diesem Ort gibt es ungefähr zwischen 10.000, 15.000 oder 20.000 Seelen, je nach der Jahreszeit. Ich war die einzige Person, die die Goldwäscherei hier an diesem Orte gefördert hat, ohne Monopolstellung versteht sich, ebenfalls, ohne auszubeuten. Ich habe nur gute Preise für das Gold bezahlt. Nur eine Differenz von 20 Centavos zum Aufkaufpreis des Goldes in Cusco. Und dieses Gold, das ich hier aufgekauft hatte, verkaufte ich, als es noch kein Gesetz gab, in Cusco an einen Sr. Kaomura und später dann an einen Sr. Flores. Sie zahlten mir, um mal ein Beispiel zu nehmen, für 1 Gramm Gold 7 Soles und ich zahlte hier den Goldwäschern 6,80 Soles. Sehen Sie?"

"Und dann verbot der Staat Einzelpersonen den Ankauf von Gold. Aber mich ernannten sie zum Anfang als staatlichen

Aufkäufer. Jetzt erst in letzter Zeit haben sie mir auch dies verboten, und die Leute sind heute oft verzweifelt, sie wissen nicht, was sie tun sollen. Sie waschen Gold, kommen hierher und stehen Schlange bei der Minenbank. Die Minenbank hat aber kein Geld. Ja, und dann kommen sie in meinen Laden, oft schulden sie mir noch etwas, weil sie sich bei mir mit Lebensmittel versorgt haben. Und sie wollen mit Gold bezahlen. Die Minenbank hat aber kein Geld. Und so fragen sie mich: Sr. Barasordo, können wir nicht mit Gold zahlen? Wir haben nämlich kein Geld. Und dann sage ich Ihnen: Bringt mir euer Gold. Und wieviel zahlt die Bank? Ich zahle euch den gleichen Preis. Und dann verkaufe ich es später an die Minenbank und das hat mir die Bank jetzt auch verboten. Die Bank hat doch aber nie Geld, um die gesamte Produktion der Goldwäscher zu kaufen. Also ich möchte damit sagen, daß dies alles unserem Land schadet." (Sr. Barasorda, Mazuko, Huaypetue)

Zum Verständnis dieses Interviews: Der Interviewte war während der Boomjahre als mediano minero tätig. Seine Hauptgewinne zog er aber aus Aktivitäten als Händler und Geldverleiher. Trotz des Verbots des privaten Goldaufkaufs betrieb er seit 1972 seine Goldaufkaufgeschäfte weiter; einen offenen Konflikt mit den gesetzgebenden Instanzen konnte er jedoch bis 1983 erfolgreich vermeiden, da er sich 1980 zum Bürgermeister wählen ließ und als reichste Person der Goldwäscherzonen des Rio Inambass (Huaypetue und Mazuko) auch die wenigen staatlichen Angestellten der Minenbank und der Polizei durch Bestechung "kontrollierte".

10) Laut Gesetz durften Konzessionsrechte einer Person 5.000 ha Fläche nicht übersteigen. Die Sociedad bot den Vorteil unter den Namen der verschiedenen Beteiligten diese Vorschrift zu unterlaufen.

11) 1983 wurden bis zu 1 Mio. Soles, was 625 US-Dollar entspricht, bezahlt.

12) Herstellung des Goldamalgams und seine Reinigung vom Quecksilber durch Erhitzen (Kapitel 3.2.1)

13) "Unsereins ist Sklave der Arbeiter". "Die Arbeiter sind faul. Sie arbeiten nicht gut und suchen nur ihren Vorteil." (Sra. Vidal, Playa, "Los Millionarios" 1983)

14) Das Decreto Ley No. 22 816, Art. 121, 257 incl. 11 der Constitucion del Estado sieht vor, daß eine Region, aus der ein Produkt für den nationalen oder internationalen Markt extrahiert wird, mit 3 % vom Aufkaufpreis beteiligt wird.

15) "Nicht alles, was glänzt, ist Gold", La República vom 1.4.1984.

16) "... damit wir mehr Gewicht haben". (Antonio Baca, Huaypetue)

17) "...aber er machte überhaupt nichts, er versammelte nicht die Leute. Wir hatten einfach keine Zeit." (Antonio Baca, Huaypetue)

18) "... machten Geschenke an die mineros der Zone, zur Beruhigung. Die Ingenieure (der Firmen C.M.) hatten Angst, da Baca sie schon mit der Jagdflinte angegriffen hatte, einfach hinterhergeschossen - aber immer nur, wenn er besoffen war." (Emilio Zorate, Huaypetue-Choque)

19) Als "borrachera" wird ein Besäufnis bezeichnet, in dem sich ein großer Personenkreis gemeinsam betrinkt.

20) Die Finanzierung der Sportausrüstung der peones durch medianos mineros erscheint um so absurder, wenn man sie mit den sonstigen Ausgaben des patron für seine Arbeiter vergleicht.

21) Ebenso wie im Hochland führen sich die medianos mineros auf "als die großen Wohltäter". (Pease, 1977: 22)

22) "In einer komplizierten Kette von sozialen Beziehungen, die auf der Isolierung des Bauern aufbaut, ..., ist der gamonal im wahrsten Sinne 'Herr über Leben und Besitz'." (Pease, 1977: 23)

12. Großunternehmen

Das Ansteigen des Weltmarktpreises für Gold und die durch die Machtübernahme von General Morales Bermúdez 1975 veränderten politischen Rahmenbedingungen für die Investitionstätigkeit ausländischer Unternehmen in Peru weckten das Interesse in- und ausländischer Kapitalgeber an der Nutzung der Seifengoldvorkommen in Madre de Dios. Sieben Großunternehmen operierten ab 1978 im Untersuchungsgebiet, nur eines ausschließlich mit nationalem Kapital; zwei Unternehmen sind Tochtergesellschaften multinationaler Konzerne, die übrigen arbeiten mit ausländischem Kapital, zum Teil auch mit nationalen Kapitalanteilen, darunter ein Betrieb mit staatlicher Beteiligung.

Das kleinste der Unternehmen (Aupersa) scheiterte schon in der zweiten Waschsaison und sank zum handwerklich arbeitenden Mittelunternehmen herab. Ein weiteres meldete noch im Jahr der Arbeitsaufnahme Konkurs an, ein drittes zog sich nach dreijähriger Exploration wegen der geringen Goldgehalte der Lagerstätten zurück. 1983 waren noch vier Unternehmen in der Region tätig, jedoch ohne bis 1985 die Ausbeutung mit großtechnologischen Verfahren tatsächlich in Angriff zu nehmen. Die Unternehmen und ihre Tätigkeit sind im folgenden in tabellarischer Übersicht beschrieben.

Die dazu benötigten Unterlagen und Daten wurden sowohl von Thomas Moore wie von der Forschergruppe des DGFK-Projekts zusammengetragen. Vertreter von Unternehmen und staatlichen Stellen waren - von wenigen Ausnahmen abgesehen - nicht bereit, die Materialsammlung zu unterstützen, sondern versuchten, durch Fehlinformationen und politische Denunzierung von Mitgliedern der Forschergruppe die Arbeit zu erschweren. Aus diesem Grunde ist die Darstellung zum Vorgehen der Großunternehmen in Madre de Dios nicht immer mit Daten und Dokumenten belegbar.

Tabellarische Übersicht über die im Untersuchungsgebiet von
Madre de Dios operierenden Großunternehmen
(Quelle: Eigene Erhebungen und Auskünfte von Thomas Moore)

Name des Unternehmens:	CENTROMIN PERU Tochtergesellschaft der Cerro de Pasco Corporation
Nutzungsrechte/ Lage:	50.000 ha/an den Flüssen Río Madre de Dios und Río Inambari
Name und Nationalität der Nutzungstitelinhaber:	Peruanischer Staat; leitender Angestellter Ing. Darling Montoya
Herkunft der Kapitalgeber/Geschäftspartner:	Nordamerika, peruanischer Staat (Southern Peru Copper Corporation)
Beginn der Arbeiten in Madre de Dios:	1978
Explorationsbeginn/ Laufzeit:	1978-1981, mit Unterbrechungen bis 1985
Kapitaleinsatz:	Unbekannt
Techniken/Maschinentypen:	Unbekannt
Arbeitskräfte:	1-2 Angestellte, 15 Lohnarbeiter
Explotationsbeginn:	1978-1981, mit Unterbrechungen bis 1985
Techniken/Maschinentypen:	Teilmechanisiert: Handwerkliche Techniken unterstützt von Frontladern ab 1979; seit 1983 Pilotanlage mit Jigs
Entwicklung des Unternehmens bis 1985:	Absicherung der Nutzungsrechte; Spekulation über den Verkauf der Nutzungsrechte an Texas Gulf

Name des Unternehmens:	AUPERSA
Nutzungsrechte/ Lage:	4.000 ha/Isla de Laberinto
Name und Nationalität der Nutzungstitelinhaber:	Sergio Montero Vásquez, Peruaner, Berater im Finanz- und Wirtschaftsministerium
Herkunft der Kapitalgeber/Geschäftspartner:	Griechenland, USA, Brasilien/ Evangelio Hatsidemous, Anty Koulovakis, Patricio Dioclesio
Beginn der Arbeiten in Madre de Dios:	1979
Explorationsbeginn/ Laufzeit:	Beginn der Goldwäscherei ohne vorausgehende Exploration
Kapitaleinsatz:	Unbekannt
Techniken/Maschinentypen:	Teilmechanisiertes Vorgehen/zwei Vorderlader (John Deers), zwei Bagger, Motorpumpen, zwei Waschtrommeln, zwei Fließbänder, eine Amalgamationsmaschine, vier Schüttelroste; monatliche Produktion: ca. 10 kg Gold 1979/1980; seit 1980 Anwendung handwerklicher Techniken; Tagesproduktion: 50 g/1982
Arbeitskräfte:	1979-1980 maximal 400 Lohnarbeiter, ab 1982 ca. 45 Lohnarbeiter
Entwicklung des Unternehmens bis 1985:	Abbruch der Schürfungen im Jahre 1980 aufgrund von Mißwirtschaft, Betrug, Kapitalmangel; Schwarzhandel mit Gold

Name des Unternehmens:	AUSORSA
Nutzungsrechte/ Lage:	über 100.000/ha im Einzugsbereich der Flüsse Río Huaypetue, Río Pukiri, Río Caichihue, Río Madre de Dios und Río Inambari
Name und Nationalität der Nutzungstitelinhaber:	Alberto Ramírez Saura, Peruaner, James C. Birbeck, Nordamerikaner, Aurífera Sur Oriente (Briefkastenfirma), verschiedene Strohmänner
Herkunft der Kapitalgeber/Geschäftspartner:	Japan/David Ballon Vera, Expräsident der Minenbank, Remigio Morales Bermúdez (Sohn des Expräsidenten Bermúdez); Tochtergesellschaft der GEOTEC, die 1973-1976 in Madre de Dios operierte im Auftrag der Erdölgesellschaft Andes Petroleum Company, Japan
Beginn der Arbeiten in Madre de Dios:	Mitte 1980
Explorationsbeginn/ Laufzeit:	Beginn der Goldwäscherei ohne vorausgehende Exploration
Kapitaleinsatz:	Unbekannt
Techniken/Maschinentypen:	Teilmechanisiertes Vorgehen; sechs Frontlader (Marke Clark), Motorpumpen; Durchsatz 250 m^3/Tag
Arbeitskräfte:	50 Lohnarbeiter
Entwicklung des Unternehmens bis 1985:	Abbruch der Arbeiten Ende 1980 mit einer Konkurserklärung, um die Bezahlung der Maschinen zu umgehen; Subventionsbetrug; seit 1981 Spekulation mit Konzessionen, Verpachtung von Konzessionen an Dritte

Name des Unternehmens:	RIOFINEX Tochtergesellschaft des multinationalen Unternehmens RIO TINTO ZINC Corporation
Nutzungsrechte/ Lage:	30.000 ha, gepachtet von AUSORSA/Río Pukiri
Name und Nationalität der Nutzungstitelinhaber:	siehe AUSORSA
Herkunft der Kapitalgeber/Geschäftspartner:	Großbritannien, Kapitalanteile an südafrikanischen Minen; assoziiert an die peruanische Firma GEOTEC
Beginn der Arbeiten in Madre de Dios:	Juni 1981
Explorationsbeginn/ Laufzeit:	Juni 1981-1983 Anlage einer 20 km langen Staubstraße, Campaufbau, Laboratorienbau
Kapitaleinsatz:	4 Mio. US-Dollar (?) in zwei Jahren (?)
Vorgehen/Maschinentypen:	Vollmechanisiert: 110 Probebohrungen/ Jahr, flächendeckend, Einsatz moderner Bohrmaschinen
Anzahl eingesetzter Fachkräfte:	5 Angestellte
Anzahl der Arbeiter:	50 Lohnarbeiter
Explotationsbeginn:	Mit der Explotation wurde nicht begonnen
Entwicklung des Unternehmens bis 1983:	Abbruch der Explorationsarbeiten im Juni 1983 aufgrund der geringen Goldgehalte der Probebohrungen

Name des Unternehmens:	TEXAS GULF, Inc.
Nutzungsrechte/ Lage:	Über 100.000 ha im Gebiet der Flüsse Río Madre de Dios, Río Colorado, Río Los Amigos
Name und Nationalität der Nutzungstitelinhaber:	Abkauf eines Großteils der Konzessionen der peruanischen Firma EL SOL, S.A. der Firmeninhaber Carlos Munker, Rafael Belaúnde (Sohn des seit 1980 regierenden Staatspräsidenten); Erwerb weiterer Nutzungsrechte über Strohmänner und Briefkastenfirmen
Herkunft der Kapitalgeber/Geschäftspartner:	Nordamerika, Canada, Frankreich; seit 1981 gehört die Mehrzahl der Texas Gulf Aktien zur Erdölfirma ELF Aquitaine, Canada, Frankreich; seit 1977 im Bergbau tätig, u.a. in Panama im Eisenerz
Beginn der Arbeiten in Madre de Dios:	1981
Explorationsbeginn/ Laufzeit:	Juni 1981 Aufbau eines Camps im Stil der amerikanischen Vororte; Exploration neben Gold u.a. von Uran, Erdöl und Diamanten; Evaluierung eines Rinderzuchtprojektes (auf 10.000 ha)
Kapitaleinsatz:	8 Mio. US-Dollar (?), angeblich für die gesamte Explorationsphase (ohne Zeitangabe); Jahresbudget in 1983: 1,2 Mio. US-Dollar
Techniken/Maschinentypen:	Vollmechanisiertes Vorgehen; geplant waren flächendeckende Tiefbohrungen bis zu 27 m Tiefe; bis 1983 wurden jedoch nur 20 Probebohrungen an verschiedenen Stellen des Konzessionsgebietes durchgeführt; Probeergebnisse: 0,2-0,4 g Gold/m^3 in goldführenden Schichten
Arbeitskräfte:	8 Angestellte, 40-70 Lohnarbeiter
Entwicklung des Unternehmens bis 1985:	Seit 1983 Reduzierung der Explorationstätigkeit um 20 %; Sicherung und Ausdehnung der Schürfrechte; Kürzung der Personalausgaben durch Reduzierung der qualifizierten Fachkräfte und Entlassung der Arbeiter nach Fertigstellung des Camps; keine Explotationsarbeiten in Aussicht

Name des Unternehmens:	SOUTH AMERICAN PLAZERS INTERNATIONAL (Peru), S.A. (SAPI)
Nutzungsrechte/ Lage:	Pacht von 30.000 ha von der Firma AUSORSA/Río Pukiri, Río Huaypetue und Río Caichihue; Pachtzins: 30.000 US-Dollar monatlich; mit Beginn des Goldabbaus Abgabe von 10-15 % der Goldausbeute an AUSORSA
Name und Nationalität der Nutzungstitelinhaber:	Siehe AUSORSA
Herkunft der Kapitalgeber/Geschäftspartner:	Nordamerika, Anteile an Goldbergbaubetrieben in Columbien und Bolivien; seit 30 Jahren im Goldbergbau tätig
Beginn der Arbeiten in Madre de Dios:	Januar 1983
Explorationsbeginn/ Laufzeit:	Januar 1983; Übernahme des Camps und des Laboratoriums von RIOFINEX, Anlage einer Flugpiste in Huaypetue; diverse mobile Camps
Kapitaleinsatz:	660.000 US-Dollar laufende Ausgaben pro Jahr
Techniken/Maschinentypen:	Mechanisiertes Vorgehen; 120 Probebohrungen bis zu Tiefen von 12 m; Ziel: 400 Probebohrungen/Jahr; zwei Bohrgeräte (BUCYRUS ERIE 200 W chum drill/percussion) à 40.000 US-Dollar
Arbeitskräfte:	6 Angestellte, 30 Lohnarbeiter
Explotationsbeginn:	Geplant 1986
Kapitaleinsatz:	Finanzierungsantrag 1985 eingereicht bei International Finance Cooperation IFC (Weltbank-Tochter), beantragt: 13,5 Mio. US-Dollar
Techniken/Maschinentypen:	Projekt: Vollmechanisiertes Vorgehen; drei Eimerkettenbagger, montiert auf 25x12 m langen Flößen mit je 4 Jigs; Arbeit in drei Schichten; Durchsatz: 350.000 m^3/Monat Goldgehalt: durchschnittlich 0,25 g/m^3 bei guten Böden (0,8 bis 0,3 g/m^3 in den perforierten Zonen); Tiefe der Schürfungen: 4-5 m direkt im Flußbett; erwartete Produktionsmenge: 1 t Gold im Monat

Fortsetzung	SOUTH AMERICAN PLAZERS INTERNATIONAL
Entwicklung des Unternehmens bis 1985:	Ausdehnung der Probebohrungen auf weitere Areale; Aufbau eines neuen Camps am Rio Caichihue; Finanzierungsantrag für Explotation
Name des Unternehmens:	RIO ORO Compañia Minera, S.A.
Nutzungsrechte/ Lage:	45.000 ha/Laberinto, im Gebiet der Flüsse Río Inambari, Río Madre de Dios
Name und Nationalität der Nutzungstitelinhaber:	Ing. Bartolomé Campodónico, Peruaner
Herkunft der Kapitalgeber/Geschäftspartner:	Nordamerika/Thomas Gilkey, George Mulanovich, David Brown Sunderland; operieren bisher in der Goldausbeute am Río Santa/Departement Ancash/Peru
Beginn der Arbeiten in Madre de Dios:	1983
Explorationsbeginn/ Laufzeit:	Übernahme der Arbeiten des Vorgängers, des Inhabers der Nutzungstitel, der vorher als Mittelunternehmer gearbeitet hatte; ca. 300 Sondierungen (keine systematische Exploration)
Kapitaleinsatz:	54.000 US-Dollar/Jahr laufende Ausgaben
Techniken/Maschinentypen:	Probebohrungen teilmechanisiert
Arbeitskräfte:	1 Angestellter, 15-30 Lohnarbeiter
Explotationsbeginn:	Geplant 1985; inzwischen Konkurs
Kapitaleinsatz:	Unbekannt
Techniken/Maschinentypen:	Projekt: Vollmechanisiertes Vorgehen; Einsatz von zwei Eimerkettenbaggern mit Jigs; angestrebtes Volumen des Materialdurchsatzes: 250.000 m^3/Monat
Entwicklung des Unternehmens bis 1985:	Sicherung und Ausdehnung der Nutzungsrechte auf 100.000 ha; geringe Investition im produktiven Bereich

12.1 Ethnische und soziale Herkunft der Belegschaften

Die Belegschaft der 1983 noch in Madre de Dios tätigen Großunternehmen war klar in drei hierarchische Gruppen getrennt:
- die ausländischen Experten, meist nur kurzfristig als Berater in der Region, und Betriebsleiter,
- die peruanischen Experten und Facharbeiter, und
- die Lohnarbeiter, die auf den regionalen Arbeitsmärkten und aus dem Hochland angeworben wurden.

Hier soll nur auf die Gruppe der peruanischen Fachleute eingegangen werden; zahlenmäßig gering, stellen sie doch ein eigenständiges Element in der Gesellschaft von Madre de Dios dar, an dem sich die Einstellung der dominanten nationalen Gesellschaft zu einer peripheren Region und ihren Entwicklungsmöglichkeiten zeigen läßt, wie sie sich auch in der Handlungsweise der Strohmänner und der Spekulanten mit Nutzungsrechten niederschlägt.

Die peruanischen Experten stammten zum größten Teil aus der oberen Mittelschicht der Städte; als abhängig Beschäftigte erfüllten sie als Vertreter und Mittler ausländischer Interessen Planungs- und Leitungsaufgaben. Im Verhältnis zu den ausländischen Experten erhielten sie zwar niedrigere Gehälter, auf nationalem Einkommensniveau zählten sie jedoch zu den Spitzenverdienern. Nicht wenige konnten sich einträgliche Nebeneinnahmen sichern, wie durch illegalen Goldaufkauf, eigene goldwaschende Betriebe oder die Gründung von Handelsvertretungen ausländischer Firmen wie Yamaha und Honda in Pto. Maldonado.

Ihr Motiv für die Arbeit im Tiefland war neben der Attraktion des Abenteuers das "schnelle Geld", das in der Peripherie zu verdienen war und das für das "entbehrungsreiche und isolierte Leben in der Wildnis" nicht mehr als einen "gerechten Lohn" darstellte.

Kennzeichnend für viele aus der Gruppe war der Zynismus, mit dem sie ihre Position als Vertreter von Großunternehmen und ihren Vorsprung an Kenntnissen und Verbindungen im eigenen Interesse und im Dienst des ausländischen Kapitals gegen die Kleinmineros einsetzten:

> "No se hacen ningún problema de botar a la gente, quitar el título de denuncio a aquellos que ya lo tienen. Las leyes, reglamentos exigen tantos diferentes actos formales que siempre se deja encontrar una falla que ellos han hecho para quitar el título ...
>
> Mi campo es la minería pero con intereses para todo lo que da dinero."[1] (Ricardo Flores, 29 Jahre, Sohn des Ex-Direktors von CENTROMIN, ausgebildeter Psychologe, Campamento Texas Gulf)

Madre de Dios und seine Gesellschaft waren für diese Gruppe ein Übungsfeld, das Recht des Stärkeren durchzusetzen, eine abenteuerliche Bewährungsprobe für ihre spätere bürgerliche Tätigkeit in der Wirtschaft, der Politik oder in der Verwaltung. Nur ihrem eigenen Vorteil verpflichtet, übernahm diese Elite die Rolle der klassischen "Kompradorenbourgeoisie", wie Cotler die Industriebourgeoisie nennt:

> "...que tuvo que contentarse con ser un satélite de las nuevas empresas extranjeras, relación similar a la que tuviéra la burguesía agraria y minera de los enclavos. En ese mismo sentido, sus intereses 'nacionales' pasaron a representar los de las empresas extranjeras que le otorgaban sentido."[2] (Cotler, 1978: 278)

Ihre Handlungsweise ist daher nicht einfach als "Ansteckung vom Goldfieber" zu verstehen, sondern vielmehr als ein Akt der Aneignung nationaler Ressourcen, wie sie Kennzeichen der "clase dominante[3]" ist.

12.2 Zugang zur Ressource Boden

> "Las empresas extranjeras han optado por hacer sus denuncios directamente en Lima, en desmedro de los pequeños y medianos mineros de la zona ..."

"Hay traficantes de denuncios mineros, de cuello y corbata, que mueven los hilos desde Lima ..."[4)]
(Bolpebra, No. 7, 1984: 30)

Der Erlaß des Bergbaugesetzes zur Förderung der Goldgewinnung, Ley de Promoción Aurífera D.L. No. 22 178 im Jahre 1978, stellte die wichtigste Maßnahme dar, die die Investitionstätigkeit ausländischer Unternehmer in Madre de Dios begünstigte (Kapitel 4.3). Das neue Gesetz war als Fördergesetz für die pequeña minera, das heißt die kleinen Goldwaschunternehmen, ausgewiesen. Tatsächlich aber war es nicht auf die Bedürfnisse und Konditionen der lokalen goldwaschenden Bevölkerung abgestimmt: Stellte der bürokratische Prozeß in einer nicht funktionsfähigen, vielfach korrupten Verwaltung an sich schon ein Hindernis dar, das für die Mehrheit der kleinen Goldwäscher unüberwindbar ist, so wurde zudem bestimmt, daß die Nutzungsrechte an den Staat zurückfallen, wenn in der Explotation nicht monatlich festgelegte Mindest-Goldmengen erreicht werden. Damit konnte jeder Kleinunternehmer ausgehebelt werden. Zusammen mit der Steuervergünstigung für Investitionen und Erträge und der Zollfreiheit für Technologieimporte (Art. 17-22) entsprach das Gesetz in seinen wesentlichen Punkten den Anforderungen von Großunternehmen nationaler und internationaler Provenienz.

Die Vermutung, daß an der Beratung des Gesetzes Personen beteiligt waren, die im Auftrag Dritter oder im Eigeninteresse die oben beschriebene Ausrichtung durchsetzen konnten, wurde durch Aussagen von Mitgliedern der staatlichen Minenbank und des Bergbauministeriums bestätigt. Auch das Namensregister des staatlichen Katasters, in dem jene Personen aufgeführt werden, die Nutzungsrechte in Madre de Dios besitzen, läßt den Schluß zu, daß der gesetzliche Rahmen für bestimmte Interessengruppen "bereinigt" wurde, da die Eintragung in das Kataster sofort nach Bekanntgabe in Lima erfolgte, das heißt zu einem Zeitpunkt, als in Madre de Dios noch niemand von dem Gesetz erfahren hatte:

"... sirvió de puente y apoyo para que los recomendados o influentes sin ser mineros reconocidos de la zona, y en más de un caso ni conocedores del Departamento de Madre de Dios y menos aún de los terrenos denunciados."[5] (Bolpebra, No. 6, 1984: 11)

So figurieren unter anderen der Sohn des 1978 regierenden Präsidenten Bermúdez, Remigio Morales Bermúdez, der Sohn des Expräsidenten, Rafael Belaúnde, der Expräsident des Direktoriums der staatlichen Minenbank, Ing. David Ballón Vera (Mitglied der das Gesetz ausarbeitenden Kommission), und Sergio Montero Vázquez als Berater des Wirtschaftsministeriums in der Liste der illustren Personen, die sofort nach Veröffentlichung des Erlasses in Lima Konzessionen erwarben.

Die Zusammenarbeit zwischen den nationalen Konzessionsträgern und ausländischen Firmen ist ein weiterer wichtiger Faktor bei der Aufteilung der Nutzungsrechte in der Region Madre de Dios. Nur das Unternehmen mit staatlicher Beteiligung, CENTROMIN, das mit einer Tochtergesellschaft des multinationalen Konzerns Cerro de Pasco Corporation verflochten ist, erwarb direkt auf seinen Namen Konzessionen. Die übrigen Unternehmen bedienten sich dagegen Personen peruanischer Nationalität als Konzessionsinhaber, um auch für den Fall einer Nationalisierung der Schürfrechte - wie schon geschehen unter der Reformregierung von General Velasco - juristische Probleme auszuschließen (Moore, 1983: 3 und Sanchez, 1981: 82-121). Die im Gesetzestext von 1978 vorgesehene Begrenzung der Goldschürfkonzession auf maximal fünf Areale von je 1.000 ha (Artikel 7) umgingen sie durch das Anwerben von Strohmännern und sogenannten "empresas fantasmas[6]", Briefkastenfirmen, auf deren Namen die Nutzungsrechte eingetragen wurden, die jedoch nie in Madre de Dios aufgetreten sind. Unter der Regierung von Fernando Belaúnde und seinem Energie- und Bergbauminister Pedro Pablo Kuczinsky wurde durch die Novellierung des allgemeinen Bergbaugesetzes (Decreto Ley No. 109) im Dezember 1980 auch diese Begrenzung aufgehoben, wodurch der Erwerb von Nutzungsrechten für Areale von 100.000 und mehr ha legalisiert wurde. Einflußreiche Persönlichkeiten des öffentlichen Lebens aus Lima, die in der Zeit zwischen 1978 und 1980 Goldschürfkonzessionen erworben hatten, konnten nun diese legal an die Großfirmen verpachten oder verkaufen, die in erster Linie an großen, zusammenhängenden Arealen Interesse hatten. Die relativ kleine Gruppe von Personen, die Schürfrechte erwarb, hatte hohe Erwartungen in Spekulationsgewinne. Betrachtet man die räumliche Verteilung der Konzessionen, wie sie 1983 den Großunternehmen zuzuordnen waren, so spricht viel für die These, daß sich die Erwartungen der Spekulanten nicht erfüllt haben: Die Unternehmen haben ihre Interessengebiete gegeneinander klar abgegrenzt, so daß jedes zusammenhängende Nutzungsflächen erwerben konnte, Voraussetzung für eine wirtschaftliche Erschließung und Exploration. So standen den Anbietern von Nutzungsrechten nur wenige verhandlungsstarke Nachfrager gegenüber, die sich die Pachtzinsen nicht diktieren lassen mußten. Im Jahre 1983 war das gesamte potentiell goldführende Terrain von Madre de Dios in Konzessionen aufgeteilt, die zu zwei Dritteln von vier Großunternehmen erworben oder gepachtet worden waren.[7]

12.3 Kapitalausstattung, Explorations- und Produktionstechniken

Über die Höhe der Kapitalausstattung der Unternehmen während der Initialphase lagen uns nur bei drei Firmen Angaben vor: Texas Gulf bezifferte die für die Explorationsphase 1981 bis 1983 zur Verfügung gestellte Summe auf 8 Millionen US-Dollar, RioFinex veranschlagte für den gleichen Zeitraum 4 Millionen US-Dollar, gefolgt von South American Plazers mit 1,6 Millionen US-Dollar.[8] Die restlichen Unternehmen schienen über eine geringere Kapitalausstattung zu verfügen, von den eingesetzten Technologien und der Zahl und Qualität der Arbeitskräfte her zu urteilen.

Das technische, geologische und betriebswirtschaftliche Knowhow bei den Unternehmen war sehr unterschiedlich. Aupersa startete 1979 mit einer teilmechanisierten Transport- und Produktionskette ohne vorausgehende Exploration. Daß das Unternehmen schon 1980, als die Goldpreise ihr höchstes Niveau erreichten, scheiterte, weist auf Managementfehler hin; die ausschlaggebenden Faktoren dafür konnten jedoch nicht ermittelt werden.[9] Ähnlich liegen die Verhältnisse bei AUSORSA, das 1980 ebenfalls ohne vorausgehende Exploration mit teilmechanisierter Technologie mit der Goldausbeutung begann und noch im gleichen Jahr den Konkurs eröffnete. Das Nachfolgeunternehmen befaßte sich nur noch mit der Vermarktung der Nutzungsrechte.

Auch bei CENTROMIN, dem Unternehmen mit staatlicher Beteiligung, muß wegen seiner unklaren Explorations- und Explotationskonzepte am Einsatz angemessen qualifizierten Personals gezweifelt werden.

Ein umfassendes Know-how, das dem Kapital- und Technologie-Einsatz entspricht, stand dagegen den verbleibenden vier Großunternehmen zur Verfügung.

Die Tätigkeit dieser Großunternehmen beschränkte sich im Untersuchungszeitraum auf infrastrukturelle Maßnahmen und - nach ersten punktuellen Probebohrungen - auf eine systematische Exploration mit Perforationsmaschinen. Infrastrukturelle Maßnahmen der Großfirmen in Madre de Dios umfaßten in der Regel den Ausbau von Straßenpisten und die Anlage eines Landeplatzes für Kleinflugzeuge und Hubschrauber sowie die Errichtung eines vorerst provisorischen Arbeitscamps. Die Camps wurden nur von drei Firmen (AUSORSA, Texas Gulf und South American Plazers) weiter ausgebaut: mit stabilen, vollklimatisierten Wohnbauten für das Fachpersonal mit fließendem Wasser und Elektrizitätsversorgung, und bedeutend einfacher ausgestatteten Behausungen für die Arbeiter, die aber von wesentlich besserer Qualität waren als die Unterkünfte bei den meisten Klein- und Mittelunternehmen. Firmeneigene Werkstätten und Laboreinrichtungen gehörten ebenfalls zur Grundausstattung.

Systematische flächendeckende Explorationen wurden von drei Unternehmen in Angriff genommen:
- von Texas Gulf, das Bohrungen bis 27 m Tiefe vorsah, bis 1983 aber nur 20 Bohrungen niedergebracht hatte;
- von RioFinex, das nach dreijährigen Untersuchungen die Seifen wegen des geringen durchschnittlichen Goldgehaltes nicht für abbauwürdig erachtete, sich zurückzog und seine Anlagen an South American Plazers (SAPI) verkaufte;
- vom nachfolgenden Unternehmen SAPI, das die von RioFinex begonnenden Arbeiten weiterführte.

Im Untersuchungszeitraum haben zwei der Unternehmen Projekte für die Explotation ausgearbeitet, wofür 1984 Finanzierungsanträge bei der staatlichen Corporacion Financiera de Desarollo S.A. (COFIDE) gestellt wurden. Beide Firmen sahen vollmechanisierte Verfahren mit dem Einsatz von 'dredges' vor: Das Gerät besteht aus einem Schwimmkörper mit aufmontiertem Eimerkettenbagger und 'Jigs', einem System schwingender Siebe, auf denen die Seifen unter Zugabe von Wasser vom Kies- und Sandgemenge separiert werden (Kapitel 3.3.2.3). Die dredges sollten in drei Schichten betrieben werden und einen Materialdurchsatz von ca. 120.000 m^3/Monat je Maschine ermöglichen.

12.4 Arbeitsorganisation

Die Arbeitsorganisation konnte in drei der vier Großunternehmen untersucht werden, die 1983 in Madre de Dios operierten. Auf die Gliederung der Belegschaft in drei hierarchische Gruppen wurde bereits in Kapitel 12.1 hingewiesen.

Die Exploration wurde vorwiegend von den Experten und Facharbeitern durchgeführt. Lohnarbeiter wurden vor allem für den Wegebau eingesetzt; für die vorläufige Erschließung der firmeneigenen Gebiete durch Pfade versuchten die Firmen, auch die Mitarbeit von Tieflandindianern wegen ihrer Ortskenntnisse zu gewinnen. Bei den Firmen, die vor 1981 ohne Exploration mit arbeitsintensiven Techniken in die Goldausbeute einstiegen, hatten die Lohnarbeiter selbstverständlich den größten Anteil; zeitweise arbeiteten mehrere hundert Lohnarbeiter in den Unternehmen. Die Höhe der Entlohnung und die Qualität der Ernährung lagen bei allen Firmen über dem in der Region üblichen Niveau, doch zogen auch sie für die Lohnarbeiter die Dreimonatsverträge vor, für die keine Sozialversicherungspflicht besteht.

Mit dem Absinken des Goldpreises änderte sich auch für die Großkonzerne die Interessenlage in Madre de Dios. Die Unternehmen verlangsamten den Rhythmus der Exploration. Das monatliche Budget der Betriebe wurde, wie zum Beispiel im Falle der Firma Texas Gulf, bis zu 50 % gekürzt, Kosten für Personal- und Produktionsmittel eingespart. Dies geschah zum einen durch die Reduzierung und das Auswechseln von ausländischen gegen peruanische Fachkräfte, die oft nur 25 % des Lohnes eines ausländischen Experten erhielten, und der fristlosen Kündigung von Arbeitern. Texas Gulf ging sogar so weit, den Entlassenen die berechtigten Lohnforderungen mehrerer Monate nicht auszuzahlen. Durch Bestechung der Funktionäre des Arbeitsministeriums, an die sich die verzweifelten Arbeiter in Pto. Maldonado wandten, um ihr Recht einzuklagen, löste die Firma binnen Stunden den bestehenden Konflikt zu ihren Gunsten.

Zum anderen reduzierten die Unternehmen ihre Personalausgaben durch die Verschlechterung der Verpflegung, Behausung und medizinischen Versorgung als Anteil der Lohnkosten. Sie führten ein System der partiellen Selbstversorgung der Ar-

beiter mit Lebensmitteln ein, das sie von den Klein- und
Mittelbetrieben der Region übernahmen: Für Grundprodukte der
täglichen Ernährung wie Bananen und Yuca wurden in unmittelbarer Nähe des Arbeitscamps Felder angelegt, und durch die
Vergabe von Netzen und Flinten wurde das Fischen und Jagen
durch die Arbeiter in ihrer Freizeit gefördert. Der 1981
noch geplante Kauf neuer Maschinen wurde zurückgestellt,
ebenso wie der weitere Ausbau der Infrastruktur (Schule,
Krankenhaus).

Dagegen wurde die Sicherung und Ausdehnung der Nutzungsrechte durch Aufkauf weiterer Konzessionen, deren bisherige Besitzer aufgrund der Baisse bankrott machten, weitergeführt.

Als abgeschlossene, von regionalen Strukturen unabhängige
Produktionseinheiten bildeten sie Enklaven in der regionalen
Wirtschaftsstruktur. Allein die Nebengeschäfte des peruanischen Personals und die gelegentliche Einstellung von Wanderarbeitern standen im Kontext mit regionalen Wirtschaftsflüssen; die Versorgung der Betriebe mit qualifizierten Arbeitskräften und Produktionsmitteln erfolgte hingegen auf
dem direkten Weg über die Metropole Lima und das Ausland.

Ausbreitungseffekte auf die Entwicklung der Wirtschaftsregion von Madre de Dios, wie sie von Regierung und Firmenvertretern als "Vorreiterrolle" der modernen Großbetriebe postuliert wurden, gingen weder auf die arbeitsmarkt- noch auf
die einkommenspolitische Situation im Departement aus. Allein Konzessionsspekulanten erlebten eine Hochkonjunktur.
Die Großfirmen übernahmen hingegen einen Aspekt der nichtkapitalistischen Produktionsformen, nach denen die Mehrheit
der in Madre de Dios operierenden traditionellen Klein- und
Mittelunternehmen wirtschaftet: Sie übernahmen das System
der Abschöpfung der Arbeitsrente, um die Input-Kosten zu
senken, und paßten sich dadurch der Faktorausstattung des
Wirtschaftsraums von Madre de Dios im einkommenspolitischen
Bereich an.

12.5 Artikulation der Großunternehmen als gesellschaftliche Interessengruppe

Die Vormachtstellung der Großunternehmen machte eine eigene Organisation zur Interessenvertretung überflüssig; es war selbstverständlich, daß sie von den regionalen und lokalen Behörden unterstützt wurden und daß diese zur Verfügung standen, wenn Konflikte um Nutzungsrechte, in denen sich die Unternehmen einem großen Wiederstandspotential gegenübersahen, mit staatlicher Gewalt geregelt werden mußten.

Das Verhalten der Großunternehmen der autochthonen Bevölkerung und den Migranten gegenüber war, von einer Ausnahme abgesehen, äußerst repressiv: Sie hinderten die lokale Bevölkerung in den Goldwäscherzonen am freien Zugang zu den Ressourcen durch das Anhäufen von Nutzungsrechten in ihren Händen und setzten sich über jegliche Art von Gewohnheitsrechten hinweg (Kapitel 7, Interview mit Angel Noriega). Umsiedlung, Vertreibung und ständige Bedrohung der noch siedelnden Bevölkerung schufen zu Zeiten des Goldbooms eine angespannte, feindselige Stimmung in der Untersuchungsregion. Da die Großunternehmer durch ihren politischen und ökonomischen Einfluß Polizei und Verwaltungsbürokratie sowohl in Lima und erst recht in Pto. Maldonado nach ihrem Gutdünken manipulierten, war diejenige Bevölkerung, die mit ihnen im Streit um Schürfrechte lag, permanent bedroht und in ihren Rechten eingeschränkt. Selbst legal verbriefte Rechte, wie zum Beispiel im Fall der durch das Tieflandindianergesetz D.L. No. 22 175 geschützten Tieflandindianergemeinden, wurden von den Unternehmen übergangen.

Gleichzeitig jedoch versuchten die Großunternehmen, das Widerstandspotential zu begrenzen, indem sie den Siedlern, Migranten und Tieflandindianern die Verbesserung der Arbeits- und Lebensverhältnisse durch ihre nicht nur auf den Eigenbedarf abgestellte Infrastruktur versprachen: Den colonos wurde eine Schule versprochen, den Lastwagenfahrern der

Ausbau der Straße, den Goldwäschern eine bessere Gesundheitsversorgung zugesichert; firmeneigene Boote wurden für Impfkampagnen unter der goldwaschenden Bevölkerung eingesetzt, und ein Unternehmen stellte einer in seinem Konzessionsgebiet siedelnden Gruppe von Tieflandindianern kostenlos Benzin und einen Reparaturservice für ihre Pumpen und Bootsmotoren zur Verfügung.[10] Aus den jahrelangen Widerstandskämpfen von Betroffenen, die noch in den 70er Jahren das Vordringen der Großunternehmen begleiteten, wurden die Lehren gezogen. Durch die Vermischung von good-will-Verhalten und dem Einsatz von massiver Gewalt, zum Beispiel durch das Hinzuziehen des Militärs bei der Vertreibung von Okkupanten, geschehen 1981, gelang es den Unternehmen, ohne größere Reibungsverluste ihre Interessen in Madre de Dios durchzusetzen.

Da die Großunternehmen infolge der Goldpreisbaisse die Goldlagerstätten nicht mit Großtechnologien abzubauen begannen, gewann die in der Region lebende Bevölkerung unverhofft einen Freiraum, eine "Verschnaufpause", in der Auseinandersetzung um den Ressourcenzugang. Die goldwaschende Bevölkerung stellte sich auf eine zumindest kurzfristig schwächere Präsenz der Großkonzerne in der Region ein. Da die konzessionierten Areale aufgrund ihres Umfangs und der Unzugänglichkeit des Geländes nicht bewacht werden konnten, war es für die goldwaschende Bevölkerung relativ problemlos, die Terrains in ihrem eigenen Interesse zu nutzen. Ein hoher Prozentsatz der befragten Bevölkerung der Untersuchungsregion kannte nicht die legalen Konzessionsinhaber der Gebiete, auf denen sie arbeiteten und/oder lebten. Sie handelten bei der Bodennutzung nach ihren regionsüblichen Strategien, das heißt nach Gewohnheitsrechten oder dem Gesetz des Stärkeren. Das Ausmaß der latenten Bedrohung für ihre Existenz, das von den Großunternehmen ausging, wurde von ihnen nicht wahrgenommen.

Zusammenfassend kann über die Jahre der Goldbaisse und Stagnation 1981 bis 1984 festgehalten werden, daß die an den Goldlagerstätten in Madre de Dios interessierten Großunternehmen ihre Positionen zu Wartepositionen ausbauten. Für die lokale und zugewanderte Bevölkerung bedeutete dies eine partielle Entschärfung des Bodendrucks von seiten der Großunternehmer. Gerade in entlegenen Arbeitszonen war die Kenntnis über die Bedeutung der Großunternehmen als Konzessionsinhaber zu der Mehrheit der goldwaschenden Bevölkerung nicht vorgedrungen. Die Konzerne verhielten sich abwartend im Hintergrund, um unnötige Konflikte zu vermeiden.

Anmerkungen zu Kapitel 12

1) "Es ist für uns überhaupt kein Problem, die Leute zu vertreiben, auch nicht bei denen, die Konzessionen besitzen. In den Gesetzen und Vorschriften existiert eine solche Vielzahl an geforderten Formalitäten, daß man immer Unterlassungsfehler finden wird, aufgrund derer man ihnen den Konzessionstitel nehmen kann ...
Mein Arbeitsfeld ist der Bergbau, aber mit Interessen für alles, was Geld bringt." (Ricardo Flores, 29 Jahre, Sohn des Ex-Direktors von CENTROMIN, ausgebildeter Psychologe, Campamento Texas Gulf 1982)

2) "... die sich damit zufrieden geben mußte, ein Satellit der neuen ausländischen Firmen zu sein, ähnlich wie die Bourgeoisie des Agrar- und Bergbausektors der Enklaven. In diesem Sinne gingen die 'nationalen Interessen' in jene, die die ausländischen Firmen vertraten, über, die von da an die Richtung angaben." (Cotler, 1978: 278)

3) Die Kategorien "clases populares", "clase media" und "clase dominante" wurden von Cotler übernommen, da sie zur Beschreibung der Sozialstruktur von Madre de Dios geeignet scheinen. Der Begriff "clases populares" umfaßt ein weites Spektrum von sozialen Gruppen; "clase media" und "clase dominante" sind mit der deutschen Bezeichnung "Mittelschicht" und "Oberschicht" ungefähr erfaßt (Cotler, 1978; vgl. auch Kapitel 6.1).

4) "Die ausländischen Firmen haben sich dazu entschieden, ihre Konzessionen direkt in Lima zu erwerben, zum Schaden der pequeños und medianos mineros der Zone ..."
"Es gibt Schieber von Bergbaukonzessionen mit Kragen und Krawatte, die von Lima aus die Fäden ziehen ..." (Bolpebra, No. 7, 1984: 30)

5) "... es diente als Brücke und Hilfe für jene einflußreichen Personen und ihre Protegés, die weder Bergbauunternehmer waren, noch die Region kannten und in mehr als einem Fall bis zu diesem Zeitpunkt keine Ahnung vom Departement Madre de Dios und keine Kenntnisse über die von ihnen konzessionierten Gebiete hatten." (Bolpebra, No. 6, 1984: 11)

6) Wörtlich übersetzt "Gespensterfirmen".

7) Diese Berechnung geht von den Untersuchungsergebnissen der Bundesanstalt für Geowissenschaften und Rohstoffe aus, die für das Departement Madre de Dios die Fläche der goldhaltigen Areale mit ca. 4.500 qkm angeben (berechnet nach Karte Nr. 4). Die 1983 von den vier Großunternehmen erworbenen oder gepachteten Flächen belaufen sich auf 3.000 qkm.

8) Die Beschaffung von Informationen zur Frage nach der Kapitalausstattung der Großunternehmen gestaltete sich sehr schwierig, da die Verwalter der Firmen nicht bereit waren, Daten offenzulegen.

9) 1983 geführte Gespräche mit dem Griechen Patricio Dioclesio, einem der Kapitalanteileigner, bestätigten das Gerücht, daß die Firma 1980 aufgrund von Konflikten unter den griechischen Kapitalanteileignern Bankrott anmelden mußte.

10) Mitglieder der Comunidad Nativa Barranco Chico, die in unmittelbarer Nähe zum Hauptlager der Firma RioFinex und ihrem Nachfolgeunternehmen South American Plazers siedelten, zeigten Widerstand gegen den Bau einer Straßenpiste durch das Gelände ihrer Comunidad, indem sie Arbeiter, den Betriebsleiter und die Baumaschinen mit Pfeilen angriffen. Aufgrund des vermittelnden Eingreifens des Betriebsleiters, Ing. Oscar Kempff, eskalierte der Konflikt nicht.

13. Auswirkungen von Goldboom und -baisse auf die regionale Wirtschaftsstruktur des Departements Madre de Dios

13.1 1976 bis 1981 - Jahre des Goldbooms

Das Ansteigen des Weltmarktpreises für Gold seit 1972 und die neuen Kenntnisse über die Extension der Lagerstätten seit 1976 führten zu der für die Goldwäscherei typischen Situation des "Goldrausches". Die Medien berichteten über die Goldvorkommen in Madre de Dios, über die ersten Anzeichen von Boom und Goldfieber, so daß die Sogwirkung bald über die Grenzen des Departements hinausreichte. Den Massenmedien kam eine ähnliche Bedeutung bei der Akzelerierung des Booms zu wie im kalifornischen Goldrush (Finzsch, 1982).

Nach groben Schätzungen, die vorliegenden Zahlen weichen extrem voneinander ab, migrierten im Zeitraum 1976 bis 1981 ca. 40.000 Menschen in die Untersuchungsregion, von denen 10.000 in Madre de Dios siedelten und 30.000 als saisonale Migranten alljährlich das Departement aufsuchten.

Die Goldextraktion entwickelte sich zu einer profitablen wirtschaftlichen Tätigkeit, die durchgängig in den ca. sechs Monaten der Trockenzeit von den verschiedensten Typen von "Unternehmern" ausgeübt wurde. Ökonomisch ausgedrückt, führte das Steigen des Goldpreises dazu, daß das Goldwaschen in Madre de Dios nicht mehr nur die direkten Kosten, sondern allmählich die vollen Kosten und dann die Profiterwartungen deckte und schließlich sogar - je nach Lage und Höffigkeit - eine steigende "Rente" abwarf. Der Zugang zu den Goldlagerstätten war zunächst frei gewesen, denn in den Zentren der Goldausbeute vergab die staatliche Minenbank rasch und unbürokratisch Schürfrechte auf kleinen Parzellen, bzw. die nicht legalisierten Goldwäscher hatten keine Konkurrenten zu fürchten, so daß die Arbeitssituation zunächst relativ konfliktfrei war. Durch die hohe Zuwandererquote entwickelte sich in den Zentren der Goldausbeute jedoch bald ein Druck auf den Boden, und zwar insbesondere in den Siedlungsgebieten der dort lebenden Tieflandindianerethnie, den Amarakaeri, aber auch an der "Pioniergrenze"[1], die sich mit dem Steigen des Goldpreises immer weiter in Indianergebiete hinein vorverlegte.

Die Tieflandindianer, durch verstärkte Produktions- und Handelsaktivitäten in ihrem Lebensraum mit neuen Konsummustern konfrontiert, intensivierten die Goldwäscherei und erwirtschafteten ein monetäres Einkommen, das weit über den bisherigen sehr geringen Erlösen für Goldverkäufe lag.

Deshalb wurde von ihnen vielfach in der Konkurrenz der Goldwäscherei mit der Land- und Sammelwirtschaft in der Trockenzeit die Subsistenzwirtschaft vernachlässigt, insbesondere wurden weniger Felder durch Brandrodung neu angelegt. Die dichtere Besiedlung reduzierte den Tier- und Fischbestand im Lebensraum der Tieflandindianer. Für die Versorgung mit Lebensmitteln wurde der Markt in höherem Ausmaß in Anspruch genommen.

Die Organisation der Goldausbeute entsprach bei ihnen der vorherrschenden Produktionsform der Subsistenzwirtschaft im Rahmen der familiären Einheit und der Clanstrukturen. Die Arbeitskraft der produzierenden Einheit (Clan) konnte durch eingetauschte Arbeitskraft von Mitgliedern der Comunidad Nativa erweitert werden. Lohnarbeit unter ihresgleichen praktizierten die Tieflandinidaner nicht, jedoch stellten sie vereinzelt zugewanderte Hochlandindianer als Arbeitskräfte ein. Individualisierungstendenzen innerhalb der Comunidades Nativas, auch familien- und clanintern, verstärkten sich durch die zunehmende Monetarisierung. Der Druck auf ihren Lebensraum und die Verteidigung der Schürfrechte auf dem von ihnen beanspruchten Territorium förderten jedoch auch entgegenwirkende Kräfte: Nur in der Gemeinschaft und durch Mobilisierung tradierter Strukturen konnten sie die Kraft zur Verteidigung ihrer genuinen Rechte finden. Im Ergebnis haben sich einige comunidades, clans und Familien aufgelöst, und ihre Mitglieder sind individuell von der dominanten Gesellschaft - meist als unterste Unterschicht - absorbiert worden; andere hingegen haben es verstanden, als Sprachgruppe, comunidad, clan und Familie mit indianischer Identität zu überleben, wobei ihnen, wie noch zu beschreiben sein wird, der Rückgang des Goldpreises und damit des Drucks auf ihr Land sehr zugute gekommen ist.

Das Verhalten der integrierten Hochlandindianergemeinden änderte sich im Zeitraum 1976 bis 1981 nur in geringem Maße. Zwar war auch im Hochland der Bedarf an monetärem Einkommen gestiegen, jedoch konnte er durch die Goldpreissteigerung aufgefangen werden, ohne daß die Arbeitszeit im Gold wesentlich ausgedehnt werden mußte. Die tradierte Produktionsform wurde beibehalten. Auf den zunehmenden Druck auf ihre Schürfgebiete reagierten sie erfolgreich durch bewaffnete Selbstverteidigung.

Ansässige Siedler aus allen Gebieten des Departements, insbesondere der Verwaltungshauptstadt, versuchten, durch die Goldwäscherei schnelle Gewinne zu realisieren. Bisher ausgeführte Aktivitäten wurden vernachlässigt, was zum Rückgang der landwirtschaftlichen Produktion um mehr als 50 % führte (Tabelle 13). Als Klein- und Mittelunternehmer (pequeños und medianos mineros) arbeiteten sie mit bis zu 150 Lohnarbeitern, in vielen Fällen unter Eigenbeteiligung der Familie und Verwandtschaft. Gleichzeitig versuchten sie, von der raschen Intensivierung der Nachfrage nach Konsumgütern und Dienstleistungen durch die zugewanderte Bevölkerung zu profitieren, indem sie in den Handels-, Transport- und Dienstleistungssektor einstiegen (vgl. Anhang 1, Tabelle 21). Die Verknappung des Angebots in den Zentren der Goldextraktion erlaubte hohe Handelsspannen, bei einigen Produkten wie zum Beispiel Alkohol erreichten sie bis zu 400 %.

Die Migranten aus allen Landesteilen Perus, vorwiegend aber aus den angrenzenden Hochlandregionen, waren eine äußerst heterogene Gruppe:

- Subsistenzproduzenten aus der Sierra, Mitglieder von Dorfgemeinschaften wie individualisierte Kleinbauern, die als saisonale Arbeitsmigranten in Madre de Dios ein monetäres Einkommen als Lohnarbeiter oder als Selbständige im Rahmen der Familienwirtschaft (pequeños mineros) erzielten;

- Kleinbauern und Händler, die sich als Selbständige (pequeños mineros) mit der Goldwäscherei als Haupterwerb in Madre de Dios niederließen und in der Zielregion auch Handelsaktivitäten ausübten;

- Angehörige der nationalen Mittel- und Oberschicht, die in Mittelunternehmen (medianos mineros) mit handwerklichen Techniken, unter Beschäftigung von Wanderarbeitern, herangezogen durch ein traditionelles Arbeitsvermittlungssystem, die "enganche", sich ausschließlich auf die Goldwäscherei und den (verbotenen) Handel mit Gold konzentrierten.

In den Goldwäscherzentren herrschte "la ley de la selva", das Gesetz des Urwaldes, da der Staat mit Ausnahme der Institution der Minenbank, deren Aufgabe sich zunehmend auf den Goldaufkauf beschränkte, "durch Abwesenheit glänzte". 1978 erfolgte von staatlicher Seite ein tiefgreifender Eingriff in die Wirtschaftsstruktur der Untersuchungsregion durch den Erlaß des Bergbaugesetzes D.L. Nr. 22 178, das die Neuregelung der Schürfrechte für die Seifengoldgewinnung vorsah. Fehlende Stringenz in der Umsetzung des Gesetzes, das zudem unangepaßt war an die regionalen Gegebenheiten, und die Korrumpierbarkeit des Staatsapparates führten dazu, daß auch weiterhin die Macht des Stärkeren in Madre de Dios strukturbestimmend blieb. Die Gesetzesgrundlagen ermöglichten in- und ausländischen Großunternehmern, Konzessionen für umfangreiche goldhaltige Areale zu erwerben, von denen allerdings bis 1985 nicht einer die Goldproduktion aufnahm. Wegen des Rückgangs des Goldpreises war dies zwar verständlich, aber die Häufung von Nutzungsrechten aus Gründen der Spekulation und Steuervergünstigung in Händen von wenigen Mittel- und Großunternehmern führte dazu, daß die Mehrheit der ökonomisch aktiven Bevölkerung in der Goldwäscherei, nämlich die Kleinunternehmer sowie die Familien- und Clanwirtschaften, keine legalisierten Bodennutzungsrechte mehr für sich in Anspruch nehmen konnten. Sowohl das genuine Recht der Tieflandindianer auf ihren Lebensraum wie das Gewohnheitsrecht der Siedler auf land- und forstwirtschaftliche Nutzflächen und goldhaltige Böden wurden beschnitten.

Konflikte um Bodennutzungsrechte stehen seit diesem Zeitpunkt im Mittelpunkt der gesellschaftlichen Auseinandersetzungen. Die schleppende Umsetzung des Gesetzes, besonders in abgelegenen Zonen, ließ jedoch Freiräume für die goldwaschende Bevölkerung, sich auf ihre Weise "Recht" zu verschaffen durch:
- Festhalten an Gewohnheitsrechten und Verteidigung der von der Minenbank vor 1978 zugesprochenen und von ihnen bearbeiteten Parzellen;
- Okkupation von goldhaltigen Böden, deren Besitzer abwesend waren;
- diverse Pachtformen mit Besitzern und vermeintlichen Besitzern von Schürfrechten;
- Zusammenschluß von pequeños mineros, um durch kollektiven Druck Nutzungstitel der von ihnen besetzten Areale zu erwerben.

Zusammenfassend läßt sich über die durch den "Goldrausch" hervorgerufenen Veränderungen in der regionalen Ökonomie sagen, daß sich die wirtschaftlichen Aktivitäten des Departements Madre de Dios zum überwiegenden Teil auf die Goldwäscherei hin orientierten. Die Bevölkerung konzentrierte sich auf die Goldwäscherzonen und ihre Versorgungszentren (Pto. Maldonado, Laberinto, Huaypetue). Der Rückgang der landwirtschaftlichen Produktion bei gleichzeitiger Zunahme der Bevölkerung in Spitzenzeiten um ein Vielfaches durch hohe inter- und intraregionale Zuwanderungsraten erzwang den verstärkten Import von Produkten und die Ausdehnung des Handels. Aufgrund permanenter Versorgungsengpässe verzeichneten Gebrauchs- und Konsumgüter extreme Preissteigerungen, so daß Madre de Dios das Departement mit den höchsten Lebenshaltungskosten Perus wurde. Der Handel erzielte hohe Gewinne. Eine relativ geringe Marktanbindung war weiterhin nur für die in Comunidades Nativas zusammengeschlossenen Tieflandindianer und die als Dorfgemeinschaften migrierenden Hochlandindianer kennzeichnend, die trotz Goldwäscherei die Subsistenzproduktion fortsetzten, wenn auch - in vielen Fällen - in reduziertem Umfang.

Viele der kleinen Goldwäscher aus dem Hochland, d.h. der Wanderarbeiter und der selbständig Arbeitenden, erzielten in ihrer Arbeit nicht die erwarteten Einnahmen zum Transfer in ihre Herkunftsregion. Die hohen Lebenshaltungskosten verminderten die Erlöse aus dem Goldverkauf und auch die Löhne der Wanderarbeiter: Entgegen dem Wortlaut der Arbeitsverträge mußten die Lohnarbeiter für einen Teil ihrer Verpflegung und für die Versorgung im Krankheitsfall selbst aufkommen. Auch führte die Vereinzelung durch Lösung aus ihrem bisherigen Lebenskontext, die schweren Arbeitsbedingungen der Goldextraktion und das ungewohnte Klima des fremden, bedrohlich wirkenden Regenwaldes, der "grünen Hölle", zu hohem Alkoholkonsum (Anhang 1, Tabelle 20)

Die Gewinner des Booms waren die Handelsunternehmen und die Besitzer von Dienstleistungseinrichtungen sowie jene Goldwäscher, die die erzielten Gewinne in andere wirtschaftliche

Aktivitäten investierten. Vereinzelt gelang es Lohnarbeitern, sich als Goldwäscher oder Händler in der Form der Familienwirtschaft selbständig zu machen oder durch den Einsatz von Lohnarbeitern Kleinunternehmen zu eröffnen.

Pto. Maldonado entwickelte sich in kurzer Zeit zu einem dicht besiedelten Zentrum für Handel und Dienstleistungen mit ca. 20.000 Einwohnern.

13.2 1981 bis 1985 - Goldbaisse und Stagnation

Der Goldpreisverfall leitete 1981 den Zusammenbruch des Goldbooms in Madre de Dios ein. Der erste große Einbruch im April 1981 - zu Beginn der Arbeitssaison - mit nachfolgender zeitweiliger Erholung wurde von den Goldwäschern (und nicht nur von diesen) nur als ein Zwischentief interpretiert, an das man sich kurzfristig anzupassen hatte. Erschwert wurde ihr Bewirtschaftungskalkül durch verschiedene Faktoren:

- die Entwertung der nationalen Währung gegenüber dem Dollar ließ den von der staatlichen Minenbank festgelegten Goldpreis in Soles unverändert hoch erscheinen; die Einbeziehung der Solentwertung in ihr Kalkül gelang den wenigsten Goldwäschern;

- während der Arbeitssaison auftretende Niederschläge in einem für die Region ungewöhnlichem Ausmaß erschwerten die Extraktion des Goldes bzw. zwangen durch Überschwemmungen der Claims zur Arbeitseinstellung;

- Erschöpfung der bearbeiteten Areale und verstärkter Bodendruck durch zunehmende Besiedlung sowie die Auswirkungen der Gesetzgebung von 1978 erhöhten den Aufwand für die Exploration, das heißt für die Suche und Evaluierung neuer goldhöffiger und zugänglicher Areale.

Im Jahre 1981 herrschte deshalb die Tendenz unter den Goldwäschern vor, auf Besserung der Bedingungen zu warten.

Im Verlauf der Arbeitssaison 1981 kompensierten diejenigen, die im Rahmen der familiären Einheit oder des Clans produzierten, den Goldpreisverfall durch die Einschränkung des Konsums und verstärkte Ausbeutung ihrer eigenen Arbeitskraft. Klein- und Mittelbetriebe reagierten mit Reduzierung der Zahl der Lohnarbeiter, Lohndruck und Verschärfung der Arbeitsbedingungen der peones durch Einführung neuer Arbeitssysteme. Schon Ende 1981 war ein großer Teil jener Kleinbetriebe zur Aufgabe gezwungen, die sich ausschließlich auf die Goldwäscherei eingelassen hatten. Diversifizierung der wirtschaftlichen Aktivitäten wurde von allen Gruppierungen angestrebt. Der Druck auf die Ressource Boden verstärkte sich zunächst, da sich Mittelunternehmen freiwerdende Schürfrechte zu Spekulationszwecken aneigneten und somit gerade in den dicht besiedelten Goldwäscherzonen die pequeños mineros und kleinen Familienbetriebe verdrängten. Konflikte um den Boden nahmen zu.

Als sich der internationale Goldpreis entgegen den Erwartungen nicht wieder erholte, zeichnete sich 1982 bis 1984 für die wirtschaftliche Entwicklung des Departements eine Phase der Stagnation ab. Viele Spekulationsprojekte mußten aufgegeben werden, ohne daß im größeren Umfang Besitztitel und Schürfrechte zurückgegeben worden wären; die mobileren Goldwäscher, die in anderen Regionen bessere Arbeitsmöglichkeiten sahen, wanderten ab; da jedoch gerade in diesen Jahren Peru insgesamt eine tiefe Wirtschaftskrise durchlebte und Überschwemmungen im Norden und Dürre im südlichen Hochland die Alternativen weitgehend versperrten, blieb es für viele Goldwäscher bei der Verschlechterung ihrer Lebenslage - stets psychisch "gemildert" durch die Hoffnung auf ein Wiederansteigen des Goldpreises oder einen glücklichen Goldfund.

Bei den untersuchten Tieflandindianer-Comunidades stiegen Anzahl und Umfang der bearbeiteten landwirtschaftlichen Flächen wieder an, da die comunidades versuchten, die Unabhängigkeit von Marktbeziehungen bei Grundnahrungsmitteln wieder herzustellen und sich dadurch die Flexibilität zu bewahren, die die Subsistenzproduktion ermöglicht. Denjenigen Tieflandindianern, die die Selbstversorgungswirtschaft nicht aufgegeben hatten, gelang die Ausweitung problemlos, während Tieflandindianer mit verstärkten Individualisierungstendenzen und starker Monetarisierung ihrer Wirtschaft (vor allem einzelne, die als peones ihr Glück versucht hatten, und Kleinbetriebe mit Lohnarbeitern) mit größeren Schwierigkeiten konfrontiert waren.

Durch den Zusammenschluß in dem regionalen Tieflandindianerverband von Madre de Dios, der dem peruanischen Indianerverband angeschlossen ist, versuchten sie, ihren Forderungen nach unbeschränkten Nutzungsrechten in den von ihnen besiedelten Arealen Nachdruck zu verleihen. Die Goldwäscherei wurde von ihnen je nach Bedarf und Verfügbarkeit von Arbeitskraft weiter betrieben, jedoch ohne Einstellung von Lohnarbeitern, also fast bei "Nullkosten" für die eingesetzte Arbeitskraft der wirtschaftenden Einheit. Ihr Selbstwertgefühl erhielt in dieser Phase der Flaute Auftrieb, da sie sich ohne größere Einschränkungen und häufig besser als andere Gruppen auf die veränderte Situation einzustellen vermochten.

Die Mitglieder der saisonal migrierenden Hochlandindianer-Comunidades waren im Zeitraum 1981 bis 1984 durch Ernteausfälle nach Naturkatastrophen zunehmend strukturellen Problemen ihrer bäuerlichen Wirtschaft im Hochland ausgesetzt. Um das von ihnen benötigte monetäre Einkommen zum Ausgleich der Verluste aufzubringen, sahen sie sich gezwungen, die Dauer der saisonalen Arbeit in der Goldwäscherei auszudehnen. Gleichzeitig nahm die Rate der Selbstausbeutung ihrer Arbeitskraft im Rahmen der Familienwirtschaft und der kommunalen Aktivitäten zu.

Die gleiche Aussage trifft auch für kleine Selbständige zu, die nur dadurch weiterwirtschaften konnten, daß sie die Produktionskosten durch die Steigerung der Selbstversorgung senkten und ihre Arbeitskraft verstärkter Selbstausbeutung unterzogen.

Die pequeños mineros waren von der Stagnation des Goldpreises und den witterungsbedingten Arbeitsausfällen am stärksten betroffen. Auch in Madre de Dios waren die Witterungsbedingungen in den Jahren 1982, 1983 und 1984 besonders schwierig; durch eine Verlängerung der Regenzeit konnte erst um Monate verspätet mit der Goldwäscherei begonnen werden. Offiziellen Schätzungen und Eigenerhebungen zufolge gaben 1982 mehr als die Hälfte der pequeños mineros ihre Betriebe auf oder führten sie als reine Familienwirtschaften mit einem hohen Anteil an Subsistenzproduktion zur Senkung der monetären Kosten der Goldwäscherei weiter. Jedoch gelang dieser Wandel nur jenen Personen, die sich schon vor 1982 Bodenparzellen zur landwirtschaftlichen Nutzung sichern konnten, da die Verfügbarkeit von fruchtbaren Böden - sowieso schon begrenzt im tropischen Ökosystem - sich in den Jahren der Stagnation durch den "run" auf landwirtschaftliche Flächen weiter verengte. Die angestrebte Diversifizierung ihrer wirtschaftlichen Aktivitäten wurde zunehmend erschwert, da die Konkurrenz zum Beispiel im Handel und im Dienstleistungsgewerbe groß war und die Nachfrage durch Abwanderung und sinkende Einkommen zurückging.

Die medianos mineros reagierten abwartend mit Verkleinerung der Betriebsgröße und Verstärkung der Ausbeutung der Wanderarbeiter und konzentrierten sich auf die Sicherung und Vermehrung der von ihnen angehäuften Nutzungsrechte. Trotz ungünstiger Marktlage versuchten sie, mit Schürfrechten im

In- und Ausland zu spekulieren. Experimente mit teilmechanisierten Techniken der Goldextraktion wurden mit dem Ziel verfolgt, die Produktion durch Steigerung des Mengenumsatzes von ausgewaschenem goldhaltigem Material anzuheben, jedoch bisher ohne Erfolg. Gewinne verbuchten sie im Schwarzhandel mit Gold, als der staatlich monopolisierte Goldaufkauf zeitweise eingestellt wurde.

Wanderarbeiter waren wegen der ungünstigen wirtschaftlichen Entwicklung im Hochland weiterhin gezwungen, nach Madre de Dios zu migrieren. Sie mußten gegenüber dem Boom einen massiven Reallohnverlust hinnehmen. Dadurch war nicht nur der Lohn auf ein Drittel gekürzt, die laufenden Ausgaben, die sie wegen der Sparmaßnahmen der Unternehmen nicht senken konnten, beschnitten das transferierbare Einkommen oft auf eine geringe Restgröße. Auch im Hochland wirkte nicht mehr der Sog des Goldfiebers: Realistische Einschätzungen über die Ausbeutung der Arbeitskraft als peon und über die Vereinzelung im Urwald hatten sich durchgesetzt. So migrierten nur noch diejenigen, die trotz des Lohndrucks und der verschlechterten Arbeitsbedingungen nach der Dürre der Jahre 1982 und 1983 keine Alternative sahen, um das für die Erhaltung ihrer Subsistenzwirtschaft notwendige monetäre Einkommen zu erwirtschaften.

Zusammenfassend kann für den Zeitraum von 1981 bis 1984 festgestellt werden, daß jene Klein- und Mittelbetriebe, die sich ausschließlich auf die Goldwäscherei während des Booms spezialisiert hatten, die Produktion in Zeiten der Baisse aufgeben mußten und aus den Goldwäscherzonen abwanderten. Diversifizierung der Produktionsstruktur, Steigerung der Selbstversorgung zur Senkung der monetären Ausgaben, Lohndruck und Verschlechterung der Arbeitsbedingungen für die Wanderarbeiter wurden von den verbleibenden Betrieben zur Aufrechterhaltung der Goldextraktion eingesetzt. Goldwäscher mit Subsistenzproduktion reagierten mit Ausdehnung der landwirtschaftlichen Produktion zur Eigenversorgung und führten die Goldwäscherei durch teilweise Überausbeutung der Arbeitskraft der Familienwirtschaft weiter. Die reduzierte Nachfrage nach Gebrauchs- und Konsumgütern traf den Handel und das Dienstleistungsgewerbe, besonders in Pto. Maldonado, wo die ausgebauten Kapazitäten nicht mehr genutzt wurden, hart. Nur wenigen pequeños und medianos mineros gelang es, ihre Produktionslogik auf die Risiken der Goldextraktion abzustimmen: Nur jenen, die sich nicht "anstecken" ließen vom "Fieber" der Goldausbeute, das heißt den überzogenen Vorstellungen, in kurzer Zeit hohe Gewinne zu verzeichnen, und die daher nicht alle zur Verfügung stehenden Ressourcen auf die Goldausbeute konzentrierten, sondern auch in den Jahren des Booms verschiedenen wirtschaftlichen Aktivitäten nachgingen, gelang es letztlich, längerfristig von den Goldvorkommen in Madre de Dios zu profitieren. Sie nutzten den Goldboom als schnelle, kurzfristige Einkommensmöglichkeit und transferierten die Gewinne in Sektoren, die ihnen langfristig eine erhöhte Sicherheit boten.

13.3 Schlußfolgerungen

In der Untersuchung wurde versucht aufzuzeigen, in welcher Art und welchem Umfang sich die Weltmarktabhängigkeit vom Goldpreis auf die regionale Ökonomie des Departements Madre de Dios auswirkte. Die sich im Zeitraum 1976 bis 1984 artikulierenden regionalspezifischen Produktionsformen stellen eine ganze Skala von Mischformen zwischen kapitalistischen und nicht-kapitalistischen Produktionsformen dar, die miteinander verflochten sind. Die kapitalistische Produktionsform im Sinne des Vorherrschens von Lohnarbeit setzte sich als dominante Wirtschaftsform in der Region Madre de Dios nicht durch; lediglich in der Boomphase, als der hohe Goldpreis nicht nur die vollen Arbeitskosten abdeckte, sondern darüber hinaus hohe Profite und Lagerenten abwarf, waren die mittelgroßen, mit Lohnarbeit betriebenen Unternehmen zeitweise vorherrschend.

Die Ursachen für die Herausbildung der regionalspezifischen Produktionsformen und ihrer Verflechtungen sind in der spezifischen Faktorkombination zu suchen, die das Departement Madre de Dios charakterisieren; ihre wichtigsten Merkmale sind:
- die dezentrale Lage der natürlichen Ressourcen in mikroregionaler Differenzierung, wobei das Gold wegen des Mäandrierens der Flüsse über ein sehr großes Areal verteilt ist;
- die Labilität des tropischen Ökosystems, die einer längerfristigen intensiven Nutzung entgegensteht;
- die mangelhafte infrastrukturelle Erschließung;
- die hohe Effektivität handwerklicher Techniken der Goldgewinnung, während industrielle Abbaumethoden beim derzeitigen Goldpreisniveau nicht rentabel sind;
- die schwierige Kontrollmöglichkeit der Nutzungsrechte durch ihre Inhaber, die trotz rechtlicher Restriktionen den Boden für die unmittelbaren Produzenten faktisch verfügbar hält;
- die subjektive Ebene der Anziehungskraft des Goldes, deren spekulative und mystische Elemente rationale Kalküle bei einem Teil der Akteure dominieren.

Nach Ablauf von Goldboom und -baisse konsolidierte sich als Mischform die Subsistenzproduktion, gekoppelt mit der Erwirtschaftung eines monetären Einkommens durch die saisonale Goldwäscherei. Abhängig vom Grad der internen Differenzierung der verschiedenen Bevölkerungsgruppierungen und dem Erhalt tradierter Clan-, Dorfgemeinschafts- oder erweiterter Familienstrukturen stellte sich die Verbindung von Subsistenz- und marktorientierter Produktion unterschiedlich dar.

In Krisenzeiten zeigte sich die Flexibilität dieser Kombination, in der durch Anpassung an wechselnde Risiken und relativ schonenden Umgang mit den natürlichen Ressourcen die Befriedigung der Grundbedürfnisse gesichert werden kann. Die Erfahrungen aus Boom und Baisse verdeutlichen auch jenen Bevölkerungsgruppen, die nicht die Mischform betreiben, die Vorteilhaftigkeit der ihr immanenten Produktionslogik unter den spezifischen Konditionen des Wirtschaftsraums von Madre de Dios. Im 14. Kapitel soll die Bedeutung dieser Produktionsform noch einmal in verallgemeinernder Weise aufgenommen und das ihr immanente Entwicklungspotential diskutiert werden.

Klein- und Mittelbetriebe ohne nennenswerte landwirtschaftliche Eigenproduktion (pequeños mineros und ein Teil der medianos mineros) entwickelten ebenfalls mehrheitlich Produktionsformen mit nicht-kapitalistischen Elementen:
- die Familienwirtschaft als produktive Grundeinheit herrscht vor, wobei Sammelwirtschaft, Handel, Transport, sonstige Dienstleistungen, Bautätigkeiten, Vermietung und Verpachtung o.ä an die Stelle der Landwirtschaft neben die Goldwäscherei tritt;
- Lohnarbeiter werden von Fall zu Fall als Wanderarbeiter durch das System der "enganche" hinzugezogen;
- Formen der Arbeits- und Produktenrente sind weit verbreitet,
- und das soziale Gefüge wird von Klientelbeziehungen bestimmt.

Nur jene Produzenten, die Handel, Transport, Dienstleistungsgewerbe und Kapitalverleih in größerem Stil betreiben, nähern sich in ihrer Produktionslogik kapitalistischen Unternehmen (Handels- und Verleihkapitalismus).

Der Staat beeinflußte die Herausbildung der für Madre de Dios spezifischen Produktionsform nur geringfügig, da er mit Ausnahme der ersten Jahre der Velasco-Regierung (1968 bis 1974) nicht auf den produktiven Bereich - weder des Agrar- noch des Bergbausektors - einwirkte. Ebensowenig baute er die defizitäre Dienstleistungsstruktur für die durch die Sogwirkung des Goldbooms sprunghaft ansteigende Bevökerung aus. Die Funktion des Staates reduzierte sich auf das Einstreichen des Tributs aus der Goldwäscherei, indem er die Marge zwischen Aufkaufs- und Verkaufspreis abschöpfte und die Verfügungsgewalt über die durch den Goldverkauf erworbenen Devisen beanspruchte. Er ersetzte dadurch bestimmte Funktionen des Handelskapitals, indem er einen Teil der Rente aus der Goldgewinnung abschöpfte. Die staatlichen Kontrollfunktionen erstreckten sich daher vorrangig auf die Bekämpfung des Schwarzhandels mit Gold.

Nur die regionale Staatsbürokratie, die sich auf die Departementhauptstadt Pto. Maldonado konzentriert, partizipierte an Goldboom und -baisse: Korruption und Klientelbeziehungen ermöglichen den Staatsangestellten, sich individuell zu bereichern. Die wenigen staatlichen Dienstleistungen kamen bevorzugt der regionalen Elite zugute, da nur sie für geleistete Dienste "zahlen" kann.

Das politisch bevorzugte Thema und Aktionsfeld der Staatsbürokratie ist bis 1985 die angestrebte makroregionale Integration der angrenzenden Amazonasterritorien von Brasilien und Bolivien im Rahmen des Amazonaspaktes (Bolpebra, 1984/1985). Nennenswerte wirtschaftliche und soziale Impulse für die Region Madre de Dios löste die Integrationspolitik bisher nicht aus.

Wenige Großbetriebe haben in Madre de Dios die Verdrängung der Subsistenzproduzenten sowie der Klein- und Mittelbetriebe aus den Goldwäscherzonen für den Fall vorbereitet, daß der Goldpreis wieder auf eine Höhe ansteigt, zu welchem kapitalistische, vollmechanisierte Betriebe mit Lohnarbeit rentabel werden.

Als bisherige Gewinner des Zyklus von Goldboom und -baisse kann man jene bezeichnen, die die Gewinnchancen des Booms nutzten, um in andere wirtschaftliche Aktivitäten zu investieren. Dies betrifft zum einen die Selbständigen, Klein- und Mittelunternehmer, aber auch bis zu einem gewissen Grad die peones, die die Gewinne zur Verbesserung ihrer Subsistenzproduktion und zur Erweiterung ihrer marktbezogenen Produktion außerhalb des Goldes nutzten.

Als Verlierer des Goldzyklus müssen jene gelten, die andere wirtschaftliche Aktivitäten aufgaben und sich ausschließlich auf die Goldausbeute konzentrierten. Viele handelten nach Verhaltensmustern von "Süchtigen", sei es, daß sie zu hohe unternehmerische Risiken eingingen, sei es, daß sie - vereinzelt und entfremdet - ihre Gewinne noch in den Goldwäscherzentren verbrauchten und verspielten und nicht selten ihre Gesundheit ruinierten.

Bei der autochthonen Bevölkerung der Region, den Tieflandindianern, haben die Erfahrungen aus dem Goldzyklus die Subsistenzwirtschaft eher konsolidiert. Viele sind jedoch individuell abgewandert oder durch Alkoholmißbrauch, neue Krankheiten oder bei gewalttätigen Auseinandersetzungen umgekommen. Durch die Zuwanderung und die teilweise Marktabhängigkeit im Boom haben sie auch kollektiv Prozesse der Dekulturation und eine Einengung ihres Lebensraums erlitten, woduch ihr Überleben in kultureller Eigenständigkeit auf längere Sicht nachhaltig gefährdet ist.

Unter regionalwissenschaftlichen Kriterien betrachtet, hat der Goldboom in Madre de Dios eine Tendenz, die schon vor 1976 in der regionalen Entwicklung angelegt war, verstärkt:

Die regionale Arbeitsteilung wird im Laufe der ökonomischen Entwicklung vertieft, wobei der in der peripheren Region erzielte Wert dieser nur zu einem verschwindend geringen Anteil zugute kommt. Der rapide zunehmende Import von Produktions- und Konsumgütern wird in erster Linie von außerregionalen Handelskapitalien kontrolliert, die sich die in der Goldextraktion erzielten Erlöse in hohen Anteilen aneignen können. Die in der Goldausbeute erzielten Gewinne mittlerer Unternehmer werden zu großen Teilen außerhalb der Region reinvestiert. Die Gewinne der aus dem Hochland zugewanderten Selbständigen und Kleinunternehmer und die nach dem saisonalen Arbeitszyklus verbleibenden Löhne der Wanderarbeiter sind im wesentlichen ergänzendes monetäres Einkommen, das zur Aufrechterhaltung der Subsistenzwirtschaft im Hochland verwendet wird.

Im Sinne des letzten Arguments entwickelt sich Madre de Dios zunehmend von einer abgelegenen Region mit weitgehender Eigenversorgung zu einer Ergänzungsregion für das angrenzende andine Hochland innerhalb der Makroregion Peru-Süd. Während sich in der nationalen Wirtschaft durch das Vordringen der kommerziellen Landwirtschaft die Existenzbedingungen für die bäuerliche Wirtschaft im Hochland eher verschlechtern (Caballero 1984), wozu auch das Bevölkerungswachstum und die Überausbeutung der Ökosysteme beitragen, bietet der saisonale Arbeitsmarkt des Wirtschaftsraums Madre de Dios für die bäuerliche Bevölkerung einen gewissen Ausweg und eine begrenzte Chance, die Befriedigung der Grundbedürfnisse auf längere Sicht, wenn auch mit großen Entbehrungen, zu sichern.

Anmerkungen zu Kapitel 13

1) Der Begriff "Grenze" wird in der wissenschaftlichen Diskussion über Amazonien äußerst vielfältig verwandt. Anthropologen tendieren dazu, aufzuzeigen, daß das Amazonasgebiet durch eine dem tropischen Ökosystem angepaßte Besiedelung und Bewirtschaftung von Tieflandindianern erschlossen ist und die vorhandene menschliche Besiedelung z.B. in Peru eine lebende Grenze - "la frontera humana peruana" - gegen die Nachbarländer darstellt (Guallart 1981, Reggers 1984)

Ökonomen hingegen verstehen unter dem Begriff der "Grenze" oder "Pioniergrenze" die effektive Inwertsetzung von amazonischen Teilräumen für eine kapitalistische Entwicklung, d.h. die Erschließung von Gebieten für die nationale Gesellschaft, die von zugewanderten Kleinbauern - in Peru 'colones' genannt - oder von privaten oder staatlichen Betrieben getragen wird und die erschlossenen Räume an den (inter-)nationalen Markt anbindet. (Di Tella 1982, Moran 1981)

Im Kontext der vorliegenden Arbeit wird der Begriff der Pioniergrenze ökonomisch im Hinblick auf die Inwertsetzung der Goldlagerstätten verwandt.

14. Die Durchsetzung der Produktionsform des pequeño agrominero

Die Analyse der Entwicklung in Madre de Dios nach 1976 und insbesondere nach 1981 zeigt, daß in der Besiedlung und in der Ausdehnung der Nutzung der natürlichen Ressourcen eine bestimmte Produktionsform vorherrscht: Die Kombination der Goldausbeute mit landwirtschaftlicher Produktion, Fischfang und Jagd, die bevorzugt von kleinen Einheiten getragen wird: den pequeños agro-mineros.

Ihre Vorherrschaft ist nicht nur durch die Tradition der aus dem Hochland kommenden Siedler und Goldwäscher und durch die Saisonalität der einzelnen Tätigkeiten begründet. Vielmehr gewinnt diese Produktionsform ihr Gewicht durch die Flexibilität, mit der die Produzenten auf externe Faktoren, wie die Veränderungen der (Welt-) Marktpreise für extrahierte Produkte, reagieren können: Bei hohen Preisen wird die Arbeitskraft der Familienwirtschaft durch Lohnarbeiter erweitert; sinken dagegen die Preise, passen sich die pequenos agro-mineros durch den weitgehenden Rückzug in die Subsistenzwirtschaft an, die - in der Regel auf einem sehr prekären Niveau - ihr Überleben sichert. Schwindet die Hoffnung auf einen neuen Boom, wandert ein Teil der agro-mineros wieder ab, während sich bei denen, die bleiben, die diversifizierte Produktionsform stabilisiert.

Es ist davon auszugehen, daß die Persistenz dieser Produktionsform nicht auf Madre de Dios beschränkt ist. Seifengoldvorkommen, die aus den Quellgebieten der Cordillera stammen, sind in weiten Teilen Amazoniens verbreitet, sowohl in anderen peruanischen Departements[1] als auch in den anderen amazonischen Anrainerstaaten Bolivien und Brasilien.[2] In all diesen Gebieten hat der Goldboom zu einer verstärkten Besiedlung des Tieflands beigetragen. In Brasilien waren in der Goldwäscherei 1983 etwa 300.000 "garimpeiros" tätig (Figueiredo, 1984: 31); im Zeitraum 1979 bis 1983 extrahierten sie ca. 80 % des in Brasilien geförderten Goldes, wobei die handwerklichen Techniken vorherrschten.[3] Die garimpeiros kommen in erster Linie aus der ländlichen Bevölkerung, sind - wie die Migranten in Madre de Dios - oft verarmte Kleinbauern oder Landlose, die ihre Heimatregion verlassen haben (Albuquerque et.al., 1984).

Die Charakteristika dieser Bevölkerungsgruppen, ihre Möglichkeiten zur Nutzung der natürlichen Ressourcen und ihre Abhängigkeit von externen Faktoren, wie der Entwicklung des Goldpreises, weisen viele Parallelen zu den Goldwäschern von Madre de Dios auf, so daß die Vermutung nahe liegt, daß sich dort ähnliche Produktionsformen wie in der Untersuchungsregion ausbilden.

Bezieht man generalisierend andere extraktive Tätigkeiten wie die Sammelwirtschaft von Kautschuk und Paranüssen oder die Diamantengewinnung mit ein, erweitert sich das Spektrum der Vergleichsmöglichkeiten: Die Linie kann bis zu den im brasilianischen Amazonasgebiet siedelnden Kleinbauern, den caboclos, gezogen werden, deren Produktionsform gleiche Charakteristika aufweist wie die der peruanischen Goldwäscher. Die caboclo-Ökonomie hat ihren Ursprung in der Besiedelung des Tieflandes durch Zuwanderer im Kautschukboom; ihre Produktionsform gewann eine hohe Stabilität, wenn sie auch eine relativ niedrige Stufe der Existenzsicherung nicht überschreiten konnte.

Ein wichtiges Merkmal dieser Produktionsform ist ihre Einpassung in die ökologischen Bedingungen des tropischen Biotops. Wenn die Siedler auch von den Tiefland-Ethnien eine in der historischen Genese verfestigte Schranke trennt, nähern sich beide Gruppen in der Nutzung der natürlichen Ressourcen einander an: Die Tieflandindianer übernehmen extraktive Tätigkeiten und stellen so eine Verbindung ihrer Wirtschaft zum regionalen und nationalen Markt her; die Siedler nutzen

Techniken der landwirtschaftlichen Produktion, die denen der Tieflandindianer umso ähnlicher werden, je länger sie im Regenwald leben. Dünne Besiedlung, disperse Siedlungsweise und periodische Verlagerung der landwirtschaftlich genutzten Flächen sind bei den nährstoffarmen Böden Voraussetzung für eine ressourcenschonende Nutzung. Diese Produktionstechniken und die Extraktion weniger, relativ hochwertiger Güter in dem handwerklichen Verfahren angemessenen Umfang stellen für das tropische Ökosystem keine die Regenerationsfähigkeit in Frage stellende Belastung dar.

"The indio and caboclo only are one more mash to the network of the forest ecosystem, but they do not break it." (Sioli, 1984: 677).

Für die landwirtschaftliche und extraktive Tätigkeiten in familienwirtschaftlicher Organisation verbindende Produktionsform bietet das Amazonastiefland eine Entwicklungsperspektive, die über eine kurzfristige, zerstörende Nutzung der natürlichen Ressourcen hinausgeht. Durch den Zwang zur dispersen Siedlungsweise, den Flächenbedarf je wirtschaftender Einheit und die hohen Erschließungskosten ist das Potential jedoch eng begrenzt.

Angesichts der Pauperisierung der kleinbäuerlichen Bevölkerung und des Abwanderungsdrucks aus peripheren Regionen ist dieses Potential auch noch in seiner Begrenzung sozial- und wirtschaftspolitisch von hoher Bedeutung.

Die Untersuchung über die Entwicklung der Region Madre de Dios hat gezeigt, daß die agro-mineros in der Baisse mit großen Schwierigkeiten zu kämpfen hatten: Da die im Tiefland aufgebaute Subsistenzwirtschaft bei vielen die Grundbedürfnisse nicht decken konnte, waren sie gezwungen, trotz des Risikos, daß die sinkenden Erträge die Grenzkosten unterschreiten, weiter die Goldwäscherei zu betreiben. Auch die Ökonomie der caboclos sichert das Überleben nur auf der untersten Stufe des Existenzminimums.

"Coevolution, of course, need not take a course favorable to man. Interaction may equilibrate at a low level of economic well-being as occours in a general process of caboclozation in the Amazon."
(Norgaard, 1981: 240)

Die reale Persistenz der Produktionsform ist daher auch vor dem Hintergrund zu sehen, daß den Produzenten Alternativen der Ansiedlung und des Wirtschaftens, die höheres oder sichereres Einkommen bieten, nicht zugänglich sind.

Diese Begrenzung ist nicht der Produktionsform selbst geschuldet. Der zentrale limitierende Faktor ist der Zugang zur Bodenressource, sowohl für landwirtschaftliche wie für extraktive Nutzungen. Die Flächen, die den peruanischen agro-mineros und den brasilianischen caboclos zur Bewirtschaftung zur Verfügung stehen, sind wegen der Bevölkerungsstruktur in der Regel zu klein. Sie wurden daher so intensiv genutzt, daß die Regeneration der natürlichen Ressourcen nicht mehr sichergestellt ist; mit jedem Nutzungszyklus sinken die Erträge. Und die Nutzung der Gebiete ist rechtlich und faktisch nicht abgesichert. Die Vertreibung ist eine ständige Bedrohung, wodurch den Produzenten erschwert wird, die wirtschaftliche Nutzung dem eigenen Bedarf und der Aufnahmefähigkeit des Marktes entsprechend zu gestalten.

Hinzu kommt, daß der Marktwert der Produkte zum großen Teil vom Handel abgeschöpft wird und der Produzent zum ungleichen Tausch seiner Produkte gegen Produktions- und Konsumgüter gezwungen ist.

Am Beispiel der agro-mineros von Madre de Dios kann gezeigt werden, daß aus der Sicht der Betroffenen das Amazonastiefland durchaus ein Entwicklungspotential darstellt. Die Vorstellungen, die sie nach den Erfahrungen mit Goldboom und -baisse über die Entwicklungsmöglichkeiten ihrer Produktions- und Reproduktionsbedingungen in Madre de Dios entwickelt haben, konzentrieren sich auf wenige strukturelle Bedingungen:

Ressourcenzugang, Ressourcenschonung, Rechtssicherheit, flankierende Infrastruktur und flankierende Dienstleistungen des Staates. Folgende gesellschaftliche Gruppierungen entwickelten am klarsten ihre Vorstellungen über die von ihnen angestrebte "bessere Ordnung" in Madre de Dios: (1) pequeños mineros, (2) Tieflandindianer und (3) Wanderarbeiter.

(1) Pequeños mineros
Die pequeños mineros sehen das Entwicklungspotential von Madre de Dios in erster Linie in den Seifengoldlagerstätten der Region begründet. Ihr bereits mehrfach erwähnter Gegenentwurf zum 1978 in Kraft getretenen "Gesetz zur Goldförderung", D.L. No. 22 178 (Anhang 6), der von einem Zusammenschluß von pequeños mineros und kleinen Selbständigen noch während des Booms 1980 erarbeitet wurde, greift die wesentlichen Aspekte, die ihren Entwicklungsvorstellungen zugrunde liegen, auf. Im Zentrum der Forderungen stehen Ressourcenzugang und Rechtsicherheit der in Madre de Dios lebenden und arbeitenden Bevölkerung. Der Zugang zum Boden soll gesetzlich neu geregelt werden: Der Staat als Eigentümer soll nur demjenigen den Boden zur Nutzung für den Zeitraum überlassen, der ihn bearbeitet, begrenzt auf den Zeitraum der aktiven Nutzung. Damit soll erreicht werden, daß die Ressourcen dem Arbeitskraftbesitzer solange unterstehen, wie er mit dem Boden als "tierra de trabajo" umgeht. Die vom Staat nach bisher gültigen Rechtsvorschriften vergebenen Nutzungsrechte sollen verfallen (Artikel 6, 7). Die Spekulation mit Konzessionen soll dadurch verhindert werden, daß die Verfügung über Boden als "tierra de negocio" verboten ist. Die Konzessionsvergabe an die Bearbeiter des Bodens soll weitgehend kollektiv erfolgen (Artikel 24). Zu diesem Zweck soll die goldwaschende Bevölkerung je nach ihrer ethnischen und sozialen Zugehörigkeit in Communidades Nativas, Subkomitees und Komitees, die der Asociación de Mineros Auríferos del Departamento de Madre de Dios angeschlossen sind, organisiert werden (Artikel 6). Nur im Uferbereich sollen individuell Nutzungstitel vergeben wer-

den, die auf eine Länge von maximal 1.000 m des Flußverlaufs begrenzt sind (Artikel 42). Für private und staatliche Betriebe nationaler und ausländischer Provenienz soll der Zugang drastisch begrenzt werden: Ihnen sollen nur noch Nutzungsrechte bis zu 3.000 ha zustehen, und zwar nur in den unter dem Grundwasser liegenden goldhaltigen Schichten (Artikel 13, 25). Die leichter mit handwerklichen Techniken zugänglichen oberen Bodenschichten sollen ausschließlich den pequenos mineros vorbehalten bleiben.

Die Sicherung des Zugangs zu den Goldressourcen ermöglicht, den Vorstellungen der Goldwäscher zufolge, die Intensivierung der Goldextraktion mit handwerklichen Techniken. Dadurch, daß die oberen Bodenschichten nicht von Unternehmen mit höherer Technologie bearbeitet werden dürfen, soll die begrenzte Regenerierungsfähigkeit der Goldseifen im Uferbereich erhalten und das Potential für die pequeños mineros gesichert werden.

Als flankierende Maßnahmen zur Goldwäscherei fordern sie vom Staat die Unterstützung mit Ausbildungs- und Kreditprogrammen, die Installation von Laboratorien in den Goldwäscherzentren, Verleiheinrichtungen für Explorationsgeräte sowie technische und finanzielle Unterstützung der Kooperativen (Artikel 19, 20).

Allen Unternehmen, sowohl Kooperativen wie privaten und staatlichen Firmen, soll die Auflage gemacht werden, die Befriedigung der Grundbedürfnisse durch ausreichende Verpflegung, Gesundheitsversorgung und die Ausbildung der Arbeitskräfte sicherzustellen.

Schulen für die Primarerziehung und für die Alphabetisierung Erwachsener sollen aus eigenen Mitteln der Kooperativen in den Goldwäscherzentren errichtet und in Zusammenarbeit mit den zuständigen Ämtern unterhalten werden (Artikel 31-35).

Die Einhaltung der Arbeitsgesetze und der Abschluß von Sozial- und Krankenversicherungen wird für alle arbeitenden Goldwäschereinheiten zum verbindlichen Grundsatz erklärt (Artikel 32).

Für grundlegende Produktionsmittel der Goldwäscherei, wie Treibstoff und Quecksilber, sollen die hohen Handelsspannen dadurch ausgeschaltet werden, daß die Asociación de los Mineros Auríferos del Departamento de Madre de Dios selbst die Verteilung dieser Produkte an ihre Mitglieder übernimmt (Artikel 36, 38).

Die Versorgung der Goldwäscherzentren mit Lebensmitteln und Produktionsmitteln soll zusätzlich durch Verkaufsgenossenschaften der Asociación geregelt werden (Artikel 37).

Die öffentliche Ordnung soll durch ein Verbot von Alkohol in den Arbeitszentren und die Einsetzung "kompetenter Autoritäten" in Zusammenarbeit mit den staatlichen Instanzen verbessert werden (Artikel 40, 41).

Dieses in Boomzeiten entwickelte Konzept wurde nach der Erfahrung der Jahre der Baisse und Stagnation durch die Forderung erweitert, zusätzlich zur Goldwäscherei auch landwirtschaftliche Tätigkeiten gesetzlich abzusichern. Da das Agrarministerium seit 1980 in Goldwäscherzonen keine landwirtschaftliche Nutzungsrechte vergab[4], befürchteten all jene, die Felder zur Selbstversorgung angelegt hatten, daß sie das bestellte Land durch Bergbaukonzession verlieren könnten. Deshalb wurde eine Erweiterung und Sicherung der Bodenrechte für landwirtschaftliche Zwecke gefordert.

Die Entwicklungsvorstellungen von Siedlern und kleinen Selbständigen, die sich selbst noch als pequeños mineros bezeichnen, von ihrer Produktionsform durch Baisse und Stagnation aber zu agro-mineros geworden sind, münden in einer arbeits-

orientierten Wirtschaftsverfassung, die auf eine Zukunft in
Madre de Dios ausgerichtet ist. Das Departement ist für viele von ihnen zum Lebensraum geworden, da sich in ihren Herkunftsregionen im Hochland die Möglichkeiten zum Überleben
weiter verschlechtern. Der Wirtschaftsraum Madre de Dios
bietet für sie eine Lebensalternative, die sie als stärkste
Gruppe der ökonomisch aktiven Bevölkerung, die den höchsten
Anteil am Bruttoinlandsprodukt des Departements erwirtschaftet (Anhang 1 Tabellen 5, 15), zu ihren Gunsten ausbauen
wollen. In ihren Vorstellungen erweitern sie den wirtschaftlichen Spielraum durch die Ausgrenzung der für die Entfaltung
ihrer Produktionsform negativen Faktoren. Bei dem Versuch,
ihren Lebensraum abzusichern und auszudehen, tendieren sie
dazu, eine "Empfangsstruktur" für Lohnarbeiter für den von
ihnen erhofften kommenden Goldboom vorzubereiten. Bei hohem
Goldpreis oder einer Krise im Hochland stellen sie den Sektor der regionalen Ökonomie dar, der die höchste Absorptions-
fähigkeit für Lohnarbeiter aufweist.

(2) Tieflandindianer
Die in den Goldwäscherzonen lebenden Tieflandindianer arti-
kulierten ihre Vorstellungen über die Entwicklung der Region
vor Vertretern des öffentlichen Lebens auf dem 2. Kongreß
der FENAMAD vom 26.-29.8.1982 und in einigen Veröffentlichungen, die von AIDESEP herausgegeben wurden. Zentrales Thema
ist für sie die Sicherung ihres Lebensraums gegen zugewanderte pequeños mineros, kleine Selbständige, private und
staatliche Unternehmen.

Sie fordern die Sicherung eines Lebensraums, der ihre tradierten wirtschaftlichen Nutzungsformen ermöglicht; sie beziehen sich dabei auf das schon ausgeführte Gesetz D.L.
20 653 der "Tieflandindianergemeinden und landwirtschaftlicher Entwicklung in der Region des Urwaldes und Höhenurwaldes", das die Vergabe kollektiver Bodenbesitztitel, die Anerkennung der Comunidades Nativas als juristische Körper-

schaften und die Zusicherung eines großzügigen Lebensraumes
vorsieht. Sie fordern die sofortige Umsetzung des Gesetzes,
die Annullierung von Konzessionsrechten jeglicher Art der
nicht-indianischen Bevölkerung in einem weitläufigen Territorium, in dem verschiedene Comunidades Nativas leben können
(Pto. Luz, San José del Karene, Barranco Chico, Boca del Colorado). Die autonome Bewirtschaftung dieses Territoriums
ist Voraussetzung dafür, daß sie ihre kulturellen Traditionen aufrechterhalten und als Volk überleben können. Sie fordern deshalb die Abkehr der regionalen und lokalen Bürokratie von der Mißachtung der Rechte der Tieflandindianer[5]
und einen effektiven Schutz vor Übergriffen privater und
staatlicher Unternehmen und vor invadierenden pequeños mineros und kleinen Selbständigen.

Die Tieflandindianer kämpfen gegen die Diskriminierung als
unterste gesellschaftliche Gruppe und fordern ein Mitbestimmungsmodell, in dem sie ihre Interessen wirkungsvoll vertreten können. Da sie zum Teil im Umgang mit der Bürokratie
noch wenig Erfahrung gesammelt haben, ziehen sie es vor, ihre Verhandlungsposition zumindest für einen Überbrückungszeitraum durch Verbündete zu verbessern.[6] In Madre de
Dios arbeiten sie bisher mit engagierten Anthropologen und
einigen wenigen, mit der Problematik der Tieflandindianer
vertrauten Personen zusammen, die sich für die Einhaltung
der Rechte der autochthonen Bevölkerung einsetzen.[7] Die
Tieflandindianer fordern von der dominanten nationalen Gesellschaft die aktive Gestaltung eines multiethnischen
Staatswesens, in dem den Minderheiten Raum für ihre Emanzipation und die Beibehaltung ihrer kulturellen Identität gegeben wird.

(3) Wanderarbeiter
Die in der Goldwäscherei arbeitenden Wanderarbeiter sind
aufgrund ihrer objektiven Situation in Madre de Dios, wo dafür jede Organisationsstruktur fehlt, in der Regel nicht in

der Lage, ihre Entwicklungsvorstellungen am Arbeitsort im Urwald zu artikulieren. Nach der Rückkehr in ihre Herkunftsregionen schlagen sich ihre Erfahrungen mit den miserablen Arbeitsverhältnissen in Forderungen nieder, die im folgenden anhand einer Publikation der Menschenrechtsorganisation von Sicuani, die sich mit der Situation der nach Madre de Dios migrierten Wanderarbeiter auseinandersetzte, illustriert werden soll (CODEH-PA, 1983).

Für die Wanderarbeiter aus den angrenzenden Hochlanddepartements ist das Departement Madre de Dios zu einer wichtigen Ergänzungsregion geworden. Die saisonale Arbeitsmigration ist für sie ein unverzichtbarer Bestandteil ihrer Ökonomie. Ihre Zielvorstellungen richten sich deshalb vor allem auf die Verbesserung der Arbeitsbedingungen und die Einkommenssicherung im Tiefland und auf einen für die Economía Campesina produktiven Einsatz des erwirtschafteten Einkommens.

Zentrales Thema ist die Einhaltung der Arbeitsverträge, der Abschluß von Sozial- und Krankenversicherungen, das heißt der Ausbau und eine effiziente Kontrolle des Arbeitsrechtsschutzes. Diese Aufgabe sollen staatliche und nichtstaatliche Organisationen, wie zum Beispiel die Kirche, übernehmen und den Wanderarbeitern kostenlosen Rechtsbeistand in Arbeitskonflikten anbieten.

Innerhalb der Communidades Campesinas soll nach Möglichkeiten gesucht werden, die Migranten in Gruppen zu organisieren, die sich gemeinsam in der Lohnarbeit verdingen, oder, falls ausreichende Geldmittel aufgebracht werden können, als selbständige Goldwäscherkollektive zu arbeiten. Die ökonomische und soziale Organisation der Communidad Campesina soll im Tiefland übernommen werden. Sie schließen sich den Forderungen der pequeños mineros nach freiem Zugang zu den Ressourcen und Rechtssicherheit an und fordern auch die Wahrung der Rechte der Tieflandindianer.

Von staatlichen und nichtstaatlichen Organisationen fordern sie als flankierende Maßnahmen Ausbildungs- und Vorbereitungsprogramme im Hochland wie im Tiefland, die ihre Arbeit als Goldwäscher begleiten. Von einer verbesserten Ausbildung, die die Anforderungen ihrer Arbeitsmigration einbezieht, versprechen sie sich sowohl eine Erhöhung ihrer Arbeitsproduktivität wie eine leichtere Anpassung an die Verhältnisse des tropischen Regenwaldes.[8]

Zur Verbesserung ihres Einkommens fordern sie, daß die Minenbank ihre Handelsspanne gegenüber dem Weltmarktpreis reduziert und daß die Preise des regionalen Einzelhandels kontrolliert werden.

Das von ihnen erarbeitete monetäre Einkommen soll nicht nur individuell angeeignet werden, sondern auch der Entwicklung von Gemeinschaftseinrichtungen ihrer Communidad Campesina zugute kommen, um mittelfristig zum Beispiel durch Pflege des Bewässerungssystems die Economía Campesina im Hochland zu stärken. Siedeln sich die Migranten im Tiefland an, soll das Geld für die Organisation der Kolonisation nach kommunaler Tradition ausgegeben werden. In jedem Fall soll sichergestellt werden, daß die Mittel im produktiven Bereich investiert werden.[9]

Die Menschenrechtskommission und ihre regionalen Komitees werden als Vertreterorganisation ihrer Interessen vorgeschlagen. Sie verfügen aufgrund ihrer Verbindungen zur katholischen Kirche über eine Vielzahl von Einrichtungen (Radiostationen, Rechtsbüros, Druckereien), Erfahrungen und politische Anerkennung in der peruanischen Gesellschaft, um mit ausreichendem Nachdruck die Interessen und Rechte der Wanderarbeiter zu vertreten.[10]

In den vorgestellten Gruppen sind die Entwicklungsvorstellungen und daraus abgeleiteten Entwicklungsvorschläge jeweils zu den Themen Ressourcenzugang und Rechtsschutz am weitesten entwickelt. Das Ziel der Ressourcenschonung wird bisher nur von den Tieflandindianern artikuliert. Die Bevölkerungszunahme seit 1976 und unangepaßte Fisch- und Jagdtechniken führten schon bis 1983 zu einem merklichen Rückgang der Vielfalt der Tierwelt. Da Fischfang und Jagd für die Tieflandindianer lebensnotwendige Proteinquellen sind - sie ziehen im Gegensatz zu anderen Bevölkerungsgruppen das "carne del monte" (Wildbret) dem Fleisch gezüchteter Tiere vor -, sind sie am stärksten von der Überwirtschaftung der Fauna betroffen.

Die ökologischen Folgen der Goldwäscherei werden von den anderen Gruppen bisher nicht oder kaum wahrgenommen: weder die Risiken im Umgang mit Quecksilber bei der Goldaufbereitung noch die Zerstörung der fruchtbaren Schwemmlandböden durch die Erdbewegungen des Goldwaschens erwecken ihre Aufmerksamkeit. Daß der Goldabbau in großem Umfang die Reserven erschöpft und sich Goldseifen nur begrenzt regenerieren, ist eine Erkenntnis der Boomjahre, die nach der Intensivierung der Goldwäscherei zum Grundwissen der Goldwäscher gehört; berücksichtigt wurde es bisher aber nur im Gegen-Gesetzentwurf der pequeños mineros in der Beschränkung der Tätigkeit von Mittel- und Großbetrieben.

Die bei allen Gruppen entwickelten Vorstellungen über Ausbau der Infrastruktur und Dienstleistungen in den Goldwäscherzonen sind Ausdruck der defizitären und - wenn vorhanden - nicht an die bestehenden Bedürfnisse angepaßten Einrichtungen.

Als wertschöpfende Produzenten beklagen sie den Umstand, daß die bisherige staatlich-zentralistische Politik Investitionen nur einem sehr begrenzten Personenkreis, der der lokalen und regionalen Elite angehört, zugute kommen ließ und daß sie räumlich auf die Verwaltungshauptstadt Pto. Maldonado konzentriert waren.[11] Ihrer Meinung nach gelang es der lokalen Elite im Zusammenspiel mit zugereisten Händlern und staatlichen Funktionären in den wenigen Jahren des Booms, den von ihnen produzierten Reichtum abzuschöpfen und in Pto. Maldonado einen privaten Dienstleistungssektor aufzuschwemmen, der von der staatlichen Insuffizienz profitierte.

Die Vorstellungen der Betroffenen über Entwicklungsmöglichkeiten der Produktionsform des pequeño agro-minero ähneln in ihren Grundzügen einem sozial- und wirtschaftspolitischen Experiment der Velasco-Regierung, das 1971 in Madre de Dios begann und 1973 auf politischen Druck hin beendet wurde: die Bildung einer Kooperative von "agro-mineros" mit 45 Migranten aus der Sierra. Die Minenbank unterstützte das Projekt durch die Bereitstellung von Boden und Krediten. Jeder Arbeiter erhielt eine Parzelle von 3 ha goldhöffigen Flußuferbodens zur individuellen Ausbeute zugeteilt. Durch eine großzügige Kreditvergabe der Minenbank wurde das Startkapital für die Goldwäscherei bereitgestellt. In dem an die Uferparzellen angrenzenden Hinterland wurden die zur Selbstversorgung in dieser Region geeigneten landwirtschaftlichen Produkte angebaut wie Bananen, Bohnen, Yuca und Fruchtbäume. Zwei Kooperativen dieses Typs wurden entwickelt, doch wurde das Experiment abgebrochen, noch ehe sie sich stabilisieren konnten.[12]

Aus den wenigen Dokumenten dieser Zeit - im wesentlichen einigen in Cusco erschienenen Zeitungsaufsätzen und Interviews mit Zeitgenossen - geht hervor, daß der Wunsch nach Zusammenschluß dieser agro-mineros zu Genossenschaften in breiten Kreisen diskutiert wurde und schon damals einem Bedürfnis der mittellosen Bevölkerung des Hochlands entsprach, die sich zur Migration entschloß oder abgewandert war.

Der Spielraum für die Entfaltungsmöglichkeiten der Produktionsform des pequeño agro-minero wird durch zwei Grenzen definiert, die von den Entwicklungsvorstellungen der Betroffenen auch zum Ausdruck gebracht werden: Die untere Grenze wird durch den rechtlich abgesicherten Zugang zur Ressource Boden, und zwar sowohl für die landwirtschaftliche wie für die extraktive Nutzung, definiert. Die Beispiele der brasilianischen caboclos und vieler peruanischer agro-mineros zeigen, daß sich ihre spezifische Produktionsform auch unterhalb dieser Grenze durchsetzt. Doch ist in diesem Fall ihre Persistenz eine Folge der Not: Die Überlebensökonomie, das heißt die Befriedigung der Grundbedürfnisse, bleibt prekär, und es gehen keine Impulse für die Entwicklung der regionalen Ökonomie von ihr aus. Erst mit dem Überschreiten der unteren Grenze kann von einem eigenständigen Entwicklungspotential gesprochen werden.

Die obere Grenze, bei deren Überschreitung die Produktionsform der agro-mineros gefährdet wird, ist durch einen sprunghaften Anstieg der Bodenrente als Folge eines hohen Goldpreises definiert. Wird sie überschritten, so kann der agro-minero die landwirtschaftliche Produktion reduzieren oder sogar aufgeben, um sich ausschließlich der Goldextraktion zu widmen. Der pequeño agro-minero wird jedoch nicht in der Lage sein, seinen Betrieb zum kapitalistisch organisierten, mechanisierten Mittelbetrieb auszuweiten, da der technologische Sprung seine Kenntnisse, der Kapitalbedarf seine Akkumulationsmöglichkeiten weit überschreitet. Allerdings kann - wie einige Fälle in den Boomjahren bereits gezeigt haben - die mit hohen Bodenrenten stets einhergehende Spekulation auch die Einstellung des agro-minero zum Boden verändern, indem er ihn nicht nur als "tierra de trabajo", sondern auch als "tierra de negocio" bearbeitet oder zu spekulativen Zwecken nutzt.

Beim Überschreiten der oberen Grenze wird die Produktionsform der agro-mineros durch die Verlagerung der Produktionsschwerpunkte eine Veränderung erfahren, ohne daß die Kombination verschiedener wirtschaftlicher Aktivitäten als ihr grundsätzliches Merkmal aufgegeben werden muß. Die Existenz des agro-minero ist jedoch durch das Eindringen von Großunternehmen bedroht. Auch wenn eine großtechnologische Erschließung der Goldlagerstätten wegen der naturräumlichen Faktorausstattung extrem teuer und auch wegen der ökologischen Folgen und der geringen Beschäftigungseffekte gesamtwirtschaftlich nicht lohnend erscheint, muß doch davon ausgegangen werden, daß das interessierte Kapital staatliche Subventionen durchsetzt, die den großtechnologischen Goldabbau betriebswirtschaftlich rechtfertigen.

Daraus wird erkennbar, daß die Höhe der Grenze, bei deren Überschreitung eine langfristig ökologisch verträgliche und arbeitsmarktpolitisch zweckmäßige Ressourcennutzung nachhaltig gefährdet wird, durch die staatliche Bodenordnung und Wirtschaftspolitik in entscheidendem Maße beeinflußt wird.

Die Erfahrungen der Betroffenen im Boom und ihre eigenen Entwicklungsvorstellungen haben deutlich gemacht, daß die Bewirtschaftung der Goldlagerstätten durch den agro-minero auch bei einem höheren Goldpreis aufrechterhalten werden kann: Spezialisierung und Arbeitsteilung nehmen zwar zu, ebenso wie die Anbindung der regionalen Wirtschaft an die nationale und globale Ökonomie, jedoch können kulturspezifische Produktionsformen von Hoch- und Tieflandindianern in unterschiedlichem Grade aufrechterhalten werden und neue Verflechtungen zwischen der dominant kapitalistischen und den kulturspezifischen Produktionsformen hervorbringen.

Madre de Dios stellt für die Tieflandindianer und Siedler den Lebensraum, für die Kleinbauern des Hochlands einen Ergänzungsraum von existentieller Bedeutung dar. Für diese Bevölkerung liegen die Chancen der Region in dem Konzept der "Entwicklung von unten"[13], das von den Tieflandindianern und den kleinen Goldwäschern vorgestellt und hier dokumentiert und kommentiert worden ist. Das Konzept ist nicht nur unter sozialpolitischen Zielsetzungen zu sehen. Unter den gegebenen ökologischen, technischen und gesamtwirtschaftlichen Rahmenbedingungen erscheint es auch volkswirtschaftlich rational, im Amazonasgebiet innerhalb eines dominant kapitalistischen Systems die Entwicklung einer nicht durchkapitalisierten Produktionsform zu fördern. Zur staatlichen Politik steht dieses Konzept noch in diametralem Gegensatz. Bleibt zu hoffen, daß die Fiskalkrise der Amazonasstaaten die kapitalistische Erschließung Amazoniens, die bisher nur mit hohen staatlichen Leistungen für Subventionen und Infrastruktur möglich war, verhindert und somit den Spielraum für die Realisierung der Entwicklung von unten erweitert und die Chance zum Überleben für Tiefland- und Hochlandindianer als pequeños agro-mineros vergrößert.

Anmerkungen zu Kapitel 14

1) In folgenden peruanischen Departements vollzieht sich die Seifengoldgewinnung ähnlich wie in der Untersuchungsregion: Ancash, Apurímac, Libertad, San Martín, Puno und Cusco.

2) Vgl. hierzu die Arbeit von Moncada (1979) über die Goldwäscher im kolumbianischen Chocó, die unveröffentlichte Studie der Bundesanstalt für Geowissenschaften und Rohstoffe über die Goldseifen in Tuichi/Bolivien (1979) und die umfassende aktuelle Arbeit verschiedener Autoren über die Goldwäscher Brasiliens (Albuquerque et al., 1984).

3) Die brasilianische Goldproduktion betrug 1976 5 t, 1983 48 t (Figueiredo, 1984: 56 und 74).

4) Aufgrund der bisherigen Gesetzgebung wurden alle Anträge auf landwirtschaftliche Nutzungsrechte in den Goldwäscherzonen vom Agrarministerium abgelehnt. Auf Anfrage beim Direktor der Filiale des Agrarministeriums in Pto. Maldonado 1983 hatte die Zentrale in Lima die Anweisung erteilt, in goldhöffigen Arealen die Vergabe von land- oder forstwirtschaftlichen Nutzungstiteln einzustellen. Begründet wurde diese Entscheidung mit der gesetzlich verankerten Priorität der Extraktion von Bodenschätzen.

5) In der Praxis werden nicht nur Nutzungstitel für die Goldextraktion in Gebieten vergeben, die Communidades Nativas rechtsgültig zuerkannt worden sind. Auch bei illegalen Übergriffen werden die Okkupanten, wenn sie entsprechende Geldmittel einsetzen, von den Behörden gegen die Tieflandindianer in Schutz genommen.

6) Stöhr bezeichnet solche Verbündete in Anlehnung an Hague und Monlik als 'link cadres' oder 'independent volunteer cadres' (Stöhr, 1981: 67).

7) Wirkungsvolle Maßnahmen, um die Einhaltung der Rechte der autochthonen Bevölkerung zu fordern, waren Öffentlichkeitskampagnen auf nationalem und internationalem Niveau. Als der peruanische Staat mit seinem Staatsbetrieb CENTROMIN auf Indianergebiete übergriff oder 1978 die City Service Company 300.000 ha auch in Gebieten von Comunidades Nativas konzessionierte, griff die Kommission des Russell-Tribunals und die nationale und internationale Presse das Thema auf. Promotor dieser Aktionen war der Anthropologe Thomas Moore.

8) In zwei als Comics hergestellten Arbeitsbänden veröffentlichte das Centro de Investigación y Promoción Ama-

zonica (CIPA) 1984 Unterrichtsmaterial für Arbeitsmigranten, die aus dem Hochland ins Tiefland migrieren. Ein Band "Aprendiendo a conocer los problemas ecológicos y el manejo de las tierras en ceja de selva" versucht, die Probleme des tropischen Ökosystems und seiner wirtschaftlichen Nutzung dem Zuwanderer zu erklären, ein anderer "Colonización: El encuentro de dos culturas" thematisiert das Zusammentreffen der zwei Kulturen von Tiefland- und Hochlandindianern. Das didaktisch gut aufbereitete Material soll dazu beitragen, daß die Hochlandindianer ein besseres Verständnis von den Tieflandindianern gewinnen und von ihnen lernen (vgl. auch die von CODEH-PA 1983 herausgegebene populäre Version von "La selva y su ley" im Anhang 7).

9) Die miserablen Arbeitsbedingungen wie die Vereinzelung des comunero als peón im Urwald führen dazu, daß viele einen Großteil ihres Lohnes noch im Tiefland für Alkohol, Prostitution oder für technische Luxusgüter wie Radios und Kassettenrekorder ausgeben, was sie selbst als Problem einschätzen.

10) 1983 wurde der Vertreter der Menschenrechtskommission von Cusco zum Bürgermeister der Stadt gewählt.

11) Laut gesetzlicher Regelung, dem 'canon del oro', sollen 3 % des von der staatlichen Minenbank ermittelten Goldaufkaufpreises in die Region, in der produziert wurde, zurückfließen. Dies geschah bis 1983 nicht. Die Finanzsumme war zwar laut Aussage des Direktors der Minenbank in Pto. Maldonado eingezogen und an die Staatsbank, Banco de la Nación, weitergeleitet worden, jedoch erhielten weder die Bürgermeisterei noch CORDEMAD trotz mehrmaliger Anfragen Gelder aus diesem Fonds zugewiesen (zu dieser Problematik vgl. auch Gonzales de Olarte, 1982: 23-26; in: Actualidad Económica, Nr. 53, V).

12) Der Erfolg und die Zukunftschancen dieser Modelle wurden in einem Interview 1983 mit dem Leiter des Projekts als äußerst positiv eingeschätzt. Probleme entwickelten sich erst durch den Rückzug der Minenbank, die ihre Kooperation verringerte, um sie endgültig 1975 einzustellen, und durch die politische Propaganda der reaktionären und konservativen Kräfte im Departement Madre de Dios, denen das neue Kooperationsmodell seit 1971 ein Dorn im Auge war. Durch gezielte Verleumdung der Kooperativen als angebliche "Ausbildungslager für Guerilleros" und dem zunehmenden Rechtstrend der Militärs, der sich 1975 im Putsch von General Bermúdez artikulierte, wurden dem Modellversuch die politischen Rahmenbedingungen entzogen. Der leitende Ingenieur Francisco Cucho wurde von seinem Posten entlassen, da er auch die Gründung weiterer landwirtschaftlicher Genossenschaften im Grenzgebiet nach Brasilien/Bolivien (zum Beispiel die Kooperative Alerta,

Kooperative Javier Heraud am unteren Tambopata) verantwortete, die ebenfalls von den etablierten, politisch dominanten Kräften der Region bekämpft wurden.

13) Vgl. hierzu das von Stöhr entwickelte Paradigma des "Development from Below: The Bottom-Up and Periphery-Inward Development Paradigma", in: Stöhr/Taylor, 1981.

ANHANG 1

ABBILDUNGEN UND TABELLEN

Abbildung 25: Organogramm der staatlichen Verwaltungsstruktur von Peru 1984

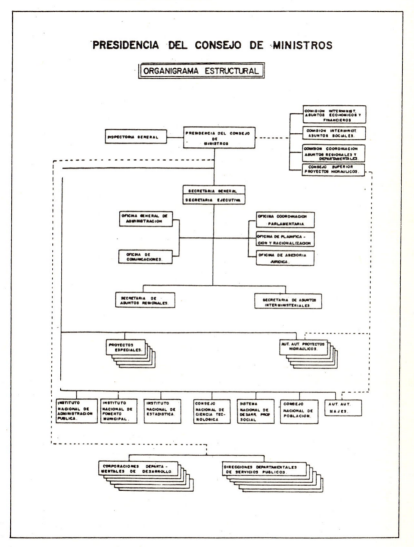

Quelle: Presidencia de la República, 1984: 205

Abbildung 26: Bodenqualität und Nutzungsmöglichkeiten der Gebiete am Rio Inambari und Rio Madre de Dios (Schätzwerte)

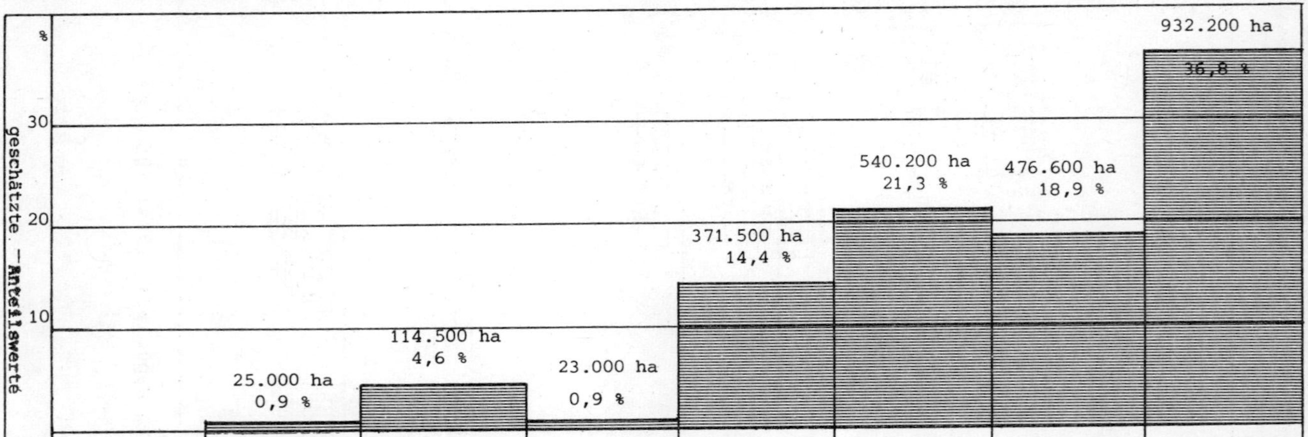

	Klasse I	Klasse II	Klasse III	Klasse IV	Klasse V	Klasse VI	Klasse VII	Klasse VIII
ha	25.000 ha	114.500 ha	23.000 ha	371.500 ha	540.200 ha	476.600 ha	932.200 ha
%	0,9 %	4,6 %	0,9 %	14,4 %	21,3 %	18,9 %	36,8 %
Beschreibung	Fruchtbare Böden ohne jegliche Einschränkungen. Ackerböden	Gute Böden mit leichten Einschränkungen. Ackerböden	Mäßig gute Böden mit gemäßigten Einschränkungen. Ackerböden	Mittelmäßige Böden mit starken Einschränkungen. Ackerböden	Böden geeignet für intensive Weidewirtschaft. In der Regel keine Ackerböden	Böden geeignet für dauerhafte Land-, Weide- und Forstwirtschaft. Keine Ackerböden	Böden ausgewiesen für Forstwirtschaft. Keine Ackerböden	Böden ungeeignet für land- oder forstwirtschaftliche Nutzung
Eignung	Böden geeignet für Intensivkulturen				Böden geeignet für dauerhafte Vegetation			Böden für andere Zwecke

Quelle: ONERN; 1972: 56

Karte 9: Comunidades Nativas: Stand der Anerkennung als Körperschaften des öffentlichen Rechts nach Departements 1982

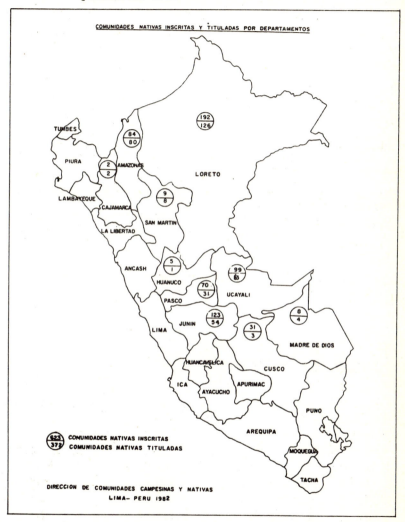

Quelle: Ministerio de Agricultura y Alimentación, Dirección de Comunidades Campesinas y Nativas, 1982

Tabelle 1: Politische Gliederung des Departements Madre de Dios

Provinz	Distrikt	Oberfläche km²	Hauptstadt
Tambopata		33.574,62	Pto. Maldonado
	Tambopata	19.181,92	Pto. Maldonado
	Inambari	4.594,88	Mazuko
	Piedras	9.797,82	Planchon
Manú		25.651,11	Salvación
	Manú	9.822,89	Salvación
	Fitzcarrald	9.315,14	Boca Manú
	Madre de Dios	6.513,08	Boca Colorado
Tahuamanú		19.175,65	Iñapari
	Iñapari	2.560,73	Iñapari
	Iberia	1.880,58	Iberia
	Tahuamanú	14.734,34	San Lorenzo

Quelle: Rumrrill, 1984: 296

Tabelle 2: Topographische Angaben zum Departement Madre de Dios

Höhenangabe	Oberfläche in km²	Anteil v.H.
180 bis 500 m ü.d.M.	66.213,08	84,4
500 bis 1.000 m ü.d.M.	4.835,44	6,1
1.000 bis 2.000 m ü.d.M.	3.551,86	4,5
2.000 bis 3.000 m ü.d.M.	2.113,00	2,6
3.000 bis 4.000 m ü.d.M.	1.218,86	1,5
4.000 bis 5.000 m ü.d.M.	609,43	0,8

Quelle: CORDEMAD, 1982: o.S.

Tabelle 3: Straßennetz des Departements Madre de Dios nach
Straßentypen (in km)

Kategorie	Gesamt	Straßentypen 1	2	3	4
National	312	-	242	70	-
Departemental	85	-	-	80	5
Lokal	174	-	46	103	25
Gesamt	571	-	289	253	30

1) Asphaltiert
2) Befestigt
3) Ohne Befestigung
4) Pfad

Quelle: Plan Nacional de Desarrollo 1983-1984

Tabelle 4: Oberfläche und Bevölkerungsdichte in Südperu nach
Departements 1961, 1972 und 1981

Departement	Fläche	Einwohner/km^2		
	km^2	1961	1972	1981
PERU	1.285.216	7,7	10,5	13,3
Region	342.133	6,2	7,4	8,8
Apurímac	20.655	14,0	14,9	15,6
Cusco	76.225	8,0	9,4	10,9
Madre de Dios	78.403	0,2	0,3	0,5
Puno	72.382	9,5	10,7	12,3
Arequipa	63.528	6,1	8,3	11,1
Tacna	14.767	4,5	6,5	9,0
Moquegua	16.175	3,2	4,6	6,1

Quelle: Ortiz, 1983: 66

Tabelle 5: Bruttowert der Produktion des Departements Madre de Dios 1981

Sektoren	1000 Soles	v.H.
Landwirtschaft	743.297	6,07
Viehzucht	693.901	5,67
Forstwirtschaft	1.224.312	10,00
Fischfang	207.628	1,70
Bergbau	9.304.452	76,03
Energie	64.945	0,53
Total	12.238.535	100,00

Quelle: Oficina Departamental de Planificación de Madre de Dios, o.J.: o.S.

Tabelle 6: Oberfläche und Bevölkerungsdichte des Departements Madre de Dios nach Provinzen 1972, 1981 und 1982 (Einwohner/km²)

Provinzen	Oberfläche km²	Einwohner/km²		
		1972	1981	1982
Total departemental	78.402,71	0,27	0,17	0,49
Provinz Tambopata	31.557,97	0,47	0,79	0,83
Provinz Manú	24.377,23	0,05	0,27	0,30
Provinz Tahuamanú	22.467,51	0,24	0,23	0,23

Quelle: Oficina Departamental de Planificación de Madre de Dios, o.J.: o.S.

Tabelle 7: Jährlicher Bevölkerungszuwachs in v.H. in Südperu nach Departements 1961 bis 1981

Departement	1961-1972	1972-1981
PERU	2,9	2,6
Region	1,6	2,0
Apurímac	0,6	0,5
Cusco	1,4	1,7
Madre de Dios	3,3	6,2
Puno	1,1	1,6
Arequipa	2,9	3,2
Tacna	3,4	3,8
Moquegua	3,4	3,2

Quelle: Ortiz, 1983: 67

Tabelle 8: Mortalität von Kindern im ersten Lebensjahr in Südperu nach Departements 1967 bis 1968 (auf 1.000 lebend Geborene)

Departements	Mortalität im 1.Lebensjahr	Unter- und Obergrenze in Provinzen	Provinzen
PERU	142	68 - 301	Callao-Acomayo
Apurímac	199	173 - 255	Abancay-Cotabambas
Cusco	218	160 - 301	Cusco-Acomayo
Puno	196	171 - 256	San Roman-Carabaya
Madre de Dios	149	152 - 198	Tambopata-Manu
Arequipa	119	94 - 262	Arequipa-Caylloma
Tacna	111	107 - 183	Tacna-Tarata
Moquegua	130	103 - 190	Ilo-Gral.Sanchez C.

Quelle: Ortiz, 1983: 71

Tabelle 9: Bevölkerungsstruktur nach Altersgruppen in Peru und Südperu nach den Departements 1961 und 1972 (in v.H.)

	Altersgruppen			
	0-4 Jahre	5-14 Jahre	15-64 Jahre	65 Jahre und mehr
1961				
PERU	26,4	43,3	52,9	3,8
Region Südperu	25,8	41,9	52,7	5,4
Apurímac	27,0	44,3	49,6	6,1
Cusco	24,8	40,8	53,6	5,6
Madre de Dios	24,2	42,4	55,7	1,9
Puno	26,3	42,7	51,4	5,6
Arequipa	25,9	41,1	54,6	4,3
Tacna	23,9	38,8	57,6	3,6
Moquegua	26,4	42,2	53,5	4,3
1972				
PERU	27,6	43,8	52,1	4,1
Region Südperu	27,0	43,3	51,3	5,4
Apurímac	29,0	46,4	47,0	6,6
Cusco	26,7	43,2	51,3	5,5
Madre de Dios	28,0	47,1	51,0	1,9
Puno	26,9	43,5	50,7	5,8
Arequipa	26,5	41,4	54,1	4,5
Tacna	26,1	41,5	55,2	3,3
Moquegua	27,1	42,9	53,2	3,9

Quelle: Ortiz, 1983: 76

Tabelle 10: Ärzte und Krankenhausbettendichte 1974, Stand der Alphabetisierung und sanitäre Versorgung der Wohnungen 1972

Departements	Ärzte je 10.000 Einw.	Krkhs. Betten je 10.000 Einw.	Analphabeten der Bev. über 15 Jahre v.H.	Wohnungen	
				mit Wasseranschluß v.H.	mit sanitären Anlagen v.H.
PERU	5,9	21,8	27,6	30	27
Apurímac	0,4	6,0	66,6	5	2
Cusco	1,5	13,2	53,0	17	13
Madre de Dios	1,2	17,9	22,5	12	19
Puno	0,8	6,7	49,6	6	5
Arequipa	8,2	34,6	17,3	41	35
Tacna	7,0	35,4	15,7	58	39
Moquegua	4,0	35,5	22,3	29	24

Quelle: Ortiz, 1983: 74

Tabelle 11: Ökonomisch aktive Bevölkerung im Departement Madre de Dios 1972 und 1981

Wirtschaftliche Aktivitäten	1972 absolut	1972 v.H.	1981 absolut	1981 v.H.
Landwirtschaft	3.568	55,9	5.410	23,4
Fischfang	21	0,3	47	0,2
Viehzucht	10	0,2	139	0,6
Forstwirtschaft	8	0,1	809	3,5
Bergbau	446	7,0	12.140	52,5
Industrie	598	9,4	1.295	5,6
Handel	333	5,2	1.110	4,8
Dienstleistungen	1.013	15,9	1.526	6,6
Anderes	384	6,0	647	2,8
Total	6.381	100,0	23.122	100,0

Quelle: Oficina Departamental de Planificación de Madre de Dios, o.J.: o.S.

Tabelle 12: Forstwirtschaftliche Produktion im Departement
             Madre de Dios 1977 bis 1981

Jahr	Holz (Fuß)	Paranüsse (kg)	Kautschuk (kg)
1977	3.061.600	2.685.832	148.362
1978	5.245.517	3.037.000	114.301
1979	6.757.119	3.700.140	202.000
1980	6.327.673	4.321.205	131.238
1981	6.214.631	1.211.406	185.770

Quelle: D.R. Agricultura 1982

Tabelle 13: Landwirtschaftliche Produktion im Departement
             Madre de Dios (in Tonnen) 1977 bis 1982

Jahr	Reis ha	Reis t	Mais ha	Mais t	Yuca ha	Yuca t	Bohnen ha	Bohnen t	Bananen ha	Bananen t
1977	1.500	2.246	240	355	580	8.800	328	263	135	1.625
1978	1.630	2.440	300	444	380	5.640	128	103	363	4.356
1979	1.550	2.320	550	825	530	7.950	322	25	470	5.640
1980	1.650	2.475	510	765	140	2.100	-	-	-	-
1981	2.560	3.840	660	987	620	9.315	25	20	795	9.456
1982	2.500	3.713	580	864	490	7.395	155	124	689	8.268

Quelle: D.R. Agricultura 1982

Tabelle 14: Rinderzucht im Departement Madre de Dios (in
             Stück) 1977 bis 1981

Provinzen	1977	1978	1979	1980	1981
Tambopata	7.899	5.690	7.463	9.073	7.552
Tahuamanu	-	-	1.357	-	-
Manu	-	-	2.970	-	-
Total	7.899	5.690	11.790	9.073	7.552

Quelle: D.R. Agricultura 1981

Tabelle 15:   Goldproduktion von Peru 1821 bis 1931 (in kg)

Jahre	kg	Jährlicher Durchschnitt
von 1821 bis 1830	3.200	320
von 1831 bis 1840	7.500	750
von 1841 bis 1850	6.000	600
von 1851 bis 1855	2.000	400
von 1856 bis 1860	1.750	350
von 1861 bis 1865	2.500	500
von 1866 bis 1870	1.900	380
von 1871 bis 1875	1.800	360
von 1876 bis 1880	1.050	210
von 1881 bis 1885	900	180
von 1886 bis 1895	1.620	162
von 1896 bis 1900	5.800	1.160
1903	1.078	
1904	601	
1905	777	
1906	1.247	
1907	778	
1908	977	
1909	554	
1910	708	
1911	741	
1912	1.435	
1913	1.429	
1914	1.540	
1915	1.691	
1916	1.907	
1917	1.887	
1918	1.793	
1919	2.029	
1920	1.952	
1921	2.407	
1922	2.533	
1923		
1924	3.711	
1925	3.590	
1926	3.645	
1927	2.768	
1928	2.334	
1929	3.798	
1930	2.831	
1931	2.467	

Quelle: Fuchs, 1944: 11 und 27 (Kapitel 2, Anm.3)

Tabelle 16: Relation des Goldpreises zum Silberpreis im
Zeitraum 1500 bis 1875

Jahre	Gold:Silber	Jahre	Gold:Silber
1501-1520	10,75:1	1801-1810	15,61:1
1521-1540	11,25:1	1811-1920	15,51:1
1541-1560	11,30:1	1821-1830	15,80:1
1561-1580	11,50:1	1831-1840	15,75:1
1581-1600	11,80:1	1841-1850	15,83:1
1601-1920	12,25:1	1851-1855	15,42:1
1621-1640	14,00:1	1856-1860	15,30:1
1641-1660	14,50:1	1861-1865	15,36:1
1661-1680	15,00:1	1866-1870	15,56:1
1681-1690	14,98:1	1871-1875	15,98:1
1691-1700	14,96:1	1880	18,05:1
1701-1710	15,27:1	1890	19,75:1
1711-1720	15,15:1	1900	33,33:1
1721-1730	15,09:1	1910	38,22:1
1731-1740	15,07:1	1920	20,28:1
1741-1750	14,93:1	1930	53,74:1
1751-1760	14,56:1	1940-1941	99,76:1
1761-1770	14,81:1	1950	47,10:1
1771-1780	14,64:1	1955	39,20:1
1781-1790	15,42:1	1960	38,30:1
1791-1800	15,42:1		

Quelle: Varon, 1978: 149

Tabelle 17: Seifengold und ihr Goldpotential im Departement Madre de Dios 1979

Ort	Goldseifen in 1000m³	Durchschnittlicher Goldgehalt mg/m³	Goldpotential (in kg)
Río Huaypetue	580.000	275	160.000
Caichive	1.900.000	200	380.000
Río Madre de Dios (Area Alto Libertad)	108.000	1.000	108.000
Río Malinoski y afluentes	20.000	180	3.600
Zonal 33 Ariscos	1.798	037	66
Río Tambopata	1.200	150	180
Quebrada Choque	764	400	306
Zona Fortaleza	700	500	350
Río Colorado	639	118	75
Zona Reunión	400	030	120
Río Huasoroco	400	300	120
Zona Tazon Chico	300	300	90
Zona Tazon Grande	300	300	90
Total	2.614.501	250	652.929

Quelle: Filiale des Bergbauministeriums in Pto. Maldonado, 1979

Tabelle 18: Goldproduktion aus Seifengoldlagerstätten des Departements Madre de Dios und Gesamtperus im Zeitraum 1978 bis 1984 (aufgekauft von der Banco Minero del Peru)

Jahr	Produktions-volumen MdD kg	Produktions-Wert MdD 1000 Soles	Produktions-volumen Peru kg	Preis Soles je g	Preis US $ je g
1975	583	98.702	798	169	3,86
1976	551	99.330	876	180	3,14
1977	915	268.665	1.128	294	3,49
1978	1.064	2.312.391	1.064	294	1,96
1979	1.337	2.495.050	1.431	1.867	8,31
1980	1.486	6.785.022	1.561	4.565	19,95
1981	1.962	9.406.701	2.176	4.795	11,35
1982	1.500	10.000.000	2.848	6.667	9,56
1983	1.430	25.000.000	1)	17.483	11,28
1984	1.530	47.000.000	1)	30.718	9,52

1) Für 1983 und 1984 fehlen die Angaben für Gesamtperu

Quelle: Zusammengestellt aus Angaben der Banco Minero del Perú, Oficina Pto. Maldonado, 1982; Medina, 1982; Moore, 1985: 21

Tabelle 19: Goldankauf durch die Filiale der Minenbank in Pto. Maldonado 1979 (in Kilogramm)

Monat	kg	Umsatz in 1000 Soles	Preis pro Gramm Gold in Soles
Januar	80	92.668	1.152,00
Februar	98	112.825	1.257,80
März	78	105.786	1.362,70
April	97	130.461	1.550,90
Mai	81	113.155	1.405,20
Juni	104	160.701	1.552,60
Juli	119	207.545	1.737,00
August	129	232.445	1.795,80
September	140	277.800	1.982,20
Oktober	132	317.349	2.402,00
November	121	297.245	2.454,40
Dezember	158	437.068	2.759,20
Total	1.337	2.495.050	

Quelle: Banco Minero del Perú, Pto. Maldonado, 1980

Tabelle 20: Bierabsatz der Marke Cusqueña im Departement Madre de Dios 1969 bis 1981

Jahr	Bierkästen*	Jahr	Bierkästen*
1969	48.447	1976	158.792
1970	56.527	1977	190.909
1971	76.406	1978	213.568
1972	92.176	1979	304.246
1973	98.631	1980	345.709
1974	175.104	1981	398.988
1975	187.818		

* à 12 Flaschen à 620 ml

Quelle: Cervezeria Arequipeña

Tabelle 21: Handels- und Dienstleistungseinrichtungen sowie industrielle Einheiten in Pto. Maldonado 1971 und 1982 (soweit im öffentlichen Register eingetragen)

	1971	1982
Dienstleistungseinrichtungen		
Restaurants	7	57
Bars	17	106
Kinos	1	2
Krämerläden (inklusive Eisenwaren)	18	118
Zeitungsstände	1	?
Bäckereien	4	12
Arztpraxen	2	4
Schreibwarengeschäfte	1	2
Eisdielen	2	2
Apotheken	1	4
Friseure	4	4
Pensionen	6	43
Billardspielhallen	1	1
Bekleidungsgeschäfte	4	12
Hotels	2	8
Schuster	6	5
Tankstellen	4	7
Kioske	?	56
Elektrogeschäfte	1	12
Druckereien	1	2
Beerdigungsinstitute	–	1
Ambulante Händler	?	150
Metzgereien	1	8
Banken	2	6
Bordelle	1	4
Industrielle Einheiten		
Paranußverarbeitende Betriebe	2	5
Getränkeabfüllanlagen	1	1
Eisfabriken	1	–
Ziegelfabriken	2	–
Sägewerke	3	9
Mechanikerwerkstätten	2	13

Quelle: Ministerio de Vivienda, 1974 für 1971; eigene Erhebung nach Unterlagen des alcaldía für 1982

Tabelle 22: Lebensmittelpreise an verschiedenen Orten im Departement Madre de Dios: Cusco (Hauptversorgungszentrum), Pto. Maldonado (Departementhauptstadt) und Huaypetue (abgelegenstes Goldwäscherzentrum), Mai 1983; Preise pro Kilo in Soles/Mittelwerte

Produkt	Cusco	Pto. Maldonado	Huaypetue
Reis	335	350	700
Frischfleisch	1.500	2.300	2.500
Zwiebeln	250	400	650
papa	350	450	700
Mais (getrocknet)	450	450	650
Bohnen (getrocknet)	290	430	650
Weizen (geschält)	450	-*	600
Leche Gloria (Kondensmilch, große Dose)	350	500	800
Nudeln	700	700	950
Zucker	460	460	750
Mehl	775	775	800
Salz	200	400	450
Kerosin	150	250	350
Speiseöl	1.300	1.300	2.350

Quelle: Eigenerhebung 1983

Tabelle 23: Amtliche Wechselkurse Soles pro US-Dollar 1950 bis 1984 (jährlicher Durchschnitt)

Jahr	Wechselkurs	Jahr	Wechselkurs
1950	15,4	1968	43,4
1951	15,2	1969	43,6
1952	15,6	1970	43,4
1953	16,9	1971	43,4
1954	19,7	1972	43,4
1955	19,2	1973	43,4
1956	19,2	1974	43,4
1957	19,1	1975	43,9
1958	23,4	1976	57,4
1959	27,6	1977	84,2
1960	26,3	1978	150,0
1961	26,8	1979	225,0
1962	26,8	1980	288,8
1963	26,8	1981	422,3
1964	26,8	1982	697,6
1965	26,8	1983	1.550,0
1966	26,8	1984	3.226,0 (Juni)
1967	30,9		

Quelle: Heuer/Oberreit, 1981: 65; Banco Central de Reserva, 1983: 83; und Bundesstelle für Außenhandelsinformation, August 1984

ANHANG 2

BESCHREIBUNG VON DREI ARBEITSZONEN IM UNTERSUCHUNGSGEBIET

Beschreibung von drei Arbeitszonen im Untersuchungsgebiet

Arbeitszone I: Laberinto-Boca Inambari

Diese Zone umfaßt ca. 55 km Flußlauf von der Einmündung des Río Inambari in den Río Madre de Dios bis zum Zusammenfluß des Madre de Dios mit dem Río Tambopata; sie ist Teil der Provinz Tambopata.

In dieser Arbeitszone können die Ablagerungen in erster Linie dem jüngsten Zyklus, das heißt der AL3-Terrasse, zugerechnet werden (Kapitel 3.2.2, Karte 4). Durch starkes Mäandrieren der Flüsse aufgrund des geringen Gefälles schnitten sich der Madre de Dios und der Inambari in vorher abgelagerte Flußschotter der AL1- und AL2-Terrassen ein und arbeiteten diese auf. Für die Goldextraktion bedeutet dies, daß vor allem in Altwassern und mit Vegetation bedeckten Niederterrassen stellenweise hohe Goldkonzentrationen in Form von feinsten Goldflittern gefunden werden können. Dies bedingte, daß erst seit Mitte der 70er Jahre in dieser Zone gearbeitet wurde, da die Bevölkerung vorher ausschließlich die Goldlagerstätten an den Flußufern bearbeitete und erst 1976 die Kunde umging, daß auch "im Wald" Gold zu finden sei (vgl. Pacheres Interview). Die schlecht dränierten Niederterrassen lassen sich aufgrund des hohen Grundwasserspiegels nur in den Sommermonaten von Mai bis September bearbeiten, das heißt, die Hauptarbeitssaison liegt in der Trockenzeit.

In dieser Zone entwickelte sich seit 1976 das größte und bedeutendste Goldwäscherzentrum Laberinto, 52 km von Pto. Maldonado und nur 8 km von der Verbindungsstraße Pto. Maldonado-Cusco entfernt.

Der Hafen von Laberinto ist Ausgangspunkt für Reisen in die Goldwaschzonen, die flußaufwärts liegen. Bis zum Río Colorado dauert die Fahrt ca. zwei Tagesreisen in Holzbooten mit

Karte 10: Lage der untersuchten Arbeitszonen im Departement Madre de Dios

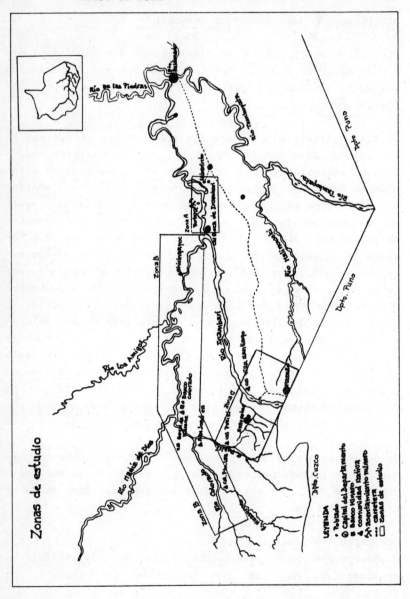

modernen Außenbordmotoren (Janson 45 PS, in Ausnahmefällen 100 PS-Motoren). Die staatliche Minenbank eröffnete 1976 in Laberinto ihre größte Filiale in Madre de Dios mit einem Sanitätsposten und einem Verkaufsladen für Arbeitsgeräte und Grundnahrungsmittel. Dieser Außenposten der Bank kaufte 1982 bis 1983 folgende Menge Gold auf.

Laberinto mit 556 eingeschriebenen Einwohnern 1982 und einer fluktuierenden Bevölkerung von ca. 3.000 Personen ist heute als Distrikt anerkannt, verfügt aber weder über ein Trink- und Abwassersystem noch über eine funktionierende Elektrizitätsversorgung. Eine Grundschule mit vier Lehrkräften, Sanitätsposten, die privat bewirtschaftet werden, ein Posten der Guardia Civil, zwei Bordelle, zwei Hotels und eine Vielzahl von Geschäften, Bars, Imbißstuben und Straßenhändlern sind die Dienstleistungseinrichtungen dieser Bretterbudenstadt.

Bis 1978 unterstand der größte Teil der goldhaltigen Bodenflächen in dieser Zone der staatlichen Minenbank, die den Boden in Parzellen an die Goldwäscher verteilte (Kapitel 4.3). Der Erlaß des Bergbaugesetztes von 1979 schuf massive Konflikte um die Ressource Boden, da die Zone zu den am dichtesten besiedelten und saisonal bearbeiteten Gebieten gehört. Neben der Tieflandindianergemeinde Boca del Inambari, einem Zusammenschluß von Goldwäschern in Fortuna, den Großunternehmen Aupersa und Río Oro arbeitet eine Vielzahl von Mittel- und Kleinunternehmen in diesem Gebiet. Die im Gold aktive Bevölkerung wird nach Aussagen von Experten auf insgesamt 5.000 Personen geschätzt.

Arbeitszone II: Río Madre de Dios und Río Colorado

Die zweite bedeutende Goldwäscherzone umfaßt den Flußlauf des Río Colorado bis zur Einmündung in den Madre de Dios und den Madre de Dios flußabwärts bis zur Einmündung des Río de los Amigos (ca. 190 km Flußlauf). Sie ist Teil der Provinzen Tambopata und Manú.

Die Zone liegt vorwiegend in den AL2- und AL3-Terrassen (Kapitel 3.2.2, Karte 4). Die Arbeitssaison erstreckt sich weitgehend auf die Trockenzeit, mit Ausnahme von einigen gut dränierten Stellen, in denen ganzjährig Gold gewaschen werden kann, sowie dem Oberlauf des Río Colorado. Die Goldwäscherei wurde hier schon in den 50er und 60er Jahren in geringem Umfang an den Ufern betrieben, da die vorgefundenen Korngrößen - pflaumengroße Nuggets - die Suche schon damals rentabel machten. Seit Ende der 70er Jahre nahm die goldwaschende Bevölkerung sukzessive in dieser Zone zu; die Goldwäscherei wurde auch auf die Waldgebiete ausgedehnt. Die Arbeitszone ist von Laberinto aus per Boot in zwei bis drei Tagen Fahrt zu erreichen.

Vermarktungszentrum ist seit 1975 eine Ansiedlung an der Boca del Colorado, dem Zusammenfluß von Colorado und Madre de Dios, die sich seit der Eröffnung einer Außenstelle der Minenbank mit Sanitätsposten und Verkaufsladen um die Bankgebäude herum entwickelte. Bretterbuden beherbergen Geschäfte, Bars, Restaurants und eine Primarschule; der Unterricht fiel jedoch 1982 während der Goldwaschsaison aus, da der eingesetzte Lehrer einen eigenen Goldwäscherbetrieb unterhielt.

In dieser Zone befinden sich die Tieflandindianergemeinden Boca del Karene, San José und Pto. Luz, die Großunternehmen Centromín, Texas Gulf und Ausorsa/South American Plazers International, sowie Mittel- und Kleinunternehmer. Über die Gesamtbevölkerung, die in der Goldwäscherei aktiv ist, liegen keine Schätzungen vor.

Die Auswirkungen des Bergbaugesetzes von 1979 auf die Bodennutzungsstruktur führten in dieser Zone zu einer massiven

Konzentration an Nutzungstiteln in den Händen des Großunternehmens Ausorsa, was den Bodendruck merklich erhöhte.

Arbeitszone III: Mazuko-Huaypetue-Pukiri

Die dritte untersuchte Goldwäscherzone befindet sich am Oberlauf des Río Inambari und an den kleineren Flüssen und Bächen des Caichive, Huaypetue, Pukiri. Sie gehört zu der Provinz Manú, umfaßt ca. 160 km Flußlauf und weist von ihren geographischen Gegebenheiten her große Unterschiede zu den beiden erstgenannten Untersuchungszonen auf: eine Höhenlage zwischen 800 und 300 m über Meeresniveau am Andenabhang, eine leicht hügelige Oberflächengestaltung und niedrigere Temperaturen mit merklicher Abkühlung in den Nächten. Sie liegt auf den geologischen Terrassen AL1 und AL2 mit Goldgehalten von durchschnittlich 0,2 bis 0,3 g/m^3. Die AL1-Terrasse ist als das größte Goldpotential im Departement Madre de Dios anzusehen. In dieser Zone liegt die Hauptarbeitssaison in den Wintermonaten November bis April, das heißt in der Regensaison.

Die Verkehrsverbindung der Goldwäscheransiedlungen erfolgt per Straße von Cusco nach Mazuko (460 km) und von dort per Staubpiste oder Saum- und Uferpfad, die nur saisonal per Lastwagen und ganzjährig per Maultier oder zu Fuß genutzt werden können. Aufgrund der niedrigen Wasserführung sind Bäche und Flüsse nicht ganzjährig schiffbar. Durch diese geringe infrastrukturelle Erschlossenheit ist diese Zone die abgeschiedenste. Durch die relative Nähe zum Hochland und das Vorkommen größerer Goldkörner, im lokalen Sprachgebrauch "pepitas" genannt, ist sie die älteste Goldwaschzone, die schon in den 30er Jahren dieses Jahrhunderts einen "Goldrausch" erlebte.

Die Vermarktungszentren dieser Zone sind die Orte Mazuko, am

Karte 11: Lage der untersuchten campamentos am Huaypetue

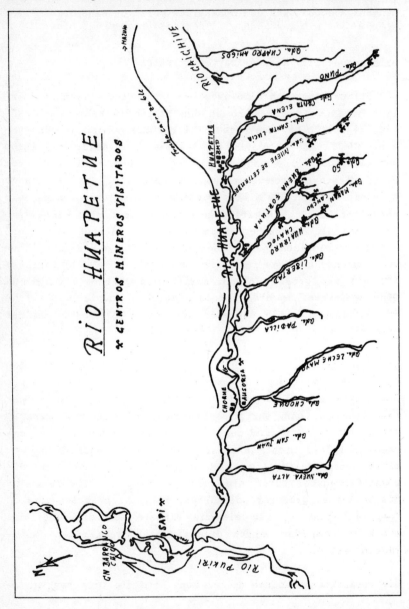

Río Inambari gelegen, der in den 30er Jahren durch Japaner gegründet wurde, und Huaypetue, am Río Huaypetue gelegen, mit jeweils einer Außenstelle der staatlichen Minenbank.

Neben den Tieflandindianern der Comunidades Nativas Villa Santiago und Barranco Chico setzt sich der größte Teil der goldwaschenden Bevölkerung aus kleinen Selbständigen und pequeños mineros sowie wenigen medianos mineros zusammen. Der einzige Großbetrieb ist die auf dem Gelände der Firma Ausorsa arbeitende South American Plazers. Die geschätzte Bevölkerung umfaßt ca. 9.000 Personen in der Arbeitssaison und 3.000 Personen in der Nebensaison.

Die Außenstellen der Minenbank in Mazuko und Huaypetue vergaben bis 1979, ähnlich wie in Laberinto, Parzellen an goldwaschende Tieflandindianer, Selbständige und Kleinbetriebe, die jedoch durch das neue Minengesetz von 1979 ihre Gültigkeit verloren. Seit diesem Zeitpunkt liegen die Konzessionen - ähnlich wie in der Arbeitszone II - in Händen der Firma Ausorsa, die seit 1981 ihre Nutzungsflächen an das ausländische Unternehmen South American Plazers vermietet.

ANHANG 3

BESCHREIBUNG DER "TECNOLOGIA ARTESANAL" DER GOLDWÄSCHEREI
IN DER ARBEITSZONE MAZUKO-HUAYPETUE-PUKIRI

Beschreibung der "tecnología artesanal" der Goldwäscherei in
der Arbeitszone Mazuko-Huaypetue-Pukiri

Vorwort

Arbeitstechniken

Die vorliegende Beschreibung der Arbeitsinstrumente und des
Arbeitsvorgangs beim Goldwaschen ist der authentische Text
eines 19jährigen Wanderarbeiters aus Puno. Die Abbildungen
sind Zeichnungen, die er zur Illustration des Textes angefertigt hat. Seine Ausführungen beziehen sich auf die Arbeitszone Mazuko-Huaypetue-Pukiri.

1. Rinne (canal)

1.1 Aufbau der Rinne

Die Rinne wird aus drei einfach gezimmerten Brettern von ca. 3 m Länge zusammengesetzt, so daß sie einen 'canal' bilden. Die Rinne wird von Nägeln und Klammern zusammengehalten; ihre Ausmaße sind: 3 m Länge, 40 cm Breite am Kopfende und 30 cm am Fußende, Höhe 20 cm und Dicke der Bretter 2 pulgadas (1 pulgada = 1 Zoll, entspricht einer Daumenbreite, C.M.). Im allgemeinen wird der canal fertig gezimmert gekauft und nicht selbst hergestellt.

Abbildung 27: Rinne (canal)

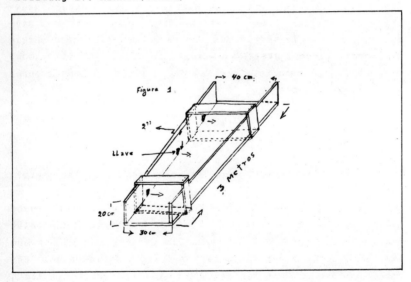

1.2 Aufstellung der Rinne und Gebietsexploration

Dieser Arbeisvorgang fällt zusammen mit der Suche nach goldfündigen Stränden (Kapitel 3.3.1) und ist Aufgabe des patrón.

Nachdem eine geeignete Stelle ausfindig gemacht worden ist, werden folgende Schritte unternommen:
- Anwerben von Arbeitern,
- Aufbau des Arbeitslagers,
- Bereitstellung von Werkzeugen, auf den jeweiligen Gebietstyp abgestimmt,
- Konstruktion der Bewässerungsgräben, die zur Herleitung des Wassers benötigt werden,
- Präparierung des Terrains, auf dem die Waschrinne aufgebaut werden soll, die eine Neigung von ungefähr 11° aufweisen muß.

1.3 Auskleidung der Waschrinne

Die Waschrinne wird innen mit Wurzelwerk und Gräsern ausgelegt, so daß eine Matte entsteht, die anschließend mit sieben bis acht Holzleisten aus Chonta-Palmen-Holz gitterartig überzogen. Diese Querstreben werden mit Nägeln befestigt oder aber mit einem Material, das aus der gleichen Palme gewonnen wird, zusammengebunden.

1.4   Arbeitsprozeß

1.4.1   "Wasseraufseher" oder "Wasserkontrolleur" (aguatero)

Das durch den Graben herangeführte Wasser wird, kurz bevor es auf die Waschrinne trifft, mit dem "Material", das heißt der goldhaltigen Erde, vermengt. Das Gemisch von Wasser und Erde wird durch einen "cargador" oder auch "alimentador" genannten Arbeiter über den Kanal geleitet und durch die Kraft des Wassers und die Hangneigung der Rinne beschleunigt. Da sich im Laufe eines Arbeitstages die Rinne mit Steinen anfüllt, wird ein Mann abgestellt, "cancheador" genannt, der, um die Verstopfung der Waschstraße zu vermeiden, größere

Steine per Hand auszusortiert. Am Ende einer Rinne ist ein weiterer cancheador damit beschäftigt zu verhindern, daß ablagernder Schlamm und Steine den Kanal verstopfen. Am Ende der Rinne bildet sich dann ein Abwasser aus taubem Material und Wasser. Dieser Arbeitsprozeß wird an einer Stelle ein bis zwei, höchstens aber zehn Tage durchgeführt, da dann das mit dieser Technik mögliche goldhaltige Material ausgebracht ist und die Gesteins- und Schlammhalde am Ende der Rinne zu groß geworden ist. Es würde unnötige Arbeit bedeuten, das goldhaltige Material von ferne heranzuschaffen oder aber die Schutthalde wegzuschaufeln. Daher ziehen es die meisten Goldwäscher vor, mit ihrer Waschrinne zu einem neuen goldhaltigen Gelände weiterzuziehen.

1.4.2 Goldgewinnung aus dem Gold-Sand-Konzentrat

Nach ein bis zwei Tagen Arbeit am Kanal wird die Wasserführung unterbrochen. Der Befähigtste unter den Arbeitern, der auch die meiste Erfahrung in der Goldwäscherei hat, wird zur Reinigung des Kanals von abgesetztem Gold-Sand-Konzentrat abgestellt. Ihm obliegt die Aufgabe, die aus Chonta-Holz gefertigten Querstreben von der mit Gras ausgelegten Rinne abzumontieren, wobei er am unteren Ende der Rinne beginnt, das Gras- und Wurzelmaterial einzusammeln. Im gleichen Vorgang befestigt er am Ende des Kanals ein Leinentuch von ungefähr 40 cm Länge, das ebenfalls mit Hölzern auf der Rinne befestigt wird, und beginnt, das Wurzelwerk und die Gräser auf diesem Sackleinen unter ständiger Wasserzuführung auszuschlagen. Die Wasserzufuhr muß genau dosiert sein, da bei zu starker Strömung das Wasser die Goldpartikel davonschwemmen würde. Nachdem Wurzelwerk und Gras über dem Leinentuch ausgeschlagen und ausgewaschen worden sind, verbleiben Sand, Steinchen und Goldpartikel auf dem Leinen, das Tuch wird mit Wasser durchspült und so geschüttelt, daß das Material in einem am Ende des Tuches aufgestellten Behälter eingesammelt werden kann. Dieses Material ist von schwarzer Farbe, ein feiner Sand, der in der Region "arenilla" genannt wird. Der Schlamm hat einen hohen Goldanteil. Er wird im campamento aufbewahrt, von mehreren Tagen gesammelt und meistens erst nach einer Woche in einem verfeinerten Reinigungsverfahren ein zweites Mal durchgewaschen.

2. "Waschbrett" (ingenio)

2.1 Aufbau eines ingenio

Ingenio ist ein Arbeitsinstrument, vielfach auch tolba genannt, das ebenfalls handwerklich aus Materialien, die aus der Chonta-Palme gewonnen werden, hergestellt wird. Und zwar werden aus dem harten Holz der Chonta-Palme Bretter zurechtgezimmert, deren Ausmaße im Durchschnitt 1 m x 80 cm ausmachen. Die Konstruktion ähnelt einem Waschbrett, nur mit dem Unterschied, daß die Rippen aus Chonta-Holz hergestellt und mit Palmblattfäden zusammengebunden werden. Es ähnelt den schon beschriebenen Waschrinnen, jedoch wird es nicht direkt auf dem Boden montiert, sondern zwischen drei Stangen aufgehangen, die aus Schilf gefertigt werden, das an den Flußufern wächst.

2.2 Auskleidung des ingenio

Auf dem aus Palmenmaterial gefertigten Waschbrett werden zwei gleich große Plastikplanen ausgebreitet, die übereinandergelegt werden. Über die Plastikplanen wird im oberen Teil des ingenio ein grob strukturiertes Sackleinen (Jute) gelegt, der untere Teil des ingenio wird dagegen mit einem feineren Jutegewebe ausgekleidet, das genau an das grobstrukturierte anschließen muß.

Abbildung 28: Waschbrett (ingenio)

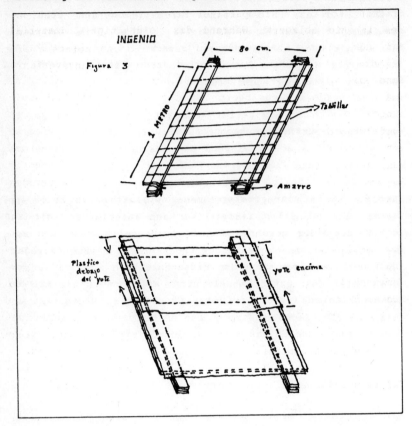

2.3 Arbeitsprozeß

2.3.1 Waschprozeß am ingenio

Im Regelfall wird der ingenio im Flußlauf selbst oder direkt am Ufer aufgestellt mit einer Neigung von ca. 9 bis 12°. Die Austarierung des Neigungswinkels wird von den Goldwäschern per Augenmaß vorgenommen. Wichtig ist, daß die Wasserführung zum ingenio hin genau kontrolliert wird; die

Strömungsgeschwindigkeit darf nicht zu schnell sein, da die Strömung sonst die Goldpartikel mitreißt und sie nicht auf dem ingenio ablagert. Während das goldhaltige Erdmaterial auf dem ingenio befördert wird, muß die Wasserzuführung ständig geregelt und gleichbleibend kontrolliert werden. Per Hand wird die goldhaltige Erde auf dem ingenio verteilt, so daß der Durchgang gesichert ist und der Kanal nicht verstopft. Das gröbere Material wird von den Arbeitern sofort entfernt und mit Wasser nachgespült. Diese Operation wird so oft wie möglich schon während des Waschvorganges vorgenommen, um die Menge an ausgewaschenem Schlamm auf dem ingenio so gering wie möglich zu halten. Am Ende eines Arbeitstages wird die Wasserzufuhr gestoppt, die Jutetücher werden ausgewaschen, ebenfalls das feinere Jutetuch am Ende des ingenio, so daß sich der gesamte Schlamm einer Tagesproduktion auf der darunterliegenden Plastikplane ansammelt. Dieses Material wird in einem Behälter eingesammelt und erst mit der Schlammenge der kommenden Waschtage am Wochenende ausgewaschen.

3. Waschpfanne (batea)

3.1 Beschreibung der Waschpfanne

Die Waschpanne, batea genannt, ist ein Arbeitsinstrument, das aus einem Stück Holz handwerklich hergestellt wird. Bevorzugt wird ein hartes Edelholz, das in Peru 'feine Zeder', 'cedro fino', genannt wird. Die Form der Waschpfanne ähnelt einem umgedrehten chinesischen Sonnenhut. Ihr Durchmesser variiert, liegt aber im Durchschnitt bei ca. 50 cm.

3.2 Ausbringen mit der Waschpfanne

Der Arbeisprozeß mit der Waschpfanne, clarificación, erfolgt auf folgende Weise:

- Man sucht sich eine Wasserstelle am Fluß oder an einem Bächlein, die mindestens so tief sein muß, daß die batea darauf schwimmen kann.

- Dann nimmt man eine Handvoll ausgewaschenen Schlamm - arenilla -, legt ihn in die Waschpfanne und probiert die Tragfähigkeit der Pfanne, das heißt ob sie schwimmt, ihr Gewicht.

- Man verbindet den Schlamm mit einigen Tropfen Quecksilber, was im allgemeinen, je nach Qualität des Quecksilbers, nach Augenmaß geschieht. Im allgemeinen werden 3 g Quecksilber für die Gewinnung von 2 g Gold verwandt.

- Der Schlamm wird so lange durchgewalkt und geknetet, ähnlich wie ein Kuchenteig, bis sich das Quecksilber mit den Goldpartikeln verbunden hat. Durch die langsame Drehung der batea im Wasser wird durch die Fliehkraft das leichtere Schlammaterial unter ständiger Zuführung von Wasser ausgespült, während sich das schwerere Material, das das Goldamalgam enthält, in der Vertiefung der batea ansammelt. Die kreisenden Bewegungen müssen eine längere Zeit ausgeführt werden und mit großem Feingefühl, unter ständiger Zuführung von Wasser, um möglichst wenig goldhaltige Partikel auszuschwemmen. Am Ende eines solchen kreisenden Waschvorganges befindet sich in der Mitte der Waschschüssel eine winzige Menge Gold, verbunden mit Quecksilber, das in einen kleinen Behälter gegeben wird. Die gleiche Operation wird nun mit dem verbleibenden Schlamm durchgeführt, bis die Produktion einer gesamten Woche auf das gewonnene Goldamalgam reduziert worden ist.

- Das Gold in seiner Verbindung mit dem Quecksilber wird dann in ein Taschentuch gegossen und ausgedrückt, um so Quecksilber rückzugewinnen. Diese Arbeit wird von einem Spezialisten durchgeführt, da sie besondere Fertigkeiten und Erfahrung erfordert. Anschließend wird das so gewonnene Gold in Zeitungspapier gewickelt und in eine Konservendose gegeben, um es auszubrennen. Bei diesem Vorgang müssen ebenfalls Fachkenntnisse vorliegen, da das Feuer nicht zu hohe Temperaturen entwickeln darf, was das Gold verflüssigen würde. Während der Ausbrennung gewinnt das Gold seine gelbe Farbe zurück. Dieses so gewonnene Produkt ist das Endprodukt, das an die Banco Minero verkauft wird.

4. Arbeit mit ingenio und Rinnen

Die oben beschriebenen Techniken von Waschrinne und ingenio können auch miteinander kombiniert werden. So wird den Waschrinnen ein ingenio vorgelagert mit dem Ziel, daß das ingenio die feineren Goldpartikel auffängt, während die Rinnen die größeren Goldpartikel und Goldkörner auffangen. Diese Technik wird in erster Linie am Andenabhang angewandt, wo auf den Anhöhen größere Goldpartikel gefunden werden. Es ist ein äußerst effizientes Verfahren, was jedoch großes handwerkliches Können verlangt.

5. Arbeit am erweiterten Waschbrett (caballete)

Bei der caballete handelt es sich um ein erweitertes ingenio. Aus vier 3 bis 4 m langen Stangen wird ein Gerüst aufgebaut, in das das ingenio eingehängt und mit Fasern aus Schlingpflanzen befestigt wird. Anschließend wird es in Form einer Pyramide aufgehängt mit einem Neigungswinkel von ca. $12°$. Die Auskleidung ist ähnlich wie beim ingenio und geschieht mit Plastik und Jutetüchern. Dieses Arbeitsgerät wird in erster Linie bei der Arbeit am Ufer eingesetzt. Im allgemeinen wird es im seichten Wasser aufgestellt oder in der Nähe des Ufers. Das goldhaltige Material wird per Schaufel oder per

Abbildung 29: Tolba oder caballete mit Schema der Abdeckung aus Plastikfolie und Jute

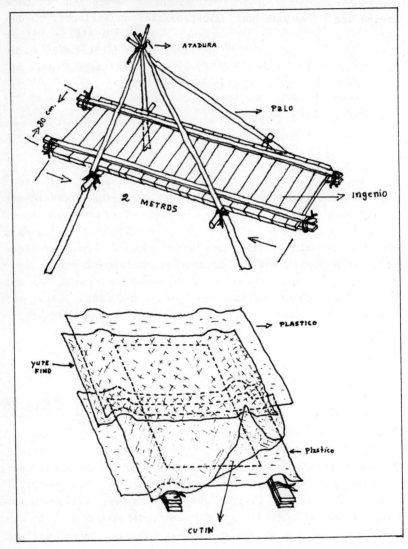

Schubkarre auf das ingenio befördert und dann im oben beschriebenen Arbeitsvorgang mit Wasser ausgewaschen. Gröbere Steine werden während des Waschprozesses ausgeklaubt, so daß sich der caballete nicht verstopft. Im allgemeinen wird am caballete zu zweit gearbeitet, aber es kann auch von einer Person bedient werden. Das Auswaschen des Goldes aus der arenilla erfolgt wie schon oben beschrieben.

6. Werkzeuge, die bei der Arbeit an der Waschrinne verwandt werden

Ein canal, der aus einer bis zu sechs ineinander verschachtelten Rinnen bestehen kann, Spaten, Schaufeln, Macheten, Äxte, ingenio, Plastikplanen, Jutetücher, Sackleinen.

Je nach Anzahl der Arbeiter, im allgemeinen zwischen zwei und zehn Personen, muß das Material vorrätig sein.

ANHANG 4

DOKUMENTATION EINER AUSWAHL VON INTERVIEWS

Dokumentation einer Auswahl von Interviews

Die Auswahl der Interviews für diese Arbeit geschah nach angesprochenen Themen und Ausdruckskraft. Da die meisten Interviews Längen oder Wiederholungen aufweisen, wurden Teile der mitgeschnittenen Gespräche nicht transkribiert. In den Übersetzungen der spanischen Texte wird versucht, die oft umgangssprachlichen Formulierungen sinngemäß und frei zu übersetzen.

Die Reihenfolge der ausgewählten Interviews entspricht der Textgliederung im Teil II, Kapitel 7 bis 12, über die gesellschaftlichen Akteure der Goldgewinnung, das heißt, nach Angel Noriega, einem Tieflandindianer, kommen verschiedene Wanderarbeiter zu Wort; ihnen folgt ein langes, leicht gekürztes Interview mit dem pequeño minero, der laut Eigenaussage und 'Legende' in Madre de Dios das Gold im Wald entdeckte. Anschließend sprechen Mitglieder der Mittelschicht: ein Händler und ehemaliger minero, die Bürgermeisterin von Pto. Maldonado und ein alteingesessener ehemaliger mediano minero sowie der Leiter der Filiale des Arbeitsministeriums, zuständig für Arbeitskonflikte in Madre de Dios. Gespräche mit führenden Angestellten der Großunternehmen mit dem Tonbandgerät aufzunehmen, war aufgrund des schon erwähnten Mißtrauens nicht möglch.

Interview-Ausschnitt mit dem Tieflandindianer Angel Noriega, Toyeri, Mitglied der Comunidad Nativa Shiringayoc:

"En Vuelta Grande vivían mis viejos en aquellos tiempos. Mis viejos han muerto, murió mi padre, mi madre, entonces nosotros nos hemos quedado huérfanos. No teníamos a quién apoyárnos porque como buenos nativos nos apoyamos con nuestros esfuerzos.

Cuando murieron mis viejos nosotros nos hemos quedado como hermanos, Angel Noriega, Carlos Noriega y Jesús Quemirojas que es hermano de parte de mi madre.

Entonces CENTROMIN vino a desalojarnos a nosotros. Como los hombres de Lima tienen instruido. Luego ellos dicen o mejor dicho, el Ing. Darling Montoya, quien es jefe de CENTROMIN, creyendo como nosotros nativos ingenoas que nosotros no nos podemos quejar - adónde? Entonces de esta manera Darling Montoya nos despojó de nuestro sitio. Actualmente CENTROMIN es en nuestro sitio, nuestra zona. Entonces Darling Montoya me dijo en mi sitio en que mis viejos han vivido de años, adondo yo trabajaba para no abandonar ese sitio, porque mi madre ha luchado por mí y ha botado sangre por mí. Entonces ese terreno debe ser para mí y mis hermanos y mis hermanas y todos los hijos que nuestro padre ha dejado y nuestra madre ha dejado. Nosotros queremos gobernar ese sitio que se ha apoderado CENTROMIN Perú. Entonces Darling Montoya vino de Pto. Maldonado con un oficial, con el Teniente Aberrado Morales, militar de la Guardia Civil, trayendo al centro de mi trabajo gente, armado, con armas, en las piernas otros armas y atrás un militar de la Marina de Guerra del Perú. Me amanezó y me han lazado contra mi diciendo obligándome que yo me retirara de mi posición, me metió dos maletazos y me tumbó al suelo. Entonces de esa manera yo respondí: 'CENTROMIN no es el dueño. Yo soy el dueño como vivo cuarenta anos de vida y mis viejos han vivido en este sitio. Es mi tierra.'

Entonces de ese manera yo dije a Darling Montoya: 'Yo voy a quejárme a Pto. Maldonado.' Darling Montoya me dijo: 'Yo no tengo que ver nada con las autoridades de Pto. Maldonado. Yo tengo preferencia en Lima, tengo autoridades mejor que autoridades en Pto. Maldonado en Lima.' Así me dijo Darling Montoya.

Pasó un mes después del atropello. Darling Montoya de Lima ordenó a su encargado Villegas como capataz gerente de CENTROMIN que quemaran 4 casas que teníamos nosotros y que han construido mis viejos. Les han quemado. Para mi es injusticia peruana que hacen contra los nativos. No puede ser, no debe ser así. Porque todos somos peruanos nosotros sentimos orgollu de ser peruano. -

?Porqué van a atropellar a los nativos? Los nativos también

tienen carne y hueso y saben sentir. No solamente los blancos lo sienten, sino tambien sentimos nosotros, como selvicolas.

Después de atropello CENTROMIN nos desalajó. Ahora es el dueño CENTROMIN. Entonces nosotros bajamos río más abajo, localizé Lagarto, posesioné allí. Vino una Compañía extrajera: Campañía Andes, Japoneses. Cuando Compañía japonés se retiró, se apoderaron los militares de la Marina del Perú. Entonces yo me transladé al frente donde actualmente estoy viviendo. Entonces vino la Marina. 6 años me han tenido como esclavo, quitando como padre de familia el pan de mis hijos. ?Quiénes han sido? Son conocidos: El Tentiente Frías, Teniente Bacson, el último Comandante Odrilla. He respectado 3 commandantes. Fui a quejarme contra la Marina pero siguen molestándome. Para poder vivir un nativo necesita un montón de papeles, cochineras, no comprende que es papeleo, firmar, nosotros no comprendemos. Pero las autoridades me hace abuso juntos con los militares de la Marina.

Nosotros somos nativos, ingénito! No sabemos adónde nos podemos quejar. - ?adónde? Hay autoridades, pero no sabemos quejar, adonde vamos a ir: a Lima, a Cusco, a Pto. Maldonado. No sabemos como es, como se hace, como se queja...

Ahora el alferés pidió de mis trabajadores quince gramos de oro, 30 gramos, 40 gramos de oro. Yo estuve en Pto. Maldonado. Y como mi gente obrero han sido humilde, más humilde que yo, lo dieron 15 gramos, 30 gramos y 40 gramos... Me pasaron la voz que la Marina hizo así. He questionado en Energía y Minas, donde el Prefecto en Pto. Maldonado. 'Los Militares a los cuarteles, no es para los militares', me dijo el Prefecto. Pero sigue así. El teniente Frías me pedió 35 % de lo que produzco. Pero yo no produzco para Frías.

Cuando no le he dado, me ha hecho pleito. Me han mesquinado en todo, mis hijos no podrían ir a la escuela allí al frente en Lagarto. Nosotros ganamos 5 gramos, 10 gramos. Es para nuestros hijos y para defender nuestra situación, nada más.

Cuando vino mal tiempo, en tiempo de creciente, entonces 3 a 4 meses nos mantenemos solamente de la chacra, de yuca, platano, pescado y otros animales que se puede comer aquí. Así pasamos todo el invierno. Nosotros no ganamos del estado como la Marina que gana bien.

Ellos se hacen grandes y a nosotros nos achican nosotros chiquititos allí..."

Übersetzung des Interview-Ausschnitts mit dem Tieflandindianer Angel Noriega, Toyeri, Mitglied der Comunidad Nativa Shiringayoc:

"Als meine Alten starben, sind wir drei Brüder gewesen: Angel Noriega, Carlos Noriega und Jesús Quemirojas. Und da kam Centromín, ein großes peruanisches Goldunternehmen und sein Ingenieur Darling Montoya. Er verjagte uns von unserem Land, von unserer Erde, auf der meine Vorfahren gelebt und gearbeitet haben, die meine Mutter mit ihrem Blut getränkt hat, um mich zu gebären und meine Geschwister. Und als wir uns wehrten, kam Darling Montoya mit Soldaten aus Pto. Maldonado und dem Kommandanten Aberrado Morales. Die waren bewaffnet von oben bis unten. Sie bedrohten mich mit ihren Gewehren, sie verpaßten mir Fausthiebe, sie warfen mich zu Boden. Und ich antwortete: Centromín ist nicht der Eigentümer meiner Erde. Ich bin ihr Eigentümer, weil ich schon vierzig Jahre hier lebe und weil meine Vorfahren hier gelebt haben. Es ist meine Erde.

Später haben sie vier Hütten niedergebrannt, die meine Alten gebaut haben. Wir hielten sie heilig wie unsere Mutter, aber diese Herren brannten sie nieder. Das ist Ungerechtigkeit des peruanischen Staates gegen die Eingeborenen. Auch wir sind Peruaner und sind stolz, es zu sein. Auch wir haben Fleisch und Knochen und können empfinden, nicht nur die Weißen.

Nachdem Centromín unsere Hütten zerstört und unser Land uns genommen hatte, haben wir uns flußabwärts angesiedelt, in Lagarto. Aber da kam eine ausländische Firma, ein japanisches Erdölunternehmen und danach kam die peruanische Kriegsmarine. Die ließ sich uns gegenüber nieder, sie auf dem linken Flußufer und wir auf dem rechten. Sechs Jahre haben sie uns wie Sklaven gehalten und meinen Kindern das Brot weggenommen. Oberst Frías, Oberst Bacson, Kommandant Odrilla. Mit ihren Maschinengewehren sind sie an den Strand gekommen und haben mich bei meiner Arbeit bedroht. In meine Hütte sind sie eingedrungen und haben die Gewehre auf meine Kinder gerichtet. Geschrien haben sie und mich gefragt, ob sie feuern sollen. Sie haben mich erpreßt. Sie haben erst zehn, dann zwanzig und dreißig, schießlich vierzig Prozent meiner Golderträge verlangt. Aber ich wasche kein Gold für den Oberst Frías und für den Kommandanten Odrilla. Ich wasche es für mich und meine Familie. Und es ist mein Recht und es gehört mir.

Ich bin viele Male in Pto. Maldonado gewesen, um mein Recht zu bekommen. Aber wie soll ein Eingeborener das alles verstehen? Diesen Papierkram, diese Formulare, diese Anträge und Unterschriften, diese Niederträchtigkeiten in allen Behörden? Wir verstehen das nicht, wir Eingeborenen. Wir wissen nicht, wie wir das machen sollen.

Wir als Indianer, geboren im Tiefland, wir wissen nicht, bei wem wir uns beklagen können. Wo denn? Es gibt zwar Behörden, aber wir wissen nicht, wie man sich beschwert, wo man hingehen muß: nach Lima, nach Cusco, nach Pto. Maldonado. Wir wissen einfach nicht, wo man das macht, wie man das macht, wie man sich beschwert...

Jetzt hat gerade wieder ein alferés (Angehöriger des Militärs, C.M.) von meinen Arbeitern Gold abgefordert, 15 Gramm, 30 Gramm, 40 Gramm Gold. Ich war gerade in Pto. Maldonado. Und da meine Arbeiter einfache Leute sind, noch niedrigerer Herkunft als ich, haben sie es hergegeen... Sie unterrichteten mich in Maldonado davon, daß die Marine so handelt.

Ich ging sofort zum Bergbauministerium und zum Präfekten. Der sagte mir: 'Die Militärs gehören in die Kasernen, dein Gold ist nicht für die Militärs.' Aber es ändert sich nichts. Oberst Frías forderte von mir 35 % dessen, was ich produziere. Aber ich arbeite doch nicht für Frías.

Als ich es ihm nicht geben wollte, hat er Krach geschlagen, mich bedroht. Seitdem können meine Kinder auch nicht mehr gegenüber in Lagarto zur Schule gehen. Wir holen doch zur Zeit auch nur 5 Gramm, 10 Gramm Gold raus. Es reicht gerade für unsere Kinder und um uns in dieser schwierigen Lage zu behaupten, zu nichts weiter.

Wenn die schlechte Witterung beginnt, wenn der Fluß ansteigt, können wir uns für drei bis vier Monate nur von den Produkten unserer Felder ernähren, Yuca und Bananen, Fisch und anderen Tieren, die eßbar sind. So können wir den ganzen Winter verbringen. Wir verdienten halt nicht beim Staat, wie die Marineangehörigen, die gut verdienen.

Diese Leute blasen sich auf, und uns halten sie so klein wie möglich..."

Interview mit Mario, einem aus Cusco stammenden Wanderarbeiter:

"El Señor Zanahoria siempre mataba gente por no pagar dinero por los noventa días. En el caso de que uno escapaba también mataba. El juez es pariente del señor Zanahoria no hace justicia... Y parte de Huamán (una familia de medianos mineros, C.M.) tambien comete abusos. Cuando se queja un obrero, no hace justicia.

Victor Leynes es el propietario de un denuncio de "Ultimo Minuto". El señor pues llevaba policía: a un teniente más tres policías para sacar la gente de su denuncio y esos invasores que trabajaban en el sitio del "Ultimo Minuto" y uno pues no quiere salir. El terreno han encontrado los invasores y no el dueño. El dueño va a manos limpias a trabajar sin hacer ningún sacrificio. Y entonces el Señor lleva policías y saca pues su denuncio y entonces el otro se defiende con machete, o escopeta. Así que se hace sólo con la fuerza armada, de espaldas a los policías, mas que no hacen nada al denunciante y dan un plazo de tres días, dos días. Dan plazo para que puedan salir los invasores. Después entra el dueño a trabajar así. Paga 1.500.000 al teniente, éste se encarga de pagar a los demás policías porque le ha hecho servicios de defensa.

Bueno, en el caso mío: Yo trabajé donde un minero Huamán que trataba mal a la gente, trabajé un mes. Vi la forma cómo escapar porque - ofrecía 250,-- Soles. Entonces, al final no pagaba a la gente; a los antiguos, que estaban allí, no les pagaba. Entonces me fui por el monte sin que me vieran, sino me hubiesen matado a mi también. Entonces cuando estuve con un pariente yo tenía alguién para defenderme. Entonces el Huamán ya no podía hacer nada va llevarme donde Zanahoria. No quería pagarme los 250,-- Soles, que me ha ofrecido de dos meses. Hay otras personas que escapan por balsas, se hacen - amarran con palo y se vienen por río. Cualquier persona sea Zanahoria o Alfonso Pérez, los matan, mas para que no vayan más abajo y se quejen de su salario.

Bueno, y en invierno prácticamente se trabaja 10 días o 5 días y de los días de lluvia no pagan. La mayoría trabaja por su comida no más, los demás días que uno está, no pagan. Son 150 días que uno puede trabajar para cumplir 90 días. Hay menores que trabajan también particularmente que uno no cumplen el mismo de su trabajo que pagan a otros personas porque la verdad es muy mala, uno tiene que esperar la voluntad del patrón mismo para recibir unos centavos. Es mejor trabajar cerca de un pueblo para poder defender la salud, contra el paludismo, o una enfermedad de uta que es incurable; ahora mismo no.

Los medicamentos que existen en el lugar no son para defender uta, ni infecciones, - médicos, veterinarios, no hay. Uno puede morir con una enfermedad de paludismo, uta, la más grave que hay para la salud. Les dejan así en campamento no más. Hasta que se van, está peor y lo entierran así por el monte no más, por las orillas del río lejos de su familia. No avisan a la familia. Mejor es enterrarlo callado y no hacen un otro gasto. Ya, después que uno avisaría la gente o a los familiares vendrían y harían lío y por ese motivo lo evitan.

Toda la gente de Juliaca, Cusco, bueno, Quillabamba, Sicuani, Oxangate, de todas las provincias o sea distritos, trabajan acá, en minería. Hablan quechua, hay otros que hablan castellano...

Sí, hay alcoholismo, hay bastante cerveza, cigarros y ron 'Cartavio' es lo más grave para la minería. Porque uno va, lleva sus bebidas allá pues. Todo 3 días, 4 días un minero pues gasta con su plata, entonces toda gente se pierde a cuenta del patrón, se emborrachan. Se agarran con botellas, lo rompen y con eso sigetiean por otras mujeres, cocineras, los que hay. Así, hacen lío.

A veces van las prostitutas con el permiso de las autoridades, bien respaldadas. Que si vienen solas pasan muchas cosas allí en la minería, porque no hay nadie que las defienda. Van dos o tres prostitutas, así en canoa - se quedan un mes, 15 días, 20 días. Despues, se van a otros sitios, río arriba, río Madre de Dios, pasando por otros campamentos, así todos los ríos, todos los campamentos, campamentos a otros sitios llegan, en otros descancan hasta tal punto del Colorado, que es allí, donde está el Banco Minero. Y allí se quedan 10 días, 15 días para regresar otra vez, así son.

Bueno, nosotros, cuando no trabajamos durante un mes o cuando no cumplimos 90 días, nos descuentan el gasto de surcada por canoa hasta la casa, 2 días, 3 días. Entonces durante ese tiempo gastamos viveres y nos descuentan pues una cantidad de dinero. Lo que resta un mes, 2 meses de trabajo a uno cuando quiere irse. Entonces prácticamente uno queda con 10.000,-- Soles, 15.000,-- Soles de sueldo nomás porque eso es lo que nos pagaban; 250,-- Soles. Los días que trabajamos nos pagan, los 250,-- Soles. Nada más."

Übersetzung des Interviews mit Mario, einem aus Cusco stammenden Wanderarbeiter:

"Mein erster patrón, Sr. Zanahoria, bezahlte seinen Leuten nach 90 Tagen oft nicht den Lohn. Er zwang sie, länger zu bleiben, und wenn sie fliehen wollten, erschoß er sie. Der Richter war ein Verwandter von ihm, deshalb passierte ihm nichts. Recht und Gerechtigkeit gibt es hier nicht. Genauso ist das bei dem Sr. Huamán. Er nutzt seine Arbeiter aus, und wenn sie sich beklagen, bekommen Sie nie Recht. Alle halten den Mund, weil er gute Beziehungen zu den Richtern hat.

Oder Sr. Victor Leynes; er ist Besitzer eines Nutzungstitels, das 'Letzte Minute' genannt wird. Dieser Herr holte sogar schon die Polizei: einen Einsatzleiter und drei Polizisten, um die Leute von seinem Gelände zu vertreiben. Aber diese Leute hatten schon seit langer Zeit auf dem Gelände der "Letzten Minute" gearbeitet. Sie wollten nicht gehen. Sie hatten den Claim entdeckt, sie hatten ihn gerodet und nicht der Besitzer der Konzession. Aber so ist das halt. Der Besitzer des Schürfrechts kommt dann mit sauberen Händen, um dort zu arbeiten, wo andere die Vorarbeit geleistet haben. Er holt die Polizei, um die Leute von seinem Claim zu vertreiben. Klar doch, die anderen verteidigen sich, mit Macheten, mit Flinten und daher muß er ja auch zusammen mit Polizisten anrücken, damit sie ihm nichts tun. Und dann gibt er den Leuten eine Frist von zwei, drei Tagen, oft sogar noch weniger, um den Claim zu verlassen. Und dann kommt der Besitzer des Schürfrechts, um dort mit der Arbeit zu beginnen. Er bezahlt dem Einsatzleiter 1.500.000,-- Soles, und die Sache ist geregelt. Er beauftragt diesen, auch die anderen Polizisten zu bezahlen, denn sie haben ihm ja Dienste erwiesen in der Verteidigung seines Terrains.

Gut, jetzt zu meinem Fall: Ich arbeitete im campamento des Sr. Huamán. Da bin ich nur einen Monat gewesen, und dann haben mir die anderen gesagt, die schon länger als drei Monate bei ihm waren, daß der patron nach Ablauf des Vertrages nicht bezahlen würde und daß er seine Arbeiter zwänge, länger zu bleiben. Da habe ich versucht, zu fliehen, flußabwärts, zu einem aus meinem Dorf, der in San Juan gearbeitet hat. Über den Fluß konnte ich nicht, der war bewacht. Ich habe mich dann mehrere Tage durch den Urwald geschlagen. Wenn die mich erwischt hätten, hätten sie mich auch erschossen.

Also dann kam ich zu dem Bekannten aus meinem Dorf, der hielt zu mir, und so hatte ich jemand, der zu mir stand. Also, so konnte der Sr. Humán mir nichts mehr anhaben und ebensowenig der Sr. Zanahoria, bei dem ich vorher gearbeitet hatte. Aber auch in dem neuen campamento gabs Streit. Sie wollten mir wieder nicht die 250,-- Soles zahlen, die sie mir am Anfang versprochen hatten. Tja, so ist das. Es gibt

sogar Arbeiter, die auf Flößen zu fliehen versuchen. Sie
binden sich am Floß fest und versuchen so, flußabwärts zu
fliehen. Sie wollen sich halt beschweren über die schlechten
Löhne, aber die patrones tun alles, um dies zu verhindern.

Es gibt Unternehmer, die ihre Arbeiter auch in der Regenzeit
unter Vertrag nehmen. Aber da können sie höchstens fünf oder
zehn Tage in einem Monat Gold waschen. Die übrigen, die Regentage, werden nicht mitgerechnet, die bezahlt der patron
nicht. Da kann einer 150 Tage und mehr arbeiten und froh
sein, wenn er sich überhaupt sein Essen verdient, bis er die
90 Tage erreicht, die der Vertrag vorschreibt. Es ist schon
besser, in der Nähe eines Ortes zu arbeiten, um sich zu
schützen, auch gegen Krankheiten. Krankheiten gibt es nämlich wie Sand am Meer in der Goldwäscherei - Malaria, Gelbfieber, weiße Lepra und eine Reihe von Infektionen. Ärzte,
Veterinärmediziner gibt es nicht. Impfungen, Medikamente,
eine Pflege in Krankheitsfällen, das kennen wir alles nicht
in den campamentos. Die Leute krepieren einfach, an Malaria
und Uta sterben die meisten. Die Toten werden irgendwo im
Urwald verscharrt. Ihre Familien erfahren nie davon. Dafür
geben die patrones ihr Geld nicht aus. Und Angst haben sie
auch, daß dann die Angehörigen kommen könnten und Streit anfangen, deshalb vertuschen sie es lieber.

Hierher kommen die Leute aus dem Hochland, aus Juliaca, Cusco, Quillabamba, Sicuani, Oxangate, aus all diesen Provinzen
oder auch Distrikten, um hier zu arbeiten, um ein bißchen
Geld in der Goldwäscherei zu machen. Sie sprechen quechua,
oft sprechen sie nur quechua. Es gibt wenige, die auch Spanisch sprechen.

Alkohol, Bier, Zigaretten, das ist hier ein großes Problem
in den campamentos. Alle drei, vier Tage hauen die Leute ihr
Geld dafür raus, kaufen sich eine Flasche Rum, besaufen
sich, fangen Händel mit der Köchin an und verschulden sich
immer tiefer bei ihrem patrón. Im Suff verwenden sie die ab-
gebrochenen Flaschenhälse als Waffe, um sich gegenseitig zu
verletzen. Oft gibt es Krach um Frauen, um die, die's halt
gerade da gibt.

Manchmal, wenn der patron es erlaubt, kommen auch Nutten die
campamentos besuchen. Sie müssen eine Erlaubnis von den lokalen Autoritäten haben, denn sonst würde ihnen in der Goldwäscherei zuviel passieren. Mit der staatlichen Erlaubnis
kommen sie in Kanus, oft zu zweit, zu dritt oder auch zu
viert und fahren die verschiedenen Arbeitslager der Goldwäscher ab. Sie bleiben oft einen Monat im Urwald, 15 Tage
oder 20 Tage, so um den Dreh. Dann fahren sie wieder an andere Orte, flußaufwärts. Den ganzen Río Madre de Dios besuchen sie, alle Arbeitslager, eins nach dem anderen bis hinaus zu dem Rio Colorado, zu der Stelle der Banco Minero.
Dort bleiben sie auch nochmal 10, 15 Tage und kehren dann
erst zurück. So ist das.

Ja, und wenn wir mal einen Monat nicht arbeiten können oder wenn wir unseren 90-Tage-Vertrag nicht auf den Tag genau erfüllt haben, ziehen sie uns die Ausgaben für die Anfahrt im Kanu ab. Mit dem Kanu fährt man oft zwei bis drei Tage, und das kostet viel, und während dieser Zeit verbrauchen wir ja auch Lebensmittel. Die patrones rechnen das genau zusammen, und was uns dann am Ende von 90 Tagen Arbeit bleibt, ist oft nicht mehr als 10.000 oder 15.000 Soles. Jeden Tag, den wir nicht arbeiten können, ziehen sie uns halt ab. So ist das. Mehr möchte ich nicht sagen."

Interview-Ausschnitt mit Paulo, einem 15jährigen Wanderarbeiter:

"Yo me llamo Paulo, tengo 15 años. Mi papa se llama Miguel Quispe Haro, mi mama se llamaba Rosa Huayllaní, soy de la comunidad de Santo Domingo, Adopea, Provincia de Acomayo. Viajé de mi comunidad con un amigo para ir a Lima, cuando llegamos al Cusco mi amigo fue a comprar pasajes y yo me perdí.

Caminando por la estación de San Pedro se me acercó una señora flaquita y me dijo: '¿Quieres trabajar?', y yo le dije, 'sí señora'. '¿Cuánto pagas?'
'1.500,-- Soles te voy ha pagar, tengo casa, mi esposo es médico, si te enfermas nosotros te vamos a curar, y poco a poco te voy a aumentar.' Yo así lo creí.
Me llevó al hotel, donde me hizo domir y también me dio comida.

El 2 de enero junto con 14 personas que trajeron de Abancay y de otros lugares, subimos a un camión grande, y yo le pregunté '¿Vamos a ir señora?' me dijo, 'sube nomás al camión'.
En el camión había bastantes herramientas, cerveza, comida. Yo sabía que venía a Puerto Maldonado. Después de tres días y tres noches llegamos a Laberinto y yo le dije '¿Aquí nomás vamos a trabajar?' 'No', me dijo la señora, 'sino más arriba, a una hora', así lo creímos todos.

Cuando comenzamos a viajar en canoa, las personas reclamaron fuertemente a la señora diciendo, '¿a dónde nos llevas?', casi la pegan, pero la señora tenía tres ayudantes que la defendieron y lograron dominar a todos.

Viajando por el río, todo era monte, el río era colorado, la canoa se iba de un lado para otro, pero más ibamos por los cantos. Yo estaba asustado, -¿a dónde me estarán llevando?- me decía.

La señora hizo bajar primero a 4 hermanos y después más arriba, a nosotros donde Constantino Huamán; este sitio se llamaba Pana Cocha (río Colorado). Aquí trabajé dos semanas rociando monte para sacar oro.

Me enfermé fuertemente con paludismo que había sido un sacudimiento, me curé con Aralén; Constantino (patrón) había sido mala gente; yo no me acostumbré, la comida era mala, fideos con plátanos fritos, el desayuno puro té, no había mote ni pan, por eso me vine a Laberinto. Cuando uno quiere irse lo dejan nomás.

En Laberinto me encontré con la señora de Mario Soto y me llevó a "Boca Amigo". Este sí era buena gente, la comida nomás era mala. Aquí trabajé un mes y una semana.

Un día cuando mi patrón estaba discutiendo con su señora en
la cocina me cayó una botella de gasolina sobre mi pie izquierdo, se prendió con la candela de la cocina y me quemé
fuertemente. El dolor no podía aguantar. Solito caminando
con sacrificio me vine a Laberinto, de ahí tomé un carro para Pto. Maldonado para internarme en el hospital.

Después de tres días que me quemé, vino mi patrón, había
traído a su señora al hospital para que la curen su pie que
se había malogrado. Mi patrón dejó 5.000,-- Soles para mi
curación, pero hace más de quince días que no viene."

Übersetzung des Interview-Ausschnitts mit Paulo, einem 15jährigen Wanderarbeiter:

"Ich heiße Paulo und bin 15 Jahre alt. Mein Papa wird Miguel Quispe Haro genannt, meine Mama heißt Rosa Huyallaní, ich bin aus der Communidad von Santo Domingo, Acopea, Procinz Acomayo. Als ich mit einem Freund aus meiner communidad nach Lima reiste, fuhren wir über Cusco. Mein Freund ging, um Fahrkarten zu kaufen, und dabei verirrte ich mich. Als ich so um den Bahnhof von San Pedro herumstrich, näherte sich mir eine Señora und fragte mich: 'Suchst du Arbeit?' Und ich sagte ihr: 'Ja Señora'. 'Wieviel zahlst du?'
'Ich werde Dir 1.500 Soles pro Tag bezahlen. Ich habe ein Haus und mein Mann ist Mediziner, so daß du, wenn du erkrankst, bei uns gut aufgehoben bist. Mit der Zeit werde ich dir auch deinen Lohn erhöhen.'
Ja, und ich glaubte ihr. Sie nahm mich mit zu einem Hotel, wo sie mir die Übernachtung und das Essen bezahlte.

Am 2. Januar bestieg ich zusammen mit 14 weiteren Personen, die sie aus Avancay und anderen Orten herbeigeholt hatten, einen großen Lastwagen, und ich fragte: 'Wohin fahren wir jetzt, Señora?' Sie sagte nur: 'Steig nur ein.' Auf dem Lastwagen gab es eine ganze Menge an Arbeitsgeräten, Bier, Nahrungsmittel. Nun wußte ich, daß wir nach Pto. Maldonado fahren würden. Nach drei Tagen und zwei Nächten kamen wir in Laberinto an, und ich fragte sie: 'Also hier werden wir arbeiten?'
'Nein', antwortete mir die Señora, 'du wirst noch weiter oben arbeiten. Noch eine Stunde.' Und ich glaubte ihr mal wieder.

Als dann die Reise in einem kleinen Boot flußaufwärts begann, beschwerten sich die Leute heftig bei der Señora und sagten: 'Wohin schleppst du uns denn?' Sie wollten die Señora schlagen, aber sie hatte drei Helfer dabei, die sie verteidigten und uns alle unter ihre Gewalt brachten.

Wir reisten auf dem Fluß, mitten im Urwald, der Fluß war lehmbraun gefärbt, und das Boot schwankte von einer Seite zur anderen. Aber meist fuhren wir an den Ufern entlang. Ich hatte eine unheimliche Angst und dachte mir: Wohin nur werden die uns bringen?

Die Señora ließ zuerst vier Brüder aussteigen. Wir anderen fuhren noch weiter bis zum Goldwäscherlager von Constantino Huamán, am Río Colorado. Dort arbeitete ich zwei Wochen lang, indem ich den Urwald rodete, um Gold zu suchen.

Ich wurde sehr krank mit Gelbfieber und hatte wahnsinnige Schüttelfröste. Ich heilte mich mit Aralin. Constantino, der Patrón, war ein schlechter Mensch. Und ich gewöhnte mich nicht an den Urwald, nicht an die Ernährung, die sehr schlecht war, Bohnen und Bananen zum Frühstück und Tee. Nie gab es mote, nie Brot. Um sowas zu essen, mußte man nach Laberinto fahren. Wenn jemand gehen wollte, ließen sie ihn gehen, aber zahlten ihm nicht den Lohn.

In Laberinto traf ich die Señora María Soto. Sie nahm mich mit zu einem anderen Goldwäscherlager, Boca Amigo genannt. Sie war ein guter Mensch, nur die Verpflegung war auch dort sehr schlecht. Hier arbeitete ich einen Monat und eine Woche.

Eines Tages, als der Patrón gerade mit seiner Frau in der Küche stritt, fiel mir eine Flasche mit Benzin aus den Händen, zerbrach, und das Benzin ergoß sich über meine Füße, entzündete sich durch das Herdfeuer, und ich zog mir schwere Verbrennungen zu. Der Schmerz war kaum zum Aushalten. Ganz alleine schleppte ich mich unter Mühen bis nach Laberinto, von dort nahm ich einen Wagen, der mich nach Pto. Maldonado ins Krankenhaus brachte.

Erst nach drei Tagen kam der patrón mit seiner Frau, weil sie sich auch verbrannt hatte. Der patrón ließ 5.000 Soles für meine Heilung zurück, und dann verschwand er für immer."

Interview-Ausschnitte mit drei Wanderarbeitern aus Sicuani:

"Fui como voluntario acompañando a mi hermano a las minas, allá hemos trabajado fuerte, hemos visto que a otros no les han pagado ni pasaje, los días domingos hacemos faena trayendo lena y despues con el tiempo que nos queda nos dedicamos a lavar nuestras ropas y jugamos.

Hemos estado encerrados como en el cuartel, no había camino, no hay nada, no hay justicia, mueren como perros, de las 28 personas que trabajaban hemos quedado 15, el resto se han venido enfermos, vomitando sangre, no hay canoa, todo está cerrado. Los días feriados comemos como perros, cuando uno se pasa una o dos horas no pagan el día, y si no se hace faena le descuentan un día. A veces cuando uno se enfermó, el dueño al momento de darnos una pastilla nos carajean de vago. En el trabajo uno se enferma con fiebre amarilla, paludismo, allá no hay medicinas, no hay posta, no hay nada. Mi patrón era de Sicuani, de apellido Quiñones, ahora ha estado llamando a sus hijos por radio a Pukiri, vive en el pasaje Sucre, sus hijos son unos perros, gramputean (reniegan, C.M.) lo que quieren a los trabajadores, en las noches no nos alumbramos con nada. Allá nos chupan la sangre los murciélagos y nos enfermamos con paludismo, con la fiebre amarilla. Cuando le muerden los murciélagos uno no se da cuenta. Las pulgas también entran a los pies y a uno lo joden, da ganas de llorar. A estos trabajos yo ya no quiero regresar, para experiencia ya está bien."

"Viajé en el mes de febrero, en este mes hay agua en los cerros, se trabajan en cumbre con motobomba. Para los contratos a veces viene el patrón a Sicuani. Yo firmé el contrato ante el Notario. Es un engaño eso de 90 días, cuando uno ha cumplido los 90 días, el patrón nos dice, no hay plata. Sin querer nos tenemos que quedar hasta cuando el patrón lo quiere. Allá trabajamos de 6 a.m. a 6 p.m. de la tarde. No hay feria, tenemos que hacer faenas los domingos trayendo lena. Después de eso podemos lavar nuestras ropas. Allá no hay donde quejarse, uno puede quejarse en Pto. Maldonado, pero es imposible, la plata se termina y no hay para pagar al abogado.

En las mañanas tomamos desayuno con yuca o con un poco de mote. Las enfermedades son fuertes, uno puede enfermarse con anemia, con tornillo, chapetonadas, piojos que se meten dentro de la carne, especialmente dentro de las uñas de los pies. Otros compañeros mueren al regresar a sus tierras por las enfermedades y el mal trato. Los remedios solamente los tiene el patrón, incluso nos decuentan de la perdida de cucharas, nos descuentan cuando no cumplimos los 90 días. Por el mal tiempo de las lluvias que no dejan trabajar.

Allá no se cumplen los contratos de trabajo por la humildad del trabajador, y también porque las autoridades son compadres de los patrones. Si no hacemos faenas de medio día, nos descuentan un día de comida y de trabajo. Cuando uno se queja al Ministerio de Trabajo de Pto. Maldonado sólo hay injusticia de parte de las autoridades. Allá hay mucha esclavitud."

"Yo no firmé contrato. Yo fui así por mi cuenta, porque yo me di cuenta del engaño que hacían en la montaña. Cuando fui trabajé solamente 20 días, porque trataban muy mal a los trabajadores, por eso me retiré, solamente era un campamento hecho de plástico para dormir, no había ni una hora para almorzar. Allá me descontaron la mitad de los alimentos y tuve que regresar como ayudante de carro. En la mina trabajé como carretillero. Allí no hay justicia, no hay donde quejarse. A los canoístas les aconsejan que no nos lleven, de lo contrario les descuentan a ellos y hasta los llevan a la Inspección de Trabajo para que paguen por la fuga de algún trabajador, que no pudo soportar las condiciones de trabajo en estos lugares. Para salir de la empresa lloré y tuve que rogarle para que me traiga al canoísta. Estuve enfermo, el cuerpo se me había hinchado, por eso nomás me dejaron salir. Tratan muy mal en la montaña. La alimentación es a base de arroz, fideos, atún, trigo machacado, té, con un segundo, a veces de mote, generalmente era plátano con arroz; y en las tardes la comida solamente era un plato de sopa con su motecito."

"La alimentación allá en la montaña es a base de chaquepa, a la hora del almuerzo y de la comida nos dan pura chaquepa, hasta tres platos, nos llenamos pero no nos alimenta. Los domingos a veces nos dan arroz con porotos."

"En Huaypetue los patrones hacen trabajar duro. La comida es como para chancho. En cambio ellos tienen hasta tres o cuatros carros y hacen trabajar con 40 y 50 peones. Hacen trabajar como a animales, todos los días nos dan chaquepa y fareña. La fareña es de yuca, lo convierten en harina y nos dan en el desayuno, es como el aco."

Übersetzung der Interview-Ausschnitte mit drei Wanderarbeitern aus Sicuani:

"Ich bin freiwillig in die Goldwäscherei gegangen, um meinen Bruder zu begleiten. Dort mußten wir sehr hart arbeiten. Sahen, wie anderen nicht der Lohn bezahlt wurde und noch nicht einmal die Rückfahrkarte. An den Sonntagen mußten wir die faena ableisten, Brennholz sammeln. Da blieb uns nur noch wenig Zeit, um unsere Sachen zu waschen und ein bißchen Fußball zu spielen.

Wir lebten dort wie Gefangene in einem Gefängnis, es gab keinen Weg, es gab keinen Ausweg, es gab keine Gerechtigkeit, du stirbst da, schlimmer als ein Hund. Von den 28 Personen, die dort arbeiteten, sind nur 15 geblieben. Der Rest ist krank geworden, spuckte Blut, und dann gab es keine Boote, man war wie eingeschlossen. An den Feiertagen war die Nahrung so schlecht wie Hundefutter. Wenn es einem Arbeiter einmal schlecht ging für ein oder zwei Stunden, dann wurde ihm gleich der ganze Tag abgezogen. Und wenn man nicht bei der faena mitmachte, zogen sie ebenfalls einen Tag ab. Manchmal, wenn einer erkrankte, gab der patron ihm Medikamente und beschimpfte ihn aber gleichzeitig als Faulenzer. Während der Arbeit erkrankten viele an Malaria und Gelbfieber. Dort gibt es keine Medizin, keinen Sanitätsposten, einfach nichts. Mein patron war ebenfalls aus Sicuani, Quinones genannt. Jetzt läßt er gerade seine Söhne per Radio rufen. Die leben hier noch in Sucre und sind einfach schlimmer als Hunde, legen sich mit jedem an und beuten die Arbeiter brutal aus. In den Nächten gab es kein Licht, wir mußten so im Dunkeln schlafen, und dann kamen die Fledermäuse und saugten Blut und übertrugen so Malaria, mit dem Gelbfieber kann man auch nur ein paar Tage leben.

Wenn einen die Fledermäuse annagen, merkt man das erst einmal gar nicht; Flöhe gabs auch jede Menge, und vor allen Dingen an den Füßen tat es oft so weh, daß man heulen mochte.

Zu diesem patrón möchte ich jetzt nicht mehr zurückkehren. Das reicht mir als Erfahrung."

"Ich reiste im Februar in die Goldwäscherei. Dies ist der Monat mit reichlich Wasser, so daß wir auch in dem hügeligen Gebiet arbeiten konnten, auch mit Motorpumpen. Um uns anzuwerben, kam der patrón sogar selbst nach Sicuani. Ich hatte sogar einen Vertrag unterzeichnet, vor dem Notar. Aber trotzdem war es ein großer Betrug, das mit den 90 Tagen, denn als ich die 90 Tage erfüllt hatte, sagte uns der patron, daß er kein Geld habe. Ohne zu wollen, mußten wir weiter beim patron arbeiten, nach seinem Willen. Dort arbeiteten wir von 6 Uhr früh bis 6 Uhr abends. Es gab keinen Feiertag, keinen Sonntag. Wir mußten faenas am Sonntag ableisten, um das

Brennholz herbeizuschaffen. Danach wuschen wir unsere Wäsche. Dort gab es niemand, wo man sich hätte beklagen können, man könnte sich beklagen in Pto. Maldonado, aber man hat einfach nicht das Geld und nicht die Zeit und kann sich keinen Rechtsanwalt nehmen.

Am Morgen nahmen wir ein Frühstück zu uns, das nur aus Yuca mit ein bißchen mote zubereitet war. Wir Arbeiter erkrankten oft schwer, an Blutarmut, an offenen Wunden, an Flöhen, die sich in das Fleisch setzen, besonders zwischen die Fußnägel. Ein paar andere Kollegen starben auf dem Rückweg in ihre Heimat aufgrund dieser schweren Krankheiten und der schlechten Behandlung, denn Medikamente hat nur der patrón. Vom Lohn zog man uns auch noch das Geld ab für das Besteck, das wir dort im Arbeitslager benutzten; auch Regentage, die wir nicht arbeiten konnten, zog man uns ab."

"Dort im Busch erfüllen sie nicht die Arbeitsverträge, achten nicht die Würde des Arbeiters, und auch von den Autoritäten sind alle durch die patrones gekauft. Wenn wir keine faenas für den patrón machen, ziehen sie uns Arbeitstage ab, geben uns nichts zu essen. Wenn einer sich beschwert beim Arbeitsministerium in Pto. Maldonado, erfährt er nur Ungerechtigkeiten. Dort geht es noch zu wie in der Sklavenhalterei."

"Ich hatte überhaupt keinen Vertrag, ich ging nur so, ohne Vertrag. Ziemlich schnell wurde mir klar, wie wir dort im Busch betrogen werden. Im ersten Lager arbeitete ich nur 20 Tage, weil sie uns Arbeiter so schlecht behandelten. Da zog ich mich zurück. Unser campamento bestand nur aus Plastik, das als Dach diente, um darunter zu schlafen. Wir hatten nicht einmal eine Stunde Zeit zum Mittagessen. Die Hälfte der Lebensmittel, die ich verzehrte, wurden mir von meinem Lohn abgezogen. Ich bin dann ohne Geld aus dem Lager geflohen. In der Goldwäscherei arbeitete ich als carretillero (Schubkarrenschieber). Dort gibt es keine Gerechtigkeit, dort gibt es niemanden, bei dem man sich beklagen kann. Um zu fliehen, brauchte ich ein Boot, das mich mitnahm. Aber es ist sehr schwierig, eins zu finden, weil die patrones es verboten haben; und nur weil ich weinte und flehte und bettelte, nahm mich ein Bootsbesitzer mit. Ich war krank, sehr krank, mein Körper war angeschwollen. Nur deshalb hat er mich mitgenommen, sonst hätte er mich im Wald gelassen. Sie behandeln einen so schlecht im Wald. Die Ernährung besteht fast nur aus Reis, Bohnen, Thunfisch, ein bißchen zerstampftem Weizen, Tee, und manchmal ein bißchen mote (gekochte Maiskörner, C.M.). Außerdem gab es oft Bananen mit Reis. Am Nachmittag haben wir oft nur einen Teller Suppe mit mote gegessen."

"Die Ernährung im Urwald besteht praktisch nur aus chacepa, zum Mittagessen gibt man uns davon einen Teller voll, oft bis zu dreimal, damit wir uns den Bauch füllen. Nur Sonntags bekommen wir manchmal Reis mit Bohnen."

"In Huaypetue lassen uns die patrones sehr sehr hart arbeiten und geben uns dabei nur Schweinefraß. Dagegen besitzen sie oft drei bis vier Lastwagen und arbeiten mit 40 bis 50 Peones. Sie behandeln uns wie Tiere, alle Tage lang bekommen wir nur chacepa und fariña (chacepa ist ein Nahrungsmittel aus Weizen, und fariña ist Yucamehl). Die fariña wird aus Yuca hergestellt, sie verarbeiten sie wie Mehl und machen uns daraus das Frühstück, es schmeckt wie aco (Weizenmehl, C.M.)"

Interview-Ausschnitt mit Vicente, einem Wanderarbeiter aus Checán:

"Me contrataron por tres meses, pero he trabajado sesenta días. El trabajo es duro, mucho mas duro que el trabajo en el campo. Soy de Checán, tengo 41 años de edad y toda mi vida me dediqué a la agricultura. Acepté la propuesta porque me ofrecieron una serie de ventajas y, además, un jornal que me serviría para ahorrarlo. He dicidido regresar a mi tierra, donde no me falta un plato de comida. Hay muchos que creen que aquí se puede hacer plata, pero eso no es cierto. Al final dan lo que les da la gana. No tengo la intención de hacer ninguna denuncia. Para qué, mejor me voy tranquilo."

Übersetzung des Interview-Ausschnitts mit Vincente. einem Wanderarbeiter aus Checán:

"Sie heuerten mich für drei Monate an, aber ich arbeitete nur 60 Tage. Die Arbeit war sehr hart, viel viel härter als die Feldarbeit. Ich bin nämlich aus Sicuani, 41 Jahre alt, und mein ganzes Leben habe ich in der Landwirtschaft verbracht. Ich habe die Arbeit im Urwald nur angenommen, weil sie eine Reihe von Vorteilen zu haben schien, zudem war der Tageslohn sehr hoch, und ich dachte, daß ich davon etwas sparen könnte. Aber ich entschloß mich jetzt, in meine Heimat zurückzukehren, wo mir nie ein Teller mit Nahrung fehlt. Viele meinen, daß man im Urwald Geld machen kann. Aber das stimmt einfach nicht. Am Ende des Arbeitsvertrags geben sie dir oft nur den Lohn, zu dem sie Lust haben. Anzeigen werde ich meinen patrón nicht. Wozu auch? Es nutzt sowieso nichts."

Interview-Ausschnitt mit Daniel, einem Wanderarbeiter aus Canchis:

"Acabo de llegar, vengo de Canchis, en donde no hay ocupación para nadie. He terminado mis estudios de técnico agropecuario en el Instituto Nacional No. 130. Tengo actualmente 19 años de edad y he aceptado trabajar en los lavaderos de oro, porque necesito dinero para ayudar a la mantención de mi familia. He escuchado cosas raras, pero quizás a mí me vaya mejor. Voy a ganar 2 mil soles diarios y, además, me darán casa, comida. Me han pagado el pasaje de venida. También me darán el de regreso. Voy a trabajar tres meses. Soy joven y si tengo suerte, con lo que ahorré pienso dedicarme después a la búsqueda del oro."

Übersetzung des Interview-Ausschnitts mit Daniel, einem Wanderarbeiter aus Canchis:

"Ich bin gerade erst angekommen. Und zwar komme ich aus Canchis, wo es keine Arbeit gibt, für niemand. Ich habe gerade meine Ausbildung als Landwirtschaftstechniker beendet im Instituto Nacional No. 130. Ich bin gerade 19 Jahre alt und habe diese Arbeit als Goldwäscher akzeptiert, weil ich dringend Geld brauche, um zum Unterhalt meiner Familie etwas beizutragen. Ich habe von eigenartigen Dingen gehört, aber ich glaube, daß es mir besser gehen wird. Ich werde dort 2.000 Soles täglich verdienen und zusätzlich geben sie mir noch die Verpflegung und Unterkunft. Sie haben mir auch schon die Herreise bezahlt, und ebenso werden sie mir die Rückfahrt bezahlen. Ich werde drei Monate arbeiten. Ich bin halt noch jung und wenn ich Glück habe, kann ich mich, wenn ich etwas Geld gespart habe, selbständig machen, um als selbständiger Goldwäscher zu arbeiten. "

Interview-Ausschnitt mit María, einer 16jährigen Wanderarbeiterin aus Cusco, die als Köchin in einem Goldwäschercampamento arbeitete:

"Yo estaba sentada en la puerta de la Iglesia de San Pedro de Cusco y se me acercó una señora ofreciéndome trabajo de cocinera en Pto. Maldonado. Me ofreció pagar 45.000 Soles mensuales. Después me llevó a su casa y al tercer día junto con otras 7 personas me llevaron a Pto. Maldonado. Viajamos 6 días y 6 noches. Llegamos a Laberinto y de allí nos llevaron por canoa hasta Fortunachayoc, viajamos con la misma señora. De allí en una hora llegamos al campamento. Allí trabajaban como 35 personas. Apenas yo llegué, la cocinera que trabajaba se fue; tenía que levantarme a las 3 de la mañana para hacer el desayuno, luego preparaba el recado para el almuerzo, que tenía que estar listo para las 12 del medio día, después de hacer el lavado de las cosas del almuerzo inmediatamente preparaba el recado para la cena que tenía que estar lista para las 5 de la tarde, luego de lavar las cosas, hago el recado para el día siguiente. Yo duermo a las 12 de la noche y a las 3 de la manana tenía que levantarme otra vez para hacer el desayuno con mote, para el segundo hago frijol con arroz. El patrón mismo controlaba el trabajo, no sé cuánto ganaban los hombres.

Allá otros se enferman, yo me enfermé a los dos meses, mis manos y mis pies se hincharon por la picadura de los moscos, me dio chapetonada, el dueño me llevó a la posta médica de Pto. Maldonado.

En Fortunachayoc me asustaron las serpientes, tuve miedo, pero tenía que quedarme para cumplir la contrata. Cuando yo estuve allí, uno murió y lo llevaron al monte para enterrarlo, creo que le dio chucco (paludismo o fiebre amarilla, C.M.), temblando murió, tenía 45 años, se llamaba Tomás Romero Huamán, era de Calca, en el monte lo entierran así nomás.

Para el almuerzo tenía que poner 4 papas y para la comida también 4 papas, eran grandes, tenía que hacer alcanzar, si no el dueño me descontaba. Cuando el patrón tiene su panadería y los peones no le consumen mucho, bajan a sabiendas la ración y por el hambre los peones tienen que endeudarse más, por que se ven obligados a comprar a precios altos.

El dueño me daba pastillas que tenía que tomar todos los días para no enfermarme, no sé el nombre de estas pastillas".

Übersetzung des Interview-Ausschnitts mit María, einer 16jährigen Wanderarbeiterin aus Cusco, die als Köchin in einem Goldwäschercampamento arbeitete:

"Ich saß am Eingang der Kirche San Pedro de Cusco, als sich mir eine Señora näherte, sie bot mir an, als Köchin in Pto. Maldonado zu arbeiten gegen eine Entlohnung von monatlich 45.000,-- Soles. Sie nahm mich mit in ihr Haus, und am dritten Tag fuhr ich zusammen mit sieben weiteren Personen nach Pto. Maldonado. Wir reisten sechs Tage und sechs Nächte. Wir kamen in Laberinto an, und von dort brachten sie uns per Boot bis nach Fortunachayoc, immer in Begleitung der gleichen Senora. Von dort mußten wir noch eine Stunde zu Fuß laufen, bis wir zu einem Arbeitslager kamen. Dort arbeiteten ungefähr 35 Leute. Mit meiner Ankunft ging die dortige Köchin. So mußte ich um drei Uhr früh aufstehen, um das Frühstück für die Arbeiter zu bereiten. Dann begann ich mit den Vorbereitungen des Mittagessens, das um 12 Uhr mittags fertig sein mußte. Wenn ich gerade fertig war mit dem Abwasch, mußte ich schon wieder mit der Vorbereitung der Abendmahlzeit beginnen, die um 5 Uhr am Nachmittag an die Arbeiter verteilt wurde. Und dann mußte ich wieder abwaschen und schon die Sachen für den nächsten Tag vorbereiten. Ich schlief nur von Mitternacht bis drei Uhr früh, denn dann fing ja schon wieder die Vorbereitung für das Frühstück an, mit mote, und als zweites Gericht Reis mit Bohnen. Der patron selbst kontrollierte die Arbeit, ich weiß nicht, wieviel er an die Männer zahlte.

Dort wurden sehr viele krank. Ich selbst erkrankte auch nach zwei Monaten. Meine Hände und meine Beine schwollen an durch die Mückenstiche. Es entwickelte sich zur Schapedonada (einer Krankheit, bei der die offenen Wunden nicht mehr verheilen, C.M.), und mein Chef brachte mich zum Sanitätsposten in Pto. Maldonado.

In Fortunachayoc erschreckten mich oft die Schlangen, ich hatte Angst vor ihnen, aber ich mußte ja dort ausharren, um meinen Vertrag zu erfüllen. Während der Zeit, die ich dort arbeitete, starb einer der Arbeiter. Sie trugen ihn in den Wald, um ihn dort zu beerdigen. Ich glaube, er war an Gelbfieber gestorben. Er war nur 45 Jahre alt, kam aus Calca (Cusco), und sie begruben ihn so einfach im Wald, einfach nur so.

Für die Essenszubereitung erhielt ich jeweils vier Kartoffeln pro Person, sowohl für das Mittagessen vier Kartoffeln wie auch für das Abendessen. Es waren große Kartoffeln, die ausreichen mußten. Aber wenn es nicht ausreichte, zog mir der patrón dies vom Lohn ab. Wenn der patrón z.B. eine eigene Brotbäckerei hat und seine peones nicht genug konsumieren bei ihm, kürzt er einfach die Essensrationen, damit sie mehr Hunger haben und sich bei ihm verschulden, denn sie müssen dann sein Brot kaufen zu hohen Preisen.

Der patrón gab mir auch Pillen, um nicht zu erkranken, ich kann mich nicht mehr an den Namen dieser Pillen erinnern."
(Nach der Beschreibung waren es wahrscheinlich Antikonzeptiva, C.M.)

Interview-Ausschnitt mit Juan, einem 29jährigen Wanderarbeiter aus Sicuani:

"Yo vivo con mis padres y ellos no me dan nada, tengo poca chacra, soy pobre por eso voy a trabajar a la montana, solamente gano para alimentar a mi familia, mi esposa y mis hijos; aquí no hay trabajo por eso tengo que volver a ir a la montaña. La primera vez fui con mi vecino. Como aquí no había trabajo tuve que ir nuevamente.

Si me enfermo en la montaña el dueño me da medicinas, cuesta 3.600,-- Soles una inyección, cuando me enfermé me cobraron 200.000,-- Soles. Esa fecha fui sin contrata escrita, fue verbal nomás. Yo fui con el patrón de Sicuani. El patrón me ha pagado todo, pero me ha descontado todo lo que he comido. Las contratas de 90 días no se cumplen, a veces se trabaja cuatro días a la semana cuando uno se enferma, otras veces llueve mucho, total el final los 90 días lo cumplimos después de 4 meses. Cuando hay oro, se compran las cosas y cuando no hay no se come nada, una gaseosa en la montaña vale 500 Soles (en 1982, C.M.). En el monte nos curamos nosotros mismos con yerbas del monte, como el caña-caña, el moco-moco y cuando pedimos medicinas el patrón nos da a cuenta de nuestro trabajo. Allá nosotros vivimos como en el cuartel, es un campamento para 20 personas, en estos campamentos son donde dormimos."

Übersetzung des Interview-Ausschnitts mit Juan, einem 29jährigen Wanderarbeiter aus Sicuani:

"Ich lebe zusammen mit meinen Eltern. Aber sie sind sehr arm und sie können mir nichts geben. Ich habe nur ein kleines Stück Land, ich bin arm, deshalb arbeite ich im Urwald. Ich verdiene nur soviel, um meine Familie, meine Frau und meine Kinder, davon zu ernähren; im Hochland gibt es keine Arbeit, deshalb kehre ich immer wieder in den Urwald zurück. Das erste Mal ging ich zusammen mit meinem Nachbarn, der hier in der Nähe wohnt, denn wir fanden beide keine Arbeit.

Wenn ich im Urwald erkranke, erhalte ich die Medizin vom patrón. Das kostet mich 3.600 Soles, nur eine Injektion. Als ich einmal erkrankte, verlangte er von mir 200.000 Soles. Damals hatte ich keinen Vertrag unterschrieben, es war nur ein mündlicher Vertrag, ich war mit einem patrón aus Sicuani in die Goldwäscherei gefahren. Der patrón hat mich zwar bezahlt, aber er hat mir alles abgezogen, auch für die Ernährung. In der Regel werden die Verträge auf 90 Tage von den patrones erfüllt. Oft arbeitet man halt nur vier Tage in der Woche, weil man krank wird, oder weil es zuviel regnet, und dann sagt einem der patrón nach 90 Tagen, daß man noch einen Monat arbeiten müßte. Wenn der patrón Gold gefunden hat, kauft er davon Lebensmittel, aber wenn es nicht so ist, dann hatten wir eben nichts zu essen, und das Leben im Busch ist teuer. Eine Limonade kostete 1982 500 Soles (1982, C.M.).

In der Regel heilen wir uns im Urwald mit Kräutern des Urwaldes, Gräsern, Heilpflanzen, wie der caña-caña oder der moco-moco. Wenn der patrón uns Medizin gibt, zieht er es immer vom Lohn ab.

Im Busch leben wir wie in einer Militärgarnison, es ist ein Arbeitslager mit 20 Personen, und in diesem Lager schläft man, ißt man, arbeitet man."

Interview-Ausschnitt mit Manuel Pacheres, dem Mann, der Gold an dem Ort, der später 'Fortuna' genannt wurde, im Urwald entdeckte und als pequeño minero arbeitete:

"Bueno, ese asunto del oro, siempre tenía esa idea. Estuve trabajando madera, había un sitio del que siempre sospechaba algo. Claro que pasaba siempre por allí... la madera costó medio sol el pie. Bueno, pues, yo andaba precipitado, sin recursos, sin nada. No tenía ningún medio para trabajar placeres. Empecé a trabajar, sólo con un hijo quien empezó a cazar y vendía la carne a los mineros de la playa y con eso compraba mis víveres. Comencé a trabajar. Bueno, al fin encontré una mancha de cedro, le puse a tronquear. Vino mi familia y siempre estuve por allí. Siempre oía cierto ruido, a veces me hablaban. ?Qué será? pensaba. Pero al mismo tiempo pensaba en la deuda que yo tenía. ?Cuándo pagaré ese medio millón? Ahora medio millón no es nada, pero antes medio millón era plata; eso me tenía preocupado.

A veces quize escaparme. Después decía !no!, a mis hijos no los dejo en la calle sin garantía. Entonces me decidí a trabajar nomás y me paraba siempre en la noche por este camino un rato y soñaba pues. Una viejita me decía: 'Qué ha sido, por qué siempre tu te asentabas a un palo en el monte y estás pensando. Entonces, ?qué haces pensando acá?' me dijo. 'Bueno', le dije, 'señora yo estoy aquí, no sé como pagar la cuenta.' 'Bueno' me dijo, 'que la suerte está en un palo volteado por donde andas siempre, allí escavas y ya está pues, !suerte!' me dijo. Un día por allí pasando me acordé del sueño y así que había un palo volteado. Me metí la machete y chiquía pues en el cascajo y lo que veía allí, lo veía amarillo. Buen oro había, amarillaba mi mano nomás. Bueno, me dije, primero voy a pagar mi cuenta, después voy a venir a trabajar, y decidí. Así era. Pedía ayuda del Banco Minero, pero primero estaba yendo haciendo pico por allí y por allá. Bueno, entonces como estaba troceando, llevé a un compadre, para que trabaje de obrero. Con eso iba a bajar, iba a cazar y a hacer madera.

'Compadre, Marino', le dije, 'mira compadre, yo me voy a hacer madera ... Yo voy a enseñarte un sitio donde hay harto metal y harta caza, allí hay un paradero de los animales.' - Lo llevé y justamente en este sitio encontramos huanganas, les matabamos, 2 para cada uno y descansabamos un ratito. Entonces le dije: 'Mire, compadre, primero voy a terminar a pagar esto. El año que viene ya en el próximo verano hacemos chacras, sembramos yuca, plátano, criamos chanchos. Tu no vas a avisar a nadie que hay este sitio donde hay oro.' 'Bueno, compadre', me dijo, 'tú me estás haciendo un favor...'- Y resulta que apenas le dije, él se fue a buscar este sitio y lo encontró. Y cuando yo regresé de acá ya se metió como minero, claro pues... capitalistas... Entonces yo crucé y de allí vino la broma. Me ha denunciado ante las au-

toridades que yo soy abusivo, uuuh! Féamente! Así que nos
quisieron matar, meter bala. Entonces le dije: 'Tú te quedas
aquí, yo me voy por allá al ingeniero del Banco Minero.' Me
vine al ingeniero... 'Pasa ingeniero', le dije, 'aquí no hay
justicia.' - ' No, es así', me dijo. Vino a la Guardia Civil... Bueno, ya a las 3 de la mañana partimos ya. Nos fui-
mos a ver este sitio... Este yo enseñaba a estos señores...
Entonces todos estaban emocionados, al menos el ingeniero.

'Bueno', me dijo, 'entonces se les daría 15 metros cada parcela.' Yo le dije: 'Ingeniero, entonces porqué no les darían
10 metros, porque mucha gente nesecitan tantas parcelas.'
- Entonces las autoridades aceptaron, bien. Resulta que vinieron las autoridades para emparcelar.

De ahí terminaban el pleito, seguimos trabajando y empezó a
entrar la gente de arriba, de allá, de todos sitios... Todos
iban a venir. Yo era el padre. Todos los que venieron, vinieron a mí. Todo está ya emparcelado. Pero así agarraban
una parte de tierra y empezaron a escavar todo el río, pero
en el monte hay más oro... para sacar 3-4 gramos de oro...
ya no hay más. Bueno, claro, con maquinarías así ya tiene
otro pensamiento de trabajo, porque trabajan más material
siempre. Entonces sale más oro. En una playa estaría bien
200 carretillas. Entonces es posible botar hasta 450, entonces salían 20-22 gramos. Más material que se lava, entonces
hay más producción. Otro es con maquinarías, porque con maquinarías se puede lavar miles de carretillas de tierra diarias, por lo menos se puede contar con kilos de oro. Porque
hay sectores que pueden dar un kilo. Por la diferencia es
que hay partes buenas y partes pequeñas. Entonces el ingeniero empezó a hacer exploración, por el centro, por arriba,
hacer trochas, invitar gente, emparcelar, hacer los títulos,
etc..

Bueno, el Banco Minero ha venido en, no me recuerdo bien, en
1969 por allí más o menos. Pero el Banco Minero nos ha pro-
tegido bien, pero una vez que el gobierno entró y metió este
Ministerio de Energía y Minas se convertió en un desastre.
Por ejemplo cuando se exploraba un corrido, todo el mundo
era dueño, vinieron al ingeniero, -'ya te doy tantos millones, quiero que usted me dé'. Cuando venía el que lo encon-
traba, ya estaba el contrato. El ingeniero no hacía justicia. Y si uno no quería hacer eso, entonces ... al último
estaban guardias que les botaban, hacían abusos, decomisaban
sus herramientos, los peleaban, estaban allí esos.Eso fue en
Fortuna, y en muchos sectores.

En Fortuna nomás he trabajado, donde he estudiado el terreno. Y de ahí me salía por allí, por allá, porque a mí me
gustaba ser libre..."

"En ese tiempo cuando usted entraba a ese lugar, ?quiénes
estaban sacando? ?De dónde eran?"

"Bueno, de arriba, de las playas. Era gente de afuera, pero de acá también. Todos trabajaban."

"?Cuánto han sacado en esta epoca de los márgenes de este río?"

"Bueno, cuando estuve trabajando en la primera etapa, había playas donde sacaban hasta un kilo por semana haciendo pozo; en este tiempo trabajan cargando en latas, haciendo en la tolva. Así sacaban un kilo por semana. Ahora que se trabajaba con carretillas y todo, daba más. Pero se ha terminado porque de ahí venía todo el mundo. El Banco Minero estaba saliendo porque no había movimiento de negocio. Daba 200-250 gramos por lavada diaria con 6 hombres. En este tiempo el oro estaba barato. Valía 80 soles el gramo. La vida era cara. 6-7 gramos, ya no era suficiente para mantenerse, era muy poca la producción; el descargar cuesta mucho tiempo. Haciendo un presupuesto ... justo para comer y para la gente. Cuando era para pagar no hay dinero y de ahí empezaron a entrar los grandes de Lima en helicóptero a sacar fotos del aire de la selva.

Cuando yo estaba trabajando al principio en el primer año, allí vinieron algunos alemanes. Han venido con una señora y una señorita y su hija. Ya trabajaba con 3 tolvas y más gente, 18 hombres. Cuando miraban cuando llegaban ellos... ¿Qué sera? Para conocer mi maquinaría pues... Ellos sabían ya mi nombre, cuando han llegado a mi campamento. Me dijeron: 'Señor Pacheres' - 'Sí, pasa, ?un cafecito? ?Un refresco?' - Entonces empezaron a charlar allí. 'Bueno', me dijeron, 'hemos venido para molestarle, queremos que nos da algunos informes, ?cómo ha sido que usted ha encontrado el oro en el monte?' Porque nadie lo enseñaba. 'Bueno', les dije, 'eso me ha pasado así, siempre tenía esta idea, porque siempre andando por el monte me contaban los ruidos del río. Siempre tenia este sentimiento de que en tiempo de diluvio llegaba, siempre tenía esta idea pero nunca me ha llamado la atención; por último llegó a llamar mi atención... Tenía un compadre que me informó mal... Así que yo soy un gran hombre, explorador que conoce el monte, les dije. No había gente en este tiempo. Yo solito trabajaba allí. Bueno, ellos han tomado las notas, sacaron fotos."

"Y qué sabe usted de la Asociación de los Pequeños Mineros Auríferos?"

"Bueno, esa Asociación de los Pequeños Mineros también ... no soy tan bruto, no! Me di cuenta que era estafada... aprovechando la ignorancia... A muchos de ellos los querían meter. No! le dije, anda a tus paisanos! Yo no soy hijo de la perra. Qué ustedes van a hacer con los comités, les dije, a los pequeños mineros? Qué les hacen? los grandes ... vienen con guardias, te botan a palos, toditos. Guardias armadas, todos, fiscal. Todos esos han venido. Todo les quitaron pues. Y los guardias más les estaban 'chichiqueando', venían a vender sus 3 gramos de oro. Una serie de abusos vino. Yo he visto todo eso y no me gustaba meterme en eso."

"¿Quién ha formado la Asociación? ¿Eran más serranos?"

"Sí, los serranos. A mí no me van a sacar ningún gramo, les dije. Así que a mí no me molestaban."

"Cuánta gente ha participado en esta Asociación?"

"Mucha gente. Aquí había un tal Antonio Pérez Salazeta. Este tenía fama, él quería demostrar a los pequeños mineros que él es pues el dirigente, para que no entren otros, solamente para que trabajen ellos. Ya estaban sacando 10-15-20 gramos allá de sus parcelas. Así que la pobre gente que no tenían sus parcelas. Ni de comer les daban. Así han hecho millones de soles.

Bien, para que ellos entraban a la Asociación, ellos les explicaban diciendo que ellos van a ser los defensores para todos los pequeños mineros y ellos van a hacer los planes para presentarlos al Ministerio de Energía y Minas. Y en el Energía y Minas entonces se presentó como presidente del Comité. Entonces ellos parcelaron a la gente. Y esos no sabían andar en el monte, pero contaban maravillas a la gente que hay corridos donde prodrían sacar 100 gramos, 80 gramos. '¿Qué dices, quieres entrar a la Asociación?' Así que cuando manejaban malo, la gente no ganaban nada.

Ahorita hay otro que engaña a la gente serrana. Cómo se llama? Lucho Cáceres con otro... Están explotando a la pobre gente. Tienen que dar su cuota para que ... yo voy a defenderte. Y siguen mal esta pobre gente.

Han hecho una ley para campamentos pero no tiene valor, - no tiene una cosa de poder. Alcohol era prohibido, han decomisado bastantes bebidas, porque muchos líos había. Se cortaban, se peleaban entre ellos. Les han decomisado toditas las bebidas. Mucho chupan tambien, mucho desastre... Como eso a mí no me gusta pues, bueno, también yo chupo, pero tranquilo.

Bueno, con la plata, que he sacado del oro, mis hijos estaban estudiando en ese tiempo por afuera. Yo les mandaba plata. Mi hijo se fue a Brasil, se iba a Cusco con su familia, a pasear. Y como miraba que quedaban muchos gastos dije: Oye, yo voy a manejar la plata. De ahí me hice la casa pues. Después poco tengo en el banco. De eso me mantengo pues, no tengo que trabajar... soy tranquilo. Yo tengo hijos pues que me ayudan. Miraba pues la loquería, los paseos... Si yo no les frenaba un poco, mi casa no tuviera. Entonces me hice esta casa ya."

"¿Y, Usted con otros compañeros que han trabajado en oro han hablado sobre eso, qué se puede hacer con la plata?"

"No, eso hacían ellos en Maldonado. Aquí hay una cantina 'Huangana', entonces allí chupaban. Como yo no sabía tomar, yo no he hecho eso con ellos. Yo no tomo.

Persona ha hecho chacra en este tiempo, sin chacras, sin nada. Todo del almacén, todo del almacén. Hay que entregar la plata al comerciante. Panaderos se iban al monte para hacer pan. Nada faltaba en el monte, ropas, bebidas. Bueno, bebidas decomisaban ya, entonces no llevaban bebidas, llevaban galletas, queso, mantequilla. Todo llevaban al campamento. Bueno, aquí hay mucha gente, hablando de la realidad, esa pobre gente, saliendo sin pensar. Así que los más vivos han agarrado la plata. Eso es lo que ha pasado. Los vivos les han aprovechado. Pero esos que han hecho mas plata son los de la Energía y Minas y los abogados. Yo nunca he comprado un abogado porque esos son los pulpos del Perú."

"Y la mayoría de los pequeños mineros que les abusaban, después se quedaron?"

"Ya siguen trabajando ahora buscando por ahí, solitos sin denuncias, ya no tienen valor, ya no. Porque cuesta para denunciar un terreno, necesitas más de un millón. Sí, aquí está la estafa que hacen. Y como la gente como nosotros al primer lugar no está instruida en leer leyes, no conocen en su mayoría, así es que se dejan coger. Yo no tengo muchos años de instrucción pero con la poquita que tenía solito he sacado los libros estudiando sólo.

Cuando yo tenía 12 años trabajaba en caucho. Después entraba en la goma. Después ya la goma no valía, yo vine por acá. Sacando documentos para irme otra vez a Brasil. Después de dos años cambiaba a Iberia. Aquí no había movimiento, no había muchos comerciantes. Pero cuando yo exploté el oro en el monte, los comerciantes empezaron a entrar. Ahora hay muchos commerciantes. Pero ahora va a bajar, porque ya se han acabado las corridas. Como yo digo ya no hay como las corridas buenas. En este tiempo trabajaban 1-2 horas bateando, sacando su gramito. Pero ahora trabajan todo el día para un gramito. Ya el terreno es pobre ya y hay bastante movimiento de negocio ahora en Maldonado... Cualquier parte esta llena de gente. No faltan cantinas, no falta donde comer.

Los comerciantes eran grandes de aquí y de afuera. Acá había este Manuel Perdiz, que falleció, Cross, Mayorga, esos, no habían mas. Después vinieron muchos y Maldonado ha cambiado bastante, ahora es grande.

En este tiempo no había nativos, no. Pura gente de afuera. Porque nativos ya no se cuantos hay. Aquí en Madre de Dios hay solamente algunos. Ya no hay más.

Grandes mineros entraron pues al territorio de los nativos. Han engañado a los indios. Hay un Señor que en esta zona de

los nativos está trabajando. Entonces les han enseñado, se
calentaron, empezaron a dar flechas. Como los nativos no
tienen ley pues, pueden matar a cualquiera. No les pasa nada.
Ellos pueden defender sus intereses y no les puede pasar
nada. Pueden escapar toditos.

Los nativos no trabajan así, con quien no sé, de vez en
cuando. Todos están metidos en el oro ya. Los que trabajan
en madera son los del Manú. Por allí, trabajan 2 días ya y
lo venden y ya tienen para chupar. Allá en el Colorado saben
hablar inglés, sí. Había un alemán pues, un misionero, tienen
su escuelita.

Bueno, la historia del caucho empezó con la casa de M. Rodríguez
en el año 1901. M. Rodríguez llevaba los Campas del
Ucayali. Con esos han combatido a los nativos de acá.
Esos Campas son los mejores guerreros entre las tribus. Así
Don Máximo empezó a trabajar con nativos del Ucayali, sí, de
las cabeceras ya."

"Shipibos no han traído?"

"Han traído de todo, Santarosinos... están acá en Alerta."

Ya no hay Santarosinos aquí en Maldonado. Todos están en
Iberia. En Iberia había un campamento nuevo de Don Máximo
Rodríguez, y de ahí vinieron a blanquear a los bolivianos
por el caucho. Entonces fue un combate pues. Llamaban a los
Campas y les tiraban en sus barrigas pues. Estos Campas se
fueron en la noche y había un combate fuerte.
De todos los países han venido, habían alemanes, franceses,
yugoslavos. 12 años he trabajado allá en Brasil, en caucho
también. He trabajado caucho, he trabajado goma, después he
venido a Maldonado, después trabajé en agricultura, como
tripulante; de ahí me metí en la madera. Mucho tiempo trabajé
en madera. Después de la madera empecé con el oro ya.
También trabajé en castaña. Tenía mi castañal allá donde La
Pastora. En los años 50, cuando costaba la barrica 6 soles.
Sí, en todo trabajé."

Übersetzung des Interviews-Ausschnitts mit Manuel Pacheres, dem Mann, der Gold an dem Ort, der später 'Fortuna' genannt wurde, im Urwald entdeckte und als pequeño minero arbeitete:

"Also, diese Geschichte mit dem Gold, ich hatte immer schon so eine Idee. Damals arbeitete ich als Holzfäller, und ich kam immer an einer Stelle vorbei, an der ich irgendetwas Eigenartiges vermutete. Klar, ich ging da oft entlang. In der Zeit verdiente ich nur sehr wenig, denn für das Holz zahlte man mir pro Fuß nur einen halben Sol. Also gut, ich stürzte mich so von einer Arbeit in die andere, ohne Geld zu haben. Ich hatte nicht die ausreichenden Mittel, um im Gold zu arbeiten. Trotzdem begann ich als Goldwäscher zu arbeiten, aber nur mit einem Sohn, und gleichzeitig ging ich auf die Jagd und verkaufte die Beute an andere Goldwäscher. Und von diesem Geld kaufte ich andere Lebensmittel und einige Arbeitsgeräte. Ja, und dann fand ich im Wald eine Stelle, wo verschiedene Zedern standen. Ich begann, sie zu fällen. Ich holte meine Familie nach, und immer wenn ich an dieser Stelle vorbeikam, fühlte ich etwas Eigenartiges, ich hörte sonderbare Geräusche, manchmal sprachen auch Stimmen zu mir. Was konnte das nur sein? dachte ich mir. Aber ich war mir so unsicher, ich hatte Zweifel. Wie sollte ich die halbe Million Soles zusammenbringe, die ich brauchte? Jetzt ist eine halbe Million überhaupt nichts, aber damals war eine halbe Million viel Geld; das hat mich sehr beschäftigt.

Manchmal versuchte ich, vor mir selbst zu fliehen. Aber dann sagte ich mir, meine Kinder und meine Frau kann ich nicht alleine lassen, ohne jegliche Sicherheit. Also machte ich mich daran, zu arbeiten, mit den wenigen Mitteln, die ich hatte. Und manchmal nachts schlich ich mich an diese Stelle und begann, ein Weilchen zu träumen.

Und eine alte weise Frau sagte zu mir: 'Warum gehst du da immer in den Wald und setzt dich auf einen Baumstamm und denkst nach? Warum denkst du so viel?' 'Gut', sagte ich, 'Senora, ich bin hier, weil ich nicht weiß, wie ich meine Schulden bezahlen kann.' 'Gut', antwortete sie mir, 'dein Glück liegt unter einem Baumstamm, den der Wind gefällt hat, und um den du immer herumschleichst. Grabe dort und du wirst etwas finden. Viel Glück!' Tage danach strich ich wieder in dieser Gegend umher und ich erinnerte mich an die Alte. Und tatsächlich fand ich einen umgestürzten Baum. Ich nahm meine Machete und stocherte ein bißchen an der Stelle des Bodens herum, die von dem umgestürzten Baum, wo früher die Wurzeln waren, freigelegt worden war. Etwas Gelbes blitzte mir entgegen. Tatsächlich, es war Gold. In solcher Fülle, daß es meine Hände gelb färbte. Gut, sagte ich mir, zuerst werde ich meine Schulden bezahlen, danach werde ich hier anfangen zu arbeiten. So war das damals. Ich ging zur Banco Minero, um dort um Hilfe zu bitten. Dann versuchte ich, das Terrain, das ich gefunden hatte, durch Probebohrungen zu erkunden.

Gut, dann fing ich an, die ersten Bäume zu fällen. Zu dieser
Arbeit nahm ich einen compadre mit, den ich als Arbeiter an-
stellte. Mit dem ging ich dann auch auf die Jagd und zum
Holzfällen. 'Also', sagte ich zu meinem compadre, Marino
hieß er, 'schau mal, compadre, ich werde dir jetzt eine
Stelle im Wald zeigen, die reich an Gold ist und zudem ein
guter Jagdgrund'. Und tatsächlich, als wir dort ankamen,
trafen wir eine Wildschweinherde. Wir töteten mehrere Tiere,
zwei für jeden von uns, und ruhten uns ein bißchen aus. Ja,
und dann sagte ich zu ihm: Schau mal compadre, zuerst wollen
wir hier diese Arbeit beenden. Im Laufe eines Jahres können
wir dann hier Felder anlegen, Yuca- und Bananenfelder, und
Schweine züchten. Du wirst aber an niemanden weitersagen,
daß es hier an dieser Stelle Gold gibt.'

Mein compadre erklärte sich einverstanden. Aber es kam anders. Sobald ich ihm den Rücken zugewandt hatte, suchte er
die Stelle auf, fand sie und begann dort als Goldwäscher zu
arbeiten. Ich versuchte, seine Pläne zu durchkreuzen, und da
fing das Drama an. Sie klagten mich bei den lokalen Autoritäten an, daß ich ein Ausbeuter sei. Unverschämt! Sie versuchten, mich zu töten, sie schossen hinter mir her. Also
sagte ich: 'Du kannst ja hier bleiben, ich werde zur Minenbank gehen, um mit dem Ingenieur zu sprechen.' Und dann kam
der Ingenieur. 'Sehen Sie nur, Herr Ingenieur', sagte ich,
'hier gibt es keine Gerechtigkeit, ist es nicht so?' Dann
kam die Guardia Civil (Polizei, C.M.). In aller Frühe, um
drei Uhr, versuchten sie, mich zu vertreiben. Also gingen
wir. Dieses erzählte ich wiederum den Herren der Minenbank.
Also damals waren alle sehr bewegt über diese Geschichte.
Auch die Herren Ingenieure. Also gut, sagten sie mir, unterteilen wir doch das neugefundene Claim in kleine Parzellen,
15 Meter für jeden Goldwäscher. Ich antwortete: 'Herr Ingenieur, das ist sehr gut, aber warum geben sie nicht an jeden
10 Meter, denn wir haben hier so viele Leute, die als Goldwäscher arbeiten wollen.' Dies akzeptierten die Autoritäten.
Also kamen sie in den Wald, um das Gelände zu unterteilen,
Parzellen für alle.

Und dann fingen wir mit der Arbeit an, nachdem wir uns ge-
einigt und den Streit beendet hatten. Aber die Ruhe dauerte
nicht lange. Denn dann kamen die Zuwanderer, aus allen Himmelsrichtungen, flußaufwärts, flußabwärts. Sie strömten zu
dieser Stelle im Wald. Ich war der Vater. Alle die kamen,
kamen wegen mir. Das ganze Gelände war jetzt in Parzellen
aufgeteilt. Aber sie versuchten, hier und da noch ein kleines Stückchen Land zu erhalten, um selbst mit der Arbeit als
Goldwäscher dort zu beginnen. So fingen sie an, alles umzu-
graben, auch im Fluß, aber im Wald gab es mehr Gold. Schnell
hatte ein Mann 3 bis 4 Gramm Gold erwaschen. Jetzt geht das
nicht mehr so schnell. Gut, mit Maschinen wäre das etwas
ganz anderes, denn die setzen mehr Material um. Also gewinnt
man auch mehr Gold. Damals war man gut dran, wenn man mit
200 Schubkarren arbeiten konnte. Pro Tag erzielte man dann

ungefähr 20 bis 22 Gramm Gold. Klar, wenn man mehr Material wäscht, steigt die Produktion. Das ist eben das Schöne an Maschinen, man kann Tausende Kubikmeter Material pro Tag waschen und mit einem Ergebnis von mehreren Kilo Gold rechnen. Denn es gibt in dieser Gegend Sektoren, die Kilos abwerfen, man muß halt nur genügend Material auswaschen. Dies gilt für den ganzen Wald. Die Unterschiede sind halt sehr groß. Zwischen guten Stellen mit viel Gold, die aber oft sehr klein sind, und großen Arealen, die wenig Gold führen. Also, genau aus diesem Grunde begann der Ingenieur die Exploration in dem von mir entdeckten Gelände. Im Zentrum, oben, flußabwärts, überall legte er Pfade an, lud Fachleute ein, parzellierte das Gelände und verteilte Nutzungstitel.

Gut, ich kann mich da nicht mehr so genau daran erinnern. Aber ich glaube, die Minenbank kam 1969 in die Gegend. Die Minenbank behandelte uns gut und schützte uns. Aber als dann die Regierung eintrat und das Bergbauministerium schuf, verwandelte sich alles in ein großes Desaster. Zum Beispiel, wenn einer einen Claim gefunden hatte, behauptete jeder, daß er der Besitzer sei. Es kamen Ingenieure aus allen Himmelsrichtungen, Leute mit Geld, Leute mit Namen. 'Ich gebe dir so und so viel Millionen,' sagten sie zu den Ingenieuren der Minenbank. Als derjenige dann zur Bank kam, der das Claim gefunden hatte, waren die Nutzungsrechte schon an andere vergeben worden. Jetzt sorgte der Ingenieur nicht mehr für Gerechtigkeit. Und wenn diejenigen Goldwäscher, die das Gelände gefunden hatten, nicht von alleine gingen, schickten sie die Polizei. Die Polizei vertrieb die Leute, mißbrauchte sie, beschlagnahmte ihre Arbeitsgeräte, schlug sie, sie hatten keine Chance. Ich habe nur in Fortuna gearbeitet. Dort hatte ich das Gelände gründlich exploriert. Als ich mich aus Fortuna zurückzog, ging ich an verschiedene Orte. Mal hierhin, mal dorthin, weil es mir gefiel, frei zu sein."

"Und woher kamen die Leute, die damals in der Goldwäscherei arbeiteten?"

"Sie kamen aus den verschiedensten Himmelsrichtungen. Meist waren sie von außerhalb, aber auch einige von hier. Alle arbeiteten im Gold."

"Und wieviel konnte man damals an Gold gewinnen?"

"Damals gab es noch Goldstrände, an denen man bis zu 1 Kilo Gold pro Woche auswaschen konnte. In jenen Zeiten arbeiteten wir mit Blechdosen und einfachen Rinnen. So konnten wir pro Woche 1 Kilo Gold erwaschen. Jetzt arbeitet man ja mit Schubkarren und Motorpumpen, was mehr bringt, aber das Gold ist ausgegangen, denn es kam ja alle Welt, um hier zu arbeiten. Auch die Banco Minero ist von Fortuna weggegangen, weil es kein Geschäft mehr war.

Pro Tag konnten wir oft 200 bis 250 Gramm Gold erwaschen mit

6 Männern. Damals war das Gold noch sehr billig. Man bekam
80 Soles für 1 Gramm Gold. Als dann die Goldproduktion sank,
reichte sie nicht mehr aus, um davon zu leben. Im Wald ist
die Goldwäscherei nämlich kostspieliger. Das taube Material
wegzuräumen, kostet Zeit. Man muß einen Kostenvoranschlag
machen, um zu wissen, wieviel Geld man braucht, um den Arbeitern genügend Nahrungsmittel für die Zeit zu kaufen. Oft
hat man sowieso nicht genug Geld, um die Arbeiter zu bezahlen. Na ja, aber für mich war die Arbeit in Fortuna beendet,
als es nicht mehr so viel Gold gab. Dann kamen nämlich die
Großunternehmer aus Lima. Im Hubschrauber überflogen Sie das
Gebiet, machten Fotos aus der Luft, fotographierten den ganzen Urwald.

Die ersten von außerhalb kamen schon im ersten Jahr, 1976.
Es waren einige Deutsche. Sie kamen mit einer Señora und ihrem Kind. Damals arbeitete ich mit drei tolbas und mit mehr
Leuten, ungefähr 18 Männern. Als ich sie sah, fragte ich
mich, was wollen sie hier? Meine Maschinen kennenlernen? Sie
kannten schon meinen Namen, als sie im Arbeitslager ankamen.
Sie sagten: 'Señor Pacheres.' Und dann lud ich sie zu einem
Kaffee ein. Wir unterhielten uns ein bißchen. Also, sie
wollten Informationen von mir, darüber, wie ich hier das
Gold im Wald gefunden hatte. Also erzählte ich ihnen meine
Geschichte von meinen Wanderungen durch den Urwald, von den
Stimmen, die zu mir gesprochen hatten, von den Geistern.
Schon immer hatte ich die Idee, daß in jener Zeit der großen
Sintflut etwas passiert war. Also zeigte ich ihnen, was für
ein vorzüglicher Kenner des Urwaldes ich war, daß es hier
kaum Menschen gab in jener Zeit, und daß ich alleine hier
anfing zu arbeiten. Gut, sie machten sich Aufzeichnungen,
fotographierten ein bißchen herum, und gingen wieder."

"Und was wissen Sie über die Asociación de los Pequeños Mineros Auríferos?"

"Also, diese Asociación de los Pequeños Mineros war ein Betrugsunternehmen. Aber ich war nicht so blöd, daran zu glauben. Diejenigen, die die Asociación begründet haben, nützten
die Unwissenheit der meisten Arbeiter aus. Also, als sie zu
mir kamen, sagte ich ihnen: 'Haut ab, ich bin kein Hundesohn! Was wollt ihr mit diesen ganzen Komitees?' sagte ich
ihnen. 'Die Großen werden nur mit noch mehr Polizei kommen,
um euch zu vertreiben, allesamt miteinander.' Und so geschah
es auch. Als sie gerade das Komitee gegründet hatten, kamen
sie mit Stöcken, mit Gewehren, und wollten sie vertreiben,
bewaffnete Polizei, der Richter, alle miteinander. Sie nahmen ihnen alles ab. Und die Polizei setzte dazu noch einige
pequeños mineros fest und nutzte sie brutal aus. Ich hab das
alles mitbekommen, aber ich wollte mich da nie einmischen."

"Wer hat die Asociación gegründet? Waren das Leute aus dem
Hochland?"

Ja, das waren serranos. Ich hab denen gesagt, von mir kriegt ihr kein Gramm Gold. So haben sie mich in Ruhe gelassen."

"Und wieviel Leute haben in der Asociación mitgemacht?"

"Das waren viele. Da gab es zum Beispiel einen Antonio Pérez Salazeta. Der war in der Gegend bekannt, er wollte den pequeños mineros zeigen, daß er ein guter Anführer sei, der verhinderte, daß noch weitere Goldwäscher nach Fortuna kamen. Zu dieser Zeit holten sie 10, 15, 20 Gramm aus ihren Parzellen. Die armen Leute, die keine Parzellen abbekommen hatten, hatten kaum genug zu Essen.

Also, die Anführer der Asociación, sie erklärten den Goldwäschern, daß sie sie verteidigen würden gegen andere Goldwäscher und auch im Bergbauministerium die Pläne zum Erwerb kollektiver Nutzungsrechte einreichen würden. Und so geschah es dann auch. Aber sie beantragten die Nutzungsrechte nur auf ihren eigenen Namen.

Heute gibt es einen anderen Präsidenten der Asociación, der die Leute aus dem Hochland betrügt. Wie heißt der nochmal? Lucho Cáceres, glaube ich. Er beutet die armen Leute aus, verlangt ihnen Quoten ab, um sie zu verteidigen. Und sie zahlen auch. Und das wird sich so fortsetzen für diese armen Leute.

Dann wurde ein Gesetz entworfen, aber es hatte wenig Wert, es hatte keine Macht. Auch Alkohol war verboten, und sie beschlagnahmten auch eine ganze Menge von alkoholischen Getränken, weil es immer wieder Streit gab im Suff. Sie verletzten sich mit Macheten, prügelten sich halb zu Tode. Daher haben sie alle alkoholischen Getränke beschlagnahmt. Viele Goldwäscher saufen sich halb zu Tode. Das ist wirklich ein großes Desaster. Mir gefällt das überhaupt nicht, aber, ich saufe auch, aber dann immer ganz im stillen.

Mit dem Geld aus der Goldwäscherei ließ ich meine Söhne eine Zeitlang im Ausland studieren. Ich sandte ihnen ständig Geld. Ein Sohn war in Brasilien, der andere in Cusco, er reiste herum, und als ich feststellte, daß die Ausgaben für meine Söhne immer weiterstiegen, sagte ich mir, ich muß etwas Nützliches mit dem Geld anfangen, und da begann ich, mein Haus zu bauen. Heute habe ich noch etwas Geld auf der Bank, von dem ich lebe, ich brauche jetzt nicht zu arbeiten. Es geht mir gut. Ich habe Söhne, die mich heute unterstützen müssen. Sie haben schließlich damals das meiste Geld durchgebracht, mit diesen Verrücktheiten, den Reisen, den Vergnügungen. Wenn ich sie nicht etwas gebremst hätte, hätte ich heute kein Haus."

"Sprachen Sie damals mit anderen über die Möglichkeiten, was man mit dem Geld anfangen könnte?"

"Nein, das taten nur die Leute hier in Maldonado. Hier gibt
es eine Bar, die sich 'Zur Wildschweintränke' nennt. Dort
treffen sich die Männer und reden über solche Dinge. Ich bin
da nie hingegangen, weil ich nicht trinke. Damals gab es
keine Felder, es gab überhaupt nichts. Alles wurde im Laden
gekauft. Alles. Das Geld wurde den Händlern in den Rachen
geworfen. Mit allem wurde ein Geschäft gemacht. Bäcker zogen
in den Wald, um Brot zu backen. Es fehlte an nichts. Kleidung, Getränke; als Getränke beschlagnahmt wurden, begannen
sie andere Produkte im Wald zu verkaufen: Plätzchen, Schoko-
lade, Käse, Butter. Sie zogen von Arbeitslager zu Arbeitslager. Also, um es mal ganz klar zu sagen, die armen Leute,
die hierher gekommen waren, ihnen fehlte es an Bildung. Sie
wußten nicht, wem sie Geld geben konnten und wem nicht. Sie
wurden oft übers Ohr gehauen. Es kamen Schlitzohren aus Lima, die nahmen den armen Leuten das Geld ab und verschwanden
dann wieder. So war das damals. Die Pfiffigen haben die einfachen Leute ausgenutzt, die, die das meiste Geld gemacht
haben, waren die Angestellten des Bergbauministeriums und
die Rechtsanwälte. Ich habe mir niemals einen Rechtsanwalt
genommen, denn sie sind die Kraken von Peru. Sie saugen das
Land aus."

"Und die Mehrheit der pequeños mineros, die so ausgenutzt
wurden, was ist mit ihnen geschehen?"

"Sie arbeiteten weiter. Sie suchten neue Goldclaims, flußaufwärts, flußabwärts, oft alleine, ohne Nutzungsrechte,
denn die alten hatten ja ihren Wert verloren. Um neue Konzessionen zu erwerben, das kostete zu viel, dafür braucht
man ja ungefähr 1 Million Soles. Und das ist genau der Betrug an der ganzen Sache. Denn die meisten Goldwäscher, wie
ich zum Beispiel, sind nicht so gebildet, daß sie Gesetze
lesen könnten, sie kennen nicht ihre Rechte, und so kann man
sie betrügen. Ich hab nur ein bißchen Schulbildung mitbekommen, aber mit dem bißchen, was ich weiß, fing ich an, Bücher
zu lesen, studierte alleine.

Als ich 12 Jahre alt war, arbeitete ich im Kautschuk. Danach
wechselte ich über in die Gummiausbeute. Dann war auch der
Gummi wertlos geworden. Ich kam hierher nach Pto. Maldonado
und besorgte mir einen Ausweis, um nach Brasilien auswandern
zu können. Nach zwei Jahren ging ich dann nach Iberia, aber
da war überhaupt nichts los. Es gab in jener Zeit nur ganz
wenige Händler. Erst als ich mit der Goldausbeute im Busch
anfing, kamen hier die ersten Händler nach Maldonado. Zur
Zeit gibt es hier Unmengen von Händlern. Aber das wird sich
auch wieder ändern, weil sich jetzt die besten Goldclaims
erschöpft haben. Wie ich schon vorher sagte, es gibt keine
guten Claims mehr. Damals brauchte man nur 1 bis 2 Stunden
mit der batea zu arbeiten, und schon hatte man 1 Gramm Gold.
Aber heute braucht man einen ganzen Tag für 1 Gramm Gold.
Jetzt ist der Boden erschöpft. Aber es gibt immer noch sehr
viel Handel in Maldonado. Alles ist überfüllt mit Menschen.
Es mangelt nicht an Bars und Restaurants.

Die Händler von damals, das waren schon große Handelsunternehmen. Sie kamen aus Maldonado, aber auch aus ganz Peru. Am Anfang gab es nur Manuel Perdiz, Cross und Mayorga. Aber dann kamen sie in Scharen. Und so war es auch in Laberinto. Es füllte sich mit Menschen. Maldonado hat sich auch sehr geändert, heute ist es eine große Stadt.

Tieflandindianer gab es keine in jener Zeit. Die Leute kamen von außerhalb. Wieviel nativos es überhaupt noch gibt, weiß ich nicht. Hier in Madre de Dios gibt es nur noch ganz wenige. In den Oberläufen gibts noch welche, am Río Inambari, am Colorado. Die nativos arbeiten halt nicht. Es gab auch immer viele Probleme mit ihnen.

Reiche Goldwäscher mit großen Unternehmen versuchten, in das Gebiet der Tieflandindianer einzudringen, um auch dort Gold zu waschen. Es gibt da einen patrón, der in dem Gebiet der Tieflandindianer arbeitet, dem es die Indianer gezeigt haben; sie wurden wütend und begannen, ihn mit Pfeilen zu beschießen. Da die Indianer kein Gesetz kennen, können sie halt jeden töten. Und ihnen passiert überhaupt nichts. Sie dürfen ihre Interessen vertreten, und man kann ihnen nichts anhaben. Sie können alle miteinander bei Nacht und Nebel verschwinden.

Die Tieflandindianer arbeiten nur so, ich weiß nicht mit wem, halt manchmal nur. Die meisten waschen heute auch Gold. Es gibt nur ein paar in Manú, die als Holzfäller arbeiten. In der Regel arbeiten sie nur zwei Tage. Und von dem Geld, das sie dann haben, besaufen sie sich. Oben am Colorado gibt's sogar welche, die Englisch sprechen, ja wirklich. Es gab damals einen Deutschen, einen Missionar, der hatte eine kleine Schule, von dem lernten sie es."

"Erzählen Sie uns doch ein bißchen aus den Zeiten des Kautschukbooms und der Paranußextraktion."

"Gut, die Geschichte der Kautschukgewinnung begann hier mit der Familie M. Rodríguez im Jahre 1901. Rodríguez brachte Campas vom Río Ucayali mit. Mit diesen Tieflandindianern kämpfte er gegen die Tieflandindianer, die hier siedelten. Diese Campas sind die besten Krieger unter allen Stämmen. Daher hatte Don Máximo sie hierher gebracht und begann mit ihnen zu arbeiten. Vom Ucayali, vom Oberlauf des Ucayali verschleppte er sie nach Madre de Dios.".

"Brachte er auch Shipivos nach Madre de Dios?"

"Ach, wissen Sie, hier gab es Tieflandindianer aus den verschiedensten Gegenden, Santa Rosinos zum Beispiel, die heute noch in Alerta leben. Jetzt gibt es keine mehr in Maldonado. Die meisten gibt es heute in Iberia, denn dort gab es ein Arbeitslager von Máximo Rodríguez. Und dort wurde auch gegen die Bolivianer gekämpft, die ihre Kautschukareale ausdehnen

wollten. Also fand ein schwerer Kampf dort statt. Man rief
die Campas und diese zielten sehr genau. Diese Campas sind
gute Krieger, und über Nacht besiegten sie die Bolivianer.
Damals kamen Menschen aus allen Ländern hierher, es gab hier
Deutsche, Franzosen, Jugoslawen. 12 Jahre habe ich danach in
Brasilien im Kautschuk gearbeitet. Ich habe im Kautschuk gearbeitet, ich habe in der Gummiherstellung gearbeitet, dann
kam ich nach Maldonado, arbeitete als Landwirt, als Lastwa-
genfahrer, stürzte ich mich ins Holzgeschäft, arbeitete dort
eine Zeitlang, und erst dann begann ich mit der Goldwäscherei. Natürlich, auch in der Paranußsammelwirtschaft habe ich
geschafft. Dort unten in der Pastora. Ich hatte sogar ein
eigenes castañal (konzessioniertes Gebiet mit Paranußbäumen,
C.M.). Ja, das war in den 50er Jahren, als man für eine
barriga (Sack von ca. 60 kg, C.M.) Paranüsse nur 6 Soles bekam.

Interview mit Señor Barasorda, dem größten Händler und ehemaligen Goldwäscher in Mazuko:

Barasorda, Händler und Besitzer des größten Krämerladens in Mazuko, stammt aus Cusco und verdiente das "große Geld", indem er die Goldwäscher mit Waren aller Art belieferte. Er kaufte Gold auf oder tauschte Waren gegen Gold. Kredite vergab er an die mineros in Form von Waren, seltener als Bargeld (System der habilitación, Kapitel 6.6).

In Mazuko besitzt er auch die größte Rinderzucht (ca. 300 Tiere) und zwei Lastwagen. Als Goldwäscher arbeitete er kurzfristig. 1980 ließ er sich zum Bürgermeister des Ortes wählen. Er ist die reichste und mächtigste Person, die durch die Kreditvergabe die Mehrheit der Bevölkerung in Abhängigkeit hält.

"Particularmente quiero manifestar, que este pueblito se formó en torno al negocio que tengo. Ahora yo lo represento como alcalde. Se fundó este pueblo en el año 1965, un 16 de Julio del año 1965. La primera casa que hubo es el almacén, y mi vivienda, nada más. De ahí comenzamos a hacer algunos otros pequeños trabajos justamente en base del almacén. Digamos primero una posta sanitaria que era muy indispensable; después hicimos un centro educativo, una escuelita; de allí pasamos a una construcción un poco más grande para un puesto de la Guardia Civil ya que nos costó 450.000,-- Soles. Justamente yo he sido un colaborador con 150.000,-- Soles fuera de mis cuotas iniciales que puse. Y así sucesivamente iba progresando este pequeño pueblo, conforme lo ven Ustedes con buenas construcciones para la corta edad que tiene. El problema mayor de este poblado es cuestión del agua y desagüe. En cuanto a la salud la posta sanitaria atiende con cierta regularidad... El pueblo flotante pasa de 10.000 a 15.000 a 20.000 almas. Entonces ya necesita una ayuda mas consciente de cualquier otra autoridad superior a mí. Que piensa que este pueblo necesita colaboración.

Toda la gente acá en la zona se ha dedicado al oro. Y justamente pagan precios caprichosos a los braceros que son manos de obra, no los peones, como llamamos. Ganan mucho más en la minería que en la agricultura. Por eso justamente el abandono que hay en la agricultura porque un agricultor ya no está suficientemente capacitado para poder pagar esos salarios altos que pagan los mineros. La mayoría de la gente son puneños de Cuyo Cuyo; gente humilde de recursos económicos bajos, que vienen a trabajar al infierno verde. Vienen a buscar la vida, pensando en el oro. Todo el mundo viene en busca de oro, para un mejor porvenir, porque ya en la costa y en la sierra así uno no puede trabajar si uno no es profesional y tantos profesionales también que están sin trabajo.

Yo he sido la única persona que ha rescatado el oro pero no monopolizaba, ni explotaba. Si no al precio exacto con 20 centavos de diferencias al precio del Cusco. Y ese metal lo vendía cuando antes no hubo ningún Decreto de Ley, yo vendía a un Sr. Kamamura, en la segunda etapa al Sr. Flores. Ellos me pagaban por decir 7 Soles por gramo de oro, yo pagaba 6.80 Soles, no... Entonces de allí se instalaron justamente por Decreto Supremo, prohibiendo que haya personas particulares para rescatar el oro. Pero me nombraron como agente, ya. Posteriormente también me descendieron de este contrato también, entonces la gente que produce no sabe que hacer, como ahorita están viniendo, están haciendo cola. Ya una parte a las personas que me deben a mí, persona que justamente la deuda para llevar sus víveres y producir este metal quieren pagar en metal. Entonces el Banco no tiene plata. Entonces me dicen: 'Señor, no le pago yo, porque no hay plata'. Entonces yo le digo: 'Tráeme el oro ?y cuánto paga el Banco?, Te pago el mismo precio'. Págalo y entonces después lo puede vender al Banco. Eso es que no me permiten ahora. Tampoco ellos tienen dinero suficiente para poder comprar toda la producción, entonces quiere decir, que es un desmedro del país...

No hay incentivación (para los pequeños mineros). En un comienzo hubo un pequeño crédito, pero a plazo muy corto. Ya, entonces no podían cumplir los mineros. Entonces cortaron ese crédito, ya. No hay ninguna otra ayuda para los mineros.

Los lavaderos de oro, los primeros que han explorado la zona, están despojados de sus sitios por gente extranjera. Por el mero hecho que han hecho un denuncio con papeles, su croquis, norte, sur, oeste, este, sus colindantes, todo, todo, no. Lo denuncian y están despojando a todas esas personas que desde el comienzo están explotando. Y ellos han descubierto todo para poder trabajar. Todo lo que sacan en el momento es para comer. Tampoco no sacan fortunas. Son muy pocas personas que sacan para hacer una fortuna pero la mayoría de las personas sacan para el diario, nada más. Y esas personas estan despojadas. Y cuando van a Maldonado, no sé, que suerte corren - francamente hasta allí no sé. No hace más de un mes que se han presentado unas 20 personas para que yo les dé un punto de apoyo para buscar justamente un poco de justicia. Porque yo los conozco desde que empezaron. Venieron a recurrir a mi persona. Ellos manifestaron que algunas personas desconocidas han hecho sus denuncios y los quieren votar de este sitio. Esta es la parte mas importante que las personas competentes en el ramo deberían justificar, dar prioridad a la primera persona que ha explotado esos sitios. Esa sería mi manera de pensar en forma humana, en forma legal y que no se haga ese tipo de abusos. Ese es el tercer pueblo que se forma a nivel de mi almacén."

Übersetzung des Interviews mit Señor Barasorda, dem größten Händler und ehemaligen Goldwäscher in Mazuco:

"Mazuco ist um mein Geschäft herumgewachsen. Es war das erste Haus an der Straße nach Cusco in den 60er Jahren. Dann kamen die Goldwäscher und die Händler und die ersten Hütten, der Sanitätsposten und die Polizeistation, die Schule und schließlich die Bank, die mir den Goldankauf verboten hat, weil sie inzwischen das Monopol besitzt. Aber wenn sie kein Geld hat und den Leuten das Gold nicht abkaufen kann und die Hunger haben und etwas zu Essen brauchen, dann kommen sie zu mir, und ich kaufe ihr Gold und sie meine Waren. In diesem Ort gibt es ungefähr zwischen 10.000, 15.000 oder 20.000 Seelen, je nach der Jahreszeit. Wir bräuchten hier dringend staatliche Hilfe. Diese Orte brauchen eine Kolaboration von höheren Autoritäten.

Alle Leute, die hier herkommen, arbeiten im Gold. Und genau aus dem Grund ist der Preis für die Arbeitskraft so gestiegen. Die Tagelöhner, die peones, wie wir sie nennen, verdienen viel mehr in der Goldwäscherei als in der Landwirtschaft. Genau deswegen ist die Landwirtschaft so vernachlässigt worden. Ein Landwirt hat einfach nicht genug Geld, um die hohen Löhne zu zahlen, die in der Goldwäscherei bezahlt werden. Die Mehrheit der Leute, die hier Arbeit suchen, stammt aus Puno, aus Cuyo Cuyo, einfache Leute, mit wenig ökonomischen Mitteln. Sie suchen hier Arbeit in der grünen Hölle. Sie kommen hierher, um die Chance ihres Lebens zu suchen, nur das Gold im Kopfe. Alle Welt kommt hierher, um Gold zu suchen, um sich eine bessere Zukunft aufzubauen, denn an der Küste oder im Hochland gibt es keine Arbeit, selbst für Akademiker ist es schwierig geworden, es gibt so viele Akademiker heute, ohne Arbeit.

Ich war die einzige Person, die die Goldwäscherei hier an diesem Orte gefördert hat, ohne Monopolstellung versteht sich, ohne auszubeuten. Ich habe nur gute Preise für das Gold bezahlt. Nur eine Differenz von 20 Centavos zum Aufkaufpreis des Goldes in Cusco. Und dieses Gold, das ich hier aufgekauft hatte, verkaufte ich, als es noch kein Gesetz gab, in Cusco an einen Sr. Kamamura und später dann an einen Sr. Flores. Sie zahlten mir, um mal ein Beispiel zu nennen, für 1 Gramm Gold 7 Soles und ich zahlte hier den Goldwäschern 6,80 Soles. Sehen Sie? Und dann verbot der Staat Einzelpersonen den Ankauf von Gold, aber mich ernannten sie zum Anfang als staatlichen Aufkäufer. Jetzt erst in letzter Zeit haben sie mir auch dies verboten, und die Leute sind heute oft verzweifelt; sie wissen nicht, was sie tun sollen. Sie waschen Gold, kommen hierher und stehen Schlange bei der Minenbank. Die Minenbank hat aber kein Geld. Ja, und dann kommen sie in meinen Laden, oft schulden sie mir noch etwas, weil sie sich bei mir mit Lebensmittel versorgt haben. Und sie wollen mit Gold bezahlen. Die Minenbank hat aber kein

Geld. Und so fragen sie mich: 'Señor Barasordo, können wir
nicht mit Gold zahlen? Wir haben nämlich kein Geld.' Und
dann sage ich Ihnen: 'Bringt mir euer Gold. Und wieviel
zahlt die Bank? Ich zahle euch den gleichen Preis.' Und dann
verkaufe ich es später an die Minenbank und das hat mir die
Bank jetzt auch verboten. Die Bank hat doch aber nie Geld,
um die gesamte Produktion der Goldwäscher zu kaufen. Also
ich möchte damit sagen, daß dies alles unserem Land schadet.

Es gibt überhaupt keine Förderung für die pequeños mineros.
Anfangs gab es noch Kredite, mit kurzer Laufzeit und mit
niedrigen Zinssätzen. Aber die konnten die meisten Goldwäscher nicht einhalten. Und so haben sie heute das Kreditsystem gestrichen. Jetzt gibt es überhaupt keine Hilfe mehr
für die Goldwäscher.

Die Goldwäscher der ersten Stunde, die als erste die Zone
exploriert haben, werden zur Zeit von Fremden von ihren Terrains vertrieben. Nur aufgrund der Tatsache, daß diese Leute
ein Schürfrecht haben, Papiere, einen Plan, Norden, Süden,
Osten, Westen mit seinen Begrenzungen, alles diese Sachen,
nicht wahr. Sie erklären es zu ihrem Konzessionsgebiet, und
dann kommen sie und vertreiben die Goldwäscher, die hier
schon seit Beginn gearbeitet haben. Die Leute der ersten
Stunde haben hier überhaupt erst entdeckt, daß es Gold gibt.
Sie arbeiten für ihren Lebensunterhalt. Sie holen oft nicht
mehr raus, als sie zum Leben brauchen. Es sind recht wenige,
die wirklich Glück hatten, aber die Mehrheit der Goldwäscher
arbeitet nur für das tägliche Brot, nichts weiter. Und genau
diese Leute werden jetzt vertrieben. Und wenn sie dann nach
Maldonado fahren, um sich zu beschweren, haben sie höchstwahrscheinlich auch kein Glück. Ungefähr vor einem Monat kamen 20 Goldwäscher zu mir mit der Bitte, ihnen zu helfen,
ihnen Gerechtigkeit widerfahren zu lassen. Da ich sie kannte, da ich ihnen ihre Arbeit erst ermöglichte durch den Verkauf von Geräten auf Kreditbasis, ich hatte ihnen allen Kredite gegeben, kamen sie zu mir. Sie erklärten mir, daß fremde Personen mit Konzessionsrechten in ihr Goldwaschclaim gekommen wären, um sie zu vertreiben. Also ich finde, daß diejenigen Personen, die ein Gebiet ausgekundschaftet und als
erste dort gearbeitet haben, auch Gerechtigkeit erfahren
müssen. Das ist meine Art, über ein gerechteres Leben nach-
zudenken, ein Gesetz zu schaffen, das diese Art von Mißbrauch verhindert."

Interview-Ausschnitt mit der Bürgermeisterin von Pto. Maldonado, María Fakhye de Herrero:

"Pero acá, en Madre de Dios no se cumple lo de la 'constitución'. Justamente ahora ya está tomando medidas muy drásticas. Porque antes, cuando hubo el boom del petróleo y después del oro - porque ahora el oro está muy bajo - entonces ha habido una temporada así que ha sido el auge donde había dinero a montones. Entonces acá, la gente invirtió todo en bebidas. Acá está tomando muchas medidas contra el alcoholismo, con charlas radiales, etc. El Consejo ha adoptado medidas para no dar más licencias para bares. Porque la verdad es que Madre de Dios tiene más bares que toda la República. Para así evitar la ampliación de bares."

Übersetzung des Interview-Ausschnitts mit der Bürgermeisterin von Pto. Maldonado, María Fakhye de Herrero:

"Hier in Madre de Dios werden die Vorgaben der Verfassung nicht eingehalten. Wir versuchen jetzt gerade, drastische Maßnahmen gegen den Alkoholkonsum zu ergreifen. Dies war schon so zur Zeit des Erdölbooms und später dann beim Goldboom - denn zur Zeit ist der Goldpreis so gesunken und die Goldwäscherei so zurückgegangen - also, ich wollte damit sagen, es gab hier schon Zeiten, in denen es einen Aufschwung und wirklich haufenweise Geld gab, aber die Leute investierten das ganze Geld in Alkohol. Deswegen wollen wir jetzt drastische Mittel gegen den Alkoholkonsum ergreifen, durch Rundfunksendungen, durch Maßnahmen der Bürgermeisterei, die zum Beispiel vorgeschlagen hat, keine neuen Genehmigungen für Gaststätten auszugeben. Denn es ist wirklich die bittere Wahrheit, Madre de Dios hat mehr Kneipen, als die ganze Republik zusammengenommen. Also wir werden versuchen, die weitere Ausbreitung des Alkoholkonsums zu verhindern."

Interview-Ausschnitt mit Señor Neuenschwander, einer der alteingesessenen, ehrenwerten Bürger von Pto. Maldonado, ehemaliger Goldwäscher:

"?Cuándo aparecieron los comerciantes?"

"Siempre hubieron, han cambiado un poco; pero gente como Cross (comerciante en Pto. Maldonado, C.M.) por ejemplo recorriendo los ríos ya antes. Bueno, Cross ha hecho recorrido cuando era comerciante muy pequeño. Incluso se cuenta una cosa curiosa de Cross. Este tenía una tienda en Pukiri. También tenía dinamita y pescaba y vendía el pescado a los mineros por peso. Pero en cada pescado metía varias piedras.

Y después cuando yo venía aquí contínuamente en 1935, por allí, el comerciante más grande era un señor Novoa Oscar Jamarca. Era de Cajamarca. Otro es este Mayorga, comerciante más fuerte ahora, era empleado de Novoa, y éste ha hecho su dinero, vendiendo víveres a los mineros. Cuando yo trabajaba los 60 en oro en Laberinto por allí, ... compraba mis víveres de este señor Novoa, tenía una canoa de mano de obra de Mayorga. Después se metió en la explotación de madera y allí ha hecho dinero...

Aquí antes la gente era muy cooperadora. Por ejemplo hicieron la carretera hasta Quincemil, incluso llevaban sus propios víveres e iban con sus señoras, las señoras cocinaban, trabajaban 20 a 25 días y regresaban; entonces venían otros; una faena se llamaba eso. Pero ahora nadie quiere hacer nada. Eso era en los años 40."

Übersetzung des Interview-Ausschnitts mit Señor Neuenschwander, einer der alteingesessenen, ehrenwerten Bürger von Pto. Maldonado, ehemaliger Goldwäscher:

"Wann kamen die ersten Händler nach Madre de Dios?"

"Hier gab es schon immer Händler. Aber natürlich hat sich der Handel im Laufe der Jahre gewandelt. Zu Beginn gab es hier Händler, wie den Señor Cross, der die Flüsse hinauf- und hinunterfuhr mit seiner Ware. Gut, Cross hat das nur solange gemacht, wie er noch ein kleiner Flußhändler war. Aus jener Zeit erzählt man sich noch eine drollige Geschichte über Cross. Damals hatte er auch einen Laden oben am Río Pukiri. Er hatte immer Dynamit im Haus, um fischen zu gehen. Die Fische verkaufte er dann an die Goldwäscher, und zwar nach Gewicht. Die Fischbäuche präparierte er aber vorher mit Steinen, damit die Fische mehr wogen.

Ja, und dann, als ich häufiger hier nach Maldonado kam, seit dem Jahre 1935, war hier der größte Händler ein Señor mit Namen Novoa Oscar Jamarca. Dann kam Mayorga, der heute der reichste Händler hier am Orte ist. Er war damals nur ein kleiner Angestellter von Novoa und ist dadurch zu Geld gekommen, daß er Lebensmittel an die Goldwäscher verkaufte. Als ich in den 60er Jahren im Gold arbeitete, kauften wir alle unsere Lebensmittel von diesem Herrn Novoa. Auch er vertrieb die Waren über den Fluß. Später investierten beide in die Holzausbeute und haben da sehr viel Geld gemacht...

Früher waren die Leute hier in Pto. Maldonado sehr kooperativ, sehr hilfsbereit. Als zum Beispiel die Straße von Pto. Maldonado nach Quincemil gebaut wurde, da gingen die Leute aus freien Stücken mit ihren Frauen oftmals für 20 bis 25 Tage hin zum Straßenbau, halfen mit, versorgten sich selbst mit Nahrungsmitteln, und ihre Frauen kochten für sie. Nach solchen Hilfsarbeiten kehrten sie dann nach Maldonado zurück; dafür kamen andere, das nennt man faena. Aber zur Zeit will das hier niemand mehr machen. Damals in den 40er Jahren war das noch anders."

Interview-Ausschnitt mit Victor Sánchez Calderón, leitender
Angestellter der Filiale des Arbeitsministeriums in Pto.
Maldonado:

"En mi condición de Jefe de la División de Denuncias y Nego-
ciaciones Colectivas, le puedo informar que la mayoría de
las denuncias que se presentan son por falta de pago de los
jornales. Este problema lo ocasionan los mineros que no están registrados en la Subdirección Regional de Trabajo y que
resultan difíciles de buscar. Esta oficina no cuenta con
inspectores, personal administrativo ni un presupuesto adecuado. El problema se presenta en lugares muy distantes, a
los que sólo se puede ir en deslizador. A veces no hay ni
para la gasolina. Así no se puede hacer nada. Aquí tenemos
tres empleados meritorios que esperan desde marzo que se les
contrate."

Übersetzung eines Interview-Ausschnitts mit Victor Sánchez
Calderón, leitender Angestellter der Filiale des Arbeitsministeriums in Pto. Maldonado:

"In meiner Funktion als Chef der Abteilung für Anzeigen des
Arbeitsministeriums kann ich Ihnen nur sgen, daß die Mehrheit der Beschwerden, die hier eingereicht werden, erfolgen,
weil der Tagelohn nicht ausgezahlt wird. Dieses Problem ver-
ursachen in erster Linie jene Goldwäscherunternehmer, die
nicht in der regionalen Filiale des Arbeitsministeriums registriert sind, derer man daher nicht habhaft werden kann.
Zudem leidet das Büro des Arbeitsministeriums an Personal-
mangel und einem nicht ausreichenden Finanzbudget. Arbeits-
probleme verschärfen sich vor allen Dingen an weit entfernten Orten, wohin man nur noch mit Booten gelangt. Meistens
gibt es aber kein Benzin, und so können wir unseren Dienst
nicht erfüllen. Hier (in Pto. Maldonado) haben wir drei Angestellte und hoffen, ab März, daß man noch weitere Personen
einstellt."

T 0031q D 11.07.1985/1

ANHANG 5

SOZIO-ÖKONOMISCHE STUDIEN VON DREI COMUNIDADES NATIVAS

MINISTERIO DE AGRICULTURA
MADRE DE DIOS

Puerto Maldonado, 06 de Octubre de 1,982

OFICIO N° 576-82-DRA-XXIV-MD

SEÑORITA   : Claudia Maennling
                Geógrafa

ASUNTO   : Estudio Socio-Económico
                de CC.NN.

REFERENCIA   : Carta de fecha 01-10-82

Me es sumamente grato atender a su atenta carta de la referencia, en la que me solicita la autorización correspondiente para ejecutar los Estudios Socio-Económicos de las Comunidades Nativas Boca Karene, Shiringayoc y Pukiri, ubicadas en el ámbito de la Región Agraria XXIV-Madre de Dios, — aprovechando la presencia de un grupo de estudios de la Universidad libre de Berlín y de la Católica de Lima, que está realizando la Investigación de las formas y consecuencias del boom del oro en el Departamento de Madre de Dios, además de aclararme que dichos estudios no demandarán gasto alguno a éste - Sector, con lo que estoy satisfactoriamente de acuerdo, con la salvedad de poder contar con las credenciales y requisitos previos para la autorización del grupo de estudios que ejecutará éste trabajo, las que agradeceré alcanzar a éste despacho en - el momento oportuno, para avalar la calidad y seriedad del trabajo que nos ofrecen con tan apreciable voluntad.

Estimo sus intenciones de Cooperación al sector que represento, expresándole mis mejores consideraciones y especial estima.

Dios Guarde a Usted.

Ing° Luis F. Sánchez Gamarra
Enc. Dirección Región Agraria XXIV
Madre de Dios.

c.c. RA/AR
     Arch.

RRLCH/llmi.

Sozio-ökonomische Studien von drei Comunidades Nativas

Zur Anerkennung der Comunidad Nativa als juristische Körperschaft und Vergabe eines kollektiven Bodenbesitztitels (Kapitel 7.4) fordert das Agrarministerium, das für Tieflandindianergemeinden zuständig ist, insgesamt 13 verschiedene Dokumente. Die sozio-ökonomische Studie, estudio socio-económico, auch als 'diagnóstico' bezeichnet, ist eine dieser 13 Unterlagen. Sie muß nach einem vom Ministerium vorgegebenen Schema erarbeitet werden.

Da im Rahmen des Forschungsprojektes verschiedene Comunidades Nativas untersucht wurden, die Anträge auf Anerkennung und Vergabe von Bodentiteln eingereicht hatten, beantragte ich am 1.10.1982 zusammen mit der peruanischen Anthropologin Flica Barclay, die geforderten Studien durchführen zu können. Am 6.10.1982 erteilte das Agrarministerium, Region Agraria XXIV-Madre de Dios, die Genehmigung für die Comunidades Nativas Boca del Karene, Shiringayoc und Barranco Chico (Pukiri).

Da sich die Inhalte der drei Studien ähneln, was die ethnographische Beschreibung anbelangt, wurde nur der Text einer Estudio socio-económico übersetzt.

I. Diagnóstico socio-económico de la Comundidad Nativa Barranco Chico

Introducción

1. Aspecto físico

    1.1 Ubicación
    1.2 Aspecto geográfico
    1.3 Hidrografía

2. Aspecto histórico

3. Aspecto económico

    3.1 Agricultura
    3.2 Caza, pesca y recolección
    3.3 Actividad aurífera
    3.4 Extracción forestal
    3.5 Comercialización
    3.6 Transporte

4. Aspecto social

    4.1 Población
    4.2 Asentamiento rural y espacio económico
    4.3 Servicios rurales
    4.4 Educación

5. Aspecto jurídico, político y administrativo

6. Aspecto cultural

7. Características de la problemática

Introducción:

El presente diagnóstico ha sido elaborado en atención a la solicitud presentada por los comuneros de la Comunidad Nativa de Barranco Chico y con el fin de conocer su problemática socio-económica. Sobre esta base es posible otorgarles personería jurídica y adjudicarles un territorio comunal con el cual se vaya estableciendo un ordenamiento jurídico claro al interior del departamento de Madre de Dios, en respeto del D.L. 21 175.

Se ha tomado en cuenta los aspectos sociales, económicos, culturales y jurídicos con el fin de disponer de un conocimiento básico y adecuado para tomar los pasos administrativos necesarios para el desarrollo comunal de la región.

La colaboración de los comuneros ha sido muy valiosa en este estudio.

1. Aspecto físico

1.1 Ubicación

La Comunidad Nativa de Barranco Chico está ubicada en el departamento Madre de Dios, Provincia de Manú, en el límite con el departamento de Cusco. El territorio de la comunidad está cruzado por tres ríos: el Huaypetue, El Pukiri y Tokahue.

1.2 Aspecto geográfico

La zona ocupada por la comunidad de Barranco Chico presenta una formación de bosque semi-húmedo tropical con una temperatura media de $23^{\circ}C$, una precipitación fluvial anual de 1800 mm. y a una altitud de 300-500 m.s.n.m.

1.3 Hidrografía

Barranco Chico está atravesado por el río Pukiri que se forma en las estribaciones de la cordillera, el río Huaypetue que es afluente de éste y el río Tokahue, un afluente menor que separa a esta comunidad de la de Boca del Karene. Estos tres ríos por originarse en la cordillera son bastante accidentados y arrastran oro aluvial de la cordillera.

2. Aspecto histórico

La población de Barranco Chico pertenece al grupo etnolingüístico Harakmbut, origináriamente habitan en la zona del Alto Karene y sus afluentes. Después de las epidemias de la década del 60 se trasladaron a la Misión Domínica de Shintuya en el Alto Madre de Dios. Allí surgieron problemas con

Abbildung 30: Plano de la Comunidad Nativa Barranco Chico

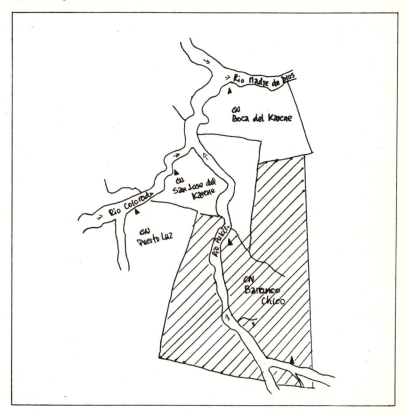

las normas establecidas por la Misión y con los otros grupos étnicos allí concentrados por los misioneros, por lo que los nativos abandonaron Shintuya para asentarse en territorio tradicional. Barranco Chico se fundó con esta población en 1973 al regreso de Shintuya.

3. Aspecto económico

3.1 Agricultura

La agricultura es una de las actividades económicas importantes de la población de Barranco Chico. Se practica el sistema de roza y quema que parece adaptarse de manera muy convincente a las condiciones del bosque tropical. En este sentido se tumba una área reducida de bosque, cuyos troncos y ramas son quemados en el terreno para fertilizar los suelos. Dado que la capa de humus es muy delgada, debido a que el ciclo de nutrientes se origina y conserva en la capa arborea, es conveniente proteger los suelos para evitar su erosión, y mantener la temperatura y humedad adecuadas para permitir la descomposición de la materia orgánica a través de los hongos y bacterias.

Las características de estos suelos obligan al agricultor a rotar las chacras cada 2 a 4 anos. Asimismo es conveniente combinar cultivos para aprovechar los nutrientes según las especies y aprovechar los distintos ritmos de maduración para proporcionar sombra a los cultivos.

Los nativos cultivan en esta zona un promedio de 3 a 3 1/2 hectáreas por familia distribuidas en parcelas de menos de una hectárea. En la actualidad existen unas 32 hectáreas cultivadas por familias de la comunidad.

La variedad de plantas sembradas y aprovechadas es bastante grande. Entre los cultivos de mayor importancia están el plátano y la yuca, para los cuales dedican una mayor extensión relativa. Se suma a esto la sachapapa, el frejol, camote, uncucha, maíz y arroz, zapallos, paltas y caña. Entre los frutales están los bananos, papayas, sandía, aguaje y barbasco y tabaco.

Las chacras son trabajadas por las unidades familiares extensas con la colaboración tanto de hombres como de mujeres. Las mujeres son las encargadas del trabajo de cultivo y cosecha, mientras que los hombres abren las chacras y se dedican mayormente a las actividades no-agrícolas.

La producción agrícola es fundamentalmente para autoconsumo, pero los comuneros de Barranco Chico abastecen a algunos mineros de Pukiri y Huaypetue con plátanos y otros productos. Asimismo las unidades familiares se dedican a la crianza de animales domésticos y aves de corral.

3.2 Caza, pesca y recolección

La caza es una actividad muy importante para los comuneros de Barranco Chico, la misma que es practicada en un amplio espacio dado que la densidad de animales no es muy alta. La caza se practica mayormente con arco y flechas ya que sólo disponen de una escopeta. Las expediciones son realizados fundamentalmente por los hombres, pero estos son eventualmente acompañados por sus mujeres. En algunas ocasiones se sale en busca de presas durante tres días, pudiéndose cazar tanto de día como de noche. Dado que la ley del mineral en esta zona no es tan alta, las familias venden regularmente carne a los mineros de la zona. Se caza mayormente monos y paujiles que son abundantes, no así la huangana. Esta carne es una fuente importante de proteínas para la población.

La pesca es otra de las actividades importantes. Se pesca prácticamente a diario tanto con barbasco como con anzuelo y flechas. También se vende pescado a los mineros periódicamente.

Por último los comuneros realizan expediciones al bosque para obtener frutos silvestres y otras fuentes de vitaminas y minerales para complementar su dieta. De igual manera se recolecta materiales de construcción y para la realización de tejidos de diversas fibras.

3.3 Actividad aurífera

Los comuneros de Barranco Chico trabajan oro, aun cuando la ley del mineral en su zona es bastante baja. Esto lo realizan con el metodo artesanal bastante generalizado en la zona. En la parte mas alta no utilizan motobombas por no ser necesario, sobre el Pukiri sí utilizan motobombas así como carretillas y tolbas. Se trabaja en equipos de 3 a 5 personas según la tarea y se colaboran mutuamente con trabajo y herramientas cuando lo es solicitado por sus parientes.

El oro obtenido es vendido a la agencia del Banco Minero de Huaypetue, o a un ex-concesionario del Banco que es a su vez comerciante.

La comunidad misma no posee actualmente una concesión minera. Los terrenos han sido otorgados en exploración a Ausorsa, quien a su vez ha cedido una parte a la compañía británica Río Tinto Zinc. Estas dos empresas trabajan con equipo mecanizado. Existen ademas algunos mineros medianos y pequeños, tampoco no tienen concesiones salvo uno. Los mineros no pertenecen económicamente ni sociológicamente a la comunidad y la mayor parte de ellos solo se dedican a la actividad minera y no a la agrícola. Existen conflictos si un minero que ha introducido ganado al otro lado de la quebrada donde esta ubicado el nucleo central de Barranco Chico, pues los nativos lo acusan de la desaparición de cerdos y gallinas.

Las ganancias obtenidas por los comuneros de la actividad aurífera son destinadas a satisfacer algunas necesidades en el mercado y a pagar los altos costos de educación secundaria en el Cusco. (alrededor de $ 80,000 mensual).

3.4 Extracción Forestal

La actividad forestal es secundaria fundamentalmente para el autoconsumo. Se preparan canoas para ser vendidas a los mineros del río Pukiri, por lo cual los nativos son conocidos por su arte de construcción.

Fuerza de trabajo
La población económicamente activa representa un 62,6 % sobre un total de 32 familias. El trabajo se realiza en torno a los ojos de unidades familiares y de diferenciación sexual. Los niños de 0-15 no incluidos en esta categoría colaboran con una serie de tareas en la casa y en la chacra desde muy pequeños.

Distribución de recursos
La distribución de la tierra en el interior de la comunidad es bastante homogénea en la medida en que se da de acuerdo a las necesidades de cada familia con un patrón cultural y económico común. El recurso aurífero no está tampoco concentrado. Las playas y parcelas son trabajadas por cada familia. Todo posible conflicto en cuanto a recursos es solucionado con la intervención de las autoridades comunales. No se presenta una diferenciación social o económica en base a la apropiación de los recursos comunales.

Organización de la producción
La actividad productiva se da al interior de las familias extensas, en las cuales también residen las decisiones de producción. No hay muchas actividades en común pero ciertas decisiones se toman en conjunto, sea en relación a la producción como a la comercialización.

Tecnología
La tecnología agrícola empleada es simple pero refleja un profundo conocimiento de las condiciones de suelos y carac-

terísticas de las especies. En el caso de la extracción del
oro, la tecnología es artesanal pero se adecua a la forma en
que se presente el mineral, a su capacidad de inversión de
capital y a su intensidad de trabajo. El problema radica
fundamentalmente en la comercialización del oro.

3.5 Comercialización

Las actividades de comercialización se relacionan con el oro
y con productos agrícolas y carne de monte o pescado. La
venta de estos productos se realiza tanto en Huaypetue donde
el Banco Minero tiene una oficina, como en la comunidad misma a donde acuden los mineros para adquirir productos agrícolas. El oro es vendido también a algunos comerciantes dada
la dificultad de transporte. En estas transacciones se presentan una serie de abusos frente a los cuales los nativos
no tienen ningún respaldo administrativo.

En la comunidad misma no existen establecimientos comerciales, aunque eventualmente algún miembro trae algo de víveres
a su vez para venderlos en la comunidad. Esto no constituye
una actividad permanente y es ejercida indistintamente por
las familias. El consumo de productos adquiridos a través
del mercado es bastante reducido, limitándose a fideos, azúcar, sal, cartuchos, machetes.

3.6 Transporte

La comunidad de Barranco Chico se orienta en dos direcciones. Por un lado se comunica con el río Colorado a través
del río Pukiri de agitada navegación. En esta dirección hay
una importante comunicación cultural con las otras comunidades Harakmbut de la zona. Hacia el río Huaypetue la compañía
británica RTZ ha construido un tramo de trocha o carretera

donde sólo circulan por el momento vehículos de trabajo. Huaypetue es un centro importante para esta comunidad donde se vende el oro y productos agrícolas y se adquieren algunos bienes.

4. Aspecto social

4.1 Población

La comunidad nativa de Barranco Chico es relativamente pequeña. Esta compuesta por 39 personas: 17 familias. Toda esta población se define como perteneciente el grupo etnolingüístico Harakmbut y sub-grupos Sapiteri, Kisamberi y Amarakaeri.

Como la mayor parte de las poblaciones nativas del departamento los habitantes de Barranco Chico han debido desplazarse más de una vez para huir de las enfermedades epidémicas introducidas al departamento y de los abusos de caucheros y mineros. Su estabilización en la zona de Barranco Chico en la coyuntura actual parece una ocasión favorable para otorgarles personería jurídica y adjudicación de tierras comunales.

El tamaño de la población no justifica la falta de reconocimiento y título pues no sólo son habitantes originarios de la zona sino que ya han estado sometidos a muchos abusos y carecen del debido respaldo administrativo y jurídico como ciudadanos del país.

Al interior de la comunidad sólo hay nativos. El resto de la población son mineros provenientes de la sierra, en un número tampoco muy grande, debido a la relativamente baja ley del mineral y la dificultad de transporte hacia la zona de Mazuko que vincula el área con el departamento de Cusco. La población minera de la zona es mayormente estacional.

4.2 Asentamiento rural y espacio económico

La población de la comunidad de Barranco Chico tiene un patrón de asentamiento mixto, nucleado y semidisperso. Las familias que en el censo poblacional aparecen entre las ocho primeras se ubican en un solo nucleo en la margen izquierda del río Pukiri, dos vueltas abajo de la desembocadura del río Huaypetue. En cambio las tres últimas familias viven dispersas río abajo entre el núcleo principal y los linderos de la Comunidad Nativa de San José del Karene.

La Zona aprovechada por los comuneros para la realización de sus distintas actividades productivas es muy amplia pues así lo requieren las condiciones del terreno y la distribución de la fauna. Una linderación óptima en este sentido sería aquella que considere estas necesidades y características. Asimismo, se recomienda muy especialmente se haga colindar a las distintas comunidades nativas entre sí para así evitar posibles conflictos con mineros y colonos. Esto es bastante factible en la medida en que no existe en la práctica presión sobre los terrenos, desde el punto de vista agrícola. En este sentido Barranco Chico que colinda con las comunidades de San José, Boca del Karene y Puerto Luz podría tener sus linderos oficiales de manera directa con estas comunidades.

La construcción de carreteras de interconexión al interior del departamento hace oportuna la titulación de esta comunidad en este momento para evitar todo tipo de conflictos que son siempre de difícil solución, provocan malestar en la zona e impiden el desarrollo económico de la zona, además de dificultar la integración cultural de la población nativa frente a la falta de respaldo oficial.

No es conveniente integrar a la población de Barranco Chico a las otras comunidades ya reconocidas por razones culturales que incompatibilizan la co-residencia en base a criterios de parentesco y matrimonio tradicionales. Prueba de ello es la salida de esta población de las Misiones Domínicas que parecen no haber entendido esta situación.

4.3 Servicios Rurales

La comunidad misma no posee servicio alguno dentro de su territorio. La atención sanitaria se recibe en Huaypetue en la posta sanitaria del Banco Minero. Los mayores problemas son la falta de vacunación y las diarreas infantiles.

4.4 Vivienda y Alimentación

Las características de las viviendas de la comunidad son similares a las de la zona en general. Los pisos son de pona sobre tacos de 50-60 cm y el techo tejido de hojas de palma. Las paredes son de topa o de pona segun su disponibilidad. Las cocinas son construcciones aparte de las viviendas.

La alimentación de la zona es bastante balanceada pues se dispone de variedad de recursos, tanto cultivados como producto de la casa, pesca o recolección.

4.5 Educación

El grado de analfabetismo es bastante alto 70 % ; sin embargo tres estudiantes se encuentran cursando estudios en Quillabamba en la escuela secundaria. Esto demanda un alto gasto para las familias, una de las cuales tiene a dos de sus hijos estudiando, ya que deben pagar una pensión de 80,000.-- Soles. Medidas de alfabetización de adultos e instalación de servicios educativos adecuados serían muy beneficiosos para contribuir al desarrollo de esta comunidad.

4.6 Pirámide poblacional

La constitución poblacional de Barranco Chico es característica de una población joven con alta proporción de niños, y que pronostica un rápido crecimiento.

Cuadro de la distribución de población por grupos de edad y sexo

grupo de edad	hombres	mujeres	total
0- 4	3	4	7
5-10	5	2	7
10-14	2	1	3
15-19	1	4	5
20-24	1	-	1
25-29	-	1	1
30-34	4	3	7
35-39	2	-	2
40-44	1	1	2
45-49	1	1	2
50-54	1	-	1
+55	1	-	1
	22	17	39

CENSO POBLACIONAL DE LA COMUNIDAD NATIVA DE BARRANCO CHICO

nombre	edad	origen	residencia previa
1. Vicente Irey Burambuyo	40	Isirihue	Shintuya
2. Fátima Maka	34	Wandakhue	Shintuya
3. Ana María Irey Maku	17	Shintuya	-
4. Visitación Ireyx	15	Shintuya	-
5. Marcelino Irey Maku	13	Shintuya	-
6. Raul Irey Maku	10	Barranco Chico	-
7. Sergio Irey Maku	6	Barranco Chico	-
8. Rubén Irey Maku	8	Barranco Chico	-
9. Alicia Irey Maku	4	Barranco Chico	-
10. Hermelinda Irey Maku	2	Barranco Chico	-
11. Manuel Irey Maku	7mes	Barranco Chico	-
12. Adolfo Ikono	54	Isirijue	Shintuya
13. Eugenia Matakiwi	48	Wandakhue	Shintuya
14. Rafaél Ikono Matakiwi	18	Shintuya	Shintuya
15. Fabiola Ikono Matakiwi	15	Shintuya	Shintuya
16. Fernando Irey Burambuyo	33	Isirihue	Shintuya
17. Lourdes Takayo Matakiwi	30	Wandakhue	Shintuya
18. Graciela Irey Takayo	9	Barranco Chico	-
19. William Irey Takayo	7	Barranco Chico	-
20. Guillermo Irey Takayo	5	Barranco Chico	-
21. Elisabeth Irey Takayo	2	Barranco Chico	-
22. Martín Ewia	46	Isirihue	Shintuya
23. Santiago Takayo Matakiwi	32	Wandakhue	Shintuya
24. Francisco Ayka Burani	34	Bajo Isirihue	Shintuya
25. Timoteo Arey Kameno	24	Shintuya	
26. María Asunción Korisepa	18	Shintuya	-
27. Enriqueta Irey Korisepa	1	Barranco Chico	-
28. Arturo Ríos Montes	36	Isirihue	Shintuya
29. Rosa Takayo Matakiwi	28	Wandakhue	Shintuya
30. Marisol Ríos Takayo	8	Barranco Chico	-
31. Wilber Ríos Takayo	5	Barranco Chico	-
32. Julio Ríos Takayo	2	Barranco Chico	-
33. Huatón Suspan	44	Dahuene	
34. Lucía Tiase Sahua	40	Kipodnhue	-
35. Lourdes suspan Borimo	18	Alto Karene El Pilar	
36. José Ipakwa	82	Dawene	
37. Francisco del Aquila	34	Dawene	
38. Gloria Tete Tambiraimbu	30	Huasorokhue	-
39. José del Aquila Tete	1	Barranco Chico	-

Total 39 personas, 11 familias

5. Aspecto jurídico, político y administrativo

La zona de Barranco Chico está dentro de la provincia de Manú. No existen autoridades en el área adyacente a la comunidad. En la práctica el Banco Minero es la única autoridad en la zona, la misma que media en los conflictos de terrenos auríferos, ante la ausencia de otras autoridades, aún cuando la Ley Aurífera concede al Ministerio o Jefatura Regional de Minería la potestad de intervenir y solucionar estos conflictos.

Según las informaciones no parece haber presencia alguna de los otros sectores admninistrativos ni visitas periódicas.
La comunidad carece de título de propiedad sobre su terreno y de personería jurídica. Esto significa que la comunidad carece de todo respaldo administrativo en relación a sus recursos.

La comunidad carece de registros de nacimiento y demás registros civiles, y sólo una parte de los adultos posee documentos de identidad.

6. Aspecto cultural

La comunidad de Barranco Chico esta integrada exclusivamente por miembros del grupo etno-lingüístico Harakmbut. Tres familias pertenecen al sub-grupo Sapiteri, una mujer es del grupo Kisambaeri y todos los demás son Amarakaeri. Guardan relaciones de parentesco entre sí. Esto determina una fuerte homogeneidad cultural al interior de la comunidad, homogeneidad que se refleja en sus valores tradicionales y formas comunes de apropiación de los recursos. Sin embargo la introducción de nuevas necesidades puede ir generando conflictos internos, que podrán ser resueltos con apoyo a iniciativas de tipo comunal.

7. Características de la problemática

    - Falta de un ordenamiento jurídico y territorial claro y de personería juridíca y títulos para la comunidad
    - Falta de respaldo administrativo
    - Ausencia de capacitación y educación para evitar abusos.
    - Ausencia de control de precios
    - Falta de capacitación y educación para evitar abusos.
    - Actitud negativa y falta de respeto hacia la población nativa y sus valores culturales propios.

Febrero 1983.

II. Diagnóstico socio-económico de la Comunidad Nativa Boca del Karene

Introducción

1. Aspecto físico

    1.1 Ubicación
    1.2 Aspecto geográfico
    1.3 Hidrografía

2. Aspecto histórico

3. Aspecto económico

    3.1 Agricultura
    3.2 Caza, pesca y recolección
    3.3 Actividad aurífera
    3.4 Extracción forestal
    3.5 Comercialización
    3.6 Transporte

4. Aspecto social

    4.1 Población
    4.2 Asentamiento rural y espacio económico
    4.3 Servicios rurales
    4.4 Vivienda y alimentación
    4.5 Educación

5. Aspecto jurídico, político y administrativo

6. Aspecto cultural

7. Características de la problemática

Introducción

El presente documento ha sido elaborado en atención a la solicitud presentada por los comuneros de la Comunidad Nativa Boca del Karene en enero de 1982 y con la finalidad de conocer su realidad socio-económica para otorgarles personería jurídica y un ordenamiento territorial claro mediante la adjudicación de sus terrenos, acogiéndose al D.L. 21 175.

Se ha analizado los aspectos sociales, jurídicos, políticos y administrativos de modo de lograr un diagnóstico socio-económico cercano a su realidad y problemática para así poder implementar los pasos necesarios para su desarollo en el marco de la región.

La colaboración de los comuneros en este estudio ha sido muy valiosa.

1. Aspecto físico

1.1 Ubicación

La Comunidad Nativa de Boca de Karene se ubica en la desembocadura del río Colorado o Karene sobre el río Madre de Dios, a los 12°37 de latitud sur, y 41°37 al oeste del meridiano de Greenwich. Se encuentra ubicada dentro de la provincia de Manú, distrito de Manú y en un radio que abarca las dos márgenes de ambos ríos.

1.2 Aspecto geográfico

La zona ocupada por los comuneros de Boca del Karene presenta una formación de tipo bosque tropical, con una temperatura anual media de 25°C, una precipitación pluvial anual promedio de 2,000 mm., y a una altitud media de 600 m.s.n.m.

1.3 Hidrografía

El río Colorado o Karene se origina en los ríos Isirihue y Huasoroco, en las estribaciones de la Cordillera dentro del departamento de Madre de Dios, con un recorrido de aproximadamente 57 km, corriendo paralelo al río Madre de Dios en el curso alto de este. El Colorado desemboca al Madre de Dios, después de la confluencia de este con el río Manú (a unos 120 km.) y constituye el límite de la zona de explotación aurífera.

2. Aspecto histórico

La población de Boca del Karene perteneciente al grupo lingüístico Harakmbut proviene del área del Colorado. Pertene-

Abbildung 31: Plano de la Comunidad Nativa Boca del Karene

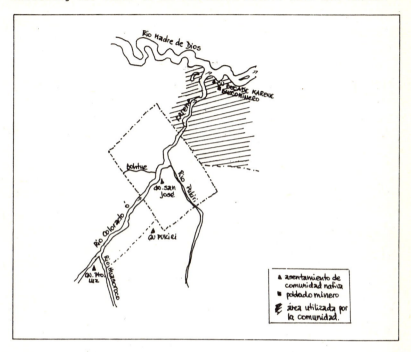

ce al grupo localizado de los Kareneris (gente del río Karene). Originalmente vivieron en el río Colorado en su curso alto. Luego de ser concentrados por la Mision protestante del Instituto Lingüístico de Verano, abandonaron la zona por la introducción de mortales epidemias a la llegada de la compañía petrolera City Service a la zona, ya que murieron familias enteres de fiebre amarilla. En busca de protección contra estas enfermedades y de los abusos de mineros y comerciantes, esta población se traslado a Shintuya, Misión Domínica en el río Madre de Dios. Luego de algunos años la heterogenidad cultural de la Misión empezó a producir descontento en los distintos grupos por lo que estos fueron abandonándola para irse a establecer en sus territorios tradicionales o en otras misiones. Parte de la población de Boca del Karene residió por algunos años en El Pilar a donde fueron trasladados por los domínicos. Algunas otras familias han residido en la actual ubicación de la comunidad desde hace más de una década.

3. Aspecto Económico

3.1 Agricultura

La agricultura practicada por los nativos de la Boca del Karene es de rozo y quema, un sistema por el cual pequeñas áreas son desmontadas y los troncos y hojas quemados en el terreno para fertilizar los suelos. Este sistema se adecua perfectamente a las condiciones del bosque tropical donde la capa de humus es muy delgada, ya que el ciclo de nutrientes se origina en la capa arborea, cuyas hojas se descomponen en condiciones adecuadas de temperatura y humedad. Por esto es necesario limitar el numero de hectáreas abiertas. Asimismo las copas de los arboles evitan la erosión y lavado de los suelos que conducen a la laterización de éstos. De este modo se mantiene una temperatura adecuada para permitir la descomposición a través de los hongos y bacterias.

Las características de estos suelos obligan a rotar las chacras cada 2 a 4 años. Los nativos, conociendo las condiciones del terreno hacen varias chacras combinando distintos productos para compensar el consumo diferenciado de nutrientes por cada especie, y aprovechar los distintos ciclos de maduración para proporcionar sombra a los cultivos. Se cultiva un promedio de 2 1/2 has. por familia; en la actualidad existe 20 has 1/2 en producción.

El conocimiento del medio y de las condiciones ecológicas por parte de los comuneros es impresionante, llegando a cultivar simultáneamente hasta 53 especies, al margen de las plantas silvestres utilizadas.

Entre los cultivos de mayor importancia están el plátano y la yuca para los cuales dedican entre 0.750 has y 1.3 has. Se suman a esto la uncucha o papa china, frejol, arroz, camote, maíz, palta, zapallo y maní. Entre los frutales están los bananos, papayas, mangos, caña de azúcar, sandía, coconas, aguaje, limón, toronja, piña, además de barbasco y tabaco.

Las chacras son trabajadas por las unidades familiares extensas que congregan a una o dos familias nucleares. De este modo cada unidad familiar dispone de uno o más hombres para talar el monte. Son las mujeres mayormente las que se encargan del cultivo y siembra de la chacra; actividades que se realizan periódicamente, mientras que la cosecha de productos es casi diaria, según sus necesidades. La producción agrícola es básicamente para autoconsumo; sin embargo los nativos proveen de plátanos a la población minera aledana.

Los comuneros se dedican también a la crianza de aves de corra y cerdos.

3.2 Caza, pesca y recolección

Los comuneros de la Boca del Karene realizan la actividad de caza en una amplia extension de su territorio, que abarca el monte a ambos lados de los ríos Madre de Dios y Colorado. De este modo se regula la exterminación de la fauna, la misma que tiene una baja densidad relativa. Las expediciones de caza son realizadas por los hombres a quienes eventualmente acompañan sus mujeres. Se realizan en grupos de dos y pueden durar hasta tres días. La caza se realiza tanto durante el día como en la noche. La carne obtenida mediante la caza constituye un 30 % de las proteínas consumidas, de ahí los requerimientos de animales de monte, y la importancia de una adjudicación adecuada del recurso bosque.

El transporte hacia los lugares de caza se hace en canoas o atravesando el monte por trochas de caza.

Los instrumentos utilizados para cazar son el arco y flechas con diferentes puntas segun el tipo de animal, y las escopetas calibre 16.

Los animales más frecuentemente cazados son la huangana, sajino, sachavaca, picuro, paujil y venado. La caza se realiza solamente según las necesidades de consumo familiar, de modo de no poner en peligro la reproducción de la fauna. La carne obtenida es distribuida entre las familias de la comunidad a través de los lazos de parentesco que los vinculan. Sólo eventualmente se vende carne en el centro poblado de Boca del Colorado, a donde los mineros acuden a abastecerse de víveres.

La pesca es otra de las actividades importantes para la alimentación familiar. Esta se realiza tanto en los ríos y quebradas como en las cochas.

Se utiliza anzuelos, redes de tipo atarrafa, flechas y barbasco. La pesca con flechas se realiza desde una canoa tripulada por dos personas, y mayormente en las cochas y quebradas. En las épocas secas se realiza pescas comunitarias con la participación de todas las familias, en brazos de río, provisonalmente cerrados donde se echa barbasco. Cuando esta dosis de barbasco es adecuada el veneno se diluye sin hacer daño a los peces.

Las especies mas valoradas son el sábalo, paco, y súngaro. Se pesca ademas boquichico, carachamas y pana.

Los lagartos son cazados generalmente en las cochas con flechas o machete. En agosto se realiza la pesca de charapas en las orillas de los ríos, cuando estas salen a depositar sus huevos. Los nativos se quejan de que su consumo indiscriminado por parte de los comerciantes está dando lugar a su exterminación.

La producción pesquera es comercializada en pequeña escala, aunque existe una demanda potencial, pues el abastecimiento de víveres proviene casi en su totalidad de Laberinto.

La recolección es una actividad complementaria para conseguir proteínas adicionales y frutos silvestres, como el palmito, castaña y ungurabe. Las proteínas son conseguidas en caracoles y suris. Se recolecta asimismo materiales para construcción y corteza de setico para artes manuales, así como algunos animales domesticables como pihuichos y monos pequeños.

3.3 Actividad aurífera

Los comuneros de la Boca del Karene participan de la explotación aurífera desde la década del '70 en que empezaron a trabajar para los patrones mineros de la zona para cubrir algunas necesidades como kerosene, azúcar, sal y linternas, además ropa. Esto dio lugar a muchos abusos mediante el método del endeudamiento y engaño, valiéndose de su desconocimiento de los precios y de sus valores culturales. En la actualidad los comuneros trabajan en sus terrenos con el sistema artesanal de tolbas y motobombas en grupos de 3 a 5 personas. Debido a los abusos cometidos en contra de ellos en la comercialización de su oro (en el Banco Minero mismo, que tiene una agencia en la Boca del Colorado, y por los comerciantes) su capacidad de ahorro para adquirir motobombas es muy reducida, debiendo pagar hasta 1.5 gr. por día lo que les resta su capacidad de acumulación y progreso económico. Los comuneros tenían hasta antes de la Ley de Promoción Aurífera de 1978 una parcela adjudicada por el Banco Minero.

Más tarde solicitaron un denuncio a la Jefatura Regional pero los altos costos y la falta de asesoría los hizo abandonar la tramitación. En la actualidad se encuentran sin amparo legal en una zona ya adjudicada con fines mineros de exploración a Ausorsa. Sin este amparo legal los nativos son víctimas de grandes abusos de los que hemos sido testigos, como la invasión de sus parcelas y de su vida cotidiana bajo amenazas de las cuales no pueden defenderse por el desconocimiento de sus derechos y la falta de respaldo administrativo.

Las reducidas ganancias provenientes del oro son gastadas en cubrir nuevas necesidades que no reportan beneficios.

3.4 Extracción forestal

La actividad forestal es secundaria. La madera de la zona existe en cantidad regular. Las especies que se explotan son pona, shapaja, topa y credo para consumo comunal y cedro, acoba, shihuahuac y matapalo para venta.

Fuerza de trabajo
La población económicamente activa representa el 51 % sobre un total de 30 personas, agrupadas en 8 familias nucleares y 4 extensas. Los niños también participan en tareas de la chacra, ayudando a las mujeres.

Distribución de los recursos
La distribución de la tierra al interior de la comunidad esta dada según las necesidades de cada grupo familiar. Lo mismo sucede con los terrenos auríferos y las playas. Todo posible conflicto debido a tierras es solucionado internamente con el concurso de la autoridad comunal. En la actualidad cada familia cultiva un promedio de 2 a 3 hectáreas. Puede preverse que en los próximos años esta utilización de

tierras aumentará en la medida en que la estructura poblacional se caracteriza por una alta proporción de niños y jóvenes. No existe una diferenciación social o económica en base a la apropiación del recurso tierra.

Organización de la producción
Como ya se ha mencionado en la sección sobre agricultura la actividad productiva se desarrolla en el seno de las familias extensas, teniendo lugar faenas comunales sólo en caso de pesca.

Tecnología
Desde el punto de vista de la tecnología agrícola se tiene un conocimiento adecuado de los cultivos y condiciones de producción.
En el caso del oro el problema no es de orden tecnológico sino fundamentalmente de asesoría de como canalizar sus ganancias y favorecer las iniciativas comunales.

3.5 Comercialización

Las actividades de comercialización se reducen a la venta directa de carnes y productos agrícolas en el poblado de Boca del Colorado y a la venta de oro en el Banco Minero. Los nativos, por su bajo nivel de educación y falta de respaldo administrativo son sometidos a grandes abusos mediante el sistema de endeudamiento, mediante el cual el nativo inducido al consumo nunca está en condiciones de pagar sus deudas de modo que está sometido a una fuerte dependencia.

En la comunidad misma no existen establecimientos comerciales dada la cercanía del Banco (20 min.) Los niveles de consumo de los comuneros son muy bajos. La explotación comercial es realizada por los comerciantes de la Boca a través de los altos precios de las mercaderías y el sistema de endeudamiento. Sólo una pequeña parte de ese consumo es productivo, carretillas, palas, mercurio y cartuchos.

3.6 Transporte

El transporte de víveres e insumos hacia el Colorado se realiza por río desde Laberinto, proveniente de Cusco. La comunidad dispone de dos canoas y un peque-peque.

4. Aspecto social

4.1 Población

La comunidad de Boca de Karene es relativamente pequeña, compuesta por 30 personas. Social, cultural y económicamente es un grupo homogéneo constituidos por miembros del grupo étnico Amarakaeri del grupo lingüístico Harakmbut. Esta población ha estado sometida a abusos por décadas, los mismos que los han obligado a trasladarse de ubicacion más de una vez. La larga historia de continuas reubicaciones forzadas por epidemias, abusos y decisiones ajenas a ellos es impresionante razones humanitarias y de derecho ancestral así como derecho ciudadano el reconocimiento de su comunidad con personería jurídica y titulación de sus tierras.

En la coyuntura actual de la explotación del oro su reconocimiento y titulación se hacen muy necesarios para brindarles algo del que históricamente han estado marginados. Por otra parte el Banco Minero ha anunciado el traslado de su oficina río abajo hasta Guacamayo. Esta coyuntura es muy favorable para emprender estos pasos administrativos.

El pequeño tamaño de la población y la relativamente poca intensidad de su apropiación de los recursos no sólo debe ser entendida en el contexto de las condiciones estructurales de las comunidades, sino también de la zona. Este aspecto no debería ser utilizado como argumento para no entregarles títulos sobre las tierras solicitadas. Por otra parte la presión sobre los recursos agrícolas en esta zona es nula por lo que no generaría conflictos con la población colona minera.

La población de la zona fuera de la comunidad está constituida por mineros no establecidos de manera permanente ni con perspectivas de abrir la frontera agraria; el traslado del banco disminuirá la población adyacente dedicada al comercio.

4.2 Asentamiento rural y espacio económico

La Comunidad Nativa de Boca del Karene tiene un asentamiento de tipo nucleado a orillas del río Madre de Dios. En la actualidad existen 8 casas para esta población.

La cercanía al Banco Minero que podría haber resultado beneficiosa es en este caso un medio de transmisión de costumbres ajenas a su cultura como la bebida.

La zona aprovechada por los comuneros abarca un amplio espacio dadas las características de sus actividades económicas. Estas actividades son necesarias para su reproducción económica y social así como cultural, y deben ser garantizadas mediante una adecuada linderación de su espacio económico.

Una linderación de carácter óptimo en ese sentido debería otorgarles la zona que media entre el río Madre de Dios y los linderos de la Comunidad Nativa de San José (4 horas). De este modo además se minimizan los riesgos de conflictos con los eventuales colonos en la zona.

La incorporación de la población de la Boca del Karene a estas otras comunidades no es aconsejable en la medida en que no existe una homogeneidad cultural entre éstas, y que dados los patrones culturales nativos relativos y las reglas de matrimonio podrían generar conflictos internos.

4.3 Servicios rurales

La comunidad misma no tiene en su asentamiento ningún servicio. En el poblado del Banco Minero existe una posta sanitaria a cargo de un sanitario con un funcionamiento deficiente. Los mayores problemas son las diarreas infantiles y se carece de vacunación.

Existe además una escuela primaria a la que han asistido algunos niños nativos pero con quejas del trato hostil a que son sometidos por parte de los otros niños y la gente del poblado, quienes los tratan de "chunchos".

4.4 Vivienda y alimentación

Las características de las viviendas de la comunidad son similares a las de la zona en general, con pisos de pona sobre tacos de 80 cm, y techo de shapaja. Las cocinas estan separadas de las viviendas-habitación.

La alimentación está representada por una gama de productos agrícolas producidos en sus chacras y carne de monte y pescado, consumidos segun su estación. En general la alimentación es balanceada con un conocimiento aproximado de los requerimientos proteicos y minerales que se basa en su acervo cultural autóctono.

4.5 Educación

El grado de analfabetismo en la comunidad es muy alto, hasta un 90 %, por lo que un trabajo de alfabetización de jóvenes y adultos sería muy aconsejable como medida para protegerlos de los abusos y promover su desarollo económico y bienestar social.

4.7 Pirámide poblacional

La constitución poblacional de esta comunidad presenta una característica peculiar, en su alta proporción de niños que corresponde a una comunidad joven.

Distribución de la población por grupos de edad y sexo.
(Comunidad Nativa Boca del Karene).

grupo de edad	hombres	%	mujeres	%	total
0- 4	5	16.6	4	13,3	9
5- 9	1	3.3	2	6.6	3
10-14	2	6.6	1	3.3	3
15-19	0	0.0	2	6.6	2
20-24	1	3.3	2	6.6	3
25-29	0	0.0	0	0.0	0
30-34	3	10.0	1	3.3	4
35-39	3	10.0	1	3.3	4
40-44	1	3.3	0	0.0	1
45-49	0	0.0	0	0.0	0
50-54	1	3.3	0	0.0	1
55-59	0	0.0	0	0.0	0
	17		13		30

5. Aspecto jurídico, político y administrativo

Las autoridades existentes en esta zona están asentadas en Manú y Boca del Colorado. En este último hay un alcalde distrital que no ejerce su cargo. No existe ninguna autoridad que vele por la resolución de conflictos, control y orden. Los ministerios relacionados con los distintos sectores no realizan tampoco visitas para conocer la problemática.

Por su distancia de Maldonado esta situación se agrava pues un viaje toma entre 2 y 3 días y resulta muy costoso.

La comunidad no cuenta con un título de propiedad comunal, ni auto de amparo sobre sus terrenos auríferos. La casi totalidad de mineros que trabajan en esta zona también carecen de denuncios y existe una complicada superposición de concesiones que no son trabajadas por sus titulares.

La comunidad no cuenta con registros civiles de nacimiento, matrimonio o defunción. Sólo parte de los adultos tiene documentos de identidad.

6. Aspecto cultural

La comunidad de Boca del Karene está integrada por miembros del grupo étnico Amarakaeri y un miembro del grupo étnico Machiguenga. Esto determina una fuerte homogeneidad cultural. Los valores tradicionales y la forma de producción del grupo tienen un importante peso en la vida y reproducción del grupo. La introducción de nuevas necesidades superfluas genera conflictos internos pero fáciles de resolver con apoyo a las iniciativas comunales.

7. Características de la problemática

- falta de respaldo jurídico y administrativo
- existencia de grandes abusos por parte de los comerciantes mineros y empleados del Banco Minero

- ausencia de control de precios
- falta de capacitación empresarial y educación para evitar los abusos
- actitud negativa y falta de respeto hacia la población nativa y sus valores tradicionales.

III. Diagnóstico socio-económico de la Comunidad Nativa
Shiringayoc

SUMARIO
****

INTRODUCCION

I   Aspecto Físico

    1.1   Ubicación
    1.2   Aspecto Geográfico
    1.3   Hidrografía

II Aspecto Histórico

III Aspecto Económico

    3.1   Agricultura
    3.2   Caza, pesca, recolección
    3.3   Actividad aurífera
    3.4   Extracción Forestal
    3.5   Comercialización
    3.6   Transporte

IV Aspecto social

    4.1   Población
    4.2   Asentamiento Rural y Espacio económico
    4.3   Servicios Rurales
    4.4   Vivienda y alimentación
    4.5   Educación

V   Aspecto Jurídico, Político y Administrativo

VI Aspecto Cultural

VII Características de la Problemática

MAPA
Cuadro de la distribución poblacional
Datos censales.

INTRODUCCION

El presente documento ha sido elaborado en atención a la solicitud presentada por los comuneros de la Comunidad Nativa de Shiringayoc con fecha de 09 de Diciembre de 1981 y con la finalidad de conocer su realidad Socio Económico para otorgarles personería jurídica y un ordenamiento territorial claro mediante la adjudicación de sus terrenos, acogiéndose al Decreto Ley 21175.

Se ha analizado los aspectos sociales, jurídicos, políticos y administrativos de modo de llegar a un diagnóstico Socio-Económico cercano a su realidad y problemática para asi poder implementar los pasos necesarios para su desarrollo, en el marco de la Región.

La colaboración de los comuneros en este estudio ha sido muy valiosa.

I Aspecto Físico

1.1 Ubicación

La Comunidad de Shiringayoc se ubica en la zona que abarca los parajes denominados Vuelta Grande, Shiringayoc, Lagarto y Lagarto Cocha, por ambos margenes del río Madre de Dios, donde los afluentes principales por la margen izquierda son las quebradas Shiringayoc ó Bellavista y Lagarto, a los   de latitud sur y   al oeste del meridiano de Greenwich. Se encuentra ubicada en el Distrito Inambari, Provincia de Tambopata, Departamento de Madre de Dios.

1.2 Aspecto Geográfico

La zona ocupada por los comuneros de Shiringayoc se encuentra situado a 290 m.s.n.m., la que corresponde a la región de la selva baja, que representa una formación de tipo bosque húmedo tropical, con una temperatura media anual de 25°C. y una precipitación pluvial anual promedio de 2,000 mm.

La conformación del territorio de la Comunidad Nativa de Shiringayoc, esta representada por el cuaternario indiviso consistente en una amplia distribución de depósitos cubiertos de arenas finas, limos fluviales y lacustres. La textura es Franco-Arcillo-Limoso.

1.3 Hidrografía

Las quebradas Shiringayoc y Lagarto tienen una longitud de 37 y 9 kilometros respectivamente desembocándose en el río Madre de Dios por su margen izquierda en el sector de dicho río que se encuentra entre la desembocadura del río de los Amigos y la desembocadura del río Inambari.

La zona de la Comunidad Nativa de Shiringayoc es caracterizado por los frecuentes cambios del curso del río Madre de Dios, lo que ha formado numerosas cochas, brazos y meandros efúmeros, dejando islas y barriales que frecuentemente cambian en su configuración.

Además gran parte del territorio es inundable durante los meses de Noviembre a Mayo de cada año.

II Aspecto Histórico

La población de Shiringayoc pertenece al grupo Etnolinguístico de los Toyoeri de la familia linguística Harakmbut, cuyo ámbito territorial abarcaba además del sector actualmente ocupado por la comunidad todo el territorio por los dos margenes del rio Madre de Dios entre la desembocadura del río Manú y la desembocadura del río Inambari, influyendo un sector del bajo río Inambari.

Con la llegada de los caucheros a fines del siglo pasado fueron reducidos en su población y tuvieron que asentarse en enclaves de menor presencia foránea entre ellos el actual sitio de ocupación de la comunidad que debido a la abundancia de mosquitos, zancudos y poco potencial extractivo no fue objeto de la codicia de los caucheros y otros foráneos.

Luego con la despoblación y dislocación de los distintos grupos étnicos autóctonos de Madre de Dios, iban incorporándose en este grupo via lazos matrimoniales, miembros de los grupos Kisambaeri y Kirineri de la misma familia linguística Harakmbut y del grupo Ashaninka ó Campa de la familia linguística Arahuaca.

Estos pasaron por la Misión Dominica el Pilar donde los padres habían reunido tambien algunos nativos Toyoeri. Fue así que poco a poco iba conformándose la unidad que ahora constituye la Comunidad Nativa de Shiringayoc, que actualmente esta solicitando su título.

Entre la década de los 1940 y el año 1966 realizaban migraciones estacionales entre Shiringayoc y la Misión el Pilar, asentándose en ese último año en las localidades de Vuelta Grande y Lagarto en forma permanente.

En el año 1973, los Toyoeri asentados en Lagarto fueron desalojados por la Compañía Petrolera Andes Petroleum Company lo que se posecionó de los terrenos y obligó la retirada de los comuneros.

En 1976 las instalaciones de los Andes Petroleum Company pasaron a la Marina de Guerra del Perú que actualmente tienen una reserva de 2,000 Hás, en ese lugar, aunque en los primeros meses de 1983 retiran la Base Naval de allí.

En el año 1976, los Toyoeri y Kisambaeri asentados en Vuelta Grande fueron desalojados por CENTROMIN cuando dicha empresa estatal inició las labores de exploración aurífera con instalaciones en el lugar donde vivían los nativos.

Estos dos asentamientos unieron sus esfuerzos para formar una entidad de asentamiento y ocupación dispersa pero coordinada. Sobre la base territorial y Etnolinguístico que es la que constituye la actual Comunidad Nativa de Shiringayoc.

III Aspecto Económico

3.1 Agricultura

La agricultura por los nativos de Shiringayoc es de roze y quema, un sistema por el cual pequeñas áreas son desmontadas y los troncos y hojas quemados en el terreno para fertilizar los suelos. Este sistema se adecua perfectamente a las condiciones del bosque tropical donde la capa de humus es muy delgada, ya que el ciclo de nutrientes se origina en la capa arbórea, cuyas hojas se descomponen en condiciones adecuadas de temperatura y humedad. Por esto es necesario limitar el número de hectáreas abiertas. Asimismo las copas de los árboles evitan la erosión y lavado de los suelos que conducen a la laterización de estos. De este modo se mantiene una temperatura adecuada para permitir la descomposición a través de los hongos y bacterias.

Las características de estos suelos obligan a rotar las chacras cada 2 a 4 años. Los nativos, conociendo las condiciones del terreno hacen varias chacras combinando distintos productos para compensar diferenciado de nutrientes por cada especie, y aprovechar los distintos ciclos de maduración para proporcionar sombra a los cultivos. Se cultiva un promedio de 2.75 Hás. por familia; en la actualidad existen 44 Hás. en producción en parcelas de 0.5 a 0.75 Hás cada uno.

El conocimiento del medio y de las condiciones ecológicas por parte de los comuneros es impresionante llegando a cultivar simultáneamente hasta 53 especies, al margen de las plantas silvestres utilizadas.

Entre los cultivos de mayor importancia estan el plátano y la yuca para los cuales dedican entre 0.75 Hás. y 1.3 Hás se suman ha esto la Uncucha ó Papa China, frejol, arróz, camote, maíz, palta, zapallo y maní.

Entre los frutales estan los bananos, papaya, mangos, caña de azúcar, sandia, coconas, aguaje, limón, toronjas, piña, además de barbasco y tabaco.

Las chacras son trabajadas por las unidades familiares extensas que congregan a una o dos familias nucleares. De este modo cada unidad familiar dispone de uno ó más hombres para talar el monte. Son las mujeres mayormente las que se encargan del cultivo y siembra de la chacra; actividades que se realizan periódicamente, mientras que la cosecha de los productos es casi diaria, según sus necesidades. La producción agrícola es basicamente para el autoconsúmo; sin embargo los nativos proveen de plátanos a la población minera aledaña.

Los comuneros se dedican también a la crianza de aves de corral y cerdos. Actualmente cuentan con una población avícola de 255 entre pollos y patos, además de una población porcina de 93.

3.2 Caza, pesca y recolección

Los comuneros de Shiringayoc realizan la actividad de caza en una amplia extensión de su territorio, que abarca el monto de ambos lados de los ríos Madre de Dios y Colorado. De este modo se regula la exterminación de la fauna, la misma que tiene una baja densidad relativa. Las expediciones de caza son realizadas por los hombres a quienes eventualmente acompañan sus mujeres. Se realizan en grupos de dos y pueden durar hasta tres días. La caza se realiza tanto durante el día como en la noche. La carne obtenida mediante la caza constituye un 30% de las proteínas consumidas, de allí los requerimientos de animales de monte, y la importancia de una adjudicación adecuada del recurso bosque.

El transporte hacia los lugares de caza se hace en canoas ó atravezando el monte por trochas de caza.

Los instrumentos utilizados para cazar son el arco y flechas con diferentes puntos segun el tipo de animal, y las escopetas calibre 16.

Los animales más frecuentemente cazados son la huangana, sajino, sachabaca, picuto, paujil, pavo y venado. La caza se realiza solamente según la necesidad de consumo familiar, de modo de no poner en peligro la reproducción de la fauna. La carne obtenida es distribuida entre las familias de la comunidad a través de los lazos de parentesco que los vincula. Solo eventualmente se vende carne en los centros mineros.

La pesca es otra de las actividades importantes para alimentación familiar. Esta se realiza tanto en los ríos y quebradas como en las cochas.

Se utiliza anzuelos, redes de equipo de atarrafa, flechas y barbasco. La pesca con flechas se realiza desde una canoa tripulada por dos personas y mayormente en las cochas y quebradas. En las épocas secas se realiza pescas comunitarias con la aprticipación de todas las familias, en brazos de rio, provisionalmente cerrados donde se echa barbasco. Cuanto esta dosis de barbasco es adecuada el veneno se diluye sin hacer daño a los peces.

Las especies más valoradas son el sábalo, paco y súngaro. Se pesca además boquichico, carachama y paña.

Los lagartos son cazados generalmente en las cochas con flechas ó machetes. En agosto se realiza la pesca de charapas en las orillas de los ríos, cuando esta salen a depositar sus huevos. Los nativos se quejan de que su consumo indiscriminado por parte de los comerciantes esta dando lugar a su exterminación.

La producción pesquera es comercializada a pqueueña escala aunque existe una demanda potencial, pues el abastecimiento de viveres proviene casi en su totalidad de Laberinto.

La recolección es una actividad complementaria para conseguir proteínas adicionales y frutos silvestres, como el palmito, castaña y ungurabe. Las proteínas son conseguidas en caracoles y suris. Se recolecta asimismo materiales para construcción y corteza de setico para artes manuales, así como algunos animales domésticos como pihuichos y monos pequeños.

3.3 Actividad Aurífera

Los comuneros de Shiringayoc participan en la explotación aurífera desde la década de 1930 cuando empezaron a lavar oro en bajo rio Inambari para cubrir algunas necesidades como kerosene, azúcar, sal, frazadas, mosquiteros y ropas.

Este dió lugar a muchos abusos mediante el método del endeudamiento y engaño valiéndose de su desconocimiento de los precios y de sus valores culturales.

En la actualidad los comuneros trabajan en sus terrenos con el sistema artesanal de tolvas y motobombas en grupos de tres a cinco personas. Debido a los abusos cometidos en contra de ellos en la comercialización de su oro, su capacidad de ahorro para adquirir motobomba es muy reducida, debiendo pagar hasta 1.5 gramos por día lo que le resta su capacidad de acumulación y progreso económico.

La comercialización de su producción aurífera se realiza en el Banco Minero del Perú, Agencia Laberinto y por comerciantes fluviales.

Los comuneros tenían hasta 1978 año en que se promulgó la Ley de la Promoción Aurífera, dos porcelas mineras adjudicadas por el Banco Minero del Perú. En la actualidad se encuentran sin amparo legal en una zona ya adjudicada a otras empresas mineras (CENTROMIN entre ellos). Sin este amparo legal los nativos son víctimas de grandes abusos de los cuales no pueden defenderse por falta de conocimientos de sus derechos y por ausencia de respaldo administrativo. Las familias nativas trabajan ahora en playas con la inseguridad de ser retiradas a sus parcelas. La comunidad nativa en su conjunto posee 10 motobombas que las unidades familiares utilizan individualmente.

Aparte de la mano de obra familiar trabajan algunas familias con peones de la sierra en la época de la mayor explotación aurífera.

Las ganancias provenientes de la producción aurífera son gastados en la compra de motores "peque-peque", radios, ropas y algunos víveres como azúcar, sal, kerosene para su consumo y en la educación de sus niños y la compra de medicinas.

3.4 Extracción Forestal

La actividad forestal es secundaria, la madera de la zona existe en cantidad regular. Las especies que se explotan son pona, shapaja, topa y cedro para consumo comunal y cedro, caoba, shihuahuac y matapalo para venta.

Una familia nativa se ha especializado en la fabricación de canoas para la demanda local. Según tamaño lo venden a un precio de S/. 100,000 en trabajo se realiza con motosierra.

Fuerza de trabajo:

La población económica activa es agrupado según núcleos agrupados según núcleos familiares. Según edad y sexo cada persona tiene sus tareas en la economía familiar los niños también participan en tareas de la chacra y la pesca y caza. Las personas de edad ayudan en la caza tambien se van a la pesca.

Distribución de los Recursos:

La distribución de la tierra al interior de la comunidad esta dada según las necesidades de cada grupo familiar. Lo mismo sucede con los terrenos auríferos y las playas. Todo posible conflicto debido a tierras es solucionado internamente con el concurso de la autoridad comunal.

Puede preverse que en los próximos años esta utilización de tierras aumentará en la medida en que la estructura poblacional se caracteriza por una proporción de niños y jovenes.

Organización de la Producción:

Como ya se ha mencionado en la sección sobre agricultura la actividad productiva se desarrolla en el seno de las familias extensas, teniendo lugar faenas comunales solo en caso de pescas.

Tecnología:

Desde el punto de vista de la tecnología agrícola se tiene un conocimiento adecuado de los cultivos y condiciones de producción.
En el caso del oro el problema no es de orden tecnológico sino fundamentalmente se asesoria de como canalizar sus ganacias y favorecer las iniciativas comunales.

3.5 Comercialización

Las actividades de comercialización se reducen a la venta directa de carne, pescado, y productos agrícolas, la venta de canoas y la venta de oro en la Agencia del Banco Minero del Perú en Laberinto ó a comerciantes fluviales.

Sobre todo en la comercialización por los comerciantes fluviales que aplican el intercambio entre oro y mercancia siendo asi explotada esta población por balanzas alteradas y engaños matemáticos contra quien no se pueden defender por su bajo nivel educativo.

En la Comunidad Nativa existen un establecimiento comercial con pocos productos de primera necesidad.

Los Comuneros compran la mayoría de los productos en Laberinto en el caso de tener su propia movilidad o si no de los comerciantes fluviales.

La explotación comercial se realiza a través de los altos precios de las mercaderías y el sistema de enduramiento.

Solo una pequeña parte de ese consumo es consumo productivo como carretillas, baldes, palas, cartuchos.

3.6 Transporte

El transporte de víveres e insumos hasta la comunidad de Shiringayoc se realiza desde Laberinto, proveniente de Cusco. La comunidad dispone de 10 canoas con "peque-peque".

IV Aspecto Social

4.1   Población

La comunidad de Shiringayoc es relativamente pequeña, compuesta por 65 personas social, cultural y económicamente es un grupo relativamente homogéneo constituidos por miembros de grupos étnico Kisamberi y Kirineri y algunos del grupo Ashaninka ó campa de la familia lingüística Arahuaca.

Esta población ha estado sometida a abusos por décadas, los mismo que les han obligado a trasladarse más de una vez. La larga historia de continuas reubicaciones forzadas por epidemias, abusos y decisiones ajenas a ellos impresionante y justificaría por razones humanitarias y de derecho ancestral así como derecho ciudadano el reconocmiento de su comunidad con personería jurídica y titulación de sus tierras.

En la coyuntura actual el territorio de la comunidad nativa esta amenizado por la empresa de CENTROMIN, la Base Naval de Lagarto y por mineros que tienen sus denuncios en estas zonas. Esta coyuntura es muy favorable para emprender estos pasos administrativos.

La estructura de La Comunidad Nativa que es caracterizado por un tipo de asentamiento dispersos en ambos lados del río Madre de Dios debe ser entendida en el contexto de las condiciones estructurales de las comunidades nativas como en la estructura de la zona misma.

En este aspecto no debería ser utilizado como argumento para no entregarles los títulos sobre las tierras solicitadas. Por otra parte la presión sobre los recursos agrícolas en esta zona es nula por lo que no generaría conflictos con la población colona minera.

La población de la zona fuera de la comunidad esta constituída por mineros migrantes de la sierra que no obtienen perpectivas de abrir la frontera agraria.

4.2   Asentamiento rural y espacio económico

La Comunidad Nativa de Shiringayoc tiene un asentamiento de tipo disperso a ambos margenes del río Madre de Dios. En la actualidad existen 22 casas para esta población.

La zona aprovechada por los comuneros abarca un amplio espacio dadas las características y sus actividades económicas. Estas actividades son necesarias para su recolección económica y social asi como cultural y deben ser garan

CUADRO

Grupo de Edad	Hombres	%	Mujeres	%	Total
0-4	11	17.	6	9	17
5-9	8	12	3	5	11
10-14	2	3	1	1.5	3
15-19	5	8	4	6	9
20-24	3	5	3	5	6
25-29	4	6	2	3	6
30-34	1	1.5	-	-	1
35-39	1	1.5	2	3	3
40-44	-	-	1	1.5	1
45-49	-	-	2	3	2
50-54	1	1.5	-	-	1
55-59	1	1.5	-	-	1
60-64	3	5	-	-	3
y más	1	1.5	-	-	1
	41	63.5	24	37	65

CUADRO DE LA DISTRIBUCION DE LA POBLACION SEGUN SEXO Y EDAD

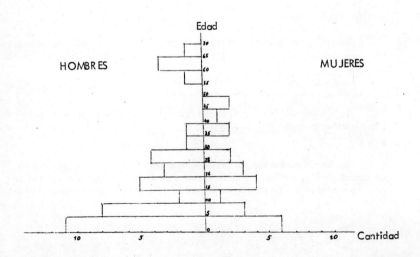

tizadas mediante una adecuada linderación de su espacio económico. Una linderación de carácter óptimo en ese sentido debería otorgarles la zona que media entre la desembocadura del río Inamabrillo hasta el río de los Amigos.

4.3 Servicios Rurales

La comunidad misma no tiene en su asentamiento ningún servicio. En la Base Naval de Lagarto existe una posta sanitaria y además una Escuela Primaria a la que han asistido algunos niños nativos pero con quejas del trato hostil a que han sido sometidos por parte de otros niños y de los profesores quienes los tratan de "Chunchos".

4.4 Vivienda y Alimentación

Las características de las viviendas de la comunidad son similares a las de la zona en general, con pisos de pona sobre tacos de 80 cm. y techo de cahapajas. Las cocinas estan separadas de las viviendas - habitación.

La alimentación esta representada por una gama de productos agrícolas producidos en sus chacras y carne de monte y pescado, consumidos según su estación. En general la alimentación es balanceada con un conocimiento aproximado de los requerimientos protéicos y minerales que se basa en su acervo cultural autóctono.

4.5 Educación

El grado de analfabetismo en la comunidad es muy alto, hasta un 70% por lo que un trabajo de alfabetización de jovenes y adultos sería muy aconsejable como medida para protegerlos de los abusos y promover su desarrollo económico y bienestar social.

4.6 Pirámide Poblacional

La constitución poblacional de esta comunidad presenta una característica peculiar, cula es su alta proporción de niños.

La distribución de la población por grupos de edad y sexo Comunidad Nativa de Shiringayoc se muestra en cuadro en la siguiente página.

V   Aspecto Jurídico, Político y Administrativo

5.1   Las autoridades existentes en esta zona están asentadas en Alto Laberinto, y Laberinto y Maldonado. En este último hay un alcalde distrital que no ejerce su cargo. No existe ninguna autoridad que vele por la resolución de conflictos, control y orden.

Los ministerios relacionados con los distintos sectores no realizan tampoco visitas para conocer la problemática. La comunidad no cuenta con un título de propiedad comunal ni auto de amparo sobre sus terrenos auríferos. La casi totalidad de mineros que trabajan en esta zona tambien carecen de denuncios. Y existe una complicada superposición de conseciones que no son trabajadas por sus titulares. Yademás CENTROMIN y la Base Lagarto ocupan grandes terrenos.

La comunidad no cuenta con registros civiles de nacimiento matrimonio o defunción. Sólo parte de los adultos tiene documentos de identidad.

VI   Aspecto Cultural

6.1   La comunidad de Shiringayoc está integrada por miembros del grupo étnico Kirineri y Kisambaeri de la misma familia Harambnt y del grupo Ashaminka. Los valores tradicionales y la forma de producción del grupo tienen un importante peso en la vida y reproducción del grupo. La introducción de nuevas necesidades superfluas genera conflictos internos pero fáciles de resolver con apoyo a las iniciativas comunales.

VII   Características de la Problemática

- Falta de respaldo jurídico y administrativo.
- Existencia de grandes abusos por parte de los comerciantes mineros y empleados del Banco Minero.
- Ausencia de control de precios.
- Falta de capacitación empresarial y educación para evitar los abusos.
- Actitud negativa y falta de respeto hacia la población nativa y sus valores tradicionales.

Abbildung 32: Plan de la Comunidad Nativa Shiringayoc

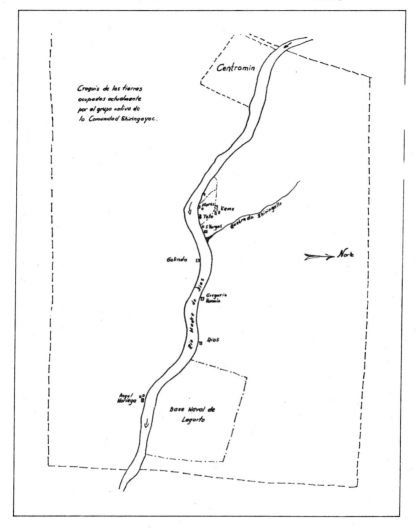

IV. Sozio-ökonomische Studie der Comunidad Nativa Shiringayoc (Übersetzung von III)

Inhaltsverzeichnis

Einleitung

1. Physische Aspekte

1.1 Lage
1.2 Geographische Aspekte
1.3 Hydrographische Aspekte

2. Historische Entwicklung

3. Ökonomische Aspekte

3.1 Landwirtschaft
3.2 Jagd, Fischfang, Sammeln
3.3 Goldextraktion
3.4 Forstwirtschaft
3.5 Handel
3.6 Transport

4. Soziale Aspekte

4.1 Bevölkerung
4.2 Siedlungstyp und Landanspruch
4.3 Dienstleistungseinrichtungen
4.4 Wohntyp und Ernährungsweise
4.5 Erziehung
4.6 Bevölkerungspyramide

5. Juristische, politische und administrative Aspekte

6. Kulturelle Aspekte

7. Besonderheiten

Einleitung

Das vorliegende Dokument ist aufgrund eines Antrages von comuneros der Comunidad Nativa Shiringayoc vom 9. Dezember 1981 ausgearbeitet worden zu dem Zweck, daß das Agrarministerium die Communidad Nativa als juristische Körperschaft anerkennt und ihren Gebietsanspruch durch einen Besitztitel absichert, entsprechend dem Gesetz Nr. 22 175.

Die Studie berücksichtigt soziale, juristische, politische und administrative Aspekte, so daß ein umfassender sozio-ökonomischer Überblick vermittelt werden kann unter Einbeziehung spezifischer Probleme, um so die notwendigen Schritte zur Entwicklung der Communidad Nativa innerhalb der Region einzuleiten.

Die Mitarbeit der comuneros war bei der Erbeitung der Studie von großem Wert.

1. Physische Aspekte

1.1 Lage

Die Communidad Nativa Shiringayoc liegt in einer Zone, die die Gegenden Vuelta Grande, Shiringayoc, Lagarto und Lagarto Cocha umfaßt, zu beiden Seiten des Río Madre de Dios. Die wichtigsten Zuflüsse am linken Ufer des Madre de Dios sind die Bäche Shiringayoc, oder auch Bella Vista genannt, und Lagarto. Sie liegt im Distrikt Inambari, Provinz Tambopata, Departement Madre de Dios.

1.2 Geographische Aspekte

Die Zone, die die comuneros von Shiringayoc bewohnen, liegt auf ca. 290 m über Meeresniveau und zählt zur Region des Tieflandes. Sie wird dem tropischen Regenwald zugerechnet, mit jährlichen Durchschnittstemperaturen von $25^{\circ}C$ und einer jährlichen durchschnittlichen Niederschlagsmenge von 2.000 mm.

Die Bodenformation des Territoriums der Communidad Nativa Shiringayoc besteht aus einer Terrasse aus dem Quartär, die aus Ablagerungen feiner Sande, Sedimenten und siltigen Tonen aufgebaut ist. Die Uferbereiche sind rezente, Gold führende Alluvionen.

1.3 Hydrographische Aspekte

Die Bäche Shiringayoc und Lagarto haben eine Länge von 37 und 9 km und münden in den Río Madre de Dios auf seiner linken Seite, im Flußabschnitt zwischen der Einmündung des Río Los Amigos und des Río Inambari.

Die Zone der Comunidad Nativa Shiringayoc ist durch den häufigen Wechsel des Flußlaufes des Madre de Dios geprägt, wodurch eine Anzahl von Seen, abgeschnittenen Wasserarmen und Mäandern entstanden sind sowie Inseln und Sandbänke, die häufig ihre Lage verändern.

Zudem ist ein großer Teil des Territoriums während der Monate November bis Mai überschwemmt.

2. Historische Entwicklung

Die Bevölkerung von Shiringayoc gehört zur ethnolinguistischen Gruppe der Toyoeri, eine Ethnie der Harakmbut, die früher - abgesehen von dem Territorium, das sie zum gegenwärtigen Zeitpunkt besiedeln - das gesamte Gebiet zwischen den Flüssen Río Madre de Dios und Río Manú bis zur Einmündung des Río Inambari besiedelten. Mit der Ankunft der Kautschuksammler gegen Ende des vergangenen Jahrhunderts wurde die Bevölkerung drastisch reduziert und mußte sich in entlegene Zonen zurückziehen, in denen die Präsenz der Fremden weniger zu spüren war. Unter anderem ließen sie sich an der zum aktuellen Zeitpunkt besiedelten Stelle nieder, da diese für eine Unmenge von Moskitos, Stechmücken und ein geringes extraktives Ressourcenpotential bekannt war, so daß sie nicht von caucheros und anderen Zuwanderern verdrängt werden konnten.

Aufgrund des starken Bevölkerungsrückganges und durch Verschleppung anderer Tieflandindianerethnien nach Madre de Dios integrierten sich in ihre Gruppe durch Ehebeziehungen Mitglieder der Ethnien Kisambaeri und Kirineri, die der gleichen linguistischen Familie Harakmbut angehören, sowie Indianer der Gruppe Ashanika und Campa der linguistischen Familie Arahuaca.

Letztere waren in der Missionsstation der Dominikaner El Pilar angesiedelt worden, wo auch einige Toyoeris lebten. So kam es, daß sich nach und nach eine Einheit aus den verschiedenen Ethnien herausformte, die heute die Comunidad Nativa Shiringayoc bildet und zum gegenwärtigen Zeitpunkt Besitztitel und juristische Anerkennung beantragt.

In der Zeit zwischen 1940 und 1966 migrierten die comuneros saisonal zwischen Shiringayoc und der Missionsstation El Pilar und siedelten sich 1966 an dem Ort an, der Vuelta Grande und Lagarto genannt wird.

Im Jahre 1973 wurden die in Lagarto ansässigen Toyoeri von dem Erdölunternehmen Andes Petroleum Company aus ihrem Gebiet vertrieben, da die Firma dieses Territorium in Besitz nahm und sie zwang, sich zurückzuziehen. Im Jahre 1976 gingen die Einrichtungen und die Bodenrechte der Erdölfirma an die peruanische Kriegsmarine über, die bis zum gegenwärtigen Zeitpunkt eine Reserve von 2.000 ha an diesem Orte besitzt, auch wenn sie seit den ersten Monaten des Jahres 1983 ihren Stützpunkt aufgegeben hat.

Im Jahre 1976 wurden die in Vuelta Grande ansässigen Toyoeri und Kisambaeri von dem staatlichen Unternehmen CENTROMIN vertrieben, als diese Firma mit den Arbeiten zur Goldexploration begann und Installationen genau an den Orten errichtete, wo die nativos lebten.

Toyoeri und Kisambaeri vereinten ihre Kräfte, um eine Einheit zu bilden gegen die in ihr Territorium eindringenden Zuwanderer; zwar lebten sie weiter in disperser Siedlungsweise, aber untereinander koordiniert. Der gemeinsame Landanspruch und die Zugehörigkeit zur gleichen ethnolinguistischen Familie sind die Grundlagen, auf denen sich die heutige Comunidad Nativa Shiringayoc gegründet hat.

3. Ökonomische Aspekte

3.1 Landwirtschaft

Die von den nativos von Shiringayoc praktizierte Landwirtschaft entspricht dem Nutzungssystem des Wanderfeldbaus mit Waldbrandrodung, ein System, durch das kleine Areale entwaldet und die gefällten Baumstämme, Äste und Blätter auf dem Terrain verbrannt werden, um damit den Boden zu düngen. Das Nutzungssystem ist in hohem Maße an die Bedingungen des tropischen Regenwaldes angepaßt; aufgrund der dünnen Humusdecke findet der Nährstoffkreislauf nur in der oberen Schicht verfaulender Biomasse, die aus Blättern, Ästen und Kleinlebewesen besteht, unter Einwirkung von Temperatur und Luftfeuchtigkeit statt. Die ökologischen Anfälligkeiten des tropischen Regenwaldes erfordern eine Begrenzung der entwaldeten Flächen. Die Baumkronen verhindern nämlich Erosion und Auswaschung der Böden, was zur Lateralisierung derselben führt. Die Beschattung verbessert zudem die Bodentemperatur, so daß die Zersetzung, das heißt der biologische Verfaulungsprozeß, durch Pilze und Bakterien gefördert wird.

Die niedrige Bodenqualität bedingt, daß die Felder alle zwei bis vier Jahre aufgegeben werden müssen. Die nativos, gute Kenner der Bodenbedingungen, kombinieren daher auf ihren Feldern verschiedenste Anbauprodukte, um dadurch die Bodenfruchtbarkeit zu erhalten. Die unterschiedlichen Wachstumszyklen der Anbauprodukte dienen dem Ziel, anfälligen Pflanzen Schatten zu spenden.

Im Durchschnitt werden 2,75 ha Fläche von einer Familie bewirtschaftet; zum gegenwärtigen Zeitpunkt wurden 44 ha landwirtschaftlicher Fläche mit Feldern von 0,5 bis 0,75 ha bewirtschaftet. Die Kenntnisse des tropischen Regenwaldes und seiner ökologischen Bedingungen durch die comuneros sind beeindruckend. Sie kultivieren gleichzeitig auf einem Feld bis

zu 53 verschiedene Pflanzensorten, nicht einbezogen eßbare
Wildpflanzen. Produkte, denen große Bedeutung zukommt, sind
Bananen und Yuca, für deren Anbau sie im Durchschnitt zwischen 0,75 und 1,3 ha Landfläche präparieren; weitere Pflanzen, die auf Bananen- und Yucafeldern angepflanzt werden,
sind uncucha, auch chinesische Kartoffel genannt, Bohnen,
Reis, Süßkartoffeln, Mais, Avokados, Kürbis und Erdnüsse.

Als Nutzpflanzen werden angebaut: Bananen, Yuca, Papaya,
Mangos, Zuckerrohr, Melonen, coconas, aquaje, Zitronen, Pampelmusen, Ananas sowie barbasco und Tabak.

Die Feldarbeit wird von erweiterten Familieneinheiten durchgeführt, zu denen in der Regel ein bis zwei Familien gehören. Auf diese Art und Weise verfügt jede familiäre Produktionseinheit über ein bis zwei Männer zur Rodung des Waldes.
Die Frauen sind in erster Linie für Aussaat und Pflege der
Felder verantwortlich; beide Tätigkeiten werden periodisch
durchgeführt, während die Ernte der Produkte fast täglich,
je nach den Bedürfnissen der Familie, erfolgt. Die landwirtschaftliche Produktion ist für den Eigenbedarf bestimmt;
nichtsdestoweniger versorgen die nativos die umliegende goldwaschende Bevölkerung mit Bananen.

Die comuneros widmen sich auch der Aufzucht von Geflügel und
Schweinen. Zum gegenwärtigen Zeitpunkt halten die comuneros
255 Hühner und Enten sowie 93 Schweine.

3.2 Jagd, Fischfang, Sammeln

Die nativas von Shiringayoc üben die Jagd in einem weitläufigen Gebiet ihres Territoriums aus, das die Wälder beidseitig der Flüsse Madre de Dios und Colorado miteinbezieht. Ihre Art zu jagen reguliert den Tierbestand und führt nicht
zur Überausbeutung, da die Fauna durch eine relativ niedrige

Dichte gekennzeichnet ist. Die Jagdzüge werden von den Männern ausgeführt und nur in Ausnahmefällen in Begleitung von Frauen. Zum Jagen gehen die Männer in der Regel zu zweit, oft mehrere Tage lang. Sowohl nachts wie tagsüber wird gejagt.

Wildbret macht bis zu 30 % der von ihnen konsumierten Proteine aus. Dies erklärt die hohe Bedeutung der Jagd und die Notwendigkeit, ein weitläufiges Territorium mit großen Tierbeständen zugesprochen zu bekommen.

Der Transport zu den Jagdgründen geschieht entweder über die Flüsse in Kanus oder über Pfade, die sich durch den ganzen Urwald ziehen. Jagdinstrumente sind Pfeil und Bogen mit unterschiedlichen Pfeilspitzen - je nach Typ des zu jagenden Tieres - und Jagdflinten Kaliber 16 mm.

Die am häufigsten gejagten Tiere sind Wildschwein, kleines Wildschwein, Tapir, Gürteltier, paujil, Waldtruthahn und Reh. Gejagt wird nur für den Familienbedarf, so daß die Reproduktion des Tierbestandes nicht gefährdet ist. Die Jagdbeute wird unter den Familien der comunidad entsprechend der Familienbeziehungen aufgeteilt. Nur in Ausnahmefällen wird Fleisch auch an die goldwaschende Bevölkerung verkauft.

Der Fischfang ist eine weitere wichtige Tätigkeit, die die Ernährung der Familien sichert. Gefischt wird in seichten Flüssen, an den Flußufern, in Seen und Tümpeln. Zum Fischen werden Angelhaken, Wurfgarn, Pfeil und Bogen sowie barbasco verwandt. Der Fischfang mit Pfeil und Bogen wird von einem Kanu aus, das von zwei Personen gesteuert wird, durchgeführt. Während der Trockenzeit wird von der comunidad unter Beteiligung aller Familien der Fischfang mit barbasco ausgeführt, bei dem der Seitenarm eines Flusses provisorisch abgesperrt wird, um das Pflanzengift im Gewässer gleichmäßig zu verteilen. Wenn der barbasco zu wirken beginnt, führt er zu einer

Betäubung der größeren Fische, ohne kleinere Lebewesen zu gefährden. Die wichtigsten Fischarten sind sabalo, paco und sungaro. Gefischt wird auch boquichico, carachama und pana. Kaimane werden im allgemeinen in den Tümpeln mit Pfeil und Bogen oder Macheten gejagt. Im August beginnt auch an den Flußufern die Jagd auf Schildkröten, da die Tiere ans Ufer kommen, um ihre Eier im Sand abzulegen. Die nativos beklagen sich darüber, daß durch die Vermarktung von Schildkröteneiern durch Flußhändler die Schildkröten vom Aussterben bedroht sind.

Die Fischproduktion wird nur in sehr geringem Umfang kommerzialisiert, auch wenn eine Nachfrage besteht, da die Versorgung dieser Gegenden ausschließlich von Laberinto aus erfolgt.

Sammeln ist eine ergänzende ökonomische Tätigkeit, um zusätzlich Proteine und Vitamine zu gewinnen. Proteine erhält man in erster Linie aus Schnecken und Würmern, Vitamine aus Palmenherzen, Paranüssen und ungurabe. Auch werden Materialien für den Hausbau und für handwerkliche Arbeiten gesammelt, ebenso bestimmte Tierarten, wie Papageien und Affen, die als Haustiere gehalten werden.

3.3 Goldextraktion

Die comuneros von Shiringayoc waschen seit den 30er Jahren Gold am unteren Inambari, um sich einige Bedürfnisse, wie Kerosin, Zucker, Salz, Decken, Mosquitonetze und Kleidung, zu erfüllen. Dies führte dazu, daß Händler die Tieflandindianer mißbrauchten, ihre Kultur mißachteten, sie betrogen, indem sie ihre Unkenntnis über Preise ausnutzen, und sie über Verschuldungsmechanismen in ihre Abhängigkeit brachten.

Zum gegenwärtigen Zeitpunkt arbeiten die comuneros auf ihren

Arealen mit tecnologia artesanal in der Goldausbeute, tolbas und Motorpumpen, in Gruppen von 3-5 Personen. Aufgrund des Mißbrauchs, den sie bei der Vermarktung des Goldes erfahren, ist ihre Fähigkeit, Ersparnisse anzusammeln, um eine Motorpumpe zu kaufen, reduzert: sie müßten bis zu 1,5 Gramm Gold pro Tag für eine Motorpumpe sparen, was nicht genügend Geld für sonstige Konsumbedürfnisse übriglassen würde. Die Kommerzialisierung ihrer Goldproduktion erfolgt zum gegenwärtigen Zeitpunkt über die Banco Minero del Peru, Filiale Laberinto, und durch Flußhändler.

Bis zum Jahre 1978, in dem das Gesetz über die Förderung des Goldbergbaus erlassen wurde, besaßen die comuneros zwei Parzellen, die ihnen von der Banco Minero del Peru zugesprochen worden waren. Zum gegenwärtigen Zeitpunkt haben sie keine legalen Ansprüche auf Goldclaims in einem Gebiet, das von großen Unternehmen wie zum Beispiel CENTROMIN konzessioniert worden ist. Ohne legale Absicherung sind die nativos Opfer einer Reihe von Mißbräuchen, gegen die sie sich nicht wehr' können, oft aufgrund mangelnder Kenntnisse der Rechtsla oder fehlender Hilfe von staatlicher Seite. Die Tieflandi - dianerfamilien arbeiten zur Zeit auf Goldclaims in der stä digen Angst, von ihren Parzellen vertrieben zu werden.

Die Mitglieder der Comunidad Nativa besitzen zehn Motorpumpen, die von den Familien individuell benutzt werden. Neben der Arbeitskraft der Familienmitglieder arbeiten einige während der Phase verstärkter Goldausbeute auch mit peones aus dem Hochland. Die Einkünfte, die sie aus der Goldwäscherei erwirtschaften, geben sie für den Kauf von Motoren, Booten, Radios, Kleidung und Lebensmittel wie zum Beispiel Zucker, Salz und Kerosin sowie für die Ausbildung ihrer Kinder und den Kauf von Medikamenten aus.

3.4 Forstwirtschaft

Forstwirtschaftliche Tätigkeiten spielen in Shiringayoc nur eine sekundäre Rolle. Holz gibt es in der Zone in Hülle und Fülle. Die anzutreffenden Arten, die genutzt werden können, sind pona, shapaja, topa und cedrofino für den Gebrauch der comunidad sowie cedrofino, caoba, shihuahuac und matapalo für die Vermarktung. Eine Tieflandindianerfamilie hat sich auf den Bau von Kanus spezialisiert, um die lokale Nachfrage zu dekken. Je nach Größe verkauften sie 1983 die Boote zu einem Preis von etwa 100.000 Soles bis 150.000 Soles. Als Arbeitsinstrument verwenden sie auch eine Motorsäge.

Arbeitskraft
Die ökonomisch aktive Bevölkerung ist in familiären Produktionseinheiten zusammengeschlossen. Nach Alter und Geschlecht erfüllt jede Person der Familie bestimmte Aufgaben; auch die Kinder beteiligen sich an Feldarbeit, Fischfang und Jagd. Ältere Personen helfen bei der Jagd ebenso wie beim Fischfang.

Verteilung der Ressourcen
Die Verteilung des Bodens innerhalb einer comunidad vollzieht sich nach den Bedürfnissen jeder Familie. Das gleiche erfolgt auch bei der Verteilung der goldhaltigen Areale. Jeder mögliche Konflikt um den Boden wird innerhalb der comunidad geregelt. Es ist voraussehbar, daß in den folgenden Jahren der Bedarf an Boden zunehmen wird, da die gegenwärtige Bevölkerungsstruktur durch einen hohen Anteil an Jugendlichen gekennzeichnet ist.

Organisation der Produktion
Wie schon erwähnt, erfolgt die Organisation der Produktion im Rahmen der familiären Einheiten. Faenas comunales werden nur beim Fischfang durchgeführt.

Technologie
Im Hinblick auf die von ihnen eingesetzten landwirtschaftlichen Nutzungssysteme verfügen sie über gute Kenntnisse der Anbauprodukte und ihrer Produktionsbedingungen. In der Goldwäscherei ist das Hauptproblem nicht der technische Entwicklungsstand, sondern mangelnde Anleitung, wie sie ihre Gewinne zum Wohle der Gemeinschaft und ihrer Familien einsetzen könnten.

3.5 Handel

Handelsaktivitäten beschränken sich in erster Linie auf den direkten Verkauf von Fleisch, Fisch, landwirtschaftlichen Produkten, Booten und Gold, das an die Filiale der Banco Minero del Perú in Laberinto oder an Flußhändler verkauft wird. Besonders die Flußhändler nutzen die Tieflandbevölkerung aus, da sie den ungleichen Tausch zwischen Gold und Handelswaren praktizieren und oft mit gefälschten Gewichten und rechnerischen Betrügereien die Tieflandindianer hintergehen, die sich aufgrund ihres niedrigen Bildungsniveaus nicht wehren können. In der Comunidad Nativa existiert nur ein Geschäft mit Waren für den täglichen Bedarf. Die comuneros kaufen, sofern sie über ein Boot verfügen, die Mehrzahl der Produkte in Laberinto ein und nicht bei den Flußhändlern. Die Ausbeutung über den Handel vollzieht sich - wie schon erwähnt - durch überhöhte Preise für Handelsprodukte und das System der Verschuldung. Nur einen geringen Teil ihres Konsums stellen Produktionsmittel wie Schubkarren, Eimer, Schaufeln und Spaten dar.

3.6 Transport

Der Transport von Lebens- und Produktionsmitteln zur comunidad kommt von Laberinto mit Erzeugnissen, die aus Cusco stammen. Die comunidad verfügt über zehn Kanus mit Außenbordmotoren als Transportmittel.

4. Soziale Aspekte

4.1 Bevölkerung

Die Comunidad Nativa Shiringayoc ist eine verhältnismäßig kleine Gemeinschaft, die sich aus 65 Personen zusammensetzt und sozial, kulturell und wirtschaftlich relativ homogen ist. Ihre Mitglieder gehören den ethnischen Gruppen Kisamberi und Kirineri sowie den Gruppen Ashaninka und Campa der Sprachfamilie Arahuaca an. Sie waren jahrzehntelang verschiedenen Arten von Mißbrauch ausgesetzt, was auch dazu führte, daß sie mehrmals ihren Siedlungsort verändern mußten. Die lange Geschichte wiederholter Umsiedlungen aufgrund von Epidemien, Verdrängung und Vertreibung rechtfertigt allein schon aus humanitären Gründen die Anerkennung ihrer comunidad als juristische Körperschaft und die Vergabe eines kollektiven Bodenbesitztitels.

In der gegenwärtigen Phase wird der Lebensraum der Comunidad Nativa von dem Unternehmen CENTROMIN, dem Marinestützpunkt in Lagarto und von mineros bedroht, die Konzessionen besitzen. Es ist an der Zeit, administrative Schritte zum Wohle der Comunidad Nativa zu unternehmen.

Die Bevölkerung innerhalb der Zone, die nicht zur comunidad gehört, sind Migranten aus dem Hochland, die in der Goldwäscherei arbeiten und keine Perspektiven zur Ausdehnung der landwirtschaftlichen Grenze entwickeln.

4.2 Siedlungstyp und Landanspruch

Die Struktur der Comunidad Nativa ist durch disperse Siedlungsweise zu beiden Ufern des Flusses Madre de Dios gekennzeichnet; die Siedlungsweise paßt sich den natürlichen Bedingungen der Region an. Daher darf die dezentrale Siedlungsweise nicht als Argument benutzt werden, um ihnen die Bodenbesitztitel als Comunidad Nativa zu verweigern. Andererseits ist auch der Druck auf landwirtschaftliche Nutzflächen in diesem Gebiet gering, so daß Konflikte mit der goldwaschenden Bevölkerung ausgeschlossen sind. Derzeit besteht die Siedlung aus 22 Häusern. Die von den comuneros genutzte Zone umfaßt aufgrund ihrer kulturspezifischen wirtschaftlichen Aktivitäten ein weitläufiges Gebiet. Die von ihnen angewandten Nutzungsformen bilden die Grundlage ihres wirtschaftlichen und gesellschaftlichen Lebens, das heißt ihrer Kultur, und sollten durch eine entsprechende großzügige Abgrenzung ihres Lebensraumes gewährleistet werden. Eine in diesem Sinne optimale Gebietsabgrenzung würde die Zone, die zwischen der Einmündung der Flüsse Inambarillo und dem Río de los Amigos liegt, umfassen.

4.3 Dienstleistungseinrichtungen

Die comunidad verfügt in ihrem Siedlungsbereich über keine Dienstleistungseinrichtungen. Der Stützpunkt der peruanischen Kriegsmarine ist zwar mit einem Sanitätsposten und einer Grundschule ausgestattet, sie wurde auch von einigen Tieflandindianerkindern besucht, aber es ergaben sich viele Konflikte, da Schüler und Lehrer die Indianer als "Wilde" diskriminierten und sie sich daraufhin zurückzogen.

4.4 Wohntyp und Ernährungsweise

Die charakteristischen Wohnbauten der comunidad ähneln denen, die in der Region üblich sind - Holzhäuser auf einem ca. 80 cm hohen Podest, aus pona gefertigt und mit Blättern der shapaja-Palme gedeckt. Die Küchen sind von den Wohnräumen getrennt.

Die Ernährung setzt sich aus einer Vielzahl landwirtschaftlicher Produkte ihrer Subsistenzproduktion zusammen, Wildbret und Fisch werden je nach Jahreszeit kombiniert. Im allgemeinen ist die Ernährung ausgewogen; die Kenntnisse über den Bedarf an Proteinen, Mineralen und Vitaminen ist Teil ihres reichen Kulturgutes.

4.5 Erziehung

Der Anteil der Analphabeten der Comunidad Nativa Shiringayoc ist sehr hoch und liegt bei ca. 70 %. Eine Alphabetisierungskampagne unter Jugendlichen und Erwachsenen wäre empfehlenswert, um sie besser zu wappnen gegen jede Art von Mißbrauch und um ihre wirtschaftliche und soziale Entwicklung zu unterstützen.

4.6 Bevölkerungspyramide

Die Zusammensetzung der Bevölkerung dieser comunidad weist als Charakteristikum den überproportional hohen Anteil an Kindern auf. Die Differenzierung der Bevölkerung der Comunidad Nativa Shiringayoc nach Alter und Geschlecht zeigen folgende Abbildungen:

5. Juristische, politische und administrative Aspekte

Die wenigen Autoritäten dieser Zone sind in Alto Laberinto, Laberinto und Pto. Maldonado anzutreffen. In Alto Laberinto wurde zwar ein Bürgermeister eingesetzt, der jedoch sein Amt nicht ausübt. Daher gibt es keine Autorität, die sich für die Lösung von Konflikten und die Kontrolle der öffentlichen Ordnung einsetzt.

Die Funktionäre der Ministerien besuchen ebensowenig diese abgelegene Zone, um ihre Problematik kennenzulernen. Die comunidad verfügt weder über einen kollektiven Bodenbesitztitel noch über Vorrechte, die goldhaltigen Areale auszubeuten. Die Mehrheit der goldwaschenden Bevölkerung dieser Zone besitzt ebenfalls keine Konzessionsrechte. Vegebene Konzessionen überlappen sich häufig. CENTROMIN und der Marinestützpunkt Lagarto beanspruchen weitläufige Areale. Die comunidad verfügt weder über ein Geburten- noch über ein Heirats- oder Sterberegister. Nur ein Teil der Erwachsenen besitzt Ausweispapiere.

6. Kulturelle Aspekte

Die Comunidad Nativa Shiringayoc setzt sich, wie bereits erwähnt, aus Mitgliedern der ethnischen Gruppen der Kirineri und Kisambaeri der Sprachfamilie der Harakmbut sowie den Ashaninka zusammen. Die traditionellen Werte und die Produktionsformen der Gruppe sind ausschlaggebend für Produktion und Reproduktion der Ethnien. Das Wecken neuer Bedürfnisse hat zwar zu internen Konflikten geführt, die jedoch durch den kommunalen Effekt bisher gelöst werden konnten.

7. Besonderheiten

- Fehlender juristischer und administrativer Beistand durch Behörden,
- Mißbrauch der Tieflandindianer durch Händler und Angestellte der Minenbank,
- mangelnde Preiskontrolle,
- fehlende Ausbildung, um die Goldwäscherei sinnvoller zu betreiben und sich gegen Mißbrauch zu schützen,
- negative Einstellung und mangelnder Respekt der Zuwanderer und der Staatsbediensteten gegenüber der eingeborenen Bevölkerung und ihren traditionellen Werten.

ANHANG 6

GEGENENTWURF DER PEQUEÑOS MINEROS VON MADRE DE DIOS
ZUM GOLDBERGBAUGESETZ VON 1978

Gegenentwurf der pequeños mineros von Madre de Dios zum Goldbergbaugesetz von 1978

Das vorliegende Dokument wurde von einer Gruppe von pequeños mineros aus Fortuna als Gegenentwurf zu den geltenden Gesetzen, die die Goldextraktion in Madre de Dios betreffen, insbesondere zum 1978 verabschiedeten Gesetz "Ley de Promoción Aurífera y Reglamento", Dekret Nr. 22 178 (Kapitel 4.3), ausgearbeitet.

Im Text werden Forderungen und Vorstellungen der großen Mehrheit der goldwaschenden Bevölkerung wiedergegeben.

Die Asociación de Mineros Auríferos del Departamento de Madre de Dios, gegründet am 29. Juni 1980, eingeschrieben in das öffentliche Register des Departements Madre de Dios, hat den Entwurf dem Parlament sowie dem Präsidenten der Republik vorgelegt.

"Die Asociación de Mineros Auríferos des Departements Madre de Dios, die die Statuten des Staates erfüllt, hat den vorliegenden Gesetzesentwurf mit dem Ziel erarbeitet, die Ausbeute der Goldlagerstätten des Urwaldes und Höhenurwaldes im Departement Madre de Dios zu rationalisieren.

Zum juristischen Vorgang:

- Decreto Ley 18 880 (allgemeines Bergbaugesetz) vom 8. Juni 1981,
- Decreto Ley 22 178 (Gesetz zur Goldförderung) vom 9. Mai 1978,
- Decreto Supremo 003-79 EMDGM (Bestimmungen des Gesetzes zur Goldförderung) vom 23. Januar 1979,
- Decreto Ley 22 970 (Normen, die die rationelle Nutzung der Bergbauressourcen garantieren) vom 8. April 1980,

- Decreto Ley 23 107 (Vorzugsrechte zur Beantragung von Bergbaukonzessionen) vom 2. Juni 1980,
- Ministerieller Erlaß 0359-78 EMDGM vom 26. Juni 1978,
- Weitere gesetzliche Anordnungen und Verwaltungserlasse.

An den Präsidenten der Konstitution der Republik
bezüglich dem vom Kongreß verabschiedeten Gesetz.
Betrifft:

Es ist Aufgabe des Staates, die Phasen der Exploration und Explotation im Goldbergbau im Urwald und Höhenurwald zu rationalisieren;

es ist notwendig, die gesetzlichen Bestimmungen außer Kraft zu setzen, die dem nationalen Interesse entgegenstehen, indem sie den Goldbergbau nicht fördern, sondern die Rechte der kleinen Goldbetriebe schädigen, ebenso wie die Rechte jener, die die Goldreserven entdecken;

es ist notwendig, daß neue Bestimmungen zur Konzessionsvergabe für Goldlagerstätten in den betroffenen Zonen des Urwaldes und des Höhenurwaldes erlassen werden;

es ist Aufgabe des Staates, die authentischen Goldwäscher zu verteidigen, die, wie in vielen Fällen geschehen, von einflußreichen Firmen vertrieben worden sind, indem sich diese erfolgreich Nutzungstitel angeeignet haben, zum Nachteil der kleinen Goldbergbaubetriebe;

viele Besitzer von Goldschürfrechten kennen nicht einmal die Zonen, die sie konzessioniert haben, da sie die einfachste Methode der Verortung benutzten, indem sie vom staatlichen Kataster und von Luftbildaufnahmen ausgingen, und die Rechte der alteingesessenen Goldwäscher mißachteten, sie von ihren angestammten Arbeitsstätten vertrieben, ohne ihnen Nutzungsrechte zuzugestehen;

im Urwald, wo sich durch ständige Natureinflüsse die Landschaft verändert, bestehen nicht die Koordinaten U.T.M., die als Bezugspunkte im Terrain dienen könnten, was massive Probleme bei der Abgrenzung der Gebiete schaffen wird;

es wird gefordert, den Begriff der Explotation von Seifengoldlagerstätten an die natürlichen Gegebenheiten des Bodens und der darunterliegenden Schichten anzupassen;

von der Kraft der staatlichen Konstitution ausgehend, wurde folgender Gegenentwurf entwickelt:

Kapitel 1: Allgemeine Bestimmungen
Bergbaulagerstätten

Artikel 1: Die Mineralreichtümer des Bodens und der darunterliegenden Schichten sind Eigentum des Staates. Gebiete mit primären Gold- und Seifengoldlagerstätten sollen zu Zonen nationaler Priorität deklariert werden, da sie zur wirtschaftlichen Entwicklung des Landes beitragen. Das vorliegende Gesetz richtet sich nicht nach den Normen des allgemeinen Bergbaugesetzes, da jenes nicht auf die wirtschaftlichen und sozialen Möglichkeiten der großen Mehrheit der Goldwäscher ausgerichtet ist.

Artikel 2: Im Sinne der Begriffsbestimmungen geht das Gesetz aus von den Bestimmungen des Artikels 4, Kapitel 1 der allgemeinen Bestimmungen des Gesetzes zur Förderung des Goldbergbaus, mit Ausnahme der Absätze B und N.

Kapitel 2: Bestimmungen, die die Konzessionsvergabe regeln
Artikel 3: Gegenstand des vorliegenden Gesetzentwurfes sind die Goldschürfkonzessionen, die der Staat vergibt, um Aktivitäten im Goldbergbau auszuführen.

Artikel 4: Die Regeln zur Vergabe von Schürfrechten im Goldbergbau sollen sich nach den Bestimmungen des hier vorliegenden Gesetzes richten, und nicht nach den allgemeinen Bestimmungen des Allgemeinen Bergbaugesetzes.

Artikel 5: Für die im vorliegenden Gesetzentwurf entwickelten Punkte ist folgende Organisationsstruktur im voraus zu erklären:
a) Die kleinen Goldproduzenten haben sich in Subkomitees organisiert, die sich wiederum in Komitees zusammenschließen und in der Asociación de Mineros Auríferos del Departamento de Madre de Dios zentralisiert sind.
b) Die Subkomitees und Komitees setzen sich zusammen aus: Goldwäschern, Parzellenbesitzern, colonos und Comunidades Nativas des Departements von Madre de Dios und der Region Südost.
c) Unabhängig von den oben aufgeführten Gruppen bestehen die privaten und staatlichen Unternehmen von Ausländern oder als gemischte Betriebe.

Artikel 6: Alle bis zum gegenwärtigen Datum vergebenen Konzessionen im Rahmen des bestehenden Gesetzes der Goldbergbauförderung sollen aufgehoben werden, aufgrund der Bestimmungen des vorliegenden Gesetzentwurfes.

Artikel 7: Die Goldproduzenten, die aufgrund des bisherigen Gesetzes von ihren Arbeitsplätzen vertrieben worden sind, sollen in ihre Arbeitszonen zurückkehren können.

Artikel 8: Die Rechte der Konzessionsinhaber sollen nach dem vorliegenden Gesetz neu geregelt werden.

Artikel 9: Die Erlaubnis zur Prospektion soll für kollektive Nutzungstitelinhaber bis zu einer bestimmten Grenze möglich sein, nicht aber für private und staatliche Firmen.

Kapitel 3: Spezielle Erlasse für die Gegend des Urwaldes und des Höhenurwaldes

Artikel 10: Die Steuerbefreiung für Nutzungstitelinhaber in Goldbergbauaktivitäten, die in den Regionen des Urwaldes und des Höhenurwaldes arbeiten, entsprechend dem Artikel 17, Kapitel 4 des Gesetzes zur Goldförderung, ebenso wie die Einkommensbesteuerung, sollen entsprechend dem vorhandenen Gesetz zur Goldförderung geregelt werden.

Artikel 11: Artikel 18 des Gesetzes zur Goldförderung bleibt vertraglich festgelegt entsprechend dem Kapitel 9 Artikel 27 über Sozialversicherung.

Kapitel 4: Charakteristika der seifengoldführenden Zonen

Artikel 12: Die Zonen, in denen Seifengoldlagerstätten im Departement Madre de Dios und in der Region Südost vorkommen, verfügen in den verschiedenen Bodenschichten über goldhaltiges Material in unterschiedlicher Dichte und Tiefe, was aus technischen Studien, die vom Bergbauministerium herausgegeben wurden, deutlich wird.

Artikel 13: Die obere Schicht einer Seifengoldlagerstätte bis zum Grundwasser soll den kleinen Goldwäscherbetrieben vorbehalten werden, die in den Subkomitees der Asociación organisiert sind, und den Comunidades Nativas.

Artikel 14: Private und staatliche Firmen sollen das goldhaltige Material aus den darunterliegenden Schichten auswaschen, aufgrund ihrer Kapitalstärke, ihres hohen Mechanisierungsgrades und der Möglichkeit, Techniken anzuwenden, die eine maximale Produktionssteigerung ermöglichen.

Artikel 15: Die Möglichkeit, daß sich die Komitees zu Betrieben kooperativen Charakters zusammenschliessen, soll offengehalten werden. Die Organisationsform hängt von den ökonomischen Mitteln, die zur Verfügung stehen, ab. Der Staat soll technische und finanzielle Hilfe leisten.

Kapitel 5: Die Exploration

Artikel 16: Goldproduzenten organisiert in Comunidades Nativas, privaten und staatlichen Firmen, sollen ein Team unterhalten, das ständig parallel zu den sonstigen Arbeiten der Exploration nachgeht.

Artikel 17: Die regionale Filiale des Bergbauministeriums soll den Zugang zum Kataster ermöglichen und alle Erleichterungen für Interessierte bieten.

Artikel 18: Die regionale Filiale des Bergbauministeriums und die Asociación de Mineros Auríferos del Departamento de Madre de Dios sollen die Arbeitszonen abstecken mit Markierungszeichen, um Anhaltspunkte zu haben für die Trassenlegung, ähnlich wie sie vom technischen Departement des Bergbauministeriums schon einmal durchgeführt wurde.

Artikel 19: Die regionale Filiale des Bergbauministeriums soll ein Laboratorium installieren, um die mineralischen Analysen durchzuführen, und allen Interessierten offenstehen.

Artikel 20: Die regionale Filiale des Bergbauministeriums soll eine Außenstelle einrichten, in dem die für die Exploration notwendigen Geräte entliehen werden können, zur Förderung der Exploration.

Kapitel 6: Nutzung der mineralischen Substanzen des Bodens und der darunterliegenden Schichten

Artikel 21: Die Nutzung der mineralischen Substanzen des Bodens und der darunterliegenden Schichten, insbesondere der Seifengoldlagerstätten des Urwaldes und des Höhenurwaldes, entspricht der dringenden Notwendigkeit einer sozialen und wirtschaftlichen Entwicklung der Bergbauindustrie unseres Landes.

Artikel 22: Die Konzessionsinhaber, die auch jene Minerale ausbeuten wollen, die sich zusammen mit dem Gold finden, sollen sich ebenfalls nach dem ausgearbeiteten Gesetz für Goldlagerstätten ausrichten.

Artikel 23: Die Minerale, die zusammen mit Gold auftreten, sollen, wenn ihre Qualität und ihr Wert bewiesen ist, ausgebeutet werden, entsprechend dem Gesetz der Goldförderung.

Artikel 24: Die Konzessionen, die vergeben werden, sollen keinen individuellen Charakter mehr haben, sondern kollektiv sein; die pequeños mineros werden in Komitees organisiert, typisiert nach eingesetzter handwerklicher Technologie.

Artikel 25: Die Betriebe sollen aufgrund ihrer größeren ökonomischen Fähigkeit und dem höheren Grad an Mechanisierung das Recht erhalten, 3.000 ha zu konzessionieren.

Kapitel 7:   Reserven
Artikel 26: Sind die rechtlichen Bestimmungen aufgehoben, die zuließen, daß goldhaltige Zonen im großen Umfang an private Nutzungstitelinhaber im Departement von Madre de Dios und der Region Südost vergeben wurden, und bezieht man die Modifikationen des vorliegenden Gesetzentwurfs mit ein, können die Konzessionen so benutzt werden, daß sie den größtmöglichen Vorteil bei der Nutzung der Seifengoldlagerstätten einbringen; automatisch entstehen Reserven für Subkomitees, Komitees, Comunidades Nativas, private und staatliche Unternehmen.

Kapitel 8:   Anwendung verschiedener Techniken und betriebliche Beteiligung
Artikel 27: Entsprechend dem Vorschlag in Artikel 14 dieses Gesetzes sind die Arbeiten, die in die Tiefe gehen, für private und staatliche Betriebe reserviert, entsprechend ihrer hohen Investitionskapazität und ihrer Ausstattung mit modernen Techniken und Fachpersonal, was eine größtmögliche Ausbeutung der mineralischen Substanzen in der Tiefe ermöglicht.

Artikel 28: Mechanisierten Betrieben, die die Seifengoldgewinnung in der Tiefe ausführen, werden Konzessionen von 3.000 ha zugestanden, da mit zunehmender Tiefe der Goldgehalt der Lagerstätten zunimmt.

Kapitel 9:   Schaffung neuer Arbeitsstellen
Artikel 29: Die Schaffung von Komitees parallel zur Entwicklung der schon bestehenden extraktiven Goldaktivitäten ermöglicht eine größere Arbeitskraftnachfrage, das heißt, es werden neue Arbeitsstellen geschaffen.

Artikel 30: Die Basisorganisation der Asociación de Mineros Auríferos ebenso wie die privaten und staatlichen Betriebe erfüllen alle Rechtsvorschriften des Arbeitsgesetzes, die im Departement Madre de Dios und der Region Südost gelten.

Artikel 31: Die hygienischen Bedingungen sollen verbessert werden ebenso wie die Ernährung der Arbeiter, damit sie in besseren Lebensbedingungen arbeiten und ein menschenwürdiges Leben führen können.

Kapitel 11: Versicherungen und Sozialversicherung
Artikel 32: Die Goldwäscher, private und staatliche Firmen sind verpflichtet, die Gesetze der Sozialversicherung und Krankenversicherung für ihre Arbeiter zu erfüllen.

Artikel 33: Die Sozialversicherung von Peru installiert im gesamten Gebiet gut ausgerüstete Sanitätsposten, besonders an jenen Orten, wo ein dringender Bedarf für die Versorgung der ökonomischen aktiven Bevölkerung besteht.

Kapitel 12: Erziehung
Artikel 34: Alle Goldwäscher, private und staatliche Firmen errichten und unterhalten Schulen für die Primarerziehung, in Zusammenarbeit mit den zuständigen Autoritäten.

Artikel 35: Alle Goldwäscherzentren sind verpflichtet, Schulen zu unterhalten für die Alphabetisierung, um den Bildungsgrad der Erwachsenen zu verbessern.

Kapitel 13: Verteilung von Treibstoff und Ölen
Artikel 36: Es ist von allgemeinem Interesse, die Unregelmäßigkeiten bei der Treibstoffvergabe zu kontrol-

lieren, da die Spekulation mit Treibstoff die Arbeit der Goldwäscher im Departement Madre de Dios beeinträchtigt. Der Mangel an Treibstoff führte zu einer offenen Spekulation. Die Asociación beantragt die Kontrolle des Treibstoffverkaufs unter Ausschaltung der Zwischenhändler.

Kapitel 14: Versorgung mit Lebensmitteln, Maschinen und Ersatzteilen

Artikel 37: Aufgrund eines künstlich erzeugten Nahrungsmittelmangels wurden von den Händlern Preise verlangt, die oft über 100 % des offiziellen Preises lagen und eine unerlaubte Bereicherung der Händler ermöglichten. Daher ist es sinnvoll, der Asociación de Minerios Auríferos del Departamento de Madre de Dios die Einrichtung einer Verkaufsgenossenschaft (Mercantil) zu ermöglichen, die die Versorgung zu offiziellen Preisen und in sinnvollem Maße übernimmt für Lebensmittel, Werkzeuge, Maschinen und Ersatzteile.

Kapitel 15: Verkauf von Quecksilber

Artikel 38: Der Gebrauch von Quecksilber ist von elementarer Bedeutung für die Reinigung des Goldes von anderen Bestandteilen. Aufgrund eines bestehenden Defizits an Quecksilber in der Banco Minero del Perú entwickelte sich ein Schwarzmarkt, der Quecksilber zu Preisen verkauft, die bis zu 500 % über dem offiziellen Preis liegen. Daher beantragt die Asociación de Mineros Auríferos, den Verkauf dieses Materials zu kontrollieren, das heißt seine Kommerzialisierung durch dieses vorliegende Gesetz zu regeln.

Kapitel 16: Kontrolle der Meßgeräte für Gold

Artikel 39: Zum Verkauf der Goldproduktion auf legalem Wege

soll die Asociación de Mineros Auríferos del Departamento de Madre de Dios autorisiert werden, eine Präzisionswaage zu besitzen, um den Verkauf dieses Materials zu kontrollieren.

Kapitel 17: Ernennung von Autoritäten in den Arbeitszentren der Goldwäscher

Artikel 40: Um die öffentliche Ordnung in den Arbeitszentren zu garantieren, um Verbrechen und Unfällen vorzubeugen, wird die Präfektur des Departements gebeten, kompetente Autoritäten zu ernennen.

Artikel 41: Ein absolutes Verkaufsverbot von alkoholischen Getränken wird in den Arbeitszentren erlassen.

Kapitel 18: Über die Arbeitsparzellen an den Flußufern

Artikel 42: Die Flußufer werden von den Goldwäschern playas genannt und betragen ca. 1.000 m parallel zu beiden Seiten des Flusses. Sie sollen auch weiterhin individuell konzessioniert werden können, wobei darauf geachtet werden soll, daß Personen, die dort schon immer als Goldwäscher gearbeitet haben, bevorzugt behandelt werden. Wird eine Ausdehnung von 1.000 m überschritten, treten die weiteren Bestimmungen des vorliegenden Gesetzentwurfes in Kraft.

Erlassen 1980
Publiziert und archiviert"

ANHANG 7

COMIC ALS AUFKLÄRUNGSINSTRUMENT FÜR DIE
WANDERARBEITER DES HOCHLANDS

Comic als Aufklärungsinstrument für die Wanderarbeiter des Hochlands

Die Menschenrechtskommission in Sicuani (CODEH-PA) veröffentlichte 1983 nach ihren Untersuchungen über die Situation der Wanderarbeiter aus Sicuani, die sich als Goldwäscher im Departement Madre de Dios verdingen, die Broschüre "La ley de la selva" über Arbeits- und Lebensbedingungen der peones.

Für die Betroffenen erstellte sie einen Comic, in dem wesentliche Aussagen ihrer Untersuchung in vereinfachter Form angesprochen werden. Mit Hilfe des Comics sollte auch mit der Aufklärungsarbeit unter Abwanderungswilligen begonnen werden.

Die staatliche Minenbank bediente sich ebenfalls eines Comics, um die goldwaschende Bevölkerung aufzurufen, ihr Gold nicht an Schwarzhändler zu verkaufen.

LLEGANDO A LA SELVA, TENEMOS QUE VIAJAR MÁS ADENTRO DE "LA MONTAÑA" EN CANOAS; SI UN COMUNERO SE CAE AL RÍO, ES MUERTE SEGURA. Y ASÍ NOS VAMOS ALEJANDONOS DE LAS POBLACIONES, E INGRESANDO "MONTE ADENTRO".

CUANDO YA, ESTAMOS EN EL MISMO SITIO DE TRABAJO, EL CONTRATISTA NOS ENTREGA A NUESTRO "PATRÓN", E INCLUSO, PARECE QUE DE VERDAD NOS VENDIERA EL "ENGANCHADOR" AL PATRÓN; Y SE REGRESA A SEGUIR BUSCANDO MÁS COMUNEROS, PARA LLEVAR NUEVAMENTE A LA SELVA. ASÍ ES COMO INGRESAMOS A UN MUNDO SIN LEYES.

⑥

1).- CASA GRATIS: CAMPAMENTO SIN PAREDES y CON TECHO DE PLÁSTICO.

2).- COMIDA GRATIS: PURA YUCA, TARDE Y MAÑANA; EL PATRÓN NOS BAJA LA RACIÓN MAÑOSAMENTE, PARA QUE NOS ENDEUDEMOS MÁS EN SU TIENDA Y EN SU PANADERÍA.

"LE BAJARÉ MÁS LA RACIÓN PARA QUE COMPRE EN MI PANADERÍA Y TIENDA"

3).- BUEN SUELDO: SI BIEN ES CIERTO QUE NOS OFRECEN $/.3000 DIARIOS, LA MAYORÍA DE PATRONES NO CUMPLE; Y SI NOS PAGA ESE SUELDO, ALLÍ EN LA SELVA TODO ES CARO... MÁS CARO QUE EN SICUANI... EL SUELDO ALTO NO ALCANZA PARA NADA.

	PRECIOS SICUANI	PRECIOS SELVA
CERVEZA:	$/. 800=	$/. 1,500=
ATÚN:	$/. 650=	$/. 1,200=
PAN:	$/. 30=	$/. 50=

TODO ES CARO POR EL TRANSPORTE Y EL SUELDO ALTO NO ALCANZA PARA NADA.

4).- PASAJE IDA Y VUELTA GRATIS: LA IDA ¡SI! PUEDE SER GRATIS, PERO EL REGRESO, LO PAGAMOS CADA UNO DE NOSOTROS, Y REGRESAMOS SOLO CUANDO EL PATRÓN NO LOS DEJA... PORQUE ÉL ES DUEÑO DE LAS CANOAS O CUANDO YA NOS ENFERMAMOS GRAVEMENTE Y YA NO LE SOMOS ÚTIL.

5): REMEDIO GRATIS:
NO PREVIENEN LA ENFERMEDAD.
NO USAN MOSQUITEROS. DUERMEN
AL AIRE LIBRE, SOLO BAJO EL TECHO
DE PLÁSTICO; COMUNERO RAPIDAMEN-
TE SE ENFERMA Y EN CORTO TIEMPO
MUERE. EL REMEDIO CUANDO SE
HACE TRATAR, LE CUESTA AL COMUNERO.
Y OTROS SE REGRESAN A SUS COMUNIDADES
CON LA ENFERMEDAD EN EL CUERPO A MORIR.

A TODO ESTO SE SUMA EL TRATO DEL PATRON:
- LES OBLIGAN A TRABAJAR MÁS DE 10 HORAS DIARIAS.
- DESPRECIO DE SU CULTURA Y DIGNIDAD HUMANA.
- LAS MUJERES CAMPESINAS SON PROSTITUIDAS POR EL PATRÓN.
- AMENAZAS CON ARMA DE FUEGO, SI EL CAMPESINO SE QUIERE REGRESAR.
- SU ESQUEMA DE TRABAJO COMUNAL ES ROTO Y SE CONVIERTE EN INDIVIDUALISTA Y EGOISTA.
- DESCRIMINACION RACIAL.
- EN ALGUNOS CASOS LOS MATAN POR RECLAMAR SUS DERECHOS A ESTO LE LLAMAN "LOS DESCOLGADOS".
- NO HAY UN SISTEMA DE ADAPTACIÓN CLIMÁTICA.

⑧ FRENTE A ESTE PROBLEMA PLANTEAMOS:

¡¡ORGANIZARNOS!!
PERO... ¿PARA QUÉ?...
PARA:
- PREPARARNOS SOBRE LOS CONTRATOS LEGALES PARA FIRMAR EN EL MINISTERIO DE TRABAJO.
- SABER LAS CONDICIONES DE VIDA EN EL "MONTE" PARA NO ENFERMARNOS CON LA UTA, TORNILLO, ETC...
- SABER SOBRE HIGIENE, CLIMA, DIETA QUE SON NECESARIOS PARA NUESTRA BUENA SALUD.
- SABER NUESTROS DERECHOS, PARA RECLAMAR YA SEA CON UN ABOGADO O CON EL APOYO DE LOS CODEHS (COMITÉS DE DEFENSA DE LOS DERECHOS HUMANOS).

Guión: EFRAÍN CÁCERES CH.
Editado por: EL
CENTRO DE COMUNICACIÓN SOCIAL "DIFUSIÓN ANDINA"
PRELATURA DE SICUANI (CUSCO)

Plaza de Armas — Apartado Nº 28 — SICUANI (CUSCO)

Quelle: BOLPEBRA, No 7, 1984: 31

ANHANG 8

FOTOGRAFIEN DES ARBEITSPROZESSES
UND DER LEBENSVERHÄLTNISSE DER GOLDWÄSCHER

Flußlandschaft mit Goldwäschersiedlung Huaypetue

Goldwaschende Hochlandindianerin am caballete (aufgehängte Waschrinne)

Tieflandindianerfamilie an der tolba/Waschrinne mit Blechsieb

Waschmannschaft von Hochlandindianern; der Materialtransport erfolgt mit Schubkarren, ein Arbeiter schöpft das Wasser, ein weiterer entfernt den Grobkies

Tagelöhner (peones) an der tolba mit Einsatz einer Motorpumpe

Selbständige an einer 1 Meter langen Waschrinne im Wasser zuführenden Kanal

Peones an einer 4 Meter langen Holzrinne im Wasser zuführenden Kanal

Goldclaim im Wald; im Hintergrund wird taubes Material abgebaut, im Vordergrund aus hohem Grundwasser goldhaltiges Material

Aufgelassene und noch
in Ausbeute befindliche
Goldabbauareale im Wald

Auswaschen des Goldamalgams in der Waschpfanne (batea)

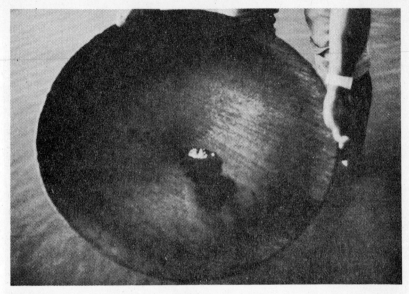

Batea mit Goldamalgam und Feinsand

Tieflandindianer der Ethnie Amarakaeri

Tieflandindianersiedlung Comunidad Nativa Boca del Inambari

Jugendliche Arbeiter aus dem Hochland

Siedlung zugewanderter Goldwäscher

Ökologische Folgen:
Kieshalden statt Urwald

ANHANG 9

LITERATURVERZEICHNIS

Literaturverzeichnis

Abdalla, I.-S.:
Heterogeneity and Differentiation - The End for the Third World?; in: Development Dialogue, 1978, Nr. 2, S. 3-22
Acción Popular (1980):
Propuesta del: Plan de Gobierno 1980-1985 (Resumen), Lima
Actualidad Económica (verschiedene Nummern):
Monatszeitschrift, Lima
Actualidad Económica:
A propósito del convenio con el F.M.I., Sonderheft Serie Nr. 3, 1981, Lima
Ahora (Madre de Dios)-BOLPEBRA (verschiedene Nummern):
Monatszeitschrift, Lima
Aikman, S.:
Informe preliminar sobre los hallazgos arqueológicos del río Karene (río Colorado), Madre de Dios; in: Amazonía Peruana, Vol. IV, Nr. 8, 1983, S.93-103
Alberti, G., Mayer, E. (Hrsg.) (1974):
Reciprocidad e intercambio en los Andes peruanos, Lima
Albuquerque Rocha, G. (Hrsg.) (1984):
Em busca do ouro - garimpos e garimpeiros no Brasil, Rio de Janeiro
Allpanchis (verschiedene Nummern):
Cusco
Amat y Leon, C.:
La experiencia peruana y la miopía del F.M.I.; in: Nueva sociedad, Vol. 45, 1979, S. 5-22
Amat y Leon, C.:
Anatomía de un fracaso teórico; in: Socialismo y participación, Nr. 8, Sept. 1979, S. 45-61
Amat y Leon, C. (1981):
La desigualdad interior en el Perú, Lima
Amat y Leon, C. et al. (1980):
Realidad del campo peruano desde de la reforma agraria, 10 ensayos críticos, Lima
Amazonía (1980)
Nr. 56, Agosto-Setiembre, Lima
Amazonía Indígena (verschiedene Nummern):
Boletín de análisis COPAL-Solidaridad con los grupos Nativos, Lima
Amazoniana (verschiedene Nummern):
Zeitschrift des Max-Planck-Instituts und INPA, Plön-Manaus
Anikin, A. (1980):
Gold, Frankfurt/Main
Apropiate Technology (verschiedene Nummern):
Intermediate Technology Development Groupe (ITDG), London
Aramburú, C.E.:
Expansión de la frontera agraria y demográfica de la selva alta peruana; in: Aramburú, C.E., Bedoya, E., Recharte, J. (1982): Colonización en la Amazonía, Lima, S. 1-41
Aramburú, C.E. (1982):
Las migraciones en la sociedad campesina: el caso de Puno, Reunión regional del Sur sobre población, Cusco, ms

Aramburú, C.E.:
   Las migraciones en la sociedad campesina; in: Guerra,
   G.R. (Hrsg.) (1983): El Sur Peruano: Realidad poblacio-
   nal, Lima, S. 241-257
Aramburú, C.E., Bedoya, E., Recharte, J. (1982):
   Colonización en la Amazonía, Lima
Arango, R.M., Lopez, C.H. (1977):
   La pequeña y mediana minería aurífera en el Bajo Cauca y
   Nechi, Medellin
Arbeitsgruppe Bielefelder Entwicklungssoziologen (Hrsg.)
(1979):
   Subsistenzproduktion und Akkumulation, Saarbrücken
Asociación de Mineros Auríferos del Departamento de Madre de
Dios (Hrsg.) (1980):
   Anteproyecto de Ley de Minería Aurífera del Departamento
   de Madre de Dios y la Región Sur Oriental, Pto. Maldonado
Aznar, P., Luna Ballon, M. (1979):
   Estudio de los mineros migrantes que extraen oro en el
   Departamento de Madre de Dios, Lima
Baca, T.E. (1983):
   Cusco: Sistemas viales, articulación y desarrollo regio-
   nal, Cusco
Banco Minero del Perú (1978):
   Plan general de muestreo y cubicación, cuadro de reser-
   vas, Madre de Dios, Pto. Maldonado
Banco Minero del Perú (o.J.):
   Comercialización del oro, Lima
Banco Minero del Perú (o.J.):
   Reglamento de crédito - Programa BMP, BID por US$
   25'000 000, Lima
Banco Minero del Perú (o.J.):
   Reglamento de crédito BMP, BID, Lima
Banco Minero del Perú (1980):
   Memoria 1979, Nr. 39, Lima
Banco Minero del Perú (1980):
   Boletín estadístico del Banco Minero, Lima
Banco Minero del Perú (1982):
   Memoria 1981, Nr. 41, Lima
Banco Minero del Perú (1983):
   Catálogo de servicios, Lima
Barbira-Scazzocchio, F. (Hrsg.) (1980):
   Land, People and Planning in Contemporary Amazonia, Cam-
   bridge
Bartra, R. (1974):
   Modos de producción en America Latina, Lima
Bartra, R. (1976):
   Estructura agraria y clases sociales en México, México
Baumann, H. (1963):
   Gold und Götter von Peru, Ravensburg
Beck, G. (1985)
   Madre de Dios - Das neue El Dorado im peruanischen
   Amazonien, Rundfunk-Feature für WDR, SFB, SWF, ORF, Berlin
Bedoya, E. (1981):
   La destrucción del equilíbrio ecológico en las coopera-
   tivas del Alto Huallaga, Lima

Bedoya, E.:
Colonizaciones a la ceja de selva a través del enganche: El caso Saipai en Tingo Maria; in: Aramburú, C.E., Bedoya, E., Recharte, J. (1982): Colonización en la Amazonía, Lima, S. 41-105
Bengoa, J. (1980):
Terratenientes y desarrollo capitalista en el agro, Quito
Bennhold-Thomson, V. (1982):
Bauern in Mexico: zwischen Subsistenz- und Warenproduktion, Frankfurt, Main
Berger, H. (1974):
Untersuchungsmethode und soziale Wirklichkeit, Frankfurt, Main
Berger, H., Kavemann, B. (1978):
Gesprächsführung in teilnehmender Beobachtung, Osnabrück
Berliner Hefte (verschiedene Nummern):
Vierteljahreszeitschrift, Berlin
Bertl, W. (1980):
Gesellschaft als Nebenfolge - Wie bestimmt die "Wirtschaft" die "Gesellschaft", die "Basis" den "Überbau"?, Berlin
Biegert, C.:
Mein Volk braucht Träumer; in: Thurn, C., Röttgen, H. (Hrsg.) (1981): Die Rückkehr des Imaginären, München, S. 324-247
Biesinger, B. (1981):
Der Bergbausektor im peruanischen Reformprozeß 1968-1975, Heidelberg
Blanckenburg, P. v. (Hrsg.) (1983):
Sozialökonomie der ländlichen Entwicklung, 2. Aufl., Band 1: Handbuch der Landwirtschaft und Ernährung in den Entwicklungsländern, Stuttgart
Blick durch die Wirtschaft (verschiedene Nummern):
Beilage der Frankfurter Zeitung, Frankfurt, Main
Bonet Isard, A. (1973):
La leyenda del oro y su realidad actual, Caracas
Bovo de Revello, P. (1848):
El brillante porvenir del Cusco, Cusco
Bundesanstalt für Geowissenschaften und Rohstoffe (BGR) (1979):
Deutsche Geologische Arbeitsgruppe Bolivien, Exploration goldführender Alluvionen am Río Tuichi in Bolivien (1.5.1976 bis 31.3.1979), unveröffentlichtes Manuskript, Hannover
Bundesanstalt für Geowissenschaften und Rohstoffe (1982):
Deutsche Geologische Arbeitsgruppe in Peru, Seifengoldgewinnung im Departament Río Madre de Dios, Technische Zusammenarbeit Projekt Nr. 79.2114.8, unveröffentlichtes Manuskript, Hannover
Bundesstelle für Außenhandelsinformation (1982):
Marktinformation: Peru - Wirtschaftsstruktur, Köln
Bundesstelle für Außenhandelsinformation (1984):
Marktinformation: Peru - Wirtschaftliche Entwicklung 1983, Köln

Bundesstelle für Außenhandelsinformation (1985):
    Marktinformation: Peru - Wirtschaftsdaten und Wirtschaftsdokumentation, Köln
Caballero, J.M. (1980):
    Agricultura, reforma agraria y pobreza campesina, Lima
Caballero, J.M. (1981):
    Economía agraria de la sierra peruana - antes de la Reforma Agraria de 1969, Lima
Caballero, J.M.:
    Agriculture and the Peasantry Under Industrialization Pressures: Lessons from the Peruvian Experience; in: Latin American Research Review, Vol. XIX, Nr. 2, 1984, S. 3-42
Camino, A.:
    Trueque, correrías e intercambios entre los quechuas andinos y los Piro y Machiguenga de la montaña peruana; in: Amazonía Peruana: Ecología, Vol. 1-2, 1977, S. 123-140
Camino, A.:
    Tiempo y espacio en la estrategia de subsistencia andina: Un caso en las vertientes orientales Sud-Peruanas, reprinted from "El Hombre y su ambiente en los andes centrales"; in: Millones, L., Tomoeda, H. (Hrsg.) (1982): Ethnological Studies 10, Tokio
Camino, A.:
    Pasado y presente de las estrategias de subsistencia indígenas en la amazonía peruana: problemas y posibilidades; in: Amazonía Peruana 10, Vol. V, 1984, S. 79-89
Cardoso, F.H.:
    Entwicklung auf der Anklagebank; in: Peripherie Nr. 5,6, S. 6-32
Cardoso, F.H., Müller, G. (1977):
    Amazônia: Expansão do capitalismo, São Paulo
Carmen, P.M. de (1982):
    Cusco: Porvenir de una región - propuestas para un debate, Cusco
Casaverde, J.R. (1979):
    Individualismo y colectivismo: Intereses divergentes en la economía de Vichaycocha; in: Campesinado y capitalismo, Ponencias presentadas al Primer Seminario sobre Campesinado y Proceso Regional en la Sierra Central, Huancayo
Centro de Investigación de la Universidad del Pacífico, Perú 1980 (1980):
    Elecciones y planes de gobierno, Lima
Centro de Investigación y Promoción Amazónica (CIPA) (1983):
    Costos sociales de la deforestación, Lima
Centro de Investigación y Promoción Amazónica (1984):
    Colonización: El encuentro de dos culturas, Lima
Centro de Investigación y Promoción Amazónica (1984):
    Aprendiendo a conocer los problemas ecológicos y el manejo de las tierras en ceja de selva, Lima
Centro Nacional de Capacitación e Investigación para la Reforma Agraria (CENCIRA) (1969):
    Introducción a la Reforma Agraria y Desarrollo, Nr. 1-10, Lima

Chavarria, M.M.C. (1984):
    Con la vóz de nuestros viejos antiguos, Lima
Chase Smith, R. (1983):
    Las Comunidades Nativas y el mito del gran vacío amazónico, Lima
China Quarterly (verschiedene Nummern):
    London
Chira, C.:
    La Situación de la mujer urbana; in: Guerra, G.R. (Hrsg.) (1983): El Sur Peruano: Realidad poblacional, Lima
Chirif, A. (1978):
    Salud y nutrición en sociedades nativas, Lima
Chirif, A.:
    Internal Colonization in a Colonized Country: The Case of the Peruvian Amazon; in: Barbira-Scazzocchio, F. (Hrsg.) (1980): Land, People and Planning in Contemporary Amazonia, Cambridge, S. 185-193
Chirif, A., Mora, C. (1976):
    Atlas de Comunidades Nativas, Sistema Nacional de Apoyo a la Movilización Social (SINAMOS), Lima
Clastres, P. (1976):
    Staatsfeinde - Studien zur politischen Anthropologie, Frankfurt/Main
Cockoft, J.D.:
    Desarrollo tecnológico subordinado: El caso de México; in: Casa del Tiempo, Vol. I, Nr. 4, 1980, S. 9-25
Comité de Defensa de los Derechos Humanos de las Provincias Altas (CODEH-PA) (Hrsg.) (1983a):
    La selva y su ley - Caso: Lavaderos de oro, Sicuani
Comité de Defensa de los Derechos Humanos de las Provincias Altas (CODEH-PA) (Hrsg.) (1983b):
    La Selva y su ley - los lavaderos de oro (versión popular), Sicuani
Concejo Provincial de Tambopata (o.J.):
    Plan de desarrollo municipal para 1982, Pto. Maldonado
Convenio Ministerio de Agricultura (1983):
    Proyecto Especial Madre de Dios - Iberia, Lima
Cordova, A., Silva Michelena, H. (1969):
    Die wirtschaftliche Struktur Lateinamerikas. Drei Studien zur politischen Ökonomie der Unterentwicklung, Frankfurt/Main
Corporación Departamental de Desarrollo de Madre de Dios (CORDEMAD) (1982):
    Madre de Dios - Problemática, inversión, desarrollo y alternativas, Pto. Maldonado
Corporación Departamental de Desarrollo de Madre de Dios, Oficina de Planificación (CORDEMAD) (1982):
    Censos nacionales VIII de población y III de vivienda, Pto. Maldonado
Corporación Financiera de Desarrollo S.A. (COFIDE) (1984):
    Situación y perspectivas del sector minero, Lima
Cotler, J. (1978):
    Clases, estado y nación en el Perú, Lima

Craig, A.:
   Placer Gold in Eastern Peru: The Great Strike of 1942; in: Revista Geografica, Nr. 79, 1973, S. 117-129
Crítica Andina (verschiedene Nummern):
   Revista del Instituto de Estudios Sociales Cusco (IESG), Cusco
Cueva, D.A. (1978):
   El desarrollo del capitalismo en America Latina. Ensayo de interpretación - histórica, México
D'Ans, A.M. u.a. (1973):
   Problema de clasificación de lenguas no-andinas en el Sur-Este Peruano, Universidad Nacional Mayor de San Marcos (UNMSM), Dokument Nr. 18, Lima
Diaz, T. (1972):
   Migración y adaptación: el caso de los serranos en el Departamento selvático de Madre de Dios/Perú; in: Atti del XL Congresso Internazionale degli Americanisti, Roma/Genova
Die Zeit (verschiedene Nummern)
   Wochenzeitschrift, Hamburg
Delboy, E. (1912):
   Conferencia sobre las regiones del 'Madre de Dios' y 'Acre', o.O.
Delran, G. (1978):
   Historia rural del Perú, Cusco
Deutsch-Südamerikanische Bank (verschiedene Nummern):
   Kurzbericht über Lateinamerika, Hamburg
Deutsch-Südamerikanische Bank (verschiedene Nummern):
   Mitteilungen für den Außenhandel: Peru, Hamburg
Deutsches Institut für Wirtschaftsforschung (DIW) (Hrsg.):
   Wochenbericht 9, 1984, 51. Jahrgang: Zur Angebots- und Nachfragesituation auf dem Goldmarkt, S. 105-109
Development Dialogue (verschiedene Nummern):
   Upsala
Documental del Perú (1972):
   Madre de Dios, Lima
Dollfus, O. (1981):
   El reto del espacio andino, Lima
Donnithorne, A.:
   China's Cellular Economy: Some Economic Trends Since the Cultural Revolution; in: The China Quarterly, Nr. 52, 1972, S. 605-620
Dos Santos, B.A. (1981):
   Amazônia - Potencial mineral e perspectivas de desenvolvimento, São Paulo
Dourojeanni, M.J.:
   Amazonía peruana: desarrollo y conservación; in: La Revista de arte, sciencia y sociedad, Nr. 3, 1980, S. 45-50
Dourojeanni, M.J. (1982):
   Recursos naturales y desarrollo en América Latina y el Caribe, Lima
Duerr, H.P. (Hrsg.) (1981):
   Der Wissenschaftler und das Irrationale, 1. Band: Beiträge aus Ethnologie und Anthropologie, Frankfurt/Main

Economía (verschiedene Nummern):
  Monatszeitschrift, Lima
Egger, K.:
  Ökologie als Produktivkraft - Erfahrungen bei 'Ecofarming' in Ostafrika; in: Elsenhans, H. (Hrsg.) (1979): Agrarreform in der Dritten Welt, Frankfurt/Main
Ehrke, M. u.a. (Hrsg.) (1983):
  Lateinamerika - Analysen und Berichte 7, Hamburg
El Comercio (verschiedene Nummern):
  Tageszeitung, Lima
El Diario (verschiedene Nummern):
  Tageszeitung, Lima
El Muki:
  Revista Informativa del Banco Minero del Perú, Proyecto de exploraciones de promoción aurífera, Nr. 3, 1975, S. 4-9
El Observador (verschiedene Nummern):
  Tageszeitung, Lima
El Peruano, diario oficial (Hrsg.) (1983):
  Plan Nacional de Regionalización, Lima
El Peruano, diario oficial:
  "Potencial aurífero en Madre de Dios supera los 700 millones de dolares", Nr. 12, 12.4.1981
El Trueno (verschiedene Nummern):
  Periódico para nativos de la Amazonía Peruana, Lima
Elias, Norbert (1980):
  Über den Prozeß der Zivilisation - Soziogenetische und psychogenetische Untersuchungen, 2 Bände, Frankfurt/Main
Elsenhans, H. (1978):
  Migration und Wirtschaftsentwicklung, Frankfurt/Main
Elsenhans, H. (Hrsg.) (1979):
  Agrarreform in der Dritten Welt, Frankfurt/Main
Elwert, G., Wong, D.:
  Thesen zum Verhältnis von Subsistenzproduktion und Warenproduktion in der Dritten Welt; in: Arbeitsgruppe Bielefelder Entwicklungssoziologen (Hrsg.) (1979): Subsistenzproduktion und Akkumulation, Saarbrücken, S. 255-279
Emmanuel, A.:
  Kultur und Technologie, Interview mit A. Emmanuel; in: TAZ, Berlin, 6.5.1982
Emmanuel, A.:
  Angepaßte oder unterentwickelte Technologie?; in: TAZ, Berlin, 13.5.1982, S. 10
Emmanuel, A. (1982):
  Appropiate or Underdeveloped Technology? University of Paris
Encinas, F., Milla, O.R., Rios, I.:
  Estudio de explotación aurífera en la Isla Laberinto, Madre de Dios; in: Minería, Mai-Juni 1978, S. 6-10
Engineering and Mining Journal (March 1982)
  London
Engl, L. und T. (Hrsg.) (1977):
  Die Eroberung Perus in Augenzeugenberichten, München

Equipe de Recherches Amazoniennes (1977):
    Amazonies Nouvelles, Organisation de l'éspace rural, Paris
Equipo CAAAP-Iquitos:
    Actividad pesquera en la región. Participación campesina y nativa; in: Shupihui, Vol. 8, Nr. 28, Iquitos 1983, S. 521-531
Etheredge, D.A.:
    The International Role of Gold; in: Forster, R. (Hrsg.) (1984):
    Gold '82, Rotterdam
Ethnologische Absichten (verschiedene Nummern):
    Vierteljahreszeitschrift, Berlin
Evangelista, R. (1980):
    "Peru has the Biggest Gold Potential in the World". Vortrag auf dem 26. International Geological Congress, Paris, 7.-17. Juli 1980, unveröffentlichtes Manuskript
Expreso (verschiedene Nummern):
    Tageszeitung, Lima
Falesi, I.:
    Soils of the Brasilian Amazon; in: Wagley, C. (Hrsg.) (1974): Man in the Amazon, Gainesville
Faust, A. (1982):
    Politik und Kolonisation in Peru - Eine Studie zur Siedlungspolitik im peruanischen Amazonasraum - 1960-1980; unveröffentlichte Magisterarbeit der Philosophischen Fakultät der Albert-Ludwigs-Universität zu Freiburg i.Br.
Figueiredo, B.:
    Garimpo e mineração no Brasil; in: Albuquerque Rocha, G. (Hrsg.) (1984): Em busca do ouro - garimpos e garimpeiros no Brasil, Rio de Janeiro
Figueroa, A. (1984):
    Capitalist Development and the Peasant Economy in Peru, Cambridge
Finzsch, N. (1982):
    Die Goldgräber Kaliforniens, Göttingen
Fioravanti, E. (1974):
    Latifundio y sindicalismo agrario en el Perú. El caso de los Valles de La Convención y Lares 1958-1964, Lima
Fischer, J. (1977):
    Minas y mineros en el Perú colonial, 1776-1824, Lima
Fittkau, E.J.:
    Artenmannigfaltigkeit amazonischer Lebensräume aus ökologischer Sicht; in: Amazoniana, IV, 3, 1973, S. 321-340
Flit, I.:
    Struggling for Self-Reliance in Science and Technology: The Peruvian Case - ITINTEC; in: Development Dialogue, Nr. 1, 1979, S. 39-46
Flores-Galindo, A.:
    Minería y sociedad colonial; in: Análisis - cuadernos de investigación, Nr. 4, Lima 1978, S. 99-230
Fornari, M., Vilca Neyra, C.:
    Mineralización argentífera asociada al volcanismo cenozóico en la faja Puquio-Cailloma; in: Boletín de la Sociedad Geológica del Perú, Tomo Nr. 60, 1979, S. 101-129

Forster, R.P. (Hrsg.) (1984):
 Gold '82: The Geology, Geochemistry and Genesis of Gold Deposits, Rotterdam
Fourastie, J. (1954):
 Die große Hoffnung des zwanzigsten Jahrhunderts, Köln
Fränzle, O.:
 Die Struktur und Belastbarkeit von Ökosystemen; in: Amazoniana, VI, 3, 1978, S. 279-297
Francke, M., Plaza, O. (1981):
 Formas de dominio, economía y Comunidades Campesinas, Lima
Frank, A.G. (1969):
 Kapitalismus und Unterentwicklung in Lateinamerika, Frankfurt/Main
Frank, E.H. (1983):
 Ein Leben am Rande des Weltmarktes - Ökologie und Ökonomie der Comunidad Nativa de Santa Martha, Bonn
Frankfurter Börsenbriefe International (verschiedene Nummern):
 Frankfurt/Main
Frankfurter Rundschau (verschiedene Nummern):
 Tageszeitung, Frankfurt/Main
Freiberg, J., Hein, W., Hurtienne, T., Mutter, T. (Hrsg.) (1984):
 Drei Welten - eine Umwelt, Saarbrücken
Freibeuter (verschiedene Nummern):
 Dreimonatszeitschrift, Berlin
Friedmann, J. (1966):
 Regional Development Policy: A Case Study of Venezuela, Cambridge, Massachusetts and London
Friedmann, J.:
 A General Theory of Polarized Development; in: Hansen, N.M. (Hrsg.) (1972): Growth Centres in Regional Economic Development, New York, S. 82-107
Friedmann, J., Weaver, C. (1975):
 Territory and Function, London
Fuchs, F. (1944/45):
 El oro en el Perú, Lima
Fuchs, H.G. (Hrsg.) (1981):
 Gold, Rohstoff-Hortungsobjekt-Währungsmetall, Festgabe für Gerhard Merk, Frankfurt/Main
Fuenzalida, F.:
 Poder, etnia y estratificación social en el Perú rural; in: Perú hoy, 3. Aufl., 1975, S. 8-86
Fuenzalida, F., Mayer, E., Escobar, G., Bourricaud, F., Matos Mar, J. (1970):
 El indio y el poder en el Perú, Lima
Fyfe, W., Kerrick, R.:
 Gold: Natural Concentration Process; in: Forster, R. (Hrsg.) (1984): Gold '82, Rotterdam, S. 99-129
Galindo, F.A.:
 Región y regionalismo; in: Allpanchis, Vol. XII, 1979, Cusco

Galtung, J.:
Self-Reliance - Strukturveränderungen auf internationaler, nationaler, lokaler und persönlicher Ebene; in: Huber, J. (Hrsg.) (1979): Anders arbeiten, anders wirtschaften, Frankfurt/Main, S. 161-185
Ganther, J. (1982):
Die Landreform im Gesamtzusammenhang der peruanischen Agrarpolitik 1968-1979, Diplomarbeit der Wirtschaftswissenschaftlichen Fakultät an der Freien Universität Berlin, Berlin
Garcilaso de la Vega, El Inca (1609/1961):
Comentarios reales. Buenos Aires
Gesellschaft für technische Zusammenarbeit/GATE (1980):
Einheimische Technologien, Projektbericht, Frankfurt/Main
Geographischer Arbeitskreis Entwicklungstheorien (GAE) (Hrsg.) (1984):
Materialien zur Überlebensökonomie in Metropolen der Entwicklungsländer, 5. Arbeitstagung 25.-27. Mai 1984 in Willebadessen
Geographische Rundschau (verschiedene Nummern):
Monatszeitschrift, Stuttgart
Germana, C.:
La Bancarrota del Belaundismo; in: Sociedad y Política, año 4, Nr. 13, Lima 1983, S. 5-15
Glave, L.M. (1983):
Problemas para el estudio de la historia regional - El caso del Cusco, Cusco
Gligo, N., Morello, J.:
Zur ökologischen Geschichte Lateinamerikas - Conquista und Kolonialzeit; in: Ehrke, M. u.a. (Hrsg.) (1983): Lateinamerika - Analysen und Berichte 7, Hamburg, S. 28-45
Godelier, M. (1972):
Rationalität und Irrationalität in der Ökonomie, Frankfurt/Main
Godelier, M. (1973):
Ökonomische Anthropologie, Hamburg
Golte, J. (1973):
Bauern in Peru - Entwicklungsfaktoren in der Wirtschafts- und Sozialgeschichte der indianischen Landbevölkerung von der Inka-Zeit bis heute, Berlin
Golte, J. (1976):
Ethnologische Feldforschung unter der Landbevölkerung im peruanischen Hochland; in: Arbeitspapiere der Universität Bielefeld, Nr. 3, Bielefeld
Golte, J., Adams, N. (1984):
Los caballos de Troya de los invasores - Estrategias campesinas en la conquista de la Gran Lima, Informe preliminar, Lima
Gomes, B.R. (o.J.):
Minería aurífera, publicado por el Banco Minero del Perú, Sección Técnica del Departamento de Minería Aurífera de la División de Operaciones Mineras, Lima
Gomez-Pompa, G., Vazquez-Yanes, C.:
Der tropische Regenwald: von endgültiger Vernichtung bedroht; in: Umschau 73, Heft 16, 1973, S. 500

Gonzales de Olarte, E.:
  Dinero e inflación en la economía campesina; in: Crítica Andina, Nr. 1, 1978, S. 5-37
Gonzales de Olarte, E. (1982):
  Economías regionales del Perú, Lima
Gonzales de Olarte, E.:
  Canon y Región, in: Actualidad Económica, Nr. 53, V, 1982, S. 23-26
Gonzales de Olarte, E.:
  Economías regionales del Perú; in: Actualidad Económica, Nr. 51, V, 1982, S. 23-26
Gonzales de Olarte, E. (1984):
  Economía de la Comunidad Campesina, Lima
Goodman, D., Redclift, M. (1981):
  From Peasant to Proletarian - Capitalist Development and Agrarian Transition, Oxford
Gorz, A. (1978):
  Ökologie und Politik, Hamburg
Gorz, A. (1980):
  Abschied vom Proletariat, Frankfurt/Main
Grabendorff, W., Nitsch, M. (1977):
  Brasilien: Entwicklungsmodell und Außenpolitik, München
Gray, A.:
  Los Amarakaeri: Una noción de estructura social; in: Amazonía Peruana 10, Vol. V, 1984, S. 47-63
Green, T. (1968):
  Die Welt des Goldes. Vom Goldfieber zum Goldboom, Frankfurt/Main
Grevemeyer, J.-H.:
  Religion, Ethnizität und Nationalismus im afghanischen Widerstand; in: Leviathan, Jg. 13, Heft 1, 1985, S. 115-129
Gross, D.R.:
  Village Movement in Relation to Resources in Amazonia; in: Hames, R.B., Vickers, W.T. (Hrsg.) (1983): Adaptive Responses of Native Amazonias, London, S. 429-451
Guallart, S.J. (1981):
  Fronteras vivas, Lima
Guerra, G.R. (Hrsg.) (1983):
  El Sur Peruano: Realidad poblacional, Lima
Guzmán Poma de Ayala, F. (1613/1980):
  El primer nuevo corónico y buen gobierno, México
Haas, J., Mc-Bain-Haas, B., Felsenstein, U. (1983):
  Verkehrserschließung ist Regionalentwicklung? Interdisziplinäres Forschungsprojekt, Bd. 11/1, Technische Universität Berlin, Berlin
Hagen, V.W. v. (1974):
  Sonnenkönigreiche, Zürich
Hahn, E. (Hrsg.) (1982):
  Siedlungsökologie - Ökologische Aspekte einer neuen Stadt- und Siedlungspolitik, Karlsruhe
Hames, R.B., Vickers, W.T. (Hrsg.) (1983):
  Adaptive Responses of Native Amazonians, London
Handelsblatt (verschiedene Nummern):
  Tageszeitung, Düsseldorf

Heuer, W., Oberreit, W. (1981):
Peru - Kolonisation und Abhängigkeit, Saarbrücken
Hirschman, A.O. (1958/1967):
The Strategy of Economic Development, New Haven/Conn., London; Deutsche Übersetzung. Die Strategie der wirtschaftlichen Entwicklung, Stuttgart
Hirschman, A.O. (1971):
A Bias for Hope, New Haven, London
Huber, J. (Hrsg.) (1979):
Anders arbeiten, anders wirtschaften, Frankfurt/Main
Hueck, K. (1978):
Los Bosques de Sudamérica - Ecología composicional e importancia económica, Schriftenreihe der GTZ, Nr. 58, Frankfurt/Main
Hultkrantz, A.:
Ritual und Geheimnis: Über die Kunst der Medizinmänner, oder: Was der Professor nicht gesagt hat; in: Duerr, H.P. (Hrsg.) (1981): Der Wissenschaftler und das Irrationale, 1. Band, Frankfurt/Main, S. 73-98
Hurtienne, T.:
Peripherer Kapitalismus und autozentrierte Entwicklung - Zur Kritik des Erklärungsansatzes von Dieter Senghaas; in: Probleme des Klassenkampfes, Nr. 44, 1981, S. 105-136
Hurtienne, T.:
Sozialismus und autozentrierte Entwicklung. Zur Korrektur eines entwicklungspolitischen Modells anhand der Beispiele China, Nordkorea, Albanien und Kuba; in: Steinweg, R. (Hrsg.) (1982): Hilfe + Handel = Frieden? Die Bundesrepublik und die Dritte Welt (Friedensanalysen 15), Frankfurt/Main, S. 307-358
Hurtienne, T.:
Das Beispiel Brasilien - Anmerkungen zur Entwicklungstheorie von Dieter Senghaas; in: Steinweg, R. (Hrsg.) (1984): Medienmacht im Nord-Süd-Konflikt: Die neue Internationale Informationsordnung (Friedensanalysen 18), Frankfurt/Main, S. 349-392
Illich, I. (1975):
Selbstbegrenzung - eine politische Kritik der Technik, Hamburg
Illich, I. (1979):
Technischer Fortschritt und Dritte Welt - Arbeitsheft des Symposiums "Drei Welten oder eine?", Berlin
Ingeniero Andino:
La nueva fiebre de oro, Nr. 107, Jg. 8, 1980
Inpecor, correspondencia de prensa internacional (verschiedene Nummern):
Monatszeitschrift, Madrid
Instituto Nacional de Planificación (1983):
Programa integral de desarrollo de Madre de Dios, Vol. I und II, Lima
Interdisziplinäre Projekt Consult-IPC (1983):
Studie über die "Errichtung der städtischen Sparkasse Piura/Peru", Pn 79.2028.5, Frankfurt/Main
International Foundation for Development Alternatives (Hrsg.):
Ifda dossier (verschiedene Nummern)

Iquiniz, J. (1981):
Desde la crisis económica peruana - estrategia de desarrollo y política económica, Lima
Jacobi, C., Nieß, T. (1980):
Hausfrauen, Bauern, Marginalisierte: Überlebensproduktion in "Dritter" und "Erster" Welt, Saarbrücken
Jaulin, R. (1970):
La paz blanca, introducción al etnocidio, Buenos Aires
Jülich, V. (1975):
Die Agrarkolonisation im Regenwald des mittleren Rio Huallaga (Peru), Marburg, Lahn
Jungk, R.:
Gespräch mit Robert Jungk; in: Thurn, C., Röttgen, H. (Hrsg.) (1981): Die Rückkehr des Imaginären, München, S. 56-71
Kasten, F. (1970):
Der Funktionswandel des Goldes. Ein Beitrag zur internationalen Währungsdiskussion, Frankfurt, Main
Kebschull, D. (1979):
Zur Möglichkeit alternativer, ökologieschonender Entwicklung in der Amazonasregion, Hamburg
Kestel, P.D.N.:
Ökologie in Brasilien; in: Brasilien Dialog, Nr. 2, 1982, S. 17-44
Klinge, H.:
Struktur und Artenreichtum des zentralamazonischen Regenwaldes; in: Amazoniana, IV, 3, 1973, S. 283-292
Klinge, H. (1985):
Über den sozio-ökonomischen Entwicklungszustand Amazoniens und über Interferenzen seiner Erschließung mit ökologischen Strukturen der Region, (unveröffentlichtes Manuskript), Plön
Knirsch, J. (1983):
Brandrodungsfeldbau im Amazonasgebiet - Zur Ökologie der Subsistenz, Diplomarbeit im Studiengang Biologie der Universität Bremen, Bremen
Kohlhepp, G. (1976):
Stand und Problematik der brasilianischen Entwicklungsplanung in Amazonien, Kiel
Kohlhepp, G.:
Erschließung und wirtschaftliche Inwertsetzung Amazoniens; in: Geographische Rundschau 30, Heft 1, 1978, S. 2-13
Kohlhepp, G.:
Brasiliens problematische Antithese zur Agrarreform: Agrarkolonisation in Amazonien; in: Elsenhaus, H. (Hrsg.) (1979): Agrarreform in der Dritten Welt, Hamburg
Krader, L.:
Die asiatische Produktionsweise; in: Wolter, U. (Hrsg.) (1978):
Antworten auf Bahros Herausforderung des "realen Sozialismus", Berlin, S. 100-128

Kressin, J., Spiegel, E. (1972):
Agrarreform als Instrument der Entwicklungspolitik - Modelle und Konflikte der peruanischen Agrarreform von 1969, Berlin

Kroeplien, F. (1983):
"Polarization Reversal" über Wachstumszentren oder agropolitane Entwicklung - Theorien und Entwicklungskonzeptionen zum Abbau regionaler Disparitäten in Ländern der Dritten Welt, Diplomarbeit im Fach Volkswirtschaftslehre der Freien Universität Berlin, Berlin

Krogbäumker, B. (1980):
Dokumentation neuerer Arbeiten zum "Verhältnis von Subsistenz- und Warenproduktion"; in: Arbeitspapiere der Universität Bielefeld, Nr. 22, Bielefeld

Kausachum (verschiedene Nummern):
Tageszeitung, Lima

La República (verschiedene Nummern):
Tageszeitung, Lima

La Revista de arte, ciencia y sociedad (verschiedene Nummern):
Monatszeitschrift, Lima

La Selva, Semanario independiente Pto. Maldonado (verschiedene Nummern):
Wochenzeitung, Pto. Maldonado

Las Casas, B. (1552,1981):
Bericht von der Verwüstung der Westindischen Länder, Frankfurt, Main

Laszlo, E. (1980):
RCDC - Regional Cooperation Among Developing Countries - The New Imperative of Development in the 1980s, New York

Levi-Strauss, C. (1967):
Strukturale Anthropologie, Frankfurt, Main

Lewis, I.M.:
Exotische Glaubensvorstellungen und die Produktionsweise der Feldforschung in der Anthropologie; in: Duerr, H.P. (Hrsg.) (1981): Der Wissenschaftler und das Irrationale, 1. Band, Frankfurt, Main, S. 184-213

Ley Orgánica y Estatuto del Banco Agrario del Perú, apéndice (1980):
Ley de Promoción y Desarrollo Agrario y Reglamento, D.L. Nr. 2, Lima

Lindenberg, K. (Hrsg.) (1982):
Lateinamerika - Herrschaft, Gewalt und internationale Abhängigkeit, Bonn

Lyon, P.:
Dislocación tribal y clasificaciones lingüísticas en la zona del río Madre de Dios; in: Actas y memorias (1975): XXXIX Congreso Internacional de Americanistas en Lima 1970, Lima, S. 185-207

Maas, A. (1969):
Entwicklung und Perspektiven der wirtschaftlichen Erschließung des tropischen Regenwaldes von Peru, unter besonderer Berücksichtigung der verkehrsgeografischen Problematik, Tübingen

Macera, P. (1978):
   Visión histórica del Perú, Lima
Maennling, C. (1977):
   Theoretische Implikationen der Entwicklungsplanung und Probleme ihrer praktischen Umsetzung am Beispiel der peruanischen Agrarreform, Staatsexamensarbeit am Fachbereich Geowissenschaften der Freien Universität Berlin, Berlin
Maennling, C., et al. (1984):
   Interne Formen und Folgen von aussen induzierter Entwicklung im peruanischen Amazonasgebiet: Der Goldboom in Madre de Dios, DGFK, PP 62, Bonn
Maletta, H.:
   El subempleo en el Perú; in: Apuntes, Nr. 8, IV, 1978, S. 3-49
Maletta, H.:
   Cambios en el Perú rural desde 1950; in: Centro de Investigación y Capacitación (Hrsg.) (1980): Realidad del campo peruano después de la Reforma Agraria, Lima, S. 17-67
Mandel, E.:
   El despegue del oro; in: Inprecor, correspondencia de prensa internacional, Nr. 12, 1980, S. 13-21
Mariátegui, J.C. (1928, 1977):
   7 ensayos de interpretación de la realidad peruana, 35. Auflage, Lima
Marín, F.A. (1970):
   Explotación de lavaderos de oro, Lima
Martínez, H.:
   El saqueo y la destrucción de los ecosistemas selváticos del Perú; in: Amazónica Peruana, Vol. 1, Nr. 2, 1977, S. 9-29
Martínez, H. (1980):
   Migraciones internas en el Perú. Aproximación crítica y bibliografía, Lima
Martínez, H.:
   Migraciones internas en la Región Sur; in: Guerra, G.R. (Hrsg.) (1983): El Sur Peruano, Realidad poblacional, Lima, S. 213-240
Mast, H.:
   Besonderheiten des Goldhandels; in: Fuchs, H.G. (Hrsg.) (1981): Gold. Rohstoff - Hortungsobjekt - Währungsmetall, Frankfurt/Main, S. 83-109
Matos Mar, J. (1980):
   Reforma agraria: logros y contradicciones 1969-1979, Lima
Mauss, M. (1984):
   Die Gabe, Frankfurt/Main
Medina, M.E. (1982):
   Exploración de oro aluvial; Publicaciones de la Oficina de RR.PP. e Información del Banco Minero del Perú, Programa científico-cultural "Jueves Mineros", VII ciclo, Lima
Medina, M.E.:
   Tratado de Cooperación Amazónica; in: Medina, M.E., Rumrrill, R. (1982): Acerca del Pacto Amazónico, Lima, S. 11-37
Medina, M.E., Rumrrill, R. (1982):
   Acerca del Pacto Amazónico - Documento 2, Lima

Meggers, B.J. (1971):
  Amazonia - Man and Culture in a Counterfeit Paradise, Chicago
Meggers, B.J.:
  Envirement and Culture in Amazonia; in: Wagley, C. (Hrsg.) (1974): Man in the Amazon, Gainesville, S. 91-111
Meggers, B.J.:
  The Indigenous People of Amazonia, their Cultures, Land Use Patterns and Effects on the Landscape and Biota; in: Sioli, H. (Hrsg.) (1984a): The Amazon - Limnology and Landscape Ecology of a Mighty Tropical River and Its Basin, Dordrecht, S. 627-649
Meillassoux, C. (1983):
  Die wilden Früchte der Frau - Über häusliche Produktion und kapitalistische Wirtschaft, Frankfurt/Main
Meira Mattos, C. (1980):
  Uma geopolítica pan-amazônica, Rio de Janeiro
Metals (1982):
  Analysis and Outlook, Nr. 13, Spring Issue, London
Mining Bank of Peru (1979):
  Metallic Gold Mining - Law and Regulations, Lima
Mining Journal (verschiedene Nummern):
  Wochenzeitschrift, London
Ministerio de Agricultura (o.J):
  Diagnóstico socioeconómico de la Comunidad Nativa Sintuya
Ministerio de Agricultura (1973):
  Explotación y comercialización de la castaña en Madre de Dios, Informe Nr. 30, Pto. Maldonado
Ministerio de Energía y Minas (1978):
  Ley de Promoción Aurífera y Reglamento
  - Decreto Ley Nr. 22 178
  - Decreto Supremo 003-79-EM/DGM, Lima
Ministerio de Vivienda, Sucursal Pto. Maldonado (1974):
  Esquema de ordenamiento urbano, Pto. Maldonado
Miramon, A.:
  Codicia y miseria de la fuente de oro; in: Boletín Cultural y Bibliográfico, Vol. 9, Nr. 1, 1966, S. 61-75
Misiones Dominicanas del Perú (MDP) (1919-1969):
  Zeitschrift der Dominikaner, 49 Bände, Lima
Moll, H., Walters, L. (Hrsg.) (1972):
  Taschenbuch für Umweltschutz I, Stuttgart
Monatsberichte der Deutschen Bundesbank, Reihe 5 (1983):
  Die Währungen der Welt, Frankfurt/Main, S. 1-4
Moncada Roa, O. (1979):
  Chocó: Explotación de minas y mineros, Bogotá
Moncloa, F.:
  Presentación: La realidad del campo y el modelo de desarrollo industrial; in: Centro de Investigación y Capacitación (Hrsg.) (1980): Realidad del campo peruano después de la Reforma Agraria, Lima, S. 11-17
Montoya, R. (1978):
  A propósito del carácter predominantemente capitalista de la economía peruana actual (1960-1970), Lima

Montoya, R.:
Ejes regionales de producción no-capitalista y desarrollo del capitalismo dependiente; in: Análisis - cuadernos de investigación, Nr. 4, 1979, S. 52-69
Moore, T. (1980):
Transnacionales en Madre de Dios: Implicancias para las Comunidades Nativas, (unveröffentlichtes Manuskript), Iquitos
Moore, T.:
Das SIL und ein "neuentdeckter Stamm": Die Erfahrungen mit den Amarakaeri; in: Hvalkof, S., Aaby, P. (Hrsg.) (1980): Ist Gott Amerikaner, Göttingen, S. 283-309
Moore, T. (1983):
Como operan las multinacionales del oro en Madre de Dios, (unveröffentlichtes Manuskript), Lima
Moore, T.:
Situación de los nativos frente a la minería aurífera en Madre de Dios; in: Shupihui, Vol. VIII, Nr. 28, 1983, S. 413-427
Moore, T.:
El Banco Minero y el oro de Madre de Dios; in: Ahora-BOLPEBRA, ano III, Nr. 9, 1985, S. 20-21
Moore, T.:
Qué pasa en el Banco Minero; in: Ahora-BOLPEBRA, año III, Nr. 9, 1985, S. 21
Moran, E.F. (1981):
Developing the Amazon, Bloomington
Moßmann, P. (1979):
Campesinos und Ausbeutungsstrukturen im internationalen Konfliktfeld, Saarbrücken
Müller, G.:
Tropische Regenwaldzone; in: Fukarek, F. (Hrsg.) (1980): Pflanzenwelt der Erde, Leipzig, S. 87-107
Müller, J. (1984):
Brasilien, Stuttgart
Mundo Minero (verschiedene Nummern):
Monatszeitschrift, Lima
Murawski, H. (1972):
Geologisches Wörterbuch, Stuttgart
Myrdal, G. (1957, 1974):
Economic Theory and Underdeveloped Regions, London; Deutsche Übersetzung: Ökonomische Theorie und unterentwickelte Regionen, Frankfurt, Main 1974
Nadig, M.:
Auf den Spuren "unwürdiger" Machtstrategien; in: Berliner Hefte, Nr. 15, 1980, S. 53-66
Natur (verschiedene Nummern):
Monatszeitschrift, München
Niethammer, L.D. (Hrsg.) (1985):
Lebenserfahrung und kollektives Gedächtnis - Die Praxis der "Oral History", Frankfurt, Main

Nitsch, M. (1985a):
Politisch-administrative Bedingungen von ländlicher Unterentwicklung und Entwicklung; überarbeitete Fassung des Kurzreferats auf der Tagung "Politisch-ökonomische Probleme der Agrarentwicklung in den Tropen und Subtropen. Aktualisierung und Orientierung der Forschungsaktivitäten in der BRD", veranstaltet von der Deutschen Stiftung für Internationale Entwicklung (DSE), Zentralstelle für Ernährung und Landwirtschaft, in Zusammenarbeit mit der Arbeitsgruppe Tropische und Subtropische Agrarforschung (ATSAF), 31.01.-02.02.1985, Feldafing

Nitsch, M. (1985b):
Die Fruchtbarkeit des Dependencia-Ansatzes für die Analyse von Entwicklung und Unterentwicklung. Überarbeitete Fassung der Vortragsskizze für die Tagung des Ausschusses "Entwicklungsländer" des Vereins für Sozialpolitik "Entwicklungstheorie - Entwicklungspraxis. Eine kritische Bilanzierung, 29.11.-01.2.1984, Berlin

Norgaard, R.B.:
Sociosystem and Ecosystem Coevolution in the Amazon; in: Journal of Environmental Economics and Management, 8, 1981, S. 238-254

Ocampo, E.:
Política fiscal y descapitalización de la Amazonía peruana; in: Shupihui, Vol. 8, Nr. 28, 1983, S. 493-511

Oficina Departamental de Planificación de Madre de Dios (o.J.):
Plan Departamental de Desarrollo de Madre de Dios 1982-1983, Pto. Maldonado

Oficina Departamental de Planificación de Madre de Dios (o.J.):
Plan Departamental de Desarrollo de Madre de Dios 1983-1984, Pto. Maldonado

Oficina Nacional de Evaluación de Recursos Naturales (ONERN) (1972):
Inventario, evaluación e integración de los ríos Inambari y Madre de Dios, Lima

Olarte, J.:
El marco geográfico de la Región Sur; in: Guerra, G.R. (Hrsg.) (1983): El Sur Peruano: Realidad poblacional, Lima

Oppitz, M.:
Schamanen, Hexen, Ethnographen; in: Duerr, H.P. (Hrsg.) (1981): Der Wissenschaftler und das Irrationale, Bd. 1, Frankfurt/Main, S. 37-60

Organismo de Desarrollo de Madre de Dios (ORDEMAD), Oficina de Planificación (o.J.):
Boletín Estatístico Madre de Dios 1979, Pto. Maldonado

Organismo de Desarrollo de Madre de Dios (ORDEMAD), (1980):
Propuesta preliminar de cooperación para ejecución del estudio "Problemática de explotación aurífera en el Departamento de Madre de Dios", Pto. Maldonado

Organismo de Desarrollo de Madre de Dios (ORDEMAD), (1980):
ORDEMAD en marcha, Boletín informativo, año 1, Nr. 1, 1980, Pto. Maldonado

Organismo de Desarrollo de Madre de Dios (ORDEMAD), Oficina
de Planificación (1980):
　Lineamientos de política interregional 1981-1982, Pto.
　Maldonado
Organismo de Desarrollo de Madre de Dios (ORDEMAD), Oficina
General de Planificación (1981):
　Caracterización y problemática de la zona fronteriza,
　Pto. Maldonado
Organismo de Desarrolle de Madre de Dios (ORDEMAD), Oficina
de Planificación (1981):
　Anuario Estadístico 1980
Pease García, H.:
　La Reforma Agraria Peruana en la crisis del estado oligárquico; in: Pease García, H. u.a. (1977): Estado y política agraria, Lima, S. 13-137
Pease García, H. u.a. (1977):
　Estado y política agraria, Lima
Peñaherrera, C.:
　Planificación y Regionalización del Sur; in: Guerra, G.R. (Hrsg.) (1983): El Sur Peruano, Realidad poblacional, Lima, S. 259-271
Pennano, G.:
　Economía política del caucho en el Perú: una aproximación bibliográfica; in: Apuntes, Nr. 8, año IV, 1978, S. 151-169
Pennano, G. (Hrsg.) (1981):
　Economía peruana: ?Hacia dónde?, Lima
Petersen, G.:
　La importancia geológica y economía del oro; in: Minas, año III, Nr. 4, 1954, S. 21-31
Petersen, G. (1968):
　La explotación industrial de yacimientos de oro en el Valle del Río Tambopata, Perú, Cusco
Plaza, J.O. (1979):
　Economía Campesina, Lima
Plaza, J.O.:
　La problemática de la Comunidad Campesina; in: Centro de Investigación y Capacitación (Hrsg.) (1980): Realidad del campo peruano después de la Reforma Agraria, Lima, S. 156-189
Portocarrero, F. (1980):
　Crisis y recuperación - la economía peruana de los 70 a los 80, Lima
Portocarrero, F. (1983):
　Inversión pública y gestión económica, Diagnóstico y debate Nr. 5, Lima
Prata Salomao, E.:
　O ofício e a condição de garimpar; in: Albuquerque Rocha, G. (Hrsg.) (1984): Em busca do ouro - garimpos e garimpeiros no Brasil, Rio de Janeiro, S. 35-87
Presidencia del Consejo de Ministros, Proyecto Especial Madre de Dios (1982):
　Estudio de suelos y clasificación de tierras de la micro-región Iberia-Iñapari del Departamento Madre de Dios, Lima

Presidencia de la República (1984):
  PERU 1984 - Mensaje anual al Congreso del Presidente de la República Arquitecto Fernando Belaúnde Terry con anexos informativos y estadísticos, Lima
Pryor, E.J. (1965):
  Mineral Processing, London
Putzer, H.:
  The Geological Evolution of the Amazon Basin and its Mineral Resources; in: Sioli, H. (Hrsg.) (1984): The Amazon - Simnology and Landscape Ecology of a Mighty Tropical River and its Basin, Dordrecht, S. 15-47
Quijano, A. (1979):
  Problema agrario y movimientos campesinos, Lima
Quiring, H. (1948):
  Geschichte des Goldes, Stuttgart
Raimondi, A.:
  Minas de oro del Perú; in: Boletín de minas, industrias y construcciones (1932): Reedición de anales de construcciones civiles y de minas, de la Escuela de Ingenieros de Lima, del año 1887, Lima
Rat der Sachverständigen für Umweltfragen (Hrsg.) (1978):
  Umweltgutachten 1978, Drucksache Deutscher Bundestag, Bonn
Rauch, T.:
  Was ist Entwicklung?; in: Rauch, T., Koschatzky, K. (Hrsg.) (1979): Räumliche Entwicklungsprozesse in Tunesien, Berlin, S. 1-4
Rauch, T. (1981):
  Das nigerianische Industrialisierungsmuster und seine Implikationen für die Entwicklung peripherer Räume - Ein Beitrag zur Erklärung der Raumstruktur in peripher-kapitalistischen Ökonomien, Hamburg
Rauch, T., Koschatzky, K. (Hrsg.) (1979):
  Räumliche Entwicklungsprozesse in Tunesien, Berlin
Recharte, J.:
  Prosperidad y pobreza en la agricultura de la ceja de selva. El valle de Chanchamayo; in: Aramburú, C., Bedoya, E., Recharte, J. (1982): Colonización en la Amazonía, Lima, S. 105-161
Registro Público de Pto. Maldonado (verschiedene Nummern): Pto. Maldonado
Reglamiento de la Ley de Promoción Aurífera (1979):
  Decreto Ley Nr. 22 178, Decreto Supremo Nr. 003-79 EM/DGM, Lima
Rehm, S.:
  Landwirtschaftliche Produktivität in regenreichen Tropenländern; in: Umschau 73, Heft 2, 1973, S. 44-48
Remy, M.I.:
  Migrantes andinos a los lavaderos de oro de Madre de Dios; in: Shupihui, Vol. 8, Nr. 28, 1983, S. 531-539
Rey, P.P. (1976):
  Las alianzas de clases, México

Riviere D'Arc, H.:
Notas sobre las nuevas maneras de percibir la Amazonía Brasilera y su desarrollo; in: Amazonía Indígena, año 3, Nr. 5, 1982, S. 7-11
Roberts, B. (1978):
Cities of Peasants, London
Roel, V.:
Catástrofe económica belaundista; in: Documentos de economía, año 2, Nr. 3, 1983
Romero, E. (1966):
Geografía económica del Perú, Lima
Romero, E. (1968):
Historia económica del Perú, Lima
Rostotskaia, L.:
El oro del Perú; in: América Latina, Academia de Ciencias de la URSS, Instituto de América Latina, Nr. 3, 1975, S. 198-214
Ruegg, W.:
Die Mineralreichtümer und der Bergbau Perus; in: Lateinamerikanisches Institut an der Hochschule St. Gallen für Wirtschafts- und Sozialwissenschaften (Hrsg.) (1964): Peru - Geschichte und Wirtschaft, Zürich, S. 33-52
Rummenhöller, K. (1982):
Tieflandethnien und abhängiger Kapitalusmusin Madre de Dios (Peru). Eine historische Untersuchung. Magisterarbeit am FB für Philosophie und Sozialwissenschaften der FU-Berlin, Berlin
Rummenhöller, K. (1983):
o.T., Arbeitspapiere des DGFK-Forschungsprojekts, unveröffentl., Berlin
Rumrrill, R. (1982):
Amazonía hoy - crónicas de emergencia, Lima
Rumrrill, R.:
Pacto Amazónico o el "caballo de Troya del Brasil"; in: Medina, M.E., Rumrrill, R. (1982): Acerca del Pacto Amazónico, Lima, S. 37-67
Rumrrill, R. (Hrsg.) (1984):
Guía general Amazonía Peruana - Loreto, Madre de Dios, San Martín, Ucayali, Lima
Rumrrill, R., Zutter, P. (1976):
Los condenados de la selva - Amazonía y capitalismo, Lima
Ruthenberg, H., Andreae, B.:
Landwirtschaftliche Betriebssysteme in den Tropen und Subtropen; in: Blanckenburg, P. v. (Hrsg.) (1982): Sozialökonomie der ländlichen Entwicklung, Stuttgart, S. 125-174
Sahlins, M.D. (1968):
Tribesmen, New Jersey
Salati, E., Junk, W., Shubart, H., Engracia, A. (1983):
Amazônia: desenvolvimento, integração e ecología, São Paulo
Sames, C.-W. (1974):
Die Zukunft der Metalle, Frankfurt/Main
Samamé Boggio, M. (1974):
Minería peruana, Lima
Sánchez Albavera, F. (1981):
Minería, capital transnacional y poder en el Perú, Lima

Sánchez Albavera, F. et al. (1983):
Inflación, crisis fiscal y devaluación, Lima
Sandner, G. (1984):
Bevölkerungsdruck und Tragfähigkeit im Agrarraum Lateinamerikas - Ansätze zu einer zeitgemäßen Neuinterpretation, Vortragsmanuskript, ADLAF, Fachtagung 25.-27.10.1984, Köln-Wesseling
Saravia, A.:
Alto Huallaga y crimen ecológico en marcha?; in: Actualidad Económica, año V, No. 51, 1982, S. 19-23
Secretariado de Misiones Dominicanas del Perú (Hrsg.) (1973):
Apaktone, o.O.
Selbner, A.:
Die Vermählung von Himmel und Hölle - Rekurs auf die spirituelle Tradition Europas am Beispiel William Blake's; in: Thurn, C., Röttgen, H. (Hrsg.) (1981): Die Rückkehr des Imaginären, München
Senghaas, D. (Hrsg.) (1973):
Imperialismus und strukturelle Gewalt. Analysen über abhängige Reproduktion, Frankfurt,Main
Senghaas, D. (1974):
Die Dritte Welt als Gegenstand der Friedensforschung, Bonn
Senghaas, D. (1977):
Weltwirtschaftsordnung und Entwicklungspolitik. Plädoyer für Dissoziation, Frankfurt,Main
Senghaas, D. (Hrsg.) (1979):
Kapitalistische Weltökonomie. Kontroversen über ihren Ursprung und ihre Entwicklungsdynamik, Frankfurt,Main
Senghaas, D. (Hrsg.) (1981):
Peripherer Kapitalismus. Analysen über Abhängigkeit und Unterentwicklung, Frankfurt,Main
Senghaas, D. (1982):
Von Europa lernen. Entwicklungsgeschichtliche Betrachtungen, Frankfurt,Main
Seward, T.:
The Transport and Deposition of Gold in Hydrothermal Systems; in: Forster, R. (Hrsg.) (1984): Gold '82, Rotterdam, S. 165-183
Shupihui (verschiedene Nummern)
Revista latinoamericana de actualided y análisis, Centro de Estudios Teológicos de la Amazonía (C.E.T.A.), Iquitos
Sioli, H. (1983):
Amazonien - Grundlagen der Ökologie des größten tropischen Waldlandes, Stuttgart
Sioli, H. (1984a):
The Amazon - Limnology and Landscape Ecology of a Mighty Tropical River and Its Basin, Dordrecht
Sioli, H. (1984b):
Introduction: History of the Discovery of the Amazon and of Research of Amazonian Waters and Landscapes; in: Sioli, H. (Hrsg.) (1984a): The Amazon - Limnology and Landscape Ecology of a Mighty Tropical River and Its Basin, Dordrecht, S. 1-15
Sioli, H. (1984c):
Unifying Principles of Amazonian Landscpae Ecology and their Implications; in: Sioli, H. (Hrsg.) (1984a): The Amazon - Limnology and Landscape Ecology of a Mighty Tropical River and Its Basin, Dordrecht, S. 615-627

Sioli, H. (1984d):
: Former and Recent Utilizations of Amazonia and their Impact on the Encironment; in: Sioli, H. (Hrsg.) (1984a): The Amazon - Limnology and Landscape Ecology of a Mighty Tropical River and Its Basin, Dordrecht, S. 675-707
Sioli, H. (1984e):
: Present 'Development' of Amazonia in the Light of the Ecological Aspect of Life, and Alternative Concepts; in: Sioli, H. (Hrsg.) (1984a): The Amazon - Limnology and Landscape Ecology of a Mighty Tropical River and Its Basin, Dordrecht, S. 737-749
Sombroek, W.G.:
: Soils of the Amazon Region; in: Sioli, H. (Hrsg.) (1984a): The Amazon - Limnology and Landscape Ecology of a Mighty Tropical River and Its Basin, Dordrecht, S. 521-537
Sonntag, H.R. (Hrsg.) (1971):
: Der Fall Peru - Nasserismus in Lateinamerika zur Überwindung der Unterentwicklung?, Wuppertal
Spiegel (verschiedene Nummern):
: Wochenzeitschrift, Hamburg
Suárez, N. (1928):
: Anotaciones y documentos sobre la campaña del Alto Acre 1902-1903, Barcelona
SUR, Boletín informativo agrario (verschiedene Nummern):
: Monatszeitschrift, Cusco
Süss, G.P.:
: Integrationsmord in Amazonien; in: Ehrke, M. u.a. (Hrsg.) (1983): Lateinamerika, Analysen und Berichte 7, Hamburg, S. 69-86
Schaefer, G.:
: Was ist eigentlich "ökologisches Gleichgewicht"?; in: Umschau 73, Heft 20, 1973, S. 630-631
Scherfenberg, U. (1979):
: Der Amazonaspakt - Inhalt, Ziele und Probleme eines neuen Integrationsvertrags, Veröffentlichung Nr. 6 des Instituts für Iberoamerika-Kunde, Hamburg
Schlesier, K.H.:
: Was ist Action Anthropologie? Ein Gespräch mit Karl H. Schlesier; in: Berliner Hefte, Nr. 12, 1979, S. 15-26
Schmitz, W.H. (1975):
: Probleme empirischer Sozialforschung im interkulturellen Kontext, Arbeitspapier der Universität Bielefeld Nr. 1, Bielefeld
Schumacher, E.F. (1977):
: Die Rückkehr zum menschlichen Maß - Alternativen zur Wirtschaft und Technik - Small is beautiful, Hamburg
Schydlowsky, D., Wicht, J. (1979):
: Anatomía de un fracaso económico: Perú 1968-1978, Lima
Stagl, J.:
: Die Beschreibung des Fremden in der Wissenschaft; in: Duerr, H.P. (Hrsg.) (1981): Der Wissenschaftler und das Irrationale, 1. Band, Frankfurt/Main, S. 273-296
Starnberger Studien 4 (1980):
: Strukturveränderungen in der kapitalistischen Weltwirtschaft, Frankfurt/Main
Statistisches Bundesamt Wiesbaden (Hrsg.) (1980):
: Statistik des Auslandes. Länderkurzberichte - Peru 1980, Stuttgart/Mainz

Statistisches Bundesamt Wiesbaden (Hrsg.) (1984):
   Statistik des Auslandes - Länderbericht Peru 1984, Stuttgart, Mainz
Stein, G. (Hrsg.) (1984):
   Die edlen Wilden - Die Verklärung von Indianern, Negern und Südseeinsulanern auf dem Hintergrund der kolonialen Greuel, Frankfurt, Main
Steinweg, R. (Hrsg.) (1982):
   Hilfe + Handel = Frieden? Die Bundesrepublik in der Dritten Welt (Friedensanalysen 15), Frankfurt, Main
Steinweg, R. (Hrsg.) (1984):
   Medienmacht im Nord-Süd-Konflikt: Die neue internationale Informationsordnung (Friedensanalysen 18), Frankfurt, Main
Stöhr, W. (1975):
   Regional Development, Experiences and Prospects in Latin America, The Hague
Stöhr, W. (1983):
   Changing External Conditions and a Paradigm Shift in Regional Development Strategies?; IIR - Discussion 17, Wien
Stöhr, W., Taylor, F. (Hrsg.) (1981):
   Development from Above or Below?, Chichester
Tageszeitung, die (TAZ):
   Berlin
Tambs, L.:
   Geopolitics of the Amazon; in: Wagley, C. (Hrsg.) (1974): Man in the Amazon, Gainesville, S. 45-91
Tella di, G.:
   The Economics of the Frontier; in: Kindleberger, C.P., Tella di, G. (Hrsg.) (1982): Economics in the Long View. Essays in Honour of W.E. Rostow, London-Basingstoke: Mac Millan, Vol. 1, S. 210-227
Terray, E. (1974):
   Zur politischen Ökonomie der "primitiven" Gesellschaften, Frankfurt
Tironi, E.:
   Las estrategias nacionales de desarrollo y la integración de los países andinos; in: Estudios Internacionales, Vol. IX, Nr. 34, 1976, S. 58-102
Thomas, R. (Hrsg.) (1977):
   Operating Handbook of Mineral Processing, New York
Thorpe, R., Bertram, G. (1978):
   Peru 1890-1975: Growth and Policy in an Open Economy, London
Thurn, C., Röttgen, H. (Hrsg.) (1981):
   Die Rückkehr des Imaginären, München
Tschajanow, A. (1923):
   Die Lehre von der bäuerlichen Wirtschaft. Versuch einer Theorie der Familienwirtschaft im Landbau, Berlin
Ullrich, O. (1979):
   Weltniveau - In der Sackgasse des Industriesystems, Berlin
Valderrama, M. (1976):
   7 años de reforma agraria peruana 1969-1976, Lima

Varese, S. (o.J.):
Las minorías étnicas de la montaña peruana - Esquema para una antropología de urgencia, Lima
Varese, S. (1973):
La sal de los cerros, Lima
Varese, S. (1982):
Ethnische Strategie oder Klassenstrategie?; in: Indianer in Lateinamerika - Neues Bewußtsein und Strategien der Befreiung, Dokumente der zweiten Tagung von Barbados, Wuppertal, Gelnhausen, S. 31-43
Varon, G.R.:
Minería colonial peruana: Un ejemplo de integración al sistema económico mundial, Siglos XVI-XVII; in: Historia y cultura, Nr. 11, 1978, S. 143-171
Vega, G.:
Einige Überlegungen zu bäuerlicher Wirtschaft und Kapitalismus in Peru; in: Peripherie, Heft 2, 1980, S. 48-63
Verdera, F. (1982):
Notas sobre población, recursos y empleo en la selva peruana, Lima
Verdera, F. (1983):
El empleo en el Perú: Un nuevo enfoque, Lima
Vergara, R. (1982):
Población y desarrollo capitalista, Lima
Villamonte, M.R. (1980):
Oro de Marcapata, Guía monográfica de las zonas auríferas más ricas del continente: Marcapata-Quincemil-Pto. Maldonado-Cusco-Paucartambo, Cusco
Villasante, M.:
Economía y diferenciación campesina en la Provincias Altas, el caso de Espinar; in: Crítica andina, Nr. 3, 1979, S. 47-81
Voz Indígena, Boletín-AIDESEP (verschiedene Nummern):
Monatszeitschrift, Lima
Wagley, C. (Hrsg.) (1974):
Man in the Amazon, Gainesville
Walters, L., Moll, H. (Hrsg.) (1972):
Taschenbuch für Umweltschutz I, Chemische und technologische Informationen, Stuttgart
Weiler, R.:
Der Weltgoldmarkt; in: Fuchs, H.G. (Hrsg.) (1981): Gold, Rohstoff-Hortungsobjekt-Währungsmetall, Frankfurt, Main
Weippert, G. (1967):
Wirtschaftslehre als Kulturtheorie, Göttingen
Weischet, W. (1977):
Die ökologische Benachteiligung der Tropen, Stuttgart
Wellen, A. (1985):
Die Rechtssituation der Indianer in Brasilien - unter besonderer Berücksichtigung ihres Rechts auf Boden, Campina Grande, Bremen (eingereichtes Dissertationsmanuskript)
Weltbank (1983):
Weltentwicklungsbericht, Washington

Werlhof, C. v. (1975):
    Prozesse der Unter-Entwicklung in El Salvador und Costa Ricca, Saarbrücken
Weston, R. (1983):
    Gold A World Survey, New York
Wirtschaftswoche (verschiedene Nummern):
    Wochenzeitschrift, Düsseldorf
Witherspoon, G.:
    Relativismus in der ethnographischen Theorie und Praxis; in: Duerr, H.P. (Hrsg.) (1981): Der Wissenschaftler und das Irrationale, 1. Band, Frankfurt, Main, S. 98-126
Woehlcke, M. (1977):
    Die neuere entwicklungstheoretische Diskussion, Frankfurt, Main
Wormbs, B.:
    Was heißt hier NATUR?; in: NATUR, Nr. 12, 1983, S. 74-78
Yepez, E.:
    El poblador ribereño de la Amazonía Peruana; in: Shupihui, Vol. III, Nr. 28, 1983, S. 437-451
Zeil, W. (1979):
    The Andes - A Geological Review, Berlin, Stuttgart
Zorrilla, E. (1970):
    Minería aurífera aluvial - Zona de Puno y Madre de Dios, Informe del Banco Minero del Perú, Lima (unveröffentlichtes Manuskript)

ANHANG 10

VERZEICHNIS DER KARTEN, ABBILDUNGEN, TABELLEN UND
ABKÜRZUNGEN

Kartenverzeichnis   Seite

Karte 1:	Das Departement Madre de Dios und das Untersuchungsgebiet	33
Karte 2:	Die Untersuchungsregion an den Flüssen Madre de Dios, Colorado, Pukiri und Inambari	36
Karte 3:	Geologische Gliederung der Anden	64
Karte 4:	Terrassen der Goldablagerungen im Departement Madre de Dios	67
Karte 5:	Expansion der Agrargrenze durch die Carretera Bolivariana Marginal de la Selva	125
Karte 6:	Tieflandindianer-Ethnien in Madre de Dios	185
Karte 7:	Die Comunidad Nativa San José del Karene und die campamentos von Invasoren in ihrem Lebensraum	204
Karte 8:	Comunidad Nativa Boca del Inambari, Felder und Goldwaschclaims der comunidad; Camps und Claims von Invasoren	209

ANHANG

Karte 9:	Comunidades Nativas: Stand der Anerkennung als Körperschaften des öffentlichen Rechts nach Departementen 1982	409
Karte 10:	Lage der untersuchten Arbeitszonen im Departement Madre de Dios	428
Karte 11:	Lage der untersuchten campamentos am Huaypetue	432

Abbildungsverzeichnis   Seite

Abbildung 1:   Migrationsströme in das peruanische
               Amazonasgebiet 1961   47
Abbildung 2:   Produktionsentwicklung des Seifen-
               goldbergbaus in Peru 1972 bis 1982
               und im Departement Madre de Dios 1975
               bis 1984   61
Abbildung 3:   Bildung von Seifenlagerstätten in
               fluviatilen Sedimenten   65
Abbildung 4:   Schwermineralanreicherung in Flüssen   66
Abbildung 5:   Schema der Korngrößenveränderung der
               Goldpartikel in Abhängigkeit von der
               Transportstrecke   68
Abbildung 6:   Typen von Versuchsschächten   76
Abbildung 7:   Gebräuchlichste Perforationsgeräte in
               der Exploration von Goldseifen   77
Abbildung 8:   Polygone und triangulare Methode für
               Probebohrungen von Goldseifen   78
Abbildung 9:   Schnitt durch eine Goldseifenlager-
               stätte mit kleinräumlich unterschied-
               licher Verteilung des Goldgehalts   79
Abbildung 10: Tolba mit Kiessieb und Juteauflage   82
Abbildung 11: Tolba mit Schema der Abdeckung aus
               Plastikfolie und Jute   83
Abbildung 12: Mehrstufige tolba mit eingesetzten
               Riffeln   85
Abbildung 13: Versuchswaschanlage des Unternehmens
               Ausorsa mit zwei Waschrinnen mit
               eingesetzten Riffeln   86
Abbildung 14: Modell eines Eimerkettenbaggers
               PP 100 der Firma Payne & Son, England   92
Abbildung 15: Geopolitische Vorstellungen Brasi-
               liens zur Ausdehnung seines Einfluß-
               bereichs   130
Abbildung 16: Fieberkurven der Spekulation: Gold-
               und Dollarpreis 1970 bis 1985   141
Abbildung 17: Goldbestand der Welt - aufgeschlüs-
               selt nach Besitzer, Menge (in Mil-
               lionen Unzen) und prozentualem Anteil
               (Stand 1980)   144
Abbildung 18: Goldpreis und Angebot von Sekundär-
               material 1977 bis 1983   145

Abbildungsverzeichnis   Seite

Abbildung 19: Zyklen des Arbeitskräftebedarfs in
              der Economia Campesina   177
Abbildung 20: Haustypen der Harakmbut   214
Abbildung 21: Tageslöhne im Departement Madre de
              Dios 1979 bis 1983: Entwicklung des
              gesetzlich festgelegten Mindestlohns,
              des Nominallohns und des Reallohns
              der Goldwäscher   247
Abbildung 22: Schema eines Goldclaims und seiner
              Parzellierung   306
Abbildung 23: Schema eines Goldclaims mit
              rotierender Parzellierung   307
Abbildung 24: Betriebliche Hierarchie eines mediano
              minero   335

ANHANG

Abbildung 25: Organogramm der staatlichen Verwal-
              tungsstruktur von Peru 1984   407
Abbildung 26: Bodenqualität und Nutzungsmöglich-
              keiten der Gebiete am Rio Inambari
              und Rio Madre de Dios (Schätzwerte)   408
Abbildung 27: Rinne (canal)   438
Abbildung 28: Waschbrett (ingenio)   442
Abbildung 29: Tolba oder caballete mit Schema der
              Abdeckung aus Plastikfolie und Jute   446
Abbildung 30: Plano de la Comunidad Nativa Barranco
              Chico   505
Abbildung 31: Plano de la Comunidad Nativa Boca del
              Karene   521
Abbildung 32: Plan de la Comunidad Nativa
              Shirangayoc   547

Tabellenverzeichnis

Seite

Tabelle 1:	Die Extraktion von Gold in Peru 1896 bis 1969	59
Tabelle 2:	Goldproduktion aus Goldseifen und Goldquarz in Peru 1970 bis 1977	60
Tabelle 3:	Bergbauförderung von Gold in Ländern der westlichen Welt während der Jahre 1979 bis 1984	143
Tabelle 4:	Angebot und Nachfrage von Gold im Jahre 1983	144
Tabelle 5:	Goldwäschereinheiten und Betriebe im Departement Madre de Dios 1975 bis 1983 in der Goldausbeute, untergliedert nach sieben Hauptgruppen	169
Tabelle 6:	Harakmbut-Ethnien und ihre Gliederung in Untergruppen und Clans	184
Tabelle 7:	Tieflandindianer im Untersuchungsgebiet 1983	194
Tabelle 8:	Übersicht über die rechtliche Situation der in den Goldwäscherzonen von Madre de Dios siedelnden Comunidades Nativas; Stand: November 1983	202
Tabelle 9:	Tageslöhne im Departement Madre de Dios nominell und real 1979 bis 1983	246
Tabelle 10:	Modellrechnung des Startkapitalbedarfs für einen pequeno minero mit fünf Arbeitskräften, davon drei Lohnarbeitern, für die Jahre 1980 und 1982	295
Tabelle 11:	Modellrechnung der Produktionskosten eines pequeno minero mit fünf Arbeitskräften, davon drei Lohnarbeiter in einem Sechsmonatszeitraum	301

ANHANG

Tabelle 1:	Politische Gliederung des Departements Madre de Dios	410
Tabelle 2:	Topographische Angaben zum Departement Madre de Dios	410
Tabelle 3:	Straßennetz des Departements Madre de Dios nach Straßentypen (in km)	411
Tabelle 4:	Oberfläche und Bevölkerungsdichte in Südperu nach Departements 1961, 1972 und 1981	411

Tabellenverzeichnis

Seite

Tabelle 5:	Bruttowert der Produktion des Departements Madre de Dios 1981	412
Tabelle 6:	Oberfläche und Bevölkerungsdichte des Departements Madre de Dios nach Provinzen 1972, 1981 und 1982 (Einwohner je km²)	412
Tabelle 7:	Jährlicher Bevölkerungszuwachs in v.H. in Südperu nach Departements 1961 bis 1981	413
Tabelle 8:	Mortalität von Kindern im ersten Lebensjahr in Südperu nach Departements 1967 bis 1968 (auf 1.000 lebend Geborene)	413
Tabelle 9:	Bevölkerungsstruktur nach Altersgruppen in Peru und Südperu nach den Departements 1961 und 1972 (in v.H.)	414
Tabelle 10:	Ärzte und Krankenhausbettendichte 1974, Stand der Alphabetisierung und sanitäre Versorgung der Wohnungen 1972	415
Tabelle 11:	Ökonomisch aktive Bevölkerung im Departement Madre de Dios 1972 und 1981	415
Tabelle 12:	Forstwirtschaftliche Produktion im Departement Madre de Dios 1977 bis 1981	416
Tabelle 13:	Landwirtschaftliche Produktion im Departement Madre de Dios (in Tonnen) 1977 bis 1982	416
Tabelle 14:	Rinderzucht im Departement Madre de Dios (in Stück) 1977 bis 1981	416
Tabelle 15:	Goldproduktion von Peru 1821 bis 1931 (in kg)	417
Tabelle 16:	Relation des Goldpreises zum Silberpreis im Zeitraum 1500 bis 1875	418
Tabelle 17:	Seifengold und ihr Goldpotential im Departement Madre de Dios 1979	419
Tabelle 18:	Goldproduktion aus Seifengoldlagerstätten des Departements Madre de Dios und Gesamtperus im Zeitraum 1978 bis 1984 (aufgekauft von der Banco Minero del Peru)	420
Tabelle 19:	Goldankauf durch die Filiale der Minenbank in Pto. Maldonado 1979 (in Kilogramm)	421

Tabellenverzeichnis   Seite

Tabelle 20:	Bierabsatz der Marke Cusquena im Departement Madre de Dios 1969 bis 1981	421
Tabelle 21:	Handels- und Dienstleistungseinrichtungen sowie industrielle Einheiten in Pto. Maldonado 1971 und 1982 (soweit im öffentlichen Register eingetragen)	422
Tabelle 22:	Lebensmittelpreise an verschiedenen Orten im Departement Madre de Dios: Cusco (Hauptversorgungszentrum), Pto. Maldonado (Departementhauptstadt) und Huaypetue (abgelegenstes Goldwäscherzentrum), Mai 1983; Preise pro Kilo in Soles/Mittelwerte	423
Tabelle 23:	Amtliche Wechselkurse Soles pro US-Dollar 1950 bis 1984 (jährlicher Durchschnitt)	423

Abkürzungsverzeichnis

AID	Agency for International Development
	Agencia Internacional de Desarrollo
AIDESEP	Asociación Interétnica de Desarrollo de la Selva Peruana
AP	Acción Popular
BGR	Bundesanstalt für Geowissenschaften und Rohstoffe
BID	Banco Interamericano de Desarrollo
BMP	Banco Minero del Perú
CAAAP	Centro Amazónico de Antropología y Aplicación Práctica
CC	Comunidad Campesina
CEPAL	Comision Económica para America Latina
CIPA	Centro de Investigación y Promoción Amazónica
CN	Comunidad Nativa
CODEH-PA	Comité de Defensa de los Derechos Humanos de las Provincias Altas
CORDEMAD	Corporación Departamental de Desarrollo de Madre de Dios
DGFK	Deutsche Gesellschaft für Friedens- und Konfliktforschung
DIW	Deutsches Institut für Wirtschaftsforschung
D.L.	Decreto Ley
FENAMAD	Federación de los Nativos de Madre de Dios
GATE	German Appropriate Technology Exchange
GTZ	Deutsche Gesellschaft für Technische Zusammenarbeit
MEM	Ministerio de Energía y Minas
ORDEMAD	Organismo de Desarrollo de Madre de Dios
SIL	Summer Institut of Linguistics
SINAMOS	Sistema Nacional de Apoyo a la Mobilización Social

SPEKTRUM
Berliner Reihe zu Gesellschaft, Wirtschaft und
Politik in Entwicklungsländern · ISSN 0176-277 X

Herausgegeben von
Prof. Dr. Volker Lühr und Prof. Dr. Manfred Schulz
Freie Universität Berlin · Institut für Soziologie
Babelsberger Straße 14-16 · 1000 Berlin 31

1 Uta Borges et al., Proalcool: Analyse und Evaluierung des brasilianischen Biotreibstoffprogramms. 1984. V, 226 S. ISBN 3-88156-265-6.

2 Helmut Asche (Hrsg.), Dritte Welt für Journalisten: Zwischenbilanz eines Weiterbildungsangebotes. 1984. 231 S. ISBN 3-88156-266-4.

3 Detlev Ullrich, Barriopolitik in Caracas (Venezuela): eine sozialempirische Untersuchung am Beispiel der Erwachsenenbildung und der Stadtteilarbeit. 1984. XI, 388 S. Zahlr. Fotos, Schaub., Tab. ISBN 3-88156-280-X.

4 Thomas Hurtienne: Theoriegeschichtliche Grundlagen des sozialökonomischen Entwicklungsdenkens. 1984. Bd.I: Rationalität und sozialökonomische Entwicklung in der frühbürgerlichen Epoche. XVI, 264 S. Bd. II: Paradigmen sozialökonomischer Entwicklung im 19. und 20. Jahrhundert. V, 422 S. ISBN 3-88156-285-0.

5 Volker Lühr (Hrsg.): Die Dritte Welt vor der Tür? Zwischen christlichem Wohlfahrtskonzern und türkischem Frauenladen: Berichte über Projekte der »Selbsthilfe« in Berlin. 1984. 216 S. ISBN 3-88156-292-3.

6 Wolfram Kühn: Agrarreform und Agrarkooperativen in Nicaragua. 1985. IV, 131 S. ISBN 3-88156-299-0.

7 Hassan Omari Kaya: Problems of Regional Development in Tanzania. 1985. VII, 243 S. ISBN 3-88156-302-4.

8 Manfred Wetter: Der Mythos der Selbsthilfe. Illegale Siedlungen und informeller Sektor in Nairobi. 1985. XV, 337 S. 15 Ktn. 61 Fotos. ISBN 3-88156-312-1.

9 Wolfgang J. Herbinger: Von Japan lernen? Die Relevanz seiner Erfahrungen für die Entwicklungsländer heute. 1985. IV, 218 S. ISBN 3-88156-317-2.

10 Ludgera Klemp: Von der »Gran Aldea« zur Metropole. Zur Entwicklung von Buenos Aires unter besonderer Berücksichtigung des Stadt-Land-Gegensatzes. 1985. 168 S. ISBN 3-88156-320-2.

11 Maren Jacobsen: Ein mexikanischer Erdölstaat: Tabasco. 1986. 175 S. ISBN 3-88156-332-6.

12 Claudia Maennling: Interne Formen und Folgen außeninduzierter Entwicklung: Goldboom und Goldbaisse in Madre de Dios/Peru. 1986. 637 S. 8 Fotoseiten. ISBN 3-88156-350-4.

Verlag **breitenbach** Publishers
Memeler Straße 50, D-6600 Saarbrücken, Germany
P.O.B. 16243 Fort Lauderdale, Fla. 33318, USA